JULIE MILBIN

LE GUIDE DES PRÉNOMS

Avec le magazine Parents

Tout pour bien choisir
le prénom de votre bébé

SOLAR

Avant-propos

Chercher un prénom pour son enfant est sans doute le premier acte vers la parentalité. C'est envisager la personne que son bébé va devenir, rêver sa vie future.

Qu'est-ce qu'un prénom sinon quelques syllabes qui vont contenir toute une histoire ? Si le nom de famille définit l'appartenance à un groupe, à une famille, le prénom, lui, individualise.

Ce livre est un guide hors du commun !

Il offre aux parents une somme d'informations unique, relative à près de 10 000 prénoms, français mais aussi étrangers.
Le magazine Parents est partenaire de cet ouvrage. Il enrichit le contenu par ses carnets rose et bleu des people 2024 et ses éclairages sur les choix de prénoms.

Je vous souhaite de trouver dans ce guide le prénom qui correspondra à votre bébé et à vos attentes ! Prenez votre temps, savourez ces moments tendres et uniques et plongez dans cet ouvrage aux 10 000 possibilités qui vous amènera à faire le meilleur choix du prénom de votre bébé.

Julie Milbin

Sommaire

SOMMAIRE

Prénoms de filles

SOMMAIRE

Prénoms de garçons

Choisir le prénom de bébé

Abigaëlle, Noah, Rose, Jules, Mathéo... Notre prénom fait partie intégrante de notre personnalité, et on le porte toute la vie ! Alors mieux vaut ne pas se tromper pour celui de votre bébé. Voici nos conseils pour vous guider dans ce choix hautement symbolique !

Bien choisir son prénom, un vrai casse-tête !

Ne vous décidez pas à la légère

« Et vous allez l'appeler comment ? » Après la sempiternelle question : « C'est une fille ou un garçon ? », c'est ce que tout le monde demande à une femme enceinte dont la grossesse se remarque au premier coup d'œil. Si le prénom de son futur bébé interpelle autant les foules, c'est parce que prénommer son rejeton est un acte symbolique fondamental, probablement l'une des décisions les plus importantes que vous prendrez pour lui. Prénommer son enfant, c'est lui conférer d'emblée un statut d'individu, lui donner sa place en tant que membre de la société. Soudain, il n'est pas n'importe qui, il est Valentin ou Amélia. Après la vie, c'est le premier cadeau que vous allez faire à votre enfant, alors mieux vaut prendre conscience de l'ampleur de cette décision et faire le bon choix !

Prenez votre temps

Son prénom, votre enfant le portera toute son existence, il devra le prononcer et l'entendre des millions de fois, à l'école et plus tard, dans sa vie d'adulte. Se décider pour Léonie plutôt que Léa, pour Maxence plutôt que Pablo ne doit pas être le fruit du hasard. Prenez le temps de la réflexion. Selon les statistiques officielles, **71 % des parents choisissent les prénoms de leur futur bébé pendant la grossesse, 24 % avant la conception et 5 % se décident juste après l'accouchement**. Même si vous restez sur votre première idée, inutile de vous précipiter. Vous avez neuf mois pour y réfléchir !

Parlez-en avec son père, c'est une affaire de couple

Chaque prénom renvoie aux désirs et aux rêves que font les parents par rapport à leur enfant, à ce qu'ils imaginent de lui : « Si c'est un garçon, il s'appellera Victor, il aura tes yeux, si c'est une fille, elle s'appellera Ondine et elle aura ton sourire... » Ces rêveries à deux sont très importantes pour le futur bébé car elles signifient qu'avant la naissance, il a fait rêver ses parents. Rien n'est pire pour un enfant que de porter un prénom pioché sans conviction dans le calendrier ou attribué par la sage-femme qui l'a fait naître. Autant de signes qui prouvent que l'enfant n'a pas été « porté » par le désir de ses parents. Même si, dans les faits, c'est souvent la maman qui propose et le père qui donne son accord, il est souhaitable que le choix du prénom se fasse à 50/50, car ça témoigne d'une harmonie autour du berceau. Faites chacun une liste de vos prénoms préférés et procédez par élimination jusqu'à obtenir votre short-list idéale. Si vos rêveries ne sont pas les mêmes, si le consensus sur un prénom est difficile, il n'est pas souhaitable que la maman décide seule et exclue le père. Ça prouve déjà un déséquilibre au sein du couple et une mainmise sur l'éducation de l'enfant. De la même façon, quand l'homme se retranche derrière le choix de sa femme, il signifie par là qu'il ne prend pas sa place de père. En cas de désaccord, mieux vaut garder en tête vos deux prénoms préférés et trancher le jour J, en fonction du bébé.

Ne demandez pas l'avis de tout le monde

Il est parfois tentant de « tester » les prénoms qu'on aime bien auprès de ses amis, des futurs oncles, tantes et grands-parents. « Qu'est-ce que tu penses de Cassandre ? C'est joli, non ? Et Lorenzo ? » Dans 100 % des cas, vous obtiendrez des avis contradictoires : « C'est prétentieux, c'est désuet, c'est trop long, moi j'aime mieux Théo ou Ysia comme la fille de Jacques Higelin ! » Loin de vous rassurer, vous serez encore plus hésitants qu'avant d'avoir sollicité vos proches. La famille et les amis peuvent vouloir faire des suggestions. Mais rappelez-vous qu'à la fin, cette décision vous appartient à vous, les parents. Si le sujet devient l'occasion de « brainstormings » familiaux, dites que vous avez choisi de ne révéler le prénom qu'après la naissance.

Tenez compte de sa signification

Les prénoms racontent une histoire, évoquent certaines qualités. Quand vous en aimez un, renseignez-vous sur son étymologie, son origine, sa signification, pour vous guider dans votre choix. Même si ce n'est pas important pour vous, ça pourra l'être pour votre enfant plus tard. Ulysse, Yseult, Dante, Galaad, Calliope, Eurydice, Zéphir, Garance, Achille, Mélusine, Merlin... tous ces prénoms de légende donnent à ceux qui les portent un supplément d'âme et de charisme. Les héros de la mythologie grecque sont une mine d'or pour ceux qui recherchent des prénoms à forte personnalité. Même chose pour les personnages de contes et légendes celtiques, de l'épopée des Chevaliers de la Table Ronde, des récits bibliques. Vous pouvez aussi chercher la perle rare dans la littérature, le théâtre, l'art, l'opéra et le cinéma. Donnez libre court à vos goûts et aux héros qui vous inspirent !

Interrogez vos origines familiales

Hormis la symbolique d'un prénom, la culture dont il est issu peut également vous aider à vous déterminer. En optant pour tel ou tel prénom, on transmet ses racines géographiques, l'histoire de sa famille, son passé. Une consonance slave peut devenir un moyen de rendre hommage à vos lointaines origines russes... Fanny, Titouan, Inès, Esteban, Kenan, Nolwenn, Yoan, Gwanaelle... les prénoms régionaux ont le vent en poupe ces dernières années, car c'est une manière pour les parents de faire appel à leurs racines provençales, corses, bretonnes, basques, etc. Dans les familles traditionnelles, on donne souvent le prénom du grand-père ou de la grand-mère, pour inscrire l'enfant dans la constellation familiale. On espère secrètement que le rejeton héritera du tempérament du grand-père, de ses qualités pour la musique, de son talent pour le business. Penchez-vous sur votre arbre généalogique, ça vous donnera peut-être l'inspiration. Mais faites tout de même attention quand vous choisissez un « prénom souvenir », en hommage à un être de votre famille disparu. Certains prénoms sont si lourds de sens qu'on aurait presque envie d'en changer. C'était le cas de Van Gogh, qui hérita du prénom de Vincent pour remplacer un enfant décédé avant lui. Difficile alors pour le bébé de ne pas se sentir simple enfant de remplacement.

Méfiez-vous des prénoms unisexes

Savoir décoder ce qui se trame sous un prénom permet d'éviter certaines erreurs d'appréciation. Les prénoms « mixtes » aussi bien masculins que féminins, tels que Sacha, Gabrielle, Maxime, Alex, Charlie, Camille, Raphaëlle, Eden sont parfois mal vécus. Les filles pensent que leurs parents avaient inconsciemment attendu un garçon et se sentent obligées de devenir des superwomen pour ressembler au fils idéal dont rêvaient leurs parents ! D'autant plus que le leitmotiv qui a accompagné toute leur enfance est bien souvent « C'est un vrai garçon manqué ! ».

Ne recherchez pas l'originalité à tout prix

Avec la montée en puissance de l'individu, la singularité est souvent le premier « moteur de recherche » des parents qui souhaitent mettre au monde un être unique, précieux, différent ! Ils innovent en modifiant, composant, associant des prénoms existants, inventent des graphies fantaisistes. Ainsi, pour le seul prénom de Tiphaine, on peut relever près de dix-neuf écritures différentes (Tyffen, Thiphaine, Thyfenn…), Zoé devient Zoée ou Zoey… Pensez à votre pauvre bambin qui devra rectifier toute sa vie : « Zoée avec deux "e" ! Margo o-t, Ellen sans h, sans accent et sans e ». Hormis cet aspect contraignant, n'oubliez pas que les prénoms originaux trop excentriques et difficiles à prononcer, y compris par l'enfant, sont très souvent l'objet de moqueries et de diminutifs humiliants de la part des autres enfants.

Projetez-vous dans 20 ans

Un prénom, c'est pour la vie et ne perdez pas de vue que votre petit trésor aura un jour 40 ans, qu'il aura un job et une famille ! Des prénoms adorables à l'âge bébé peuvent être limite ridicules avec le temps. Avant d'opter pour Prunelle, Louve, Pimprenelle, Titus, Casimir, Mélie, Sauveur, demandez-vous ce que ça donnera sur un CV.

Méfiez-vous des effets de mode

Le propre d'une tendance hype, c'est d'être cyclique et de vite devenir has been. Il en va des fringues comme des prénoms ! Même si vous êtes fan de « Games of Thrones », Daenerys, Tyrion, Arya et Kahleesi, même si vous craquez pour Logan, le prénom de Wolwerine, ils n'évoqueront sans doute plus grand-chose pour vous dans quelques années. Alors prudence. Même conseil pour Rihanna, Shakira ou Booba, les stars actuelles de Rn'B ou de rap.

Pensez à l'harmonie avec votre nom

Pour bien vous déterminer, il est important de veiller à ce que le prénom qui vous tente se marie bien avec votre nom de famille. Une fois assemblés, ils doivent donner une jolie consonance et éviter les répétitions de syllabes. Répétez à voix haute à plusieurs reprises pour vous faire une idée. En général, si le nom de famille est long, un prénom court est plus approprié afin d'éviter les noms à rallonge. Pensez à votre enfant à l'école ! Si le nom de famille est court, on opte plus facilement pour un prénom long, pour un meilleur équilibre.

Appréciez sa sonorité

La musicalité d'un prénom, son rythme, son dynamisme sont des critères déterminants pour faire le bon choix. Sachez que les finales en « a » pour les filles et les finales en « éo » pour les garçons sont toujours en vogue et que les prénoms les plus courts sont les plus gais. Les enfants qui ont des prénoms simples, tendance et faciles à mémoriser, tels que Chloé, Emma, Lola, Nathan, Lucas, Léo, Timéo, Enzo ont plus d'invitations, plus de relations et sont plus populaires que les autres. Ainsi que ceux qui permettent de faire un diminutif affectueux. Alors que ceux qui portent des prénoms peu appréciés, rares ou trop farfelus, souffrent davantage d'un sentiment de solitude. L'explication de ce phénomène, c'est que les prénoms communs nous semblent plus familiers et rassurants, et qu'on a plus de facilité à sympathiser quand on est en terrain de connaissance... Cette fréquence importante serait un facilitateur des relations sociales.

Catherine Marchi

Le prénom face à la loi

Il y a encore quelques années, c'était l'officier de l'état civil qui avait le dernier mot : il pouvait accepter ou refuser le prénom souhaité par les parents !

Choix libre du prénom…

Depuis la loi du 8 janvier 1993, les futurs parents peuvent choisir librement les prénoms de leur enfant, grâce à l'article 57 du Code civil : « l'officier d'état civil porte immédiatement sur l'acte de naissance les prénoms choisis par les parents », quels qu'ils soient.

C'est la porte ouverte à l'imagination, à la mondialisation des prénoms… et parfois aux excès. Les officiers de l'état civil sont obligés d'accepter les prénoms voulus par les parents, mais ils se voient parfois jouer le rôle de l'avocat de l'enfant. Ils peuvent pousser les parents à changer d'avis ou revoir leur position sur un prénom. Si Cerise ou Prune sont « mignons », Spatule paraît plus difficilement portable. Avec la liberté du choix est venu le devoir de responsabilité !

…mais choix surveillé

Ainsi, c'est une liberté de choix surveillée : quand le prénom choisi est « contraire à l'intérêt de l'enfant », l'officier de l'état civil peut en avertir le procureur de la République. Celui-ci, s'il est du même avis que l'officier de l'état civil, saisit alors le tribunal aux affaires familiales, qui peut exiger un changement du prénom.

De quoi s'agit-il ? Des prénoms ayant une apparence ou une consonance risible, péjorative ou grossière, ceux difficiles à porter en raison de leur complexité ou de leur référence à un personnage déconsidéré dans l'histoire. Les prénoms d'objets ou de légumes, tels que Courgette (courant, paraît-il, après la Révolution française) sont également interdits.

Ces garde-fous sont indispensables, car, depuis 1993, certains parents rivalisent d'imagination pour créer des prénoms qui ridiculisent parfois leurs enfants. Difficulté à le porter, ou association malheureuse de deux prénoms, ou du prénom et du nom de famille (Mégane Renault par exemple) : tout est une question d'interprétation.

Dans ce livre, vous trouverez...

Pour personnaliser votre recherche et vous approprier ce guide :

- Un **psycho-test** pour découvrir quel profil de parent vous correspond et la liste des prénoms s'y rapportant.
- **L'arbre généalogique** de votre enfant à compléter.
- **La liste** des prénoms de **Papa** et celle de **Maman** à renseigner.

Pour chaque prénom des informations riches et variées :

- **L'étymologie :** son histoire et sa signification, découverte au terme d'études linguistiques et philologiques.
- **La fête :** si le prénom en a une au calendrier des saints des Églises catholiques et orthodoxes.
- **Le caractère :** des indications précises relevées chez les porteurs d'un prénom et attestées par des sources diverses, croisées sur plusieurs années.
- **La couleur et le chiffre** porte-bonheur.
- **La fréquence d'attribution du prénom,** selon l'Insee (qui répertorie plus de 20 000 prénoms et des statistiques sur près de 80 ans) : le prénom peut être rare, très rare ou répandu.
- **L'âge moyen** qu'ont les personnes portant ce prénom, selon l'Insee.
- **L'évolution d'attribution du prénom :** à la hausse, à la baisse ou stable.

P

Vanessa

Van, Vanesa, Vanna, Vanni, Vannie, Vanny, Vannessa

Étymologie : **du grec *pherennike* : « porteuse de victoire ». Ce prénom est un dérivé de Vénisse, la forme normande de Véronique.**
Fête : **4 février** - Couleur : **bleu** - Chiffre : **6**
Caractère : **Vanessa est douce, ordonnée, rêveuse et créative.**
Personnages célèbres : **les actrices Vanessa Hudgens et Vanessa Redgrave ; la chanteuse et actrice Vanessa Paradis ; la styliste Vanessa Bruno.**
Fréquence : **répandu** - Évolution : ↘
Âge moyen : **28 ans**

Et pour vous aider dans vos choix :

- **Les tops 2023.**
- **60 tops de prénoms thématiques** au fil des pages.
- **Des petits cœurs avec l'initiale correspondant au profil des parents à colorier** pour marquer vos préférences et les retrouver aisément dans le livre.

Quel(s) parent(s) êtes-vous ?

Vos centres d'intérêt, votre style de vie contribuent à vous définir. Bien évidemment, vous ne vous résumez pas à une seule réponse, car vous êtes un être complexe. Choisissez donc la réponse s'apparentant le plus à vos habitudes et à ce que vous faites, écoutez et pensez la plupart du temps ou dans la majorité des cas. Selon la « tribu » à laquelle vous appartiendrez, découvrez ensuite quel style de prénom est fait pour le petit être qui va agrandir votre magnifique famille.

Quels sont vos programmes télé favoris ?

◇ Les émissions culturelles, les talk-shows, le Grand Journal.

△ Les émissions de divertissement.

○ Planète, France ô, Thalassa... Vous adorez les reportages.

□ Vous aimez suivre des séries. Sinon, vous n'êtes pas très télévision.

– • –

En termes de hobbies, passe-temps, vous êtes plutôt :

◇ Pêche à la ligne, coloriage pour adulte, apéros et cuisine.

□ Tennis, musique électro et (ou) classique, mais dans tous les cas, vous savez danser le rock.

△ Youtube, football et blockbusters au cinéma.

○ Fêtes de famille et cuisine locale, reggae et (ou) dancehall.

– • –

Où faites-vous vos courses de produits frais, la plupart du temps ?

○ Au marché, connu pour la diversité de ses produits.

□ Vous avez des fournisseurs ciblés : producteurs locaux ou labels haut de gamme.

◇ Vous êtes abonnés à un AMAP.

△ Au supermarché.

Qu'avez-vous prévu pour vos prochaines vacances ?

○ Rendre visite à votre famille dans votre région ou pays d'origine.

□ Dans une grande maison que vous louez chaque année (île de Ré, Lubéron...) avec vos amis et leurs enfants.

◇ Vous hésitez entre Berlin et Brooklyn pour un « city break ».

△ Vous avez réservé sur la Côte d'Azur : à vous les virées à Saint-Trop' !

– • –

Quel mode de garde envisagez-vous après la naissance de bébé ?

○ Vous allez prendre un congé parental pour garder votre enfant et reprendrez votre activité professionnelle ensuite.

◇□ La garde partagée avec d'autres enfants du quartier.

△ La crèche ou une assistante maternelle agréée.

– • –

À quel endroit rêvez-vous d'accompagner votre enfant lorsqu'il sera plus grand ?

□ Un musée proposant des ateliers pour enfants.

△ À Disneyland Paris.

○ Un musée type « arts africains et océaniens », histoire locale, « compagnie des Indes »...

◇ Une pièce de théâtre pour enfants.

En termes de lecture, vous seriez plutôt ?

◇ Houellebecq, auteurs russes, poètes du XXe siècle…

○ Magazines *Géo*, le guide de voyage de vos prochaines vacances….

□ Prix littéraires (Goncourt, Femina, Renaudot) et classiques…

△ Best-sellers : *Game of Thrones*, *50 nuances de Grey*, les derniers Katherine Pancol, Guillaume Musso ou Marc Levy.

– • –

Comment vous déplacez-vous ?

◇ À vélo ou à pied : vous êtes en hypercentre.

○ En transports en commun ou avec votre véhicule personnel.

□ En smart ou en « familiale » chic.

△ Vous êtes en train de passer le permis moto.

– • –

Votre garde-robe est plutôt :

△ Très tendance.

□ De bons basiques agrémentés de quelques accessoires chic qui rehaussent l'ensemble.

◇ Vous chinez les friperies en quête de la pépite vintage.

○ Un patchwork de pièces vestimentaires ou accessoires rapportés en souvenirs de voyage.

□ ………………

△ ………………

◇ ………………

○ ………………

Après avoir comptabilisé vos réponses, tournez la page pour découvrir quel parent vous êtes !
Vous correspondez désormais à un profil. Et dans ce guide, chaque prénom est associé à l'un des quatre profils.

Si vous avez plus de ◇

Vous êtes plutôt BOBO

B

Vous exercez une profession « intellectuellement exigeante » ou êtes créatif, auto-entrepreneur, artisan... Même si vous êtes urbain, vous vivez dans votre quartier comme dans un village et envisagez d'emménager à la campagne. Vous souhaitez éveiller votre enfant à l'art dès son plus jeune âge et désirez pour lui un prénom qui l'aidera à se construire comme un être à part.

Vous puisez donc votre inspiration dans un répertoire arty :

- La littérature et les prénoms rétro, passés de mode, que vous remettez au goût du jour : Émile, Eugène, Edmond, Eulalie, Félicie, Jules, Albertine...
- L'Antiquité et la mythologie grecque et romaine : Cassiopée, Ulysse, Achille...
- Les noms de fleurs, fruits et épices, dont vous appréciez la fantaisie et l'esprit écolo : Prune, Cerise, Cannelle, Tulipe...
- Les noms communs dont la sonorité vous inspire autant que le sens et que vous jugez symboliques et anticonformistes : Bohème, Toscane, Louve, Avril, Automne...
- Pour les filles, vous continuez parfois de prendre le contre-pied en piochant chez les garçons, mais à l'anglo-saxonne s'il vous plaît ! Joe, Ali, Sacha...

Retrouvez les prénoms bobos au fil du livre indiqués par B

Si vous avez plus de △

Vous êtes plutôt POP

P

Véritable télévore, vous aimez le grand spectacle, le sport, le cinéma.

Influencé par l'art populaire (quelles qu'en soient les formes) et la culture américaine, vous êtes un « produit de votre temps ».

Connecté, vous consultez les réseaux sociaux et lisez la presse féminine, GQ ou *Vanity Fair* autant que la presse people, les quotidiens et *L'Équipe*.

Les prénoms à tendance anglo-saxonne constituent pour vous une source d'inspiration à travers :

- Les séries télévisées et le cinéma : Derek, Mérédith...
- Les icônes pop (chanteurs, acteurs, sportifs ou « modeuses ») : Marylin, Pippa, Ryan, Kate...
- Aux prénoms de ces stars emblématiques, il peut vous arriver de préférer ceux de leurs enfants : Lili-Rose (Vanessa Paradis et Johnny Depp), Ben (Charlotte Gainsbourg et Yvan Attal)...
- Et si vous quittez les influences venues d'outre-Atlantique ou d'outre-Manche pour l'Italie, le Brésil ou les pays de l'Est, c'est parce que vos stars viennent d'ailleurs : Zlatan, Gisèle...
- Néanmoins, vous suivez aussi la tendance et vous dirigez parfois vers des prénoms doux et riches en voyelles qui s'inscrivent dans un courant plus populaire et qui ne stigmatiseront pas votre enfant : Théo, Hugo, Lilou, Mathias...

Retrouvez les prénoms pop au fil du livre indiqués par P

Si vous avez plus de

□

Vous êtes plutôt CHIC

C

Vous avez été élevé dans le respect des valeurs et des traditions familiales, et vous souhaitez transmettre à vos enfants les mêmes principes de vie. Vous choisissez des prénoms simples et de bon goût qui ne se font pas remarquer par leur originalité, mais constituent pour vous une valeur sûre, car passés dans l'usage.

Vous puisez donc votre inspiration :

• Dans les prénoms bibliques dont vous aimez la sonorité : Paul, Pierre, Simon...

• Dans les prénoms royaux dont le classique chic signe un certain standing : Blanche, Alix, Marie, Marguerite, Charles... Ces derniers peuvent être reliés à la veine médiévale : Aliénor, Guillaume, Grégoire, Mathilde, Geoffroy...

• Et si vous quittez la royauté, c'est pour vous rapprocher des héros de l'Antiquité : Olympe, Hippolyte...

• De toute façon, il existe un répertoire qui n'appartient qu'à vous, signant votre appartenance à une certaine catégorie sociale à l'instar d'un blason : Constance, Côme, Victoire, Hermine...

• Et c'est sans oublier un autre type de forme nominative qui peut aussi constituer votre signature, le prénom composé : Pierre-Alexandre, Anne-Charlotte, Charles-Emmanuel...

Retrouvez les prénoms chic au fil du livre indiqués par C

Si vous avez plus de

○

Vous êtes plutôt VOYAGEUR

V

Vous êtes attaché à vos racines d'où qu'elles soient : d'une province française ou d'une contrée éloignée. Quand bien même vous ne viendriez pas de plus loin, vous avez vécu en dehors de l'Hexagone, êtes passionné par les langues et les cultures étrangères et/ou par la France et ses richesses. Vous vous considérez comme un citoyen du monde et élèverez votre enfant dans le même esprit. Voilà pourquoi vous souhaitez dès maintenant lui offrir un prénom faisant montre d'une certaine ouverture sur le monde ou renvoyant joliment à votre pays ou province d'origine.

C'est votre façon à vous d'honorer un patrimoine, qu'il soit réel ou dû à un coup de cœur :

• En fonction de vos origines ou inclinations, vous allez piocher dans les prénoms d'Afrique noire, du Maghreb, des Antilles, de Polynésie... : Aïssatou, Ramata, Jamila, Amal, Maéva...

• À moins que vous ne restiez en Europe et ne jetiez votre dévolu sur l'Italie ou l'Espagne et leurs sonorités rondes et... « so hype » : Chiara, Paola, Paloma, Pablo, Esteban, Andréa...

• Et puis il vous est possible aussi de choisir quelque trésor régional, qu'il soit basque, provençal ou breton : Maëlys, Nolwenn, Owen...

Retrouvez les prénoms voyageurs au fil du livre indiqués par V

Votre arbre généalogique

Arrière-grand-père : ....

Arrière-grand-mère : ....

Arrière-grand-père : ....

Arrière-grand-mère : ....

Grand-père : ....

Grand-mère : ....

Papa : ....

Frère/Sœur : ....

Frère/Sœur : ....

Frère/Sœur : ....

Arrière-grand-père :

Arrière-grand-mère :

Arrière-grand-père :

Arrière-grand-mère :

Grand-père :

Grand-mère :

Maman :

Prénom de Bébé :

LISTE DE PRÉNOMS

Le choix de Papa

· LISTE DE PRÉNOMS ·

Le choix de Maman

♡ ....

♡ ....

♡ ....

♡ ....

♡ ....

♡ ....

♡ ....

♡ ....

♡ ....

♡ ....

Le top 2023

Le top des prénoms les plus portés par les **PAPAS EN 2023** :

KÉVIN	PIERRE
JULIEN	VINCENT
FLORIAN	ADRIEN
ANTHONY	JÉRÉMY
GUILLAUME	MATHIEU

Top 20 des prénoms les plus portés par les petits garçons (2013-2023)

LUCAS	THÉO
LOUIS	MATHIS
HUGO	NOAH
ETHAN	CLÉMENT
LÉO	MAXIME
NATHAN	AXEL
NOLAN	THOMAS
ENZO	NOÉ
TIMÉO	MATHÉO
TOM	ROBIN

Top 20 des prénoms les plus portés par les petits garçons en 2023

GABRIEL	HUGO
LÉO	LUCAS
RAPHAËL	LIAM
ARTHUR	SACHA
LOUIS	AARON
JULES	LÉON
MAËL	ISAAC
ADAM	PAUL
GABIN	NATHAN
NOAH	NOÉ

Le top des prénoms les plus portés par les **MAMANS EN 2023** :

MARINE	AMANDINE
JULIE	AUDREY
ELODIE	AMÉLIE
CHARLOTTE	AURÉLIE
EMILIE	CÉLINE

Top 20 des prénoms les plus portés par les petites filles (2013-2023)

EMMA	AMBRE
CHLOÉ	LOUNA
MANON	LILOU
LÉA	ROMANE
LOLA	CLARA
CAMILLE	LOU
INÈS	ANAÏS
ZOÉ	LÉONIE
SARAH	CLÉMENCE
LÉNA	ALICIA

Top 20 des prénoms les plus portés par les petites filles en 2023

JADE	JULIA
LOUISE	LINA
EMMA	LOU
AMBRE	IRIS
ALICE	CHLOÉ
ALBA	AGATHE
ROSE	LÉA
ANNA	LÉNA
ROMY	CHARLIE
MIA	INÈS

PRÉNOMS DE Filles

Carnet rose des people 2024 par PARENTS

Adira River *(Fille de Serena Williams et Alexis Ohanian)*
Émeraude *(Fille de Brice Petit et sa conjointe)*
Holland *(Fille de RAC et Ireland Baldwin)*
Joy *(Fille de Silvia Notargiacomo et Denny Imbroisi)*
Louetta Isley *(Fille de Rumer Willis et Derek Richard Thomas)*
Maéna *(Fille d'Amandine Pellissard et Alexandre)*
Matilda *(Fille de Kaley Cuoco et Tom Pelphrey)*
Mia Victoria *(Fille de Jasmine Tooks et Juan David Borrerra)*
Niya *(Fille de Madja Magui et Mamadou Sakho)*
Noémie Nine *(Fille de Margaux Alexandra et Patrice Evra)*
Sasha *(Fille de Karine Ferri et Yoann Gourcuff)*
Tamalia *(Fille d'Alicia Ayliès et son conjoint)*
Thelma *(Fille d'Elisabeth et Folco Marchi)*
Tupelo *(Fille de Riley Keough et Ben Smith Peterson)*
Victoire *(Fille de Marie et Louis Ducret)*

SOMMAIRE

• Tous les prénoms de A à Z •

• Les tops 20 •

. TOP 20 .

Prénoms de stars

Qui dit « star » dit souvent cinéma. Qu'il s'agisse d'un prénom authentique dont les sonorités poussent au rêve (Uma…), ou d'un prénom choisi pour son aura et sa capacité à starifier (Marilyn), il est une composante de l'identité « publique » de l'actrice. Aujourd'hui, d'autres figures de la culture pop sont devenues des emblèmes du glamour. Cinéastes à la filmographie « hype » ; icônes de mode, top-modèles : le simple fait de les prénommer suffit à les identifier. À vous de les reconnaître !

Adèle
Barbie
Bella
Charlotte
Christy
Cindy
Gloria
Grace
Greta
Jenna
Kate
Kylie
Lily-Rose
Linda
Marilyn
Margot
Marion
Naomi
Rosalia
Selena

A

P

Abby

Abbi, Abbie, Aby

Étymologie : de l'hébreu : « père de la foule et des croyants ». Ce diminutif d'Abigaël est devenu un prénom dans les pays anglo-saxons.
Fête : 20 février - Couleur : vert - Chiffre : 8
Caractère : généreuse, courageuse et… drôle !
Personnages célèbres : de *Côte Ouest* aux *Feux de l'amour*, nombre de séries américaines ont leur « Abby ».
Fréquence : répandu aux États-Unis, au Royaume-Uni, où il est même devenu mixte, il est encore relativement rare en France, mais pourrait suivre cette tendance. - Évolution : =

C

Abélia

Abbée, Abélie, Abély

Étymologie : de l'hébreu « souffle vital », ou *ab* : « père » et *el* : « Dieu ». Ce prénom correspond à la forme espagnole et italienne d'Abelie, féminin d'Abel.
Fête : 5 août - Couleur : jaune - Chiffre : 7
Caractère : Abélia est organisée, enthousiaste et dotée d'un certain esprit pratique. Elle est la capitaine idéale d'une équipe sportive ou d'une bande de filles !
Fréquence : rare - Évolution : =
Âge moyen : 12 ans

C

Abeline

Abelina, Abelinia, Abelinde, Abelinda

Étymologie : de l'hébreu « souffle vital » ou *ab* : « père » et *el* : « Dieu ». Il est aussi considéré

comme un prénom d'origine basque, car plus majoritairement représenté dans cette région, mais reste assez ancien.
Fête : 5 août - **Couleur :** jaune - **Chiffre :** 3
Caractère : sociable, charmante, Abeline a toutes les qualités pour briller dans le « monde ». Elle est émotive et tendre.
Fréquence : rare - **Évolution :** ↘

P

Abella

Abelle, Abellia, Abelone

Étymologie : de l'hébreu « souffle vital » ou *ab* : « père » et *el* : « Dieu ».
Fête : 5 août - **Couleur :** jaune - **Chiffre :** 3
Caractère : Abella est douce et délicate.
Fréquence : très rare - **Évolution :** ↘

B

Abigail

Abigaëlle, Abigaël, Abigaïline, Abygaël, Abygaëlle, Avigaël

Étymologie : de l'hébreu *abigahel* : « ma joie est en Dieu ». Le roi David, dix siècles avant J.-C., devra attendre qu'Abigaël soit veuve pour l'épouser. Il l'emmène avec lui chez les Philistins... et la perd : les terribles Alamécites capturent Abigaël. David est alors contraint à la guerre pour la délivrer. C'est sous cette forme que le prénom est le plus porté en Israël.
Fête : 29 décembre - **Couleur :** bleu - **Chiffre :** 1
Caractère : très indépendante et courageuse, elle est capable de faire preuve d'une grande énergie et de beaucoup de détermination !
Personnage célèbre : une des prétendues sorcières de Salem, qui fut brûlée vive au XVIIIe siècle.
Fréquence : répandu - **Évolution :** ↗
Âge moyen : 12 ans

B

Abondance

Abondancia, Abudancia, Abundantia

Étymologie : du latin *abundantia* : « affluence ».
Couleur : rose - **Chiffre :** 3
Caractère : Abondance n'est pas si prodigue que son prénom le laisse à penser. La gestion fait au contraire partie de ses points forts. Audacieuse, énergique, elle aime la découverte et possède un fort tempérament.
Fréquence : très rare - **Évolution :** ↘

V

Abrama

Abra, Abrahama

Étymologie : de l'hébreu : « mère des croyants ».
Fête : 20 décembre - **Couleur :** bleu - **Chiffre :** 8
Caractère : Abrama est volontaire et indépendante. Très protectrice lorsqu'elle s'attache, elle est douée d'une intelligence humaine notable.
Fréquence : très rare - **Évolution :** ↘

B

Acacia

Acacya

Étymologie : du grec : « fleur protectrice du mal ».
Fête : 5 octobre (Sainte-Fleur)
Couleur : jaune - **Chiffre :** 7
Caractère : Acacia est humaine, ouverte d'esprit, généreuse. Parfois un peu rêveuse, elle peut cependant faire preuve d'une certaine droiture.
Fréquence : très rare - **Évolution :** =
Âge moyen : 2 ans

V

Acantha

Acanthe, Acanthia, Acantine, Acantina

Étymologie : du latin : « innocence ».
Couleur : le violet - **Chiffre :** 5
Caractère : Acantha est douce et réservée,

mais d'une grande force intérieure.
Fréquence : très rare - Évolution : ↘

B

Acmée

Acmé, Acméa

Étymologie : du grec : « pointe ». Ce prénom est un nom commun désignant l'apogée de quelque chose.
Couleur : rouge - Chiffre : 6
Caractère : toujours en quête de connaissances, Acmée est tolérante, facile à vivre et d'une grande gentillesse.
Fréquence : très rare - Évolution : =

C

Ada

Adda

Étymologie : du germanique *ed* : « richesses ». Ce prénom fut porté par une abbesse de Sainte-Marie du Mans du VIIe siècle. Ce prénom correspond à la forme latine d'Édith.
Fête : 4 décembre - Couleur : bleu - Chiffre : 2
Caractère : Ada est douce, vive, gaie et d'une rare générosité.
Personnage célèbre : Ada, l'héroïne éponyme du roman *Ada ou l'Ardeur* de Nabokov.
Fréquence : rare - Évolution : ↗
Âge moyen : 65 ans

V

Adam

Adamma

Étymologie : de l'hébreu : « terre rouge ». Ce prénom correspond à la forme féminine d'Adam.
Fête : 6 mai - Couleur : rouge - Chiffre : 1
Caractère : Adama est loyale, diplomate, réceptive, sociable et pleine de bonté.
Fréquence : rare - Évolution : ↗
Âge moyen : 16 ans

P

Adela

Adella

Étymologie : du germanique *adal* : « noble » et *haid* : « bruyère ». C'est au Pays basque que ce prénom est le plus couramment attribué.
Fête : 24 décembre - Couleur : jaune - Chiffre : 9
Caractère : Adela allie courage et indépendance à une forte curiosité. Son appétit pour la vie est intense et la rend très charismatique.
Fréquence : rare - Évolution : ↗
Âge moyen : 39 ans

C

Adélaïde

Adelaida, Adelaig

Étymologie : du germanique *adal* : « noble » et *haid* : « bruyère ». Adélaïde est un prénom marqué sous le sceau de l'aristocratie, de la fille du roi Louis XV à aujourd'hui. Son style « Grand Siècle » en fait un prénom à part.
Fête : 16 décembre - Couleur : bleu - Chiffre : 5
Caractère : Adélaïde a des qualités de meneuse : l'énergie, la persévérance, l'efficacité, l'audace la caractérisent.
Personnages célèbres : la princesse Adélaïde, fille du roi Louis XV ; *Adélaïde du Guesclin*, pièce de Voltaire.
Fréquence : rare - Évolution : ↘
Âge moyen : 50 ans

B

Adèle

Adeau, Adela, Adelle, Adelita, Adoucha, Alida

Étymologie : du germanique *adal* : « noble ». Étymon d'Adélaïde ou son dérivé, ce prénom fut très en vogue au XIXe siècle. Victor Hugo a d'ailleurs prénommé ainsi sa fille.
Fête : 24 décembre - Couleur : jaune - Chiffre : 9

Caractère : Adèle est humaine, tolérante, généreuse et parfois tourmentée
Personnages célèbres : Adèle Hugo, interprétée au cinéma par Isabelle Adjani dans le désormais culte *L'Histoire d'Adèle H.* de Truffaut ; Adèle Blanc-Sec, l'héroïne BD de Tardi incarnée par Louise Bourgoin dans le film de Luc Besson ; Adèle Exarchopoulos, César du meilleur espoir féminin en 2014 pour son rôle éponyme dans *La Vie d'Adèle* d'Abdellatif Kechiche ; Adèle, la chanteuse anglaise.
Fréquence : répandu - **Évolution :** ↗
Âge moyen : 57 ans

P

Adélia

Adelya

Étymologie : du germanique *adal* : « noble ».
Fête : 24 décembre - **Couleur :** jaune - **Chiffre :** 9
Caractère : Adélia aime la découverte et sait faire preuve d'énergie et d'audace. Ce qui s'accorde parfaitement avec la pointe d'originalité qui la caractérise.
Fréquence : rare - **Évolution :** ↗
Âge moyen : 45 ans

C

Adeline

Adaline, Adelin, Adelina, Adelinda, Adelinde, Adéline, Adelise, Adelyne, Edeline

Étymologie : du germanique *adal* : « noble », et *lind* : « doux ».
Fête : 20 octobre - **Couleur :** rose - **Chiffre :** 5
Caractère : Adeline est dynamique, volontaire, courageuse et directive.
Personnage célèbre : la comédienne Adeline Blondieau (ex-madame Hallyday).
Fréquence : répandu - **Évolution :** ↘
Âge moyen : 32 ans

C

Adelphia

Adelphie, Adelphine

Étymologie : du grec *adelphos* : « frère », *adelphi* : « sœur ». Ce prénom correspond à une forme féminine d'Adelphe.
Fête : 11 septembre - **Couleur :** jaune - **Chiffre :** 6
Caractère : Adelphia est sociable, diplomate. La réussite est une notion qu'elle ne prend guère à la légère.
Fréquence : très rare - **Évolution :** ↘

B

Adonia

Adonya

Étymologie : du grec : « belle ». Ce prénom correspond à la forme féminine d'Adonis, réputé, dans la mythologie grecque, pour être d'une grande beauté et l'amant d'Aphrodite.
Couleur : rouge - **Chiffre :** 8
Caractère : Adonia est habile, ambitieuse. Pourvue d'un leadership incontestable, c'est un être passionné.
Fréquence : très rare - **Évolution :** =

P

Adora

Adorra, Adhora, Adoria, Adoration

Étymologie : du latin : « adorée ».
Couleur : jaune - **Chiffre :** 3
Caractère : Adora est dotée d'un charme proche de l'irrésistible. Bien sûr, elle s'offre le luxe de faire certains caprices, mais cela lui va si bien.
Fréquence : très rare - **Évolution :** ↘

C

Adou

Amadou

Étymologie : ce prénom est un diminutif d'Amadou, forme africaine d'Aimée.

Couleur : vert - Chiffre : 6
Caractère : Adou est loyale, fidèle et réfléchie.
Fréquence : rare - Évolution : =

B

Adrastée

Adrastéa

Étymologie : vient du grec, c'est le nom de la nymphe qui a pris soin de Zeus lorsqu'il était enfant.
Couleur : rose - Chiffre : 4
Caractère : Adrastée est rêveuse, c'est une grande sentimentale, affectueuse et humaine.
Fréquence : très rare - Évolution : =

V

Adria

Hadria

Étymologie : du grec *Adrianos* et du latin *Adrianus*, qui fut le nom d'une famille romaine originaire d'Adria, une ville de Vénétie. Cette ville aurait donné son nom à la mer Adriatique.
Couleur : bleu - Chiffre : 7
Caractère : Adria est dans le pragmatisme et la communication. Efficacité est son maître mot.
Fréquence : très rare - Évolution : =

C

Adriana

Adriane, Adriena, Adrienah, Arienne

Étymologie : du grec *Adrianos* et du latin *Adrianus*, qui fut le nom d'une famille romaine originaire d'Adria, une ville de Vénétie. Cette ville aurait donné son nom à la mer Adriatique. Adriana est très répandu en Italie, dans les pays hispanophones et lusophones.
Fête : 8 septembre - Couleur : bleu - Chiffre : 7
Caractère : Adriana aime les prises de décision, est pragmatique, optimiste. Elle parvient à être à la fois dans la créativité et dans l'action.
Personnage célèbre : Adriana Karembeu, ancien mannequin, ambassadrice de la Croix-Rouge et actrice.
Fréquence : répandu - Évolution : =
Âge moyen : 16 ans

P

Adrienne

Adriana, Adrianne, Adrienna

Étymologie : du grec *Adrianos* et du latin *Adrianus*, qui fut le nom d'une famille romaine originaire d'Adria, une ville de Vénétie. Cette ville aurait donné son nom à la mer Adriatique.
Fête : 8 septembre - Couleur : bleu - Chiffre : 7
Caractère : ambitieuse, déterminée et très exigeante. Adrienne n'a rien à envier à son homologue masculin.
Personnages célèbres : la chanteuse Adrienne Pauly ; Adrienne Lecouvreur, célèbre tragédienne du XVIIIe siècle ; Adrienne Bolland, pionnière de l'aviation.
Fréquence : répandu - Évolution : ↘

V

Aëlaig

Aëllaig, Aelaig

Étymologie : du grec *eggelos* : « messager ». Ce prénom correspond au diminutif d'Aelle, forme bretonne d'Angèle. En Bretagne, il est souvent écrit sans tréma.
Fête : 27 janvier - Couleur : bleu - Chiffre : 8
Caractère : imaginative, curieuse, vive : Aëlaig tient farouchement à son indépendance.
Fréquence : rare - Évolution : =

V

Aëlle

Aelez, Aelezig

Étymologie : du grec *eggelos* : « messager ». Ce prénom correspond à une forme bretonne

d'Angèle. En Bretagne, il est écrit sans tréma la plupart du temps.
Fête : 27 janvier - Couleur : bleu - Chiffre : 8
Caractère : Aëlle est affectueuse, imaginative, secrète et prudente.
Fréquence : rare - Évolution : ↗

V

Aésa

Aéssa

Étymologie : de l'hébreu : « Dieu est plénitude ». Ce prénom correspond à la forme bretonne d'Isabelle.
Fête : 22 février - Couleur : jaune - Chiffre : 3
Caractère : Aésa est féminine, sensible, généreuse et idéaliste.
Fréquence : rare - Évolution : =
Âge moyen : 5 ans

C

Agathe

Agatella, Agatha, Agatta, Agafia, Agace, Agacia, Agato, Ageda, Agueto

Étymologie : du grec *agathè, agathos* : « bon ». Ce prénom est une variante typiquement française d'Agatha, devenu un classique des milieux bourgeois depuis 1980.
Fête : 5 février - Couleur : violet - Chiffre : 6
Caractère : Agathe est sensible, bienveillante, philanthrope mais parfois rebelle.
Fréquence : répandu - Évolution : ↘
Âge moyen : 23 ans

V

Agda

Agasha, Agenetti, Hagda

Étymologie : du grec *agathè, agathos* : « bon ». Ce prénom correspond à la forme scandinave d'Agathe.
Fête : 5 février - Couleur : violet - Chiffre : 6
Caractère : Agda est bonne conseillère. Véritable pacificatrice, elle est consciencieuse et bienveillante.
Fréquence : très rare - Évolution : ↘

V

Aggie

Agie, Aggi, Aggy, Akeneki

Étymologie : du grec *agathè, agathos* : « bon ». Ce prénom correspond à un diminutif du prénom Agathe devenu un prénom à part entière, plus répandu dans les pays anglo-saxons.
Fête : 5 février - Couleur : bleu - Chiffre : 6
Caractère : Aggie est responsable et mature. Elle a horreur des conflits.
Personnage célèbre: Aggie, héroïne éponyme de la BD créée par Hal Rasmusson, en 1946, dans le *Chicago Herald Tribune* et apparaissant en 1947 en France dans l'hebdomadaire *Fillette*.
Fréquence : très rare - Évolution : =

C

Aglaé

Aglaée, Aglaïa, Aglaïane

Étymologie : du grec *aglaia* : « qui est claire ». Ce prénom est celui de la plus jeune des trois Grâces de la mythologie grecque.
Fête : 14 mai - Couleur : orange - Chiffre : 7
Caractère : Aglaé est compatissante, sensible et rusée mais aussi volontaire.
Personnages célèbres : Aglaé Jarry, qui fonda l'Union des femmes ; Aglaé, personnage d'*Aglaé et Sidonie*, célèbre série d'animations pour enfants des années 60/70.
Fréquence : rare - Évolution : ↗
Âge moyen : 34 ans

C

Agnès

Agnela, Agnesa, Agnesina, Agneska, Nessa, Nessi, Agneti

Étymologie : du grec *agnè* : « chaste ». Ce prénom a été rendu illustre par une martyre romaine du IVe siècle, devenue la patronne des fiancées.

Fête : 21 janvier - **Couleur :** vert - **Chiffre :** 10

Caractère : Agnès est émotive, susceptible, mais aussi autonome, autoritaire et dotée d'un bel esprit d'innovation.

Personnages célèbres : l'héroïne de *L'École des femmes de Molière* ; Agnès Sorel, maîtresse de Charles VII, qui joua un rôle politique dans la reconstruction de la France ; Agnès Varda, cinéaste ; Agnès Jaoui, actrice, scénariste et réalisatrice ; Mademoiselle Agnès, chroniqueuse mode TV et productrice.

Fréquence : répandu - **Évolution :** ↘

Âge moyen : 55 ans

B

Agrippine

Agrippa, Agripinna

Étymologie : du latin *Agrippa*, du nom d'une illustre famille romaine. Ce prénom fut porté par des princesses romaines du Ier siècle : Agrippine l'Aînée (mère de Caligula) et Agrippine la Jeune, fille du général Germanicus, mère de Néron. Ce prénom antique chargé d'histoire fut peu attribué, mais resta très connu.

Fête : 23 juin - **Couleur :** orange - **Chiffre :** 5

Caractère : Agrippine est quelque peu autoritaire certes, mais c'est une femme d'action, indépendante et très dynamique.

Personnage célèbre : Agrippine, héroïne de la BD du même nom écrite par Claire Bretécher.

Fréquence : très rare - **Évolution :** ↘

V

Aïcha

Aïsha, Aishah, Aisia, Aisiah, Asha, Ashah

Étymologie : de l'arabe : « vivante, pleine de vitalité ». Aïcha est la troisième épouse de Mahomet. Considérée comme l'une des femmes les plus importantes de l'Histoire, elle fut une savante reconnue et mourut à 18 ans.

Couleur : jaune - **Chiffre :** 5

Caractère : fine, toujours avide de connaissances, Aïcha est pourvue d'une personnalité qui ne laisse personne indifférent.

Personnage célèbre : l'héroïne éponyme de la chanson de Khaled.

Fréquence : répandu - **Évolution :** ↘

Âge moyen : 30 ans

V

Aïda

Étymologie : de l'arabe : « récompense ».

Couleur : bleu - **Chiffre :** 6

Caractère : Aïda est une femme déterminée, idéaliste, courageuse et bonne.

Personnage célèbre : l'héroïne éponyme de l'opéra de Verdi, qui raconte l'amour impossible entre la fille du roi d'Éthiopie, esclave de la fille du Pharaon et un jeune général égyptien. Comme Roméo et Juliette, ils ne seront réunis que dans la mort.

Fréquence : rare - **Évolution :** ↗

Âge moyen : 31 ans

P

Aileen

Étymologie : du grec *helénê* : « le flambeau », de la famille d'*helios* : « le soleil ». Ce prénom correspond à une des formes anglo-saxonnes d'Hélène, peu répandue en France, mais assez représentée aux États-Unis.

Fête : 18 août - Couleur : jaune - Chiffre : 1
Caractère : Aileen est exigeante, travailleuse et a toujours besoin d'activité.
Fréquence : rare - Évolution : ↗
Âge moyen : 7 ans

C

Aimée

Aimie, Ama, Amma, Amata

Étymologie : du latin *amata* : « aimée des Dieux ».
Fête : 20 février - Couleur : blanc - Chiffre : 1
Caractère : Aimée incarne parfaitement son prénom : bienveillante, désintéressée, elle suscite l'affection d'autrui. Dotée d'une belle intelligence humaine, Aimée sait faire confiance à son intuition.
Personnage célèbre : Aimée van de Wiele, claveciniste belge.
Fréquence : rare - Évolution : ↗

V

Aïssa

Aicha, Ayse, Aïche

Étymologie : de l'hébreu : « Dieu sauve ». Aïssa est considéré comme un prénom arabe, mais tire son origine de *Yehoshua* : « Jésus » en français. Aïssa correspond à une variante d'Aïcha.
Couleur : jaune - Chiffre : 5
Caractère : Aïssa est tenace, fiable. Elle a le sens du devoir et de l'engagement.
Fréquence : rare - Évolution : ↗
Âge moyen : 28 ans

V

Aïssatou

Aïcha, Ayse, Aïche

Étymologie : de l'hébreu : « Dieu sauve ». Aïssatou est considéré comme un prénom arabe, mais tire son origine de *Yehoshua*, « Jésus ».
Couleur : jaune - Chiffre : 5
Caractère : Aïssatou est une véritable séductrice, combattive, intelligente et ambitieuse.
Personnages célèbres : Aïssatou Cissé, romancière sénégalaise.
Fréquence : répandu en Afrique noire
Évolution : ↗ - Âge moyen : 15 ans

P

Alba

Albe, Alva

Étymologie : du latin *alba* : « blanche ». Ce prénom renvoie à la ville antique d'Albe, alors grande rivale de Rome et qui devait son nom à la colline crayeuse sur laquelle elle était construite. Ses falaises étant blanches, c'est en référence à cette signification que le terme « Albion » était employé par les anciens pour désigner l'Angleterre. Alba signifie également « aube » en italien et en espagnol et, par conséquent, est plus usité dans les pays du monde parlant ces langues.
Fête : 22 juin - Couleur : gris - Chiffre : 8
Caractère : Alba est organisée, aime la spiritualité. Elle a l'esprit sagace et aime l'originalité.
Fréquence : rare - Évolution : ↗
Âge moyen : 36 ans

C

Albane

Albana, Albina, Albinia, Albinka, Aubaine

Étymologie : du latin *alba* : « blanche ». Ce prénom renvoie à la ville antique d'Albe, alors grande rivale de Rome et qui devait son nom à la colline crayeuse sur laquelle elle était construite. Ses falaises étant blanches, c'est en référence à cette signification que le terme « Albion » était employé par les anciens pour désigner l'Angleterre. Ce prénom correspond à la forme féminine d'Alban.
Fête : 22 juin - Couleur : gris - Chiffre : 8

Caractère : passionnée, entière, Albane sait se donner les moyens de ses ambitions. Elle sait faire preuve d'une extrême habileté et se montrer forte face à l'adversité.
Personnage célèbre : Albane de Saint-Rémy, peintre.
Fréquence : rare - **Évolution :** ↗
Âge moyen : 19 ans

B

Alberte

Alberta, Adalberta, Adalberte, Elberta

Étymologie : du germanique *al* : « noble » et *bert* : « brillant ». Ce prénom est la version féminine d'Albert.
Fête : 15 novembre - **Couleur :** bleu - **Chiffre :** 5
Caractère : Alberte, à l'instar de son autre forme, Albertine, est une rêveuse guidée par son imagination.
Personnage célèbre : Alberte de Rubempré, maîtresse de Stendhal et surnommée « Mme Azur ».
Fréquence : rare - **Évolution :** =

B

Albertine

Albertina, Elbertina

Étymologie : du germanique *al* : « noble » et *bert* : « brillant ». Ce prénom est la version féminine d'Albert, très à la mode au début du XXe siècle.
Fête : 15 novembre - **Couleur :** bleu - **Chiffre :** 5
Caractère : Albertine est une rêveuse à qui le monde réel ne suffit pas.
Personnages célèbres : *Albertine disparue*, le sixième tome d'*À la recherche du temps perdu*, l'œuvre de Proust.
Fréquence : rare - **Évolution :** ↗

V

Albina

Albine

Étymologie : du latin *alba* : « blanche ». Comme le prénom Albane, il renvoie aux falaises blanches de la ville antique d'Albe. Le « a » final la consacre italienne, ou hispanique, alors que la terminaison en « e » correspond davantage à l'usage français.
Fête : 22 juin - **Couleur :** gris - **Chiffre :** 8
Caractère : Albina est enthousiaste, a l'esprit pratique et aime la communication.
Personnage célèbre : Albina Ruiz, célèbre figure de l'écologie et de l'économie en Amérique du Sud.
Fréquence : rare - **Évolution :** ↘
Âge moyen : 65 ans

V

Albinig

Allbinnig, Albinnig, Allbinig

Étymologie : du latin *alba* : « blanche ». Ce prénom renvoie à la ville antique d'Albe, alors grande rivale de Rome et qui devait son nom à la colline crayeuse sur laquelle elle était construite. Albinig est la forme bretonne d'Albane.
Fête : 22 juin - **Couleur :** gris - **Chiffre :** 8
Caractère : Albinig est douce, émotive et réservée.
Fréquence : très rare - **Évolution :** =

V

Alda

Alida

Étymologie : du germanique *ald* : « ancienne ».
Fête : 26 avril - **Couleur :** bleu - **Chiffre :** 9
Caractère : Alda est la lucidité même. Elle est simple et droite, réfléchie, habile et curieuse.
Personnage célèbre : Alda Merini, poétesse.
Fréquence : rare - **Évolution :** ↘

P

Aléna

Alaina

Étymologie : son origine n'est pas certaine ; du celtique : « juste, beau », « colonne » en hébreu, ou encore « originaire d'Alanie ».

Couleur : rouge - **Chiffre :** 7

Caractère : Aléna est opiniâtre, juste et loyale.

Personnage célèbre : Aléna Baeva, violoniste russe.

Fréquence : rare - **Évolution :** ⇗

Âge moyen : 9 ans

P

Alessia

Alesia

Étymologie : du grec *alexein* : « défendre » et *andros* : « homme ». Signifie par extension : « qui protège l'humanité ». Alessia n'est pas une variante d'Alexia, mais d'Alexandra, dont il est le dérivé italien. Il est couramment attribué.

Fête : 17 février - **Couleur :** blanc - **Chiffre :** 7

Caractère : Alessia est exigeante, influente et a un grand sens de la famille.

Fréquence : rare - **Évolution :** ⇗

Âge moyen : 14 ans

B

Aleth

Alette

Étymologie : du latin : « qui a des ailes ». Ce prénom fut porté au XIIe siècle, par la mère de saint Bernard et de sainte Ombeline. Elle était mariée à Tescelin et mère de sept enfants.

Fête : 4 avril - **Couleur :** bleu - **Chiffre :** 1

Caractère : Aleth a les qualités d'une idéaliste : elle est rêveuse, mais aussi altruiste et courageuse.

Fréquence : rare - **Évolution :** ⇘

Âge moyen : 59 ans

P

Alex

Étymologie : du grec *alexein* : « défendre », et *andros* : « homme ». Signifie par extension « qui protège l'humanité ».

Fête : 20 mars - **Couleur :** vert - **Chiffre :** 3

Caractère : Alex est exigeante, influente et a un grand sens de la famille.

Personnage célèbre : le personnage du dessin animé *Totally Spies.*

Fréquence : rare - **Évolution :** ⇘

Âge moyen : 25 ans

P

Alexa

Étymologie : du grec *alexein* : « défendre » et *andros* : « homme ». Signifie par extension « qui protège l'humanité ». Ce prénom est une forme dérivée d'Alexia.

Fête : 20 mars - **Couleur :** vert - **Chiffre :** 3

Caractère : Alexa aime le savoir, l'intelligence, la méditation et la sagesse.

Personnage célèbre : Alexa Chung, *it girl*, animatrice télé, mannequin.

Fréquence : rare - **Évolution :** ⇘

Âge moyen : 26 ans

C

Alexandra

Aléandra, Aleksandra, Alessandra, Alexandréa, Alexandria

Étymologie : du grec *alexein* : « défendre », et *andros* : « homme ». Signifie par extension « qui protège l'humanité ».

Fête : 20 mars - **Couleur :** vert - **Chiffre :** 8

Caractère : le caractère d'Alexandra peut parfois sembler étonnant. Très travailleuse, elle est combative. Elle peut sembler ployer, mais ne rompt jamais.

Personnages célèbres : Alexandra Lamy, comé-

dienne ; Alexandra David-Neel, journaliste et exploratrice, première femme à être allée au Tibet.
Fréquence : répandu - **Évolution :** =
Âge moyen : 28 ans

C

Alexandrine

Alexandrina

Étymologie : du grec *alexein* : « défendre » et *andros* : « homme». Signifie par extension « qui protège l'humanité ». À l'instar d'Alexandra, ce prénom est une forme féminine d'Alexandre.
Fête : 20 mars - **Couleur :** rouge - **Chiffre :** 6
Caractère : Alexandrine est habile, ambitieuse, très volontaire et courageuse. Brillante, dotée d'un incontestable esprit analytique, elle peut se montrer excessive et jalouse.
Personnages célèbres : Alexandrine, la chanteuse d'opérette, à qui l'on doit le fameux refrain « Vous n'aurez pas l'Alsace et la Lorraine » ; Alexandrine Le Normant d'Étiolles, fille de la marquise de Pompadour.
Fréquence : rare - **Évolution :** =
Âge moyen : 73 ans (son inscription dans la vogue des prénoms rétros lui donne un regain de souffle et devrait la rajeunir)

P

Alexane

Alexana, Alexanna, Alexanne

Étymologie : ce prénom correspond à la contraction d'Alex et d'Anne.
Fête : 17 février - **Couleur :** jaune - **Chiffre :** 7
Caractère : Alexane est habile, ambitieuse et passionnée. C'est une manageuse née.
Fréquence : rare - **Évolution :** ↘
Âge moyen : 12 ans

C

Alexia

Alexe, Alexya

Étymologie : du grec *alexein* : « défendre », et *andros* : « homme ». Signifie par extension « qui protège l'humanité ». Ce prénom semble avoir pris le relais d'Alexandra dans les années 90, s'inscrivant dans la popularité d'Alexis dont il est la forme féminine la plus évidente.
Fête : 17 février - **Couleur :** blanc - **Chiffre :** 7
Caractère : Alexia est intelligente et résolue.
Personnage célèbre : Alexia Laroche-Joubert, productrice TV.
Fréquence : répandu - **Évolution :** ↘
Âge moyen : 19 ans

P

Alexiane

Alexianne, Alexyane

Étymologie : du grec *alexein* : « défendre », et *andros* : « homme ». Signifie par extension « qui protège l'humanité ».
Fête : 17 février - **Couleur :** jaune - **Chiffre :** 7
Caractère : Alexiane est déterminée, ambitieuse et aime les raisonnements.
Fréquence : rare - **Évolution :** ↘
Âge moyen : 16 ans

P

Alexie

Alexi, Alexy

Étymologie : du grec *alexein* : « défendre », et *andros* : « homme ». Signifie par extension « qui protège l'humanité ». Ce prénom correspond à une nouveauté formée sur Alexis, le « e » marquant le féminin.
Fête : 17 février - **Couleur :** blanc - **Chiffre :** 7
Caractère : Alexie est intuitive et aime le relationnel, comme toute médiatrice-née.
Fréquence : rare - **Évolution :** =

B

Alexine

Alessina, Alexina, Alexyne

Étymologie : du grec *alexein* : « défendre » et *andros* : « homme ». Signifie par extension « qui protège l'humanité ». Comme Alexiane et Alexane, Alexine est une nouveauté formée sur Alexis ou Alexia, que l'on a pourvue du suffixe « ine » ; on peut la considérer comme une réduction d'Alexandrine.
Fête : 17 février - **Couleur :** jaune - **Chiffre :** 7
Caractère : Alexine est intelligente et pourvue d'un esprit logique, avide de savoir.
Fréquence : rare - **Évolution :** ↘
Âge moyen : 55 ans

V

Alia

Aliya, Aliye, Allia

Étymologie : de l'arabe : « sublime, éminente ».
Couleur : bleu - **Chiffre :** 3
Caractère : Alia est dynamique, curieuse et charismatique.
Fréquence : rare - **Évolution :** ↗
Âge moyen : 16 ans

C

Alice

Alis, Alles, Allice, Allyce, Alye

Étymologie : du germanique *adal* : « noble ». Ce prénom pourrait être une forme dérivée d'Adélaïde.
Fête : 16 décembre - **Couleur :** jaune - **Chiffre :** 3
Caractère : Alice est très pragmatique, communicative, optimiste, un peu comme l'héroïne qui porte son nom.
Personnages célèbres : Alice, l'héroïne « au pays des merveilles » de Lewis Carroll ; la détective de 18 ans dont les aventures, éditées par la Bibliothèque verte, marquèrent les débuts du

TOP 20

Prénoms mixtes

Certains de ces prénoms sont mixtes depuis leur origine, d'autres sont des diminutifs familiers devenus des formes nominatives à part entière. Encore rare en France il y a quelques années, cette tendance des prénoms mixtes a traversé l'Atlantique et il est à présent plutôt branché de donner à une fille un prénom androgyne, voire masculin.

Aimée
Alex / Alexis
Andrée
Ange
Axelle
Camille
Charlie
Claude
Emmanuelle
Frédérique
Gabrielle
Gwen
Joëlle
Loïs
Lou
Louison
Maëlle
Raphaëlle
Sacha / Sasha
Swan / Swann

genre policier pour enfants et connurent leur heure de gloire dans les années 80-90.
Fréquence : répandu - **Évolution :** ↗
Âge moyen : 68 ans

P

Alicia

Alissia, Allicia, Allisia, Alysia, Alysha, Alyshia, Alysia, Ilysha

Étymologie : du germanique *adal*, « noble » ; cette forme latinisée d'Alice, très répandue outre-Atlantique, l'est ensuite devenue en France, par l'attrait de sa terminaison en « a ».
Fête : 16 décembre - **Couleur :** jaune - **Chiffre :** 3
Caractère : Alicia est très féminine, sensible, altruiste et très douée dans les disciplines artistiques. Capable d'être la meilleure élève et la chipie, elle ne laisse personne indifférent.
Personnages célèbres : Alicia Silverstone, actrice américaine ; Alicia Keys, chanteuse de R&B.
Fréquence : répandu - **Évolution :** ↘
Âge moyen : 19 ans

B

Aliette

Alyette

Étymologie : du latin : « qui a des ailes ».
Fête : 4 avril - **Couleur :** bleu - **Chiffre :** 1
Caractère : Aliette est charismatique, sociable, calme et réservée.
Fréquence : rare - **Évolution :** ↗
Âge moyen : 69 ans

V

Alima

Alihma

Étymologie : de l'arabe : « sage, savante ».
Couleur : rose - **Chiffre :** 8
Caractère : Alima est réfléchie, intègre, altruiste et dévouée.
Fréquence : rare - **Évolution :** ↗
Âge moyen : 30 ans

P

Alina

Aleena, Alenah, Allyna, Alyna, Alynah.

Étymologie : du grec : « éclat du soleil ».
Fête : 18 août - **Couleur :** jaune - **Chiffre :** 4
Caractère : directive et énergique, Alina est une femme de décisions.
Fréquence : rare - **Évolution :** ↗
Âge moyen : 44 ans

P

Aline

Aleen, Alleen

Étymologie : du germanique *adal* : « noble » et *lind* : « doux ». Ce prénom est une contraction du prénom Adeline.
Fête : 20 octobre - **Couleur :** orange - **Chiffre :** 5
Caractère : Aline semble évoluer entre noblesse et douceur, comme l'y incline son étymologie.
Personnage célèbre : l'héroïne éponyme de la chanson de Christophe.
Fréquence : rare - **Évolution :** ↘
Âge moyen : 56 ans

V

Aliona

Aleonor, Aleonora, Alionka, Alioka

Étymologie : du grec *helénê* : « le flambeau », de la famille d'*helios* : « le soleil ». Ce prénom correspond à une forme russe d'Hélène.
Fête : 18 août - **Couleur :** jaune - **Chiffre :** 4
Caractère : Aliona est sensible, idéaliste, émotive et exigeante.
Fréquence : rare - **Évolution :** ↗
Âge moyen : 9 ans

V

Alisa

Alissa

Étymologie : du germanique *adal* : « noble ». Ce prénom correspond à la version italienne d'Alice, une religieuse cistercienne du XIIIe siècle.
Fête : 16 décembre - Couleur : jaune - Chiffre : 3
Caractère : Alisa est douce et sait faire preuve de sagacité, c'est aussi une grande philosophe.
Fréquence : rare - Évolution : ⬀
Âge moyen : 14 ans

V

Alison

Allicen, Allison, Alissone, Allyson, Alyson

Étymologie : du germanique *adal* : « noble ». Ce dérivé d'Alice, introduit en Angleterre par les Normands, est un prénom marquant des années 90, particulièrement dans le Nord de la France.
Fête : 11 juin - Couleur : jaune - Chiffre : 7
Caractère : Alison est charmante et tendre, mais aussi fantasque et capricieuse.
Personnage célèbre : Alison Lurie, romancière américaine qui remporta le prix Pulitzer en 1985 et le prix Femina étranger en 1989.
Fréquence : répandu - Évolution : ⬂
Âge moyen : 18 ans

C

Alix

Alixe, Alixen

Étymologie : du germanique *adal* : « noble ».
Fête : 9 janvier - Couleur : jaune - Chiffre : 1
Caractère : Alix est ordonnée, franche, généreuse et pragmatique.
Personnage célèbre : Alix Girod de l'Ain, auteur et célèbre plume du magazine *Elle*.
Fréquence : répandu - Évolution : ⬀
Âge moyen : 28 ans

P

Alizée

Alizé, Alizéa

Étymologie : de l'ancien français *alis* : « régulier, doux », du nom d'un vent soufflant sur les Caraïbes.
Couleur : bleu - Chiffre : 2
Caractère : persévérante, structurée, efficace et sécurisante, Alizée a une force rassurante auprès de son entourage.
Personnage célèbre : la chanteuse Alizée.
Fréquence : rare - Évolution : ⬂
Âge moyen : 14 ans

V

Allegra

Alegra, Alegrae

Étymologie : du latin : « joie ».
Couleur : orange - Chiffre : 8
Caractère : Allegra porte bien son nom : elle est pourvue dès le plus jeune âge d'une formidable joie de vivre.
Fréquence : très rare - Évolution : ⬀
Âge moyen : 14 ans

C

Alma

Almaé

Étymologie : du latin : « nourrissante, bienveillante ». Ce prénom fut porté par une jeune chrétienne galloise du VIe siècle, qui fut assassinée par un prétendant païen éconduit. *Alma mater* est le terme qui renvoie à la Vierge Marie, mère du Christ et mère nourricière par excellence. Cette expression désigne, par extension, les universités, qui sur le plan culturel nourrissent leurs étudiants.
Fête : 1er août - Couleur : le blanc - Chiffre : 7
Caractère : Alma est aussi passionnée que spontanée. Être entier, elle est tout en générosité.

Personnages célèbres : Alma Mahler, épouse du musicien Gustav Mahler ; Alma Hitchcock, épouse d'Alfred.
Fréquence : rare - **Évolution :** ↗
Âge moyen : 37 ans

B

Alphonsine

Alfonsa, Alphonsie

Étymologie : du germanique *adal* : « noble » et *funs* : « rapide ». Signifie « prêt pour la bataille ». Ce prénom est la forme féminine du prénom Alphonse, rendu illustre par un jésuite du XVIe siècle. C'est la vague des prénoms rétro, très présente dans les milieux bourgeois-bohème, qui le relance, à l'instar de nombreux prénoms féminins à la sonorité en « ine ».
Couleur : violet - **Chiffre :** 5
Caractère : Alphonsine est charismatique, persuasive, éloquente : toutes les qualités d'un être au charme incontestable.
Fréquence : rare - **Évolution :** ↘

V

Alya

Alyah

Étymologie : de l'arabe : « sublime, éminente » ; de l'hébreu : « qui monte ».
Couleur : bleu - **Chiffre :** 3
Caractère : Alya est enthousiaste, généreuse et pragmatique.
Fréquence : rare - **Évolution :** ↗
Âge moyen : 6 ans

V

Amal

Amel, Amelle

Étymologie : de l'arabe : « espoir ».
Couleur : jaune - **Chiffre :** 4
Caractère : Amal est idéaliste, intègre, dévouée, drôle et combative ; elle incarne parfaitement son prénom par son optimisme.
Personnage célèbre : Amal Alamuddin, avocate et épouse de George Clooney.
Fréquence : rare - **Évolution :** ↘
Âge moyen : 23 ans

V

Amalia

Ammalia, Amallia

Étymologie : du germanique *amal* : « puissant ». Ce prénom est formé sur un ancien prénom germanique, Amalberga. Amalia est la forme espagnole et portugaise d'Amélie.
Fête : 17 décembre - **Couleur :** violet - **Chiffre :** 9
Caractère : Amalia est audacieuse, dynamique et indépendante.
Personnage célèbre : Amalia Rodrigues, célèbre chanteuse de fado (1920-1999).
Fréquence : répandu - **Évolution :** ↘
Âge moyen : 45 ans

P

Amanda

Amandie, Mandy

Étymologie : du latin *amandus* : « à aimer ». Son diminutif, Mandy, est très populaire.
Fête : 9 juillet - **Couleur :** orange - **Chiffre :** 7
Caractère : Amanda est douée, entreprenante et extrêmement charismatique.
Personnages célèbres : Amanda Lear, l'une des muses de Dalí ; l'écrivain Amanda Sthers.
Fréquence : rare - **Évolution :** ↘
Âge moyen : 28 ans

C

Amandine

Amance, Amande, Amandyne

Étymologie : du latin *amandus* : « à aimer ». Forme féminine du prénom Amandin, dérivé d'Amand. C'est surtout dans les années 80 que ce prénom a véritablement percé en France.

Fête : 9 juillet - **Couleur :** orange - **Chiffre :** 7

Caractère : Amandine est astucieuse, originale, mais aussi démonstrative et extravertie.

Personnage célèbre : Amandine Bourgeois, chanteuse et gagnante de la Nouvelle Star.

Fréquence : répandu - **Évolution :** ↘

Âge moyen : 21 ans

B

Amarante

Amaranda, Amarande, Amaranthe,

Étymologie : du grec *amarantos* : « qui ne se flétrit pas ». Ces fleurs pourpres et automnales sont considérées comme des symboles d'immortalité. C'est la reine Christine de Suède qui lança ce prénom en l'adoptant comme surnom pour elle et créa même, en 1635, l'ordre de l'Amarante.

Fête : 5 octobre (Sainte-Fleur) - **Couleur :** rouge

Chiffre : 9

Caractère : Amarante est une esthète extrêmement perfectionniste, mutine et charmeuse.

Fréquence : très rare - **Évolution :** ↘

Âge moyen : 12 ans

B

Amaryllis

Étymologie : ce prénom fut attribué par Virgile à l'une des bergères de ses Bucoliques. Il fut aussi donné au XVIe siècle par des navigateurs, à la plante bulbeuse qu'ils découvrirent en Afrique du Sud et au Brésil. En Europe, une variété fut acclimatée et fut nommée « Amaryllis belle-dame ». On l'adopta ensuite comme prénom, évocateur de grâce, de délicatesse et de beauté.

Fête : 5 octobre (Sainte-Fleur) - **Couleur :** rose

Chiffre : 9

Caractère : Amaryllis est généreuse, altruiste, spontanée et coquette.

Fréquence : rare - **Évolution :** ↘

Âge moyen : 15 ans

P

Ambre

Ambar, Amber, Amberetta, Amberly, Ambrine, Ambur

Étymologie : de l'arabe *anbar* : « ambre gris », la substance odorante couramment utilisée en parfumerie. L'ambre jaune étant une pierre semi-précieuse, couramment utilisée dans l'ornementation de bijoux, on peut aussi penser que ce prénom s'y rapporte, même si son étymologie latine, *succinum*, permet d'en douter.

Couleur : vert - **Chiffre :** 3

Caractère : Ambre est communicative et sait imposer ses idées. Mais elle a aussi une imagination très fertile, inspirant la création.

Fréquence : répandu - **Évolution :** ↘

Âge moyen : 9 ans

B

Ambrine

Ambrina, Ambryne

Étymologie : de l'arabe *anbar* : « ambre gris », la substance odorante couramment utilisée en parfumerie. Ambrine est un dérivé récent du prénom Ambre.

Couleur : vert - **Chiffre :** 3

Caractère : Ambrine est active et déterminée, elle est faite pour réaliser de grands projets et ne baisse jamais les bras.

Fréquence : rare - **Évolution :** ↗

Âge moyen : 8 ans

V

Amélia

Amalia, Amelina, Amelinda, Ameline, Amelcia

Étymologie : du germanique *amal* : « puissant ». Ce prénom est formé sur un ancien prénom germanique, Amalberga. Amélia correspond à la forme italienne d'Amélie. En France, c'est en Corse et au Pays basque qu'il est le plus couramment attribué.

Fête : 17 décembre - Couleur : violet - Chiffre : 9

Caractère : Amélia est dynamique, courageuse, indépendante et curieuse.

Personnage célèbre : Amelia Earhart, pionnière de l'aviation américaine (1897-1937).

Fréquence : rare - Évolution : ↗

Âge moyen : 27 ans

P

América

Ameryca, Amerykah, Americah

Étymologie : de l'anglais : « Amérique ».

Couleur : jaune - Chiffre : 7

Caractère : América est déterminée, courageuse et ambitieuse.

Fréquence : très rare - Évolution : =

C

Amélie

Ameli, Amely, Amelys, Amilia

Étymologie : du germanique *amal* : « puissant » ; ce prénom est formé sur un ancien prénom germanique, Amalberga.

Fête : 17 décembre - Couleur : violet - Chiffre : 9

Caractère : Amélie est un être très sensible ; elle peut parfois se montrer calculatrice, mais ses intérêts étant, la plupart du temps, d'une grande générosité, cela ne lui retire en rien sa droiture ni sa magnanimité.

Personnages célèbres : Amélie Poulain, l'héroïne du film de Jean-Pierre Jeunet ; Amélie Nothomb, la romancière belge ; Amélie Mauresmo, championne de tennis ; le personnage féminin qui donne son nom à la pièce de Feydeau, *Occupe toi d'Amélie.*

Fréquence : répandu - Évolution : ↘

Âge moyen : 37 ans

B

Améthyste

Améthiste, Améthysta

Étymologie : du grec, c'est le nom de la pierre fine de couleur violette.

Couleur : bleu - Chiffre : 4

Caractère : Améthyste est déterminée, d'une grande finesse d'esprit. Elle est pourvue d'un grand sens de l'observation.

Fréquence : très rare - Évolution : ↗

Âge moyen : 5 ans

V

Amina

Ameena, Aminah, Amine, Amineh

Étymologie : de l'arabe amina : « loyale, digne de confiance ».

Couleur : blanc - Chiffre : 2

Caractère : Amina est un mélange idéal d'hédonisme et de sérieux, particulièrement en amour.

Fréquence : rare - Évolution : ↗

Âge moyen : 17 ans

V

Aminata

Étymologie : de l'arabe *amina* : « loyale, digne de confiance ». Ce prénom, qui correspond à la forme féminine d'Amin, est celui de la mère du prophète Mahomet, qui mourut très peu de temps après la naissance de son fils. Aminata est la version des pays d'Afrique noire de l'Amina maghrébine.

Couleur : jaune - **Chiffre :** 2
Caractère : Aminata est curieuse intellectuellement, courageuse, résolue et indépendante : c'est une femme de tête.
Personnage célèbre : Aminata Traoré, femme politique et écrivain malienne.
Fréquence : rare - **Évolution :** ⇗
Âge moyen : 17 ans

V

Amira

Étymologie : de l'arabe : « vie longue, destin prospère, prince ». Amira est la forme féminine d'Amir.
Couleur : vert - **Chiffre :** 4
Caractère : Amira est bienveillante, sage et bonne conseillère.
Fréquence : rare - **Évolution :** ⇗
Âge moyen : 13 ans

P

Amy

Aimee

Étymologie : du latin *amata* : « aimée des dieux ».
Fête : 20 février - **Couleur :** rouge - **Chiffre :** 3
Caractère : Amy est optimiste, créative et pragmatique.
Personnage célèbre : la chanteuse Amy Winehouse.
Fréquence : rare - **Évolution :** ⇗
Âge moyen : 15 ans

V

Anaë

Anaée

Étymologie : de l'hébreu *hannah* : « grâce » ; du japonais : « fleur ». On peut attribuer à ce prénom les deux origines. Ce prénom, considéré dans sa forme hébraïque, est né à la suite d'Anaëlle et fait partie de cette vogue des prénoms courts, apparus en France il y a quelques années.
Fête : 26 juillet - **Couleur :** bleu - **Chiffre :** 5
Caractère : Anaë est généreuse, très communicative et a de grandes qualités d'adaptation : un atout indéniable dans le monde professionnel.
Fréquence : rare - **Évolution :** ⇗
Âge moyen : 5 ans

V

Anaëlle

Anaë, Anaël, Annaëlle

Étymologie : de l'hébreu *hannah* : « grâce ». Ce prénom s'inscrit dans la mouvance des prénoms « 2 en 1 », formés par la combinaison d'Anne et d'une syllabe bretonnisante.
Fête : 26 juillet - **Couleur :** bleu - **Chiffre :** 5
Caractère : Anaëlle est une amie merveilleuse, à la gaieté contagieuse, éprise de fête et pétrie de joie de vivre.
Fréquence : répandu - **Évolution :** ⇗
Âge moyen : 12 ans

C

Anaïs

Naïs

Étymologie : de l'hébreu *hannah* : « grâce ».
Fête : 26 juillet - **Couleur :** bleu - **Chiffre :** 5
Caractère : Anaïs est dotée d'une grande imagination, est énergique, organisée et fait passer ses relations sentimentales en priorité.
Personnage célèbre : Anaïs Nin, la romancière américaine.
Fréquence : répandu - **Évolution :** ⇘
Âge moyen : 19 ans

V

Anastasia

Aanastaise, Anastasiane, Anasthasy, Anastasy, Aspasie, Astasie, Anastassia, Nasassia, Nastassia, Nastassya

Étymologie : du grec : « résurrection ». Ce prénom est la forme russe (mais aussi la plus portée) d'Anastasie.

Fête : 10 mars - Couleur : vert - Chiffre : 8

Caractère : méthodique et extrêmement pugnace, Anastasia est recherchée pour sa stabilité : elle constitue un repère pour ses proches.

Personnages célèbres : l'héroïne du film d'animation éponyme de 1997, inspiré par l'histoire de la fille de Nicolas II ; l'interprète américaine de *I'm Outta Love*.

Fréquence : rare - Évolution : ↘

Âge moyen : 17 ans

B

Anceline

Ancelyne

Étymologie : du germanique : « protégée du dieu Ans ». Anceline est la forme féminine d'Ancelin, dérivé d'Anselme.

Fête : 21 avril (Saint-Anselme) - Couleur : bleu

Chiffre : 9

Caractère : Anceline est travailleuse, volontaire, opiniâtre et rigoureuse.

Fréquence : très rare - Évolution : =

Âge moyen : 4 ans

C

Andréa

Andréane, Andréanne, Andreva, Andria, Drew

Étymologie : du grec : « courageux, viril ». Cette version d'Andrée se retrouve partout sur le plan international : Angleterre, Allemagne, Espagne et, en France, c'est en Corse et au Pays basque qu'on la retrouve le plus souvent. Ce prénom, relativement répandu, souffre néanmoins de la concurrence d'Andrea, prénom italien masculin, qui lui aussi commence à se répandre.

Fête : 19 juillet - Couleur : orange - Chiffre : 2

Caractère : Andréa est intelligente, indépendante, elle est encline à la méditation.

Personnages célèbres : Andréa Ferréol et Andréa Parisy, comédiennes.

Fréquence : répandu - Évolution : ↘

Âge moyen : 53 ans

B

Andrée

Étymologie : du grec : « courageux, viril ».

Fête : 19 juillet

Couleur : orange - Chiffre : 2

Caractère : Andrée est intuitive, parfois imprévisible, mais sait être résolue et fidèle.

Personnage célèbre : Andrée Chédid, poète et romancière française, mère de Louis Chédid et grand-mère de Mathieu Chédid.

Fréquence : répandu - Évolution : ↘

B

Anémone

Annamone, Annemone

Étymologie : du grec *anemonè* : « anémone », dérivé du substantif *anemos* : « vent ». Cette fleur a été nommée ainsi par les Grecs parce qu'elle s'ouvrait au moindre vent et répandait ainsi son pollen à l'envi. L'une des nymphes de la mythologie se prénomme ainsi en son honneur.

Fête : 5 octobre - Couleur : jaune - Chiffre : 4

Caractère : Anémone est aventureuse à l'extrême, très fantaisiste, drôle et passionnée.

Personnage célèbre : Anémone, comédienne française.

Fréquence : rare - Évolution : ↘

Âge moyen : 23 ans

C

Ange

Angel, Angy

Étymologie : du grec *aggelos* : « messager ».
Fête : 5 mai - **Couleur :** violet - **Chiffre :** 5
Caractère : Ange est humaine, tolérante et rêveuse.
Fréquence : rare - **Évolution :** ↗
Âge moyen : 60 ans

P

Angela

Angelia, Angelie, Angella, Angelle

Étymologie : du grec *agela* ou *eggela, eggelos* : « messagère ». Angela est la forme anglo-saxonne, italienne et espagnole d'Angèle. Ce prénom est très répandu dans chacun de ces pays.
Fête : 27 janvier - **Couleur :** violet - **Chiffre :** 8
Caractère : Angela est efficace, persévérante, compatissante et sécurisante.
Personnages célèbres : Angela Davis, militante américaine des droits de l'homme, titulaire en 2006 du prix Thomas Merton ; Angela Lansbury, actrice célèbre pour son rôle de Jessica Fletcher dans la série du même nom ; Angela Merkel, chancelière fédérale d'Allemagne.
Fréquence : rare - **Évolution :** ↗
Âge moyen : 37 ans

B

Angèle

Étymologie : du grec *agela* ou *eggela, eggelos* : « messagère ».
Fête : 27 janvier - **Couleur :** violet - **Chiffre :** 8
Caractère : Angèle est la médiatrice par excellence. Elle incarne parfaitement son prénom, pourvue d'un formidable don de communication.
Personnages célèbres : *Petite Angèle*, chanson de Daniel Balavoine ; Angèle Merici, fondatrice de l'ordre enseignant des Ursulines.
Fréquence : rare - **Évolution :** ↗

V

Angelina

Angeline

Étymologie : du grec *agela* ou *eggela, eggelos* : « messagère ».
Fête : 27 janvier - **Couleur :** violet - **Chiffre :** 8
Caractère : humaine, compatissante, déterminée, elle peut parfois faire preuve de rectitude.
Personnage célèbre : Angelina Jolie.
Fréquence : répandu - **Évolution :** ↗
Âge moyen : 36 ans

C

Angélique

Angelica

Étymologie : du grec *agela* ou *eggela, eggelos* : « messagère ».
Fête : 27 janvier - **Couleur :** vert - **Chiffre :** 8
Caractère : Angélique est curieuse, séduisante, intrépide, mais parfois capricieuse.
Personnages célèbres : la célèbre *Marquise des anges* ; Angélique Kidjo, artiste afro-punk.
Fréquence : répandu - **Évolution :** ↘
Âge moyen : 31 ans

V

Anissa

Anicia, Anise, Annissa, Anissia, Hanissa

Étymologie : de l'arabe : « sociable, amicale ».
Couleur : rouge - **Chiffre :** 9
Caractère : enjouée, attentive, Anissa est une amie loyale et très impliquée.
Fréquence : répandu - **Évolution :** =
Âge moyen : 19 ans

TOP 20

Prénoms rock'n'roll

Le rock'n'roll est avant tout une attitude, un style de vie. Choisir un prénom rock'n'roll, c'est vouloir conférer à son enfant un peu de l'aura d'une icône.

Adèle
Alanis *(Morissette)*
Amy *(Whinehouse)*
Beth *(Dito)*
Billie *(Holliday ou Jean)*
Bonnie *(Tyler)*
Chrissie *(Hynde)*
Courtney *(Love)*
Debbie *(Harry)*
Gwen *(Stefani)*
Jane *(Birkin)*
Janis / Janice *(Joplin)*
Joan *(Jett)*
Kim *(Wilde ou Gordon)*
Nancy *(Sinatra)*
Patti *(Smith)*
Rita *(Mitsouko)*
Shirley *(Manson)*
Tina *(Turner)*
Tracy *(Chapman)*

V

Anita

Anyta, Annita, Anitta,

Étymologie : de l'hébreu *hannah* : « la grâce ». Ce prénom correspond à la forme portugaise et hispanique du prénom Anne également en usage en Scandinavie.

Fête : 26 juillet - Couleur : bleu - Chiffre : 9

Caractère : Anita est humaine, rêveuse et ouverte d'esprit. Un peu bohème, légèrement fantasque, elle aime profondément la nature humaine.

Personnages célèbres : Anita Ekberg, la somptueuse actrice de la *Dolce Vita* ; Anita Pallenberg, qui fut la compagne de Keith Richards.

Fréquence : répandu - Évolution : ↗

Âge moyen : 53 ans

V

Anja

Étymologie : du grec *aggelos* : « messager », ou de l'hébreu *hannah* : « la grâce ». Ce joli prénom mixte est considéré comme la forme russe d'Anne ou d'Angèle.

Fête : 5 mai - Couleur : violet - Chiffre : 5

Caractère : Anja est résolue bien que délicate. Elle est fine, déterminée avec cette once de fragilité qui émeut sans cesse.

Personnage célèbre : Anja Rubik, top model.

Fréquence : rare - Évolution : ↗

Âge moyen : 14 ans

V

Anke

Étymologie : de l'hébreu *hannah* : « la grâce ». Ce prénom correspond à la forme hollandaise du prénom Anne.

Fête : 26 juillet - Couleur : violet - Chiffre : 9

Caractère : Anke est loyale, solidaire. Elle aime l'humain et est pourvue d'une grande sensibilité.

Fréquence : très rare - Évolution : ↘

C

Annabelle

**Anael, Anabele,
Anabell, Annabel, Annabell**

Étymologie : de l'association d'Anne et d'Isabelle ou signifiant « Anne la Belle ».
Fête : 16 juillet - **Couleur :** bleu - **Chiffre :** 8
Caractère : Annabelle a pour principal défaut l'impulsivité, ce qui ne l'empêche pas d'être optimiste et de parvenir à être dans le même temps créative et organisée.
Fréquence : répandu - **Évolution :** ↘
Âge moyen : 28 ans

V

Annaïg

Annaïc, Annaïk

Étymologie : de l'hébreu *hannah* : « grâce ». Ce prénom correspond à la forme bretonne d'Anne.
Fête : 26 juillet - **Couleur :** bleu - **Chiffre :** 7
Caractère : Annaïg est travailleuse, rigoureuse et tenace.
Fréquence : rare - **Évolution :** ↘
Âge moyen : 31 ans

P

Anne

**Ann, Annchen, Antje,
Nanon, Nettia, Netty, Ninette, Nita**

Étymologie : de l'hébreu *hannah* : « grâce ». Ce prénom est celui de la mère de Marie, par conséquent la grand-mère du Christ. Selon la légende, elle serait née en Bretagne et aurait été transportée en Judée par les anges. Objet d'un culte dans toute l'Europe, c'est donc plus particulièrement en Bretagne et notamment dans le Morbihan, à Sainte-Anne-d'Auray, ville qu'elle patronne, qu'elle est célébrée. Anne est un prénom que l'on retrouve aujourd'hui, le plus souvent, sous une forme composée. Certaines de ces compositions, étant, par ailleurs, emblématiques des milieux chics.
Fête : 26 juillet - **Couleur :** bleu - **Chiffre :** 7
Caractère : Anne possède les caractéristiques parfaites d'une représentante de la noblesse ou d'une femme de pouvoir : ambitieuse, généreuse, voire prodigue, elle a le goût du travail bien fait. Elle est pragmatique, droite, loyale, mais aussi pleine de joie de vivre.
Personnages célèbres : Anne de Bretagne ; Anne, princesse d'Angleterre ; Anne Geddes, photographe ; Anne Roumanoff, humoriste ; Anne Caseneuve, navigatrice.
Fréquence : répandu - **Évolution :** ↘
Âge moyen : 64 ans

C

Anne-Cécile

Étymologie : prénom composé d'Anne et de Cécile. Anne-Cécile est un prénom composé chic et plutôt classique.
Fête : 26 juillet ou 15 août - **Couleur :** bleu
Chiffre : 7
Caractère : Anne-Cécile est directive, pleine d'ardeur et de vitalité.
Fréquence : répandu - **Évolution :** ↘
Âge moyen : 31 ans

C

Annelyse

Étymologie : ce prénom correspond à la contraction d'Anne et de Lyse. Mais sa combinaison reposant sur Anne, c'est sous son patronat que le prénom est placé.
Fête : 26 juillet - **Couleur :** bleu - **Chiffre :** 7
Caractère : Annelyse a autant de cœur que d'audace.
Fréquence : rare - **Évolution :** ↘
Âge moyen : 31 ans

C

Anne-Marie

Étymologie : cette forme composée est la plus ancienne de toutes, déjà attribuée à la fin du XIXe siècle. Ce qui s'explique sans doute par sa réunion de deux prénoms iconiques chrétiens. Anne-Marie était le prénom féminin le plus donné dans les années 40 pour le caractère protecteur qu'il pouvait refléter en période de guerre.

Fête : 26 juillet ou 15 août - **Couleur :** jaune
Chiffre : 8

Caractère : Anne-Marie est ambitieuse, habile, forte, passionnée et déterminée.

Fréquence : répandu - **Évolution :** ↘

C

Anne-Sophie

Étymologie : prénom composé d'Anne et de Sophie. Cette forme a connu un pic de popularité dans les années 80, s'inscrivant dans le succès de Sophie, très attribué alors. Anne-Sophie est un classique, un brin chic, moins élitiste qu'une forme comme Anne-Charlotte, mais plus « bourgeoise » qu'Anne-Marie.

Fête : 26 juillet ou 25 mai - **Couleur :** gris - **Chiffre :** 2

Caractère : Anne-Sophie est déterminée, classieuse, élégante et charismatique.

Personnages célèbres : Anne-Sophie Lapix, l'animatrice télé ; Anne-Sophie Pic le chef cuisinier.

Fréquence : répandu - **Évolution :** ↘

B

Annette

Étymologie : de l'hébreu *hannah* : « la grâce ». Annette correspond à un diminutif d'Anne qui connut une période de gloire certaine entre les années 1930 et 1950. Il est très attribué en Allemagne ou dans les pays anglo-saxons.

Fête : 26 juillet - **Couleur :** rouge - **Chiffre :** 7

Caractère : Annette est intelligente, sage et éprise de méditation.

Personnages célèbres : Annette O'Toole, actrice américaine ; Annette Messager, plasticienne française.

Fréquence : répandu - **Évolution :** ↘

V

Annick

Annik

Étymologie : de l'hébreu *hannah* : « la grâce ». Comme l'indique la dernière syllabe, Annick est bretonne. Anne étant déjà considérée par les Bretons comme leur « patronne », l'engouement de ces derniers pour Annick est facilement explicable. Trés répandu, Annick est moins attribué aujourd'hui.

Fête : 26 juillet - **Couleur :** vert - **Chiffre :** 7

Caractère : Annick est organisée, résolue, mais aussi spirituelle. Rien d'étonnant pour quelqu'un qui cherche à approfondir ses connaissances.

Personnage célèbre : Annick Goutal, célèbre parfumeuse.

Fréquence : répandu - **Évolution :** ↘

Âge moyen : 61 ans

P

Annie

Anny

Étymologie : de l'hébreu *hannah* : « la grâce ». Ce prénom est un dérivé d'Anne relativement moderne, puisqu'il n'a pas percé avant le XXe siècle. Il a été très à la mode après la Seconde Guerre mondiale.

Fête : 26 juillet - **Couleur :** vert - **Chiffre :** 7

Caractère : Annie est intelligente, indépendante, encline à la méditation.

Personnages célèbres : les actrices françaises Annie Duperey et Annie Girardot.

Fréquence : répandu - **Évolution :** ↘

Âge moyen : 60 ans

V

Anouar

Étymologie : de l'arabe *anwar* : « très lumineux, éblouissant ». Ce prénom est mixte. Sa signification fait référence à la Lumière divine
Couleur : orange - **Chiffre :** 8
Caractère : Anouar est calme, volontaire et déterminée.
Fréquence : rare - **Évolution :** ↗
Âge moyen : 20 ans

V

Anouchka

Étymologie : de l'hébreu *hannah* : « la grâce ». Ce prénom est un diminutif russe et affectueux d'Anna.
Fête : 26 juillet - **Couleur :** vert - **Chiffre :** 7
Caractère : Anouchka est sensible, sociable, réceptive, diplomate et sait également faire preuve d'organisation.
Personnage célèbre : Anouchka Delon, fille d'Alain Delon.
Fréquence : très rare - **Évolution :** =

V

Anouk

Anouck

Étymologie : de l'hébreu *hannah* : « la grâce ». Certains l'assimilent à l'Annick bretonne, d'autres la pensent dérivée d'Anouchka... Dans tous les cas, Anouk reste une variante du prénom Anne.
Fête : 26 juillet - **Couleur :** bleu - **Chiffre :** 7
Caractère : Anouk est organisée, ardente, pleine de vitalité.
Personnage célèbre : Anouk Aimé, qui porte ce même prénom dans son premier film : *La Maison sous la mer* (Henri Calef, 1947).
Fréquence : rare - **Évolution :** ↗
Âge moyen : 14 ans

V

Anthéa

Antéa

Étymologie : du grec *anthos* : « la fleur ». En Corse, ce prénom est plus souvent attribué sans le « h ».
Fête : 5 octobre - **Couleur :** jaune - **Chiffre :** 4
Caractère : Anthéa est pleine de joie de vivre et de générosité, mais elle est aussi structurée et persévérante.
Fréquence : rare - **Évolution :** ↘
Âge moyen : 11 ans

B

Antigone

Étymologie : du grec *anti* : « devant » ou « contre » et *genes* : « race ». Ce prénom est celui de la fille d'Œdipe et de Jocaste, condamnée à mort pour avoir enseveli son frère malgré l'interdiction de Créon, son oncle et roi de Thèbes.
Couleur : bleu - **Chiffre :** 5
Caractère : Antigone est un être habité, pétri de curiosité intellectuelle. C'est une femme de tête.
Fréquence : très rare - **Évolution :** =

B

Antinéa

Anthinéa

Étymologie : du grec : « fleuri ».
Couleur : vert - **Chiffre :** 4
Caractère : Antinéa est ambitieuse, énergique, déterminée, elle aime l'innovation.
Fréquence : rare - **Évolution :** ↘
Âge moyen : 16 ans

C

Antoinette

Antoinet, Toinette, Toinon

Étymologie : du latin *antonius* : « inestimable ».
Fête : 27 octobre - Couleur : jaune - Chiffre : 4
Caractère : Antoinette est humaine, pétillante et se montre protectrice. Elle a un grand sens de l'équité.
Personnage célèbre : Antoinette Poisson, marquise de Pompadour.
Fréquence : répandu - Évolution : ↘

V

Antonia

Antonienne, Antonine

Étymologie : du latin *antonius* : « inestimable ».
Fête : 27 octobre - Couleur : jaune - Chiffre : 4
Caractère : Antonia est une femme de tête et... de pouvoir. Brillante, influente, elle n'en reste pas moins capable de tendresse.
Personnages célèbres : Antonia Caetana de Pavia Maury, astronome américaine ; Antonia Major, fille de Marc Antoine.
Fréquence : rare - Évolution : ↗
Âge moyen : 78 ans

C

Apolline

Apoline, Apollina, Appoline, Appolonia, Apoline, Apollonie

Étymologie : du grec *apellos* : « qui inspire ». Ce prénom est la forme féminine d'Apollon, le dieu grec de la beauté, des arts et de la lumière.
Fête : 9 février - Couleur : rouge - Chiffre : 7
Caractère : Apolline est une femme à l'esprit critique développé, aimant les arts et les débats.
Personnages célèbres : Apolline Sabatier, égérie de Charles Baudelaire ; Apolline de Malherbe, journaliste TV.
Fréquence : rare - Évolution : ↗
Âge moyen : 14 ans

B

April

Étymologie : du latin *asperire* : « ouvrir ». Ce prénom renvoie au mois, en anglais, où les fleurs s'ouvrent. April s'inscrit dans la tendance anglo-saxonne du XIXe de donner aux filles des prénoms tels que April, May ou June, mois printaniers et romantiques.
Fête : 5 octobre - Couleur : bleu - Chiffre : 7
Caractère : April est généreuse, partageuse, très humaine.
Fréquence : rare - Évolution : ↗
Âge moyen : 10 ans

C

Ariane

Ariadné, Ariadne, Ariana, Arianna, Arianne,

Étymologie : de *Ariana*, nom latin de la fille du roi Minos de Crète.
Fête : 18 septembre - Couleur : bleu - Chiffre : 3
Caractère : Ariane peut sembler parfois excessive. Elle est imaginative, expressive, c'est une créature extravertie.
Personnages célèbres : la réalisatrice et metteur en scène de théâtre Ariane Mnouchkine ; la journaliste TV Ariane Massenet ; la comédienne et humoriste Ariane Brodier.
Fréquence : rare - Évolution : ↘
Âge moyen : 35 ans

P

Arielle

Ariel, Aeriele

Étymologie : de l'hébreu *ari* : « lion », ou *har* : « montagne » et *el* : « Dieu ».
Fête : 1er octobre - Couleur : bleu - Chiffre : 1
Caractère : active, émotive, susceptible, parfois même ombrageuse et égocentrique, Arielle est heureusement très affectueuse. Son besoin d'être

aimée la pousse à l'exhibition passionnée, ce qui l'entraîne souvent vers les arts dramatiques, le chant, la danse.
Personnages célèbres : Arielle Dombasle, comédienne ; le prénom de la Petite Sirène, dans le film d'animation de Disney sorti en 1989.
Fréquence : rare - **Évolution :** ↘
Âge moyen : 40 ans

B

Arlette

Arleen, Arlène, Arleta, Arletty, Arline, Harlette

Étymologie : du germanique *karl* : « fort, vigoureux ». Ce prénom est, en effet, le diminutif d'un ancien féminin de Charles, Charlette et fut porté par la mère de Guillaume le Conquérant.
Fête : 17 juillet - **Couleur :** rouge - **Chiffre :** 9
Caractère : Arlette est insouciante, ambitieuse et tient peu compte des avis d'autrui dans ses prises de décision.
Personnage célèbre : Arlette-Léonie Bathiat dite Arletty, comédienne.
Fréquence : répandu - **Évolution :** ↘

C

Armance

Armantia, Armence, Harmance

Étymologie : du germain *hart* : « fort » et *mann* : « homme », ou de *hari* : « armée » et *mand* : « joyeux ». Ce prénom, plus doux à l'oreille qu'Armande, correspond à une forme féminine d'Armand.
Fête : 23 décembre - **Couleur :** jaune - **Chiffre :** 1
Caractère : Armance est indépendante, volontaire, ambitieuse et charismatique.
Personnage célèbre : Armance, héroïne du roman éponyme de Stendhal.
Fréquence : rare - **Évolution :** ↗
Âge moyen : 69 ans

C

Armande

Armanda, Armandine, Armantine, Arminda

Étymologie : du germain *hart* : « fort » et *mann* : « homme », ou de *hari* : « armée » et *mand* : « joyeux ».
Fête : 23 décembre - **Couleur :** jaune - **Chiffre :** 2
Caractère : Armande est indépendante, sensible, exigeante, mais très fiable.
Personnage célèbre : Armande Béjart, comédienne française, qui après être entrée dans la troupe de Molière, épousa ce dernier en 1662.
Fréquence : répandu - **Évolution :** ↘

C

Armelle

Armeline, Armella, Armilla, Arzhela

Étymologie : du celte *arz* : « ours » et *mael* : « prince ».
Fête : 16 août - **Couleur :** orange - **Chiffre :** 3
Caractère : prénom de vieille souche celtique et bretonne, de l'esprit de finesse, du goût de l'indépendance, de la science qui envoûte. La voix claire, l'intuition, la connaissance : voilà le lot des Armelle.
Personnages célèbres : la comédienne Armelle Deutsch ; l'humoriste Armelle.
Fréquence : rare - **Évolution :** ↘
Âge moyen : 47 ans

V

Artémise

Artémisa, Artémis, Artémisia

Étymologie : du grec. Artémis est le pendant grec de la Diane romaine. Déesse de la chasse, elle protège les jeunes filles. Sœur d'Apollon, elle commandait la lumière lunaire. Pendant de nombreux siècles, son culte a été l'un des plus importants de la religion païenne.

Très répandu sous l'Antiquité, Artémise est tombé en désuétude pendant de nombreux siècles avant de revenir à la Renaissance s'épanouissant totalement sous l'Ancien Régime et au sein des classes nobles.

Couleur : violet - **Chiffre :** 4

Caractère : Artémise est vivace, curieuse et séductrice.

Personnage célèbre : l'un des personnages féminins dépeints par Molière dans sa pièce *Les Précieuses ridicules.*

Fréquence : rare - **Évolution :** ↘

P

Ashley

Ashlea, Ashlee, Ashleigh, Ashlie, Ashly

Étymologie : du celte *aescleah* : « le bois de frêne ». Ce prénom est d'abord un patronyme. On dit qu'il devint un prénom masculin, puis féminin suite à la gratitude de la classe ouvrière envers Lord Ashley, homme politique britannique qui fit réglementer le travail des enfants dans les usines en 1850.

Couleur : rouge - **Chiffre :** 8

Caractère : Ashley est énergique, dynamique et passionnée. Ce sont ses coups de cœur qui la portent.

Personnages célèbres : Ashlee Simpson, chanteuse américaine, sœur de Jessica Simson ; Ashley Judd, actrice américaine ; Ashley Olsen, la célèbre sœur jumelle de Mary-Kate.

Fréquence : rare - **Évolution :** ↗

Âge moyen : 10 ans

V

Assia

Assya

Étymologie : de l'arabe *âsiya* : « celle qui soigne ».

Couleur : vert - **Chiffre :** 2

Caractère : tendre, passionnée, douée et généreuse, Assia est semblable à celle qui rendit le prénom illustre, l'épouse du Pharaon égyptien qui recueillit Moïse encore bébé flottant sur le Nil dans un panier.

Personnage célèbre : Assia, chanteuse française de R&B.

Fréquence : répandu - **Évolution :** ↘

Âge moyen : 14 ans

B

Astrée

Astère, Astéria, Astérie, Astérina, Astérine, Astré, Astréa

Étymologie : du grec *astraia* : « vierge-étoile ». Ce prénom n'est autre que celui de la fille de Zeus qui vécut parmi les hommes durant l'âge d'or, mais, ne supportant pas leur façon de vivre, choisit de s'établir parmi les étoiles et devint elle-même la constellation de la Vierge.

Fête : 27 novembre - **Couleur :** bleu - **Chiffre :** 5

Caractère : Astrée est émotive, sensible, capable de beaucoup d'empathie, d'une délicatesse extrême, mais plus capable d'adaptation que celle qui rendit ce prénom illustre.

Personnage célèbre : l'héroïne éponyme d'une œuvre de la Renaissance qui influença la littérature et la galanterie française. Écrit par Honoré d'Urfé, il parut de 1607 à 1627 sous forme d'un roman fleuve de 5 000 pages.

Fréquence : rare - **Évolution :** ↗

Âge moyen : 10 ans

P

Athéna

Atenea, Athène, Athénéa

Étymologie : du grec *Athéna*, nom de la déesse de la sagesse.

Fête : 3 mars - **Couleur :** gris - **Chiffre :** 5

Caractère : Athéna est fine, fiable, méthodique et tenace. C'est un être d'engagement.

Fréquence : rare - **Évolution :** ⇗
Âge moyen : 12 ans

C

Athénaïs

Arthellais, Athina, Athénaise

Étymologie : du grec *Athéna*, nom de la déesse de la sagesse.
Fête : 3 mars - **Couleur :** gris - **Chiffre :** 5
Caractère : Athénaïs est ingénieuse, intelligente et droite, à l'instar de la déesse qui l'a inspirée.
Personnage célèbre : la marquise de Montespan, maîtresse de Louis XIV.
Fréquence : rare - **Évolution :** ⇗
Âge moyen : 12 ans

C

Astrid

Astri, Astrud, Astryd, Estrid

Étymologie : des Ases, divinités germaniques et du germain *trud* : « fidélité », ou du scandinave *frid* : « gracieuse, belle ».
Fête : 27 novembre - **Couleur :** bleu - **Chiffre :** 8
Caractère : on dit des Astrid qu'elles créent l'harmonie là où elles se trouvent et que ce sont de parfaites épouses. Prévenantes, intelligentes, pleines de charme, elles incarnent la force tranquille.
Personnages célèbres : Astrid Veillon, comédienne ; Astrid, princesse de Suède, épouse de Léopold III.
Fréquence : répandu - **Évolution :** ⇘
Âge moyen : 32 ans

C

Aude

Auda, Audélia, Audélie, Audéline, Haude, Oda

Étymologie : du germain *ald* : « ancien ».
Fête : 18 novembre - **Couleur :** bleu - **Chiffre :** 4
Caractère : prénom de l'énergie profonde, de la rigueur aimante, il a une sonorité feutrée qui renvoie à l'image d'une femme accomplie, au psychisme riche, capable d'épouser des causes graves et fortes. Les fonctions ordinairement tenues pour masculines, elle sait se les approprier sans rien perdre de sa féminité. Aucune ambiguïté n'est de mise avec elle, qui n'a pas besoin du soutien des hommes pour pouvoir vivre, mais seulement et uniquement d'un homme pour pouvoir aimer.
Fréquence : répandu - **Évolution :** ⇘
Âge moyen : 28 ans

P

Audrey

Audray, Audrea, Audréane, Audréanne, Audrée, Audrena, Audrène, Audren, Audreyanne, Audric, Audry, Ethehed, Etheaed

Étymologie : du celtique *roen* : « royal » et *alt* : « haut », ou du germain *adal* : « noble » et *horod* : « glorieux ». Ce prénom anglo-saxon est un dérivé de la forme ancienne Etheldreda.
Fête : 23 juin - **Couleur :** rouge - **Chiffre :** 2
Caractère : Audrey est aussi altière que modeste, c'est une femme fatale doté d'un sens inné de la séduction. Loyale, spontanée, elle est toujours en quête d'absolu.
Personnages célèbres : les actrices Audrey Hepburn, Audrey Tautou et Audrey Fleurot ; le mannequin Audrey Marnay ; la journaliste Audrey Pulvar.
Fréquence : répandu - **Évolution :** ⇘
Âge moyen : 26 ans

V

Augusta

Agusta, Augustia, Gusta

Étymologie : du latin *augustus* : « vénérable », « majestueux », « consacré par les augures ».

Tout empereur portant ce titre, qui devint ainsi un nom, était sacré comme un égal des dieux. Ce prénom est une forme féminine d'Auguste.

Fête : 27 mars - **Couleur** : vert - **Chiffre** : 4

Caractère : Augusta est timide mais observatrice. Elle est aussi intègre qu'altruiste.

Personnage célèbre : Augusta Holmes, musicienne

Fréquence : très rare - **Évolution** : ≡

B

Augustine

Agustunia, Augustina

Étymologie : du latin *augustus* : « vénérable », « majestueux », « consacré par les augures ». Tout empereur portant ce titre, qui devint ainsi un nom, était sacré comme un égal des dieux. Ce prénom est une forme féminine d'Auguste.

Couleur : vert - **Chiffre** : 4

Caractère : Augustine ayant l'âme d'une aventurière, elle est peut-être d'une nature amoureuse quelque peu inconstante. En revanche, c'est une nature extrêmement charitable.

Personnages célèbres : Augustine, mère de l'écrivain Marcel Proust ; Augustine, une des plus célèbres patientes du Professeur Charcot, elle inspira un film sorti en 2012.

Fréquence : répandu - **Évolution** : ↗

B

Aure

Aura, Auriane

Étymologie : du latin *aurea* : « dorée ». Aure est un prénom considéré comme ancien et moins attribué que son dérivé Auriane.

Couleur : rouge - **Chiffre** : 5

Caractère : Aure est perspicace, d'une intelligence calme et froide, capable d'analyses d'une grande finesse.

Personnage célèbre : l'actrice Aure Atika.

Fréquence : rare - **Évolution** : ↗

Âge moyen : 13 ans

P

Aurélia

Aurica, Aurielle, Auriolle, Orell, Oriela, Oriel

Étymologie : incertaine. Du grec *aurios* : « matinée », d'où le latin *aureus* ou *aurum* : « or, mordoré, semblable à l'or » ; ou du latin *Aurelius* : une célèbre famille romaine qui donna son nom à une route allant de Rome à Arles : la via Aurelia.

Couleur : jaune - **Chiffre** : 5

Caractère : Aurélia est attachante, affectueuse, fantaisiste, d'une certaine légèreté, elle est pourtant d'une grande sensibilité. Elle parvient à concilier indépendance et loyauté.

Personnage célèbre : l'héroïne du livre de Gérard de Nerval : *Aurélia ou le rêve et la vie.*

Fréquence : répandu - **Évolution** : ↘

Âge moyen : 31 ans

C

Auréliane

Aurélienne

Étymologie : du latin *Aurelius* : une célèbre famille romaine qui donna son nom à une route allant de Rome à Arles : la via Aurelia. Le prénom Auréliane fut apparemment porté par une compagne de sainte Ursule, morte en cours de route vers Cologne au IVe siècle. L'obscurité de cette sainte patronne explique sans doute la quasi inexistence de ce prénom jusqu'en 1960. Ce prénom est une variante italianisante et formée sur le masculin Aurélien du prénom Aurélie.

Fête : 15 octobre - **Couleur** : rouge - **Chiffre** : 8

Caractère : Auréliane est courageuse, dynamique et déterminée.

Fréquence : rare - **Évolution** : ↘

Âge moyen : 16 ans

P

Aurélie

Aurèle, Aurély, Oreli, Orélie

Étymologie : incertaine : du grec *aurios* : « matinée », d'où le latin *aureus* ou *aurum* : « or, mordoré, semblable à l'or » ; ou du latin *Aurelius* : une célèbre famille romaine qui donna son nom à une route allant de Rome à Arles: la via Aurelia.

Fête : 15 octobre - **Couleur :** jaune - **Chiffre :** 5

Caractère : Aurélie est déterminée, ardente et pleine de vitalité.

Personnages célèbres : Aurélie Filippetti, ministre de la Culture ; Aurélie Dupont, danseuse étoile du ballet de l'Opéra de Paris ; Aurélie Bidermann, créatrice de bijoux.

Fréquence : répandu - **Évolution :** ↘

Âge moyen : 34 ans

V

Auria

Étymologie : du latin *aurea* : « dorée ». En France, c'est au Pays basque qu'il est le plus souvent attribué.

Fête : 19 juillet - **Couleur :** bleu - **Chiffre :** 6

Caractère : Auria est audacieuse et séductrice. Elle aime la découverte et l'originalité.

Fréquence : rare - **Évolution :** ↗

Âge moyen : 30 ans

C

Auriane

Aurianna, Aurianne, Oriana, Oriana

Étymologie : du latin *aurea* : « dorée ». Ce prénom correspond à une forme dérivée du prénom Aure.

Fête : 19 juillet - **Couleur :** vert - **Chiffre :** 6

Caractère : Auriane est sensible, affectueuse et a le sens des responsabilités.

Fréquence : rare - **Évolution :** =

C

Aurore

Auriola, Aurora

Étymologie : du latin *Aurora*. Nom original de la déesse du Jour dans la mythologie gréco-romaine.

Fête : 4 octobre - **Couleur :** bleu - **Chiffre :** 5

Caractère : curieuse, idéaliste, ardente et pleine de vitalité, Aurore est l'incarnation parfaite de son prénom.

Personnages célèbres : Aurore, *la Belle au Bois Dormant* de Perrault ; Aurore Clément, comédienne ; Aurore Dupin, véritable nom de George Sand.

Fréquence : répandu - **Évolution :** ↘

Âge moyen : 27 ans

C

Auxane

Euxane

Étymologie : du grec : « hospitalier ».

Couleur : vert - **Chiffre :** 7

Caractère : Auxane est sociable et aventureuse.

Fréquence : rare - **Évolution :** ↗

Âge moyen : 10 ans

B

Ava

Avah, Avelaine, Avelina, Aveline, Avia, Avit, Aviva

Étymologie : du latin *ava* : « aïeule », ou du latin *avis* : « oiseau ».

Fête : 29 avril (Saint-Avit) - **Couleur :** jaune

Chiffre : 5

Caractère : Ava est un prénom chaud, la passion la dévore. Elle sait se donner aux causes ardues et à la défense des malheureux.

Personnage célèbre : l'actrice Ava Gardner.

Fréquence : rare - **Évolution :** ↗

Âge moyen : 7 ans

B

Avril

Avrile

Étymologie : du germanique *eofo* : « sanglier » et *hilde* : « combat ». Contrairement à l'anglo-saxon April, ce prénom ne prend pas directement sa source dans le nom du mois d'avril, mais dans le prénom masculin Everilde, dérivé en Everill puis en Averill.

Fête : 9 juillet - **Couleur :** bleu - **Chiffre :** 7

Caractère : Avril est pleine de gaieté, de tendresse et de bonne humeur, à l'image du mois qu'elle évoque.

Personnage célèbre : la chanteuse canadienne Avril Lavigne.

Fréquence : rare - **Évolution :** ↗

Âge moyen : 10 ans

C

Axelle

Akselle, Axele, Axelia, Axeliane, Axeline, Axella, Axellane

Étymologie : de l'hébreu *ab* : « père » et *shalom* : « paix ».

Fête : 21 mars - **Couleur :** jaune - **Chiffre :** 5

Caractère : tout en passion et grands élans, elle ne manque pas non plus d'opiniâtreté et sait se battre pour ce à quoi elle destine sa générosité. Sa beauté ne l'alanguit pas, mais la vivifie. Son romantisme ne l'éloigne pas du monde, mais le transfigure.

Personnages célèbres : la chanteuse Axelle Red ; l'humoriste et comédienne Axelle Lafont.

Fréquence : répandu - **Évolution :** ↘

Âge moyen : 16 ans

V

Awa

Étymologie : de l'hébreu *h'ava* : « la vivante ». Ce prénom correspond à une forme dérivée d'Hawa, qui est la transcription arabe d'Eva ou Ève, qui est citée dans le Coran.

Fête : 6 septembre - **Couleur :** bleu - **Chiffre :** 5

Caractère : Awa est spirituelle, intelligente et philosophe.

Fréquence : rare - **Évolution :** ↗

Âge moyen : 15 ans

V

Ayala

Ayla

Étymologie : de l'hébreu : « la biche », évoquant la beauté, la candeur, la grâce et la vivacité. Exprimant également l'idée de jeunesse et même d'enfance, Ayala rejoint Bambi.

Caractère : Ayala est pragmatique, créative, sociable et optimiste.

Fréquence : très rare - **Évolution :** =

Âge moyen : 10 ans

V

Aylin

Étymologie : du grec : « éclat du soleil ». Ce prénom correspond à la forme irlandaise d'Hélène.

Fête : 18 août - **Couleur :** jaune - **Chiffre :** 1

Caractère : Aylin est compatissante, intelligente, éprise de savoir et de médiation.

Fréquence : rare - **Évolution :** ↗

Âge moyen : 10 ans

B

Azalée

Azaléa, Azélie, Azeline, Azella

Étymologie : du latin. Se rapporte à la fleur du même nom.

Couleur : bleu - **Chiffre :** 6

Caractère : Azalée est douce, tendre et dynamique.

Fréquence : très rare - **Évolution :** =

Âge moyen : 4 ans

V

Azora

Azoréa, Azura, Azuréa

Étymologie : du perse : « ciel bleu ».
Couleur : jaune - **Chiffre :** 1
Caractère : Azora est intelligente et pleine de sagesse.
Fréquence : très rare - **Évolution :** =

B

V

Bachira

Bachra, Béchira

Étymologie : de l'arabe : « qui annonce une bonne nouvelle ». Le prénom Ange (p. 43), qui vient du grec *aggelos* : « messager », a le même sens. Ce prénom correspond à la forme féminine de Bachir, une des appellations coraniques du Prophète Mahomet.
Couleur : bleu clair - **Chiffre :** 5
Caractère : Bachira a le sens des responsabilités et de la famille, elle est organisée et équilibrée.
Fréquence : rare - **Évolution :** =
Âge moyen : 31 ans

V

Badra

Étymologie : de l'arabe : « éclatante ». Ce prénom correspond à la forme féminine de Badir, nom qui fut donné au Prophète lorsqu'il émigra de La Mecque à Médine. Dans l'arabe coranique, la lune est un symbole de la perfection du créateur. Attribué à une fille, ce prénom rend hommage à sa beauté en la comparant à l'astre.

TOP 20

Prénoms médiévaux

Des prénoms d'une même origine peuvent connaître un destin fort différent. Il y a les Irène, Béatrice, Élodie... Assez répandus, ils connaissent ou ont connu un certain succès populaire. Et puis il y a les Adelaïde, Mahaut.. Ceux qui font offices d'emblèmes d'une lignée ou d'une tradition familiale. Car ne l'oublions pas, c'est dans les prénoms médiévaux que les grandes familles de France viennent puiser leur inspiration.

Adélaïde
Agnès
Astrid
Aude
Aure
Béatrice
Brunehilde
Clotilde
Flore
Héloïse
Irène
Isabeau
Iseult
Mahaut
Margot
Mathilde
Mélisande
Rosemonde
Pétronille
Théodora

Couleur : jaune - **Chiffre :** 7
Caractère : Badra est attentionnée, déterminée et habile.
Fréquence : rare - **Évolution :** ↘
Âge moyen : 31 ans

P

Bambi

Bambina, Bambie, Bamby

Étymologie : de l'italien *bambino* : « enfant ». Ce prénom correspond au diminutif de Bambina, en français: « fillette ».
Fête : 25 décembre - **Couleur :** vert - **Chiffre :** 3
Caractère : Bambi est mutine, audacieuse et parfois impulsive.
Personnage célèbre : le héros éponyme du film de Walt Disney, un petit faon très célèbre.
Fréquence : très rare - **Évolution :** =
Âge moyen : 15 ans

V

Baptista

Batista

Étymologie : du grec : « immerger ». Ce prénom correspond à une forme féminine de Baptiste.
Fête : 24 juin - **Couleur :** jaune - **Chiffre :** 9
Caractère : Baptista est déterminée, aime la réflexion.
Fréquence : très rare - **Évolution :** =

B

Baptistine

Baptistina, Batistina, Batistine

Étymologie : du grec : « immerger ». Ce prénom correspond à une forme féminine de Baptiste, il était répandu au XIXe et au début du XXe siècle.
Fête : 24 juin - **Couleur :** jaune - **Chiffre :** 9
Caractère : Baptistine est sagace, spirituelle et a soif de connaissances.
Fréquence : rare - **Évolution :** ↗

C

Barbara

Babie, Babs, Barbary, Barbe, Bärbel, Barbie, Barberine, Barbra, Bärle

Étymologie : du latin *barbari* : « barbares », ou du grec *barbaros* : « étranger, barbare(s) ». Ce prénom fut porté, au IIIe siècle, par la fille d'un citoyen de Turquie, que son père enferma dans une tour. Elle y fit vœu de chasteté et se convertit au christianisme. Son père, pour se venger, décida de l'immoler par le feu. La foudre jaillit du ciel et le tua au moment où il la mit à mort. Barbara, devenue sainte Barbe, par abréviation, est devenue la patronne des pompiers, des mineurs et des artilleurs. Si son étymologie et son histoire sont chargées, Barbara est très répandue dans les pays anglo-saxons ; c'est son diminutif que Mattel a choisi pour baptiser sa célèbre poupée.
Fête : 4 décembre - **Couleur :** jaune - **Chiffre :** 7 -
Caractère : Barbara peut être très femme-enfant ou très femme fatale et parfois un peu des deux. Elle doit son côté star à son acharnement à aller toujours plus loin. Elle est toujours en quête et finalement assez extrême.
Personnages célèbres : Barbara, la chanteuse française ; Barbara Cartland, la romancière anglaise ; Barbara Stanwick, actrice américaine.
Fréquence : répandu - **Évolution :** ↘
Âge moyen : 33 ans

B

Bastianne

Bastiane

Étymologie : du grec : « honorée ». Ce prénom correspond à la forme féminine du diminutif de Sébastien.
Fête : 20 janvier - **Couleur :** bleu - **Chiffre :** 4
Caractère : Bastianne est sensible, intuitive et guidée par l'affection qu'elle éprouve pour autrui.
Fréquence : très rare - **Évolution :** =

C

Bastienne

Bastiène

Étymologie : du grec : « honorée ». Ce prénom correspond à la forme féminine du diminutif de Sébastien.

Fête : 20 janvier - Couleur : bleu - Chiffre : 4

Caractère : Bastienne est intuitive, loyale envers ses amis et très épicurienne.

Fréquence : très rare - Évolution : ↘

C

Bathilde

Batilde, Bathilda, Bapthilda, Bathylle

Étymologie : du germanique *bald* : « audacieux » et *hild* : « combat ».

Couleur : jaune - Chiffre : 8

Caractère : Bathilde a pour elle la sensibilité, la sagacité, la spiritualité.

Fréquence : rare - Évolution : ↘

Âge moyen : 67 ans

C

Béatrice

Bea, Beat, Beate, Beatrise, Beatriz, Beatie, Bebe, Bee, Biche

Étymologie : du latin *beatus* : « heureux, qui rend heureux ».

Fête : 13 février - Couleur : bleu - Chiffre : 6

Caractère : Béatrice est humaine et rêveuse, mais parvient à être organisée, ce qui n'est guère étonnant, puisqu'elle attache une certaine importance à la réussite sociale.

Personnages célèbres : Beatrice Portinari, la guide au paradis dans la *Divine Comédie* de Dante ; Béatrice Dalle, actrice ; Béatrice Schönberg, journaliste.

Fréquence : répandu - Évolution : ↘

Âge moyen : 49 ans

C

Béatrix

Béatrixe

Étymologie : du latin *beatus* : « heureux, qui rend heureux ». Cette forme peu attribuée en France correspond néanmoins à la forme couramment attribuée en Angleterre ou aux Pays-Bas.

Fête : 13 février - Couleur : bleu clair - Chiffre : 6

Caractère : Béatrix est toujours avide de connaissances et pleine de résolution.

Personnage célèbre : Béatrix, héroïne du roman éponyme de Balzac.

Fréquence : rare - Évolution : ↗

Âge moyen : 71 ans

V

Bélinda

Bélina, Bélynda

Étymologie : du germanique *lindi* : « le dragon ». Bélinda est un prénom anglais, très porté aux États-Unis, dès les années 50.

Fête : 8 septembre - Couleur : gris - Chiffre : 2

Caractère : Bélinda est intuitive et, comme tous les individus possédant un grand sens du relationnel, c'est une médiatrice hors pair.

Personnage célèbre : Belinda Carlisle, chanteuse britannique.

Fréquence : rare - Évolution : ↘

Âge moyen : 25 ans

P

Bella

Bela, Belle, Bellen

Étymologie : de l'hébreu *elicheva* : « Dieu est promesse ». Diminutif du prénom Isabelle, lui-même diminutif d'Élisabeth, Bella correspond à la forme italienne et hispanique du français Belle.

Fête : 17 novembre - Couleur : orange - Chiffre : 6

Caractère : Bella est vive, autoritaire, tenace et courageuse.

Personnages célèbres : la poupée créée par Lucie et Salvie Pi en 1946 ; l'héroïne de la chanson de Maître Gims ; l'héroïne de *Twilight*, incarnée par Kristen Stewart, qui a récemment contribué à mettre ce prénom au goût du jour.
Fréquence : rare - Évolution : ↗
Âge moyen : 32 ans

C

Bénédicte

Benate, Bendita, Benedicta, Bénedictine, Benedita, Benedite

Étymologie : du latin *benedictus* : « protégé par Dieu, béni ». Ce prénom correspond à la forme première (et la plus répandue) de Benoîte. Une autre sainte Bénédicte (fêtée le 6 mai), religieuse dans un couvent romain, était invoquée pour calmer les jeunes enfants coléreux.
Fête : 16 mars - Couleur : jaune - Chiffre : 4
Caractère : Bénédicte éblouit, ravit autant qu'elle impressionne. Généralement, sa prestance et son port de tête en imposent assez. Elle est engagée, tonique, tenace et fiable.
Fréquence : répandu - Évolution : ↘
Âge moyen : 40 ans

C

Benjamine

Beniamina, Benjamina, Bennia, Bennye

Étymologie : de l'hébreu *ben'yamin* : « fils de la main droite » ; autrement dit, Benjamine est du côté de la chance, du bon augure. Ce prénom correspond à la forme féminine de Benjamin et reste avant tout un choix des familles BCBG.
Fête : 31 mars - Couleur : vert - Chiffre : 5
Caractère : Benjamine est indépendante, déterminée autant qu'audacieuse, elle parvient toujours à ses fins.
Fréquence : rare - Évolution : ↘
Âge moyen : 65 ans

C

Benoîte

Bena, Benedetta, Beniga, Benita, Benitri, Bennie, Binnie

Étymologie : du latin *benedictus* : « béni, protégé par Dieu ». Au XIXe siècle, c'est cette forme française et moins académique du Bénédicte d'origine latine qui remportait les suffrages.
Fête : 16 mars - Couleur : jaune - Chiffre : 4
Caractère : Benoîte est intelligente et chérit l'indépendance.
Personnage célèbre : Benoîte Groult, romancière, essayiste et jurée du prix Femina.
Fréquence : rare - Évolution : ↘

B

Bérengère

Bérangère

Étymologie : du germain *ber* : « ours » et *gari* : « lance ».
Fête : 26 mai - Couleur : violet - Chiffre : 7
Caractère : prénom de rêverie, de délicatesse, de poésie et d'amour courtois, il semble tout entier ouvert à l'imaginaire.
Personnages célèbres : l'épouse du roi Richard Cœur de Lion (à l'origine princesse de Navarre) ; Bérengère Krief, humoriste et comédienne française.
Fréquence : rare - Évolution : ↘
Âge moyen : 39 ans

C

Bérénice

Bernice, Berenike, Bernie, Berny, Beronika

Étymologie : Bereniké, nom de plusieurs cités grecques, qui se décompose en *phéré* : « porter, apporter » et *niké* : « victoire » ; « porteuse de victoire ». Ce prénom a la même origine étymologique que Véronique (p. 292).

Fête : 4 février - **Couleur** : vert - **Chiffre** : 7
Caractère : Ainsi Bérénice (comme Véronique) est-elle celle « qui porte la victoire ». Elle séduit sans nulle traîtrise, par sa droiture et sa rigueur. Elle a en horreur l'artifice, la tricherie, la vantardise. Elle émeut plus par sa grande allure que par sa beauté, qui est souvent loin d'être négligeable.
Personnages célèbres : celle qui séduisit Titus et dont Racine a fait l'héroïne de sa tragédie ; le personnage du roman *Aurélien* de Louis Aragon dont la première phrase est d'anthologie : « La première fois qu'Aurélien vit Bérénice, il la trouva franchement laide » ; l'actrice Bérénice Bejo.
Fréquence : rare - **Évolution** : ≡
Âge moyen : 18 ans

P

Bernadette

Bernarda, Bernarde, Bernadeta, Bernadeto, Bernadetta, Bernadette, Bernardine, Bernardita, Bernharda, Bernardina, Bernie, Nadette

Étymologie : du germanique *ber* : « ours » et *gari* : « lance ». Bernadette est un prénom assez typique des années 30 à 50. C'est surtout à la lisière des années 60 que le succès de Bernadette s'estompe.
Fête : 18 février - **Couleur** : bleu - **Chiffre** : 8
Caractère : Bernadette est spontanée, franche, rigoureuse et exigeante.
Personnages célèbres : Bernadette Soubirou, sainte célèbre pour avoir témoigné de 18 apparitions mariales à Lourdes ; Bernadette Chirac, femme politique et épouse du président Jacques Chirac ; l'actrice Bernadette Lafont.
Fréquence : répandu - **Évolution** : ↘
Âge moyen : 67 ans

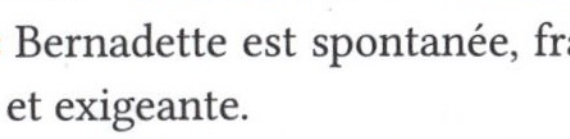

V

Bertha

Berta

Étymologie : du germanique *behrt* : « renommée ». Ce prénom correspond à la forme allemande de Berthe.
Fête : 11 mai ou 4 juillet - **Couleur** : orange
Chiffre : 4
Caractère : Bertha est intègre et fine.
Fréquence : rare - **Évolution** : ≡

B

Berthe

Berteline, Bertillon, Bertin, Bertl

Étymologie : du germanique *behrt* : « renommée ».
Fête : 11 mai ou 4 juillet - **Couleur** : orange
Chiffre : 4
Personnages célèbres : la fameuse Berthe au Grand Pied, mère de l'empereur Charlemagne ; Berthe Morisot, peintre impressionniste.
Fréquence : rare - **Évolution** : ↘

C

Bertille

Berthilde, Berthille, Bertile, Bertilie

Étymologie : du germanique *behrt* : « renommée » et *til* : « habile ». Ce prénom a la même origine étymologique que Berthe. Bertille est le prénom d'une jeune noble de l'Aisne au VIIIe siècle qui devint l'abbesse de Chelles, première abbaye fondée par la reine Bathilde.
Fête : 6 novembre - **Couleur** : vert - **Chiffre** : 3
Caractère : généreuse et tout en émotions, Bertille a, néanmoins, le goût du pouvoir. Précisément, sans doute, à cause de celles qu'il lui procure. Elle est aussi dotée d'un fort esprit critique.
Fréquence : rare - **Évolution** : ↗
Âge moyen : 22 ans

B

Béryl

Berylla, Berylle

Étymologie : du sanskrit *velulya* : « qui a engendré », ou du grec *berullas* ou latin *berylli.* Ce prénom-substantif se rapporte à une famille de pierres dont l'une est précieuse, la bien connue émeraude et les deux autres - l'aigue-marine et le béryl - semi-précieuses. Cette dernière, aux couleurs variées, du rose au bleu azur, en passant par le jaune, est plus précisément désignée. Ce prénom minéral, véritable phénomène de mode dans l'Angleterre du XIXe siècle, nomme quelques centaines de personnes en France aujourd'hui.
Fête : 10 mars (Sainte-Esmeralda)
Couleur : vert - Chiffre : 4
Caractère : Béryl est éclatante, comme la pierre à laquelle elle renvoie ! Elle est charmante mais diplomate. Son charisme n'a rien d'écrasant, car elle est généreuse et curieuse des autres.
Fréquence : rare - Évolution : ↗
Âge moyen : 20 ans

B

Bess

Besse, Bessie, Bessy, Beth

Étymologie : de l'hébreu *elischeba* : « Dieu est mon serment ». Ce prénom est un diminutif d'Élisabeth.
Fête : 17 novembre - Couleur : orange - Chiffre : 9
Caractère : Bess est altruiste, dévouée, intègre et idéaliste.
Personnage célèbre : Bess, l'héroïne de l'opéra de Gershwin, puis du film musical américain d'Otto Preminger sorti en 1959.
Fréquence : très rare - Évolution : =

P

Bethany

Bethanie, Bettany

Étymologie : de l'hébreu : « humble demeure ». Ce prénom est le nom du village près de Jérusalem où vécurent Marie et Lazare. Bethany est très en vogue aux États-Unis.
Couleur : bleu - Chiffre : 1
Caractère : Bethany est directive, ambitieuse, déterminée et travailleuse.
Fréquence : très rare - Évolution : =
Âge moyen : 4 ans

V

Bettina

Bettyna

Étymologie : de l'hébreu *elicheva* : « Dieu est promesse ». Ce prénom correspond à un dérivé de Betty, donc d'Élisabeth.
Fête : 17 novembre - Couleur : jaune - Chiffre : 9
Caractère : ouverte d'esprit, sensible, parfois trop, Bettina a beaucoup à exprimer : peinture, poésie et littérature lui ouvriront leurs portes, à l'envi.
Personnage célèbre : la photographe Bettina Rheims.
Fréquence : rare - Évolution : ↘
Âge moyen : 33 ans

V

Betty

Bettie, Betsy

Étymologie : de l'hébreu *elicheva* : « Dieu est promesse ». Cette forme correspond à un diminutif anglo-saxon d'Élisabeth. En revanche, ce n'est pas l'Élisabeth, mère de Jean-Baptiste, qui est la sainte patronne de Betty, mais Élisabeth de Hongrie, épouse, puis veuve de Louis IV de Thuringe. Ce diminutif est devenu un prénom à part entière aux États-Unis.

Couleur : jaune - **Chiffre :** 7
Caractère : Betty est aussi simple que serviable. Elle est véritablement gentille, car optimiste : elle croit, sans aucune naïveté, à la nature humaine.
Personnage célèbre : Betty Grabble, actrice américaine et première de toutes les pin-up ; l'inénarrable héroïne de la série *Ugly Betty*.
Fréquence : rare - **Évolution :** ↘
Âge moyen : 37 ans

P

Betty-Ann

Bettie-Ann, Bettie-Anne

Étymologie : forme composée de Betty (diminutif d'Élisabeth) et d'Ann. Ce prénom est celui de la première femme américaine canonisée. Convertie au catholicisme, cette jeune veuve de New York fonda une congrégation en 1812.
Fête : 4 janvier - **Couleur :** jaune - **Chiffre :** 7
Caractère : Betty-Ann est simple, gaie, d'une générosité immense.
Personnage célèbre : Betty-Ann Fitzgerald, héroïne féminine du film de Woody Allen, *Le Sortilège du scorpion de jade.*
Fréquence : très rare - **Évolution :** ↘

P

Beverly

Beverley

Étymologie : du vieil anglais *beaver stream* : « la rivière des castors ». Suivant une évolution assez connue, Beverley, ville du Yorkshire en Angleterre, est devenue un patronyme puis un prénom dès le XVIIIe siècle. Cette orthographe (sans le « e » avant le « y ») correspond à la forme américaine de Beverley, puisque l'hommage au célèbre faubourg de Los Angeles, Beverly Hills, semble avoir pris le pas sur la ville d'Angleterre. D'abord masculin, ce prénom est ensuite devenu féminin. Il prénomme aujourd'hui deux fois plus de filles que de garçons.
Couleur : blanc - **Chiffre :** 9
Caractère : Beverly est ambitieuse, laborieuse et consciencieuse.
Personnage célèbre : Beverly Knight, chanteuse.
Fréquence : rare - **Évolution :** ↘
Âge moyen : 16 ans

V

Bianca

Bianka, Blanca

Étymologie : du germanique *blanke* : « brillant ». Cette forme italienne de Blanche est également très répandue dans les pays slaves.
Fête : 3 octobre - **Couleur :** jaune - **Chiffre :** 3
Caractère : Bianca possède un caractère très enthousiaste, elle est douée d'un grand sens de la communication.
Personnages célèbres : Bianca Jagger, l'ex-épouse du chanteur des Stones ; la mignonne petite souris du film d'animation de Walt Disney.
Fréquence : rare - **Évolution :** ↗
Âge moyen : 24 ans

B

Billie

Billy

Étymologie : du germanique : « protectrice absolue ». Ce prénom est le diminutif de Wilhemine et Wilhemina, féminins de William.
Fête : 27 juillet - **Couleur :** orange - **Chiffre :** 8
Caractère : intuitive, séductrice, Billie a beaucoup d'énergie. Elle peut s'en nourrir sur un plan créatif, artistique, sportif, ce qui fait d'elle une personnalité d'exception.
Personnage célèbre : Billie Hollyday, la chanteuse de jazz.
Fréquence : rare - **Évolution :** ↗
Âge moyen : 9 ans

V

Bintou

Binta

Étymologie : de l'arabe *bint* : « fille ». Ce prénom est répandu en Afrique noire et en France au sein des familles françaises d'origine africaine et de confession musulmane.
Fréquence : répandu - **Évolution :** =
Âge moyen : 16 ans

V

Blair

Blaire

Étymologie : de l'anglais : « terre plate ». D'abord toponyme avant de devenir un nom de famille, puis un prénom masculin très répandu dans les années 50, Blair est à présent un incontournable féminin de l'upper class américaine.
Couleur : violet - **Chiffre :** 7
Caractère : Blair est réfléchie et ne laisse rien au hasard. Piquante et observatrice, rien ne renvoie à une quelconque platitude dans sa personnalité.
Personnage célèbre : Blair Waldorf de la série *Gossip Girl*.
Fréquence : rare - **Évolution :** =
Âge moyen : 9 ans

C

Blanche

Blanchette, Branca

Étymologie : du germanique *blanke* : « brillant ».
Fête : 3 octobre - **Couleur :** jaune - **Chiffre :** 9
Caractère : Blanche doit prendre garde à son affectivité. Cela étant, grande générosité de coeur, aptitude à l'harmonie, au rôle de mère et d'ange du foyer, Blanche est une bénédiction pour son entourage.
Personnages célèbres : Blanche de Castille (1188-1252), épouse du roi de France Louis VIII et mère de Saint Louis, deux fois régente du royaume ; l'héroïne du roman d'Aragon *Blanche ou l'oubli* ; Blanche Marcy, personnage de la série télévisée *Plus belle la vie*.
Fréquence : répandu - **Évolution :** ↗

C

Blandine

Blanda, Blandina, Blondine, Dina

Étymologie : du latin blandus : « caressant, flatteur ».
Fête : 2 juin - **Couleur :** bleu - **Chiffre :** 7
Caractère : on continue de lui prêter un visage d'ange, la fraîcheur d'esprit et la pure enfance, ainsi que l'art de se donner pleinement à de grandes et charitables causes. Chez elle, la morale est dépassée au profit d'une véritable éthique. Une très grande âme, une émotion vive.
Personnage célèbre : sainte Blandine, patronne de Paris.
Fréquence : rare - **Évolution :** ↘
Âge moyen : 38 ans

V

Bleuette

Bluette

Étymologie : du latin. Ce prénom se rapporte au nom du bleuet.
Fête : 5 octobre (Sainte-Fleur) - **Couleur :** bleu
Chiffre : 5
Caractère : Bleuette est tenace, méthodique, fiable. Elle a le sens du devoir.
Fréquence : rare - **Évolution :** =
Âge moyen : 78 ans

V

Blue

Étymologie : de l'anglais : « bleu ».
Caractère : Blue est efficace, patiente, structurée et honnête.
Couleur : bleu - **Chiffre :** 7

Personnages célèbres : Blue est l'une des composantes du prénom de la fille de Jay-Z et Beyoncé : Blue Ivy Carter.
Fréquence : très rare - **Évolution :** =
Âge moyen : 2 ans

V

Bleuenn

Bleueniенn, Bleuzenn

Étymologie : ce prénom correspond à l'équivalent breton du très ancien Blancheflor.
Fête : 5 octobre (Sainte-Fleur) - **Couleur :** blanc
Chiffre : 4
Caractère : Bleuenn est généreuse, charismatique, fidèle et rêveuse.
Fréquence : rare - **Évolution :** ↗
Âge moyen : 11 ans

P

Bonnie

Bonny, Bunny

Étymologie : du latin *buonus*, *buona* : « bon, bonne ». Le prénom Bonne est un prénom qui a remporté un franc succès dans l'Europe du XVe siècle. Bonnie correspond à la variante anglo-saxonne de l'époque, qui elle a survécu, contrairement à la forme initiale.
Fête : 29 mai - **Couleur :** jaune - **Chiffre :** 5
Caractère : franche, curieuse et passionnée, Bonnie a l'esprit aventureux et ne supporte pas la routine. Elle a du mal à se plier aux contraintes. Elle mènera à bien ce qu'elle entreprend.
Fréquence : rare - **Évolution :** ↗
Âge moyen : 14 ans

P

Brenda

Brandana, Brandy, Bredig, Brendana

Étymologie : du germanique. Ce prénom très ancien est souvent pris pour la forme féminine de Brandon, ce qu'il n'est absolument pas. En réalité, il est issu des croyances scandinaves. Il semble placé sous la protection de la déesse des combats.
Fête : 29 novembre - **Couleur :** jaune - **Chiffre :** 5
Caractère : Brenda est calme, intuitive et éprise d'harmonie entre les êtres et les choses. Elle aime les correspondances qu'elle trouve dans l'univers.
Personnage célèbre : la chanteuse Brenda Lee.
Fréquence : rare - **Évolution :** ↘
Âge moyen : 15 ans

V

Brianna

Breanne, Briaga, Briana, Brianne

Étymologie : du celte *brigo* : « dignité, élévation ». Cette forme féminine du prénom Brian est très utilisée aux États-Unis. Les Celtes ne l'utilisent pas, malgré son origine étymologique.
Fête : 17 décembre - **Couleur :** rouge - **Chiffre :** 3
Caractère : Brianna aime briller, est ardente, passionnée, fortement attirée par le monde intellectuel, mais peut se montrer impulsive.
Fréquence : rare - **Évolution :** =
Âge moyen : 11 ans

V

Bridget

Bricga, Briegen, Brigit,

Étymologie : du celte *brigo* : « dignité, élévation ». Ce prénom correspond à la forme anglo-saxonne de Brigitte, l'équivalent celtique des déesses grecque Athéna ou romaine Minerve.
Fête : 23 juillet ou 1er février - **Couleur :** rouge
Chiffre : 9
Caractère : Bridget est drôle, forte, mais parfois imprévisible.
Personnage célèbre : Bridget Jones, héroïne des livres et adaptations cinématographiques du même nom.
Fréquence : répandu - **Évolution :** ↗
Âge moyen : 9 ans

TOP 20

Prénoms rares

Il est tout à fait légitime de vouloir donner à sa fille un prénom qui la distinguera. Voici quelques exemples de prénoms aux jolies sonorités qui sortent de l'ordinaire sans extravagance.

Abélinde
Adamante
Adonie
Cléore
Deva
Dumia
Eurielle
Fleurice
Gussie
Héliade
Inocencia
Irenée
Isidorine
Lidwina
Mirella
Mirose
Natalène
Pamphile
Parthenia
Roderica

C

Brigitte

Birgitta, Birgitte, Bride, Brigida, Britt

Étymologie : du celte *brigo* : « dignité, élévation ». Birgit, « la plus haute », n'est autre que la déesse de la guerre qui protège les arts, en Irlande. Elle est l'Athéna celte.

Fête : 23 juillet - Couleur : rouge - Chiffre : 9

Caractère : en ce qui concerne le caractère, Brigitte est, sous un aspect parfois distant au premier abord, la sociabilité même. Volontaire, intuitive, d'une intelligence prompte à la synthèse, lucide, rigoureuse et active.

Personnages célèbres : Brigitte Bardot et Brigitte Fossey, actrices ; la chanteuse Brigitte Fontaine.

Fréquence : répandu - Évolution : ↘

Âge moyen : 55 ans

V

Brittany

Brit, Brita, Britain, Britaney, Britanie, Britannia, Britany, Brittanie, Britanie, Britanny, Brithany, Britt, Brittanica, Brittanie, Brittany

Étymologie : du latin *Brittania* : « Bretagne », dans le sens de « Grande-Bretagne ». Ce prénom né en Grande-Bretagne au XVIIIe siècle est devenu très populaire aux États-Unis depuis les années 90.

Couleur : rouge - Chiffre : 1

Caractère : Brittany est généreuse, ambitieuse, volontaire et indépendante.

Fréquence : rare (en France) - Évolution : =

Âge moyen : 14 ans

P

Brooke

Broocke

Étymologie : de l'anglais *brook* : « ruisseau ».

Couleur : bleu - Chiffre : 8

Caractère : Brooke est impétueuse, sensible, insaisissable.
Personnage célèbre : Brooke Shields, actrice américaine.
Fréquence : très rare - **Évolution :** ↗
Âge moyen : 3 ans

B

Brune

Bruna, Brunella, Brunelle, Brunetta, Brunette

Étymologie : du germanique : « bouclier ». Ce prénom est le diminutif de Brunehilde.
Fête : 6 octobre - **Couleur :** bleu - **Chiffre :** 6
Caractère : généreuse, fidèle, Brune est combative et illustre à merveille son prénom.
Fréquence : rare - **Évolution :** ↗

V

Buffy

Étymologie : du vieil anglais *beaver stream* : « la rivière des castors ». Ce prénom correspond à une forme dérivée de Beverly.
Couleur : violet - **Chiffre :** 8
Caractère : Buffy est passionnée, combative, mais quelque peu tortueuse.
Personnage célèbre : la désormais célèbre héroïne de la série télévisée *Buffy contre les vampires.*
Fréquence : très rare - **Évolution :** ↘

C

V

Caitlin

Caitline, Catriona, Kaitlin, Riona

Étymologie : du grec *katharos* : « pur ». Ce prénom, forme irlandaise de Catherine, est très répandu dans les pays anglo-saxons.
Fête : 29 avril ou 25 novembre - **Couleur :** vert
Chiffre : 5
Caractère : sociable et passionnée, Caitlin est travailleuse et indépendante.
Personnage célèbre : Caitlin MacNamara, épouse du poète gallois Dylan Thomas.
Fréquence : rare en France - **Évolution :** =

P

Calista

Calisté, Calistée, Callistine, Calixta, Callista, Callixta, Calysta

Étymologie : du grec *kallistos* : « le plus beau ». Cette forme correspond à la version féminisée de Calixte, prénom longtemps mixte, à présent surtout donné aux garçons.
Fête : 14 octobre - **Couleur :** rouge - **Chiffre :** 5
Caractère : « le plus beau » selon l'étymologie devient désormais « la plus belle », sous les auspices de l'indépendance et de la vivacité d'esprit.
Personnage célèbre : l'actrice Calista Flockhart, interprète d'Ally Mc Beal.
Fréquence : rare - **Évolution :** =

C

Calixte

Callixte

Étymologie : du grec *kallistos* : « le plus beau ». Ce prénom est la forme mixte qui a engendré de nombreuses variantes féminines.

Fête : 14 octobre - Couleur : rouge - Chiffre : 5
Caractère : Calixte est sociable, éloquente et d'une loyauté à toute épreuve.
Fréquence : rare - Évolution : ↗
Âge moyen : 56 ans

B

Calliope

Caliope, Kaliope, Kalliope

Étymologie : du grec *kalliope* : « qui a une belle voix ». Ce nom est celui de la Muse grecque de l'éloquence et de la poésie épique, représentée sous les traits d'une jeune femme tenant un stylet et des rouleaux de papyrus. On la dit fille de Zeus et Mnémosyne (la déesse de la mémoire), puis mère d'Orphée.
Fête : 7 avril - Couleur : bleu - Chiffre : 3
Caractère : Calliope est éloquente, comme son prénom l'indique. C'est une femme d'influence. Elle est sociable, a un grand sens de l'humour.
Fréquence : rare - Évolution : ↘

B

Calypso

Calipso, Callypso

Étymologie : du grec *kaluptô* : « couvrir, cacher ». Ce prénom est celui de la nymphe qui recueillit Ulysse, naufragé sur son île. Elle l'y retint pendant 10 ans en lui proposant l'immortalité pour le garder indéfiniment. Elle finit par le laisser partir sur les ordres de Zeus
Fête : 10 novembre (Sainte-Nymphe) - Couleur : bleu - Chiffre : 1
Caractère : charmante autant que charmeuse, Calypso est dynamique, curieuse et obstinée, voire un brin capricieuse.
Personnages célèbres : une célèbre danse jamaïcaine ; le nom du navire océanographique du Commandant Cousteau.
Fréquence : rare - Évolution : =

P

Camélia

Camélie, Camellia, Kamélia

Étymologie : ce prénom désigne la fleur d'Asie tropicale baptisée ainsi en l'honneur du botaniste jésuite Joseph Kamel, explorateur du XVIIe siècle. Cette fleur étant très chère, elle était portée tel un bijou par les courtisanes du XIXe siècle. L'œuvre d'Alexandre Dumas en atteste.
Fête : 5 octobre (Sainte-Fleur) - Couleur : noir
Chiffre : 8
Caractère : Camélia aime l'harmonie et l'unité. Elle tente toujours d'éviter les conflits.
Personnage célèbre : la chanteuse Camélia Jordana.
Fréquence : rare - Évolution : ↗
Âge moyen : 17 ans

B

Caméo

Caméa, Kaméa

Étymologie : du latin: « enchevêtrement de pierres précieuses ».
Couleur : rouge - Chiffre : 4
Caractère : Caméo aime l'innovation. Elle peut se le permettre : volonté, énergie, ambition, c'est une femme forte.
Fréquence : très rare - Évolution : =

P

Cameron

Camerone

Étymologie : du gaélique *camshron* : « nez crochu ». Ce nom était celui d'un clan écossais très connu. Très prisé aujourd'hui au sein des pays anglo-saxons, ce prénom n'est apparu en Écosse que dans les années 50, avant de se répandre en Australie. D'abord réservé aux garçons, il est aujourd'hui tout autant attribué aux filles.
Couleur : vert - Chiffre : 6

Caractère : Cameron est énergique, dynamique, dotée d'un bel esprit de camaraderie et très attentive aux autres.
Personnage célèbre : Cameron Diaz, célèbre actrice américaine.
Fréquence : rare - **Évolution :** ↗
Âge moyen : 7 ans

V

Camilia

Camila, Kamilla

Étymologie : du latin *camilla.* Ce prénom commence à apparaître en France et mêle joliment Camilla (forme anglo-saxonne et italienne de Camille) à Camélia.
Fête : 14 juillet - **Couleur :** orange - **Chiffre :** 1
Caractère : Camilia est généreuse, enthousiaste et pourvue de fortes qualités d'adaptation.
Fréquence : rare - **Évolution :** ↗
Âge moyen : 12 ans

C

Camille

Camélie, Camélina, Caméline, Camella, Camellia, Camila, Camilia, Camillia, Cammie, Kamille, Kamilka

Étymologie : du latin *camillus* : « jeune homme », qui, dans les sacrifices aux dieux de Rome, assistait le grand prêtre durant la cérémonie.
Fête : 14 juillet - **Couleur :** jaune - **Chiffre :** 1
Caractère : Camille est indépendante, réfléchie et a le sens des responsabilités et du travail. Sociable, généreuse et courageuse, elle peut aussi se montrer fougueuse !
Personnages célèbres : Camille Claudel, sculptrice et sœur de l'écrivain ; Camille, personnage féminin d'Horace de Corneille ; Camille, la chanteuse.
Fréquence : répandu - **Évolution :** =
Âge moyen : 26 ans

P

Candace

Étymologie : ce prénom, porté par une reine d'Éthiopie, dans l'Ancien Testament, était un titre de noblesse au début de notre ère. En raison de son apparition dans la Bible, du rang prestigieux auquel il fait référence, Candace est avant tout porté par l'upper class américaine.
Couleur : blanc - **Chiffre :** 3
Caractère : Candace est sociable, créative. Elle a parfois besoin d'être en retrait, sans doute pour laisser le temps à la créativité de croître. Elle est élégante et charismatique.
Personnage célèbre : Candace Bushnell, écrivain star aux États-Unis, à qui l'on doit *Sex and the City,* le roman qui inspira la série.
Fréquence : rare - **Évolution :** ↘

P

Candice

Candyce, Candys, Kandys

Étymologie : du latin *candidus, candida* : « blanc ». Cette racine de l'adjectif qualificatif candide, prénom quasi inexistant aujourd'hui, semble s'être fondu avec le biblique et plus usité Candace et avoir donné ce prénom plus représenté en France que la version de la Bible.
Couleur : blanc - **Chiffre :** 5
Caractère : Candice est une vraie comédienne, virevoltante, pétillante et d'une énergie redoutable.
Personnage célèbre : Candice Bergen, actrice américaine.
Fréquence : rare - **Évolution :** ↗
Âge moyen : 14 ans

V

Candie

Candia

Étymologie : du latin *candidus, candida* : « blanc ». Ce diminutif de Candace

et de Candice est devenu un prénom à part entière. Il correspond à la forme francisée de Candy.
Couleur : blanc - Chiffre : 5
Caractère : Candie est douce, tendre, malicieuse et a l'esprit aventurier.
Fréquence : rare - Évolution : ↘
Âge moyen : 31 ans

P

Candy

Étymologie : du latin *candidus*, *candida* : « blanc ». Ce diminutif de Candace et de Candice est devenu un prénom à part entière. Il correspond également au substantif anglo-saxon désignant un bonbon, une sucrerie. Il possède donc le double attrait du surnom avec signification et s'apparente à l'univers enfantin.
Couleur : blanc - Chiffre : 5
Caractère : Candy est sympathique, intuitive et aime le relationnel.
Personnage célèbre : Candy, l'héroïne de la série-dessin animé, star des années 80.
Fréquence : rare - Évolution : ↘
Âge moyen : 27 ans

B

Cannelle

Canelle

Étymologie : ce prénom désigne la substance aromatique extraite de l'écorce du cannelier. Les cannelles les plus réputées étant celles de Ceylan et de Guyane, ce prénom est empreint d'un petit air exotique.
Fête : 5 octobre - Couleur : rouge - Chiffre : 3
Caractère : Cannelle est vive, indépendante, aussi séductrice que séduisante.
Personnage célèbre : l'héroïne éponyme de la chanson d'Antoine sortie en 1967 : *Je l'appelle Cannelle.*
Fréquence : rare - Évolution : ↘
Âge moyen : 13 ans

B

Capucine

Capucina, Capucyne

Étymologie : du latin *caput* : « la tête », qui s'est transformé en italien en *capucino* : « capuchon ». Le capuchon du manteau de certains moines, en particulier les franciscains, donna son nom à cette plante importée du Pérou et cultivée au XVIIIe siècle. En effet, ces fleurs rouges et orangees, rappelaient, par leur forme, les capuches monastiques.
Fête : 5 octobre - Couleur : vert - Chiffre : 6
Caractère : Capucine est passionnée, émotive et sait faire preuve de pugnacité.
Personnage célèbre : Capucine Puerari, styliste.
Fréquence : rare - Évolution : ↗
Âge moyen : 12 ans

P

Carine

Cara, Carinne, Carina

Étymologie : du latin *carinus*, de *carus* : « gentil, aimé ». Ce prénom fut porté par une jeune chrétienne d'Asie Mineure, au IVe siècle, qui fut martyrisée avec son mari et son fils, lors des persécutions de Julien l'Apostat. Cette forme a marqué la fin des années 70, aussi répandue que sa variante en « k ».
Fête : 7 novembre - Couleur : rouge - Chiffre : 5
Caractère : Carine est courageuse et solide, parfois sévère, mais volontaire.
Personnage célèbre : Carine Roitfeld, ancienne rédactrice en chef du *Vogue Paris*, aujourd'hui à la tête du *CR Fashion Book* et « Global Fashion Director » du Harpers' Bazaar.
Fréquence : répandu - Évolution : ↘
Âge moyen : 39 ans

V

Carla

Carleen, Karla, Siarla

Étymologie : du germanique : « fort, viril ». Ce prénom correspond à la forme féminine italienne du Charles français, soit un dérivé latin de Charlotte. Inconnu en France avant les années 70, c'est surtout en Provence, en Corse et dans le Languedoc que ce prénom prend véritablement racine, en 1980, sans doute sous l'influence des pays d'origine de Carla, avec lesquels ces régions sont frontalières, mais aussi en résonnance à Clara, qui a connu un succès assez équivalent pendant la même période.

Fête : 17 juillet - **Couleur :** bleu - **Chiffre :** 8

Caractère : Carla est ambitieuse, travailleuse, sensuelle, mais capable de discrétion.

Personnage célèbre : Carla Bruni, chanteuse.

Fréquence : répandu - **Évolution :** ↘

Âge moyen : 14 ans

V

Carlotta

Carlota

Étymologie : du germanique : « fort, viril ». Carlotta est une forme italienne de Charlotte et croît doucement en France, sans doute entraîné par le succès de Charlotte et de Carla.

Fête : 17 juillet - **Couleur :** bleu - **Chiffre :** 8

Caractère : Carlotta est humaine, rêveuse, organisée et résolue.

Fréquence : rare - **Évolution :** ↘

Âge moyen : 12 ans

V

Carméla

Étymologie : de l'hébreu *carmel* : « voyager ». Ce prénom désigne le mont Carmel en Israël, à l'endroit où le prophète Elie se sacrifia. Au XIIe siècle, un Italien revenu des croisades s'installa avec d'autres ermites sur ce mont et fonda un nouvel ordre religieux qui se répandit dans toute l'Europe : les Carmes ; qui donna naissance au XVe siècle, à un ordre féminin : les Carmélites, encore connues aujourd'hui.

Fête : 16 juillet (consacrée à la Vierge Marie, sous son appellation Notre-Dame du Mont-Carmel)

Couleur : bleu - **Chiffre :** 7

Caractère : Carméla est pleine de vitalité. Elle est ardente, déterminée et sait élaborer des stratégies.

Fréquence : rare - **Évolution :** ↘

Âge moyen : 43 ans

V

Carmen

Carma, Carmencita, Carmina, Carmine

Étymologie : du latin : « chanson, hymne ».

Fête : 16 juillet - **Couleur :** jaune - **Chiffre :** 9

Caractère : Carmen est une idéaliste, altruiste et intègre.

Personnage célèbre : Carmen, l'héroïne de Prosper Mérimée et de l'opéra de Bizet.

Fréquence : rare - **Évolution :** ↗

Âge moyen : 70 ans

P

Carolane

Carolann, Carolanne, Karolane

Étymologie : prénom formé sur la contraction de Carole et d'Anne. Ce prénom a été inventé au Québec où il s'est très vite répandu. Il est évidemment inspiré de Caroline.

Fête : 17 juillet (Sainte-Carole) ou 26 juillet (Sainte-Anne) - **Couleur :** rouge - **Chiffre :** 9

Caractère : Carolane est équilibrée, déterminée, raisonnée et a le sens des responsabilités.

Fréquence : rare - **Évolution :** ↘

Âge moyen : 15 ans

C

Carole

Carol, Carola

Étymologie : du germanique : « fort, viril ». Ce doublet étymologique de Charlotte peut être considéré comme une autre forme féminine de Charles.

Fête : 17 juillet - Couleur : rouge - Chiffre : 9

Caractère : Carole possède la prudence, le charme, l'émotivité et la générosité.

Personnages célèbres : les actrices Carole Bouquet et Carole Lombard.

Fréquence : répandu - Évolution : ↘

Âge moyen : 40 ans

P

Carole-Anne

Carol-Ann

Étymologie : prénom composé de Carole et d'Anne. Cette forme se calque sur la contraction Carolane, tout en gardant son identité de prénom composé.

Fête : 17 juillet (Sainte-Carole) ou 26 juillet (Sainte-Anne) - Couleur : vert - Chiffre : 6

Caractère : Carole-Anne est patiente, possède un sens de l'ordre certain, mais peut aussi être fougueuse.

Fréquence : rare - Évolution : ↘

Âge moyen : 20 ans

C

Caroline

Carolie, Carolina, Carolyn, Karolina

Étymologie : du germanique : « fort, viril ». Ce prénom est, à l'origine, un diminutif affectueux de Carole, le doublet étymologique de Charlotte. Il est attesté dès le XVIIe siècle, date à laquelle, en hommage à Charles Ier et Charles II, une région d'Amérique est baptisée Caroline. Son usage se répand dans toute l'Europe au début du XVIIIe siècle et au XXe siècle et devient un prénom à la mode.

Fête : 18 novembre - Couleur : bleu - Chiffre : 6

Caractère : Caroline est éloquente, sensible, fiable et fidèle.

Personnages célèbres : Caroline Bonaparte, sœur de Napoléon ; Caroline de Monaco ; Caroline Bouvier-Kennedy, fille de JFK et Jackie Kennedy ; et des zones géographiques : les îles Carolines, la Caroline du Nord et la Caroline du Sud.

Fréquence : répandu - Évolution : ↘

Âge moyen : 36 ans

V

Carrie

Carry

Étymologie : du germanique : « fort, viril ». Carrie correspond à un diminutif (celui de Carolyn, ou celui plus rare de Carrietta) dans les pays anglo-saxon.

Fête : 18 novembre - Couleur : vert - Chiffre : 6

Caractère : Carrie est diplomate, sociable et loyale.

Personnages célèbres : Carrie, héroïne éponyme du roman de Stephen King et de son adaptation au cinéma par Brian de Palma ; Carrie Bradshaw, héroïne de la série *Sex and the City*.

Fréquence : rare - Évolution : ↘

P

Cassandra

Casandre, Cass, Cassendra, Cassy, Kassandra, Kassy

Étymologie : du grec *kassandra* : « celle (ou celui) qui aide les hommes ».

Couleur : noir - Chiffre : 6

Caractère : si, de nos jours, « jouer les Cassandre » est parfois devenu synonyme d'être de mauvais augure et de ne prévoir que des catastrophes, il n'en est rien dans la réalité. Les Cassandre et Cassandra sont de nature

résolument optimistes. Passionnées, fortes, elles sont, de fait, ambitieuses et aime communiquer, échanger...
Personnages célèbres : Cassandra Austen, mère de la romancière anglaise Jane Austen ; Cassandra Wilson, chanteuse de jazz américaine.
Fréquence : répandu - **Évolution :** ↘
Âge moyen : 13 ans

B

Cassandre

Kassandre

Étymologie : du grec *kassandra* : « celle (ou celui) qui aide les hommes ». Apollon, séduit par la grâce de la jeune femme, lui octroya, contre la promesse de se donner à lui, le don de voir dans l'avenir. Mais Cassandre, une fois cette voyance en sa possession, se refusa à Apollon. Celui-ci, dépité, la frappa d'un sort : elle continuerait à pouvoir prédire le futur, mais nul ne daignerait la croire. Ainsi, personne ne la crut lorsqu'elle annonça la prise de Troie. Cassandre est la version française de la forme internationale Cassandra, très répandue outre-Atlantique.
Couleur : bleu - **Chiffre :** 3
Caractère : Cassandre est optimiste, pragmatique, résolue et aime la communication.
Personnage célèbre : Cassandre Salviati, muse du poète Ronsard.
Fréquence : rare - **Évolution :** ↘
Âge moyen : 13 ans

V

Casey

Étymologie : du celte *cathasach* : « le vigilant ». Ce prénom doit son succès à John Luther Jones, surnommé « Casey », qui, après un terrible accident de chemin de fer en 1900, sauva une dizaine de vies avant de succomber à ses blessures. Il devint un héros dans l'inconscient collectif et son surnom fut récupéré comme prénom pour les filles (sans doute parce qu'il ressemble à Cassy, le diminutif de Cassandra).
Couleur : vert - **Chiffre :** 6
Fréquence : très rare - **Évolution :** ↗
Âge moyen : 5 ans

P

Cassidy

Kassidy

Étymologie : du patronyme irlandais O'Caside, formé sur la racine *cass* : « brillant, intelligent ». Ce patronyme est devenu un prénom masculin plus ou moins répandu au XIXe siècle parmi les familles irlandaises émigrées aux États-Unis. Il s'est ensuite féminisé.
Couleur : jaune - **Chiffre :** 8
Caractère : Cassidy est pleine de vitalité et d'ardeur. Elle aime aller au bout des choses et est prête à toutes les stratégies pour ça.
Fréquence : rare - **Évolution :** ↗
Âge moyen : 5 ans

P

Cassie

Casia, Kasia

Étymologie : du grec *kassandra*, « celle (ou celui) qui aide les hommes ». Ce prénom peut être considéré comme un diminutif attesté de Cassandra. Il se rapporte également à Cassidy, un patronyme irlandais, O'Caside, formé sur la racine cass : « brillant, intelligent », devenu un prénom masculin répandu parmi les familles irlandaises émigrées aux États-Unis. Il s'est ensuite féminisé de façon notoire. Cassie renvoie néanmoins plus souvent à Cassandra. Et à force d'être usitée, elle est devenue une forme pronominale à part entière.
Couleur : noir - **Chiffre :** 8
Caractère : intuitive, fidèle, encline à la méditation, Cassie aime repousser ses limites, sans que personne ne l'y pousse. Elle se défie et se réalise.

Personnage célèbre : Cassie, chanteuse américaine.
Fréquence : rare - **Évolution :** ↗

B

Cassiopée

Étymologie : dans la mythologie grecque, Cassiopée est la mère d'Andromède. Elle est reine d'Éthiopie. Prétendant que la beauté de sa fille surpassait celle des Néréides (nymphes marines d'une splendeur incontestable), elle attira leur colère et celle de Poséidon. Andromède fut jetée en pâture à Cétus, un dragon de mer qui ravageait les côtes d'Éthiopie. Elle fut sauvée par Persée, mais pour se souvenir qu'il n'est jamais bon de se vanter, les dieux décidèrent de nommer des constellations du nom des concernés, dont Cassiopée.
Couleur : vert - **Chiffre :** 6
Caractère : à l'image de la constellation qu'elle désigne, Cassiopée se remarque, ne laisse pas indifférent. Elle peut être timide, réservée, mais brille néanmoins d'un éclat qui la dépasse. Extrêmement réceptive et sensible, Cassiopée peut sembler parfois vulnérable.
Fréquence : rare - **Évolution :** ↗
Âge moyen : 9 ans

V

Catalina

Cataline

Étymologie : du grec *katharos* : « pur », en provenance du grec *Ékaté*, l'un des surnoms de la déesse Diane. Cette forme correspond à une variante de Catherine portée en Occitanie et au Pays basque.
Fête : 29 avril ou 25 novembre - **Couleur :** violet
Chiffre : 2
Caractère : Catalina est intelligente, organisée et résolue, à l'image d'une des saintes patronnes qui lui ont donné son nom, telle Catherine de Sienne, proclamée docteur de l'Église et patronne de l'Italie au siècle suivant sa canonisation. Auteur d'écrits remarquables, elle joua un rôle important dans le retour des papes d'Avignon à Rome.
Fréquence : rare - **Évolution :** ↗
Âge moyen : 33 ans

V

Catharina

Caterina, Catherina, Catrina, Katrina

Étymologie : du grec *katharos* : « pur ».
Fête : 29 avril ou 25 novembre - **Couleur :** rouge
Chiffre : 2
Caractère : Catharina est pragmatique, optimiste et attentive.
Fréquence : rare - **Évolution :** ↘
Âge moyen : 22 ans

V

Cathel

Cathelle

Étymologie : du grec *katharos* : « pur », en provenance du grec *Ékaté*, l'un des surnoms de la déesse Diane. Cathel est la forme alsacienne et non bretonne de Catherine.
Fête : 29 avril ou 25 novembre - **Couleur :** rouge
Chiffre : 2
Caractère : résolue comme sa variante basque, Cathel est aussi pleine d'énergie et un brin plus casse-cou. Elle est intelligente et fine.
Fréquence : rare - **Évolution :** =
Âge moyen : 28 ans

C

Catheline

Cateline, Cathelyne

Étymologie : du grec *katharos* : « pur ». Ce prénom correspond à une forme dérivée de Catherine.
Fête : 29 avril ou 25 novembre - **Couleur :** rouge

Chiffre : 2
Caractère : Catheline est énergique, fine, audacieuse et résolue.
Fréquence : rare - Évolution : ↘
Âge moyen : 21 ans

C

Catherine

Cationa, Kalleke, Katharine, Kathleen, Katinka, Katiouchka, Katje, Trina, Trine, Trinke

Étymologie : du grec *katharos* : « pur ». Nombre de saintes et de bienheureuses ont porté ce prénom, comme Catherine de Sienne (1347-1380), proclamée docteur de l'Église et patronne de l'Italie au siècle suivant sa canonisation. Le 25 novembre, on fête les catherinettes, les jeunes femmes non mariées à l'âge de 25 ans, tradition qui remonte au XVIe siècle. Cette fête trouverait son origine dans l'étymologie du prénom.
Fête : 29 avril ou 25 novembre - Couleur : rouge
Chiffre : 2
Caractère : avec son prénom riche et puissant, elle éveille de profonds échos dans la sensibilité. Intuition, sens conjoint du mystère et du naturel, elle sait mêler la féerie à la conviction. Pourtant, elle se rebelle contre l'excès d'intellectualité qui parfois la submerge. Ce psychisme complexe souffre çà et là de sa propre richesse et ses rééquilibrages intérieurs ne vont pas sans à-coups quelquefois violents et déconcertants. Mais son intelligence très analytique et son dynamisme la sauvent toujours.
Personnages célèbres : les actrices Catherine Frot, Catherine Zeta-Jones, Catherine Deneuve ; Catherine Ringer, chanteuse des Rita Mitsouko ; Catherine Millet, écrivain.
Fréquence : répandu - Évolution : ↘
Âge moyen : 53 ans

V

Cathia

Catia, Cathya

Étymologie : du grec *katharos* : « pur ». Ce prénom correspond à un diminutif traditionnel de Catherine épousant la sonorité de la forme russe.
Fête : 29 avril ou 25 novembre - Couleur : rouge
Chiffre : 2
Caractère : Cathia est organisée, équilibrée et a une certaine influence sur les gens.
Fréquence : rare - Évolution : ↘
Âge moyen : 36 ans

V

Cathleen

Étymologie : du grec *katharos* : « pur ». Ce prénom est un dérivé anglo-saxon de Catherine.
Fête : 29 avril ou 25 novembre - Couleur : violet
Chiffre : 2
Caractère : Cathleen est courageuse et curieuse.
Fréquence : rare - Évolution : ↘
Âge moyen : 19 ans

P

Cathy

Cathie, Cati, Catie, Catty

Étymologie : du grec *katharos* : « pur ». Diminutif le plus célèbre de Catherine, au point qu'il est devenu un prénom à part entière. Malgré sa terminaison anglo-saxonne, il a été très attribué durant les années 70 en France et reste répandu.
Fête : 29 avril ou 25 novembre - Couleur : rouge
Chiffre : 2
Caractère : pragmatique et organisée, Cathy est également enthousiaste et fantaisiste, mais on aurait tort de la réduire à cela.
Personnage célèbre : Cathy Guetta.
Fréquence : répandu - Évolution : ↘
Âge moyen : 37 ans

V

Catoun

Étymologie : du grec *katharos* : « pur ». Catoun correspond à la forme provençale de Catherine.
Fête : 29 avril ou 25 novembre - **Couleur :** rouge
Chiffre : 2
Caractère : Catoun est audacieuse, directive et attentive.
Fréquence : rare - **Évolution :** ↘

C

Cécile

Cäcilie, Cecil, Cecilius, Cecily, Ceese, Cicely, Sile, Sileas, Sisile, Sisley, Sissie, Tsilia, Zielge

Étymologie : du latin *Caecili*, nom d'une célèbre famille de l'aristocratie romaine. Cette famille aurait hérité du nom donné à un ancêtre, Caecus : « l'aveugle ». Cécile doit son statut de patronne des musiciens au fait qu'elle ne cessait de chanter les louanges du Seigneur. Cette jeune patricienne du IIe siècle fut contrainte par ses parents à épouser un païen, alors qu'elle avait fait vœu de chasteté après son baptême. Elle le convertit, mais il fut dénoncé, arrêté et exécuté. Cécile subit le même martyre, un peu plus tard.
Fête : 22 novembre - **Couleur :** bleu - **Chiffre :** 1
Caractère : Cécile est une réaliste complète, puisqu'elle sait reconnaître la secrète rêverie comme composante à part entière de la réalité sensible. Cécile est affectueuse, empathique, fantaisiste et généreuse.
Personnages célèbres : Cécile de Volanges, l'un des personnages du roman *Les Liaisons dangereuses* de Choderlos de Laclos ; Cécile Cassel, comédienne et chanteuse.
Fréquence : répandu - **Évolution :** ↘
Âge moyen : 51 ans

C

Cécilia

Cecillia

Étymologie : du latin *Caecili*, nom d'une célèbre famille de l'aristocratie romaine. Cette famille aurait hérité du nom donné à un ancêtre, Caecus : « l'aveugle ». Dans l'Antiquité, être aveugle signifiait avoir un pouvoir de vision différent : pouvoir lire dans l'avenir. Cécilia correspond à une forme anglo-saxonne, espagnole et italienne de Cécile. Elle est assez prisée en France également, en raison de sa sonorité.
Fête : 22 novembre - **Couleur :** bleu - **Chiffre :** 1
Caractère : Cécilia a le sens de la famille. De nature joyeuse, elle est parfois un brin impétueuse.
Personnage célèbre : Cécilia Attias, personnalité publique.
Fréquence : répandu - **Évolution :** ↘
Âge moyen : 29 ans

B

Céleste

Célesta

Étymologie : du latin *caelestis* : « d'origine céleste, venant du ciel ». Prénom mixte à l'origine, car porté par un saint et non une sainte, Céleste est aujourd'hui bien plus attribué aux filles.
Fête : 14 octobre - **Couleur :** jaune - **Chiffre :** 6
Caractère : Céleste est douce, a le sens des responsabilités, de l'harmonie et de la discrétion.
Personnages célèbres : Céleste de la Vigne, épouse de Chateaubriand ; Céleste, personnage du livre et du dessin animé pour enfants *Babar*.
Fréquence : rare - **Évolution :** ↗
Âge moyen : 38 ans

C

Célestine

Celtina

Étymologie : du latin *caelestis* : « d'origine céleste, venant du ciel ». Ce prénom correspond à la forme féminine de Célestin.

Fête : 19 mai - **Couleur :** jaune - **Chiffre :** 6

Caractère : Célestine est douce, calme, passionnée, exigeante.

Personnages célèbres : *La Célestine*, roman écrit par Fernando de Rojas, paru en 1499 ; personnage du livre pour enfants *Ernest et Célestine*, adapté en film d'animation et primé aux Césars.

Fréquence : rare - **Évolution :** ↗

V

Célia

Celya, Cilia, Selya

Étymologie : du latin *Caecili*, nom d'une célèbre famille de l'aristocratie romaine. Cette famille aurait hérité du nom donné à un ancêtre, Caecus : « l'aveugle ». Ce prénom est sans doute un dérivé de Cécile, né dans les pays anglo-saxons, mais rencontrant un certain succès en France.

Fête : 22 novembre - **Couleur :** bleu - **Chiffre :** 5

Caractère : Célia est généreuse, compatissante et elle sait faire preuve d'un fort esprit de décision. Elle est très enthousiaste.

Personnage célèbre : Célia Bertin, romancière.

Fréquence : répandu - **Évolution :** ↘

Âge moyen : 15 ans

C

Céliane

Céliana

Étymologie : ce prénom correspond à la contraction de Célia et d'Anne.

Couleur : bleu - **Chiffre :** 5

Caractère : Céliane est engagée et très tenace.

Fréquence : rare - **Évolution :** ↗

Âge moyen : 30 ans

TOP 20

Prénoms de contes de fées

Qu'il s'agisse des écrits de Grimm, de Perrault ou d'Andersen, les contes de fées ont leur lot d'héroïnes qui ont inspiré les rêveries animées de Disney, Dreamworks... Voici, mêlés, les prénoms de princesses et autres fées dont les destins, lus, écoutés ou visionnés constituent des jolies sources d'inspiration.

Alice
Anastasia
Aurore
Belle
Blanche *(Neige)*
Cinderella
(Cendrillon américaine)
Elsa
Fiona
Flora
Gretel
Jasmine
Loreleï
Pimprenelle
Rapunzel *(Raiponce)*
Rose *(sœur de Blanche-Neige)*
Sapience
Stella
Tiana
Ursula
Wendy

C

Célina

Célinia, Celinda, Celynda

Étymologie : du grec *séléné* : « la lune ».
Fête : 21 octobre - Couleur : bleu - Chiffre : 3
Caractère : Célina est habile, forte, ambitieuse et déterminée.
Fréquence : rare - Évolution : ↘
Âge moyen : 72 ans

C

Céline

Célimène, Célanie, Célénie, Célyne, Ceylin, Celinda, Cylinia

Étymologie : du grec *séléné* : « la lune ».
Fête : 21 octobre - Couleur : bleu - Chiffre : 3
Caractère : Céline est dite volontaire et tributaire de ses émotions parfois difficile à maîtriser. Mais elle sait se maîtriser et prendre du recul pour méditer.
Personnage célèbre : Céline Dion, chanteuse.
Fréquence : répandu - Évolution : ↘

B

Cerise

Étymologie : du latin *cerasium* : « la cerise, le fruit du cerisier ». Parce que ce petit fruit rond, rouge, gourmand et brillant évoque une certaine sensualité, Cerise est un prénom féminin en vogue mais encore rare.
Fête : 5 octobre (Sainte-Fleur)
Couleur : bleu - Chiffre : 5
Caractère : Cerise est imaginative, extrêmement dynamique, toujours en activité(s) qu'elle ne cesse, par ailleurs, de diversifier.
Fréquence : rare - Évolution : ↗
Âge moyen : 9 ans

B

Césarine

Césarie, Kecha, Kesari

Étymologie : de *Julius Caesar*, Jules César, le fondateur de l'Empire romain, mort en 44 avant J-C.
Fête : 26 août - Couleur : bleu - Chiffre : 2
Caractère : Césarine sait faire confiance à son intuition très développée. Elle est fidèle, déterminée et douée pour le relationnel.
Fréquence : rare - Évolution : =

V

Chaïma

Chayma, Cheïma

Étymologie : de l'arabe *chaïma* : « le grain de beauté ». Ce prénom fut porté par la sœur de lait du Prophète Mahomet.
Couleur : noir - Chiffre : 8
Caractère : Chaïma est discrète, serviable, généreuse et apaisante.
Fréquence : rare - Évolution : ↗
Âge moyen : 9 ans

P

Chanel

Chanael, Chanaelle, Chanele, Chanell, Chanelle, Shanel

Étymologie : du nom de Gabrielle « Coco » Chanel, la fondatrice de la maison de couture star. Ce nom est utilisé comme prénom d'abord aux États-Unis, puis en France depuis les années 2000.
Couleur : gris - Chiffre : 7
Caractère : Chanel est ambitieuse, passionnée et aventureuse.
Fréquence : rare - Évolution : ↗
Âge moyen : 10 ans

C

Chantal

Chantale

Étymologie : de l'occitan *cantal* : « pierre, roche ». Sainte Chantal (1572-1641) s'appelait en réalité Jeanne Frémyot, épouse du baron de Chantal. Elle fonda l'ordre de la Visitation avec Saint François de Sales et fut la grand-mère de Madame de Sévigné. L'Église la canonisa sous le nom de Jeanne de Chantal.
Fête : 12 décembre - **Couleur :** jaune - **Chiffre :** 5
Caractère : Chantal semble être l'archétype de la beauté passionnée. La fougue et l'enthousiasme sont les qualités les plus évidentes de cette idéaliste.
Personnages célèbres : Chantal Thomass, créatrice ; Chantal Ladesou, humoriste ; Chantal Goya, chanteuse ; Chantal Lauby, comédienne.
Fréquence : répandu - **Évolution :** ↘
Âge moyen : 57 ans

V

Charleen

Étymologie : du germanique *karl* : « viril ». Ce prénom est une forme féminine anglo-saxonne de Charles.
Fête : 17 juillet - **Couleur :** bleu - **Chiffre :** 3
Caractère : Charleen est pragmatique, enthousiaste et résolue.
Fréquence : rare - **Évolution :** ↗
Âge moyen : 10 ans

P

Charlène

Charlaine, Charleyne, Karlena, Karlène, Karline, Karlyn, Karlyne

Étymologie : du germanique *karl* : « viril ». Charlène est l'adaptation française de Charleen, forme féminine anglo-saxonne de Charles. C'est en Bourgogne et dans les Pays de Loire que Charlène s'est installé, en France. Le mariage du prince Albert de Monaco avec Charlène Wittstock lui a donné une certaine visibilité.
Fête : 17 juillet - **Couleur :** bleu - **Chiffre :** 3
Caractère : Charlène est créative et hypersensible. Elle peut se révéler être une compétitrice féroce tout en restant sur la réserve et en gardant ses pensées secrètes.
Personnage célèbre : la princesse Charlène de Monaco.
Fréquence : rare - **Évolution :** =
Âge moyen : 20 ans

V

Charlie

Charly

Étymologie : du germanique *karl* : « viril ». Charlie correspond au diminutif anglo-saxon de Charles qui est également attribué aux filles.
Fête : 4 novembre - **Couleur :** rouge - **Chiffre :** 3
Caractère : Charlie est sûre d'elle, son attitude et sa grâce en font un être adulé.
Fréquence : rare - **Évolution :** ↗
Âge moyen : 10 ans

P

Charline

Charlyne

Étymologie : du germanique *karl* : « viril ». Charline est l'adaptation française d'une forme féminine, créée dans les pays anglo-saxons, du prénom Charles.
Fête : 17 juillet - **Couleur :** bleu - **Chiffre :** 3
Caractère : Charline aime le savoir, l'indépendance et possède un goût certain pour la musique et la communication.
Fréquence : répandu - **Évolution :** ↘
Âge moyen : 19 ans

C

Charlotte

Carlyle, Charletta, Charlotta, Charlette, Charley, Karlouchka, Karlota, Karlotta, Lilita, Linchen, Lote, Lotta, Lotte, Lottie

Étymologie : du germanique *karl* : « viril ». Il existe un amusant paradoxe entre l'auréole mondaine de Charlotte et le caractère enfantin dont elle est également pourvue. En effet, Charlotte aux Fraises, poupée dont les cheveux portaient l'odeur du fruit en question, est devenue célèbre au point d'être l'héroïne d'un dessin animé dès les années 80. Ce prénom évoque donc, dans le même temps, un univers de distinction et celui, régressif, d'un dessert sucré et du personnage de petite fille qui s'y apparente.

Fête : 17 juillet - Couleur : rouge - Chiffre : 3

Caractère : sentimentalité, tendresse, versatilité, sont chez Charlotte les signes d'une vive émotivité. Elle se révèle volontiers extravertie et le besoin de séduire son entourage fait d'elle un être d'une grande sociabilité.

Personnages célèbres : Charlotte Corday, la jeune révolutionnaire qui assassina Marat, figure de la Révolution Française, en 1793 ; l'écrivaine Charlotte Brontë ; Charlotte Gainsbourg, actrice ; la princesse Charlotte Casiraghi.

Fréquence : répandu - Évolution : =

Âge moyen : 41 ans

P

Charmaine

Charmène

Étymologie : du grec *kharmonè* : « la joie ». Ce prénom fut très rare jusque dans les années 50, date à laquelle il commença à se répandre aux États-Unis. Il est particulièrement prisé par les afro-américains et par la communauté américano-asiatique.

Couleur : violet - Chiffre : 4

Caractère : Charmaine est douce, volontaire et attentionnée.

Fréquence : très rare - Évolution : ↗

Âge moyen : 5 ans

B

Chayma

Chaymaa, Chaymae

Étymologie : de l'arabe *chaïma* : « le grain de beauté ».

Couleur : noir - Chiffre : 8

Caractère : Chayma a le sens des responsabilités, de la famille, est équilibrée et assez influente.

Fréquence : rare - Évolution : ↗

Âge moyen : 8 ans

V

Cheïma

Cheïmaa, Cheyma

Étymologie : de l'arabe *chaïma* : « le grain de beauté ». Ce prénom fut porté par la sœur de lait du Prophète Mahomet. Cheïma correspond à une transcription plus rare du prénom tout en étant plus fidèle à la prononciation.

Couleur : noir - Chiffre : 8

Caractère : Cheïma est enthousiaste, a de grandes capacités d'adaptation, aime la communication et est assez directive.

Fréquence : rare - Évolution : ↘

Âge moyen : 10 ans

V

Chelsea

Étymologie : de l'anglais : « près du port ». Ce prénom correspond à l'évolution typique du patronyme devenu prénom. Il est d'autant plus attribué aux filles qu'à l'instar de Beverly, qui fait allusion aux prestigieux faubourgs de Los Angeles, Chelsea désigne un quartier très branché de New York.

Couleur : bleu - **Chiffre :** 3
Caractère : meneuse dans l'âme, Chelsea aime les stratégies et aller au bout des choses. Elle déteste l'inachevé.
Personnage célèbre : Chelsea Clinton, fille de l'ancien président des États-Unis.
Fréquence : rare - **Évolution :** ↗
Âge moyen : 8 ans

V

Cheryl

Étymologie : du germanique *karl* : « viril ». Ce prénom est un dérivé anglo-saxon assez courant outre-Atlantique de Charlotte. On l'assimile aussi à Cherry, diminutif de Charity dont il pourrait être dérivé.
Couleur : rouge - **Chiffre :** 3
Caractère : Cheryl est une affective, c'est son intuition et sa générosité qui la guident dans la vie.
Personnage célèbre : Cheryl Ladd, actrice américaine et ancienne « *Drôle de dame* ».
Fréquence : rare - **Évolution :** ↗
Âge moyen : 26 ans

P

Cherylin

Étymologie : de l'anglais *charity* : « la charité ». Cherilyn est un dérivé de Charity, prénom du XIXe siècle, qui comme Faith, reflétait les vertus théologiales et était attribué par les puritains protestants. Sa terminaison pourrait être due à une contraction avec Ellen.
Couleur : rouge - **Chiffre :** 3
Caractère : Cherilyn est réputée pour la pureté de son cœur, mais aussi pour son caractère actif et son ressort.
Fréquence : très rare - **Évolution :** =

V

Chiara

Étymologie : du latin *clarus, clara* : « illustre, brillant ». Ce prénom correspond à la forme italienne du prénom Claire.
Fête : 11 août - **Couleur :** vert - **Chiffre :** 2
Caractère : Chiara est créative, assez secrète. Personnalité fascinante et introvertie, elle aime la méthode et sait se montrer d'une grande pugnacité pour arriver à ses fins.
Personnage célèbre : Chiara Mastroianni.
Fréquence : rare - **Évolution :** ↗
Âge moyen : 8 ans

C

Chloé

Cloé, Chloée

Étymologie : du grec : « jeune pousse ». Chloé était, dans la mythologie grecque, la déesse des fleurs, fille de Déméter, protectrice des moissons. On la confond parfois avec Déméter elle-même. Ce prénom figure dans le top 20 des prénoms les plus attribués depuis 15 ans, s'inscrivant dans la mode des prénoms courts et marqués par les voyelles.
Fête : 9 juillet - **Couleur :** vert - **Chiffre :** 4
Caractère : Chloé est vive, active... mais dans son monde à elle. Brillante et créative, c'est une artiste.
Personnages célèbres : Chloé, héroïne du roman de Longus, *Daphnis et Chloé* ; l'héroïne de *L'Écume des jours* de Boris Vian ; la romancière Chloé Delaume ; l'actrice Chloé Sevigny.
Fréquence : répandu - **Évolution :** ↗
Âge moyen : 13 ans

C

Christelle

Christal, Christale, Christel, Christèle, Chrystal, Chrystel, Chrystelle

Étymologie : du latin *christianus* : « chrétien ». Christelle, que l'on considère comme une forme nouvelle de Christine, est apparue en même temps que Christiane au Vᵉ siècle et est assez répandue dans les pays latins.

Fête : 24 mars - **Couleur :** vert - **Chiffre :** 4

Caractère : volontaire, rigoureuse, fiable, Christelle possède une grande conscience professionnelle. Tout en étant... séductrice.

Fréquence : répandu - **Évolution :** ↘

Âge moyen : 36 ans

C

Christiane

Carsta, Chrétienne, Christiana, Karsten, Kerst, Kerstin, Khristocha, Kristiane

Étymologie : du latin *christianus* : « chrétien ». Ce prénom correspond à la forme féminine de Christian.

Fête : 24 juillet - **Couleur :** vert - **Chiffre :** 7

Caractère : Christiane est toute droiture et intelligence ; très exigeante en amitié comme en amour, passionnée de justice et de perfection, elle est très dévouée à la lutte comme au pardon.

Fréquence : répandu - **Évolution :** ↘

Âge moyen : 69 ans

C

Christine

Christina, Kristina, Stijn, Stina, Stinke

Étymologie : du latin *christianus* : « chrétien ». Ce prénom correspond à la forme féminine de Christian.

Fête : 24 juillet - **Couleur :** vert - **Chiffre :** 6

Caractère : Christine est animée d'une certaine distinction. Sociable, elle est généreuse et a le sens des responsabilités.

Personnage célèbre : la journaliste Christine Ockrent.

Fréquence : répandu - **Évolution :** ↘

Âge moyen : 50 ans

V

Christie

Christy

Étymologie : du latin *christianus* : « chrétien ». Ce prénom correspond à un diminutif de Christina devenu prénom.

Fête : 24 juillet - **Couleur :** vert - **Chiffre :** 6

Caractère : Christie est sensible, intuitive et directive.

Fréquence : très rare - **Évolution :** ↘

Âge moyen : 23 ans

P

Cindy

Cyndi, Sindy

Étymologie : ce prénom est considéré comme le diminutif de Cynthia, du grec *kynthia*. Il correspond également au surnom de la déesse Diane chasseresse, que l'on disait née sur le mont Cynthos, dans l'île de Délos. Cindy est aussi un diminutif de Cinderella, le nom anglo-saxon de Cendrillon.

Fête : 10 novembre - **Couleur :** rose - **Chiffre :** 2

Caractère : Cindy est courageuse, chanceuse, volontaire et réfléchie.

Personnages célèbres : le top model Cindy Crawford ; la chanteuse Cyndi Lauper ; l'artiste Cindy Sherman.

Fréquence : répandu - **Évolution :** ↘

Âge moyen : 24 ans

C

Claire

Clair, Claira, Clairette, Clarence, Clarent, Clare, Clarinda, Clarine, Clarita, Claro, Clarrie, Klaar, Klara, Claatje, Sorcha

Étymologie : du latin *clarus, clara* : « illustre, brillant ».

Fête : 11 août - **Couleur :** vert - **Chiffre :** 3

Caractère : Claire a une haute conscience de soi. Elle est l'image de celle qui résiste et ne cède pas. Intelligente, elle est jusqu'au-boutiste car passionnée.

Personnages célèbres : Claire, héroïne de *La Nouvelle Héloïse* de Jean-Jacques Rousseau ; Claire Keim, comédienne et chanteuse ; Claire Chazal, présentatrice télé ; Claire Danes, actrice américaine.

Fréquence : répandu - **Évolution :** ↘

Âge moyen : 46 ans

C

Claire-Marie

Claire-Mary

Étymologie : ce prénom est composé de Claire et de Marie, unissant deux figures bibliques, symboles de pureté.

Fête : 11 ou 15 août - **Couleur :** vert **Chiffre :** 3

Caractère : Claire-Marie est engagée, méthodique et tenace.

Personnage célèbre : Claire-Marie Le Guay, pianiste française.

Fréquence : rare - **Évolution :** ↘

Âge moyen : 28 ans

V

Clara

Klara

Étymologie : du latin *clarus, clara* : « illustre, brillant ». Ce prénom correspond à la forme originelle de Claire. Elle est aussi la plus cosmopolite. Très prisé en France (on compte chaque année, deux fois plus de Clara que de Claire).

Fête : 11 août - **Couleur :** vert - **Chiffre :** 3

Caractère : très éprise de justice, la douceur l'envahit dès qu'il s'agit des malheureux, des opprimés, des faibles et elle révèle d'ardentes qualités de compassion et de dévouement. C'est une personnalité racée, volontaire et exigeante.

Personnages célèbres : Clara Barton, une des fondatrices de la Croix-Rouge américaine (1821-1912) ; l'artiste plasticienne Clara Halter.

Fréquence : répandu - **Évolution :** ↗

Âge moyen : 14 ans

C

Clarisse

Clarissa

Étymologie : du latin *clarissimus* : « le plus brillant, le plus illustre ».

Fête : 12 août - **Couleur :** blanc - **Chiffre :** 2

Caractère : Clarisse est émotive, joueuse, fantaisiste et fidèle.

Personnage célèbre : Clarisse Harlow, héroïne du roman du même nom écrit par Richardson.

Fréquence : rare - **Évolution :** ↘

Âge moyen : 29 ans

B

Claude

Claudette

Étymologie : du latin *claudus* : « le boiteux », substantif qui semble avoir engendré Claudius, le nom de l'illustre famille romaine dont furent issus Néron, Claude et Caligula. Claude est un prénom mixte, même s'il a été nettement moins attribué aux filles qu'aux garçons. En contrepartie, diverses formes dérivées et féminisées du prénom ont vu le jour.

Fête : 6 juin - **Couleur :** orange - **Chiffre :** 1

Caractère : généreuse, élégante et autoritaire,

Claude a le goût de l'indépendance et de la liberté d'esprit.
Personnages célèbres : Claude Bessy, ancienne danseuse étoile et directrice du ballet de l'Opéra de Paris ; Claude Sarraute, journaliste et écrivain.
Fréquence : répandu - **Évolution :** ↘
Âge moyen : 67 ans

P

Claudia

Claudiane, Clodia, Gladie, Klaudia, Klavdei, Klavdia

Étymologie : du latin *claudus* : « le boiteux », substantif qui semble avoir engendré Claudius, le nom de l'illustre famille romaine dont furent issus Néron, Claude et Caligula. Ce prénom correspond à la version germanique, italienne et hispanique de Claude.
Fête : 6 juin - **Couleur :** jaune - **Chiffre :** 1
Caractère : Claudia est sage, bienveillante et bonne conseillère.
Personnages célèbres : le top model Claudia Schiffer ; l'actrice Claudia Cardinale.
Fréquence : rare - **Évolution :** =

B

Claudie

Claudy

Étymologie : du latin *claudus* : « le boiteux », substantif qui semble avoir engendré Claudius, le nom de l'illustre famille romaine dont furent issus Néron, Claude et Caligula. Claudie est un diminutif féminisé de Claude.
Fête : 6 juin - **Couleur :** orange - **Chiffre :** 1
Caractère : Claudie est ambitieuse, énergique, directive, mais a des moments d'une grande fantaisie.
Personnages célèbres : Claudie André-Deshays (épouse Haigneré), scientifique, spationaute et femme politique française ; l'écrivain Claudie Gallet ; la créatrice Claudie Pierlot.
Fréquence : répandu - **Évolution :** =
Âge moyen : 55 ans

C

Claudine

Claudelle, Claudina, Clodelle.

Étymologie : du latin *claudus* : « le boiteux », substantif qui semble avoir engendré Claudius, le nom de l'illustre famille romaine dont furent issus Néron, Claude et Caligula.
Fête : 30 septembre - **Couleur :** jaune - **Chiffre :** 1
Caractère : Claudine est dynamique, généreuse, aime le partage et le don de soi. Assumant une complète liberté de parole, les problématiques sociales l'attirent incontestablement.
Personnage célèbre : Claudine, l'héroïne éponyme de la série de romans écrite par Colette et Willy au début du XXe siècle.
Fréquence : répandu - **Évolution :** ↘
Âge moyen : 62 ans

B

Cléa

Chléa, Cléane.

Étymologie : du grec *kleos* : « la bonne renommée ». Cette étymologie reste incertaine, mais ce prénom féminin est, dans tous les cas, attesté depuis l'Antiquité. Surfant sur le succès de Chloé, dont la sonorité est du même type, Cléa connaît actuellement une période de croissance.
Couleur : bleu - **Chiffre :** 3
Caractère : Cléa a de grandes capacités d'adaptation et l'esprit pratique. Toujours pleine d'enthousiasme, elle est aussi très généreuse.
Fréquence : rare - **Évolution :** ↗
Âge moyen : 9 ans

B

Clélia

Étymologie : du latin *Cloelia*, du nom d'une grande famille romaine dont l'un des membres, une femme, est une héroïne de l'histoire romaine.

Fête : 13 juillet - **Couleur :** rouge - **Chiffre :** 6

Caractère : prénom de rêverie et de mélancolie, Clélia est porté par des femmes bienveillantes, réservées, mais très prisées pour leurs excellents conseils.

Personnage célèbre : Clélia, héroïne de *La Chartreuse de Parme*, roman de Stendhal.

Fréquence : rare - **Évolution :** ↗

Âge moyen : 16 ans

C

Clélie

Clély

Étymologie : du latin *Cloelia*, du nom d'une grande famille romaine dont l'un des membres, une femme, est une héroïne de l'histoire romaine.

Fête : 13 juillet - **Couleur :** rouge - **Chiffre :** 6

Caractère : Clélie est dynamique, audacieuse et pleine d'assurance.

Personnage célèbre : Clélie, l'héroïne de *Clélie, histoire romaine*, roman de Mlle de Scudéry.

Fréquence : rare - **Évolution :** ↗

Âge moyen : 28 ans

C

Clémence

Clémente, Clémentia, Clemmie, Clemmy, Clim, Klémens, Klimka

Étymologie : du latin *clemens* : « douceur, bonté ».

Fête : 21 mars - **Couleur :** bleu - **Chiffre :** 6

Caractère : Clémence porte bien son prénom, puisqu'elle possède toutes les qualités qu'il exprime : douceur, calme, prudence, générosité.

Personnage célèbre : Clémence Poésy, actrice.

Fréquence : répandu - **Évolution :** ↘

Âge moyen : 33 ans

B

Clémentine

Clémentina

Étymologie : du latin *clemens* : « douceur, bonté ». Ce diminutif de Clémence est attesté dès le XVIIIe siècle, avant donc que le fruit du même nom ne soit créé.

Fête : 21 mars - **Couleur :** bleu - **Chiffre :** 8

Caractère : Clémentine est travailleuse, perfectionniste, fidèle et sociable.

Personnage célèbre : Clémentine Célarié, comédienne.

Fréquence : répandu - **Évolution :** ↘

Âge moyen : 43 ans

B

Cléo

Chléo

Étymologie : du grec *kleos* : « la gloire » et du latin *pater* : « le père ». Ce prénom est un diminutif de Cléopâtre. Il peut aussi se rapporter à Cléophée. Pendant sonore aux voyelles inversées de Chloé, Cléo bénéficie d'un succès naissant et est reconnu aujourd'hui comme un prénom mixte.

Fête : 19 octobre - **Couleur :** noir - **Chiffre :** 8

Caractère : dynamique, franche et généreuse, Cléo est aussi charismatique, séduisante et déterminée. Comme l'illustre reine dont elle porte une partie du prénom.

Personnages célèbres : Cléo de Mérode, danseuse et modèle du XIXe siècle, qui fut élue Reine de Beauté par les lecteurs de *L'Illustration* parmi d'autres célébrités, dont Sarah Bernhardt ; Cléo, l'héroïne du film d'Agnès Varda, *Cléo de 5 à 7*.

Fréquence : rare - **Évolution :** ↗

Âge moyen : 10 ans

TOP 20

Prénoms exotiques

Les prénoms venus d'ailleurs ne sont plus l'apanage de parents originaires des Îles ou de contrées éloignées. Ils se démocratisent et séduisent. Sonorités harmonieuses, évasion, métissage... autant de douces raisons de céder à cette tendance ensoleillée.

Azora
Esha
Indira
Kany
Leela
Luana
Maely
Maeva
Mairé
Maliny
Mareva
Mily
Poé
Poéma
Téora
Téva
Tiaré
Tissia
Vaiana
Vanina

C

Cléophée

Étymologie : du grec *kleiô* : « commémorer, célébrer ».
Fête : 19 octobre - **Couleur :** rose - **Chiffre :** 5
Caractère : Cléophée est compatissante, bienveillante. C'est un être d'empathie et de sensibilité.
Fréquence : rare - **Évolution :** ↗
Âge moyen : 7 ans

B

Clio

Clyo

Étymologie : du grec *kleiô* : « commémorer, célébrer ». Clio est l'aînée des neuf Muses et préside *l'Histoire et la Poésie Épique.*
Fête : 10 novembre (Sainte-Nymphe) - **Couleur :** bleu - **Chiffre :** 3
Caractère : assurément curieuse, Clio est piquante. Elle est intellectuelle et avide de connaissances, qu'elles se rapportent aux faits, aux choses ou aux personnes.
Personnage célèbre : Clio Goldsmith, comédienne italienne.
Fréquence : rare - **Évolution :** ↗
Âge moyen : 26 ans

C

Clothilde

Chlothilde, Clotilda, Clotilde, Klothilde, Tilda, Tilde

Étymologie : du germanique *hlod* : « gloire » et *hilde* : « combat ». Clothilde a la même racine étymologique que Louise. Sainte Clotilde (470-545), fille du roi des Burgondes, fut la femme de Clovis, qu'elle finit par convertir au christianisme.
Fête : 4 juin - **Couleur :** orange - **Chiffre :** 8
Caractère : Clothilde est fine, spirituelle, toujours dans l'analyse. Elle est forte et volontaire. On la dit amoureuse du couple réussi, de l'équilibre et

manifeste de l'opiniâtreté dans l'effort.
Personnage célèbre : Clotilde Courau, actrice française et princesse de Savoie, de Venise et de Piémont.
Fréquence : répandu - **Évolution :** =
Âge moyen : 64 ans

B

Colette

Étymologie : du grec *nikê* : « la victoire » et *laos* : « le peuple ». Colette est un diminutif de Nicole, devenu prénom à part entière.
Fête : 6 mars - **Couleur :** bleu - **Chiffre :** 7
Caractère : Colette est courageuse, travailleuse et ambitieuse.
Personnages célèbres : Colette, célèbre romancière française ; la chanteuse Colette Renard ; Colette est aussi le nom d'une boutique branchée parisienne.
Fréquence : répandu - **Évolution :** ↘
Âge moyen : 71 ans

C

Coline

Colinette, Colline, Collyne, Colyne, Nicoline

Étymologie : du grec *nikê* : « la victoire », et *laos* : « le peuple ». Ce prénom correspond à la forme féminine de Colin et est, comme Colette, un diminutif de Nicole.
Fête : 6 mars - **Couleur :** bleu - **Chiffre :** 7
Caractère : Coline est travailleuse, prudente et persévérante.
Personnage célèbre : Coline Serreau, cinéaste.
Fréquence : rare - **Évolution :** ↘
Âge moyen : 13 ans

V

Colleen

Coleen, Coleene

Étymologie : de l'irlandais *cailin* : « fille ».
Couleur : bleu - **Chiffre :** 7
Caractère : Colleen est pragmatique, optimiste et créative.
Fréquence : rare - **Évolution :** ↗
Âge moyen : 10 ans

V

Connie

Conny

Étymologie : du latin : « la fidélité, la constance ». Connie est un dérivé anglo-saxon de Constance.
Fête : 8 avril - **Couleur :** vert - **Chiffre :** 4
Caractère : Connie a le sens des responsabilités et est assez sensible aux traditions.
Fréquence : très rare - **Évolution :** ↘
Âge moyen : 42 ans

C

Constance

Constancia, Constancy, Constanta, Constante, Constantina, Constantine, Constanza, Costante, Dina, Dine, Konstantsia, Sta

Étymologie : du latin : « la fidélité, la constance ». Ce prénom fut porté par une reine d'Aragon du XIIIe siècle qui gouverna son royaume avec sagesse et bonté.
Fête : 8 avril - **Couleur :** vert - **Chiffre :** 4
Caractère : Constance est généreuse, toujours en quête d'harmonie. Perspicace, intelligente, c'est souvent une optimiste.
Personnage célèbre : Constance Bonacieux, personnage féminin de l'œuvre d'Alexandre Dumas *Les Trois Mousquetaires.*
Fréquence : rare - **Évolution :** =
Âge moyen : 38 ans

C

Coralie

Coralia, Corélia, Corélie, Koralie

Étymologie : du grec *korê* : « la jeune fille » et *als, alos* : « la mer ». Son étymologie est la même que celle du substantif « corail ».

Fête : 18 mai - Couleur : rouge - Chiffre : 9

Caractère : Coralie est charmante, sensible, prudente autant que courageuse. Elle peut se montrer très obstinée.

Personnages célèbres : Coralie Clément, chanteuse française (sœur de Benjamin Biolay) ; Coralie Balmy, nageuse.

Fréquence : répandu - Évolution : ↘

Âge moyen : 22 ans

C

Coraline

Coralise, Cora, Coralyne

Étymologie : du grec *korê* : « la jeune fille » et *als, alos* : « la mer ». Son étymologie est la même que celle du substantif « corail ».

Fête : 18 mai - Couleur : rouge - Chiffre : 9

Caractère : Coraline est courageuse, curieuse et déterminée.

Fréquence : rare - Évolution : ↗

Âge moyen : 27 ans.

C

Cordélia

Cordélie

Étymologie : du grec *cor, cordis* : « le cœur ».

Couleur : bleu - Chiffre : 4

Caractère : Cordélia est créative, fantaisiste et rêveuse.

Personnage célèbre : Cordélia, l'une des filles du roi Lear, dans la pièce de Shakespeare.

Fréquence : rare - Évolution : ↘

Âge moyen : 15 ans

B

Corentine

Corantine, Corantina, Corentina, Corantyne, Corentyne

Étymologie : du celte : « ami ».

Fête : 12 décembre - Couleur : vert - Chiffre : 4

Caractère : Corentine est affectueuse, charmeuse et ambitieuse.

Fréquence : rare - Évolution : ↗

Âge moyen : 57 ans

P

Corinne

Coria, Corie, Cory, Corianne, Corinna, Corrinne, Korine

Étymologie : du grec *korê* : « la jeune fille ». Corinne est un prénom qui a été très répandu entre les années 50 et les années 80.

Fête : 18 mai (Saint-Dioscore) - Couleur : bleu Chiffre : 6

Caractère : Corinne allie le charme à la rigueur, la sensibilité à la clarté de l'esprit, la persévérance à la finesse de l'intuition.

Personnages célèbres : Corinne, héroïne de *Corinne ou l'Italie,* roman de Madame de Staël ; la chanteuse Corinne Charby ; la comédienne Corinne Le Poulain.

Fréquence : répandu - Évolution : ↘

Âge moyen : 46 ans

B

Cornélia

Cornélie, Cornélya

Étymologie : du nom d'une grande famille romaine à laquelle se rattachaient notamment les Scipion et les Tacites. L'emblème primitif de cette famille devait sans doute être une corneille, d'où son nom.

Fête : 16 septembre (Saint-Corneille)

Couleur : rouge - Chiffre : 6

Caractère : intelligente, passionnée, Cornélia a un grand sens de l'amitié. Ses amis prennent une place que famille et amants envient.
Fréquence : rare - **Évolution :** ↘
Âge moyen : 31 ans

B

Cosima

Cosma, Kosma

Étymologie : du grec *cosmos* : « le bon ordre, l'ordre de l'univers ». Ce prénom correspond à la forme féminine de Côme. C'est en Italie qu'il est le plus attribué.
Fête : 26 septembre - **Couleur :** violet - **Chiffre :** 4
Caractère : Cosima est raisonnable, équilibrée. Elle a le sens des responsabilités et de la famille.
Personnages célèbres : deux enfants de star portent ce prénom : la fille de Sofia Coppola et celle de Claudia Schiffer.
Fréquence : rare - **Évolution :** ↗
Âge moyen : 24 ans

P

Cristel

Crystel

Étymologie : du latin *christianus* : « chrétien ». Cristel est une variante de Christelle qui épouse au plus près le substantif cristal.
Fête : 24 mars - **Couleur :** vert - **Chiffre :** 1
Caractère : Cristel est audacieuse, énergique, organisée et a l'esprit de découverte.
Fréquence : rare - **Âge moyen :** 38 ans
Évolution : ↘

P

Cristale

Cristal, Crystal

Étymologie : du latin *christianus* : « chrétien ».
Fête : 24 mars - **Couleur :** vert - **Chiffre :** 4
Caractère : Cristale est déterminée et a l'esprit d'aventure.
Fréquence : rare - **Évolution :** =
Âge moyen : 31 ans

P

Cylia

Cyliane

Étymologie : du latin *Caecili*, nom d'une célèbre famille de l'aristocratie romaine. Cette famille aurait hérité du nom donné à un ancêtre, Caecus : « l'aveugle ». Ce prénom est sans doute un dérivé de Cécile, né dans les pays anglo-saxons..
Couleur : bleu - **Chiffre :** 5
Caractère : Cylia est énergique, audacieuse et c'est une vraie séductrice.
Fréquence : rare - **Évolution :** ↘

P

Cynthia

Étymologie : du grec *kynthia*, surnom de la déesse Diane la chasseresse, que l'on disait née sur le mont Cynthos, dans l'île de Délos.
Fête : 10 novembre (Sainte-Nymphe)
Couleur : blanc - **Chiffre :** 8
Caractère : Cynthia est ambitieuse, courageuse, persévérante et volontaire.
Personnage célèbre : Cynthia Nixon, l'actrice américaine qui incarna Miranda dans *Sex and the City*.
Fréquence : rare - **Évolution :** ↘

C

Cyrielle

Cyriel, Cyrièle

Étymologie : du grec *kurios* : « le seigneur ». Cyrielle est la forme féminine de Cyril.
Fête : 16 juin - **Couleur :** jaune - **Chiffre :** 8
Caractère : Cyrielle est franche, réaliste, autoritaire et volontaire. Elle a, comme on dit, un « sacré tempérament ».
Fréquence : rare - **Évolution :** ↘
Âge moyen : 19 ans

D

V

Dagmar

Daggmar

Étymologie : du scandinave : « servante de jour ».

Couleur : rouge - **Chiffre :** 3

Caractère : Dagmar est forte, ambitieuse, habile et passionnée.

Fréquence : très rare - **Évolution :** =

Âge moyen : 60 ans

C

Dagoberte

Dacberta, Dacberte, Dagberta, Dagoberta, Daiberta

Étymologie : du germain *dag* : « jour » et *bert* : « brillant ».

Fête : 23 décembre - **Couleur :** bleu - **Chiffre :** 5

Caractère : Dagoberte aime la découverte. C'est un être de volonté et d'énergie.

Fréquence : très rare - **Évolution :** ↘

P

Dahlia

Dalhia, Dalia, Dalya

Étymologie : cette fleur doit son nom au botaniste suédois du XVIIIe siècle : Dahl. Le nom de cette plante originaire du Mexique prénomme les jeunes filles anglo-saxonnes depuis le XIXe siècle. C'est à partir de 1920 qu'il a connu en France ses premières percées.

Fête : 5 octobre (Sainte-Fleur) - **Couleur :** rouge

Chiffre : 8

Caractère : passionnée, habile, ambitieuse, Dahlia aime la vie et les surprises qu'elle lui réserve.

Fréquence : rare - **Évolution :** ↗

V

Daisy

Daisie

Étymologie : de l'anglais *day's eye* : « l'œil du jour ». Ce prénom n'est autre que l'appellation anglaise de la Marguerite. Elle doit son nom au fait qu'elle s'ouvre à la lumière du jour et se referme le soir à la tombée de la nuit.

Fête : 16 novembre (Sainte-Marguerite)

Couleur : jaune - **Chiffre :** 4

Caractère : Daisy est bien la jeune femme tendre et douce que son prénom désigne. Mais qu'on ne s'y méprenne pas : cela ne l'empêche guère d'être active et de revendiquer son indépendance.

Personnages célèbres : Daisy, le personnage crée par Walt Disney pour incarner la femme de Donald ; Daisy Duke, personnage de la série télévisée *Shérif, fais-moi peur* !

Fréquence : rare - **Évolution :** ↗

Âge moyen : 38 ans

C

Dalila

Delila, Delilah

Étymologie : de l'hébreu *delilah* : « soumise, coquette ».

Couleur : rouge - **Chiffre :** 9

Caractère : Dalila n'a rien à voir avec sa réputation historique. En réalité, elle honore son sens étymologique : elle est douce, tendre, discrète… et coquette.

Personnage célèbre : personnage biblique du Livre des Juges, Dalila fut chargée par les Philistins de séduire le juge Samson, qui s'opposait à eux, pour découvrir le secret de sa force. Elle réussit à percer son secret : sa force venait de ses longs cheveux. Payée par l'ennemi, Dalila lui coupa les cheveux et le livra aux Philistins. Fait prisonnier, Samson attendit que ses cheveux repoussent pour renverser, sur ses ennemis, le temple païen dans lequel ils priaient.

Fréquence : rare - **Évolution :** =

P

Damia

Dami, Damiane, Damielle, Damienne, Damiette, Damy

Étymologie : du latin *Damia* : surnom donné à la déesse romaine de la fertilité et des moissons, Cybèle. Ce prénom correspond à une forme féminine de Damien.

Fête : 25 septembre - **Couleur :** rouge - **Chiffre :** 1

Caractère : Damia est dynamique, audacieuse, indépendante et ne manque pas d'assurance.

Fréquence : rare - **Évolution :** ↘

Âge moyen : 19 ans

P

Damina

Damiana

Étymologie : du latin *Damia* : surnom donné à la déesse romaine de la fertilité et des moissons, Cybèle. Ce prénom correspond à une forme féminine de Damien.

Fête : 25 septembre - **Couleur :** rouge - **Chiffre :** 1

Caractère : Damina est indépendante et intelligente. Elle est résolue et ne se lasse jamais d'apprendre.

Fréquence : très rare - **Évolution :** ↘

V

Dana

Danna, Dannaëlle

Étymologie : de l'hébreu : « Dieu fait justice ». C'est aussi une variante possible de Danu, déesse celte de l'eau, qui inspira le nom du fleuve Danube en Europe.

Couleur : bleu - **Chiffre :** 9

Caractère : Dana est réceptive, loyale et pleine de bonté.

Fréquence : rare - **Évolution :** ↘

Âge moyen : 12 ans

B

Danaé

Danaée, Danaëlle

Étymologie : Danaé est la fille du roi d'Argos dans la mythologie grecque. Celui-ci, dans la crainte de périr comme un oracle le lui avait prédit, la fit enfermer pour qu'elle ne puisse jamais concevoir d'enfant. Mais Danaé, enceinte de Zeus qui s'était changé en pluie d'or pour la visiter, enfanta Persée. Lorsque le roi fit jeter Persée et Danaé dans l'eau, ils furent tous deux sauvés.

Fête : 10 novembre - **Couleur :** bleu - **Chiffre :** 9

Caractère : Danaé est passionnée, réservée, énergique et mue par l'affectivité.

Fréquence : rare - **Évolution :** ↗

Âge moyen : 13 ans

V

Daniella

Daniela

Étymologie : de l'hébreu *dayân, dan* : « juge » et *el* (de *Elohim*, l'un des noms de Dieu), ce qui signifie « Dieu est seul juge ».

Fête : 11 décembre - **Couleur :** violet - **Chiffre :** 9

Caractère : Daniella est persévérante, structurée et très efficace.

Fréquence : rare - **Évolution :** ↘

Âge moyen : 31 ans

P

Danielle

Danièle, Danielou, Danila, Danitza

Étymologie : de l'hébreu *dayân, dan* : « juge » et *el* (de *Elohim*, l'un des noms de Dieu), ce qui signifie « Dieu est seul juge ». Ce prénom correspond à la forme féminine de Daniel. Les années 40 marquèrent son heure de gloire.

Fête : 11 décembre - **Couleur :** violet - **Chiffre :** 9

Caractère : sociable, dévouée, d'une intelligence efficace et sélective, Danielle est souple sur le plan moral et possessive sans en avoir l'air.

Personnages célèbres : Danielle Darrieux, l'actrice ; Danielle Mitterand, épouse de l'ancien président français.
Fréquence : répandu - **Évolution :** ↘
Âge moyen : 63 ans

P

Dany

Dani, Danie, Danya, Danye, Danny, Dany, Danyla, Danyele, Danyelle

Étymologie : de l'hébreu *dayân, dan* : « juge » et *el* (de *Elohim*, l'un des noms de Dieu), ce qui signifie « Dieu est seul juge ».
Fête : 11 décembre - **Couleur :** violet - **Chiffre :** 9
Caractère : Dany est pleine de vitalité. C'est un tempérament ardent et combatif, attiré par la réussite.
Personnage célèbre : la chanteuse Dani.
Fréquence : rare - **Évolution :** ↘
Âge moyen : 52 ans

C

Daphné

Daffy, Dafné, Daphnée, Daphney

Étymologie : du grec *daphné* : « laurier ». Ce prénom fut porté par une nymphe chasseresse, qu'Apollon, très amoureux, poursuivit de ses ardeurs. Daphné demanda à son père, le dieu-fleuve Pénée, de la sauver. Il la changea donc en laurier. Apollon, en souvenir de celle qu'il aimait, accrocha du laurier à sa lyre et à son carquois.
Fête : 10 novembre - **Couleur :** vert - **Chiffre :** 4
Caractère : on la dit acharnée, courageuse, farouche, passionnée ; elle défend ce qu'elle aime avec passion et même ruse, n'hésitant pas à mettre son charme dans la balance.
Personnages célèbres : Daphné du Maurier, romancière ; les journalistes Daphné Roulier et Daphné Bürki ; Daphne Guinness, héritière des bières du même nom, icône de mode et compagne de BHL.
Fréquence : rare - **Évolution :** ↗
Âge moyen : 18 ans

P

Darlène

Darlane, Darlaine, Darleen, Darline

Étymologie : de *darling* : « chérie ». Ce prénom est un dérivé du mot « doux », utilisé aux États-Unis dans les années 30.
Couleur : bleu - **Chiffre :** 5
Caractère : Darlène est tendre, éprise de douceur et d'amitié.
Personnage célèbre : Darlène Conley, actrice américaine (*Les Oiseaux,* d'Alfred Hitchcock).
Fréquence : rare - **Évolution :** ↘

P

Daria

Dari, Dariane

Étymologie : de l'arabe : « instruite, cultivée » ; du grec : « détentrice du bien ». Daria est un prénom assez bien représenté en Italie, en Russie, en Corse et dans les pays anglophones ou slaves.
Couleur : bleu - **Chiffre :** 5
Caractère : Daria est bienveillante et sage. Elle allie un esprit posé à une conscience aiguisée et pacifiste.
Personnages célèbres : le top model Daria Werbowy ; l'héroïne du dessin animé éponyme sarcastique.
Fréquence : rare - **Évolution :** =
Âge moyen : 34 ans

P

Davina

Davia, Daviane, Davida

Étymologie : de l'hébreu : « aimée, chérie ».
Couleur : vert - **Chiffre :** 7
Caractère : Davina a le sens de la famille et des responsabilités. Elle est équilibrée et c'est une femme d'influence.
Personnage célèbre : Davina, conceptrice et coanimatrice avec Véronique de l'émission *Gym Tonic* entre 1980 et 1987.

Fréquence : rare - **Évolution :** ↘
Âge moyen : 21 ans

P

Dawn

Étymologie : de l'anglais : « aube ».
Couleur : jaune - **Chiffre :** 8
Caractère : Dawn est équilibrée, mais très exigeante.
Fréquence : rare - **Évolution :** =
Âge moyen : 40 ans

B

Day

Étymologie : de l'anglais : « journée ».
Couleur : rouge - **Chiffre :** 1 - **Caractère :** Day est optimiste, pragmatique et très créative.
Fréquence : très rare - **Évolution :** =

V

Daya

Étymologie : de l'hébreu : « oiseau » ; du sanskrit : « compassion, empathie ». C'est en Inde que Daya est le plus attribué.
Couleur : orange - **Chiffre :** 5
Caractère : d'une nature prudente, elle se montre méfiante avec les inconnus et se livre très peu. Par la suite, elle se révèle rieuse, sympathique et très fidèle.
Fréquence : très rare - **Évolution :** ↗
Âge moyen : 4 ans

V

Dayana

Dayane

Étymologie : de l'arabe : « lumière éclatante ».
Couleur : orange - **Chiffre :** 5
Caractère : Dayana est énergique. Elle est quelque peu autoritaire, mais très ambitieuse.
Fréquence : rare - **Évolution :** =
Âge moyen : 14 ans

B

Déa

Étymologie : du scandinave : « déesse ».
Couleur : blanc - **Chiffre :** 5
Caractère : Déa est autonome et tient farouchement à son indépendance. Elle est ambitieuse et aime l'innovation dans sa vie professionnelle.
Fréquence : très rare - **Évolution :** ↗
Âge moyen : 29 ans

P

Deanna

Déana, Déanne

Étymologie : du vieil anglais : « doyen ». Ce prénom peut aussi être considéré comme une variante anglophone de Diane.
Couleur : blanc - **Chiffre :** 5
Caractère : Deanna aime la communication. Elle est très sociable et c'est une nature optimiste et pragmatique.
Fréquence : très rare - **Évolution :** ↘
Âge moyen : 49 ans

P

Debbie

Debby, Debra

Étymologie : de l'hébreu *deborah* : « abeille ». Ce diminutif de Déborah est si courant aux États-Unis qu'il est considéré comme un prénom aujourd'hui.
Fête : 21 septembre - **Couleur :** orange - **Chiffre :** 3
Caractère : Debbie est pleine de vitalité, elle peut faire preuve d'un fort caractère, mais elle est très attentionnée.
Personnage célèbre : Debbie Harry, nom sous lequel était connue la chanteuse de Blondie.
Fréquence : rare - **Évolution :** =
Âge moyen : 35 ans

P

Déborah

Deb, Debir, Debora

Étymologie : de l'hébreu *deborah* : « abeille ». Ce prénom est celui d'une prophétesse et juge d'Israël qui conduisit l'armée des Hébreux à la victoire sur les Cananéens.
Fête : 21 septembre - **Couleur :** orange
Chiffre : 3
Caractère : Déborah est ambitieuse, rapide, opportuniste et douée d'un grand sens des affaires.
Personnage célèbre : Déborah Kerr, star d'Hollywood dans les années 50.
Fréquence : répandu - **Évolution :** =
Âge moyen : 23 ans

V

Deirdre

Étymologie : de l'irlandais : « jeune fille ».
Couleur : bleu - **Chiffre :** 9
Caractère : Deirdre est intègre, altruiste et idéaliste.
Fréquence : très rare - **Évolution :** ↘
Âge moyen : 5 ans

V

Délia

Délya

Étymologie : du grec *delios* : « originaire de l'île de Delos ». Ce prénom renvoie à la déesse Diane, née sur cette île. C'est aussi un diminutif de Bedelia, forme irlandaise de Brigitte et l'abréviation de plusieurs prénoms tels que Cordélia.
Fête : 9 juin - **Couleur :** rouge - **Chiffre :** 1
Caractère : Délia est persévérante, structurée et sécurisante.
Fréquence : rare - **Évolution :** ↗
Âge moyen : 25 ans

C

Delphine

Adelphine, Delfina, Delfine, Delphe, Delphina

Étymologie : du grec *delfis* : « dauphin (de mer) ».
Fête : 26 novembre - **Couleur :** jaune - **Chiffre :** 1
Caractère : Delphine, cette travailleuse infatigable, est dotée d'une instinct infaillible. Comme l'animal auquel son nom renvoie, elle sait faire preuve d'une grande intuition qui se révèle souvent avérée.
Personnages célèbres : *Delphine* (1802), le roman de Madame de Staël ; le lied de Schubert *Delphine* ; l'actrice Delphine Seyrig.
Fréquence : répandu - **Évolution :** ↘
Âge moyen : 35 ans

P

Denise

Danisa, Denia, Deniz, Denize, Denyse, Dionysa, Dionyse

Étymologie : du grec *Dionysos* : nom du dieu du vin, de la vigne et de l'inspiration poétique, dans la mythologie grecque. Ce prénom correspond à la forme féminine de Denis. Denise est un prénom quelque peu démodé en France, alors qu'aux États-Unis, comme le prénom Nicole, il prénomme des jeunes femmes de 25 à 40 ans.
Fête : 15 mai - **Couleur :** jaune - **Chiffre :** 2
Caractère : Denise est intuitive, aime le relationnel et la médiation, mais elle possède également une énergie pragmatique mêlée à une soif d'entreprendre.
Personnages célèbres : la speakerine Denise Fabre ; l'actrice Denise Richards.
Fréquence : répandu - **Évolution :** ↘
Âge moyen : 82 ans

B

Desideria

Étymologie : du latin *desideratus* : « désirée, attendue ».
Fête : 8 mai - **Couleur :** vert - **Chiffre :** 6
Caractère : Desideria est diplomate, sociable et loyale. Sa sensibilité la rend très réceptive.
Fréquence : très rare - **Évolution :** ↘
Âge moyen : 8 ans

P

Désirée

Dees, Desiderata

Étymologie : du latin *desideratus* : « désirée, attendue ». Ce prénom correspond à la forme féminine du prénom Désiré.
Fête : 8 mai - **Couleur :** vert - **Chiffre :** 6
Caractère : Désirée est courageuse, charismatique, volontaire et possède un esprit d'analyse extrêmement pointu. Elle est résolue, fidèle et bonne médiatrice.
Fréquence : rare - **Évolution :** ↘

V

Diana

Deana, Dee, Dianna

Étymologie : du latin *diana*, du nom de la déesse de la nature, de la chasse et de la lune, dans la mythologie romaine. Diana correspond à la forme internationale de Diane : anglo-saxonne, italienne, hispanique...
Fête : 9 juin - **Couleur :** rouge - **Chiffre :** 6
Caractère : Diana est fidèle, intuitive et attache une grande importance au relationnel et à la méditation.
Personnages célèbres : Lady Diana, la très célèbre princesse de Galles ; Diana Ross, chanteuse américaine.
Fréquence : rare - **Évolution :** ↘
Âge moyen : 26 ans

C

Diane

Dian

Étymologie : du latin *diana*, du nom de la déesse de la nature, de la chasse et de la lune, dans la mythologie romaine. Diane était un prénom très porté à la Renaissance, notamment par plusieurs princesses de France, de Sicile et d'Écosse.
Fête : 9 juin - **Couleur :** rouge - **Chiffre :** 6
Caractère : Diane est une séductrice, dont la quête d'harmonie et le sens artistique sont très développés. Elle conserve la naïveté et la fraîcheur de l'enfance.
Personnages célèbres : Diane de Poitiers (1499-1566), la favorite d'Henri II ; la cinéaste Diane Kurys ; les actrices Diane Kruger et Diane Keaton.
Fréquence : répandu - **Évolution :** ↘
Âge moyen : 26 ans

P

Dina

Dinah, Dinna, Dyna

Étymologie : de l'hébreu *din* : « le jugement, la loi ». Ce prénom est, dans l'Ancien Testament, celui de la dernière des filles de Jacob et de Léa.
Couleur : vert - **Chiffre :** 9
Caractère : Dina est douce, mais peut se révéler d'une grande impulsivité lorsque sa fierté est mise à mal. Elle reste fort sympathique.
Personnage célèbre : Dina Vierny, muse d'Aristide Maillol et modèle de plusieurs peintres. Elle est à l'origine du musée Maillol à Paris, ouvert en 1995.
Fréquence : rare - **Évolution :** ↗
Âge moyen : 32 ans

B

Dionne

Étymologie : du grec *Dionée*, nom d'une nymphe de la mythologie grecque. Ce prénom semble

TOP 20

Prénoms d'enfants de stars

Adrienne *(La Princesse de Suède et Christopher O'Neill)*
Alma *(Camille Lellouche)*
Athéna *(Lætitia Casta et Stefano Accorsi)*
Clémentine *(Claudia Schiffer et Matthew Vaughn)*
Cosima *(Sofia Coppola et Thomas Mars)*
Daniella *(Gal Gadot et Yann Varsano)*
Esmeralda *(Eva Mendès et Ryan Gosling)*
Gabriella *(Charlène et Albert de Monaco)*
Gloria *(Piu Piu et Jonathan Cohen)*
Grace *(Pippa Middleton et James Matthews)*
Jacqueline *(Vanessa Seward et Bertrand Burgala)*
James *(Blake Lively et Ryan Reynolds)*
Joe *(Charlotte Gainsbourg et Yvan Attal)*
Maggy *(Alizée et Grégoire Lyonnet)*
Penelope *(Kourtney Kardashian et Scott Disick)*
Simone *(Karin Viard et Laurent Machuel)*
Sofia *(Amel Bent et Patrick Antonelli)*
Toni *(Florence Foresti et Julien Mairesse)*
Valentina *(Adriana Lima et Marko Jarie)*

être un dérivé féminin de Dionysos, équivalent grec de Bacchus. Dionne est un prénom peu courant en France, mais que l'on rencontre aux États-Unis où sa proximité sonore avec Diane semble avoir un certain attrait.

Couleur : rouge - **Chiffre :** 6

Caractère : Dionne est appliquée, créative, douée... Entière, elle aime aller au bout des choses.

Personnage célèbre : la chanteuse Dionne Warwick.

Fréquence : rare - **Évolution :** ↘

V

Djamila

Djemila

Étymologie : de l'arabe : « d'une grande beauté ». Ce prénom correspond à la forme féminine de Djamel. Il fut rendu illustre par une esclave de Médine au VIIe siècle, qui, grâce à ses talents musicaux stupéfiants, s'enrichit au point de parvenir à s'affranchir.

Couleur : blanc - **Chiffre :** 8

Caractère : Djamila est indépendante, positivement curieuse et dotée d'un grand sens de l'aventure.

Personnage célèbre : Djamila Bouared, héroïne de l'indépendance algérienne.

Fréquence : rare - **Évolution :** ↘

Âge moyen : 39 ans

P

Dolly

Dollie

Étymologie : prénom dérivé de Dolorès, il vient du latin *dolor* qui signifie « douleur ». Il renvoie également à l'anglais *doll* : « poupée ». À l'instar de Candy, cette forme dérivée de Dolorès mêle le mot doux au diminutif.

Fête : 15 septembre - **Couleur :** jaune - **Chiffre :** 9

Caractère : Dolly est tendre, douce, mais parfois influençable.

Personnage célèbre : la chanteuse de country Dolly Parton.
Fréquence : rare - **Évolution :** ↘
Âge moyen : 61 ans

V

Dolorès

Delora, Delores, Deloris, Dolorita, Lola, Lolita

Étymologie : de l'espagnol Maria de los Dolores : « Marie des douleurs », qui personnifie la Vierge Marie au pied de la croix pendant l'agonie de son fils.
Fête : 15 septembre - **Couleur :** bleu - **Chiffre :** 7
Caractère : Dolorès mêle des caractéristiques enfantines à une ardeur de lutteuse. Si son prénom place Dolorès sous le signe des douleurs, elle parvient cependant à s'en éloigner et privilégie sa liberté.
Personnages célèbres : Dolorès del Río, actrice mexicaine ; Dolorès Ibárruri, surnommée La Pasionaria, qui joua un grand rôle durant la guerre civile espagnole ; Dolorès Chaplin, petite-fille de Charlie Chaplin.
Fréquence : rare - **Évolution :** ↘
Âge moyen : 55 ans

C

Dominique

Domeka, Domenga, Domenge, Domenica, Dominga, Dominka, Domenica, Doma, Nika, Nikoucha

Étymologie : du latin dominicus : « qui appartient au Seigneur ». Dominique est à l'origine un prénom masculin que le XXe siècle a rendu mixte.
Fête : 8 août - **Couleur :** jaune - **Chiffre :** 8
Caractère : Dominique est rigoureuse, responsable et solide. Mais cela ne la rend pas austère pour autant et l'on recherche activement sa compagnie. Elle est drôle et pleine de fantaisie. Avec elle, on ne s'ennuie jamais !
Personnages célèbres : Dominique Voynet, responsable politique ; Dominique Lavanant, la comédienne.
Fréquence : répandu - **Évolution :** ↘
Âge moyen : 51 ans

C

Domitille

Domicia, Domitia, Domitiane, Domitie, Domitienne

Étymologie : du latin *domitilla* : « petite maison ». Ce nom est issu d'un patronyme romain, celui de la famille *Domitius*, à laquelle appartenait l'empereur Domitien, frère de Titus.
Fête : 28 décembre - **Couleur :** vert - **Chiffre :** 9
Caractère : Domitille est émotive, idéaliste, exigeante, mais extrêmement généreuse.
Fréquence : rare - **Évolution :** ↘
Âge moyen : 20 ans

V

Donia

Donya

Étymologie : du latin *domina* : « maîtresse de maison », qui a donné l'italien *donna* : « madame ». Ce sont les hispanophones des États-Unis qui l'ont ressuscité au XXe siècle, en employant souvent l'orthographe Donia, qui reflète une prononciation espagnole. Donia se rapproche également, par sa transcription, du prénom arabe Dounia, d'où son attribution plus fréquente que la forme originelle Donna.
Fête : 28 décembre - **Couleur :** rouge - **Chiffre :** 9
Caractère : Donia est volontaire, intelligente et résolue.
Fréquence : rare - **Évolution :** ↘
Âge moyen : 30 ans

V

Donna

Étymologie : du latin *domina* : « maîtresse de maison », qui a donné l'italien *donna* : « madame ». Répandue depuis 1950 en Grande-Bretagne et en Australie, Donna est apparu en France dans les années 90.
Fête : 28 septembre - **Couleur :** rouge - **Chiffre :** 9
Caractère : Donna est une femme de caractère, qui possède pourtant de fortes capacités d'adaptation. Elle a l'esprit pratique et possède un bel enthousiasme communicatif.
Personnage célèbre : Donna Summer, chanteuse américaine.
Fréquence : rare - **Évolution :** ↘
Âge moyen : 30 ans

P

Dora

Doreen, Dorette, Dorey

Étymologie : du grec *doron* : « don, présent » et *theos* : « dieu » ; « cadeau de Dieu ». Ce prénom est un diminutif de Dorothée ou de Théodora (l'étymologie étant la même, mais inversé).
Fête : 6 février - **Couleur :** jaune - **Chiffre :** 2
Caractère : Dora est réaliste et indépendante.
Personnages célèbres : Dora, l'héroïne du roman *David Copperfield* de Charles Dickens ; Dora, la petite exploratrice des dessins animés.
Fréquence : rare - **Évolution :** ↘
Âge moyen : 49 ans

B

Doria

Dorie, Dorit, Dorrie, Dorry, Dory

Étymologie : Doria peut être considéré comme un diminutif de Dorothée ou comme une forme féminine de Dorian.
Fête : 6 février - **Couleur :** bleu - **Chiffre :** 1
Caractère : Doria est une bien fougueuse personne. Son tempérament est passionné, elle mêle ardeur au travail et volonté farouche. Prête à tout pour parvenir à ses fins ? Elle n'en est pas loin.
Personnage célèbre : Doria Tillier, miss Météo de Canal +.
Fréquence : rare - **Évolution :** =
Âge moyen : 26 ans

C

Doriane

Doriana, Dorianna, Dorianne, Doryane

Étymologie : du grec *doron* : « don ». Ce prénom peut être considéré comme un diminutif de Dorothy, uni au prénom Ann, mais aussi comme une forme féminine de Dorian.
Couleur : bleu - **Chiffre :** 1
Caractère : Doriane aime la communication, est pragmatique, mais fait parfois preuve d'un caractère prononcé.
Fréquence : rare - **Évolution :** ↘
Âge moyen : 23 ans

B

Dorine

Dorinda, Dorinne, Doryne

Étymologie : du grec *doron* : « don, présent ».
Fête : 6 février - **Couleur :** orange - **Chiffre :** 2
Caractère : Dorine est sociable et loyale.
Personnage célèbre : Dorine, l'un des personnages de *Tartuffe*, la célèbre pièce de Molière.
Fréquence : rare - **Évolution :** ↘
Âge moyen : 27 ans

B

Doris

Dorees, Dorise, Dorris, Dorrys, Dorys

Étymologie : nom, dans la mythologie grecque, de la fille d'Océan et de Thétys, qui devint, par la suite, l'épouse de Nérée, dont elle eut cinquante filles : les Néréides, personnifications des vagues.
Couleur : rouge - **Chiffre :** 2
Caractère : Doris a le vrai courage des altruistes,

la passion des humanistes.
Personnages célèbres : l'actrice Doris Day ; la romancière anglais Doris Lessing.
Fréquence : rare - **Évolution :** ↘
Âge moyen : 51 ans

B

Dorothéa

Dorote, Dorotea, Dorthea, Drotea

Étymologie : du grec *doron* : « don, présent » et *theos* : « dieu » ; « cadeau de Dieu ». L'étymologie de ce prénom est identique à celle de Théodora ou de son masculin Théodore, mais inversée. C'est au Pays basque que ce prénom est le plus attribué.
Fête : 6 février - **Couleur :** jaune - **Chiffre :** 9
Caractère : Dorothéa est pourvue d'une saine curiosité. La vie l'intéresse, l'émerveille. C'est sans doute la cause de son courage admirable, de son dynamisme et de sa volonté à toute épreuve.
Fréquence : très rare - **Évolution :** =
Âge moyen : 74 ans

B

Dorothée

Doralicia, Dorchen, Doortje, Dorke, Dorocha, Dorofei, Doroteo, Dörte, Dot, Duredle, Durl

Étymologie : du grec *doron* : « don, présent » et *theos* : « dieu » ; « cadeau de Dieu ». L'étymologie de ce prénom est identique à celle de Théodora ou de son masculin Théodore, mais inversée.
Fête : 6 février - **Couleur :** jaune - **Chiffre :** 9
Caractère : Dorothée est féminine en diable et dotée d'une redoutable sagacité. Nature piquante et sélective, elle est parfois ambivalente.
Personnages célèbres : la chanteuse pour enfants et animatrice télé, Dorothée ; Dorothée, l'héroïne éponyme de Goethe dans *Hermann et Dorothée*.
Fréquence : rare - **Évolution :** ↘
Âge moyen : 51 ans

V

Dorothy

Dorthy, Dorty

Étymologie : du grec *doron* : « don, présent » et *theos* : « dieu » ; « cadeau de Dieu ». Ce prénom correspond à la forme anglo-saxonne de Dorothée.
Fête : 6 février - **Couleur :** jaune - **Chiffre :** 9
Caractère : Dorothy a une personnalité dynamique et très bienveillante.
Personnage célèbre : Dorothy Gale, l'héroïne du *Magicien d'Oz.*
Fréquence : rare - **Évolution :** ↘
Âge moyen : 49 ans

P

Dounia

Dounya

Étymologie : de l'arabe : « le monde ».
Couleur : rouge - **Chiffre :** 9
Caractère : Dounia est ambitieuse, forte et rêveuse comme son prénom le laisse à penser. En effet, le substantif *Dounia* désigne la Terre, dans sa globalité, avec les richesses matérielles qu'elle offre.
Fréquence : rare - **Évolution :** ↗
Âge moyen : 18 ans

V

Drusilla

Étymologie : du grec *drosos* : « fructueux ». Dans l'Hexagone, c'est au Pays basque que ce prénom est le plus couramment attribué.
Couleur : rouge - **Chiffre :** 7
Caractère : Drusilla est bienveillante, sage et bonne conseillère.
Personnages célèbres : Julia Drusilla, la sœur de Caligula ; Drusilla, un des personnages des séries télévisées américaines *Buffy contre les vampires* et *Angel.*
Fréquence : très rare - **Évolution :** =

V

Dulce

Dulcie, Dulcina

Étymologie : du latin : « douce ». Ce prénom italien est assez rare.

Couleur : orange - **Chiffre :** 3

Caractère : Dulce est ouverte d'esprit, généreuse et rêveuse.

Fréquence : rare - **Évolution :** =

Âge moyen : 37 ans

B

Dune

Étymologie : du français qui désigne une colline de sable formée par le vent et qui s'étend le long des bords de mer ou dans le désert. Ce prénom peut également être relié au roman de science-fiction de Franck Herbert publié en 1965, qui a été adapté au cinéma par David Lynch en 1984.

Couleur : jaune - **Chiffre :** 5

Caractère : Dune est pourvue d'un tempérament ardent. Très stratège, elle aime faire régner l'ordre autour d'elle.

Fréquence : rare - **Évolution :** ↗

Âge moyen : 8 ans

P

Dyana

Dyan, Dyane

Étymologie : du latin *diana*, du nom de la déesse de la nature, de la chasse et de la lune, dans la mythologie romaine. Dyana est une variante de Diana.

Fête : 9 juin - **Couleur :** rouge - **Chiffre :** 6

Caractère : Dyana est altruiste, idéaliste et intègre.

Fréquence : très rare - **Évolution :** ↗

Âge moyen : 15 ans

P

Dylane

Étymologie : du nom d'un dieu du pays de Galles, *Dylan*, « le fils des vagues ».

Fête : 4 septembre - **Couleur :** bleu - **Chiffre :** 2

Caractère : Dylane est compatissante, spirituelle. C'est une femme de cœur.

Fréquence : très rare - **Évolution :** ↘

Âge moyen : 13 ans

E

V

Ebony

Ebonie

Étymologie : de l'anglais : « ébène ». Du nom du bois au grain noir qui en fait un matériau précieux. Attesté comme prénom dès les années 70 au sein de la population afro-américaine, ce prénom est à la fois gage de beauté et de revendication.

Couleur : blanc - **Chiffre :** 7

Caractère : Ebony est confiante, fière et responsable.

Fréquence : très rare - **Évolution :** =

Âge moyen : 5 ans

C

Eda

Étymologie : du germanique *ed* : « richesses » et *idh* : « l'effort, le combat ». Ce prénom correspond sans doute à un diminutif d'Edith.

Fête : 16 septembre - **Couleur :** jaune - **Chiffre :** 5

Caractère : Eda est audacieuse, indépendante et pleine d'assurance.

Fréquence : rare - **Évolution :** ↗

Âge moyen : 16 ans

V

Éden

Étymologie : de l'hébreu *eden* : « délices, plaisir ». Ce nom est considéré aujourd'hui comme celui du paradis. Il désigne dans la Bible le jardin où Dieu a placé Adam et Ève. Éden est un prénom attesté dès le XVIIe siècle dans les pays anglophones où il est également attribué à des garçons. En France, il est plutôt féminin.
Couleur : jaune - **Chiffre :** 1
Caractère : Éden est optimiste, douce, déterminée et combative.
Personnage célèbre : Eden Capwell, héroïne de la série des années 80 *Santa Barbara*, série qui fit connaître Robin Wright.
Fréquence : rare - **Évolution :** ↗
Âge moyen : 8 ans

C

Édith

Edith, Edita, Edda, Editta

Étymologie : du germanique *ed* : « richesses » et *idh* : « l'effort, le combat ».
Fête : 16 septembre - **Couleur :** bleu - **Chiffre :** 1
Caractère : Édith est charmante, spontanée et impulsive.
Personnage célèbre : la chanteuse Édith Piaf.
Fréquence : répandu - **Évolution :** ↘
Âge moyen : 64 ans

C

Edmée

Edma, Edmé, Edméa

Étymologie : du germanique *ed* : « richesses » et *mond* : « protection ».
Fête : 20 novembre - **Couleur :** violet - **Chiffre :** 3
Caractère : Edmée est autoritaire, curieuse et indépendante.
Personnage célèbre : Edmée de La Rochefoucauld, femme de lettres du début du XXe siècle.
Fréquence : très rare - **Évolution :** =

V

Edmonde

Edemonda, Edmonda

Étymologie : du germanique *ed* : « richesses » et *mond* : « protection ».
Fête : 20 novembre - **Couleur :** violet - **Chiffre :** 1
Caractère : brillante, entreprenante, réalisant impeccablement ses projets, elle fait l'unanimité quant à la reconnaissance de son envergure intellectuelle.
Personnage célèbre : Edmonde Charles-Roux, romancière.
Fréquence : très rare - **Évolution :** =

C

Edna

Étymologie : de l'hébreu *edna* : « le plaisir, la jouissance ». Ce prénom est celui de la femme de Mathusalem dans l'*Apocalypse* d'Enoch, un livre biblique non reconnu dans le canon religieux. Ce prénom est également celui d'une fille d'Abraham.
Couleur : vert - **Chiffre :** 6
Caractère : Edna est affectueuse, calme, généreuse et loyale.
Fréquence : rare - **Évolution :** =
Âge moyen : 24 ans

C

Edwige

Edvige

Étymologie : du germain *ed* : « biens, richesses » et *wig* : « combat » (ou wiha : « sacré »).
Fête : 16 octobre - **Couleur :** vert - **Chiffre :** 8
Caractère : Edwige est une combattante, déterminée et tenace. Parfois impétueuse et fière, elle reste d'une compagnie très agréable.
Personnage célèbre : l'actrice française Edwige Feuillère.
Fréquence : répandu - **Évolution :** ↘
Âge moyen : 49 ans

B

Églantine

Eglé, Egléa, Eglantina, Eglentyne

Étymologie : du latin *aquilatum* : « porteur d'aiguilles ». L'églantine est la fleur de l'églantier, rosier sauvage pouvant vivre jusqu'à mille ans.
Fête : 5 octobre (Sainte-Fleur) ou 23 août (Sainte-Rose) - **Couleur :** vert - **Chiffre :** 6
Caractère : Églantine est charmante et charmeuse, sensible et douce.
Personnage célèbre : Églantine Éméyé, présentatrice de télévision.
Fréquence : rare - **Évolution :** ↗
Âge moyen : 56 ans

V

Eileen

Étymologie : du grec *helénê* : « le flambeau », de la famille d'*helios* : « le soleil ».
Fête : 5 août - **Couleur :** jaune - **Chiffre :** 5
Caractère : Eileen est courageuse, ambitieuse et dynamique.
Fréquence : rare - **Évolution :** ↗
Âge moyen : 11 ans

C

Éléa

Elléa

Étymologie : du grec *eleos* : « compassion ». Ce prénom est un diminutif d'Eleanor.
Fête : 25 juin - **Couleur :** orange - **Chiffre :** 8
Caractère : Eléa est indépendante, courageuse, curieuse et charismatique.
Fréquence : rare - **Évolution :** ↗
Âge moyen : 8 ans

C

Éléana

Héléana

Étymologie : du grec *helénê* : « le flambeau », de la famille d'*helios* : « le soleil ». Ce prénom est une variante d'Hélène.
Fête : 5 août - **Couleur :** jaune - **Chiffre :** 5
Caractère : Éléana est une excellente médiatrice. Elle est de plus intuitive et fidèle.
Fréquence : rare - **Évolution :** ↗
Âge moyen : 6 ans

C

Éléanor

Eleanor, Eléanora, Elenora, Elénore, Liénor

Étymologie : du grec *eleos* : « compassion ». Plus rare en France que la forme en « o », Éléanor, par sa terminaison, se rapproche de sa variante médiévale Aliénor et d'un dérivé d'Hélène. C'est aussi la forme la plus attribuée aux États-Unis.
Fête : 25 juin - **Couleur :** orange - **Chiffre :** 8
Caractère : Éléanor est spirituelle, résolue et a l'esprit d'analyse.
Personnage célèbre : Eleanor Roosevelt, femme politique américaine et épouse du président Roosevelt.
Fréquence : 4 - **Évolution :** ↗
Âge moyen : 6 ans

V

Elen

Ellen

Étymologie : du grec *helénê* : « le flambeau », de la famille d'*helios* : « le soleil ». Ce prénom est une variante d'Hélène qui, en France, a pris le pas sur la version originelle.
Fête : 5 août - **Couleur :** jaune - **Chiffre :** 5
Caractère : Elen est humaine, généreuse et ouverte d'esprit.
Fréquence : rare - **Évolution :** ↗
Âge moyen : 23 ans

Ɛ

(V)

Éléna

Elene, Ellena

Étymologie : du grec *helénê* : « le flambeau », de la famille d'*helios* : « le soleil ». Éléna correspond à la forme italienne et hispanophone d'Hélène. En France, c'est en Occitanie et au Pays basque qu'elle est le plus couramment usitée.

Fête : 5 août - **Couleur :** jaune - **Chiffre :** 5

Caractère : Éléna aime innover, est ambitieuse, autonome et énergique.

Fréquence : rare - **Évolution :** ↗

Âge moyen : 23 ans

(C)

Éléonore

Héléonoe, Ellinore, Elenore, Eleonora, Elianore, Elienor, Elinore, Elinor, Léonor, Eleonora,

Étymologie : du grec *eleos* : « compassion ».

Fête : 5 août - **Couleur :** jaune - **Chiffre :** 8

Caractère : il est dit qu'Éléonore est sujette à la versatilité. Imprévisible, son goût pour le caprice se mêle à un charme que ses proches jugent irrésistible... et subissent comme tel.

Personnages célèbres : Éléonore d'Aquitaine (1122-1204) ; Éléonore de Provence.

Fréquence : rare - **Évolution :** ↗

Âge moyen : 23 ans

(P)

Élia

Éliet, Éliette, Lélia

Étymologie : de l'hébreu *el* et *yah* : « Yahvé est mon Dieu ». Élia est une variante d'Élie.

Fête : 20 juillet (Saint-Élie) - **Couleur :** vert

Chiffre : 3

Caractère : Élia est idéaliste, altruiste et intègre.

Fréquence : rare - **Évolution :** ↗

Âge moyen : 47 ans

(P)

Élian

Eliana, Liane

Étymologie : de l'hébreu *el* et *yah* : « Yahvé est mon Dieu ». Éliane serait une variante d'Élie. Ce prénom est un succès attesté de l'entre-deux-guerres.

Fête : 20 juillet (Saint-Élie) - **Couleur :** vert

Chiffre : 1

Caractère : pour Éliane, femme indépendante et libre, s'impose, avec une nuance de rêverie et de nostalgie, un certain culte de l'enfance.

Fréquence : répandu - **Évolution :** ↘

Âge moyen : 69 ans

(P)

Élina

Eline, Elinoa, Elinor

Étymologie : du grec *helénê* : « le flambeau », de la famille d'*helios* : « le soleil ».

Fête : 5 août - **Couleur :** jaune - **Chiffre :** 5

Caractère : Élina est déterminée et audacieuse.

Fréquence : rare - **Évolution :** ↗

Âge moyen : 21 ans

(C)

Élisa

Elicia, Eliza

Étymologie : de l'hébreu *elischeba* : « Dieu est mon serment ». Élisa est un diminutif d'Élisabeth fortement représenté en France.

Fête : 17 novembre - **Couleur :** orange

Chiffre : 9

Caractère : Élisa est énergique, dotée d'une saine curiosité intellectuelle, elle sait prendre les bonnes décisions.

Personnages célèbres : Élisa Tovati, la chanteuse et actrice française ; l'héroïne éponyme de la chanson de Serge Gainsbourg.

Fréquence : répandu - **Évolution :** ↘

Âge moyen : 31 ans

Élisabeth

Elisabet, Elisabete, Elisabetta, Elizabeth, Elsbeth, Babette, Belita, Liesl

Étymologie : de l'hébreu *elischeba* : « Dieu est mon serment ».

Fête : 17 novembre - Couleur : orange
Chiffre : 9

Caractère : Élisabeth est élégante, sensible, tenace et courageuse. Elle doit à son intelligence un sens aigu de l'analyse et à son intuition un flair à toute épreuve.

Personnages célèbres : Élisabeth Ire d'Angleterre, surnommée « la Reine Vierge » ; l'écrivain Élisabeth Badinter ; l'impératrice Élisabeth d'Autriche, surnommée Sissi ; Élisabeth Guigou, ancienne ministre de la Justice.

Fréquence : répandu - Évolution : ↘

Âge moyen : 60 ans

Élise

Elisée, Elseline, Elsie, Elsje, Elslin, Elysa, Elyse, Ilsabe

Étymologie : de l'hébreu *elischeba* : « Dieu est mon serment ».

Fête : 17 novembre - Couleur : orange
Chiffre : 9

Caractère : sa curiosité, notamment dans le domaine artistique, son dynamisme conquérant et sa séduction, font partie de ses atouts sur le plan social, où elle excelle.

Personnage célèbre : la destinataire de la fameuse *Lettre à Élise* de Beethoven.

Fréquence : répandu - Évolution : ↘

Âge moyen : 55 ans

Ella

Étymologie : du germanique *alle* : « tout, entièrement » ou de l'hébreu *el* et *yah* : « Yahvé est mon Dieu ». Ce prénom fut porté par la belle-sœur de Richard Cœur de Lion qui perdit son époux, Guillaume Longue-Épée, en 1226 et fonda une abbaye.

Fête : 1er février - Couleur : blanc - Chiffre : 1

Caractère : Ella, la belle, veut «tout», entièrement et toujours ! C'est une diva... irrésistible ! Elle sait, en effet, ensorceller celui qu'elle rencontre, et ce qu'elle veut, elle l'obtient. Elle est piquante, audacieuse et d'une énergie folle.

Personnage célèbre : Ella Fitzgerald, la célèbre chanteuse de jazz. La chanson de France Gall en hommage à cette dernière, *Ella, elle l'a*, aura inévitablement contribué à rendre son prénom encore plus familier en France.

Fréquence : rare - Évolution : ↗

Âge moyen : 20 ans

Ellie

Élie, Ellia, Elly

Étymologie : de l'hébreu *el* et *yah* : « Yahvé est mon Dieu ».

Fête : 20 juillet (Saint-Élie) - Couleur : vert
Chiffre : 1

Caractère : Ellie est intelligente, sage et portée sur la méditation.

Personnage célèbre : la chanteuse anglaise Ellie Goulding.

Fréquence : rare - Évolution : ↗

Âge moyen : 9 ans

Éloane

Eloana

Étymologie : du celte : « lumière ». Ce prénom est très usité en Bretagne.

Fête : 28 août - Couleur : jaune - Chiffre : 4

Caractère : Éloane aime l'originalité, la spiritualité et la philosophie.

Fréquence : rare - Évolution : ↗

Âge moyen : 4 ans

P

Élodie

Alodia, Alodie, Alodi, Elodia, Elody, Lodi

Étymologie : du grec *elodié* : « fleur fragile ».
Fête : 22 octobre - **Couleur :** bleu - **Chiffre :** 5
Caractère : Élodie est une travailleuse acharnée, capable de fermeté tout en étant à l'écoute.
Personnages célèbres : la chanteuse Élodie Frégé ; l'actrice Élodie Bouchez.
Fréquence : répandu - **Évolution :** ↘
Âge moyen : 25 ans

P

Élona

Ellona, Elonna

Étymologie : de l'hébreu : « chêne ».
Couleur : vert - **Chiffre :** 2
Caractère : Élona est fidèle et intuitive.
Fréquence : rare - **Évolution :** =
Âge moyen : 7 ans

V

Élora

El Horra, Horra

Étymologie : de l'arabe *el horra* : « libre ».
Couleur : blanc - **Chiffre :** 2
Caractère : Élora est tendre, gaie et d'une générosité sans faille.
Fréquence : rare - **Évolution :** ↗
Âge moyen : 10 ans

B

Elsa

Else, Elseline , Elza

Étymologie : de l'hébreu *elischeba* : « Dieu est mon serment ».
Fête : 17 novembre - **Couleur :** orange - **Chiffre :** 1
Caractère : Elsa est réservée, exigeante, mais aussi créative et rigoureuse.
Personnages célèbres : Elsa Triolet, écrivain français, épouse de Louis Aragon ; Elsa, chanteuse française.
Fréquence : répandu - **Évolution :** ↗
Âge moyen : 21 ans

V

Elsie

Elsy

Étymologie : de l'hébreu *elischeba* : « Dieu est mon serment ». Ce diminutif d'Élisabeth est très répandu au Royaume-Uni et outre-Atlantique.
Fête : 17 novembre - **Couleur :** orange - **Chiffre :** 1
Caractère : Elsie est curieuse, courageuse, dynamique et indépendante.
Fréquence : rare - **Évolution :** =
Âge moyen : 25 ans

V

Elvira

Elvia, Elvie, Elvine, Elvire

Étymologie : du germain *adal* : « noble » et *wart* : « gardien ».
Fête : 16 juillet - **Couleur :** jaune - **Chiffre :** 8
Caractère : Elvira se caractérise par sa grande classe : haute tenue, allure racée, charme et port royaux ; elle est directe et volontaire.
Personnage célèbre : Donna Elvira, l'épouse de Don Juan dans le *Don Juan* de Mozart (1787).
Fréquence : rare - **Évolution :** ↗
Âge moyen : 45 ans

B

Émeline

Aimeline, Aimelyne, Emelie, Emelyne, Emmaline, Emmeline, Emmelyne

Étymologie : du germanique *amal* : « travail ».
Fête : 27 octobre - **Chiffre :** 4 - **Couleur :** vert
Caractère : Émeline a le sens de l'honneur. Elle est droite, calme, douce. Ses colères sont froides,

si bien qu'elle peut se révéler parfois intimidante.
Fréquence : répandu - Évolution : ↘
Âge moyen : 19 ans

V

Émie

Emmie, Emmy, Emy

Étymologie : du germanique *amal* : « travail ».
Fête : 27 octobre - Couleur : vert - Chiffre : 4
Caractère : Émie est courageuse, dynamique et charismatique. Fréquence : rare - Évolution : ↗
Âge moyen : 8 ans

P

Émilie

Emily, Emilia, Emiliana, Emiliane

Étymologie : du latin *aemulus* : « rival » ; du nom d'une grande famille romaine qui, pendant plus de huit siècles, exerça de hautes responsabilités.
Fête : 19 septembre - Couleur : bleu - Chiffre : 8
Caractère : il est dit qu'Émilie rêve sa vie plus qu'elle ne la construit, quitte à s'inventer un univers de légende. Son dynamisme très introverti demande donc à s'épanouir dans le dévouement à autrui ou dans une activité artistique.
Personnages célèbres : Émilie Jolie, héroïne du conte musical de Philippe Chatel ; Émilie Dequenne, actrice française.
Fréquence : répandu - Évolution : ↘
Âge moyen : 34 ans

B

Émilienne

Analie, Emiliana, Émillianne, Émmilienne

Étymologie : du latin *aemulus* : « rival », ou du grec *haimulos* : « ruse » ; du nom d'une grande famille romaine qui, pendant plus de huit siècles, exerça de hautes responsabilités.
Fête : 5 janvier - Couleur : bleu - Chiffre : 4
Caractère : Émilienne est énergique, séductrice et originale.
Fréquence : répandu - Évolution : ↘

V

Emma

Ema

Étymologie : du germain *ermin* : « la puissance ». Ce prénom fut porté par une jeune et riche veuve allemande, cousine de l'empereur germanique Henri II, qui fonda églises et monastères en Westphalie. Contrairement à l'opinion commune, Emma n'est donc pas le diminutif d'Emmanuelle. C'est donc dans les pays anglophones d'Europe qu'Emma est en passe de devenir un succès tout en se maintenant dans le top 20 français depuis 15 ans.
Fête : 19 avril - Couleur : bleu - Chiffre : 6
Caractère : Emma est volontaire, active, travailleuse et autonome.
Personnages célèbres : Emma Peel, héroïne de la série *Chapeau melon et bottes de cuir* ; les actrices Emma de Caunes, Emma Thompson et Emma Watson ; Emma, héroïne éponyme du roman de Jane Austen, paru en 1815 ; l'héroïne du roman de Gustave Flaubert, *Madame Bovary*.
Fréquence : répandu - Évolution : ↗
Âge moyen : 25 ans

C

Emmanuelle

Emmanuele, Emanuelle, Emmanuelle, Manuella, Manuelita

Étymologie : de l'hébreu *imanu-el* : « Dieu est avec nous ».
Fête : 25 décembre - Couleur : orange - Chiffre : 3
Caractère : Emmanuelle est attirée par l'originalité, la spiritualité et la philosophie.
Personnages célèbres : les actrices Emmanuelle Béart, Emmanuelle Seigner, Emmanuelle Devos ; l'héroïne des romans et films du même nom ; Sœur Emmanuelle, la célèbre religieuse.

Fréquence : répandu - Évolution : ↘
Âge moyen : 35 ans

V

Énimie

Enimi, Enimy, Ennimie, Enimmie

Étymologie : du grec *eunomia* : « les justes causes ». Ce prénom fut porté par la fille du roi Clotaire II. Atteinte par la lèpre, elle alla s'isoler dans une léproserie du Gévaudan et fut miraculeusement guérie. Elle décida donc d'entrer au couvent pour remercier Dieu.
Fête : 6 octobre - Couleur : rouge - Chiffre : 9
Caractère : Énimie est une femme de tête.
Fréquence : très rare - Évolution : ↗

P

Énola

Inola

Étymologie : du vieux français : « celle qui est noble ».
Caractère : Énola est fidèle, intuitive. C'est une excellente médiatrice.
Fréquence : rare - Évolution : ↗
Âge moyen : 7 ans

V

Énora

Enaura, Enorah, Hénora

Étymologie : du breton *enor* : « l'honneur ».
Fête : 14 octobre - Couleur : noir - Chiffre : 8
Caractère : Énora est passionnée, entière, indépendante et pleine d'énergie.
Personnage célèbre : Énora Malagré, l'animatrice radio et TV.
Fréquence : rare - Évolution : ↗
Âge moyen : 10 ans

TOP 20

Prénoms marins

La mer et ses légendes déploient tout un imaginaire. Qu'il s'agisse des noms des Néréides (nymphes de la mer dans la mythologie) ou de prénoms moins rares directement associés dans nos esprits aux éléments marins (Marine, Océane), l'impact poétique est grand.

Actée *(le Rivage)*
Alizée
Ariel(le)
Delphine
Doris
Endora / Eudora
Galatée
Kallinira *(nymphe désignant la beauté des eaux)*
Marina / Marine
Marinella
Morgane
Nausicaa
Océane
Ondine
Perle
Sao *(nymphe qui sauve les marins)*
Séraphie
Sirena
Thalie
Thoè *(nymphe représentant la vitesse de l'eau)*

V

Endora

Eudora

Étymologie : du grec : « beau cadeau ». Ce prénom peut correspondre à un dérivé d'Eudora, nom de la fille d'Océan et de Thétys, dans la mythologie grecque.
Couleur : rouge - **Chiffre :** 3
Caractère : Endora aime la communication, est optimiste et active.
Personnage célèbre : la célébrissime mère de Samantha, dans *Ma Sorcière bien-aimée.*
Fréquence : très rare - **Évolution :** =

V

Énya

Ena, Enia

Étymologie : de l'irlandais : « amande ».
Caractère : Énya est humaine, généreuse et rêveuse.
Personnage célèbre : Enya, chanteuse irlandaise connue pour son tube *Orinoco Flow (Sail Away).*
Fréquence : rare - **Évolution :** ↗
Âge moyen : 8 ans

V

Enza

Étymologie : du germanique *heim* : « maison » et *rik* : « puissant ». Enza est une création récente, correspondant au féminin d'Enzo (forme hybride d'Henri composée de sa version italienne, Enrico et de sa version allemande, Heinz).
Fête : 13 juillet - **Couleur :** vert - **Chiffre :** 6
Caractère : Enza aime l'innovation, est énergique et ambitieuse.
Fréquence : rare - **Évolution :** ↗
Âge moyen : 14 ans

P

Érica

Erika, Erykah, Rika

Étymologie : du germain *aina* : « unique, total » et *rik* : « roi » ; ou bien de *ehre* : « honneur ».
Fête : 18 mai - **Couleur :** rouge - **Chiffre :** 8
Caractère : Érica ajoute à une intelligence profonde, aiguë, volontaire, l'art de la séduction et le sens de la décision prompte.
Fréquence : rare - **Évolution :** ↗
Âge moyen : 43 ans

B

Erin

Erina, Erine

Étymologie : du celtique *eireann* : « l'île de l'ouest ». Erin désigne l'Irlande et est donc usité comme prénom pour les jeunes irlandaises. Il se répand en France, en raison de sa jolie sonorité.
Couleur : vert - **Chiffre :** 1
Caractère : Erin est une bonne conseillère. Résolue autant que sage, elle est très appréciée.
Personnages célèbres : Erin Brockovich, qui s'illustra dans un scandale industriel aux États-Unis et fut interprétée au cinéma par Julia Roberts. Ce film, entraîna certainement l'engouement pour ce prénom en France.
Fréquence : rare - **Évolution :** ↗
Âge moyen : 7 ans

B

Ernestine

Étymologie : du germanique : « sérieuse ».
Fête : 7 novembre - **Couleur :** jaune - **Chiffre :** 9
Caractère : Ernestine est sérieuse, volontaire, travailleuse.
Fréquence : rare - **Évolution :** ↗

V

Esmeralda

Elsméralda, Emerald, Emeralda, Émeraude, Esma, Esmeralde, Smeralda

Étymologie : du grec *smaragdos* : « l'émeraude ». Esmeralda est, à l'instar de sainte Fleur pour les prénoms floraux, la patronne de tous les prénoms de pierres précieuses.

Fête : 10 mars - **Couleur :** vert - **Chiffre :** 2

Caractère : de tempérament indépendant, très imaginative et créative, elle s'adapte facilement à des situations nouvelles.

Personnage célèbre : Esmeralda, l'héroïne de *Notre-Dame de Paris* de Victor Hugo.

Fréquence : rare - **Évolution :** ↘

Âge moyen : 29 ans

B

Espérance

Hope, Espéranza, Spéranza

Étymologie : du latin *sperare* : « espérer ». Avec la foi et la charité, Espérance représente une des trois vertus théologales.

Fête : 26 avril - **Couleur :** bleu - **Chiffre :** 5

Caractère : Espérance est optimiste, énergique. Combattante, elle est tournée vers l'avenir.

Fréquence : très rare - **Évolution :** ↗

Âge moyen : 72 ans

P

Estelle

Essie, Estela, Estella, Estelon, Estrella.

Étymologie : du latin *stella* : « étoile ».

Fête : 11 mai - **Couleur :** bleu - **Chiffre :** 6

Caractère : Estelle est douce, pleine de charme, généreuse et possède un certain art de vivre.

Personnages célèbres : le mannequin Estelle Lefébure ; la présentatrice TV Estelle Denis.

Fréquence : répandu - **Évolution :** ↘

Âge moyen : 31 ans

P

Esther

Eister, Essa, Ester, Ettie, Hester, Hesther

Étymologie : du perse *ester* : « étoile » ; du nom de la déesse babylonienne Astarté (qui a engendré le substantif français « astre ») qui était incroyablement belle. Esther est un personnage biblique, femme du roi de Perse Assuérus (Xerxès), qui obtint de son époux la vie sauve pour le peuple juif.

Fête : 1er juillet - **Couleur :** rouge - **Chiffre :** 3

Caractère : l'intellect et la culture viennent seconder la séduction et l'opiniâtreté d'Esther.

Personnages célèbres : l'actrice Esther Williams ; la tragédie de Racine *Esther* (1689).

Fréquence : rare - **Évolution :** ↗

Âge moyen : 44 ans

V

Éthel

Étymologie : du germanique *athal* : « noble ». Ce prénom pourrait être le diminutif de plusieurs prénoms médiévaux disparus aujourd'hui. D'autres le considèrent comme un dérivé anglo-saxon d'Adèle, comme son étymologie semble l'indiquer. Éthel est un prénom prisé par les milieux BCBG anglais depuis le XIXe siècle.

Couleur : bleu - **Chiffre :** 5

Caractère : Éthel est charmante et charmeuse, énergique, indépendante et autoritaire.

Fréquence : rare - **Évolution :** ↗

Âge moyen : 18 ans

B

Eudeline

Eudia, Eudine

Étymologie : du grec *eod* : « preux, noble, fortuné ». Ce prénom correspond à la forme féminine d'Eudes.

Fête : 19 novembre - **Couleur :** orange - **Chiffre :** 9

Caractère : Eudeline est généreuse et sait s'adapter à toutes les situations. Elle possède un enthousiasme communicatif.
Fréquence : très rare - **Évolution :** ↘
Âge moyen : 18 ans

B

Eudoxie

Eudocie, Eudoxi, Eudoxia

Étymologie : du grec : « qui est estimée ».
Fête : 1er mars - **Couleur :** rouge - **Chiffre :** 5
Caractère : Eudoxie possède une certaine aisance relationnelle. Elle est intuitive et possède un solide esprit d'analyse.
Fréquence : rare - **Évolution :** =
Âge moyen : 87 ans

B

Eugénie

Eugenia, Evguecha, Evguenia

Étymologie : du grec *eugenios* : « bien né ».
Fête : 7 février - **Couleur :** bleu - **Chiffre :** 3
Caractère : Eugénie est pourvue d'un esprit de recherche et d'indépendance, auquel elle ajoute un certain goût pour l'ordre et le travail soutenu.
Personnages célèbres : l'héroïne éponyme du roman de Balzac : *Eugénie Grandet* ; l'épouse de Napoléon III, Eugénie de Montijo.
Fréquence : répandu - **Évolution :** ↘

B

Eulalie

Eulali, Eulalia, Lallie, Lia

Étymologie : du grec : « bonne parole ».
Fête : 12 février - **Couleur :** rouge - **Chiffre :** 1
Caractère : Eulalie est calme, émotive, fantaisiste et pleine de douceur.
Fréquence : rare - **Évolution :** =

P

Eunice

Étymologie : du grec *nikè* : « la victoire ».
Couleur : rouge - **Chiffre :** 9
Caractère : Eunice est généreuse, enthousiaste et ne s'épanouit qu'en communiquant avec autrui.
Personnage célèbre : Eunice Barber, athlète.
Fréquence : rare - **Évolution :** =

B

Éponine

Eponyne

Étymologie : se rapporte à Epona, déesse gauloise des chevaux.
Caractère : Éponine a le sens de la famille et des responsabilités. C'est une femme d'influence assez exigeante.
Personnage célèbre : Éponine, l'une des héroïnes des *Misérables* de Victor Hugo.
Fréquence : rare - **Évolution :** ↘
Âge moyen : 13 ans

P

Éva

Eva, Haoua, Evita,
Evka, Ewa, Ewe, Ieva

Étymologie : de l'hébreu *h'ava* : « la vivante ». Éva correspond à la forme internationale d'Ève et est, même en France, bien plus attribuée.
Fête : 6 septembre - **Couleur :** bleu - **Chiffre :** 5
Caractère : Éva est indépendante, volontaire, autonome et ambitieuse.
Personnages célèbres : Eva Herzigova, top model et comédienne ; les actrices Eva Green, Eva Mendes et Eva Longoria.
Fréquence : répandu - **Évolution :** ↗
Âge moyen : 25 ans

V

Évaëlle

Étymologie : de l'hébreu *h'ava* : « la vivante ». Ce prénom est une forme dérivée d'Ève combinée avec Maëlle. Sa présence est attestée en France depuis 1998.

Fête : 6 septembre - **Couleur :** vert - **Chiffre :** 8

Caractère : Évaëlle aime la réflexion, est intuitive et indépendante.

Fréquence : rare - **Évolution :** ↗

Âge moyen : 6 ans

C

Évangéline

Evangelina, Evangelista

Étymologie : du grec eu *aggelion* : « bonne nouvelle ».

Couleur : bleu - **Chiffre :** 4

Caractère : Évangéline est curieuse, vive, parfois opportuniste.

Personnage célèbre : l'actrice canadienne Evangeline Lilly.

Fréquence : rare - **Évolution :** ↗

Âge moyen : 20 ans

C

Ève

Evchen, Évi, Évie, Evy

Étymologie : de l'hébreu *h'ava* : « la vivante ». Ce prénom est celui de la mère du genre humain, que Dieu fit naître de la côte d'Adam. Épouse de celui-ci, elle eut des filles et trois fils : Caïn, Abel et Seth. Ayant cédé à la tentation infligée par le serpent en goûtant, avec Adam, au fruit de l'arbre de la connaissance, elle fut, avec son époux, chassée du Paradis terrestre.

Fête : 6 septembre - **Couleur :** bleu - **Chiffre :** 5

Caractère : Ève est indépendante, volontaire, voire opportuniste. Ève a tendance à faire preuve d'un certain amour du pouvoir et d'un goût évident pour la domination.

Personnages célèbres : l'Ève originelle, trop célèbre pour ne pas être citée ; Ève Ensler, auteur de la pièce *Les Monologues du vagin* ; Ève Ruggiéri.

Fréquence : rare - **Évolution :** ↗

Âge moyen : 31 ans

P

Évelyne

Evelina, Eveline, Evelyne, Evelyn, Evlyn

Étymologie : de l'hébreu *h'ava* : « la vivante », ou du gothique *awi* : « grâce, merci ».

Fête : 6 septembre - **Couleur :** bleu - **Chiffre :** 7

Caractère : Evelyne est une idéaliste, fougueuse et impétueuse. Elle est généreuse et à la quête d'un absolu. Il lui est difficile de renoncer à ses idéaux.

Personnage célèbre : l'actrice Évelyne Bouix.

Fréquence : répandu - **Évolution :** ↘

Âge moyen : 56 ans

F

P

Fabienne

Fabiane, Fabiana, Fabianna, Fabianne

Étymologie : du latin *Fabia*, nom d'une illustre famille romaine, sans doute issu de l'étrusque *fabia* : « la fève ».

Fête : 27 décembre - **Couleur :** jaune - **Chiffre :** 2

Caractère : Fabienne est affectueuse, sensible, charmante et intuitive.

Personnage célèbre : Fabienne Égal, ancienne speakerine et animatrice de télévision française.

Fréquence : répandu - **Évolution :** ↘

Âge moyen : 46 ans

C

Fabiola

Faba, Fabia, Fabie, Fava

Étymologie : du latin *Fabia*, nom d'une illustre famille romaine, sans doute issu de l'étrusque *fabia* : « la fève ».

Fête : 27 décembre - **Couleur :** jaune - **Chiffre :** 5

Caractère : Fabiola est ambitieuse, rigoureuse, travailleuse et autoritaire.

Personnages célèbres : Fabiola, veuve du roi Baudoin et ex-reine de Belgique ; Fabiola, héroïne éponyme du roman écrit par le cardinal Wiseman.

Fréquence : rare - **Évolution :** ↘

Âge moyen : 31 ans

V

Faith

Étymologie : de l'anglais : « foi ». Ce prénom renvoie à celui d'une martyre d'Agen : Foy. Avec la charité et l'espérance, la foi représente une des trois vertus théologales.

Couleur : vert - **Chiffre :** 3

Caractère : Faith est, à l'image de son prénom, poussée par la foi. Mais celle-ci ne se rapporte pas nécessairement à Dieu. Elle a foi en elle, en ses capacités et dans la vie, tout simplement.

Fréquence : très rare - **Évolution :** ↘

Âge moyen : 5 ans

V

Faïza

Feïza

Étymologie : de l'arabe *fa'iz, fâ'iza* : « victorieux, victorieuse ».

Couleur : gris - **Chiffre :** 7

Caractère : Faïza est obstinée, très souvent sûre d'avoir raison, ce qui, dans le fond, lui donne une confiance que beaucoup lui envient. Elle est néanmoins d'une générosité et d'une loyauté hors du commun avec ceux qu'elle aime.

Personnage célèbre : l'écrivain Faïza Guene.

Fréquence : rare - **Évolution :** ↘

Âge moyen : 25 ans

B

Fanchon

Étymologie : du germanique *francus* : « homme libre ». Ce prénom correspond à un diminutif ancien de Françoise.

Fête : 9 mars - **Couleur :** rouge - **Chiffre :** 6

Caractère : Fanchon est fine, dotée d'une certaine sagacité. Attirée par la philosophie, elle n'a de cesse d'acquérir des connaissances nouvelles.

Fréquence : rare - **Évolution :** =

Âge moyen : 19 ans

B

Fanette

Fanète, Fanetta, Fanita, Phanette

Étymologie : du germanique *francus* : « homme libre ».

Fête : 9 mars - **Couleur :** jaune - **Chiffre :** 6

Caractère : Fanette est ardente, pleine de vitalité et charismatique.

Fréquence : rare - **Évolution :** ↗

Âge moyen : 20 ans

P

Fanny

Fanie, Fannie, Fany

Étymologie : Fanny n'est pas un diminutif de Stéphanie, mais de Frances, un dérivé anglo-saxon de Françoise.

Fête : 9 mars - **Couleur :** blanc - **Chiffre :** 6

Caractère : Fanny est avant tout caractérisée par son esprit aventureux.

Personnages célèbres : les actrices Fanny Ardant et Fanny Cottençon ; l'héroïne éponyme du roman de Pagnol.

Fréquence : répandu - **Évolution :** ↘

Âge moyen : 27 ans

Farah

Fara, Farrah

Étymologie : de l'arabe *farah* : « la joie, la gaieté ». Ce prénom est mixte, même si en France on le considère avant tout comme un prénom féminin.

Couleur : blanc - **Chiffre :** 7

Caractère : Farah est courageuse, digne, fière et studieuse.

Personnages célèbres : Farah Diba, épouse du chah d'Iran ; l'actrice Farrah Fawcett.

Fréquence : rare - **Évolution :** ↗

Âge moyen : 14 ans

Farida

Fariza

Étymologie : de l'arabe : « incomparable, sans pareil ». Ce prénom fait de celle qui le porte l'élue divine. Il est assez courant au masculin comme au féminin.

Caractère : Farida est intuitive, fidèle et possède un certain sens du relationnel.

Fréquence : rare - **Évolution :** ↘

Âge moyen : 40 ans

Fatiha

Fatia

Étymologie : de l'arabe : « celle qui est victorieuse ». Fatiha est le nom traditionnel de la première sourate du *Coran*, celle qui ouvre le Livre saint.

Couleur : noir - **Chiffre :** 8

Caractère : Fatiha est ouverte d'esprit, rêveuse et généreuse.

Fréquence : rare - **Évolution :** ↘

Âge moyen : 37 ans

Fatima

Fatim, Fatime

Étymologie : de l'arabe : « petite chamelle qui vient d'être sevrée ». Ce prénom fut porté par la dernière fille de Mahomet et Khadija, qui passe pour avoir été sa préférée. Fatima est donc un classique des prénoms musulmans.

Couleur : vert - **Chiffre :** 2

Caractère : indépendante, charismatique, Fatima a le goût de l'aventure.

Fréquence : répandu - **Évolution :** ↗

Âge moyen : 33 ans

Fatimata

Fatimatou

Étymologie : de l'arabe : « petite chamelle qui vient d'être sevrée ». Ce prénom correspond à une variante de Fatima attribuée en Afrique noire.

Couleur : vert - **Chiffre :** 2

Caractère : Fatimata est énergique et pleine de vitalité. Elle aime aller au bout des choses.

Fréquence : rare - **Évolution :** ↗

Âge moyen : 20 ans

Fatou

Fatouma

Étymologie : de l'arabe : « petite chamelle qui vient d'être sevrée ». Diminutif fréquent de Fatoumata ou Fatimata, il correspond à la Fatima d'Afrique noire et est un classique.

Couleur : vert - **Chiffre :** 2

Caractère : Fatou est altruiste, idéaliste et intègre.

Fréquence : répandu - **Évolution :** ↗

Âge moyen : 16 ans

V

Fatoumata

Étymologie : de l'arabe : « petite chamelle qui vient d'être sevrée ». Fatoumata est un classique des prénoms musulmans d'Afrique noire. Néanmoins, il reste moins attribué que sa variante Fatou.

Couleur : vert - **Chiffre :** 2

Caractère : Fatoumata est organisée, fine et dynamique.

Fréquence : rare - **Évolution :** =

C

Faustine

Fausta, Faustina

Étymologie : D'origine latine, Faustine vient de l'adjectif faustus qui signifie « serein, heureux ».

Fête : 15 janvier - **Couleur :** jaune - **Chiffre :** 5

Caractère : Faustine est curieuse, intuitive et résolue.

Fréquence : rare - **Évolution :** ↗

Âge moyen : 15 ans

V

Fédora

Féodora, Fjodora

Étymologie : du grec *theios deros* : « don des dieux ». Ce prénom est une forme slave de Théodora.

Fête : 28 avril - **Couleur :** jaune - **Chiffre :** 4

Caractère : Fédora est travailleuse, rigoureuse, organisée et stable

Fréquence : rare - **Évolution :** ↗

Âge moyen : 65 ans

V

Félicia

Félice, Féliciana, Féliciane, Félicianna, Félicianne

Étymologie : du latin *felicia* : « heureuse, protégée par la chance ».

Fête : 10 mai - **Couleur :** orange - **Chiffre :** 4

Caractère : Félicia est réservée, prudente, sensible et généreuse.

Fréquence : rare - **Évolution :** ↘

Âge moyen : 49 ans

B

Félicie

Félici, Félicé

Étymologie : du latin *felicia* : « heureuse, protégée par la chance ». Ce prénom correspond à la forme orthographique française de la latine Felicia.

Fête : 10 mai - **Couleur :** orange - **Chiffre :** 4

Caractère : Félicie est persévérante, structurée et sécurisante.

Personnage célèbre : Félicie, héroïne de la chanson de Fernandel.

Fréquence : rare - **Évolution :** ↗

Âge moyen : 80 ans

B

Félicité

Felicidad, Felicitas, Felicita, Felicity

Étymologie : du latin *felicia* : « heureuse, protégée par la chance ».

Fête : 7 mars - **Couleur :** orange - **Chiffre :** 6

Caractère : Félicité est sensible, diplomate, généreuse et calme. Elle porte son prénom à la perfection.

Personnage célèbre : Félicité, personnage des *Trois Contes* de Flaubert.

Fréquence : très rare - **Évolution :** =

V

Fénella

Finella, Fionnula

Étymologie : du celte : « jeune fille aux épaules blanches ».

Couleur : vert - **Chiffre :** 1

Caractère : Fénella est ambitieuse, travailleuse,

persévérante et parfois un peu autoritaire.
Fréquence : très rare - Évolution : =

V

Fernanda

Fernande, Fernandine, Ferrera,

Étymologie : du germanique *fried* : « protecteur » et *nanh* : « hardi ». Fernanda est très attribué au Portugal et dans les pays d'Amérique latine.
Fête : 30 mai (Saint-Fernand) - Couleur : jaune
Chiffre : 4
Caractère : Fernanda est rêveuse, volontaire, humaine et résolue.
Personnage célèbre: Fernanda Tavares, top model brésilienne.
Fréquence : rare - Évolution : =
Âge moyen : 46 ans

B

Fideline

Fidélia, Fidélina

Étymologie : du latin : « foi ».
Couleur : vert - Chiffre : 8
Caractère : Fidéline est audacieuse, dynamique et directive. Elle possède un fort esprit logique.
Fréquence : rare - Évolution : ↘
Âge moyen : 84 ans

V

Filippina

Filipinna, Fillipinna

Étymologie : du grec *phillos* : « ami » et *hippos* : « cheval ». Ce prénom correspond à une variante de Philippine.
Fête : 3 mai (Saint-Philippe) - Couleur : vert
Chiffre : 1
Caractère : Filippina est réceptive au monde qui l'entoure. Encline à la compassion, elle est diplomate et sociable.
Fréquence : très rare - Évolution : =

B

Fine

Fina

Étymologie : de l'hébreu *yosseph* : « Dieu ajoutera ».
Fête : 9 février - Couleur : rouge - Chiffre : 8
Caractère : Fine est tendre, prévenante et d'une intelligence faisant honneur à son prénom. Sa sensibilité n'est pas en reste, évidemment.
Fréquence : très rare - Évolution : =

P

Fiona

Fionna, Fyona, Fyonna

Étymologie : du gaulois : « blanc, pur, éclatant », qui a engendré le gaélique fionn.
Fête : 18 octobre (Sainte-Gwenn)
Couleur : rouge - Chiffre : 9
Caractère : Fiona peut sembler extravertie mais cache une certaine vulnérabilité. Douée et fine, elle doit prendre garde à ne pas être brûlée par son feu intérieur.
Personnage célèbre : Fiona, personnage féminin du film d'animation Shrek.
Fréquence : rare - Évolution : =
Âge moyen : 15 ans

V

Fiorella

Fiora, Fiorina

Étymologie : du latin : « floraison ».
Couleur : vert - Chiffre : 4
Caractère : elle est douce, secrète et peut parfois manquer d'assurance ; elle a un grand besoin d'affection.
Fréquence : rare - Évolution : =
Âge moyen : 30 ans

TOP 20

Prénoms bibliques

Le prénom biblique a bien des facettes : il est parfois un classique intemporel (Marie), se prête à des engouements populaires (Léa), et reste une valeur sûre dans le monde judaïque ou chrétien (Anne, ici retranscrit sous sa forme Hannah). Même la population bobo semble y puiser des idées...

Abigaël
Anne
Dalila
Déborah
Esther
Eve
Hannah
Jeanne
Judith
Léa
Marie
Myriam
Noémie
Rachel
Rebecca
Ruth
Salomé
Sarah
Suzanne
Yaël

B

Firmine

Firma, Firmina

Étymologie : du latin : « fermeté, rigueur ». Firmine est la forme féminine de Firmin.
Couleur : bleu - Chiffre : 8
Caractère : Firmine est intuitive et fidèle.
Fréquence : rare - Évolution : =
Âge moyen : 81 ans

C

Flavie

Flavia, Flavienne, Flavy

Étymologie : du latin *flavius* : « blond », qui a donné son nom à deux grandes familles romaines illustrées chacune par une dynastie impériale.
Fête : 7 mai - Couleur : jaune - Chiffre : 1
Caractère : Flavie est élégante, déterminée, ambitieuse et perfectionniste.
Personnage célèbre : Flavie Flament, animatrice TV.
Fréquence : répandu - Évolution : ↘
Âge moyen : 22 ans

B

Fleur

Fleurine, Fleurentine, Fleurestine, Fleuriane, Floriale

Étymologie : du latin *flos, floris* : « la fleur ». Fleur, tout en étant fêtée pour elle-même, est aussi la patronne de tous les saints floraux.
Fête : 5 octobre - Couleur : jaune - Chiffre : 6
Caractère : Fleur est ambitieuse, passionnée, habile, fine et voluptueuse, à l'image du nom commun auquel son prénom se rapporte.
Personnages célèbres : Fleur Delacour, personnage du célèbre roman adapté au cinéma, *Harry Potter* ; Fleur Pellerin, ministre.
Fréquence : rare - Évolution : ↗
Âge moyen : 20 ans

P

Flora

Florie, Flori, Floréale

Étymologie : du latin *flos, floris* : « la fleur ». Ce nom est celui de la déesse des Fleurs, dans la mythologie romaine, qui était aussi l'épouse de Zéphyr.
Fête : 24 novembre - **Couleur :** blanc - **Chiffre :** 7
Caractère : Flora est passionnée, généreuse et disponible et, fidèle à son prénom, très attirée par la nature et les grands espaces.
Personnages célèbres : Flora Tristan, initiatrice du féminisme français ; Flora Twort, célèbre artiste britannique.
Fréquence : répandu - **Évolution :** ↘
Âge moyen : 29 ans

B

Floraine

Florane

Étymologie : du latin *flos, floris* : la fleur.
Fête : 24 novembre - **Couleur :** blanc - **Chiffre :** 7
Caractère : Floraine est habile et ambitieuse. C'est une femme forte.
Fréquence : très rare - **Évolution :** ↘
Âge moyen : 20 ans

B

Flore

Flor, Florella, Florenzia, Florès, Florette, Fleurie, Flori, Floriane

Étymologie : du latin *flos, floris* : « la fleur ». Flore est la forme francisée de Flora.
Fête : 24 novembre - **Couleur :** blanc - **Chiffre :** 7
Caractère : Flore est diplomate, réceptive, sociable, loyale et éprise de nature.
Fréquence : rare - **Évolution :** ↘
Âge moyen : 40 ans

B

Florelle

Florella

Étymologie : ce prénom est une forme dérivée de Flora, nom de la déesse des Fleurs, dans la mythologie romaine.
Fête : 24 novembre - **Couleur :** rouge - **Chiffre :** 4
Caractère : Florelle est affectueuse, généreuse, a le sens des responsabilités et celui des traditions.
Fréquence : rare - **Évolution :** ↘
Âge moyen : 38 ans

C

Florence

Florencia, Florinde, Florange, Florencianne, Florentine

Étymologie : du latin *flos, floris* : « la fleur ».
Fête : 1er décembre - **Couleur :** orange - **Chiffre :** 6
Caractère : Florence a le sens de la famille et des responsabilités, elle est tenace et pondérée, mais s'avère parfois versatile.
Personnages célèbres : Florence Foresti, humoriste ; Florence Nightingale, la cofondatrice de la Croix-Rouge ; la reporter Florence Aubenas ; Florence Arthaud, navigatrice.
Fréquence : répandu - **Évolution :** ↘
Âge moyen : 43 ans

C

Floriane

Floriana , Florianne

Étymologie : du latin *flor* : « fleur ». Ce prénom correspond à la forme féminine de Florian et semble avoir été créé dans les années 80.
Fête : 4 mai (Saint-Florian) - **Couleur :** rouge
Chiffre : 8
Caractère : Floriane est ambitieuse, rapide et énergique.
Fréquence : répandu - **Évolution :** ↘
Âge moyen : 23 ans

B

Florine

Flora, Florinne, Florie

Étymologie : du latin *flor* : « fleur ». Ce prénom est un diminutif de Flora qui peut être traduit par « petite fleur ».
Fête : 1er mai - **Couleur :** rouge - **Chiffre :** 7
Caractère : Florine est réservée, réfléchie, intuitive et sociable.
Fréquence : rare - **Évolution :** ↘
Âge moyen : 24 ans

P

Flower

Flowere

Étymologie : de l'anglais : « fleur ».
Fête : 24 novembre - **Couleur :** rose - **Chiffre :** 7
Caractère : Flower est pétillante, pleine de vie et très à l'écoute des autres.
Fréquence : très rare - **Évolution :** =

B

Fortunée

Fortuna, Fortunaé

Étymologie : du latin *Fortuna*, nom de la déesse de la chance.
Fête : 23 avril - **Couleur :** blanc- **Chiffre :** 2
Caractère : Fortunée est élégante, diplomate et perfectionniste.
Fréquence : rare - **Évolution :** =

V

Franca

Ciska

Étymologie : du latin *francus, franca* : « homme, femme libre ». Ce prénom est une variante méditerranéenne de Françoise, très portée en Italie. Ce prénom fut porté par une abbesse qui réforma des couvents de cisterciennes en Italie au XIIe siècle.
Fête : 26 avril - **Couleur :** orange - **Chiffre :** 2
Caractère : Franca est résolue, intelligente et toujours en quête de savoir.
Fréquence : rare - **Évolution :** =
Âge moyen : 53 ans

P

France

Frannie, Francette, Franny

Étymologie : du latin *francus, franca* : « homme, femme libre ». France peut être considérée comme un des féminins de François et correspond à la forme francisée de Franca.
Fête : 26 avril - **Couleur :** orange - **Chiffre :** 2
Caractère : France est sociable, diplomate et directive.
Personnage célèbre : France Gall, la chanteuse.
Fréquence : répandu - **Évolution :** ↘
Âge moyen : 70 ans

B

Franceline

Francelina, Francelline, Francelinne

Étymologie : du latin *francus, franca* : « homme, femme libre ». Il fut porté par celle qui est aujourd'hui considérée comme la patronne de Rome. Épouse et mère chrétienne du XIVe siècle, elle fonda les oblates bénédictines : un groupe de femmes non religieuses, mais dont la vie était un exemple de charité et de piété.
Fête : 9 mars - **Couleur :** rouge - **Chiffre :** 9
Caractère : Franceline est volontaire et se réalise dans l'action. Sa combativité a besoin d'être régulièrement éprouvée.
Fréquence : rare - **Évolution :** ↘
Âge moyen : 76 ans

V

Frances

Fran, Frannie, Franny

Étymologie : du latin *francus, franca* : « homme,

femme libre ». Frances est la forme anglophone de Franca.
Fête : 26 avril - Couleur : orange - Chiffre : 2
Caractère : Frances sait plier la finesse de l'intuition à la rigueur de l'analyse méthodique.
Fréquence : très rare - Évolution : =
Âge moyen : 58 ans

V

Francesca

Franceska

Étymologie : du latin *francus, franca* : « homme, femme libre ». Francesca correspond à la forme italienne et (originelle) de Françoise.
Fête : 9 mars - Couleur : rouge - Chiffre : 9
Caractère : Francesca est déterminée, aime les raisonnements et la spiritualité.
Personnage célèbre : Francesca da Rimini, personnage de *Dante*.
Fréquence : rare - Évolution : ↘
Âge moyen : 31 ans

P

Francine

Franciane, Francinette

Étymologie : du latin *francus, franca* : « homme, femme libre ».
Fête : 9 mars - Couleur : rouge - Chiffre : 9
Caractère : Francine a un certain goût du pouvoir, est parfois autoritaire, mais est résolue.
Fréquence : répandu - Évolution : ↘
Âge moyen : 70 ans

P

Françoise

Cesca, Franceza, Franciska, Frančiška, Franciszka, Françoese, Frañseza, Františka, Frantziska, Pantxika, Paquita, Franja, Seza

Étymologie : du latin *francus, franca* : « homme, femme libre ».
Fête : 9 mars - Couleur : rouge - Chiffre : 9
Caractère : douce, calme, Françoise est aussi altruiste et sociable.
Personnages célèbres : Françoise d'Aubigné, marquise de Maintenon, maîtresse de Louis XIV ; Françoise Hardy, chanteuse ; la romancière Françoise Sagan ; l'actrice Françoise Dorléac ; Françoise Dolto, psychanalyste.
Fréquence : répandu - Évolution : ↘
Âge moyen : 64 ans

V

Frédérica

Fédérica

Étymologie : du germain *fried* : « protecteur » et *ric* : « puissant », ou *rik* : « roi ».
Fête : 18 juillet - Couleur : jaune - Chiffre : 9
Caractère : Frédérica est charismatique, généreuse, aime communiquer avec autrui et est attachée aux traditions.
Fréquence : rare - Évolution : ↗

C

Frédérique

Frédérika, Frérika, Frigga, Frika, Frikka

Étymologie : du germain *fried* : « protecteur » et *ric* : « puissant », ou *rik* : « roi ».
Fête : 18 juillet - Couleur : jaune - Chiffre : 9
Caractère : Frédérique est raisonnable, humaine, rêveuse et volontaire.
Fréquence : répandu - Évolution : ↘
Âge moyen : 44 ans

V

Freya

Freja, Freyia, Friea

Étymologie : du nom de l'ancienne déesse germanique Freyja, fille de Njödhr, dieu du vent, de la pluie et des eaux.
Fête : 21 avril - Couleur : vert - Chiffre : 7

Caractère : Freya a une forte personnalité. Intelligente, elle est un brin rebelle.
Personnage célèbre : Freja Beja, mannequin.
Fréquence : très rare - Évolution : ↗
Âge moyen : 4 ans

V

Frida

Frieda

Étymologie : du germain *fried* : « protecteur » et *ric* : « puissant », ou *rik* : « roi ».
Fête : 18 juillet - Couleur : jaune - Chiffre : 9
Caractère : Frida est intuitive, fidèle et possède de grandes facultés d'adaptation.
Personnage célèbre : Frida Kahlo, célèbre artiste peintre.
Fréquence : rare - Évolution : ↗

G

C

Gabrielle

Gabriela, Gabriele, Gabriella, Gabrielo, Gabie

Étymologie : de l'hébreu *gavar* : « force » et *el* : « Dieu » ; « Dieu est ma force ».
Fête : 26 juin - Couleur : bleu - Chiffre : 7
Caractère : Gabrielle a l'esprit d'entreprise, est exigeante, organisée, tenace et méthodique.
Personnages célèbres : Gabrielle Chanel, dite « Coco » ; Gabrielle Solis, l'une des quatre *Desperate Housewives* ; Gabrielle d'Estrées, favorite d'Henri IV.
Fréquence : répandu - Évolution : ↗
Âge moyen : 70 ans

P

Gaby

Gabbie, Gabby

Étymologie : de l'hébreu *gavar* : « force » et *el* : « Dieu » ; « Dieu est ma force ».
Fête : 26 juin - Couleur : bleu - Chiffre : 8
Caractère : Gaby est opiniâtre, tenace, d'une grande envergure d'esprit.
Personnage célèbre : Gaby Morlay, l'actrice française.
Fréquence : rare - Évolution : ↗
Âge moyen : 61 ans

C

Gaëlle

Gaëla, Gaëlla, Gaëlane, Gaële, Gaelig, Gale, Gayle

Étymologie : du germain *walah* : « étranger », désignant plus spécialement les peuples celtiques établis dans les îles britanniques au Ve siècle avant J.-C. Les Germains utilisaient ce mot pour désigner tout ce qui n'était pas eux : Celtes surtout, mais aussi Galates, Gaulois, Galiciens, Wallons, Gallois... Ce prénom correspond à la forme féminine de Gaël. En Bretagne, il s'orthographie la plupart du temps sans tréma.
Fête : 17 décembre - Couleur : jaune - Chiffre : 2
Caractère : intelligente, intuitive, Gaëlle est aussi indépendante, ambitieuse et exigeante.
Fréquence : répandu - Évolution : ↘
Âge moyen : 29 ans

B

Gaëtane

Gaëtanne, Gaëtana, Gaëtanna, Kajetane

Étymologie : du latin *caietanus* : habitant de la ville de Gaete, près de Naples.
Fête : 7 août - Couleur : jaune - Chiffre : 3
Caractère : Gaëtane est une rêveuse idéaliste qui sait faire preuve de stratégie.

Fréquence : rare - **Évolution :** ↗
Âge moyen : 49 ans

P

Gaïa

Algaïa, Gaya, Gaïlla

Étymologie : dans la mythologie grecque, ce nom est celui de la déesse issue du chaos originel qui personnifie la terre nourricière.
Couleur : vert - **Chiffre :** 9
Caractère : Gaïa est ambitieuse, volontaire, opiniâtre et dotée de grandes facultés d'adaptation.
Fréquence : rare - **Évolution :** =
Âge moyen : 2 ans

V

Gaïane

Gayanne

Étymologie : ce prénom est une variante de Gaïa qui, dans la mythologie grecque, est la déesse qui personnifie la terre nourricière.
Couleur : vert - **Chiffre :** 9
Caractère : Gaïane est quelque peu autoritaire. C'est aussi une personnalité au cœur rare, capable de mettre toute son énergie au service des autres.
Fréquence : rare - **Évolution :** ↘
Âge moyen : 10 ans

B

Gala

Galane

Étymologie : c'est un diminutif de Galina, forme féminine de Galen. Galen renvoie à Claudius Galenus, docteur romain au IIe siècle av. J.-C.
Couleur : orange - **Chiffre :** 2
Caractère : Gala est sociable, optimiste et créative.
Personnage célèbre : Gala Dalí, femme du peintre.
Fréquence : rare - **Évolution :** ↘
Âge moyen : 14 ans

B

Galatée

Galatéa

Étymologie : du grec : « couleur de lait ». Dans la mythologie grecque, Galatée est le prénom d'une statue d'ivoire dont Pygmalion tombe fou amoureux. Il la fait transformer en femme, en priant instamment les dieux. Galatée est également le prénom d'une des néreides qui était éprise d'Acis, un jeune berger, alors que le cyclope Polyphème était, lui, amoureux d'elle. Polyphème tua Acis en faisant tomber un rocher sur lui. Galatée pria les dieux de transformer le sang de son amant mort en fleuve, afin qu'il puisse la rejoindre, elle qui habitait l'océan.
Fête : 10 novembre (sainte-Nymphe)
Couleur : blanc - **Chiffre :** 6
Caractère : Galatée est sensible, a le sens de l'harmonie et des responsabilités.
Fréquence : très rare - **Évolution :** =
Âge moyen : 14 ans

B

Garance

Garancia, Garantia

Étymologie : du bas latin *warantia.* Nom d'une plante à fleurs jaunes poussant dans les bois et les buissons et dont les racines servent à fabriquer une teinture rouge foncée.
Fête : 5 octobre (sainte-Fleur)
Couleur : rouge **Chiffre :** 4
Caractère : réservée, réfléchie, Garance n'est pas aussi douce qu'elle en a l'air. Charismatique et créative, elle sait faire montre d'un leadership incontestable.
Personnages célèbres : Garance Doré, star des blogueuses mode ; Garance, personnage interprété par Arletty dans *Les Enfants du paradis.*
Fréquence : rare - **Évolution :** ↗
Âge moyen : 11 ans

V

Garnet

Garnett

Étymologie : de l'anglais : « grenat ». Ce prénom est le nom anglo-saxon de la pierre fine.
Fête : 10 mars (sainte Esmeralda est patronne de tous les prénoms issus de pierres précieuses)
Couleur : vert - **Chiffre :** 3
Caractère : Garnet a pour elle l'intelligence, le cœur et la bravoure. C'est aussi quelqu'un d'optimiste.
Fréquence : très rare - **Évolution :** ↘

B

Gasparine

Étymologie : du sanskrit *gath aspa* : « le voyant ».
Fête : 28 décembre - **Couleur :** bleu - **Chiffre :** 1
Caractère : Gasparine est déterminée, ouverte d'esprit et très humaine.
Fréquence : très rare - **Évolution :** =

B

Gastonne

Gastone, Gastonnette

Étymologie : du germanique *gast* ou *vast* : « l'hôte ».
Fête : 6 février - **Couleur :** vert - **Chiffre :** 4
Caractère : Gastonne est réfléchie, idéaliste, altruiste et dévouée.
Fréquence : rare - **Évolution :** =
Âge moyen : 91 ans

B

Gatienne

Gatiène, Rogatienne

Étymologie : du latin *gatinus* : « originaire du Gâtinais ». Ce prénom est la forme féminine de Gatien.
Fête : 18 décembre - **Couleur :** jaune - **Chiffre :** 5
Caractère : Gatienne est sociable, réceptive et diplomate.
Fréquence : très rare - **Évolution :** =
Âge moyen : 80 ans

B

Gauthière

Étymologie : du germanique *walden* : « diriger » et *heri* : « l'armée ».
Fête : 4 mai - **Couleur :** orange - **Chiffre :** 9
Caractère : Gauthière est active, persévérante. C'est quelqu'un de très structuré.
Fréquence : très rare - **Évolution :** ↘

P

Gemma

Gema, Jema, Jemma,

Étymologie : du latin : « pierre précieuse ».
Fête : 11 avril - **Couleur :** bleu - **Chiffre :** 3
Caractère : Gemma est farouchement indépendante. Certains la trouvent difficile d'accès, d'autres, immédiatement sympathique. Son ambivalence va de pair avec son intuition.
Personnages célèbres : Gemma Donati, épouse de Dante ; Jemma Kidd, mannequin ; Gemma Arterton, actrice anglaise.
Fréquence : rare - **Évolution :** ↗
Âge moyen : 54 ans

C

Geneviève

Genevièvre, Genovera, Geva, Guenovefa, Guenovera

Étymologie : du germain *gen* : « jeune », ou *geno* : « race » et *wifa* : « femme ».
Fête : 3 janvier - **Couleur :** rouge - **Chiffre :** 4
Caractère : travailleuse, brave, perfectionniste, sensible et fidèle, Geneviève est aussi en quête de sa propre autorité et de son assurance.
Personnage célèbre : Geneviève de Brabant (VIIIe

siècle), à l'origine de *Genoveva* (1850), l'opéra de Robert Schumann.
Fréquence : répandu - **Évolution :** ⇘
Âge moyen : 75 ans

C

Génovéfa

Génovéva

Étymologie : du germain *gen* : « jeune », ou *geno* : « race » et *wifa* : « femme ».
Fête : 3 janvier - **Couleur :** rouge - **Chiffre :** 4
Caractère : Génovéfa aime la réussite. Elle aime la communication. De nature enthousiaste, c'est aussi une femme de caractère.
Fréquence : rare - **Évolution :** ⇘
Âge moyen : 81 ans

B

Georgette

Georgetta

Étymologie : du grec *giorgios* : « celui qui travaille la terre ».
Fête : 15 février - **Couleur :** jaune - **Chiffre :** 3
Caractère : Georgette est sensible, aime la communication. Quelque peu autoritaire, elle a le goût du pouvoir.
Personnages célèbres : la chanteuse réaliste Georgette Lemaire ; Georgette Leblanc, la sœur de l'écrivain Maurice Leblanc, créateur d'Arsène Lupin.
Fréquence : répandu - **Évolution :** ⇘

V

Georgina

Georgène, Jorgina

Étymologie : du grec *giorgios* : « celui qui travaille la terre ». Georgina est le diminutif de Georgia, forme féminine de Georges.
Fête : 15 février - **Couleur :** jaune - **Chiffre :** 8
Caractère : Georgina est persévérante, structurée, sécurisante et efficace.
Personnages célèbres : Georgina Dufoix, femme politique française ; Georgina, petite sœur de M. Darcy, personnage du roman de Jane Austen *Orgueil et Préjugés*.
Fréquence : rare - **Évolution :** ⇘
Âge moyen : 82 ans

V

Georgia

Geirgia, Georgine, Gora, Göra

Étymologie : du grec *giorgios* : « celui qui travaille la terre ». Georgia est l'une des formes féminines de Georges.
Fête : 15 février - **Couleur :** jaune - **Chiffre :** 8
Caractère : Georgia est ambitieuse, travailleuse et réservée.
Personnage célèbre : l'héroïne de la magnifique chanson popularisée par Ray Charles.
Fréquence : rare - **Évolution :** ⇘
Âge moyen : 25 ans

C

Géraldine

Géralda, Géraldina

Étymologie : du germanique *ger* : « la lance » (symbole du guerrier) et *hart* : « fort ».
Fête : 29 mai - **Couleur :** bleu - **Chiffre :** 3
Caractère : Géraldine est enthousiaste, éloquente, curieuse et possède de grandes capacités d'adaptation.
Personnages célèbres : Géraldine Pailhas, actrice française ; Geraldine Chaplin, fille de Charlie Chaplin et actrice elle-même.
Fréquence : répandu - **Évolution :** ⇘
Âge moyen : 38 ans

B

Gérardine

Gérarda, Gérarde

Étymologie : du germanique *ger* : « la lance » (symbole du guerrier) et *hart* : « fort ». Ce prénom correspond à la forme féminine de Gérard.

Fête : 29 mai - **Couleur :** bleu - **Chiffre :** 3

Caractère : Gérardine est altruiste, intègre et idéaliste.

Fréquence : rare - **Évolution :** =

Âge moyen : 58 ans

B

Germaine

Germana, Germanie, Germina, Guermana, Guermane, Guermoussia

Étymologie : du latin *germen* : « progéniture, du même sang », qui a engendré l'adjectif « naturel ». Cette forme féminine de Germain fut portée par une fille de ferme, maltraitée par son père et sa marâtre, qui passa sa vie à garder des troupeaux en récitant son chapelet. Elle mourut de misère à l'âge de vingt-deux ans.

Fête : 15 juin - **Couleur :** bleu - **Chiffre :** 6

Caractère : Germaine est réservée, sensible, combative et courageuse.

Personnage célèbre : Germaine de Staël, romancière.

Fréquence : répandu - **Évolution :** ↘

Âge moyen : 96 ans

C

Gertrude

Gertrud, Gertruda, Gertrui, Trudi

Étymologie : du germanique *ger* : « la lance » et *druda* : « l'amitié ».

Fête : 16 novembre - **Couleur :** bleu - **Chiffre :** 8

Caractère : Gertrude est ambitieuse, opiniâtre et volontaire.

Personnages célèbres : Gertrude, l'une des Walkyries ; l'actrice Gertrude Lawrence.

Fréquence : très rare - **Évolution :** ↘

Âge moyen : 86 ans

B

Gervaise

Gerva

Étymologie : du grec *gherazein* : « honorer ».

Fête : 19 juin - **Couleur :** rouge - **Chiffre :** 5

Caractère : Gervaise est vive, franche et curieuse.

Personnage célèbre : Gervaise, le personnage de *L'Assommoir*, de Zola.

Fréquence : rare - **Évolution :** ↘

Âge moyen : 86 ans

P

Ghislaine

Gislaine, Guillaine, Guislaine, Guylaine

Étymologie : du germain *ghil* : « otage » et *hard* : « dur ».

Fête : 10 octobre - **Couleur :** bleu - **Chiffre :** 7

Caractère : Ghislaine est élégante, volontaire, elle manifeste parfois une certaine soif de reconnaissance. C'est une esthète affirmée.

Fréquence : répandu - **Évolution :** ↘

Âge moyen : 57 ans

B

Gia

Étymologie : de l'hébreu *yohânân* : « Dieu pardonne ». Gia est un diminutif de Gianna, lui-même forme italienne de Giovanna, la Jeanne italienne.

Fête : 30 mai - **Couleur :** jaune - **Chiffre :** 5

Caractère : Gia est lyrique, inspirée, créative et rêveuse.

Personnage célèbre : Gia Coppola, réalisatrice.

Fréquence : très rare - **Évolution :** ↗

B

Giacomina

Étymologie : de l'hébreu *yaacov* : « il a talonné ». Ce prénom correspond à la forme italienne de Jacqueline.
Fête : 8 février - **Couleur :** bleu - **Chiffre :** 7
Caractère : Giacomina est une rêveuse qui ne manque pas d'ambition. Logique et humaine, elle fait preuve parfois d'une certaine rectitude.
Fréquence : très rare - **Évolution :** ≡
Âge moyen : 82 ans

V

Gianna

Giana

Étymologie : de l'hébreu *yohânân* : « Dieu pardonne ». Gianna est le diminutif de Giovanna, forme italienne de Jeanne.
Fête : 30 mai - **Couleur :** jaune - **Chiffre :** 5
Caractère : Gianna est audacieuse, dynamique, directive et indépendante.
Fréquence : rare - **Évolution :** ↗
Âge moyen : 26 ans

C

Gilberte

Gilleberte, Gisberte, Gilberta, Wilberte

Étymologie : du germain *gisil* : « descendant (de haute race) » et *bert* : « brillant ».
Fête : 11 août - **Couleur :** orange - **Chiffre :** 6
Caractère : Gilberte est sensible, active, indépendante et a le sens des responsabilités.
Personnage célèbre : Gilberte, personnage féminin de l'œuvre de Marcel Proust, *À la recherche du temps perdu.*
Fréquence : répandu - **Évolution :** ↘

P

Gilda

Étymologie : du germanique *heri* : « armée » et *ghil* : « l'engagement, la promesse ». Gilda est le diminutif italien du prénom Herménégilde, qui fut longtemps attribué aux deux sexes avant de devenir exclusivement féminin au XVIe siècle.
Fête : 14 avril - **Couleur :** rouge - **Chiffre :** 1
Caractère : malgré sa prudence et son sens aigu des responsabilités, Gilda est un être d'affection, qui doit prendre garde à se préserver.
Personnage célèbre : l'héroïne du film du même nom, interprétée par Rita Hayworth ; Gilda, fille de Rigoletto dans l'opéra de Verdi.
Fréquence : rare - **Évolution :** ↘
Âge moyen : 58 ans

P

Gillian

Gilian, Giliane, Gill, Gilliane

Étymologie : du latin *iulius*, dérivé de *jovilios* : « descendant de Jupiter ». Ce nom désignait à l'origine un fils d'Énée avant de devenir le patronyme de ses descendants. Gillian est un dérivé anglo-saxon de Julie.
Fête : 8 avril - **Couleur :** rouge - **Chiffre :** 3
Caractère : énergique, résolue, sympathique, Gillian est une amie très recherchée, dotée d'une positivité à toute épreuve.
Personnage célèbre : l'actrice Gillian Anderson.
Fréquence : rare - **Évolution :** ↘
Âge moyen : 16 ans

V

Gina

Ginna, Ginetta

Étymologie : du germain *hold* : « glorieux » et *wig* : « le combattant ». Gina est un diminutif de Luigina, lui-même diminutif de Luigia, la forme italienne de Louise.

Fête : 15 mars - Couleur : vert - Chiffre : 4
Caractère : Gina est une séductrice, vonlontaire, stable et pleine de charme.
Personnage célèbre : l'actrice Gina Lollobrigida.
Fréquence : rare - Évolution : ↗
Âge moyen : 45 ans

C

Ginette

Ginnette

Étymologie : du germanique *geno* : « la race » et *wifa* : « la femme ». Ginette est un diminutif de Geneviève.
Fête : 3 janvier - Couleur : jaune - Chiffre : 8
Caractère : Ginette est courageuse, ambitieuse et énergique.
Personnage célèbre : la comédienne Ginette Garcin.
Fréquence : répandu - Évolution : ↘
Âge moyen : 76 ans

V

Giovanna

Jovana, Jovanna

Étymologie : de l'hébreu *yohânân* : « Dieu pardonne ». Giovanna est la forme italienne de Jeanne.
Fête : 30 mai - Couleur : jaune - Chiffre : 5
Caractère : Giovanna est diplomate et sociable. Elle a soif de réussite, mais reste très réceptive, car elle dotée d'une grande sensibilité.
Fréquence : rare - Évolution : ↗
Âge moyen : 41 ans

B

Gisèle

Giselle, Gisela, Gisella, Gisla, Gleitje, Silke

Étymologie : du germain *ghil* : « otage » et *hard* : « dur ».
Fête : 7 mai - Couleur : jaune - Chiffre : 3
Caractère : Gisèle est rêveuse et spontanée, mais parfois un peu anxieuse. Ce qu'elle se plaît à masquer par des trésors de bonne humeur.
Personnage célèbre : Gisele Bündchen, la star des top models.
Fréquence : répandu - Évolution : ↗
Âge moyen : 73 ans

P

Gladys

Glad, Gladdie, Gleda, Gwladys

Étymologie : du gallois *gwladys* : « qui règne sur l'espace ».
Fête : 29 mars - Couleur : bleu - Chiffre : 2
Caractère : Gladys est indépendante, volontaire et ambitieuse.
Personnages célèbres : les héroïnes de romans populaires de l'Angleterre du XIXe siècle, *Gladys* d'Edith M. Dauglish et *Gladys of Harlech* d'Anne Beale ; Gladys Knight, la chanteuse américaine.
Fréquence : rare - Évolution : ↘
Âge moyen : 33 ans

P

Glenda

Étymologie : du celtique gallois *glan* : « pur » et *dago* : « bon ».
Couleur : violet - Chiffre : 4
Caractère : indépendante, altruiste, Glenda est aussi généreuse et fantaisiste.
Personnages célèbres : Glenda Jackson, actrice oscarisée et femme politique anglaise ; Glenda Bailey, rédactrice en chef du magazine *Harper's Bazaar*.
Fréquence : très rare - Évolution : =
Âge moyen : 27 ans

V

Glenn

Glène, Glen

Étymologie : du celte *glean* : « vallée encaisée ».
Ce prénom de garçon s'est peu à peu féminisé.

Fête : 11 septembre - **Couleur :** bleu - **Chiffre :** 2
Caractère : Glenn a du cœur, est encline à la méditation et toujours en quête de savoir.
Personnage célèbre : Glenn Close, actrice américaine.
Fréquence : très rare - **Évolution :** =
Âge moyen : 4 ans

V

Gloria

Gloriane

Étymologie : du latin *gloria* : « la gloire de Dieu ».
Fête : 11 mars - **Couleur :** vert - **Chiffre :** 7
Caractère : Gloria est volontaire, efficace, exigeante et opportuniste.
Personnage célèbre : l'actrice américaine Gloria Swanson ; l'héroïne éponyme du film de Cassavetes.
Fréquence : rare - **Évolution :** ↗
Âge moyen : 29 ans

C

Grace/Grâce

Gracia, Graciane, Gracianne, Gracieuse, Grazia

Étymologie : du latin *gratia* : « la grâce, la faveur ».
Fête : 21 août - **Couleur :** bleu - **Chiffre :** 7 -
Caractère : Grace est raffinée, élégante, affectueuse et rigoureuse.
Personnages célèbres : Grace Kelly, actrice devenue la princesse Grace de Monaco ; la chanteuse, mannequin et actrice Grace Jones.
Fréquence : peu commun - **Évolution :** ↗
Âge moyen : 19 ans

V

Graziella

Grazilla

Étymologie : du latin *gratia* : « la grâce, la faveur ». Ce prénom correspond à la forme

TOP 20

Prénoms diminutifs

Un diminutif n'a pas nécessairement vocation à réduire un prénom jugé trop long : il lui ajoute une valeur affective, une douce nuance. Nombre de ces diminutifs, à force d'être prononcés affectueusement en lieu et place du prénom original, ont fini par leur être préférés et sont devenus des prénoms à part entière.

Bettie / Betty
Cathy
Chris / Christie
Cindy
Colette
Dora / Doria
Elsa
Fanchon
Fanny
Kim
Lili / Lily
Lisa / Lise
Lola
Louison
Mia
Nelly
Sandra / Sandie / Sandy
Thea
Tess
Suzie / Suzon / Suzy

italienne de Grace.
Fête : 21 août - **Couleur :** bleu - **Chiffre :** 7
Caractère : Graziella a du ressort, est sympathique, audacieuse et dynamique.
Fréquence : rare - **Évolution :** ↘
Âge moyen : 40 ans

V

Greta

Greda, Gredel, Greet, Gretchen, Grete, Gretel, Grethel

Étymologie : du grec *margaritès* : « la perle ». Greta est un diminutif allemand de Marguerite.
Fête : 16 novembre - **Couleur :** vert - **Chiffre :** 9
Caractère : Greta est consciencieuse, bienveillante et résolue.
Personnage célèbre : l'actrice Greta Garbo.
Fréquence : peu commun - **Évolution :** ↗
Âge moyen : 32 ans

V

Griselda

Grisélidis, Grishilda, Grishilde, Grizelda, Grizzel

Étymologie : du germanique : « la guerrière grise ».
Couleur : vert - **Chiffre :** 6
Caractère : Griselda est douce, fidèle et optimiste.
Personnage célèbre : l'héroïne d'un conte du poète italien Boccace.
Fréquence : très rare - **Évolution :** ↘
Âge moyen : 26 ans

C

Gudrun

Guda, Gunda, Gundula, Guntrun, Kutrun

Étymologie : du germain *gund* : « combat » et *runo* : « magie, secret ». Gudrun était l'oracle que les Germains allaient consulter avant les combats ; elle consultait alors les écritures magiques, les runes et donnait le verdict. Ce très ancien prénom est encore très utilisé de nos jours en Allemagne.
Couleur : violet - **Chiffre :** 7
Caractère : Gudrun est extrêmement combative, comme le sens de son prénom l'indique.
Personnage célèbre : l'héroïne éponyme d'un récit épique du XIIIe siècle, très célèbre outre-Rhin, qui dans la tradition populaire engendrera la légende de Cendrillon.
Fréquence : très rare - **Évolution :** =
Âge moyen : 69 ans

V

Guenièvre

Étymologie : du germanique *geno* : « la race » et *wifa* : « la femme ». Guenièvre est une forme dérivée de Geneviève.
Fête : 3 janvier - **Couleur :** rouge - **Chiffre :** 4
Caractère : Guenièvre est rêveuse, douce et réfléchie.
Personnages célèbres : la reine Guenièvre, symbole de l'amour courtois dans le cycle des *Chevaliers de la Table ronde.*
Fréquence : très rare - **Évolution :** ↘
Âge moyen : 22 ans

C

Guillemette

Guilelmina, Guillaumette, Wilhelmina, Wilhemine

Étymologie : du germanique *wille* : « la volonté » et *helm* : « protection ».
Fête : 10 janvier - **Couleur :** vert - **Chiffre :** 6
Caractère : Guillemette est pragmatique, créative et optimiste.
Fréquence : très rare - **Évolution :** ↘
Âge moyen : 48 ans

B

Guyenne

Étymologie : de l'ancien nom de la province d'Aquitaine lorsqu'elle était une possession anglaise.
Fête : 12 juin - **Couleur :** violet - **Chiffre :** 7
Caractère : Guyenne est habile, sensible et passionnée. C'est une personnalité très attachante.
Fréquence : très rare - **Évolution :** ↘

B

Guyonne

Étymologie : du germanique : « forêt ».
Fête : 12 juin - **Couleur :** bleu - **Chiffre :** 9
Caractère : Guyonne est loyale. L'amitié et la fidélité sont des valeurs importantes pour cet être sensible et intuitif.
Fréquence : très rare - **Évolution :** ↘
Âge moyen : 54 ans

P

Gwenaëlle

Gwenaële, Gwenaëla, Gwanaelle

Étymologie : du celte *gwenn* : « blanc, pur » et *haël* : « généreux ». Gwenaëlle correspond à la forme féminine de Gwenaël. En raison de sa sonorité, Gwenaëlle a toujours connu un succès plus vif que sa version masculine.
Fête : 3 novembre - **Couleur :** bleu - **Chiffre :** 7
Caractère : Gwenaëlle a l'esprit pratique, est compatissante et enthousiaste.
Fréquence : répandu - **Évolution :** ↘
Âge moyen : 28 ans

C

Gwendoline

Guendolen, Gwenda, Gwendaline, Gwendolen, Gwendolyn, Gwenna

Étymologie : du celtique *gwenn* : « blanc, heureux » et *dolyn* : « cercle ». Ainsi l'ancienne divinité de la lune se nommait-elle « Cercle blanc », Gwendoline. Ce fut l'un des prénoms irlandais les plus populaires.
Fête : 14 octobre - **Couleur :** blanc - **Chiffre :** 8
Caractère : Gwendoline est intelligente, a du caractère et du cœur. C'est une grande intuitive.
Personnages célèbres : dans la légende, le roi Arthur s'éprit d'une fée nommée Gwendoline (Guendolen) ; Gwendolyn, la femme de Merlin l'Enchanteur.
Fréquence : répandu - **Évolution :** ↘
Âge moyen : 19 ans

V

Gwenn

Gwen, Gwennaig, Gwennen, Gwennez, Gwennig

Étymologie : du celtique *gwenn* : « blanc, heureux ».
Fête : 18 octobre - **Couleur :** blanc - **Chiffre :** 1
Caractère : très active, rayonnante et sociable, elle est d'une rigueur morale évidente et sa simplicité est protectrice.
Fréquence : rare - **Évolution :** ↘
Âge moyen : 20 ans

B

Gwyneth

Étymologie : du celtique *gwenn* : « blanc, heureux ».
Fête : 18 octobre - **Couleur :** blanc - **Chiffre :** 1
Caractère : ardeur, vitalité, application et implication: telles sont les qualités de Gwyneth, qui ne fait jamais les choses à moitié.
Personnage célèbre : l'actrice Gwyneth Paltrow.
Fréquence : très rare - **Évolution :** ↘

B

Gypsie

Gypsy

Étymologie : de l'anglais : « bohémienne ».
Couleur : rouge - **Chiffre :** 8
Caractère : Gypsie est altruiste, intègre et réfléchie.
Fréquence : très rare - **Évolution :** =
Âge moyen : 32 ans

H

V

Habiba

Habibata, Habibatou, Habibe

Étymologie : de l'arabe : « louange ». Ce prénom correspond à la forme féminine d'Habib.
Fête : 27 mars (Saint-Habib) - **Couleur :** jaune
Chiffre : 1
Caractère : Habiba est curieuse, charismatique et courageuse.
Fréquence : rare - **Évolution :** ↗
Âge moyen : 32 ans

V

Hagar

Agar, Agare, Haggar, Hagarr

Étymologie : dans la Bible, ce prénom est celui de la servante de Sarah. Cette dernière, pensant qu'elle ne pourrait jamais enfanter, donna Hagar pour compagne à son époux, de manière à ce qu'il ait une descendance. Mais, grâce à l'intervention divine, Sarah eut elle-même un fils, Isaac et renvoya Hagar et son fils Ismaël. Tous deux furent sauvés par Dieu de leur errance dans le désert et Ismaël devint l'ancêtre du peuple arabe.
Couleur : blanc - **Chiffre :** 2
Caractère : Hagar est maternelle, affectueuse, protectrice et dévouée.
Fréquence : très rare - **Évolution :** ↘
Âge moyen : 11 ans

V

Hajar

Hadjar, Hajare, Hajer, Hajere

Étymologie : de l'hébreu : « l'effusion ». Ce prénom correspond à la variante arabe d'Hagar.
Couleur : blanc - **Chiffre :** 2
Caractère : Hajar possède une nature sensible, même si elle ne montre pas toujours ses émotions. Éprise d'équilibre et d'harmonie, c'est une esthète.
Fréquence : rare - **Évolution :** ↗
Âge moyen : 11 ans

V

Hakima

Étymologie : de l'arabe : « le docteur, le sage ». Ce prénom correspond à la forme féminine d'Hakim.
Couleur : orange - **Chiffre :** 2
Caractère : Hakima est originale dans ses goûts, ses réactions... juste ce qu'il faut. Elle est piquante, mais très philosophe.
Fréquence : rare - **Évolution :** ↘
Âge moyen : 31 ans

V

Halima

Halimata, Halimatou, Halime

Étymologie : de l'arabe : « patiente, indulgente ». Ce prénom correspond à la forme féminine de Halim. Il correspond au pendant arabe de Clémence. Il fut porté par la nourrice du Prophète Mahomet, qui aurait appartenu à une tribu nomade réputée pour la pureté et la qualité littéraire de l'arabe qu'on y parlait.

Couleur : noir - **Chiffre :** 8
Caractère : Halima est forte, ambitieuse et passionnée. Elle est habile et possède un leadership incontestable.
Fréquence : rare - **Évolution :** ↗
Âge moyen : 26 ans

P

Hanaé

Anaé, Annaé, Hanaa, Hannaé

Étymologie : du japonais : « fleur ». Selon les kanjis utilisés, ce prénom peut être écrit de trois façons différentes. Il signifie couramment « fleur majestueuse », « branche fleurie » ou « à l'image de la fleur », la variation de sens autour de la fleur étant contenue dans le « e » final.
Fête : 26 juillet (Sainte-Anne, Sainte-Anaïs)
Couleur : bleu - **Chiffre :** 7
Caractère : Hanaé a de fortes capacités d'adaptation et un grand sens du relationnel. Elle est fidèle, intuitive, c'est une créative acharnée.
Personnage célèbre : Hanae Mori, créatrice de mode, faite chevalier de la Légion d'honneur en 1989.
Fréquence : rare - **Évolution :** ↗
Âge moyen : 7 ans

V

Hannah

Annah

Étymologie : de l'hébreu *hannah* : « la grâce ». Ce prénom correspond à la forme originelle du prénom Anne. C'est cette forme qui est la plus répandue aux États-Unis. Ce prénom est celui de la mère de Marie. Elle était mariée au saint homme Joachim et, longtemps stérile, devint mère sur le tard. Elle est donc la grand-mère du Christ. Une légende veut qu'elle soit née en Bretagne et allée en Judée portée par les anges. Ce prénom est la forme du prénom Anne la plus prisée dans les pays scandinaves ou en Allemagne.
Couleur : bleu - **Chiffre :** 1
Caractère : Hannah est ambitieuse, indépendante, dynamique, parfois autoritaire. Elle est fidèle aux êtres qu'elle aime comme à ses idées.
Personnage célèbre : Hannah Arendt, philosophe allemande naturalisée américaine.
Fréquence : rare - **Évolution :** ↗
Âge moyen : 12 ans

V

Hanane

Étymologie : de l'arabe : « la compassion, la tendresse ». Ce prénom évoquant les qualités que l'on attribue à la mère est typique des prénoms attribués au Moyen-Orient.
Couleur : gris - **Chiffre :** 7
Caractère : Hanane est fidèle, loyale, charitable. Elle semble ne s'intéresser qu'à autrui.
Fréquence : rare - **Évolution :** ↘
Âge moyen : 24 ans

B

Harmonie

Armonie, Armony, Harmony

Étymologie : du grec *armonia* : « l'assemblage, la juste proportion », qui a engendré le substantif que nous connaissons : harmonie. Ce prénom fut porté par une divinité grecque, la fille d'Arès et d'Aphrodite.
Couleur : blanc - **Chiffre :** 7
Caractère : Harmonie est intuitive, elle aime le relationnel. C'est une médiatrice née dotée cependant d'un « certain caractère ».
Fréquence : rare - **Évolution :** ↘
Âge moyen : 21 ans

V

Hawa

Hava

Étymologie : de l'hébreu *h'ava* : « la vivante ». Ce prénom correspond à la forme arabe d'Eva

ou Ève, qui est citée dans le Coran. Hawa est un prénom spécialement prisé des musulmans d'Afrique noire.
Fête : 6 septembre - Couleur : bleu - Chiffre : 5
Caractère : Hawa est bienveillante, sage et bonne conseillère.
Fréquence : rare - Évolution : ⇗
Âge moyen : 16 ans

V

Hazel

Hazal

Étymologie : de l'anglais : « noisetier ». Ce prénom est assez fréquent en Angleterre.
Couleur : vert - Chiffre : 7
Caractère : Hazel est réservée, aime la réflexion et le travail.
Fréquence : très rare - Évolution : ⇗
Âge moyen : 4 ans

P

Heather

Étymologie : de l'anglais : « bruyère ».
Fête : 5 octobre (Sainte-Fleur)
Couleur : bleu - Chiffre : 2
Caractère : Heather est diplomate et sensible et possède de grandes qualités d'adaptation.
Personnages célèbres : Heather Locklear et Heather Thomas, actrices de séries américaines.
Fréquence : rare - Évolution : 4
Âge moyen : 10 ans

P

Heaven

Étymologie : de l'anglais : « paradis ». Heaven est aussi parfois attribué à des garçons, il peut donc être considéré comme un prénom mixte.
Couleur : violet - Chiffre : 9
Caractère : Heaven est rêveuse et sensible.
Fréquence : très rare - Évolution : ⇗
Âge moyen : 4 ans

B

Hectorine

Hectoria, Hectorienne

Étymologie : du grec *hectoros* : « celui qui détient ».
Couleur : jaune - Chiffre : 6
Caractère : finesse, esprit analytique, intelligence... Hectorine semble née pour les études et la réussite. Ses capacités intellectuelles la rendent quelque peu intimidante.
Fréquence : très rare - Évolution : ⇘

V

Hedwige

Hedvige, Hedwig, Hedwiga, Hewig

Étymologie : du germanique *ed* : « richesse » et *wig* : « combat ». Cette forme typiquement allemande de notre Edwige française prénomma la femme du roi Henri Ier de Pologne, au XIIIe siècle. Elle se retira, à la mort de son époux, dans un monastère qu'elle avait elle-même fondé et dont sa fille (la future reine Gertrude) était l'abbesse.
Fête : 16 octobre - Couleur : vert - Chiffre : 8
Caractère : Hedwige est animée par la spiritualité et la soif de connaissances. Elle aime l'originalité, a l'esprit sagace et est pleine de ressort.
Fréquence : rare - Évolution : =

V

Heidi

Heidie, Heidy

Étymologie : du germanique *adalheit* : « noble ». Ce prénom correspond à un diminutif courant d'Adélaïde. À cause de la popularité d'une petite héroïne suisse portant ce nom, Heidi est très représenté en Suisse, en Allemagne, aux États-Unis et commence à apparaître en France.
Fête : 16 décembre - Couleur : bleu - Chiffre : 3
Caractère : Heidi est charmante, énergique, indépendante et autoritaire.

Personnages célèbres : Heidi, l'héroïne des romans pour la jeunesse de Johanna Spyri ; Heidi Klum, top model et présentatrice TV.
Fréquence : rare - **Évolution** : ↗
Âge moyen : 23 ans

P

Héléa

Étymologie : de l'hébreu : « femme d'atours ».
Couleur : vert - **Chiffre** : 4
Caractère : Héléa est patiente, perfectionniste, calme et raffinée.
Fréquence : rare - **Évolution** : ↗
Âge moyen : 5 ans

V

Helen

Hélénia, Héliéna, Hélin, Helonna

Étymologie : du grec *helénê* : « le flambeau », de la famille d'*helios* : « le soleil ». Helen correspond à la forme anglo-saxonne d'Hélène.
Fête : 18 août - **Couleur** : jaune - **Chiffre** : 4
Caractère : Helen est pleine de vitalité, d'ardeur et de gentillesse.
Personnage célèbre : Helen Hunt, actrice américaine.
Fréquence : très rare - **Évolution** : =
Âge moyen : 60 ans

P

Héléna

Helena, Hélina

Étymologie : du grec *helénê* : « le flambeau », de la famille d'*helios* : « le soleil ». Ce prénom correspond aux formes espagnole, portugaise et germanique d'Hélène, mais est également attribué en France.
Fête : 18 août - **Couleur** : jaune - **Chiffre** : 4
Caractère : Héléna est humaine, ouverte d'esprit, généreuse et rêveuse.
Personnages célèbres : Helena Noguerra, chanteuse et comédienne française ; Helena Rubinstein, créatrice de cosmétiques.
Fréquence : rare - **Évolution** : ↗
Âge moyen : 43 ans

C

Hélène

Hélaine, Helenia, Helenius, Hilchen

Étymologie : du grec *helénê* : « le flambeau », de la famille d'*helios* : « le soleil ».
Fête : 18 août - **Couleur** : jaune - **Chiffre** : 4
Caractère : Hélène est sensible, idéaliste, émotive et exigeante.
Personnage célèbre : Hélène de Troie, sœur de Castor et Pollux, qui épousa Ménélas avant d'être séduite et enlevée par le troyen Pâris. C'est cet enlèvement qui provoqua la guerre de Troie.
Fréquence : répandu - **Évolution** : ↘
Âge moyen : 66 ans

V

Helga

Elga, Helge, Helgo, Helko, Hella, Helle

Étymologie : du slave : « consacrée aux dieux ».
Fête : 11 juillet - **Couleur** : rouge - **Chiffre** : 6
Caractère : Helga est fidèle, stable et a le sens des responsabilités.
Fréquence : rare - **Évolution** : =
Âge moyen : 61 ans

C

Héloïse

Étymologie : du germanique *hold* : « glorieux » et *wild* : « le combattant ». Ce prénom vient d'Aloysa qui correspond à la forme latine médiévale de Louise.
Fête : 15 mars - **Couleur** : blanc - **Chiffre** : 2
Caractère : Héloïse est déterminée, autoritaire et pleine d'énergie.
Personnage célèbre : *La Nouvelle Héloïse*, titre du célèbre roman de Jean-Jacques Rousseau ;

Héloïse qui entretint avec Abélard une correspondance restée célèbre.
Fréquence : répandu - **Évolution :** ↗
Âge moyen : 26 ans

C

Henria

Henrya

Étymologie : du germanique *heim* : « la maison » et *rik* : « le chef ». Ce prénom correspond à la forme féminine d'Henri.
Fête : 17 juillet - **Couleur :** rouge - **Chiffre :** 5
Caractère : Henria est dynamique, résolue. C'est une audacieuse qui tient à son indépendance.
Fréquence : rare - **Évolution :** =

B

Henriette

Enrica, Enriqueta, Harriet, Hettie, Hetty, Nettie, Riquita

Étymologie : du germanique *heim* : « la maison » et *rik* : « le chef ». Ce prénom correspond à la forme féminine d'Henri.
Fête : 17 juillet - **Couleur :** rouge - **Chiffre :** 5
Caractère : Henriette est courageuse, autoritaire, indépendante et curieuse.
Fréquence : répandu - **Évolution :** ↘

C

Herberte

Herbertine

Étymologie : du germanique *hari* : « l'armée » et *bert* : « brillant ».
Fête : 20 mars - **Couleur :** rouge - **Chiffre :** 1
Caractère : Herberte est sensible. C'est une rêveuse très ouverte d'esprit.
Fréquence : très rare - **Évolution :** ↘

C

Hermance

Hermence, Hermanna, Hermanne

Étymologie : du germain *hari* : « armée » et *mann* : « homme ». Ce prénom correspond à une des formes féminines du prénom Hermann. La féminisation latine, puis française a effacé l'origine et la sonorité germanique du prénom.
Fête : 25 septembre (Saint-Hermann)
Couleur : jaune - **Chiffre :** 4
Caractère : Hermance est prudente, opiniâtre, affectueuse et douée d'une grande conscience professionnelle.
Fréquence : rare - **Évolution :** ↗
Âge moyen : 80 ans

C

Hermeline

Étymologie : du germain *hari* : « armée » et *mann* : « homme ». Ce prénom correspond à une des formes féminines du prénom Hermann.
Fête : 25 septembre (Saint-Hermann)
Couleur : jaune - **Chiffre :** 4
Caractère : Hermeline est aussi combative que l'étymologie de son prénom le laisse entendre. Elle possède, de plus, un fort leadership.
Fréquence : rare - **Évolution :** ↘
Âge moyen : 21 ans

C

Hermine

Erminia, Herma, Hermien, Hermienne, Herminie, Irma, Irmine, Hermina.

Étymologie : du latin *armenius mus* : « le rat d'Arménie, l'hermine ». La fourrure de cet animal ornait jadis les blasons des familles nobles et la robe des magistrats. En raison de sa signification, ce prénom est doté d'un certain prestige et reste un choix des classes chic.
Fête : 9 juillet - **Couleur :** blanc - **Chiffre :** 4

Caractère : Hermine est franche, exigeante, sensible et rêveuse.
Personnage célèbre : la jet-setteuse Hermine de Clermont-Tonnerre.
Fréquence : rare - **Évolution :** =
Âge moyen : 62 ans

C

Hermione

Étymologie : du grec : « terrestre ». Dans la mythologie grecque, ce prénom était celui de la fille de Ménélas et de la fameuse Hélène de Troie.
Couleur : rouge - **Chiffre :** 6
Caractère : Hermione est affectueuse, charismatique, a le sens des responsabilités et de l'harmonie.
Personnage célèbre : Hermione, personnage des romans *Harry Potter*.
Fréquence : rare - **Évolution :** ↗
Âge moyen : 7 ans

C

Herveline

Hervea, Hervée, Hervelina, Herveva, Hervine

Étymologie : du celte : « fort, combattant ».
Caractère : Herveline est une stratège, pleine de vitalité. C'est une leader dans l'âme.
Fréquence : rare - **Évolution :** ↘
Âge moyen : 75 ans

V

Hilary

Hilarie, Hillary, Hillery, Ilari, Ilaria, Ilarione, Ilariouchka, Ilarka, Lariocha

Étymologie : du latin *hilarus* : « celui qui est gai ». Ce prénom correspond à la forme féminine et anglo-saxonne d'Hilaire.
Fête : 13 janvier - **Couleur :** orange **Chiffre :** 1
Caractère : Hilary est ambitieuse, indépendante, lucide et efficace.
Personnages célèbres : Hilary Clinton, femme politique américaine ; Hilary Duff, actrice et chanteuse américaine ; Hilary Swank, actrice américaine oscarisée en 2000 (*Boys Don't Cry*) et en 2005 (*Million Dollar Baby*).
Fréquence : rare - **Évolution :** ↘
Âge moyen : 12 ans

V

Hilda

Hild, Hilde, Hildelita, Hildie, Hylda

Étymologie : du germanique *hilde* : « le combat ».
Fête : 15 juin - **Couleur :** orange - **Chiffre :** 7
Caractère : Hilda est réservée, élégante, vive et exigeante. Elle est la beauté robuste même : rurale, bucolique et spontanée.
Fréquence : rare - **Évolution :** =
Âge moyen : 69 ans

C

Hildegarde

Étymologie : du germain *hild* : « armée, combat » et *gardan* : « savoir ».
Fête : 17 septembre - **Couleur :** rouge - **Chiffre :** 1
Caractère : Hildegarde exprime la santé triomphante, le débordement direct et simple de la vitalité
Personnage célèbre : Hildegarde, l'épouse de Charlemagne.
Fréquence : rare - **Évolution :** ↗
Âge moyen : 87 ans

C

Hildegonde

Étymologie : du germain *hild* : « armée, combat » et *gund* : « combat ».
Fête : 20 avril - **Couleur :** rouge - **Chiffre :** 1
Caractère : Sainte Hildegonde (XIIe siècle) se déguisa en homme pour pouvoir passer ainsi plusieurs années en prière incognito chez les

TOP 20
Prénoms en chanson

Ces prénoms ont inspiré des titres pop et rock légendaires, des raps mélancoliques, des cris d'amour déçu ou de bonheur paternel intense. Directement liés à la vie des artistes qui les ont chantés ou simples causes de rêveries musicales, ces prénoms pourraient bien inspirer vos vies.

Alexandra - *Claude François (Alexandri, Alexandra)*
Aline – *Christophe*
Angie – *The Rolling Stones*
Bélinda – *Claude François*
Caroline – *MC Solaar*
Cécile – *Claude Nougaro*
Élisa – *Serge Gainsbourg*
Ella – *France Gall*
Gabrielle – *Johnny Halliday*
Hélène – *Roch Voisine*
Joséphine – *Alain Bashung (Osez Joséphine)*
Laetitia – *Serge Gainsbourg*
Laura – *Johnny Halliday*
Laurette – *Michel Delpech*
Lucie - *Pascal Obispo, Daniel Balavoine*
Mathilde – *Jacques Brel*
Mélissa – *Julien Clerc*
Michèle – *Gérard Lenormand*
Roxanne – *The Police*
Vanina – *Dave*

frères cisterciens d'Allemagne, à Schönau.
Fréquence : très rare - Évolution : ↘

(C)

Himelinda

Étymologie : du germanique *amal* : « travail ».
Fête : 27 octobre - Couleur : vert - Chiffre : 4
Caractère : Himelinda est une personne d'une détermination sans faille, enthousiaste et résolue.
Fréquence : très rare - Évolution : ↘

(C)

Himeline

Étymologie : du germanique *amal* : « travail ».
Fête : 27 octobre - Couleur : vert - Chiffre : 4
Caractère : Himeline sait s'adapter à toutes les situations. D'une grande générosité, son enthousiasme est communicatif.
Fréquence : très rare - Évolution : =

(V)

Holly

Holie, Hollie, Holy

Étymologie : de l'anglais : « houx ». Ce prénom est d'abord apparu aux États-Unis, avant de s'étendre à tous les pays anglo-saxons.
Fête : 5 octobre (Sainte-Fleur) - Couleur : jaune
Chiffre : 9
Caractère : Holly est altruiste, rêveuse, charismatique et persévérante.
Fréquence : très rare - Évolution : =
Âge moyen : 4 ans

(V)

Honey

Étymologie : de l'anglais : « miel ». Ce substantif est aussi un mot doux équivalent à « chérie ». Comme Candy et Daisy, il fait partie des surnoms tendres devenus des prénoms traduisant l'affection des parents.

Couleur : orange - **Chiffre :** 9
Caractère : Honey est douce, affectueuse, parfois impulsive.
Personnage célèbre : Honey, héroïne éponyme d'un film sorti en 2003, interprétée par Jessica Alba.
Fréquence : très rare - **Évolution :** ↘
Âge moyen : 4 ans

C

Honorine

Honora, Honorée

Étymologie : du latin *honoratus* : « digne d'honneurs ». Ce prénom correspond au diminutif d'Honorée, forme féminine directe d'Honoré. Sainte Honorine, martyre du IVe siècle, périt noyée dans la Seine. Ses reliques, portées à Conflans, transformèrent le nom de la cité en Conflans-Sainte-Honorine. Elle est devenue la patronne des travailleurs des fleuves, les bateliers.
Fête : 27 février - **Couleur :** orange - **Chiffre :** 8
Caractère : Honorine est généreuse, dynamique, passionnée et ambitieuse.
Fréquence : rare - **Évolution :** =
Âge moyen : 56 ans

C

Hortense

Hortensja, Hortenzia, Ortens, Ortensia, Ourtense

Étymologie : du latin *hortus* : « le jardin ». Ce substantif semble avoir engendré le patronyme Hortensius. Il devint prénom bien avant d'être attribué à la fleur. En effet, lorsque Philippe Commerson, le naturaliste, découvrit, en 1771 la plante qui devint l'hortensia, il choisit de la baptiser ainsi en hommage à Mme Lepaute, son amie astronome, qui se faisait appeler Hortense dans l'intimité.
Fête : 5 octobre (Sainte-Fleur) ou 11 janvier (Saint-Hortens) - **Couleur :** bleu - **Chiffre :** 5
Caractère : Hortense est courageuse, passionnée, discrète et enthousiaste.
Personnages célèbres : Hortense Mancini (1646-1699), duchesse de Mazarin ; Hortense de Beauharnais, dite « la Reine Hortense », reine de Hollande et mère de Napoléon III.
Fréquence : rare - **Évolution :** ↗
Âge moyen : 63 ans

B

Hubertine

Huberta, Huberte

Étymologie : du germain *hug* : « intelligence » et behrt : « brillant ».
Fête : 3 novembre - **Couleur :** bleu - **Chiffre :** 7
Caractère : Huberte est brillante. Elle est possède un esprit sagace. Elle sait faire preuve de beaucoup d'attention.
Fréquence : rare - **Évolution :** =
Âge moyen : 80 ans

B

Huguette

Huga

Étymologie : du germanique *hug* : « l'intelligence ». Ce prénom correspond à la forme féminine de Hugues. Il fut assez en vogue au début du XXe siècle, s'inscrivant dans la tendance des prénoms en « ette ».
Fête : 1er avril - **Couleur :** violet - **Chiffre :** 8
Caractère : Huguette est volontaire, ambitieuse, travailleuse et opportuniste.
Fréquence : répandu - **Évolution :** ↘
Âge moyen : 75 ans

V

Humberta

Humbertina, Humbertine

Étymologie : du germanique *un* : « très » et *behrt* : « brillant ». Ce prénom correspond à la

forme féminine d'Humbert.
Fête : 25 mars - Couleur : bleu - Chiffre : 2
Caractère : Humberta porte fort bien son nom. Très spirituelle, elle a l'esprit sagace et sa soif de connaissances est sans limites.
Fréquence : très rare - Évolution : ↘

B

Hyacinthe

Giacinto, Jacinto, Yacinthe, Yacintha

Étymologie : du grec *Hyacinthé*, du nom du jeune homme qu'Apollon tua par accident alors qu'il en était épris. C'est de son sang que naquit la la fleur que l'on connaît sous le nom de Jacinthe.
Fête : 30 janvier - Couleur : blanc - Chiffre : 8
Caractère : Hyacinthe est d'une finesse qui égale son enthousiasme. Elle possède un ressort certain.
Fréquence : rare - Évolution : =
Âge moyen : 73 ans

I

C

Ida

Idaia, Idda, Idalia, Idaline, Idy

Étymologie : du germanique *idh* : « celle ou celui qui travaille ». Ce prénom fut porté par une princesse du Moyen Âge, comtesse de Boulogne et mère de Godefroy de Bouillon. Après la mort de son mari, elle vendit ses biens pour fonder des hospices et des monastères.
Fête : 13 avril - Couleur : bleu - Chiffre : 5
Caractère : Ida est curieuse, audacieuse, énergique et indépendante.
Personnages célèbres : Ida Pfeiffer, exploratrice autrichienne (1797-1858) ; Ida Rubinstein, danseuse et mécène russe, icône de la Belle Époque.
Fréquence : rare - Évolution : ↗
Âge moyen : 5

V

Ielena

Étymologie : du grec *helénê* : « le flambeau », de la famille d'*helios* : « le soleil ». Ce prénom est une variante russe d'Hélène.
Fête : 18 août - Couleur : jaune - Chiffre : 4
Caractère : Ielena est audacieuse, dynamique et indépendante.
Fréquence : très rare - Évolution : ↘
Âge moyen : 5 ans

V

Ikram

Ikrame

Étymologie : de l'arabe *ikrâm* : « déférence, respect ».
Couleur : blanc - Chiffre : 7
Caractère : Ikram est douce, optimiste et enthousiaste.
Fréquence : rare - Évolution : ↗
Âge moyen : 14 ans

V

Ilana

Elana, Ilanna

Étymologie : de l'hébreu : « arbre ». Forme féminine de Ilan, ce prénom renvoie au nouvel an des arbres. Le 15 du mois de Chevath, soit à la mi-février, on doit consommer chacun des produits qui caractérisent la terre d'Israël : blé, orge, raisin, figues, olives, grenade et miel.
Couleur : rouge - Chiffre : 9
Caractère : Ilana est directive, audacieuse et indépendante.
Fréquence : rare - Évolution : ↗
Âge moyen : 10 ans

B

Ilanka

Étymologie : du grec *helénê* : « le flambeau », de la famille d'helios : « le soleil ». Ilanka correspond à une version russe d'Hélène.
Fête : 18 août - **Couleur :** jaune - **Chiffre :** 4
Caractère : Ilanka est douce, gaie et optimiste.
Fréquence : très rare - **Évolution :** =

V

Ileana

Illoa, Iloa

Étymologie : du grec *helénê* : « le flambeau », de la famille d'helios : « le soleil ».
Fête : 18 août - **Couleur :** jaune - **Chiffre :** 4
Caractère : Ileana est bienveillante, bonne conseillère et résolue.
Fréquence : rare - **Évolution :** ↗
Âge moyen : 9 ans

V

Iliana

Iléane, Iliona, Ilyana, Ilyane

Étymologie : de l'arabe : « grandeur, élévation de l'esprit ». Ce prénom correspond à la forme féminine d'Ilian.
Couleur : bleu - **Chiffre :** 5
Caractère : Iliana est idéaliste, aime la réflexion. Elle est altruiste et intègre.
Fréquence : rare - **Évolution :** ↗
Âge moyen : 7 ans

V

Ilma

Étymologie : Ce prénom est un dérivé féminin de William.
Fête : 10 janvier - **Couleur :** vert - **Chiffre :** 4
Caractère : Ilma est sensible, intelligente et communicative.
Âge moyen : 7 ans

P

Ilona

Illhona, Ilouna, Llona

Étymologie : du grec *helénê* : « le flambeau », de la famille d'helios : « le soleil ». Ilona correspond à la version hongroise d'Hélène.
Fête : 18 août - **Couleur :** jaune - **Chiffre :** 6
Caractère : Ilona est élégante, sensible, discrète et dotée d'un grand sens artistique.
Personnage célèbre : Ilona Mitrecey, chanteuse française pour enfants.
Fréquence : rare - **Évolution :** ↘
Âge moyen : 10 ans

V

Iman

Étymologie : de l'arabe *imân* : « la foi ». Ce prénom relève d'un substantif qui renvoyait, en premier lieu, à la notion de guide. Ce mot a ensuite pris un sens religieux en évoquant la prière.
Couleur : jaune - **Chiffre :** 1
Caractère : Iman est simple, candide et généreuse.
Personnage célèbre : Iman Bowie, l'épouse de David Bowie, ancienne top model, devenue présidente d'une marque de cosmétiques portant son prénom.
Fréquence : rare - **Évolution :** ↘
Âge moyen : 14 ans

V

Imane

Imene, Imanne, Ymane

Étymologie : de l'arabe *imân* : « la foi ». Ce prénom relève d'un substantif qui renvoyait, en premier lieu, à la notion de guide. Ce mot a ensuite pris un sens religieux en évoquant la prière. Il est à rapprocher du mot imam. Imane correspond à une variante orthographique d'Iman féminisée par un « e » final.

Couleur : jaune - **Chiffre** : 1
Caractère : Imane est directive, consciencieuse et bonne conseillère.
Fréquence : rare - **Évolution** : ↘
Âge moyen : 13 ans

V

Imen

Étymologie : de l'arabe *imân* : « la foi ». Ce prénom relève d'un substantif qui renvoyait, en premier lieu, à la notion de guide. Ce mot a ensuite pris un sens religieux en évoquant la prière. Il est à rapprocher du mot « imam ». Imen correspond à une variante orthographique d'Iman.
Couleur : jaune - **Chiffre** : 1
Caractère : Imen est curieuse, dynamique, charismatique et courageuse.
Fréquence : rare - **Évolution** : ↘
Âge moyen : 15 ans

C

Imma

Étymologie : de l'hébreu *imanu-el* : « Dieu est avec nous ».
Fête : 25 décembre - **Couleur** : orange - **Chiffre** : 3
Caractère : Imma est altruiste, intègre, idéaliste et dévouée.
Fréquence : rare - **Évolution** : ↘

V

Ina

Étymologie : du grec : « pure », ou diminutif des prénoms se terminant par « ina » : Angélina, Carolina, Christina.
Couleur : vert - **Chiffre** : 4
Caractère : Ina a de l'humour et peut être moqueuse mais elle est surtout une grande affectueuse.
Fréquence : rare - **Évolution** : ↗
Âge moyen : 13 ans

B

India

Indie, Indy

Étymologie : du sanskrit *sinduh* : « le fleuve ». Ce prénom s'inscrit dans la tendance américaine qui est d'attribuer aux filles des noms de villes ou d'États.
Couleur : blanc - **Chiffre** : 9
Caractère : India a le sens de la justice, de l'écoute et du travail. C'est quelqu'un de réservé.
Personnage célèbre : India.Arie, chanteuse américaine.
Fréquence : rare - **Évolution** : ↘
Âge moyen : 12 ans

V

Indiana

Étymologie : du sanskrit *sinduh* : « le fleuve ». Ce prénom s'inscrit dans la tendance américaine qui est d'attribuer aux filles des noms de villes ou d'États.
Couleur : vert - **Chiffre** : 7
Caractère : Indiana est douce, spirituelle et sociable.
Personnage célèbre : l'Indiana le plus célèbre est masculin : Indiana Jones, le héros des films du même nom.
Fréquence : rare - **Évolution** : ↘
Âge moyen : 20 ans

B

Indigo

Étymologie : du latin : « couleur bleue sombre ». Ce prénom se rapporte à la couleur de l'arc-en-ciel.
Couleur : bleu - **Chiffre** : 5
Caractère : Indigo est efficace, persévérante et structurée.
Fréquence : très rare - **Évolution** : ↘

V

Indira

Étymologie : du sanskrit : « beauté, splendeur ». Dieu de la Pluie et du Tonnerre dans la mythologie hindoue.
Couleur : blanc - **Chiffre :** 9
Caractère : Indira est directive, résolue et dynamique.
Personnage célèbre : Indira Gandhi, Première ministre de l'Inde de 1966 à 1977 et de 1980 à 1984.
Fréquence : rare - **Évolution :** ⇗
Âge moyen : 14 ans

V

Indra

Indrani, Indrany

Étymologie : du sanskrit : « beauté, splendeur ». Dieu de la Pluie et du Tonnerre dans la mythologie hindoue.
Couleur : blanc - **Chiffre :** 9
Caractère : Indra est directive, résolue et dynamique.
Personnage célèbre : Indra, chanteuse suédoise.
Fréquence : rare - **Évolution :** ⇘
Âge moyen : 14 ans

C

Inès

Iness, Inesse, Yness, Ynesse

Étymologie : du grec *agnê* : « chaste, pure » ; de l'arabe *ines, inas* : « sympathique, sociable ». Inès est un prénom très populaire qui doit sans nul doute son succès à sa double origine. Forme espagnole d'Agnès, il fut porté par une jeune et noble veuve japonaise, Inès Takeya, convertie au christianisme par les jésuites.
Fête : 10 septembre - **Couleur :** rouge - **Chiffre :** 2
Caractère : calme, affectueuse, rêveuse, elle se révèle souvent conquérante.
Personnages célèbres : Inès de Castro, maîtresse du roi Pierre de Portugal ; la mannequin et créatrice Inès de La Fressange ; la mannequin et comédienne Inès Sastre.
Fréquence : répandu - **Évolution :** =
Âge moyen : 14 ans

V

Inge

Inga, Ingo, Ingoucha, Inoussia

Étymologie : du germanique *ing* : « fils de, issu de ». Prénom du nord de l'Europe, très usité en Allemagne et dans les pays scandinaves sous les formes Inge, Ingo, Inga, il se confond parfois avec les diminutifs d'Ingmar ou d'Ingeborg.
Fête : 2 septembre - **Couleur :** bleu - **Chiffre :** 4
Caractère : Inge est pleine de vitalité. Elle possède un fort leadership.
Personnages célèbres : la soprano suisse Inge Borkh.
Fréquence : rare - **Évolution :** ⇘
Âge moyen : 67 ans

V

Ingeborg

Bolla, Imbor, Ingborg, Ingebor, Ingeburg

Étymologie : du nom de la déesse germanique Inge et de *burg* : « château ».
Fête : 2 septembre - **Couleur :** rouge - **Chiffre :** 5
Caractère : Ingeborg est une combattante. Déterminée, brave, c'est une idéaliste.
Personnages célèbres : plusieurs princesses de Suède et du Danemark ont porté ce prénom. Notamment la fille de Valdemar Ier, Ingeborg de Danemark, qui épousa le roi de France de l'époque, Philippe Auguste.
Fréquence : rare - **Évolution :** =
Âge moyen : 84 ans

P

Ingrid

Inger, IngerId, IngrI, IngrIda

Étymologie : du germanique *ingfridh* : « aimée du dieu Ing ».

Fête : 2 septembre - **Couleur :** vert - **Chiffre :** 7

Caractère : Ingrid est réservée, sensible et a l'esprit logique.

Personnage célèbre : l'actrice Ingrid Bergman.

Fréquence : répandu - **Évolution :** ↘

Âge moyen : 32 ans

V

Intissar

Étymologie : de l'arabe : « triomphante ».

Couleur : jaune - **Chiffre :** 8

Caractère : Intissar est directive, dynamique et audacieuse.

Fréquence : rare - **Évolution :** ↗

Âge moyen : 14 ans

B

Iola

Étymologie : du grec : « aube », du latin : « violette ».

Couleur : violet - **Chiffre :** 6

Caractère : Iola est énergique, ambitieuse. Elle aime l'innovation.

Fréquence : rare - **Évolution :** ↘

Âge moyen : 11 ans

V

Iolanda

Violanda

Étymologie : du grec *iôn* : « la violette ».

Fête : 11 juin - **Couleur :** jaune - **Chiffre :** 4

Caractère : Iolanda est sociable, diplomate, dotée d'un esprit logique. C'est une femme de caractère, réceptive au monde qui l'entoure.

Fréquence : très rare - **Évolution :** =

Âge moyen : 80 ans

B

Iolanthe

Étymologie : du grec *iôn* : « la violette ».

Fête : 11 juin - **Couleur :** jaune - **Chiffre :** 4

Caractère : Iolanthe est fantaisiste, rêveuse et éprise, toujours, d'orginalité.

Fréquence : très rare - **Évolution :** =

B

Iphigénie

Ifigénie, Iphigéni

Étymologie : du latin : « courageuse, ayant l'esprit de sacrifice ». Nom de la fille d'Agamemnon et de Clytemnestre, dans la mythologie grecque. Alors qu'elle devait être sacrifiée à la déesse Artémis, cette dernière la prit en pitié et en fit sa grande prêtresse.

Fête : 9 juillet - **Couleur :** blanc - **Chiffre :** 1

Caractère : Iphigénie est autoritaire, énergique et ambitieuse.

Fréquence : très rare - **Évolution :** ↗

Âge moyen : 28 ans

C

Irène

Iren, Irenaeus, Irénée, Irénion, Ireneo, Irinei, Reni, Renia, Renie

Étymologie : du grec *eirênê* : « la paix ».

Fête : 5 avril - **Couleur** : jaune - **Chiffre** : 6
Caractère : Irène est émotive, sensible, diplomate et perfectionniste.
Personnages célèbres : la dernière tragédie de Voltaire, *Irène* (1778) ; l'actrice Irène Papas ; la grande scientifique Irène Joliot-Curie ; l'écrivain Irène Frain.
Fréquence : répandu - **Évolution** : ↘
Âge moyen : 78 ans

V

Irina

Eirena, Erena, Ira, Irena, Irenca, Irounia

Étymologie : du grec *eirênê* : « la paix ». Ce prénom correspond à une variante slave d'Irène.
Fête : 5 avril - **Couleur** : orange - **Chiffre** : 6
Caractère : Irina est influente, a le sens des responsabilités et peut se montrer directive.
Personnages célèbres : Irina Bokova, femme politique bulgare, directrice générale de l'Unesco ; Irina Shayk, mannequin russe et fiancée du footballeur Cristiano Ronaldo.
Fréquence : rare - **Évolution** : ↗
Âge moyen : 12 ans

B

Iris

Iriss, Irys

Étymologie : du grec *iris* : « l'arc-en-ciel ». Ce prénom est le nom d'une nymphe de la mythologie grecque qui était la messagère des dieux et qui était connue pour porter l'arc-en-ciel en écharpe.
Fête : 4 septembre - **Couleur** : vert - **Chiffre** : 1
Caractère : Iris est autoritaire, exigeante, indépendante... mais aussi incroyablement généreuse.
Personnage célèbre : Iris Murdoch, romancière britannique.
Fréquence : rare - **Évolution** : ↗
Âge moyen : 19 ans

P

Irma

Emela, Imela, Irmchen, Irme, Irmela, Irmeline, Irmine, Irmo, Irmouchka

Étymologie : du germain *irmin* : « énorme, majestueux ».
Fête : 9 juillet - **Couleur** : bleu - **Chiffre** : 5
Caractère : Irma est curieuse, indépendante, vive et a le goût de l'aventure.
Personnage célèbre : Irma, chanteuse, révélée en 2008 par les internautes à travers un label communautaire.
Fréquence : rare - **Évolution** : ↘

P

Isa

Étymologie : de l'hébreu *elicheva* : « Dieu est promesse ». Ce prénom correspond au diminutif consacré des prénoms commençant par Isa, plus particulièrement Isabelle.
Fête : 22 février - **Couleur** : orange - **Chiffre** : 4
Caractère : Isa est sociable, réceptive, loyale et diplomate.
Fréquence : rare - **Évolution** : ↘
Âge moyen : 19 ans

C

Isabelle

Ilse, Isabel, Isabela, Isabella, Isobel, Izabel, Ysabel

Étymologie : de l'hébreu *elicheva* : « Dieu est promesse ». Ce prénom correspond à une variante d'Élisabeth, venue d'Espagne.
Fête : 22 février - **Couleur** : jaune - **Chiffre** : 2
Caractère : Isabelle est généreuse, sensible, idéaliste et imaginative.
Personnages célèbres : les comédiennes Isabelle Adjani, Isabelle Huppert, Isabelle Carré et Isabelle Nanty.
Fréquence : répandu - **Évolution** : ↘

P

Isadora

Isidora, Isidaura

Étymologie : du grec *isidôres* : « cadeau, présent d'Isis ». Ce prénom correspond à la forme féminine d'Isidore.
Fête : 4 avril - **Couleur :** vert - **Chiffre :** 7
Caractère : Isadora est franche, autoritaire, courageuse et déterminée.
Personnage célèbre : Isadora Duncan, danseuse.
Fréquence : rare - **Évolution :** ↗
Âge moyen : 17 ans

P

Isaline

Isalia, Isalyne, Isolina, Izaline, Ysalia

Étymologie : ce prénom est formé sur la contraction d'Isabelle et de Line. Il est néanmoins à considérer comme un dérivé d'Isabelle, le suffixe « belle » aurait été remplacé par « line » issu de l'espagnol (le pays d'origine d'Isabelle) : *linda*, qui signifie « jolie ».
Fête : 22 février - **Couleur :** vert - **Chiffre :** 6
Caractère : Isaline est émotive, charismatique, passionnée et idéaliste.
Fréquence : rare - **Évolution :** ↗
Âge moyen : 15 ans

B

Isalis

Étymologie : ce prénom est formé sur la contraction d'Isabelle et de Lise.
Fête : 22 février - **Couleur :** mauve - **Chiffre :** 3
Caractère : Isaline est douce, pleine d'humour et de détachement.
Fréquence : très rare - **Évolution :** ↘
Âge moyen : 5 ans

C

Isaure

Isaura

Étymologie : du grec *isaura*, du nom d'une ville d'une ancienne province d'Asie Mineure.
Fête : 17 juin - **Couleur :** rouge - **Chiffre :** 6
Caractère : Isaure est autoritaire, exigeante, volontaire et perfectionniste.
Personnage célèbre : Isaure de Saint-Pierre, romancière.
Fréquence : rare - **Évolution :** ↗
Âge moyen : 23 ans

C

Iseult

Iseut, Yseult, Yseulte, Yseut

Étymologie : du germanique *ethylda* : « le noble serpent »
Fête : 14 juillet - **Couleur :** blanc - **Chiffre :** 2
Caractère : Iseult est audacieuse, énergique et toujours en quête de découverte.
Personnages célèbres : Iseult la Blonde, la tragique amante de Tristan, qui, en buvant avec lui par erreur le philtre d'amour qu'elle devait partager avec le roi Marc, son futur époux, tomba indéfectiblement amoureuse de Tristan. Dans *Tristan et Iseult*, deux autres personnages féminins portent ce prénom : Iseult aux Blanches Mains, la promise de Tristan et la reine Iseult.
Fréquence : rare - **Évolution :** ↗
Âge moyen : 14 ans

B

Isciane

Iscia, Isciana

Étymologie : ce prénom correspond à une variante d'Isis, du nom de la divinité égyptienne, sœur et épouse d'Osiris, mère d'Horus et incarnant le principe de la féminité.
Couleur : violet - **Chiffre :** 3

Caractère : Isciane est équilibrée, déterminée et a le sens des responsabilités.
Fréquence : rare - **Évolution :** ↘
Âge moyen : 11 ans

P

Isia

Isïa, Izïa

Étymologie : ce prénom correspond à une variante d'Isis, du nom de la divinité égyptienne, sœur et épouse d'Osiris, mère d'Horus et incarnant le principe de la féminité.
Couleur : rouge - **Chiffre :** 3
Caractère : Isia est sociable, loyale, réceptive et pleine de bonté.
Personnage célèbre : Izïa Higelin, actrice et chanteuse française.
Fréquence : rare - **Évolution :** ↗
Âge moyen : 9 ans

B

Isis

Isice

Étymologie : du nom de la divinité égyptienne, sœur et épouse d'Osiris, mère d'Horus et incarnant le principe de la féminité. Avec la tendance née dans les années 90 des prénoms mythologiques, Isis est de plus en plus représenté.
Couleur : rouge - **Chiffre :** 3
Caractère : Isis est sincère, loyale et généreuse.
Fréquence : rare - **Évolution :** ↗
Âge moyen : 11 ans

C

Isolde

Isolt, Isotta, Izild, Izold, Izolda

Étymologie : du germanique *ethylda* : « le noble serpent ». Ce prénom semble correspondre à la forme ancienne d'Iseult.
Fête : 14 juillet - **Couleur :** blanc - **Chiffre :** 2
Caractère : Isolde est affectueuse, volontaire, aime l'innovation et l'analyse.
Personnage célèbre : l'écrivain Isolde Heyne.
Fréquence : très rare - **Évolution :** ↘
Âge moyen : 23 ans

V

Ivana

Iva, Ivanie, Ivanna, Ivanne, Ivanka, Ivannie, Ivanny, Yvana, Yvanna

Étymologie : de l'hébreu *yohanân* : « Dieu fait grâce ». Forme féminine d'Ivan et donc forme slave de Jeanne.
Fête : 30 mai - **Couleur :** vert - **Chiffre :** 5
Caractère : altruiste et passionnée, elle donne le meilleur d'elle-même pour rendre son entourage heureux.
Personnage célèbre : Ivana Trump, ex-femme du célèbre milliardaire Donald Trump.
Fréquence : rare - **Évolution :** ↗
Âge moyen : 17 ans

V

Ivona

Ivonna, Yvonna

Étymologie : du celte : « if ».
Fête : 19 mai - **Couleur :** bleu - **Chiffre :** 3
Caractère : Ivona est déterminée, volontaire et sage.
Fréquence : très rare - **Évolution :** ↘
Âge moyen : 5 ans

V

Ivonne

Iveline, Ivelyne, Ivone, Ivona, Ivonig

Étymologie : du celte : « if ».
Fête : 19 mai - **Couleur :** bleu - **Chiffre :** 3
Caractère : Ivonne est intelligente, indépendante et volontaire.
Fréquence : rare - **Évolution :** =

V

Ivy

Ivie

Étymologie : de l'anglais : « lierre ».
Couleur : orange - **Chiffre :** 4
Caractère : Ivy est intuitive et fidèle. C'est un être d'empathie et de sensibilité.
Fréquence : rare - **Évolution :** ↗
Âge moyen : 15 ans

J

B

Jacinthe

Giacinta, Jacinta

Étymologie : du grec *Hyacinthé*, du nom du jeune homme qu'Apollon tua par accident alors qu'il en était épris. C'est de son sang que naquit la célèbre fleur parfumée que l'on connaît sous le nom de Jacinthe.
Fête : 30 janvier - **Couleur :** blanc - **Chiffre :** 8
Caractère : Jacinthe aime la spiritualité, la réflexion, est généreuse et réservée.
Fréquence : rare - **Évolution :** ↗
Âge moyen : 32 ans

P

Jackie

Jacky

Étymologie : de l'hébreu *yaacov* : « il a talonné ».
Fête : 8 février - **Couleur :** bleu - **Chiffre :** 7
Caractère : Jackie est pragmatique, optimiste et déterminée.
Fréquence : rare - **Évolution :** ↘
Âge moyen : 47 ans

P

Jacqueline

Jack, Jackaleen, Jackalene, Jackalyn, Jacquette, Jacquine, Jackleen, Jacquelène, Jacquelyne, Jacquemine, Jacquine, Jaqueline

Étymologie : de l'hébreu *yaacov* : « il a talonné ».
Fête : 8 février - **Couleur :** bleu - **Chiffre :** 7
Caractère : Jacqueline est active, dynamique, travailleuse et sociable.
Personnages célèbres : Jacqueline Kennedy, surnomée Jackie, première dame des U.S.A. ; Jacqueline Bisset, comédienne.
Fréquence : répandu - **Évolution :** ↘
Âge moyen : 74 ans

P

Jade

Giada

Étymologie : de l'espagnol *piedra de hijada* : « pierre des flancs ». Pierre royale en Chine, il y a 5000 ans, le jade était un symbole d'amour et de vertu, lié au taoïsme et à ses rites.
Fête : 10 mars - **Couleur :** vert - **Chiffre :** 2
Caractère : Jade est passionnée, travailleuse, perfectionniste, mais aussi très sensuelle.
Personnage célèbre : Jade Jagger, fille de Mick et créatrice de bijoux.
Fréquence : répandu - **Évolution :** ↗
Âge moyen : 8 ans

P

Jamie

Jaimie

Étymologie : de l'hébreu *yaacov* : « il a talonné ». Ce prénom est la forme féminine de James (version anglo-saxonne de Jacques).
Fête : 25 juillet - **Couleur :** rouge - **Chiffre :** 4

Caractère : Jamie est fidèle et intuitive, elle aime le relationnel et la médiation.
Fréquence : très rare - **Évolution :** ↗
Âge moyen : 23 ans

Jamila

Djemila, Djamila, Jémila

Étymologie : de l'arabe : « d'une grande beauté ». Ce prénom correspond à la forme féminine de Jamel.
Couleur : blanc - **Chiffre :** 8
Caractère : Jamila est audacieuse, indépendante et dynamique.
Fréquence : rare - **Évolution :** ↘
Âge moyen : 34 ans

Jan

Étymologie : de l'hébreu *yohanân* : « Dieu fait grâce ».
Fête : 30 mai - **Couleur :** jaune - **Chiffre :** 4
Caractère : Jan a de grandes facultés d'adaptation. C'est un être social et sociable qui a besoin de la compagnie d'autrui pour s'épanouir.
Fréquence : très rare - **Évolution :** ↘

Janan

Janane

Étymologie : de l'arabe : « inspirée ».
Couleur : rose - **Chiffre :** 4
Caractère : Janan est volontaire, droite et impliquée. C'est une femme qui n'écoute que sa raison.
Fréquence : très rare - **Évolution :** =
Âge moyen : 2 ans

TOP 20

Prénoms de la mythologie

Les mythologies égyptiennes, grecques ou romaines sont génératrices de rêve. Quoi de plus normal que de vouloir donner à sa fille le prénom d'une déesse d'une muse, d'une nymphe ou d'une héroïne ? À vos yeux, ne sera-t-elle pas tout cela à la fois ?

Aglaë
Ariane
Astrée
Athéna / Athénaïs
Cassandre
Cassiopée
Calypso
Chloé
Clio
Danaé
Daphné
Diane
Gaïa
Electra
Hélène
Isis
Maïa
Olympe
Pénélope
Thalia

B

Jane

Janaé

Étymologie : de l'hébreu *yohanân* : « Dieu fait grâce ». Jane est une forme anglo-saxonne de Jeanne.
Fête : 30 mai - **Couleur :** jaune - **Chiffre :** 4
Caractère : Jane est généreuse, enthousiaste et aime la communication.
Personnages célèbres : Jane Austen, la romancière anglais ; Jane Fonda, actrice américaine ; Jane Birkin, chanteuse.
Fréquence : rare - **Évolution :** ↗
Âge moyen : 74 ans

P

Janelle

Jannel, Jannelle

Étymologie : de l'hébreu *yohanân* : « Dieu fait grâce ». Ce prénom est un dérivé de Jeanne. Assez rare jusque dans les années 90, sa terminaison « bretonnante » en « elle » le rend aujourd'hui plus séduisant.
Fête : 30 mai - **Couleur :** jaune - **Chiffre :** 4
Caractère : Janelle est audacieuse, énergique et éprise d'originalité.
Fréquence : rare - **Évolution :** ↗
Âge moyen : 6 ans

P

Janet

Étymologie : de l'hébreu *yohanân* : « Dieu fait grâce ». Janet correspond à la forme anglo-saxone de Jeannette, diminutif de Jeanne.
Fête : 30 mai - **Couleur :** jaune - **Chiffre :** 4
Caractère : Janet est émotive, travailleuse et opiniâtre.
Personnage célèbre : Janet Jackson, la chanteuse.
Fréquence : rare - **Évolution :** =
Âge moyen : 35 ans

V

Janice

Jannice

Étymologie : de l'hébreu *yohanân* : « Dieu fait grâce ». Ce prénom correspond à une variante anglo-saxonne de Jeanne.
Fête : 30 mai - **Couleur :** jaune - **Chiffre :** 5
Caractère : Janice est bienveillante, consciencieuse et bonne conseillère.
Personnage célèbre : Janice Dickinson, actrice.
Fréquence : rare - **Évolution :** ↗
Âge moyen : 17 ans

P

Janick

Janick

Étymologie : de l'hébreu *yohanân* : « Dieu fait grâce ». Janick est une variante bretonne de Jeanne.
Fête : 30 mai - **Couleur :** jaune - **Chiffre :** 5
Caractère : Janick est enthousiaste, déterminée et a l'esprit pratique.
Fréquence : rare - **Évolution :** ↘
Âge moyen : 54 ans

P

Janie

Janig

Étymologie : de l'hébreu *yohanân* : « Dieu fait grâce ». Janie est une forme dérivée de Jeanne.
Fête : 30 mai - **Couleur :** jaune - **Chiffre :** 5
Caractère : Janie est optimiste, créative, déterminée et pragmatique.
Fréquence : rare - **Évolution :** ↘
Âge moyen : 57 ans

P

Janine

Janina, Janinna, Janyne

Étymologie : de l'hébreu *yohanân* : « Dieu fait grâce ». Janine est une forme dérivée de Jeanne.
Fête : 30 mai - **Couleur :** jaune - **Chiffre :** 5
Caractère : Janine est pleine de vitalité et d'ardeur, mais également résolue.
Fréquence : répandu - **Évolution :** ↘
Âge moyen : 74 ans

P

Janita

Étymologie : de l'hébreu *yohanân* : « Dieu fait grâce ». Janita est une variante de la Janet anglo-saxonne ou de la Jeannette française.
Fête : 30 mai - **Couleur :** jaune - **Chiffre :** 4
Caractère : Janita est émotive, travailleuse et opiniâtre.
Fréquence : rare - **Évolution :** =

P

Janna

Janka, Jovanka, Juana

Étymologie : de l'hébreu *yohanân* : « Dieu fait grâce ».
Fête : 30 mai - **Couleur :** jaune - **Chiffre :** 4
Caractère : franche, Jana n'aime pas la dissimulation. Elle a beaucoup d'humour et la répartie facile.
Fréquence : rare - **Évolution :** ↗
Âge moyen : 7 ans

V

Jannick

Jannik, Jannis, Jeannick

Étymologie : de l'hébreu *yohanân* : « Dieu fait grâce ».
Fête : 30 mai - **Couleur :** jaune - **Chiffre :** 5
Caractère : Jannick est enthousiaste, déterminée et a l'esprit pratique.
Fréquence : rare - **Évolution :** =
Âge moyen : 54 ans

P

Janny

Jany

Étymologie : de l'hébreu yohanân : « Dieu fait grâce ».
Fête : 30 mai - **Couleur :** jaune - **Chiffre :** 5
Caractère : Janny est autoritaire, ambitieuse et énergique.
Fréquence : rare - **Évolution :** =
Âge moyen : 65 ans

V

Jardena

Étymologie : de l'hébreu : « descendre ». Ce prénom correspond à une des formes féminines de Jordan.
Fête : 15 février (Saint-Jordan) - **Couleur :** bleu
Chiffre : 4
Caractère : Jardena est indépendante, féministe, séductrice et fidèle.
Fréquence : très rare - **Évolution :** =

P

Jasmine

Jasmée, Jasmina

Étymologie : du perse *yâsamin* : « jasmin ». Malgré son origine, Jasmine n'est pas véritablement considéré comme un prénom musulman, c'est son caractère floral que l'on retient.
Fête : 5 octobre (Sainte-Fleur) - **Couleur :** blanc
Chiffre : 5

Caractère : Jasmine est ardente, déterminée, d'un tempérament passionné.
Personnage célèbre : Jasmine, l'héroïne du dessin animé de Disney *Aladdin.*
Fréquence : rare - **Évolution :** ↗
Âge moyen : 23 ans

V

Javiera

Étymologie : du basque *etchaberri* : « maison neuve ». Javiera est la forme hispanique de Xavière.
Fête : 3 décembre - **Couleur :** bleu - **Chiffre :** 3
Caractère : Javiera est réceptive, diplomate, sociable et loyale.
Fréquence : très rare - **Évolution :** =

P

Jaylene

Étymologie : de l'anglais : « geai bleu ».
Couleur : jaune - **Chiffre :** 6
Caractère : Jaylene a le sens du devoir, elle est fiable et place l'amitié au dessus de toute valeur.
Fréquence : très rare - **Évolution :** =
Âge moyen : 6 ans

V

Jean

Étymologie : de l'hébreu *yohanân* : « Dieu fait grâce ». Jean est une forme anglo-saxonne de Jeanne.
Fête : 30 mai - **Couleur :** jaune - **Chiffre :** 5
Caractère : Jean est fiable, méthodique et tenace.
Personnages célèbres : Jean Harlow et Jean Seberg, actrices.
Fréquence : très rare - **Évolution :** ↘
Âge moyen : 7 ans

P

Jeanine

Jeannine

Étymologie : de l'hébreu *yohanân* : « Dieu fait grâce ». Ce prénom est un diminutif de Jeanne qui fut très à la mode durant les Années folles.
Fête : 30 mai - **Couleur :** jaune - **Chiffre :** 5
Caractère : Jeanine est tenace, méthodique et fiable.
Fréquence : courant - **Évolution :** ↘
Âge moyen : 76 ans

C

Jeanne

Jeannick, Jeannie, Jehanne, Jenne, Nanette

Étymologie : de l'hébreu *yohanân* : « Dieu fait grâce ». Il fut rendu illustre par Jeanne d'Arc, bergère au début du XVe siècle à Domrémy, qui n'avait que treize ans lorsqu'elle entendit des voix divines l'encourageant à « bouter » les Anglais hors de France. Elle parvint, quelques années plus tard, à délivrer Orléans en combattant à la tête d'une armée et permit à Charles VII d'être consacré roi en 1429. Vendue aux Anglais, elle fut ensuite jugée à Rouen par un tribunal ecclésiastique présidé par Pierre Cauchon, alors évêque de Beauvais, qui la condamna à mort pour hérésie. Elle fut donc brûlée vive en public. Si d'autres saintes Jeanne (six au total) figurent dans le calendrier de l'Église catholique, c'est incontestablement Jeanne d'Arc qui reste la plus célèbre.
Fête : 30 mai - **Couleur :** jaune - **Chiffre :** 5
Caractère : Jeanne est émotive, affective, travailleuse et opiniâtre.
Personnages célèbres : Jeanne, courtisane qui devint la maîtresse favorite de Louis XV et fut titrée comtesse du Barry ; Jeanne Lanvin, fondatrice de la maison de couture ; Jeanne Moreau et Jeanne Balibar, actrices françaises.

Fréquence : répandu - **Évolution :** ↗
Âge moyen : 70 ans

C

Jeanne-Marie

Jane-Mary, Jeanne-Mary, Jane-Marie

Étymologie : prénom composé de Jeanne et de Marie, Jeanne-Marie réunit les deux prénoms féminins les plus populaires. Ce prénom fut porté par une veuve de Touraine du XIVe siècle, qui se retira dans une hôtellerie de Tours pour y servir les pauvres et les pèlerins.
Fête : 28 mars - **Couleur :** orange - **Chiffre :** 5
Caractère : Jeanne-Marie est audacieuse et très énergique. Elle est attirée par les choses et les êtres originaux.
Fréquence : rare - **Évolution :** ↘

B

Jeannette

Jane, Jeanette

Étymologie : de l'hébreu *yohanân* : « Dieu fait grâce ».
Fête : 30 mai - **Couleur :** jaune - **Chiffre :** 5
Caractère : Jeannette est tenace, fiable et a le sens du devoir.
Personnage célèbre : Jeannette, héroïne du film *Marius et Jeannette* de Robert Guédiguian.
Fréquence : rare - **Évolution :** ↘
Âge moyen : 73 ans

B

Jehanne

Jehane

Étymologie : de l'hébreu *yohanân* : « Dieu fait grâce ».
Fête : 30 mai - **Couleur :** jaune - **Chiffre :** 5
Caractère : Jehanne est créative, pragmatique, sociable et optimiste.
Fréquence : rare - **Évolution :** ↘
Âge moyen : 44 ans

P

Jenna

Jena

Étymologie : de l'hébreu *yohanân* : « Dieu fait grâce ».
Fête : 30 mai - **Couleur :** jaune - **Chiffre :** 5
Caractère : Jenna est forte, ambitieuse et passionnée.
Personnage célèbre : Jenna de Rosnay, championne de planche à voile et mannequin.
Fréquence : rare - **Évolution :** ↗
Âge moyen : 14 ans

V

Jemila

Étymologie : de l'arabe : « d'une grande beauté ». Ce prénom correspond à la forme féminine de Jamel et est une variante de Jamila. Orthographiée ainsi, elle retranscrit fidèlement la prononciation du prénom.
Couleur : blanc - **Chiffre :** 8
Caractère : Jemila est audacieuse, indépendante et dynamique.
Fréquence : très rare - **Évolution :** =
Âge moyen : 37 ans

P

Jennifer

Djennifer, Jennyfer

Étymologie : du celte *gwen* : « blanc » et *hwyfar* : « doux, souple, caressant ». Jennifer correspond à une version de Guenièvre originaire des Cornouailles. Jennifer est un prénom international extrêmement populaire.
Fête : 18 octobre (Sainte-Gwenn)
Couleur : blanc - **Chiffre :** 2

Caractère : Jennifer est rêveuse, réfléchie et douce.
Personnages célèbres : Jennifer Aniston, Jennifer Connelly et Jennifer Lawrence, actrices ; Jennifer Lopez, actrice et chanteuse.
Fréquence : répandu - **Évolution :** ↘
Âge moyen : 25 ans

P

Jenny

Djennie, Djenny, Jennie

Étymologie : de l'hébreu *yohanân* : « Dieu fait grâce ».
Fête : 30 mai - **Couleur :** jaune - **Chiffre :** 5
Caractère : Jenny est dynamique, curieuse, courageuse et charismatique.
Personnages célèbres : Jenny McCarty, présentatrice télé américaine ; Jenny Garth, actrice.
Fréquence : rare - **Évolution :** ↘
Âge moyen : 47 ans

C

Jéromine

Geromina, Gerry, Girometta, Jeromia, Jeromina

Étymologie : du grec *hieros* : « sacré » et *onoma* : « nom ». Ce prénom correspond à une forme féminine de Jérôme.
Fête : 30 septembre - **Couleur :** rouge - **Chiffre :** 3
Caractère : Jéromine est une fine stratège, résolue et très déterminée.
Fréquence : rare
Âge moyen : 53 ans

P

Jessica

Jess, Jesse, Jessi, Jessia, Jessalyn, Jessye, Djessy, Djessica, Djessie, Jessyka, Jessyca

Étymologie : de l'hébreu *yichaï* : « il y a un cadeau ». Ce prénom correspond à la forme féminine du prénom biblique Jessé et est très répandu dans les pays anglo-saxons. Jessica est elle-même mentionnée dans la Bible en tant que belle-sœur d'Abraham.
Fête : 29 décembre - **Couleur :** bleu - **Chiffre :** 3
Caractère : Jessica est charmante, éloquente, intuitive et a le sens de l'observation.
Personnages célèbres : Jessica, fille de Shylock dans *Le Marchand de Venise*, de Shakespeare ; les actrices Jessica Parker, Jessica Lange et Jessica Biel.
Fréquence : répandu - **Évolution :** ↘
Âge moyen : 24 ans

P

Jessie

Jessi, Jessy, Jessye

Étymologie : de l'hébreu *yichaï* : « il y a un cadeau ». Ce prénom est le diminutif de Jessica.
Fête : 29 décembre - **Couleur :** bleu - **Chiffre :** 3
Caractère : Jessie est persévérante, sécurisante et efficace.
Fréquence : rare - **Évolution :** ↘
Âge moyen : 24 ans

P

Jill

Djill, Jil, Jilliane, Jilly

Étymologie : du latin *iulius*, dérivé de *jovilios* : « descendant de Jupiter ». Ce nom désignait un fils d'Énée avant de devenir le patronyme des descendants de celui-ci. La gens Jiulia a pour membre célèbre l'empereur César. Jill est un diminutif de Jillian, dérivé anglo-saxon de Julie.

Fête : 8 avril - **Couleur** : rouge - **Chiffre** : 3
Caractère : Jill est intelligente, indépendante et très curieuse.
Fréquence : rare - **Évolution** : ↗
Âge moyen : 23 ans

B

Jo

Étymologie : diminutif des prénoms commençant par « Jo » et plus particulièrement de Joséphine.
Fête : 9 février - **Couleur** : rouge - **Chiffre** : 8
Caractère : Jo est indépendante, sage et toujours en quête de savoir.
Fréquence : très rare - **Évolution** : ↘
Âge moyen : 49 ans

C

Joachime

Étymologie : de l'hébreu *yehoyagim* : « Iahvé (Dieu) met debout ».
Fête : 26 juillet - **Couleur** : bleu - **Chiffre** : 5
Caractère : Joachime est dynamique, curieuse, indépendante et courageuse.
Fréquence : très rare - **Évolution** : =
Âge moyen : 89 ans

B

Joakima

Giacchina, Gioacchina, Joaquina

Étymologie : de l'hébreu *yehoyagim* : « Iahvé (Dieu) met debout ».
Fête : 26 juillet - **Couleur** : bleu - **Chiffre** : 5
Caractère : Joakima est dynamique, curieuse et courageuse.
Fréquence : très rare - **Évolution** : =

B

Joaquina

Étymologie : de l'hébreu *yehoyagim* : « Iahvé (Dieu) met debout ». Ce prénom correspond à la forme féminine de Joaquin, très répandu dans les pays hispanophones.
Fête : 26 juillet - **Couleur** : blanc - **Chiffre** : 3
Caractère : Joaquina possède un sens aigu de l'analyse ; elle est bienveillante et déterminée.
Fréquence : rare - **Évolution** : =
Âge moyen : 59 ans

V

Joan

Joane

Étymologie : de l'hébreu *yohanân* : « Dieu fait grâce ». Joan est la forme médiévale anglophone de Jeanne et un prénom traditionnel catalan et occitan.
Fête : 30 mai - **Couleur** : jaune - **Chiffre** : 5
Caractère : Joan est créative, pragmatique, sociable et optimiste.
Personnages célèbres : Joan Baez et Joan Jett, chanteuses.
Fréquence : rare - **Évolution** : ↗
Âge moyen : 37 ans

V

Joana

Étymologie : de l'hébreu *yohanân* : « Dieu fait grâce ». Joana est usité plus particulièrement dans les pays lusophones. C'est un prénom traditionnel basque et occitan.
Fête : 30 mai - **Couleur** : rouge - **Chiffre** : 9
Caractère : Joana est audacieuse, aime la découverte et l'originalité. Elle est énergique et dans la séduction.
Fréquence : rare - **Évolution** : ↗
Âge moyen : 15 ans

B

Joanie

Joannie, Joanny, Johanie,

Étymologie : de l'hébreu *yohanân* : « Dieu fait grâce ».
Fête : 30 mai - **Couleur :** rouge - **Chiffre :** 9
Caractère : Joanie a le sens de la justice, est charismatique et rigoureuse.
Fréquence : rare - **Évolution :** ⇘
Âge moyen : 17 ans

V

Joanna

Étymologie : de l'hébreu *yohanân* : « Dieu fait grâce ». En dehors de l'Hexagone, ce prénom est répandu dans les pays anglo-saxons.
Fête : 30 mai - **Couleur :** rouge - **Chiffre :** 9
Caractère : Joanna est audacieuse, indépendante et directive.
Fréquence : rare - **Évolution :** ⇘
Âge moyen : 25 ans

P

Joanne

Joane, Joann, Johane

Étymologie : de l'hébreu *yohanân* : « Dieu fait grâce ».
Fête : 30 mai - **Couleur :** rouge - **Chiffre :** 9 -
Caractère : Joanne est curieuse, courageuse, indépendante et charismatique.
Fréquence : rare - **Évolution :** ⇘
Âge moyen : 24 ans

P

Joceline

Étymologie : du celtique *iad* : « prince » et lind : « doux ».
Fête : 13 décembre (Saint-Jocelyn)
Couleur : bleu - **Chiffre :** 3
Caractère : Joceline est énergique, autoritaire et raisonnable.
Fréquence : rare - **Évolution :** ⇘
Âge moyen : 61 ans

P

Jocelyne

Joscelaine, Joseline, Joselyne

Étymologie : du celtique *iad* : « prince » et lind : « doux ».
Fête : 13 décembre (Saint-Jocelyn)
Couleur : bleu - **Chiffre :** 3
Caractère : Jocelyne est sympathique, ardente et pleine de vitalité.
Fréquence : rare - **Évolution :** ⇘
Âge moyen : 61 ans

V

Jodie

Djodie, Jody

Étymologie : de l'hébreu *yehudit* : « le juif ». Jodie est un diminutif américain de Judith.
Fête : 5 mai - **Couleur :** blanc - **Chiffre :** 7
Caractère : Jodie est intelligente, résolue et volontaire.
Personnage célèbre : l'actrice Jodie Foster.
Fréquence : rare - **Évolution :** ⇘
Âge moyen : 15 ans

P

Joëlle

Joéla, Joële, Joélina, Joélie, Joéline, Joélyne.

Étymologie : de l'hébreu *yo*, abréviation de Yahvé et *el* : « Dieu » ; « Dieu est Dieu ».
Fête : 13 juillet - **Couleur :** bleu - **Chiffre :** 6
Caractère : Joëlle est énergique, originale, séductrice et audacieuse.
Fréquence : rare - **Évolution :** ⇘
Âge moyen : 55 ans

B

Joély

Étymologie : de l'hébreu *yo*, abréviation de Yahvé et *el* : « Dieu » ; « Dieu est Dieu ».
Fête : 13 juillet - **Couleur :** bleu - **Chiffre :** 6
Caractère : Joély a un certain sens de l'éthique. Femme d'influence, elle est exigeante avec les autres comme avec elle-même.
Fréquence : très rare - **Évolution :** ↘
Âge moyen : 5 ans

V

Joéva

Étymologie : du latin *jupiter* : « jeune ». Joéva est la forme féminine de Joévin.
Couleur : bleu - **Chiffre :** 6
Caractère : Joéva est ambitieuse, forte et habile. C'est un tempérament passionné.
Fréquence : très rare - **Évolution :** ↘
Âge moyen : 15 ans

V

Johanna

Ohanna

Étymologie : de l'hébreu *yohanân* : « Dieu fait grâce ». Johanna correspond à une forme anglicisée de Jeanne, proche de sa version médiévale : Jehanne.
Fête : 30 mai - **Couleur :** rouge - **Chiffre :** 9
Caractère : Johanna est humaine, ouverte d'esprit, rêveuse et généreuse.
Fréquence : rare - **Évolution :** ↘
Âge moyen : 22 ans

B

Johanne

Johane, Johann, Johannie, Johanny

Étymologie : de l'hébreu *yohanân* : « Dieu fait grâce ».
Fête : 30 mai - **Couleur :** rouge - **Chiffre :** 9
Caractère : Johanne est persévérante, structurée, honnête et efficace.
Fréquence : rare - **Évolution :** ↘
Âge moyen : 27 ans

V

Jolanda

Étymologie : du grec *iôn* : « la violette ».
Fête : 11 juin - **Couleur :** jaune - **Chiffre :** 4
Caractère : Jolanda est optimiste, volontaire et pragmatique. Elle aime créer et communiquer.
Fréquence : très rare - **Évolution :** =

V

Jolanta

Étymologie : du grec *iôn* : « la violette ». Ce prénom correspond à la forme tchèque de Violette.
Fête : 11 juin - **Couleur :** jaune - **Chiffre :** 4
Caractère : Jolanta est autoritaire, énergique et ambitieuse. Elle aime l'innovation.
Fréquence : très rare - **Évolution :** =

P

Jonelle

Étymologie : de l'hébreu *yohanân* : « Dieu fait grâce ». Jonelle est une variante de Jeanne.
Fête : 30 mai - **Couleur :** rouge - **Chiffre :** 9
Caractère : Jonelle est honnête, efficace et persévérante.
Fréquence : très rare - **Évolution :** =

TOP 20

Prénoms doux

La vague actuelle est aux prénoms courts et aux voyelles juxtaposées qui permettent de jouer avec les harmonies. On rencontre aujourd'hui des Cléa comme des Chloé ou des Cléo. Cet attrait pour une quasi-musicalité agrémentée d'une douceur, révèle peut-être l'envie d'attribuer un prénom-doudou, qui, sans être régressif, remplira élégamment son office.

Calissia
Clarisse
Cassie
Cléa
Clélia/e
Délia
Ellie
Léa
Léna
Lilou
Lina
Livia
Louna
Maé
Maéva
Méryl
Nell
Soléna
Tessa
Zoé

B

Jonquille

Étymologie : de l'espagnol. De la fleur du même nom.
Fête : 5 octobre (Sainte-Fleur) - **Couleur :** orange
Chiffre : 4
Caractère : Jonquille est intuitive, fidèle et possède de fortes capacités d'adaptation.
Fréquence : très rare - **Évolution :** ↗

V

Jorane

Étymologie : du grec *gheorgia* : « qui travaille la terre ». Forme bretonne de Georgia.
Fête : 15 février - **Couleur :** jaune - **Chiffre :** 8
Caractère : Jorane est encline à la méditation. Intelligente, sage, elle est toujours en quête de savoir.
Fréquence : très rare - **Évolution :** ↘
Âge moyen : 14 ans

V

Jordane

Jordana, Jordaine, Jordanne

Étymologie : de l'hébreu *yarden* : « Jourdain », du nom du fleuve qui arrose la Palestine et borde la frontière de la Jordanie, avant de se jeter dans la mer Morte. C'est dans ces eaux que Jean-Baptiste baptisa le Christ. Jordane est la forme féminine de Jordan.
Fête : 15 février (Saint-Jordan) - **Couleur :** bleu
Chiffre : 4
Caractère : Jordane est persévérante, sécurisante.
Fréquence : rare - **Évolution :** ↘
Âge moyen : 19 ans

B

Josée

José

Étymologie : de l'hébreu *yosseph* : « Dieu ajoutera ». Josée est la forme féminine de José, luimême version espagnole de Joseph.

Fête : 19 mars - **Couleur :** vert - **Chiffre :** 2

Caractère : Josée est sensible, idéaliste, rêveuse et créative.

Personnage célèbre : Josée Dayan, réalisatrice.

Fréquence : rare - **Évolution :** =

Âge moyen : 60 ans

B

Josépha

Joséfa, Joséphane, Josèphe

Étymologie : de l'hébreu *yosseph* : « Dieu ajoutera ».

Fête : 4 octobre - **Couleur :** rouge - **Chiffre :** 4

Caractère : Josépha est intuitive et s'adapte avec facilité à toutes les situations. Elle est fidèle et aime le relationnel.

Fréquence : rare - **Évolution :** ↘

Âge moyen : 62 ans

C

Joséphine

Fifi, Joséfina, Joséfine, Joséphina, Giuseppina

Étymologie : de l'hébreu *yosseph* : « Dieu ajoutera ».

Fête : 9 février - **Couleur :** rouge - **Chiffre :** 8

Caractère : Joséphine est indépendante, travailleuse et a le sens des responsabilités.

Personnages célèbres : Joséphine de Beauharnais, épouse de Napoléon ; Joséphine Baker, chanteuse.

Fréquence : répandu - **Évolution :** =

Âge moyen : 86 ans

B

Josette

Étymologie : de l'hébreu *yosseph* : « Dieu ajoutera ». Josette correspond au féminin de Joseph.

Fête : 4 octobre - **Couleur :** rouge - **Chiffre :** 4

Caractère : Josette est honnête, persévérante. Elle aime la sécurité et l'efficacité.

Personnage célèbre : Josette Day, actrice de cinéma des années 30.

Fréquence : répandu - **Évolution :** ↘

Âge moyen : 71 ans

P

Josiane

Josane, Josanne, Josine, Josune, Josyane

Étymologie : de l'hébreu *yosseph* : « Dieu ajoutera ». Josiane est un diminutif du XXe siècle de Josèphe ou Josépha, formes féminines directes de Joseph.

Fête : 19 mai - **Couleur :** rouge - **Chiffre :** 1

Caractère : Josiane est vive, curieuse et charismatique.

Personnage célèbre : Josiane Balasko, actrice.

Fréquence : répandu - **Évolution :** ↘

Âge moyen : 63 ans

P

Josianne

Étymologie : de l'hébreu *yosseph* : « Dieu ajoutera ».

Fête : 19 mai - **Couleur :** rouge - **Chiffre :** 1

Caractère : Josianne est équilibrée, a le sens des responsabilités. Elle est déterminée, c'est une femme d'influence.

Fréquence : rare - **Évolution :** =

Âge moyen : 68 ans

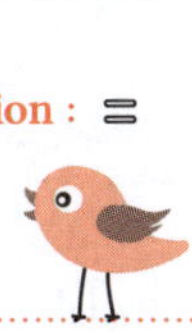

B

Josie

Josia,
Jossie, Josy

Étymologie : de l'hébreu *yosseph* : « Dieu ajoutera ». Josie est une forme dérivée de Josiane.
Fête : 19 mai - **Couleur :** rouge - **Chiffre :** 1
Caractère : Josie aime l'engagement, est fiable et tenace.
Fréquence : rare - **Évolution :** ↘
Âge moyen : 51 ans

P

Josseline

Étymologie : du celtique *iad* : « prince » et lind : « doux ».
Fête : 13 décembre (Saint-Jocelyn) - **Couleur :** bleu - **Chiffre :** 3 - **Caractère :** Josseline est humaine, rêveuse et déterminée.
Fréquence : rare - **Évolution :** ↘
Âge moyen : 65 ans

P

Josselyne

Josce

Étymologie : du celtique *iad* : « prince » et lind : « doux ».
Fête : 13 décembre (Saint-Jocelyn)
Couleur : bleu - **Chiffre :** 3
Caractère : Josselyne est sympathique, spirituelle et éprise d'originalité.
Fréquence : rare - **Évolution :** =
Âge moyen : 61 ans

V

Joy

Joye

Étymologie : du latin *gaudium* : « joie ». Joy est un prénom attesté dès le XVIIe siècle. Il exprime la joie de parents reconnaissants de la naissance de l'enfant.
Fête : 18 août (Sainte-Laetitia) - **Couleur :** vert
Chiffre : 7
Caractère : Joy est audacieuse, énergique et séductrice.
Fréquence : rare - **Évolution :** ↗
Âge moyen : 16 ans

V

Joyce

Étymologie : du vieux breton *iud* : « le prince ». Joyce est un dérivé de Josse, qui retranscrit sans doute la prononciation anglaise de l'époque du prénom Josse. D'abord masculin, Joyce est presque exclusivement féminin aujourd'hui.
Fête : 13 décembre (Saint-Josse)
Couleur : bleu - **Chiffre :** 5
Caractère : Joyce est tenace, méthodique et compatissante.
Fréquence : rare - **Évolution :** ↗
Âge moyen : 19 ans

V

Juana

Étymologie : de l'hébreu *yohanân* : « Dieu fait grâce ». Juana est la forme espagnole de Jeanne. C'est aussi un prénom traditionnel basque.
Fête : 30 mai - **Couleur :** jaune - **Chiffre :** 5
Caractère : Juana sait faire confiance à son intuition. Son appétit de vivre est communicatif. C'est une amie fidèle et loyale.
Fréquence : très rare - **Évolution :** ↗
Âge moyen : 50 ans

V

Juanita

Juane

Étymologie : de l'hébreu *yohanân* : « Dieu fait grâce ». Juanita est l'équivalent espagnol de

« petite Jeanne » : c'est un diminutif de Juana, forme espagnole de Jeanne.
Fête : 30 mai - Couleur : jaune - Chiffre : 5
Caractère : Juanita est fidèle, intuitive et possède de grandes capacités d'adaptation.
Fréquence : rare - Évolution : ↘
Âge moyen : 50 ans

B

Judicaëlle

Jezekela, Judicaël

Étymologie : du breton *iud* : « prince » et hael : « généreux ».
Fête : 17 décembre - Couleur : blanc - Chiffre : 2
Caractère : Judicaëlle est indépendante, audacieuse et directive.
Fréquence : rare - Évolution : ↘
Âge moyen : 22 ans

C

Judith

Judit, Judita, Juditha, Judite, Judithe, Juditte, Jutta

Étymologie : de l'hébreu *yehudit* : « le juif ».
Fête : 5 mai - Couleur : bleu - Chiffre : 9
Caractère : Judith est diplomate, sensible et dévouée.
Personnages célèbres : Judith de Bavière, impératrice d'Occident au IXe siècle ; les actrices Judith Magre, Judith Henry, Judith Godrèche.
Fréquence : rare - Évolution : ↗
Âge moyen : 39 ans

B

Judy

Jude, Judie, Judite

Étymologie : de l'hébreu *yohanân* : « Dieu fait grâce ».
Fête : 5 mai - Couleur : bleu - Chiffre : 9
Caractère : Judy est consciencieuse, bienveillante et bonne conseillère.
Personnage célèbre : Judy Garland, actrice américaine.
Fréquence : rare - Évolution : =
Âge moyen : 21 ans

P

Julia

Julya

Étymologie : du latin *iulius*, dérivé de jovilios : « descendant de Jupiter ». Ce nom désignait à l'origine un fils d'Énée avant de devenir le patronyme de ses descendants. La gens Jiulia a pour membre célèbre le grand César lui-même.
Fête : 8 avril - Couleur : rouge - Chiffre : 3
Caractère : Julia est sociable, charismatique, aime la communication et le leadership.
Personnages célèbres : l'actrice Julia Roberts ; Julia Child, animatrice TV et chef cuisinier américaine.
Fréquence : répandu - Évolution : ↗
Âge moyen : 45 ans

P

Juliana

Étymologie : du latin *iulius*, dérivé de *jovilios* : « descendant de Jupiter ». Ce nom désignait un fils d'Énée avant de devenir le patronyme de ses descendants. La gens Jiulia a pour membre célèbre l'empereur César.
Fête : 5 avril - Couleur : rouge - Chiffre : 3
Caractère : Juliana est indépendante, courageuse, dynamique et curieuse.
Personnage célèbre : la reine Juliana de Hollande.
Fréquence : rare - Évolution : ↗
Âge moyen : 28 ans

P

Juliane

Jolianne, Julene, Juli, Julianie, Julianna

Étymologie : du latin *iulius*, dérivé de *jovilios* : « descendant de Jupiter ». Ce nom désignait à l'origine un fils d'Énée avant de devenir le patronyme de ses descendants.

Fête : 5 avril - **Couleur :** rouge - **Chiffre :** 9

Caractère : Juliane est humaine, ouverte d'esprit et rêveuse.

Fréquence : rare - **Évolution :** ↘

Âge moyen : 33 ans

P

Julianne

Julie-Anne

Étymologie : du latin *iulius*, dérivé de *jovilios* : « descendant de Jupiter ». Ce nom désignait à l'origine un fils d'Énée avant de devenir le patronyme de ses descendants.

Fête : 5 avril - **Couleur :** rouge - **Chiffre :** 9

Caractère : Julianne est déterminée, courageuse et dynamique.

Personnage célèbre : l'actrice Julianne Moore.

Fréquence : rare - **Évolution :** ↘

Âge moyen : 25 ans

C

Julie

Étymologie : du latin *iulius*, dérivé de *jovilios* : « descendant de Jupiter ». Ce nom désignait à l'origine un fils d'Énée avant de devenir le patronyme de ses descendants.

Fête : 8 avril - **Couleur :** rouge - **Chiffre :** 3

Caractère : Julie est réaliste, sociable et pleine de charme.

Personnages célèbres : Julie de Lespinasse, figure littéraire du XVIIIe siècle ; Julie, l'héroïne de *La Nouvelle Héloïse* de Rousseau ; les comédiennes Julie Depardieu, Julie Christie et Julie Andrews ; l'actrice et réalisatrice Julie Delpy.

Fréquence : répandu - **Évolution :** ↘

Âge moyen : 29 ans

C

Julienne

Julène, Juline

Étymologie : du latin *iulius*, dérivé de *jovilios* : « descendant de Jupiter ». Ce nom désignait à l'origine un fils d'Énée avant de devenir le patronyme de ses descendants.

Fête : 8 avril - **Couleur :** rouge - **Chiffre :** 3

Caractère : Julienne est ouverte d'esprit, humaine et déterminée

Fréquence : rare - **Évolution :** ↘

C

Juliette

Giulietta, Juliet, Julietta

Étymologie : du latin *iulius*, dérivé de *jovilios* : « descendant de Jupiter ». Ce nom désignait à l'origine un fils d'Énée avant de devenir le patronyme de ses descendants. La gens Jiulia a pour membre célèbre le grand César lui-même. Juliette est, en réalité, un diminutif de Julie qui fut très prisé entre la fin du XIXe siècle et le début du XXe siècle. Pendant les Années folles, il ressurgit après un court déclin. Il disparaît quelque peu jusqu'à la fin des années 70, où il revient, revêtu plus que jamais de l'auréole poétique et passionnée de la jeune héroïne shakespearienne.

Fête : 30 juillet - **Couleur :** rouge - **Chiffre :** 5

Caractère : Juliette est une charmeuse, pourvue d'une grande sensibilité qui peut parfois lui jouer des tours.

Personnages célèbres : Juliette Capulet, héroïne de *Roméo et Juliette* de Shakespeare ; Juliette Récamier, femme d'esprit et figure célèbre à

l'époque du Directoire ; Juliette Drouet, maîtresse de Victor Hugo ; Juliette Binoche, actrice.
Fréquence : répandu - **Évolution :** ↗
Âge moyen : 60 ans

P

July

Étymologie : du latin *iulius*, dérivé de *jovilios* : « descendant de Jupiter », ou de l'anglais « le mois de juillet ». Ce prénom correspond à une variante de Julie et à la forme anglaise d'un mois estival.
Fête : 8 avril - **Couleur :** rouge - **Chiffre :** 3
Caractère : July est indépendante et charismatique. C'est une femme de caractère qui ne laisse pas indifférent.
Fréquence : rare - **Évolution :** ↘

P

June

Juna, Junie

Étymologie : de l'anglais : « le mois de juin ». Le prénom June doit son existence à la mode anglo-saxonne du XIXe siècle, très en accord avec le courant romantique, de donner aux petites filles des prénoms désignant des fleurs ou ou des mois printaniers comme April, May ou June.
Couleur : rouge - **Chiffre :** 5
Caractère : June est indépendante, charismatique et a le goût de l'aventure.
Fréquence : rare - **Évolution :** ↗
Âge moyen : 8 ans

C

Justine

Giustina, Justa, Justina, Justyne, Juxta

Étymologie : du latin *justinius* : « juste, raisonnable ».
Fête : 12 mars - **Couleur :** vert - **Chiffre :** 8
Caractère : Justine est passionnée, courageuse, déterminée, franche, même si elle est parfois capricieuse. Certains la trouvent parfois cruelle, mais sa cruauté n'est qu'enfantine.
Personnages célèbres : l'héroïne du roman du marquis de Sade *Justine ou les Malheurs de la vertu* ; Justine Lévy, romancière française et fille de Bernard-Henri Lévy.
Fréquence : répandu - **Évolution :** ↘
Âge moyen : 23 ans

K

V

Kaci

Kacia, Kacey, Kacy

Étymologie : de l'irlandais : « courageuse », ou du grec *kassandra* : « celle (ou celui) qui aide les hommes » ; dans ce cas, ce prénom peut être considéré comme un diminutif attesté de Kassandre.
Couleur : noir - **Chiffre :** 8 janvier
Caractère : Kaci a le sens de l'engagement. Méthodique, tenace, fiable, elle sait gérer les chiffres, les hommes et les conflits.
Fréquence : rare - **Évolution :** ↗
Âge moyen : 29 ans

V

Kadidia

Kadia, Kadiah, Kadiatou, Kadidiatou, Khadia

Étymologie : de l'arabe *radija* : « précoce, prématurée ». L'une des quatre saintes de l'Islam et la première épouse du Prophète Mahomet, la première à se soumettre à l'Islam.

Couleur : blanc - Chiffre : 5
Caractère : Kadidia est ambitieuse, passionnée et habile.
Fréquence : rare - Évolution : ↗
Âge moyen : 15 ans

V

Kahina

Kahéna

Étymologie : dérivé d'un substantif sémitique : « la prêtresse, la devineresse ».
Couleur : noir - Chiffre : 8
Caractère : Kahina est sensible, forte, ambitieuse et déterminée.
Fréquence : rare - Évolution : ↗
Âge moyen : 14 ans

V

Kaïla

Kayla, Kaïlane, Kaylane, Kaylia, Keylia

Étymologie : de l'hébreu : « couronne ».
Couleur : bleu - Chiffre : 9
Caractère : Kaïla est fine. Elle sait faire preuve de sagacité. C'est aussi une excellente gestionnaire.
Fréquence : rare - Évolution : ↗
Âge moyen : 6 ans

V

Kaïna

Kayna

Étymologie : de l'hébreu : « rebelle ».
Couleur : blanc - Chiffre : 8
Caractère : Kaïna est directive, humaine, mais fait parfois preuve de rectitude.
Fréquence : rare - Évolution : ↗
Âge moyen : 9 ans

P

Kaitlin

Étymologie : du grec *katharos* : « pur ». Ce prénom correspond à un dérivé à la fois de l'anglo-saxon Kathleen et de l'irlandais Caitlin.
Fête : 29 avril ou 25 novembre
Couleur : bleu - Chiffre : 5
Caractère : Kaitlin est audacieuse, déterminée et aime les découvertes.
Fréquence : très rare - Évolution : ↘
Âge moyen : 7 ans

V

Kali

Kalia, Kalie

Étymologie : du sanskrit : « énergie ». Ce prénom est celui de l'épouse de Shiva, dans la mythologie hindoue. Il symbolise la force vitale universelle.
Couleur : bleu - Chiffre : 2
Caractère : Kali est équilibrée, a le sens de la famille, est responsable et bonne gestionnaire.
Fréquence : rare - Évolution : ↗
Âge moyen : 4 ans

V

Kalina

Étymologie : du grec *nikê* : « la victoire » et *laos* : « le peuple ». Ce prénom a la même étymologie que Nicole mais... inversée.
Couleur : bleu - Chiffre : 2
Caractère : Kalina est pragmatique, organisée, déterminée et optimiste.
Fréquence : très rare - Évolution : ↗
Âge moyen : 7 ans

V

Kamilia

Kamélia, Kamélya

Étymologie : du latin *camillus* : « jeune homme », qui, dans les sacrifices aux dieux de Rome, assistait le grand prêtre durant la cérémonie.

Fête : 14 juillet - **Couleur :** jaune - **Chiffre :** 1

Caractère : Kamilia est diplomate, loyale et sociable.

Fréquence : rare - **Évolution :** ⇗

Âge moyen : 13 ans

P

Karen

Karène, Karenn, Karenne , Kareen, Kariane, Karianne

Étymologie : du grec *katharos* : « pur ».

Fête : 25 novembre - **Couleur :** rouge - **Chiffre :** 4

Caractère : Karen est sensible, réservée, volontaire et travailleuse.

Personnages célèbres : Karen Cheryl, chanteuse ; Karen Allen, actrice ; Karen Mulder, mannequin.

Fréquence : rare - **Évolution :** ⇘

Âge moyen : 29 ans

V

Karima

Karama, Karem, Karema

Étymologie : de l'arabe : « généreuse ». Cet adjectif est souvent accolé au nom d'Allah dans le Coran. Ce prénom correspond à la forme féminine de Karim.

Couleur : vert - **Chiffre :** 3

Caractère : Le leadership de Karima est incontestable. D'un tempérament ardent, c'est une stratège pleine de vitalité.

Fréquence : rare - **Évolution :** ⇘

Âge moyen : 32 ans

P

Karine

Karina

Étymologie : ce prénom correspond à la forme suédoise de Karen, le Catherine danois.

Fête : 29 avril ou 25 novembre

Couleur : bleu - **Chiffre :** 5

Caractère : Karine est volontaire, ambitieuse, courageuse et pourtant capable d'une certaine légèreté et d'un grand sens de l'humour.

Personnages célèbres : Karine Ferri et Karine Le Marchand, animatrices TV.

Fréquence : répandu - **Évolution :** ⇘

Âge moyen : 37 ans

P

Karyn

Karyne

Étymologie : du grec : « pure ». Cette forme correspond à la forme anglo-saxonne de Karine.

Fête : 29 avril ou 25 novembre

Couleur : bleu - **Chiffre :** 5

Caractère : Karyn est ouverte d'esprit, humaine et rêveuse.

Fréquence : rare - **Évolution :** ⇘

Âge moyen : 37 ans

B

Kate

Cate, Käthe, Keet

Étymologie : du grec *katharos* : « pur ».

Fête : 29 avril ou 25 novembre

Couleur : rouge - **Chiffre :** 7

Caractère : Kate est généreuse, extrêmement créative, mais parfois impulsive.

Personnages célèbres : Kate Winslet, actrice ; Kate Moss, mannequin ; Kate Middleton, duchesse de Cambridge.

Fréquence : rare - **Évolution :** ⇗

Âge moyen : 17 ans

P

Kateline

Étymologie : du grec katharos : « pur ». C'est la forme anglo-saxonne de Catherine.
Fête : 29 avril ou 25 novembre
Couleur : rouge - **Chiffre :** 7
Caractère : Kateline est dynamique, curieuse et courageuse.
Fréquence : rare - **Évolution :** ↘
Âge moyen : 16 ans

V

Katell

Katel, Kathel, Kathell

Étymologie : du grec *katharos* : « pur ». Forme bretonne de Catherine, ce prénom commence à connaître un joli succès ailleurs qu'en Bretagne.
Fête : 29 avril ou 25 novembre
Couleur : rouge - **Chiffre :** 7
Caractère : Katel est encline à la méditation. Volontaire, intelligente, elle est bienveillante.
Personnage célèbre : Katell Quillévéré, réalisatrice française.
Fréquence : rare - **Évolution :** ↘
Âge moyen : 26 ans

C

Katherine

Katherina, Katti, Katty, Ketty

Étymologie : du grec *katharos* : « pur ».
Fête : 29 avril ou 25 novembre
Couleur : rouge - **Chiffre :** 7
Caractère : Katherine est audacieuse, dynamique, directive et sensible.
Personnages célèbres : Katherine Mansfield et Katherine Pancol, romancières.
Fréquence : rare - **Évolution :** ↘
Âge moyen : 49 ans

V

Katia

Kathia, Kathya, Kattia

Étymologie : du grec *katharos* : « pur ». Ce prénom, correspondant à une forme slave de Catherine, a remporté un certain succès en France durant les années 70, profitant du déclin de Catherine.
Fête : 29 avril ou 25 novembre - **Couleur :** rouge
Chiffre : 7
Caractère : Katia est équilibrée, mais fonctionne beaucoup à l'affectif.
Fréquence : répandu - **Évolution :** ↘
Âge moyen : 36 ans

V

Kaki

Étymologie : du grec katharos : « pur ».
Fête : 29 avril ou 25 novembre - **Couleur :** rouge
Chiffre : 5
Caractère : Kaki est audacieuse, aime la découverte et l'originalité.
Fréquence : très rare - **Évolution :** ↘

V

Katinka

Étymologie : du grec katharos : « pur ». Ce prénom correspond à une forme slave de Catherine.
Fête : 29 avril ou 25 novembre - **Couleur :** rouge
Chiffre : 7
Caractère : Katinka est audacieuse, dynamique mais aussi d'une grande sensibilité.
Fréquence : très rare - **Évolution :** =

V

Katou

Étymologie : du grec *katharos* : « pur ». Ce prénom correspond à une forme celte de Catherine.
Fête : 29 avril ou 25 novembre
Couleur : rouge - **Chiffre :** 7

Caractère : Katou a le sens de la famille. Elle est équilibrée mais c'est une femme d'influence qui a ses exigences et son éthique.
Fréquence : très rare - **Évolution :** =

B

Kay

Étymologie : du grec *katharos* : « pur ». À l'instar de Kate, ce prénom correspond à un diminutif de Katherine devenu prénom.
Fête : 29 avril ou 25 novembre
Couleur : rouge - **Chiffre :** 7
Caractère : Kay est audacieuse, dynamique, indépendante et directive.
Fréquence : très rare - **Évolution :** ↘

V

Kayla

Étymologie : du grec *katharos* : « pur ». Ce prénom correspond à un des nombreux dérivés anglo-saxons de Katherine.
Fête : 29 avril ou 25 novembre
Couleur : rouge - **Chiffre :** 7
Caractère : Kayla est énergique, audacieuse et organisée.
Fréquence : rare - **Évolution :** ↗
Âge moyen : 4 ans

V

Keira

Kerry, Kiara, Kiera, Kiria, Kiriah, Kyara

Étymologie : de l'irlandais : « brune ».
Caractère : Keira est forte, ambitieuse, passionnée. Elle est très habile.
Personnage célèbre : l'actrice Keira Knightley.
Fréquence : rare - **Évolution :** ↗
Âge moyen : 19 ans

V

Kelly

Kaylee, Keily, Kiley

Étymologie : du celtique *ceallagh*, de *ceall* : « le monastère, le couvent ». Prénom masculin à l'origine, Kelly s'est féminisé dès les années 30, d'abord aux États-Unis, puis en Grande-Bretagne, avant de figurer au palmarès des cinq prénoms féminins dès les années 80. Kelly s'est ensuite répandu en France, sans doute sous l'effet du succès de séries américaines.
Fête : 1er mai - **Couleur :** bleu - **Chiffre :** 2
Caractère : Kelly est énergique, créative, franche et ambitieuse.
Personnages célèbres : Kelly Capwell, l'une des héroïnes de la série TV Santa Barbara ; Kelly Taylor, personnage de la série Beverly Hills 90210 ; Kelly Rowland, chanteuse.
Fréquence : rare - **Évolution :** ↘
Âge moyen : 18 ans

V

Kenza

Kanza

Étymologie : de l'arabe: « trésor ».
Couleur : bleu - **Chiffre :** 3
Caractère : Kenza sait communiquer l'enthousiasme et est pleine de finesse.
Personnage célèbre : la chanteuse Kenza Farah.
Fréquence : rare - **Évolution :** =
Âge moyen : 10 ans

V

Keren

Étymologie : du grec *katharos* : « pur ». Ce prénom correspond à la forme danoise de Catherine.
Fête : 29 avril ou 25 novembre
Couleur : rouge - **Chiffre :** 4
Caractère : Keren est sensible, réservée, travailleuse et volontaire.

Personnage célèbre : la chanteuse Keren Ann.
Fréquence : rare - **Évolution :** ↗
Âge moyen : 12 ans

Khadija

Khadijatou, Khadidja, Khadija, Kadidja, Khedidja

Étymologie : de l'arabe *radija* : « précoce, prématurée ». L'une des quatre saintes de l'Islam, la première épouse du Prophète Mahomet, la première à croire en sa mission et la première à se soumettre à l'Islam.
Couleur : noir - **Chiffre :** 8
Caractère : Khadija est équilibrée, douce, chaleureuse et dévouée.
Fréquence : rare - **Évolution :** ↗
Âge moyen : 21 ans

Kim

Kimi, Kimie, Kimmie

Étymologie : du celte *cyneburk* : « le château fort » et leah : « la prairie ». Ce prénom correspond à un diminutif de Kimberley devenu prénom à part entière. Il est très attribué aux Pays-Bas.
Couleur : orange - **Chiffre :** 6
Caractère : Kim aime communiquer et attache une grande importance à l'affection dans sa vie.
Personnage célèbre : Kim Basinger, actrice américaine.
Fréquence : rare - **Évolution :** ↗
Âge moyen : 16 ans

Kimberley

Kimberlay

Étymologie : du celte *cyneburk* : « le château fort » et *leah* : « la prairie ». Ce prénom, mascu-

TOP 20

Prénoms composés

Choisir un prénom double n'est pas forcément réservé aux B.C.B.G., on peut créer un prénom très tendance pour sa fille. Une certaine liberté étant offerte aux parents, il est également possible de retirer le trait d'union si on le désire et créer ainsi un nouveau prénom. Et dans le fond, est-ce un réflexe si récent ? C'est ainsi qu'est né le prénom Annabelle…

Alexane
Annabelle
Anne-Charlotte
Anne-Lise
Auréline
Carolane
Clarabelle
Coraline
Floriane
Laureline
Léa-Marie
Lily-Jade
Louise-Marie
Lou-Ann(ne)
Marie-Pia
Marie-Lys
Marilou
Mary-Kay
Robanne
Rosamée

lin à la base, est aujourd'hui un prénom féminin très populaire dans les pays anglo-saxons. Ce prénom est, à l'origine, un nom de lieu devenu un nom de famille, celui de lord Kimberley.
Couleur : blanc - Chiffre : 7
Caractère : Kimberley a beaucoup de cœur, est audacieuse et indépendante.
Fréquence : rare - Évolution : ↘
Âge moyen : 13 ans

V

Kimberly

Étymologie : du celte *cyneburk* : « le château fort » et *leah* : « la prairie ». Ce prénom, masculin à la base, est aujourd'hui un prénom féminin très populaire dans les pays anglo-saxons. C'est ce nom qu'on attribua ensuite à une ville d'Afrique du Sud connue pour sa richesse en kimberlites.
Couleur : blanc - Chiffre : 7
Caractère : Kimberly est indépendante, courageuse, curieuse et sympathique.
Fréquence : rare - Évolution : ↘
Âge moyen : 15 ans

V

Kimy

Kimmy

Étymologie : de l'afrikaans : « plaine royale », formé sur le celte cyneburk : « le château fort » et leah : « la prairie ». C'est un diminutif de Kimberly.
Couleur : orange - Chiffre : 6
Caractère : Kimy est perfectionniste et charmeuse.
Fréquence : rare - Évolution : ↗
Âge moyen : 5 ans

V

Kirsten

Étymologie : ce prénom correspond à une forme scandinave de Christine.
Fête : 24 juillet - Couleur : vert - Chiffre : 6
Caractère : Kirsten est distinguée, sociable, généreuse et a le sens des responsabilités.
Personnage célèbre : Kirsten Dunst, actrice.
Fréquence : très rare - Évolution : ↗
Âge moyen : 4 ans

V

Kitty

Kitti

Étymologie : du grec *katharos* : « pur ». Ce prénom correspond à un diminutif de Katherine devenu prénom à part entière. Aux États-Unis, l'expression *kitty cat* désigne un chaton.
Fête : 29 avril ou 25 novembre
Couleur : rouge - Chiffre : 4
Caractère : Kitty est dévouée, pétillante et réfléchie.
Personnage célèbre : Hello Kitty, personnage créé en 1976 par la marque Sanrio
Fréquence : très rare - Évolution : =
Âge moyen : 25 ans

P

Kristel

Kristhal, Kristhel, Kristel, Kristelle, Kristele, Krystel, Krystèle

Étymologie : du latin *christianus* : « chrétien ». Kristel est une variante bretonne de Christelle.
Fête : 24 mars - Couleur : vert - Chiffre : 4
Caractère : Kristell est structurée, persévérante..
Fréquence : rare - Évolution : ↘
Âge moyen : 31 ans

V

Kristen

Kristenn

Étymologie : du latin *christianus* : « chrétien ». Ce prénom correspond à une forme scandinave de Christine.

Fête : 24 juillet - **Couleur** : vert - **Chiffre** : 6
Caractère : Kristen est distinguée, sociable, généreuse et a le sens des responsabilités.
Fréquence : rare - **Évolution** : ↗
Âge moyen : 14 ans

P

Kylie

Kiley, Kylia, Kyliana, Kyliane

Étymologie : du celtique *ceallagh*, de *ceall* : « le monastère, le couvent ». Ce prénom est une variante de Kelly et la forme féminine de Kyle.
Fête : 1er mai - **Couleur** : bleu - **Chiffre** : 2
Caractère : Kylie est forte, ambitieuse, habile et passionnée.
Personnage célèbre : la chanteuse Kylie Minogue.
Fréquence : rare - **Évolution** : ↗
Âge moyen : 7 ans

L

P

Laeticia

Laetoria, Laetus, Lalou, Léétice, Leticia

Étymologie : du latin *laetitia* : « la joie ». Laeticia est une variante de Laetitia.
Fête : 18 août. En raison de la signification de ce prénom, on fête Laeticia le même jour que Notre-Dame-de-Liesse. - **Couleur** : bleu - **Chiffre** : 6
Caractère : Laeticia est organisée, équilibrée et méthodique.
Fréquence : rare - **Évolution** : ↘
Âge moyen : 21 ans

C

Laëtitia

Laésianne, Laetitianne, Laetitienne, Laititia, Letitia, Letizia, Leto, Lettice, Lettie, Letty, Liesse, Tish, Tisha

Étymologie : du latin *laetitia* : « la joie ».
Fête : 18 août. En raison de la signification de ce prénom, on fête Laeticia le même jour que Notre-Dame-de-Liesse.
Couleur : bleu - **Chiffre** : 6
Caractère : Laetitia est sage, réfléchie, discrète et douce.
Personnages célèbres : Lætitia Bonaparte, mère de Napoléon Ier ; Laetitia Casta, actrice.
Fréquence : répandu - **Évolution** : ↘
Âge moyen : 29 ans

V

Laïla

Étymologie : de l'arabe : « la nuit ». Ce prénom est une variante de Leïla.
Couleur : bleu - **Chiffre** : 4
Caractère : Laïla est pleine de vitalité, aime aller jusqu'au bout des choses et prendre des iniatives
Fréquence : rare - **Évolution** : ↗
Âge moyen : 28 ans

V

Lalie

Lallie

Étymologie : du latin : « belle parole ».
Couleur : jaune - **Chiffre** : 8
Caractère : Lalie aime la communication, est résolue et a l'esprit pratique.
Fréquence : rare - **Évolution** : ↗
Âge moyen : 6 ans

V

Lalita

Étymologie : du sanskrit : « la charmante ». Ce prénom est un des surnoms de la déesse indienne Sakti, représentée comme une vierge âgée de 15 ans.
Couleur : vert - **Chiffre :** 7
Caractère : Lalita est fine, douce et déterminée.
Fréquence : très rare - **Évolution :** ↗
Âge moyen : 4 ans

P

Laly

Lallie, Lally

Étymologie : du latin : « belle parole ».
Couleur : jaune - **Chiffre :** 8
Caractère : Laly est audacieuse, aime l'originalité et la séduction.
Fréquence : rare - **Évolution :** ↗
Âge moyen : 6 ans

V

Lamia

Lama, Lamiae, Lamiha, Lamya

Étymologie : de l'adjectif arabe *lâmi'a* : « étincelante, chatoyante ».
Couleur : rouge - **Chiffre :** 9
Caractère : Lamia est généreuse, charismatique, rêveuse et sociable.
Fréquence : rare - **Évolution :** ↗
Âge moyen : 19 ans

P

Lana

Lanna, Layna

Étymologie : du grec *helénê* : « le flambeau », de la famille d'helios : « le soleil ». Lana est un diminutif d'Hélène.
Fête : 18 août - **Couleur :** jaune - **Chiffre :** 4
Caractère : Lana est ambitieuse, autoritaire et énergique.
Fréquence : rare - **Évolution :** ↗
Âge moyen : 5 ans

P

Lara

Étymologie : du grec *laros* : « la mouette ». Lara est une nymphe du Tibre. C'est elle qui serait la mère des dieux lares, divinités protectrices du foyer qui communiquaient avec les âmes des ancêtres défunts.
Couleur : jaune - **Chiffre :** 5
Caractère : Lara est sociable, affectueuse, fantaisiste et séductrice.
Personnages célèbres : l'héroïne du roman de Boris Pasternak, *Le Docteur Jivago*, devenu un film extrêmement célèbre et dont la chanson dite « chanson de Lara » l'est restée tout autant ; la chanteuse Lara Fabian.
Fréquence : rare - **Évolution :** ↗
Âge moyen : 15 ans

P

Larissa

Étymologie : du grec. Nom d'une grande ville de Thessalie, qui passait pour être la patrie d'Achille, héros de *l'Iliade*.
Fête : 18 août - **Couleur :** vert - **Chiffre :** 7
Caractère : Larissa est réfléchie, aime l'étude, est spirituelle et réservée.
Fréquence : rare - **Évolution :** ↘
Âge moyen : 20 ans

V

Latifa

Latifah

Étymologie : de l'arabe : « tendre, gentille ».
Couleur : bleu - **Chiffre :** 8
Caractère : Latifa est généreuse, tendre, mais

aussi volontaire et déterminée.
Fréquence : rare - **Évolution :** ↘
Âge moyen : 30 ans

V

Laora

Étymologie : du latin *laurus, laura* : « laurier ».
Fête : 19 octobre - **Couleur :** vert - **Chiffre :** 3
Caractère : Laora est réceptive, diplomate. Elle est sociable et loyale.
Fréquence : rare - **Évolution :** ↗
Âge moyen : 8 ans

P

Laura

Lauréate, Lavra, Lavria, Louwra

Étymologie : du latin *laurus, laura* : « laurier ». Laura est un des grands prénoms féminins des années 90.
Fête : 19 octobre - **Couleur :** vert - **Chiffre :** 3
Caractère : Laura aime le leadership, est assez entière et jusqu'au-boutiste.
Personnages célèbres : Laura Ingalls, héroïne de la célèbre série *La Petite Maison dans la prairie* ; la styliste Laura Ashley ; l'actrice Laura Smet.
Fréquence : répandu - **Évolution :** ↘
Âge moyen : 18 ans

P

Laurane

Laurana, Lauriana, Laurina, Laurinda

Étymologie : du latin *laurus, laura* : « laurier ». Laurane est une des multiples variantes de Laure.
Fête : 19 octobre - **Couleur :** vert - **Chiffre :** 4
Caractère : Laurane est rêveuse, ouverte d'esprit et humaine.
Fréquence : rare - **Évolution :** ↘
Âge moyen : 14 ans

P

Lauranne

Lauranna

Étymologie : du latin *laurus, laura* : « laurier ». Lauranne est une des multiples variantes de Laure et peut être considéré comme une forme contractée de Laure-Anne.
Fête : 19 octobre - **Couleur :** vert - **Chiffre :** 3
Caractère : Lauranne est déterminée, audacieuse et aime la découverte.
Fréquence : rare - **Évolution :** ↘
Âge moyen : 19 ans

C

Laure

Laur, Laurée, Lauréane, Lauréanne, Lore,

Étymologie : du latin *laurus, laura* : « laurier ». Le laurier est un feuillage synonyme de victoire. En effet, il composait les couronnes que revêtaient les généraux victorieux sous la Rome antique. Laure est la forme féminine de Laurent la plus anciennement attribuée en France. Laure est un prénom qui fut très attribué dans les années 70 et 80.
Fête : 19 octobre - **Couleur :** vert - **Chiffre :** 3
Caractère : Laure est sensible, éloquente et aime charmer.
Personnages célèbres : Laure Junot, duchesse d'Abrantès ; Laure de Sade, muse de Pétrarque ; l'historienne et animatrice culturelle Laure Adler ; la nageuse Laure Manaudou.
Fréquence : répandu - **Évolution :** ↘
Âge moyen : 42 ans

C

Laure-Anne

Étymologie : prénom composé de Laure et d'Anne.
Fête : 19 octobre ou 26 juillet - **Couleur :** vert

Chiffre : 3
Caractère : Laure-Anne est autoritaire, mais parce que très énergique. Évidemment, elle est ambitieuse.
Fréquence : rare - **Évolution** : ↘
Âge moyen : 23 ans

P

Laureen

Laureena

Étymologie : du latin *laurus, laura* : « laurier ». Laureen est le diminutif anglo-saxon de Laura.
Fête : 19 octobre - **Couleur** : vert - **Chiffre** : 3
Caractère : Laureen est efficace, persévérante et résolue.
Fréquence : rare - **Évolution** : ↘
Âge moyen : 16 ans

P

Laureline

Lauralee, Lauralie, Lauraline, Lauraly, Laurela, Laureleen, Laurelène, Laurelenn, Laurélia, Laurélie, Laurelina, Laurelyne, Lauraline, Laure-Line

Étymologie : ce prénom correspond à la forme contractée de Laure-Adeline.
Fête : 19 octobre ou 20 octobre
Couleur : vert - **Chiffre** : 3
Caractère : Laureline est spirituelle, toujours en quête de connaissances, déterminée et pleine d'originalité.
Fréquence : rare - **Évolution** : ↘
Âge moyen : 18 ans

P

Lauren

Lauraine, Laurena, Laurenn, Laurenne

Étymologie : du latin *laurus, laura* : « laurier ». Lauren est une forme anglo-saxonne de Laure.
Fête : 19 octobre - **Couleur** : vert - **Chiffre** : 3
Caractère : Lauren est passionnée, ambitieuse et forte.
Personnages célèbres : Lauren Bacall, célèbre actrice ; Lauren Weisberger, romancière américaine à qui l'on doit le best-seller *Le diable s'habille en Prada.*
Fréquence : rare - **Évolution** : ↘
Âge moyen : 19 ans

P

Laurence

Laurenca, Laurens, Laurentienne, Laurentine, Lawrance, Lawrence, Lawry, Lewerentz, Lorentz, Lorenza,

Étymologie : du latin *laurus, laura* : « laurier ».
Fête : 8 octobre - **Couleur** : vert - **Chiffre** : 2
Caractère : Laurence est sociable, réfléchie, ambitieuse et exigeante.
Personnages célèbres : l'écrivain-journaliste Laurence Pernoud ; l'actrice Laurence Côte ; la journaliste Laurence Ferrari.
Fréquence : répandu - **Évolution** : ↘
Âge moyen : 47 ans

P

Laurène

Étymologie : du latin *laurus, laura* : « laurier ». Laurène est la forme française dominante adaptée de l'anglais Lauren.
Fête : 19 octobre - **Couleur** : vert - **Chiffre** : 3
Caractère : Laurène est humaine, rêveuse et résolue.
Fréquence : rare - **Évolution** : ↘
Âge moyen : 19 ans

B

Laurette

Laureto

Étymologie : du latin *laurus, laura* : « laurier ». Laurette est un diminutif très français de Laure.

Fête : 19 octobre - **Couleur** : vert - **Chiffre** : 3
Caractère : Laurette est enthousiaste, déterminée et organisée.
Personnages célèbres : l'héroïne de la chanson de Michel Delpech, *Chez Laurette.*
Fréquence : rare - **Évolution** : ↘
Âge moyen : 55 ans

P

Lauriane

Lauria, Laurie-Anne, Lauriana, Laurianne, Laurina, Laurinda, Lauryane, Lauro

Étymologie : du latin *laurus, laura* : « laurier ». Lauriane correspond à la forme contractée du prénom composé anglo-saxon Laurie-Ann. Lauriane est devenu un prénom à part entière et remporte aujourd'hui un succès assez conséquent.
Fête : 19 octobre ou 26 juillet
Couleur : rouge - **Chiffre** : 9
Caractère : Lauriane est réfléchie, altruiste, intègre et déterminée.
Fréquence : rare - **Évolution** : ↘
Âge moyen : 20 ans

P

Laurie

Laury, Lorrie

Étymologie : du latin *laurus, laura* : « laurier ». Curieusement, Laurie, ou Lorrie, fut d'abord un prénom masculin, comme Laurent. Son usage au féminin nous vient des États-Unis, où il s'est imposé comme une variante de Laura et de Laure, dans les années 40-45.
Fête : 19 octobre ou 26 juillet
Couleur : rouge - **Chiffre** : 9
Caractère : Laurie sait s'adapter, elle est enthousiaste, pragmatique et résolue.
Fréquence : courant - **Évolution** : ↘
Âge moyen : 20 ans

B

Laurine

Laurina, Laurinda, Laurinne

Étymologie : du latin *laurus, laura* : « laurier ». Laurine est la forme francisée du diminutif anglo-saxon de Laura : Laureen.
Fête : 19 octobre - **Couleur** : vert - **Chiffre** : 3
Caractère : Laurine est une stratège, pleine d'ardeur et de vitalité.
Fréquence : répandu - **Évolution** : ↘
Âge moyen : 14 ans

P

Lauryne

Lauryn

Étymologie : du latin *laurus, laura* : « laurier ». Lauryne est la variante de Laurine.
Fête : 19 octobre - **Couleur** : vert - **Chiffre** : 3
Caractère : Lauryne est équilibrée, a le sens des respnsabilités et de la famille. Elle a beaucoup de cœur.
Fréquence : rare - **Évolution** : ↘
Âge moyen : 10 ans

P

Léa

Léah, Léala, Léane

Étymologie : de l'hébreu *lea* : « fatiguée ». Léa ne correspond donc pas au féminin de Léo. Ce prénom est porté, dans la Bible, par l'épouse de Jacob, avec qui elle eut six fils qui devinrent les ancêtres des tribus d'Israël. On dit qu'elle fut surnommée la « fatiguée » car, destinée à épouser Esaü qu'elle n'aimait pas, elle en aurait eu « les yeux fatigués de larmes ». Sur sa demande, Laban, son père, obligea donc Jacob à épouser Léa.
Fête : 22 mars - **Couleur** : rouge - **Chiffre** : 5

Caractère : Léa est fantaisiste, déterminée, intuitive et sensible.
Personnages célèbres : Léa, héroïne des romans *Chéri* et *La Fin de Chéri*, de Colette ; Léa, héroïne du roman de Régine Deforges *La Bicyclette bleue.*
Fréquence : courant - **Évolution :** ↘
Âge moyen : 26 ans

P

Léa-Marie

Étymologie : prénom composé de Léa et de Marie.
Fête : 22 mars ou 15 août - **Couleur :** rouge
Chiffre : 5
Caractère : Léa-Marie est audacieuse, dynamique et déterminée.
Fréquence : rare - **Évolution :** ↘
Âge moyen : 10 ans

B

Léana

Étymologie : ce prénom peut être issu de l'hébreu *lea* ou correspondre à la forme contractée de l'anglo-saxon Lee-Ann.
Fête : 22 mars - **Couleur :** rouge - **Chiffre :** 5
Caractère : Léana est sage, bienveillante et consciencieuse.
Fréquence : rare - **Évolution :** ↗
Âge moyen : 7 ans

P

Léandra

Léandre, Léandria

Étymologie : du grec *lêon* : « le lion » et andros : « l'homme » ; « l'homme lion ».
Fête : 27 février - **Couleur :** bleu - **Chiffre :** 2
Caractère : Léandra est énergique, ambitieuse, résolue et aime l'innovation.
Fréquence : rare - **Évolution :** ↗
Âge moyen : 11 ans

V

Léanne

Léane, Léanna

Étymologie : de l'hébreu *lea.* Léanne est considéré comme une variante de Léa qui possède les deux « n » du prénom Anne.
Fête : 22 mars - **Couleur :** rouge - **Chiffre :** 5
Caractère : Léanne est équilibrée, exigeante et a le sens de la famille.
Fréquence : rare - **Évolution :** ↗
Âge moyen : 7 ans

B

Lee

Li

Étymologie : de l'anglais : « clairière » ; de l'irlandais : « poétique » ; ou du chinois : « beauté, force, debout ». Ce prénom est intéressant par la diversité de ses origines et par le lyrisme de ses diverses significations
Couleur : rose - **Chiffre :** 6
Caractère : Lee est tenace. Elle a le sens de l'engagement. Elle est fiable et possède un certain sens du devoir.
Fréquence : très rare - **Évolution :** =
Âge moyen : 5 ans

P

Leelou

Lee-Lou, Leeloo

Étymologie : Leelou semble composé de l'anglophone Lee (de l'anglais : « clairière », ou de l'irlandais : « poétique ») et de Lou, le diminutif de Louise, mais est, en même temps, une variante de Lilou, fort prisé récemment.
Couleur : violet - **Chiffre :** 6
Caractère : Leelou est originale, spirituelle et assez philosophe.
Fréquence : rare - **Évolution :** ↗
Âge moyen : 6 ans

V

Leïla

Laila, Layla, Leilah, Leyla

Étymologie : de l'arabe : « la nuit ».
Couleur : bleu - Chiffre : 4
Caractère : Leïla est sociable, a l'esprit de communication et possède un grand sens artistique.
Personnages célèbres : Leïla, l'héroïne de nombreux contes poétiques qui relatent ses aventures avec son amant bien-aimé, Majnûn.
Fréquence : courant - Évolution : ↘
Âge moyen : 24 ans

V

Lélia

Léliane

Étymologie : du latin *lilium* : « lys ».
Fête : 28 juillet - Couleur : orange - Chiffre : 8
Caractère : Lélia est enthousiaste, a l'esprit pratique et sait s'adapter.
Fréquence : rare - Évolution : ↗
Âge moyen : 21 ans

P

Léna

Lehna, Leina, Lenna

Étymologie : du grec *helénê* : « le flambeau », de la famille d'helios : « le soleil ». Léna est un diminutif de l'international Héléna.
Fête : 18 août - Couleur : jaune - Chiffre : 6
Caractère : Léna est dynamique, courageuse, curieuse et charismatique.
Fréquence : rare - Évolution : ↗
Âge moyen : 10 ans

V

Lénaïc

Lénaïck

Étymologie : du vieux breton *elen* : « troupeau de bétail ». Lénaïc passe à tort pour un diminutif d'Hélène. Ce prénom fut porté par un moine du VIIe siècle qui a donné son nom à un village des Côtes-d'Armor : Saint-Helen.
Fête : 7 septembre - Couleur : gris - Chiffre : 8
Caractère : Lenaïc est une stratège, pleine de vitalité et d'ardeur.
Fréquence : rare - Évolution : ↘
Âge moyen : 22 ans

V

Lénaïg

Étymologie : du grec *helénê* : « flambeau », de la famille d'*helios* : « soleil ». Lénaïg est la forme bretonne d'Hélène.
Fête : 18 août - Couleur : jaune - Chiffre : 6
Caractère : Lénaïg est résolue, sympathique et enthousiaste.
Fréquence : rare - Évolution : ↘
Âge moyen : 22 ans

V

Lennie

Léni

Étymologie : du latin *leo* : « lion ». Lennie passe pour une variante de Léonie.
Fête : 19 janvier - Couleur : vert - Chiffre : 6
Caractère : Lennie est charismatique, dynamique et curieuse.
Fréquence : rare - Évolution : ↗
Âge moyen : 8 ans

P

Léona

Léola

Étymologie : du latin *leo* : « lion ». Léona est une variante latine de Léone, forme féminine de Léon.
Fête : 6 décembre - Couleur : vert - Chiffre : 6
Caractère : Léona est sociable, réceptive, loyale et diplomate.

Personnage célèbre : Leona Lewis, chanteuse britannique.
Fréquence : rare - **Évolution :** ↗
Âge moyen : 62 ans

B

Léonce

Léoncia

Étymologie : du latin leo : « lion ». Le prénom Léonce, aujourd'hui surtout attribué au masculin, était, à l'origine, également attribué aux filles.
Fête : 18 juin - **Couleur :** orange - **Chiffre :** 3
Caractère : Léonce est intuitive, réfléchie, sensible et pourvue d'un grand sens critique.
Fréquence : rare - **Évolution :** =

B

Léonie

Eleonnie, Lénonie, Léonella, Léonelle, Léonne, Léone, Léonia, Léonine, Léonnie, Lonnie.

Étymologie : du latin *leo* : « lion ». Léonie est la première forme féminine de Léon.
Fête : 19 janvier - **Couleur :** vert - **Chiffre :** 6
Caractère : Léonie a le sens des responsabilités, est active et perfectionniste.
Fréquence : répandu - **Évolution :** ↗
Âge moyen : 70 ans

B

Léonille

Étymologie : du latin *leo* : « lion ». Léonille est un dérivé de Léonie.
Fête : 19 janvier - **Couleur :** vert - **Chiffre :** 6
Caractère : Léonille est optimiste, éloquente et charismatique.
Fréquence : très rare - **Évolution :** ↗
Âge moyen : 4 ans

B

Léonne

Léonna

Étymologie : du latin *leo* : « lion ». Léonne est une forme féminine de Léon qui fut attribuée au XXe siècle.
Fête : 19 janvier - **Couleur :** vert - **Chiffre :** 6
Caractère : Léonne est ambitieuse, active et perfectionniste.
Fréquence : rare - **Évolution :** =
Âge moyen : 89 ans

C

Léonore

Lénora, Léonora

Étymologie : du grec *eleos* : « compassion ». Léonore est un dérivé d'Éléonore, la forme française d'Eleanor.
Fête : 25 juin - **Couleur :** orange - **Chiffre :** 8
Caractère : Léonore est franche, compatissante et pourvue d'un grand sens de l'observation.
Fréquence : rare - **Évolution :** ↗
Âge moyen : 27 ans

B

Léontine

Léondine

Étymologie : du latin *leo* : « lion ». Avec Léonie, Léontine est la forme féminine de Léon la plus prisée.
Fête : 10 novembre - **Couleur :** jaune - **Chiffre :** 8
Caractère : Léontine est réservée, affectueuse, franche et aime la stabilité.
Fréquence : rare - **Évolution :** ↗

C

Léopoldine

Leopolda, Leopoldina, Polde, Poldie, Polte

Étymologie : du germanique *liut* : « le peuple » et bald : « audacieux ». Léopoldine est la forme féminine de Léopold.
Fête : 15 novembre (Saint-Léopold)
Couleur : jaune - Chiffre : 8
Caractère : Léopoldine est courageuse, déterminée et possède un grand sens pratique.
Personnage célèbre : Léopoldine Hugo, fille de Victor Hugo.
Fréquence : rare - Évolution : ↗
Âge moyen : 48 ans

V

Léora

Étymologie : de l'hébreu : « la lumière est en moi ».
Couleur : orange - Chiffre : 4
Caractère : Léora est équilibrée et a le sens des responsabilités. Elle possède un certain sens de l'analyse et est très résolue.
Fréquence : très rare - Évolution : ↗
Âge moyen : 5 ans

P

Leslie

Lesley, Leslye

Étymologie : de l'écossais : « forteresse grise ».
Couleur : vert - Chiffre : 2
Caractère : Leslie est habile, passionnée et ambitieuse.
Personnages célèbres : Leslie Caron, actrice franco-américaine ; Leslie, chanteuse française.
Fréquence : rare - Évolution : ↘
Âge moyen : 23 ans

P

Létitia

Létizia

Étymologie : du latin : « allégresse ».
Fête : 18 août. On fête Létitia le même jour que Notre-Dame-de-Liesse.
Couleur : bleu - Chiffre : 6
Caractère : Létitia est persévérante, structurée, organisée.
Fréquence : rare - Évolution : ↘
Âge moyen : 51 ans

V

Lévana

Lévanah

Étymologie : de l'hébreu : « la lune ».
Couleur : vert - Chiffre : 4
Caractère : Lévana est audacieuse, pleine d'assurance et indépendante.
Fréquence : rare - Évolution : ↗
Âge moyen : 12 ans

P

Lexane

Lexa, Lexi, Lexia, Lexina, Lexy

Étymologie : du grec : « défense de l'humanité ».
Fête : 20 mars - Couleur : vert - Chiffre : 8
Caractère : Lexane a l'esprit sagace. Elle est spirituelle et avide de connaissances.
Fréquence : rare - Évolution : ↘
Âge moyen : 9 ans

P

Lexie

Étymologie : du grec : « défense de l'humanité ».
Fête : 20 mars - Couleur : vert - Chiffre : 8
Caractère : Lexie est dynamique, audacieuse et indépendante. Elle est un brin directive.
Fréquence : rare - Évolution : ↗

V

Leyla

Étymologie : de l'arabe : « la nuit ». Leyla est une des variantes de la forme plus courante Leïla.
Couleur : bleu - **Chiffre :** 4
Caractère : Leyla est sociable, a l'esprit de communication et possède un grand sens artistique.
Fréquence : rare - **Évolution :** ↗
Âge moyen : 17 ans

B

Lia

Étymologie : du latin *natalis* : « le jour de naissance » (sous-entendu du Christ). Lia pourrait être un diminutif de Nathalie. Ce prénom, jusque-là peu connu, entame une période de forte croissance due à sa sonorité, à son orthographe et son nombre de syllabes réduit.
Couleur : vert - **Chiffre :** 8
Caractère : Lia est méthodique, fiable et a le sens du devoir.
Fréquence : rare - **Évolution :** ↗
Âge moyen : 16 ans

P

Liane

Liana, Lyana, Lyane

Étymologie : du latin *lilium* : « lys ». Liane est un diminutif de Liliane.
Fête : 28 juillet - **Couleur :** orange - **Chiffre :** 8
Caractère : Liane est énergique, audacieuse et originale.
Personnage célèbre : Liane Foly, chanteuse.
Fréquence : rare - **Évolution :** ↗
Âge moyen : 73 ans

L

TOP 20

Prénoms chics

Révélateur du milieu social auquel nous appartenons, le prénom laisse transparaître l'origine autant que certains codes vestimentaires. Ainsi certains prénoms qui semblent originaux, voire rarissimes à l'ensemble de la population, apparaissent en bonne place dans le Bottin Mondain.

Agathe
Albane
Aliénor
Apolline
Bertille
Charlotte
Constance
Dauphine
Domitille
Hermine
Héloïse
Hortense
Isaure
Ombline
Philippine
Ségolène
Sixtine
Sybille
Quitterie
Victoire

B

Libbie

Libbi, Libbye, Libby

Étymologie : de l'hébreu : « Dieu est serment ».
Couleur : jaune - **Chiffre :** 7
Caractère : Libbie est enthousiaste, généreuse et possède de grandes capacités d'adaptation.
Fréquence : très rare - **Évolution :** =

V

Lila

Lyla

Étymologie : de l'arabe : « la nuit », ou du nom de la fleur. À l'instar d'Inès, Lila doit son succès à sa double origine. En effet, Lila est considéré comme une variante de Leïla ou de Lilas.
Fête : 5 octobre (Sainte-Fleur)
Couleur : violet - **Chiffre :** 5
Caractère : Lila est attirée par l'originalité, aime la culture et la réflexion.
Fréquence : rare - **Évolution :** ↗
Âge moyen : 17 ans

B

Lilas

Lilac, Lylas

Étymologie : du latin, du nom de la plante connue pour ses grappes de fleurs extrêmement parfumées de couleur violette ou blanche. C'est en quelque sorte en son honneur qu'on utilise « lilas » comme adjectif de couleur violette tirant sur rose ou le mauve.
Fête : 5 octobre (Sainte-Fleur)
Couleur : rouge - **Chiffre :** 5
Caractère : Lilas est toujours en quête d'harmonie, mais elle est aussi passionnée et jusqu'au-boutiste.
Fréquence : rare - **Évolution :** ↗
Âge moyen : 14 ans

P

Lili

Étymologie : du latin *lilium* : « lys ». Lili est un diminutif de Liliane très connu.
Fête : 28 juillet - **Couleur :** orange - **Chiffre :** 8
Caractère : Lili est équilibrée, responsable et exigeante.
Fréquence : rare - **Évolution :** ↗
Âge moyen : 11 ans

V

Lilia

Lilias, Lilla, Lilya

Étymologie : de *lilia*, la forme pluriel du latin lilium, qui signifie donc : « les lys ».
Fête : 28 juillet - **Couleur :** orange - **Chiffre :** 8
Caractère : Lilia est une sage, qui sait relativiser et positiver. Toujours présente pour son entourage, elle rassure.
Fréquence : rare - **Évolution :** ↗
Âge moyen : 17 ans

P

Lilian

Étymologie : du latin *lilium* : « lys ». Lilian est la forme anglo-saxonne de Liliane.
Fête : 28 juillet - **Couleur :** orange - **Chiffre :** 8
Caractère : Lilian est intuitive, séduisante et énergique.
Fréquence : rare - **Évolution :** ↘
Âge moyen : 66 ans

P

Liliane

Lillia, Lillian, Lilliane, Lilianne

Étymologie : du latin *lilium* : « lys ».
Fête : 28 juillet - **Couleur :** orange - **Chiffre :** 8
Caractère : Liliane est énergique, intuitive et séduisante.

Fréquence : répandu - Évolution : ↘
Âge moyen : 68 ans

B

Lilly

Lilie, Lillie

Étymologie : du latin *lilium* : « lys ».
Fête : 28 juillet - Couleur : orange - Chiffre : 8
Caractère : Lilly est toujours en recherche de connaissances et de spiritualité.
Fréquence : rare - Évolution : ↗
Âge moyen : 17 ans

P

Lilo

Étymologie : ce prénom est une variante de Liselotte (contraction née en Allemagne d'Élizabeth et de Charlotte).
Couleur : bleu - Chiffre : 6 - Caractère : Lilo est optimiste. Elle parvient à compiler esprit logique et créativité.
Personnage célèbre : Lilo, la petite héroïne du film d'animation de Disney *Lilo et Stitch*.
Fréquence : rare - Évolution : ↗
Âge moyen : 4 ans

P

Lilou

Liloo, Liloue, Lylou

Étymologie : l'origine de ce prénom est incertaine : forme familière inventée, forme dérivée de la combinaison Lee-Lou, ou union de Lili et Lou, Lilou est un prénom prisé dont la première apparition date de 1994.
Couleur : rose - Chiffre : 5
Caractère : Lilou est équilibrée, assez influente et possède de grandes capacités d'analyse.
Fréquence : rare - Évolution : ↗
Âge moyen : 6 ans

P

Lily

Étymologie : du latin *lilium* : « lys ». Lily (avec cette orthographe) est le 67e prénom le plus attribué depuis le début du XXIe siècle.
Fête : 28 juillet - Couleur : orange - Chiffre : 8
Caractère : Lily est honnête, structurée, persévérante.
Personnages célèbres : Lily Boulanger, compositrice française (1893-1918) ; Lily Pons, soprano française (1898-1976) ; Lily Allen, la chanteuse britannique.
Fréquence : répandu - Évolution : ↗
Âge moyen : 9 ans

P

Lily-Rose

Lili-Rose, Lilirose, Lilyrose

Étymologie : c'est un couple alors très en vue (Vanessa Paradis et Johnny Depp) qui a crée cette intéressante combinaison pour prénommer leur fille. En 1999, cette association lyrique et un rien glamour du lys et de la rose en fait un des prénoms composés les plus attribués depuis les années 2000.
Couleur : violet - Chiffre : 5
Caractère : Lily-Rose est compatissante, intelligente, cultivée et raisonnable.
Fréquence : rare - Évolution : ↗
Âge moyen : 4 ans

P

Lina

Étymologie : du germanique *adal* : « noble » et *lind* : « doux » ; ou de l'arabe : « douceur, souplesse, tendresse ». Ce prénom peut être considéré comme un diminutif d'Adeline, comme un prénom oriental ou, dans les pays anglophones, comme un diminutif d'Angelina ou de Carolina.
Fête : 20 octobre - Couleur : jaune - Chiffre : 4

Caractère : Lina est réaliste, rigoureuse et a le sens des responsabilités.
Fréquence : répandu - **Évolution :** ↗
Âge moyen : 29 ans

P

Linda

Étymologie : du germanique *linde* : « serpent ». Le serpent est un symbole d'intelligence dans la mythologie nordique.
Fête : 28 août - **Couleur :** vert - **Chiffre :** 4
Caractère : Linda est volontaire, fière, travailleuse et ambitieuse.
Personnages célèbres : la chanteuse Linda de Suza ; le top model Linda Evangelista ; la miss France Linda Hardy ; la chanteuse Linda Lemay.
Fréquence : répandu - **Évolution :** ↘
Âge moyen : 32 ans

V

Lindsay

Lindsey, Lyndsay, Lyndsey

Étymologie : de l'anglais : « île aux tilleuls ». Ce nom de lieu devenu prénom était, à l'origine, essentiellement masculin. Il est aujourd'hui plus rare chez les garçons que chez les filles.
Couleur : bleu - **Chiffre :** 8
Caractère : Lindsay est sensible et quelque peu charmeuse.
Personnages célèbres : Lindsay Wagner et Lindsay Lohan, actrices américaines.
Fréquence : rare - **Évolution :** ↗
Âge moyen : 15 ans

P

Line

Linette

Étymologie : du germanique *adal* : « noble » et lind : « doux ». Line est un diminutif d'Adeline.
Fête : 20 octobre - **Couleur :** jaune - **Chiffre :** 4
Caractère : Line est persévérante, efficace et honnête.
Personnage célèbre : la chanteuse Line Renaud.
Fréquence : rare - **Évolution :** ↗
Âge moyen : 44 ans

V

Lio

Étymologie : du latin : « jour de la naissance ».
Fête : 27 juillet - **Couleur :** bleu - **Chiffre :** 7
Caractère : Lio est intègre, idéaliste et altruiste.
Personnage célèbre : la chanteuse du même nom.
Fréquence : rare - **Évolution :** ↗
Âge moyen : 10 ans

B

Lisa

Liesel, Lis, Lisanne, Lisenn

Étymologie : de l'hébreu : « Dieu est plénitude ». Lisa est un diminutif d'Élisabeth qui s'inscrit dans la tendance au point de figurer parmi les 50 prénoms les plus attribués.
Fête : 10 août - **Couleur :** orange - **Chiffre :** 9
Caractère : Lisa est déterminée, travailleuse et prudente.
Personnages célèbres : le modèle du portrait le plus connu du monde : Mona Lisa de Léonard de Vinci ; Lisa Kudrow, actrice rendue célère par son rôle de Phoebe dans *Friends*.
Fréquence : répandu - **Évolution :** =
Âge moyen : 14 ans

P

Lisandra

Alisandra, Alisandre, Lisandre, Lissandra, Lissandre, Lysandra

Étymologie : ce prénom correspond à la contraction de Lise et de Sandra.
Couleur : violet - **Chiffre :** 7
Caractère : Lisandra est bienveillante. Conseillère,

éprise de paix, elle aime écouter sa conscience.
Fréquence : rare - **Évolution :** ↗
Âge moyen : 8 ans

P

Lisanne

Étymologie : ce prénom correspond à la contraction de Lise et d'Anne. Il est plus particulièrement répandu aux Pays-Bas.
Couleur : orange - **Chiffre :** 8
Caractère : Lisanne aime le relationnel. Elle est fidèle et c'est une excellente médiatrice.
Fréquence : très rare - **Évolution :** =
Âge moyen : 5 ans

P

Lisa-Marie

Étymologie : prénom composé de Lisa et de Marie.
Caractère : Lisa-Marie est équilibrée, résolue et a le sens des responsabilités.
Personnage célèbre : Lisa Marie Presley, fille d'Elvis Presley a contribué à médiatiser ce prénom.
Fréquence : rare - **Évolution :** ↘
Âge moyen : 12 ans

V

Lisbeth

Lizbeth, Lysbeth

Étymologie : de l'hébreu : « Dieu est plénitude ». Lisbeth est un diminutif d'Élisabeth très répandu en Allemagne.
Fête : 10 août - **Couleur :** orange - **Chiffre :** 9
Caractère : Lisbeth est résolue, fine et aime la communication.
Personnage célèbre : Lisbeth Salander, l'héroïne de la saga *Millenium* de Stieg Larsson et adaptée au cinéma.
Fréquence : rare - **Évolution :** ↘

C

Lise

Lisette, Lisie, Lisy, Liysie, Liz

Étymologie : de l'hébreu : « Dieu est plénitude ». Lise est un diminutif d'Élisabeth.
Fête : 10 août - **Couleur :** orange - **Chiffre :** 9
Caractère : Lise est réfléchie, intègre, idéaliste et altruiste.
Fréquence : répandu - **Évolution :** ↗
Âge moyen : 30 ans

B

Lison

Lyson

Étymologie : de l'hébreu : « Dieu est plénitude ». Lison est un diminutif d'Élisabeth.
Fête : 10 août - **Couleur :** orange - **Chiffre :** 9
Caractère : Lison est consciencieuse, déterminée et bienveillante.
Fréquence : rare - **Évolution :** ↗
Âge moyen : 10 ans

V

Livia

Livie

Étymologie : du latin *Livia*, nom d'une illustre famille romaine.
Fête : 13 novembre - **Couleur :** gris - **Chiffre :** 8
Caractère : Livia est entière, passionnée et pleine de vitalité.
Fréquence : rare - **Évolution :** =

V

Liza

Étymologie : de l'hébreu : « Dieu est plénitude ». Liza est une variante anglo-saxonne de Lisa, diminutif d'Élisabeth. En France, c'est en Bretagne que ce prénom est le plus souvent attribué.

Fête : 10 août - Couleur : orange - Chiffre : 9
Caractère : Liza est pragmatique, créative et optimiste. Elle aime la communication.
Personnage célèbre : Liza Minelli, actrice, chanteuse et danseuse américaine.
Fréquence : rare - Évolution : ↗
Âge moyen : 15 ans

P

Lizzie

Lizzy

Étymologie : de l'hébreu : « Dieu est plénitude ». Lizzie est un diminutif de Liz, lui-même diminutif d'Élisabeth chez les anglo-saxons.
Fête : 10 août - Couleur : orange - Chiffre : 9
Caractère : Lizzie est bienveillante, consciencieuse et bonne conseillère.
Personnage célèbre : Lizzie McGuire, héroïne de la série télévisée du même nom.
Fréquence : rare - Évolution : ↗
Âge moyen : 10 ans

V

Loan

Étymologie : du celte: « lumière ». Ce prénom est mixte à l'origine et dérivé d'Elouan, un moine irlandais qui évangélisa l'Armorique au début du VIe siècle. Très attribué d'abord aux garçons, puis aux filles, Loan se virilise à nouveau, mais demeure assimilé au féminin.
Fête : 28 août - Couleur : orange - Chiffre : 5
Caractère : Loan a le sens des responsabilités et de la famille, est très exigeante et exerce, comme tous les individus forts et charismatiques, une certaine influence sur les autres.
Fréquence : rare - Évolution : ↘
Âge moyen : 8 ans

P

Loana

Loanna, Lohana

Étymologie : du celte: « lumière ».
Fête : 28 août - Couleur : orange - Chiffre : 5
Caractère : Loana est attirée par le savoir, est sage et intelligente.
Personnage célèbre : son simple prénom suffit à la désigner : la finaliste du premier *Loft Story*.
Fréquence : rare - Évolution : =
Âge moyen : 10 ans

V

Loane

Loanne

Étymologie : du celte: « lumière ». Loane est la forme bretonne féminisée de Loan.
Fête : 28 août - Couleur : orange - Chiffre : 5
Caractère : Loane est fidèle. C'est une médiatrice qui aime le relationnel.
Fréquence : rare - Évolution : ↗
Âge moyen : 6 ans

V

Logane

Logan

Étymologie : du celte *log* : « le trou ». Ce substantif se rencontre en Irlande et en Écosse et aurait formé le toponyme Logan : petite caverne.
Couleur : blanc - Chiffre : 8
Caractère : Logane est structurée, persévérante, sympathique et efficace.
Fréquence : rare - Évolution : ↘
Âge moyen : 17 ans

P

Loïs

Étymologie : du germanique *hold* : « illustre » et *wig* : « combattant ». Loïs correspond à une forme ancienne de Louis, très représentée au XVe et XVIe siècle et dès la seconde moitié du XXe siècle. Loïs est considéré comme une variante de Louise.

Fête : 25 août - **Couleur** : jaune - **Chiffre** : 1

Caractère : Loïs aime l'innovation, est autoritaire, ambitieuse et aime l'analyse.

Fréquence : rare - **Évolution** : ↗

Âge moyen : 11 ans

P

Loïse

Étymologie : du latin *hold* : « glorieux » et *wig* : « le combattant ». Loïse est une variante de Louise, prénom qui correspond à la forme féminine de Louis.

Fête : 15 mars - **Couleur** : vert - **Chiffre** : 9

Caractère : Loïse est affectueuse, passionnée et déterminée.

Fréquence : rare - **Évolution** : ↗

Âge moyen : 13 ans

P

Lola

Loli, Lolie, Loly

Étymologie : du latin *dolor*. Ce prénom correspond au diminutif familier de Dolorès, prénom espagnol. Alors que Dolorès est peu attribué en France, Lola, son diminutif, subit une poussée très conséquente en France. L'influence espagnole peut s'y lire. En effet, c'est dans les régions françaises les plus proches de l'Espagne que Lola a commencé à fleurir. La chanson de Renaud datant des années 80 ayant sans doute contribué à le faire connaître au sein des milieux artistiques.

Fête : 16 juillet (Notre-Dame-des-Douleurs) ou 11 juin (Sainte-Dolorès)

Couleur : jaune - **Chiffre** : 4

Caractère : Lola est travailleuse, courageuse, tenace, sans doute parce qu'elle est amoureuse de la vie et de ses plaisirs.

Personnage célèbre : Lola Montez (1821-1861), courtisane célèbre qui devint la maîtresse du roi Louis Ier de Bavière, avant d'être, de ce fait, chassée du royaume et d'être recueillie par un cirque de la Nouvelle-Orléans.

Fréquence : répandu - **Évolution** : ↗

Âge moyen : 9 ans

P

Lolita

Étymologie : du latin *dolor*. Ce prénom correspond au diminutif familier de Dolorès, prénom espagnol (Maria de los Dolores : Marie des Douleurs). Ce diminutif, qui doit son succès à la littérature, est moins attribué comme prénom que Lola. Il faut dire qu'il est quasiment devenu un substantif, une Lolita désignant une jeune fille prépubère ou une adolescente adoptant une attitude plus « femme » que ne le voudrait son âge, ou bien une femme-enfant.

Fête : 16 juillet (Notre-Dame-des-Douleurs) ou 11 juin (Sainte-Dolorès)

Couleur : bleu - **Chiffre** : 6

Caractère : Lolita est fidèle, affective, a le sens des responsabilités et est toujours en quête d'harmonie

Personnage célèbre : l'héroïne du roman éponyme de Nabokov : *Lolita*.

Fréquence : rare - **Évolution** : ↘

Âge moyen : 23 ans

V

Lomane

Loman

Étymologie : du gaélique : « enfant nue ».

Couleur : rouge - **Chiffre** : 9

Caractère : Lomane est sage, consciencieuse et bienveillante.

Fréquence : très rare - **Évolution** : ↘

Âge moyen : 6 ans

B

Lorelei

Lorelie, Loreley

Étymologie : du germanique *luren* : « être en embuscade » et *lei* : « la roche », d'un nom de lieu, sur la rive droite du Rhin entre Bacharach et Saint-Goar. Ce nom fut inventé par le poète allemand Clémens Brentano, en 1801, dans son conte où une blonde et envoûtante sirène lissait sa chevelure en chantant au sommet du fameux rocher rhénan, provoquant la mort des navigateurs qui s'écrasaient sur les rochers, ne pouvant plus détacher leur regard d'elle.

Couleur : jaune - **Chiffre :** 4

Caractère : Lorelei est persévérante, structurée, efficace et sécurisante.

Fréquence : rare - **Évolution :** ↘

Âge moyen : 14 ans

P

Loren

Étymologie : du latin *laurus, laura* : « laurier ». Loren est un diminutif de Laura.

Fête : 19 octobre - **Couleur :** vert - **Chiffre :** 3

Caractère : Loren est passionnée, ambitieuse et forte.

Fréquence : rare - **Évolution :** ↘

Âge moyen : 19 ans

P

Lorena

Étymologie : du latin *laurus, laura* : « laurier ». Lorena est un diminutif de Laura.

Fête : 19 octobre - **Couleur :** vert - **Chiffre :** 3

Caractère : Lorena est intuitive, a l'esprit logique et est déterminée.

Fréquence : rare - **Évolution :** ↗

Âge moyen : 12 ans

P

Lorène

Loraine, Loreen, Lorenne

Étymologie : du latin *laurus, laura* : « laurier ». Lorène est une forme dérivée de Laura et correspond à la forme francisée de Lauren.

Fête : 19 octobre - **Couleur :** vert - **Chiffre :** 3

Caractère : Lorène est bienveillante, consciencieuse et raisonnable. Elle peut parfois être emportée par sa grande sensibilité.

Fréquence : rare - **Évolution :** ↘

Âge moyen : 21 ans

V

Lorenza

Étymologie : du latin *laurus, laura* : « laurier ». Lorenza est la forme italienne de Laurence.

Fête : 8 octobre - **Couleur :** vert - **Chiffre :** 2

Caractère : Lorenza est sociable, réfléchie, ambitieuse et exigeante avec les autres et avec elle-même.

Fréquence : rare - **Évolution :** ↗

Âge moyen : 17 ans

P

Loriane

Lorane, Lorianne, Loryane

Étymologie : du latin *laurus, laura* : « laurier ». Loriane est une variante de Lauriane qui correspond à la forme contractée du prénom composé anglo-saxon Laurie-Ann.

Fête : 19 octobre (Sainte-Laure) ou 26 juillet (Sainte-Anne).

Couleur : rouge - **Chiffre :** 9

Caractère : Loriane est réceptive, sociable, diplomate et résolue.

Fréquence : rare - **Évolution :** ↘

Âge moyen : 15 ans

C

Lorraine

Loraine, Lorrainne

Étymologie : l'origine de ce prénom est incertaine : du latin *laurus, laura* : « laurier » (en tant que variante de Lauren et dérivé de Laura), ou dérivé de Lotharingie, le nom d'origine de la province française qui fut créée par Lothaire II, petit-fils de Charlemagne. Lorraine est, en tous cas, très prisé par les habitants de la province du même nom.
Fête : 19 octobre (Sainte-Laure) ou 30 mai (Sainte-Jeanne, Jeanne d'Arc étant surnommée Jeanne la Lorraine)
Couleur : vert - **Chiffre :** 3
Caractère : Lorraine est résolue, intuitive, aime l'analyse et le relationnel.
Fréquence : rare - **Évolution :** ↘
Âge moyen : 31 ans

P

Lou

Étymologie : du germanique *hold* : « illustre » et wig : « combattant ». Lou est attesté comme un diminutif de Louise. Il peut l'être aussi pour Louis. Il est donc considéré comme un prénom mixte bien que nettement plus en vogue pour les filles que pour les garçons. Il figure parmi les 50 prénoms féminins les plus attribués du moment.
Fête : 15 mars - **Couleur :** rouge - **Chiffre :** 4
Caractère : Lou est créative, optimiste et sociable.
Personnage célèbre : l'actrice Lou Doillon.
Fréquence : répandu - **Évolution :** ↗
Âge moyen : 8 ans

P

Louane

Louann

Étymologie : du celte : « lumière », ou forme contractée du prénom Lou-Anne.
Fête : 15 mars (Sainte-Louise) ou 26 juillet (Sainte-Anne) - **Couleur :** bleu - **Chiffre :** 1
Caractère : Louane est dynamique, curieuse, charismatique et courageuse.
Fréquence : répandu - **Évolution :** ↗
Âge moyen : 5 ans

P

Lou-Ann

Lou-Anna

Étymologie : forme composée de Lou et Ann (Anne dans sa forme anglo-saxonne). Lou-Ann est une combinaison créée aux États-Unis dans les années 40.
Fête : 15 mars (Sainte-Louise) ou 26 juillet (Sainte-Anne)
Couleur : bleu - **Chiffre :** 1
Caractère : Lou-Ann aime la découverte, l'originalité, l'audace et la séduction. Elle sait trouver le positif dans toute situation.
Fréquence : rare - **Évolution :** ↗
Âge moyen : 7 ans

P

Louanne

Louann

Étymologie : du celte : « lumière », ou forme contractée du prénom Lou-Anne.
Fête : 15 mars (Sainte-Louise) ou 26 juillet (Sainte-Anne). Louanne est la contraction la plus fidèle à l'orthographe de la forme composée Lou-Anne.
Couleur : bleu - **Chiffre :** 1
Caractère : Louanne est ambitieuse, énergique et autonome. Elle a cependant besoin des autres autour d'elle pour s'épanouir pleinement.
Fréquence : rare - **Évolution :** ↗
Âge moyen : 7 ans

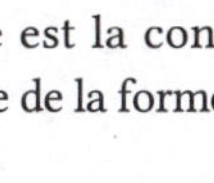

TOP 20

Prénoms bobos

Les bobos : bourgeois bohème, sont sans conteste les plus prescripteurs de tendances. Intellectuels branchés, ils puisent dans le classique « canaille », la référence « arty », le rétro assumé. Ce sont eux qui récupèrent les premiers les prénoms passés de mode, les jugeant anticonformistes.

Bambi
Céleste
Cléophée
Eulalie
Fantine
Faustine
Juliette
Léonie
Léontine
Léopoldine
Lise
Marcelline
Margotte
Marlow
Philomène
Pia
Romane
Suzanne
Vitalie
Zélie

P

Lou-Anne

Étymologie : prénom composé de Lou et Anne, version française de l'anglophone Lou-Ann. Il est devenu un des prénoms composés les plus attribués et les plus prisés en France, donnant lieu à de multiples variantes. Louanne est la contraction la plus fidèle à l'orthographe de la forme composée Lou-Anne.
Fête : 15 mars (Sainte-Louise) ou 26 juillet (Sainte-Anne) - Couleur : bleu - Chiffre : 1
Caractère : Lou-Anne est indépendante, audacieuse, dynamique et directive.
Fréquence : rare - Évolution : ↗
Âge moyen : 7 ans

V

Loubna

Lubna

Étymologie : de l'arabe *lubnâ* : « le benjoin », une résine aromatique utilisée en parfumerie.
Couleur : blanc - Chiffre : 2
Caractère : Loubna est fidèle, aime le relationnel, est intuitive et organisée.
Personnage célèbre : Loubna, héroïne de romans courtois du VIIe et VIIIe siècle, qui relatent son histoire d'amour avec Kaïs, son époux. Ces romans furent adaptés en musique ou au théâtre.
Fréquence : rare - Évolution : ↘
Âge moyen : 18 ans

B

Louisane

Louisana, Louisanna, Louisanne

Étymologie : ce prénom correspond à la contraction de Louise et d'Anne.
Fête : 15 mars - Couleur : vert - Chiffre : 9
Caractère : Louisane est intelligente. Dotée d'un esprit logique et toujours avide de savoir : c'est l'étudiante rêvée.

Fréquence : très rare - Évolution : =
Âge moyen : 5 ans

C

Louise

Louisa, Louiza

Étymologie : du germain *hold* : « glorieux » et *wig* : « le combattant ». Ce prénom correspond à la forme féminine de Louis. Grand classique du XVIe au XIXe siècle, il obtient même un fort succès dans les pays anglo-saxons, tomba ensuite en désuétude avant d'entamer une lente mais très sûre progression pendant vingt ans. Totalement en avance d'une tendance dès la fin des années 70, Louise est ensuite de plus en plus attribué, notamment dans les milieux bourgeois épris de prénoms nobles et classiques. Louise, conformiste dès les années 90, figure à présent dans le top 30 des prénoms féminins français.
Fête : 15 mars - Couleur : vert - Chiffre : 9
Caractère : Louise est discrète, animée d'une certaine rigueur qu'accompagne le sens du devoir.
Personnages célèbres : les poétesses Louise Labé et Louise de Vilmorin ; la militante révolutionnaire Louise Michel ; l'actrice Louise Brooks ; l'artiste Louise Bourgeois (1911-2010) ; Louise Ciccone, plus connue sous le nom de Madonna ; Louise Bourgoin, l'actrice française.
Fréquence : répandu - Évolution : ↗
Âge moyen : 77 ans

C

Louise-Anne

Étymologie : prénom composé de Louise et Anne.
Fête : 15 mars (Sainte-Louise) ou 26 juillet (Sainte-Anne) Couleur : vert - Chiffre : 9
Caractère : Louise-Anne est un esprit aussi déterminé que raisonné… et raisonnable.
Fréquence : rare - Évolution : ↘
Âge moyen : 16 ans

B

Louisette

Étymologie : du germain *hold* : « glorieux » et *wig* : « le combattant ». Louisette est un diminutif affectueux de Louise, attesté dès le XVIIe siècle.
Fête : 15 mars - Couleur : vert - Chiffre : 9
Caractère : Louisette est idéaliste, altruiste et intègre.
Fréquence : rare - Évolution : ↗
Âge moyen : 73 ans

B

Louisiane

Louisane, Louisianne

Étymologie : du germain *hold* : « glorieux » et *wig* : « le combattant ». Ce prénom renvoie également à l'État américain. En période de croissance, il suit la vague née outre-Atlantique des prénoms géographiques.
Couleur : vert - Chiffre : 9
Caractère : Louisiane allie esprit de décision et logique imparable.
Fréquence : rare - Évolution : ↗
Âge moyen : 41 ans

B

Louison

Étymologie : du germain *hold* : « glorieux » et *wig* : « le combattant ». Louison est un diminutif de Louise comme il peut l'être de Louis. À l'instar de Lou, il peut donc être considéré comme un prénom mixte.
Fête : 15 mars - Couleur : vert - Chiffre : 9
Caractère : Louison est bienveillante, consciencieuse et dotée d'un esprit logique.
Fréquence : rare - Évolution : ↗

P

Loula

Étymologie : ce prénom est formé sur la combinaison de Lou et de Lola.
Couleur : bleu - **Chiffre :** 5
Caractère : Loula est intelligente, indépendante et sage.
Fréquence : rare - **Évolution :** ↗
Âge moyen : 7 ans

V

Louna

Étymologie : de l'hawaïen : « heureuse, exaltée » et du latin luna : « lune ».
Couleur : noir - **Chiffre :** 6
Caractère : Louna est intègre, altruiste et dévouée.
Fréquence : rare - **Évolution :** ↗
Âge moyen : 6 ans

B

Loup

Étymologie : du latin *lupus* : « le loup ». Ce prénom, masculin à l'origine, est utilisé au féminin par quelques parents, séduits par son originalité. L'usage relaie alors celui de Lou et/ou de Louve.
Fête : 29 juillet - **Couleur :** rouge - **Chiffre :** 1
Caractère : Loup est énergique, ambitieuse, autonome. Elle honore positivement son prénom qui lui confère un certain mystère.
Fréquence : très rare - **Évolution :** =
Âge moyen : 3 ans

B

Lourdes

Lorda, Lurdes

Étymologie : ville située au sud-ouest de la France bien connue pour ses pèlerinages. Ce nom est rare, mais médiatisé depuis que Madonna l'a choisi pour sa fille.
Couleur : bleu - **Chiffre :** 4
Caractère : Lourdes est travailleuse, rigoureuse, courageuse et possède un grand sens de l'organisation.
Personnage célèbre : Lourdes Ciccone, fille de Madonna.
Fréquence : rare - **Évolution :** =
Âge moyen : 37 ans

P

Lovely

Étymologie : de l'anglais : « charmante, jolie ».
Couleur : rose - **Chiffre :** 6
Caractère : Lovely aime l'innovation. Elle est un brin autoritaire. L'amitié est une valeur importante.
Fréquence : rare - **Évolution :** ↗
Âge moyen : 17 ans

P

Lovita

Étymologie : du latin : « joie ».
Couleur : vert - **Chiffre :** 2
Caractère : Lovita est intelligente, organisée. Elle aime la méditation et possède un esprit analytique indéniable.
Fréquence : très rare - **Évolution :** =

P

Luana

Luane, Luanne, Luanna, Luanne

Étymologie : de l'hawaïen : « heureuse, exaltée ». Luana correspond également à la forme latine contractée de Lou-Anne.
Fête : 15 mars (Sainte-Louise) ou 26 juillet (Sainte-Anne)
Couleur : jaune - **Chiffre :** 4
Caractère : Luana a l'esprit tenace. Elle aime être méthodique. C'est un être engagé.
Personnage célèbre : Luana Belmondo, cuisinière

et épouse de Paul Belmondo.
Fréquence : rare - **Évolution :** ↗
Âge moyen : 13 ans

B

Luce

Étymologie : du latin *lux, lucis* : « la lumière ». Luce est une des formes féminines traditionnelle de Luc.
Fête : 13 décembre - **Couleur :** orange - **Chiffre :** 5
Caractère : Luce est sociable, diplomate et indépendante.
Fréquence : rare - **Évolution :** ↗
Âge moyen : 65 ans

V

Luciana

Luciane, Lucianne, Lucine

Étymologie : du latin *lux, lucis* : « la lumière ». Luciana est la forme italienne de Lucienne, forme féminine de Lucien.
Fête : 7 janvier - **Couleur :** orange - **Chiffre :** 2
Caractère : Luciana est indépendante, intelligente, toujours en quête de savoir. Luciana ne tergiverse pas, c'est une femme de tête qui sait prendre des décisions.
Fréquence : rare - **Évolution :** ↗
Âge moyen : 30 ans

B

Lucie

Luciana, Lucy, Luz, Lutzele, Loukia

Étymologie : ce prénom correspond à la forme féminine de Luc. Très à la mode à la fin du XIXe siècle, il revient à la fin des années 80, s'épanouissant totalement jusqu'en 1997, s'inscrivant alors dans la vogue des prénoms rétro. Alors que Lucette et Lucienne peuvent être considérés comme des formes féminines dérivées de Luc, Lucie, forme féminine plus directe et la plus traditionnelle de Luc, est pourtant la seule à être totalement à la mode aujourd'hui.
Fête : 13 décembre - **Couleur :** orange - **Chiffre :** 5
Caractère : Lucie est tout simplement lumineuse. Portant sur le monde un regard toujours neuf, elle ne cesse de s'émerveiller et son don d'empathie la rend plus que charitable.
Personnage célèbre : Lucie Aubrac, héroïne de la résistance.
Fréquence : répandu - **Évolution :** ↘
Âge moyen : 50 ans

B

Lucienne

Étymologie : du latin *lux, lucis* : « la lumière ». Lucienne correspond à la forme féminine de Lucien.
Fête : 7 janvier - **Couleur :** orange - **Chiffre :** 2
Caractère : Lucienne est calme, rigoureuse, réservée, mais capable de beaucoup d'affection.
Fréquence : répandu - **Évolution :** ↗
Âge moyen : 89 ans

P

Lucile

Lucilia, Lucilla, Lucylle

Étymologie : du latin *lux, lucis* : « la lumière ».
Fête : 16 février - **Couleur :** 8 - **Chiffre :** bleu
Caractère : Lucile est active, douce, volontaire et déterminée.
Fréquence : répandu - **Évolution :** ↘
Âge moyen : 34 ans

V

Lucinda

Lucina, Lucinde, Lucylle

Étymologie : du latin *lux, lucis* : « la lumière ».
Couleur : bleu - **Chiffre :** 5
Caractère : Lucinda aime l'innovation, est résolue et énergique.

Fréquence : rare - **Évolution :** ↘
Âge moyen : 21 ans

B

Lucine

Étymologie : du latin *lux, lucis* : « la lumière ». Ce prénom est un prénom arménien.
Couleur : orange - **Chiffre :** 7
Caractère : Lucine est intuitive. Elle est très autonome, un brin autoritaire. Pleine d'énergie, elle aime l'innovation.
Fréquence : rare - **Évolution :** ↘
Âge moyen : 40 ans

B

Lucrèce

Étymologie : du latin *lucrator* : « qui gagne ».
Fête : 15 mars - **Couleur :** rouge - **Chiffre :** 2
Caractère : Lucrèce est calme, sérieuse, travailleuse et studieuse.
Personnages célèbres : la cousine du roi Tarquin le Superbe, mariée à l'un de ses cousins, qui se poignarda après avoir avoué à son père et à son époux qu'elle s'était fait violer par le fils de Tarquin. Cet épisode fut repris par de nombreux peintres (Titien, Le Tintoret, Dürer, Véronèse, Rembrandt) ; la sulfureuse Lucrèce Borgia, fille du pape Alexandre VI et sœur de César Borgia.
Fréquence : rare - **Évolution :** ↘
Âge moyen : 57 ans

B

Ludivine

Ludivina

Étymologie : du germanique *liut* et *win* : « l'amie ».
Fête : 15 mars - **Couleur :** vert - **Chiffre :** 3
Caractère : Ludivine est réfléchie, sensible et déterminée.
Personnage célèbre : Ludivine Sagnier, actrice.
Fréquence : courant - **Évolution :** ↘
Âge moyen : 24 ans

V

Ludmila

Ludmilla

Étymologie : du slave : « aimée du peuple ».
Fête : 16 septembre - **Couleur :** bleu - **Chiffre :** 7
Caractère : Ludmila est réaliste, affectueuse et pleine de charme.
Personnage célèbre : l'actrice Ludmila Mikaël.
Fréquence : rare - **Évolution :** ↘
Âge moyen : 23 ans

V

Ludovica

Ludivica, Ludovique, Ludwika

Étymologie : du germanique *hold* : « illustre » et *wig* : « combattant ». Ludovica est la version féminine de Ludovic, forme primitive de Louis. En effet, l'allemand *Chlodowig* s'est transformé en Clovis, forme plus simple, puis en *Clodovico*, forme plus latine, qui a engendré Ludovic, puis Louis.
Fête : 9 octobre - **Couleur :** vert - **Chiffre :** 9
Caractère : Ludovica est discrète, rigoureuse, opiniâtre et a le sens du devoir.
Fréquence : rare - **Évolution :** ↘
Âge moyen : 57 ans

V

Luisa

Luigia

Étymologie : du germanique *hold* : « illustre » et *wig* : « combattant ». Luisa est la forme hispanique de Louise.
Fête : 15 mars - **Couleur :** vert - **Chiffre :** 9
Caractère : Luisa est idéaliste, altruiste et intègre.
Fréquence : rare - **Évolution :** ↗
Âge moyen : 35 ans

P

Luna

Lune

Étymologie : Luna est la déesse de la Lune chez les Romains. Avec son frère Sol, elle symbolise le cycle des saisons.
Fête : 9 juin (Sainte-Diane)
Couleur : rouge - **Chiffre :** 3
Caractère : Luna est enthousiaste, généreuse et possède un grand sens pratique.
Fréquence : rare - **Évolution :** ⬀
Âge moyen : 6 ans

P

Lydia

Étymologie : du grec *ludiê* : « originaire de la région de Lydie » (région d'Asie Mineure).
Fête : 3 août - **Couleur :** jaune - **Chiffre :** 1
Caractère : Lydia est exigeante, discrète et sociable.
Fréquence : courant - **Évolution :** ⬂
Âge moyen : 44 ans

B

Lydie

Étymologie : du grec *ludiê* : « originaire de la région de Lydie » (région d'Asie Mineure).
Fête : 3 août - **Couleur :** jaune - **Chiffre :** 1
Caractère : Lydie est discrète, sociable et prudente.
Fréquence : courant - **Évolution :** ⬂
Âge moyen : 51 ans

V

Lyla

Lylas, Lylah

Étymologie : de l'arabe : « la nuit », ou du nom de la fleur. Lyla, variante de Lila, peut donc être relié avec l'un ou l'autre de ses prénoms souches.
Couleur : orange - **Chiffre :** 8
Caractère : Lyla a le sens du devoir, est structurée, honnête et persévérante.
Fête : 5 octobre (Sainte-Fleur)
Fréquence : rare - **Évolution :** ⬀
Âge moyen : 8 ans

P

Lylia

Étymologie : Lylia est une variante de Lilia, forme pluriel du latin lilium, qui signifie donc « les lys » et est une variante de Liliane, prénom porté par une chrétienne de Cordoue victime de la persécution musulmane et martyrisée en 852.
Fête : 28 juillet - **Couleur :** orange - **Chiffre :** 8
Caractère : Lylia est dynamique, indépendante, curieuse et charismatique.
Fréquence : rare - **Évolution :** ⬀
Âge moyen : 10 ans

P

Lyliane

Lylian, Lylianne

Étymologie : du latin *lilium* : « les lys ».
Fête : 28 juillet - **Couleur :** orange - **Chiffre :** 8
Caractère : Lyliane est équilibrée. Elle a le sens des responsabilités et de la famille.
Fréquence : rare - **Évolution :** =
Âge moyen : 68 ans

P

Lylou

Lyloue

Étymologie : l'origine de ce prénom est incertaine : forme familière inventée, forme dérivée de la combinaison Lee-Lou ou union de Lili et Lou, Lylou est une des graphies du prénom à la mode de Lilou. Sous cette forme, elle est, jusqu'à présent, moins répandue qu'en « i ».

Couleur : rose - **Chiffre :** 5
Caractère : Lylou est structurée, efficace, honnête et persévérante.
Fréquence : rare - **Évolution :** ↗
Âge moyen : 5 ans

P

Lyna

Lynna

Étymologie : du germanique *adal* : « noble » et *lind* : « doux ». Lyna est une variante de Lina, diminutif d'Adeline.
Fête : 20 octobre - **Couleur :** jaune - **Chiffre :** 4
Caractère : Lyna est sympathique, originale et a beaucoup de cœur.
Fréquence : rare - **Évolution :** ↗
Âge moyen : 6 ans

V

Lynda

Lyndia

Étymologie : du germanique *linde* : « serpent ». Le serpent est un symbole d'intelligence dans la mythologie nordique. Lynda est une variante de Linda, fêtée le même jour que sainte Adelinda.
Fête : 28 août - **Couleur :** vert - **Chiffre :** 4
Caractère : Lynda est volontaire, fière, travailleuse et ambitieuse.
Fréquence : rare - **Évolution :** ↘
Âge moyen : 32 ans

P

Lyne

Lunn, Lynne

Étymologie : du germanique *adal* : « noble » et *lind* : « doux ».
Fête : 20 octobre - **Couleur :** jaune - **Chiffre :** 4
Caractère : Lyne est fidèle, intuitive et passionnée.
Fréquence : rare - **Évolution :** ↗
Âge moyen : 27 ans

B

Lynn

Étymologie : du germanique *adal* : « noble » et *lind* : « doux ». Lynn est un diminutif anglo-saxon d'Adeline.
Fête : 20 octobre - **Couleur :** jaune - **Chiffre :** 4
Caractère : Lynn a l'esprit sagace, elle est spirituelle, fidèle et intuitive.
Fréquence : rare - **Évolution :** ↗
Âge moyen : 12 ans

P

Lysa

Lysaé, Lyza

Étymologie : de l'hébreu : « Dieu est plénitude ». Lysa est une variante de Lisa, diminutif d'Élisabeth.
Fête : 10 août - **Couleur :** orange - **Chiffre :** 9
Caractère : Lysa est déterminée, travailleuse et prudente.
Fréquence : rare - **Évolution :** ↘
Âge moyen : 10 ans

P

Lyse

Étymologie : de l'hébreu : « Dieu est plénitude ». Lyse est une variante de Lise, diminutif d'Élisabeth.
Fête : 10 août - **Couleur :** orange - **Chiffre :** 9
Caractère : Lyse est intelligente, compatissante et indépendante.
Fréquence : rare - **Évolution :** ↗
Âge moyen : 20 ans

M

P

Mabel

Mabelia, Mabella

Étymologie : du latin *amabilis* : « aimable », « qui est aimée ». Ce prénom est un diminutif du prénom Amabel, forme anglaise d'Aimable. Grand succès du XIXe siècle au début du XXe dans les pays anglophones, Mabel était pris comme une adoption de l'expression française « ma belle », prononcée « Maybeul ».

Fête : 18 octobre - **Couleur :** bleu - **Chiffre :** 7

Caractère : Mabel a le sens de la famille, est équilibrée et a le sens de l'organisation.

Personnage célèbre : Mabel Boll, une actrice des Années folles, surnommée : « la plus belle blonde de Broadway ». Elle était connue pour son penchant pour les diamants.

Fréquence : très rare - **Évolution :** =

Âge moyen : 67 ans

P

Mabelle

Étymologie : du latin *amabilis* : « aimable », « qui est aimée ». Ce prénom est un diminutif du prénom Amabel, forme anglaise d'Aimable. Cette forme, dotée de la terminaison « elle », est inspirée par l'orthographe de « belle ».

Fête : 18 octobre - **Couleur :** bleu - **Chiffre :** 7

Caractère : Mabelle est sociable, travailleuse et sait se montrer affective.

Fréquence : très rare - **Évolution :** =

V

Macha

Étymologie : de l'hébreu *mariam* : « celle qui élève ». Ce prénom est la forme russe de Marie.

Fête : 15 août - **Couleur :** bleu - **Chiffre :** 1

Caractère : Macha est combative, courageuse et passionnée.

Personnage célèbre : Macha Méril, comédienne.

Fréquence : rare - **Évolution :** ↗

Âge moyen : 18 ans

P

Macy

Macey, Macie

Étymologie : de l'anglo-normand : « le domaine de Mathieu ». Cet ancien nom de lieu devenu prénom a d'abord été un patronyme, au XIXe siècle, avant de prénommer des garçons, puis des filles au XXe siècle.

Couleur : rouge - **Chiffre :** 9

Caractère : Macy est passionnée, énergique, ambitieuse, parfois tumultueuse.

Personnages célèbres : Macy's (traduction anglaise de : « Chez Macy ») : célèbre grand magasin new-yorkais ; Macy Gray, chanteuse américaine.

Fréquence : très rare - **Évolution :** ↘

Âge moyen : 5 ans

C

Madeleine

Madelaine, Mado

Étymologie : de l'araméen *Magdala*, du nom d'un petit village proche du lac de Tibériade. Marie-Madeleine correspond, initialement à Marie de Magdala. Lors de leur baptême, beaucoup de petites filles portant le prénom de Madeleine, étaient, en effet, inscrites sous le nom de Marie-Madeleine. Et Madeleine fut longtemps considéré comme dépendant de Marie. Marie-Madeleine est une des femmes les plus célèbres de la Bible : elle symbolise la pécheresse repentie et assista à son supplice, à sa mise au tombeau et fut la première à témoigner de la résurrection.

Fête : 22 juillet - Couleur : violet - Chiffre : 5
Caractère : Madeleine est mystérieuse, passionnée, sociable et charismatique.
Personnages célèbres : Madeleine de Scudéry, l'auteur de *Clélie, histoire romaine*, dont est inspiré la « carte de Tendre » ; Madeleine Renaud et Madeleine Robinson, comédiennes.
Fréquence : répandu - Évolution : ≡

B

Madeline

Madelyn, Madelyne, Madline, Madly, Mady

Étymologie : de l'araméen *Magdala*, du nom d'un petit village proche du lac de Tibériade. Madeline est un dérivé de Madeleine.
Fête : 22 juillet - Couleur : violet - Chiffre : 5
Caractère : Madeline est humaine, rêveuse, ouverte d'esprit et résolue.
Fréquence : rare - Évolution : ↘
Âge moyen : 17 ans

V

Madena

Madina, Madenn

Étymologie : du celte : « bonne ». Ce prénom correspond à la forme féminine de Maden.
Fête : 19 juin - Couleur : bleu - Chiffre : 2
Caractère : Madena est diplomate, émotive, charismatique.
Fréquence : très rare - Évolution : ≡

V

Madison

Madisson, Madisone, Madissone, Madyson

Étymologie : de l'anglais : « fils du puissant guerrier ».
Couleur : bleu - Chiffre : 3
Caractère : Madison est enthousiaste, possède de grandes facultés d'émerveillement qu'elle communique facilement à son entourage.
Personnages célèbres : le madison est une danse créée dans les années 60 à Philadelphie et dont l'auteur, Al Brown a sorti le titre *The Madison* avec son groupe les *Tunetoppers* ; Madison, nom de la capitale de l'État du Wisconsin ; le Madison Square Garden, célèbre parc new-yorkais, baptisé ainsi en l'honneur de l'illustre président.
Fréquence : rare - Évolution : ↘
Âge moyen : 12 ans

P

Maë

Maée, Mahé, Mahée

Étymologie : de l'hébreu : « goutte d'eau ». Considéré comme un prénom mixte, cette forme bretonnante de Marie est la plupart du temps attribuée à des filles.
Fête : 15 août - Couleur : orange - Chiffre : 5
Caractère : Maë est autoritaire, ambitieuse et énergique.
Fréquence : rare - Évolution : ↗
Âge moyen : 7 ans

V

Maëla

Maëlane, Maëlla, Maëlwenn, Maëlya

Étymologie : du celte : « princesse ». Ce prénom correspond à la véritable forme féminine du Maël breton. C'est pourquoi les vrais Bretons préfèrent cette forme au prénom Maëlle.
Fête : 13 mai (Saint-Maël)
Couleur : bleu - Chiffre : 3
Caractère : Maëla est curieuse, dynamique et charismatique.
Fréquence : rare - Évolution : ↗
Âge moyen : 14 ans

P

Maëlie

Maël, Maële, Maëli, Maëlia, Maëlig, Maëlly

Étymologie : du celte : « princesse » et de l'hébreu : « goutte d'eau ». Ce prénom est une forme dérivée de Maëlys, forme elle-même née d'une fusion entre la bretonne Maëlle et la landaise Mailys.
Fête : 13 mai (Saint-Maël) ou 15 août (Sainte-Marie) - **Couleur :** bleu - **Chiffre :** 3
Caractère : Maëlie est altruiste, intègre et idéaliste.
Fréquence : rare - **Évolution :** ↗
Âge moyen : 6 ans

P

Maëline

Maëlinne, Maëlyne

Étymologie : du celte : « princesse ».
Fête : 13 mai (Saint-Maël)
Couleur : bleu - **Chiffre :** 3
Caractère : Maëline est dynamique, indépendante, déterminée, aussi curieuse que courageuse.
Fréquence : rare - **Évolution :** ↗
Âge moyen : 5 ans

V

Maëlle

Étymologie : du celte : « princesse ». Maëlle correspond à une forme féminine de Maël.
Fête : 13 mai (Saint-Maël)
Couleur : bleu - **Chiffre :** 3
Caractère : Maëlle est optimiste, créative et pragmatique.
Fréquence : répandu - **Évolution :** ↗
Âge moyen : 11 ans

P

Maëlys

Maëlyse, Maëlyss, Maëlysse, Maé-Lys, Maïlyss

Étymologie : du celte : « princesse » et de l'hébreu : « goutte d'eau ». Forme née d'une fusion entre la bretonne Maëlle et la landaise Mailys.
Fête : 13 mai (Saint-Maël) ou 15 août (Sainte-Marie) - **Couleur :** vert - **Chiffre :** 3
Caractère : Maëlys est pragmatique, optimiste et sympathique.
Fréquence : répandu - **Évolution :** ↗
Âge moyen : 7 ans

V

Maéva

Maheva, Maïva

Étymologie : du tahitien : « bienvenue ». Maéva est fêtée le même jour que sainte Bienvenue, une pieuse italienne du Frioul morte en 1292.
Fête : 30 octobre - **Couleur :** bleu - **Chiffre :** 6
Caractère : Maéva est sensible, sensuelle et ambitieuse.
Fréquence : répandu - **Évolution :** ↘
Âge moyen : 13 ans

P

Maévane

Étymologie : ce prénom correspond à la combinaison de Maeve ou Maëlle avec Evane.
Couleur : jaune - **Chiffre :** 5
Caractère : Maévane est assez philosophe. Elle aime réfléchir à la vie et aux énigmes.
Fréquence : rare - **Évolution :** ↗
Âge moyen : 11 ans

P

Maéwenn

Étymologie : du celte : « chef », « prince ».
Couleur : vert - Chiffre : 10
Caractère : Maéwenn est généreuse et enthousiaste. En outre, elle a l'esprit pratique.
Fréquence : rare - Évolution : ↗
Âge moyen : 7 ans

V

Mafalda

Étymologie : du germanique maht : « force » et hild : « combat ».
Fête : 2 mai - Couleur : rouge - Chiffre : 2
Caractère : Mafalda est charmante, pleine de vivacité, énergique et charismatique.
Personnage célèbre : Mafalda, héroïne éponyme d'une célèbre bande dessinée (publiée de 1964 à 1973) de Quino, dessinateur argentin. Elle a donné naissance à un dessin animé télévisé diffusé en France en 1982.
Fréquence : rare - Évolution : ↘
Âge moyen : 77 ans

P

Magali

Magaly

Étymologie : du latin : « perle ». Ce prénom correspond à la forme hébraïque de Marguerite et a été lancé par Frédéric Mistral. Il est aujourd'hui considéré comme typiquement provençal.
Fête : 20 juillet - Couleur : vert - Chiffre : 7
Caractère : Magali est active, pleine de vivacité, parfois opportuniste.
Personnage célèbre : Magali Noël, actrice et chanteuse française née en 1931.
Fréquence : répandu - Évolution : ↘
Âge moyen : 37 ans

P

Magalie

Étymologie : du latin : « perle ». Ce prénom correspond à une forme féminisée de Magali.
Fête : 20 juillet - Couleur : vert - Chiffre : 7
Caractère : Magalie est enthousiaste, compatissante et aime se réaliser.
Personnage célèbre : Magalie Vaé, chanteuse française ayant gagné la Star Academy en 2005.
Fréquence : répandu - Évolution : ↘
Âge moyen : 33 ans

V

Magda

Étymologie : de l'hébreu *Magadala*, nom d'un village de Galilée, ou du grec : « haute tour ». Magda est un diminutif de Magdalena que l'on rencontre en Alsace, en Allemagne, au Pays-Bas et en Scandinavie.
Fête : 22 juillet - Couleur : violet - Chiffre : 3
Caractère : Magda est habile, forte, ambitieuse et passionnée.
Personnage célèbre : Magda Schneider, actrice et mère de Romy Schneider.
Fréquence : rare - Évolution : =
Âge moyen : 33 ans

V

Magdalena

Madalena, Madalen, Madaleno, Magdalina, Magdaline, Magdelaine, Magdeleine, Magdelena, Magdalene

Étymologie : de l'hébreu *Magadala*, nom d'un village de Galilée, ou du grec : « haute tour ». Magdalena correspond à la forme espagnole de Madeleine.
Fête : 22 juillet - Couleur : violet - Chiffre : 3
Caractère : Magdalena est compatissante, tenace, méthodique et fiable.
Fréquence : rare - Évolution : ↘
Âge moyen : 24 ans

P

Maggy

Magella, Maggie

Étymologie : du grec *margaritês* : « perle ». Maggy est un diminutif anglais de Marguerite.
Fête : 16 novembre - **Couleur :** vert - **Chiffre :** 9
Caractère : Maggy a un tempérament passionné et entier, mais peut se montrer cérébrale.
Fréquence : rare - **Évolution :** ↗
Âge moyen : 37 ans

B

Magnolia

Étymologie : du grec, nom de l'arbre aux fleurs odorantes.
Fête : 5 octobre (Sainte-Fleur) - **Couleur :** rose
Chiffre : 7
Caractère : Magnolia est humaine, rêveuse et a l'esprit analytique.
Fréquence : très rare - **Évolution :** =

B

Maguelonne

Maguelone

Étymologie : du grec *margaritês* : « perle ». Ce prénom correspond à une forme dérivée de Marguerite. Dans l'Hexagone, c'est en Occitanie que Maguelonne est le plus couramment attribué.
Fête : 16 novembre - **Couleur :** rouge - **Chiffre :** 9
Caractère : Maguelonne est fière, d'une timidité qui confine parfois à la froideur, mais elle est fidèle et dévouée, voire capable d'altruisme.
Fréquence : très rare - **Évolution :** ↗
Âge moyen : 27 ans

TOP 20

Prénoms de séries TV

Les séries télévisées constituent aujourd'hui un véritable phénomène de société entraînant des addictions en masse, des attentes fébriles et des discussions sans fin. S'insérant dans notre quotidien, elles influencent de manière inévitable le choix des prénoms de nombreux parents. On peut noter que quelques petites Khaleesi ont vu le jour depuis la diffusion de la série *Game of Thrones*.

Alex *(The Morning Show)*
Alison *(Saint X)*
Carrie *(Extraordinary)*
Ellie *(The Last of Us)*
Gaby *(Schrinking)*
Jeannette *(Filles du Feu)*
Luciana *(Fear the Walking Dead)*
Kate *(La Diplomate)*
Juliette *(Silo)*
Linda *(Des gens bien)*
Madeleine *(La nuit où Laurier Gaudreault s'est réveillé)*
Mia *(Salade Grecque)*
Naomi *(Acharnés)*
Nora *(The Watcher)*
Rose *(Schitt's Creek)*
Romy *(Week-end Family)*
Sylvia *(Platonic)*
Sydney *(The Bear)*
Tanya *(The White Lotus)*
Victoire *(Lycée Toulouse Lautrec)*

V

Mahalia

Mahala

Étymologie : de l'araméen : « princesse de la mer ».

Couleur : violet - **Chiffre :** 5

Caractère : Mahalia est idéaliste, intègre et altruiste.

Fréquence : rare - **Évolution :** ↗

Âge moyen : 10 ans

C

Mahaut

Mahaud, Mahault

Étymologie : du germanique *maht* : « force » et *hild* : « combat ». C'est la forme médiévale de Mathilde.

Fête : 14 mars - **Couleur :** rouge - **Chiffre :** 6

Caractère : Mahault est vive, indépendante, spontanée et a le goût de l'indépendance.

Personnages célèbres : la comtesse Mahaut de Flandres, née d'Artois (1268-1329) ; l'héroïne du roman *Le Bal du comte d'Orgel* de Raymond Radiguet.

Fréquence : rare - **Évolution :** =

Âge moyen : 9 ans

V

Mahé

Mahée

Étymologie : de l'hébreu : « goutte d'eau ». Mahé est une variante de Maé. Considéré comme un prénom mixte, Mahé est souvent attribué aux filles.

Fête : 15 août - **Couleur :** orange - **Chiffre :** 5

Caractère : Mahé est rêveuse, généreuse et ouverte d'esprit.

Fréquence : rare - **Évolution :** ↗

V

Maïa

Étymologie : du grec *maia* : « nounou », « mamie ». Nom de la fille du géant Atlas dans la mythologie grecque. Mère du dieu Hermès, elle devint dans la mythologie romaine la déesse du Printemps et c'est elle qui est à l'origine de notre mois de mai. En France, ce prénom actuellement en forte croissance est utilisé depuis longtemps au Pays basque, sans tréma, la plupart du temps.

Couleur : vert - **Chiffre :** 6

Caractère : Maïa est sage, bienveillante et bonne conseillère.

Fréquence : rare - **Évolution :** ↗

Âge moyen : 10 ans

V

Maider

Étymologie : du basque. Combinaison de Marie et Eder, qui correspond à la contraction de Marie-Belle. On aurait tendance à doter le « i » d'un tréma, mais au Pays basque, on l'orthographie sans.

Fête : 15 août - **Couleur :** 5 - **Chiffre :** vert

Caractère : Maider est rigoureuse, sociable et possède un goût certain pour l'aventure.

Fréquence : rare - **Évolution :** ↗

Âge moyen : 29 ans

V

Maïlys

Mailyss, Mailysse, Mailyse

Étymologie : ce prénom correspond à la forme contractée du prénom composé, né dans les Landes, Marie-Lys ou Marie aux Lys qui unit Marie à la fleur de lys, symbole de pureté et de virginité. Il existe une sainte Maïlys qui fut martyrisée au début du christianisme, mais qui ne figure pas au calendrier des saints.

Fête : 15 août - **Couleur :** blanc - **Chiffre :** 6

Caractère : Maïlys est sagace, originale, spirituelle et toujours en quête de connaissance.
Fréquence : rare - **Évolution :** ↗
Âge moyen : 12 ans

V

Maïssa

Maïssam, Maïssoun, Maysoon, Méissoun

Étymologie : de l'arabe : « étoile scintillante ». L'étoile est un symbole de beauté et dans le Coran, un témoin de la bonté de Dieu, puisqu'il en a orné le ciel pour le plus grand bonheur des hommes. Maïssa correspond à la version arabe d'Estelle.
Fête : 11 mai (Sainte-Estelle) - **Couleur :** gris
Chiffre : 8
Caractère : Maïssa peut être énergique et influente. Son moteur, c'est l'amour.
Personnage célèbre : Maïssa Bey, romancière algérienne (elle a reçu de nombreuses distinctions pour l'ensemble de son œuvre).
Fréquence : rare - **Évolution :** ↗
Âge moyen : 6 ans

V

Maïssane

Meissane

Étymologie : de l'arabe : « étoile scintillante ». Ce prénom correspond à une forme dérivée du prénom Maïssa. Cette orthographe colle au mot arabe maysân, sur lequel est formé le prénom.
Fête : 11 mai (Sainte-Estelle) - **Couleur :** gris
Chiffre : 8
Caractère : Maïssane est intègre, déterminée et altruiste.
Fréquence : rare - **Évolution :** ↗
Âge moyen : 8 ans

P

Maïté

Maïta

Étymologie : ce prénom, forme contractée de Marie-Thérèse, fut rendu illustre par Marie-Thérèse de Soubiran, religieuse française, qui fonda l'œuvre de Marie-Auxiliatrice pour l'éducation des enfants pauvres.
Fête : 7 juin - **Couleur :** rouge - **Chiffre :** 9
Caractère : Maïté est enthousiaste, déterminée et aime la communication.
Personnage célèbre : Maïté, restauratrice qui anima des émissions culinaires sur France 3, dont *La Cuisine des mousquetaires,* puis *À table.*
Fréquence : rare - **Évolution :** ↘

V

Maïtena

Étymologie : ce prénom est considéré comme une variante de Maïté, écrite sans tréma. Maïtena est également un prénom basque qui signifie « aimée ».
Couleur : rouge - **Chiffre :** 4
Caractère : Maïtena est idéaliste, altruiste, intègre et réfléchie.
Personnage célèbre : Maïtena Biraben, animatrice de télévision.
Fréquence : rare - **Évolution :** ↘
Âge moyen : 26 ans

V

Maïwenn

Maïwen, Maïwenna

Étymologie : contraction du prénom composé Marie-Gwenn. Maï est un dérivé de Mari ou Maria, écriture ancienne bretonne du prénom Marie.
Fête : 15 août ou 18 octobre - **Couleur :** blanc
Chiffre : 2
Caractère : Maïwenn est diplomate, émotive et sensible.

Personnage célèbre : Maïwenn Le Besco, comédienne et réalisatrice française.
Fréquence : rare - **Évolution :** ↗
Âge moyen : 11 ans

P

Malaurie

Étymologie : du latin *malum augurium* : « mauvaise augure », qui a engendré l'ancien français maloret : « le malheureux, la malheureuse ». Ce surnom était à l'origine censé porter chance au jeu et s'est ensuite transformé en un prénom masculin. Il s'est féminisé au XXe siècle et est aujourd'hui attribué sous différentes formes. Cette forme correspond à la forme orthographique la plus francisée.
Couleur : violet - **Chiffre :** 6
Caractère : Malaurie aime prendre des décisions et possède un tempérament ardent.
Fréquence : rare - **Évolution :** ↘
Âge moyen : 15 ans

V

Malika

Étymologie : de l'arabe : « le roi ».
Couleur : violet - **Chiffre :** 6
Caractère : Malika est organisée, diplomate et réceptive.
Personnage célèbre : Malika Ménard, journaliste et animatrice télé, élue Miss France 2011.
Fréquence : rare - **Évolution :** ↘
Âge moyen : 38 ans

P

Mallaury

Mallory, Mallorie, Malorie, Malory, Malaury

Étymologie : du latin *malum augurium* : « mauvaise augure », qui a engendré l'ancien français maloret : « le malheureux, la malheureuse ». Ce surnom était à l'origine censé porter chance au jeu et s'est ensuite transformé en un prénom masculin. Il s'est féminisé au XXe siècle et est aujourd'hui attribué sous différentes formes. C'est sous cette forme orthographique que ce prénom est le plus attribué.
Couleur : violet - **Chiffre :** 6
Caractère : Mallaury est idéaliste, persévérante et passionnée.
Personnage célèbre : Mallaury Nataf, comédienne et chanteuse française.
Fréquence : rare - **Évolution :** ↘
Âge moyen : 14 ans

V

Malvina

Malva, Malvane, Malvy

Étymologie : du celtique *mach* : « gage » et *lou* : « lumière ». Malvina est considéré comme une forme féminine de Malo.
Fête : 5 octobre (Sainte-Fleur) - **Couleur :** bleu
Chiffre : 9
Caractère : Malvina est courageuse, travailleuse, sensible et fidèle.
Personnage célèbre : *Malvina*, opérette écrite en 1935, par Reynaldo Hahn.
Fréquence : rare - **Évolution :** ↘
Âge moyen : 39 ans

V

Mandy

Mandie, Mandine

Étymologie : ce prénom correspond au diminutif anglo-saxon de notre Amandine française ou de l'Amanda internationale. C'est en 1940 que cette forme est devenue un prénom à part entière en Grande-Bretagne avant d'être attribué dans les autres pays anglo-saxons. Mandy est attribué en France depuis les années 90.
Fête : 9 juillet - **Couleur :** orange - **Chiffre :** 7
Caractère : Mandy est communicative, a

l'esprit de réalisation. Elle est enthousiaste et pragmatique.
Personnage célèbre : Mandy Moore, actrice et chanteuse américaine.
Fréquence : rare - **Évolution :** ↘
Âge moyen : 18 ans

V

Manel

Manelle, Manele

Étymologie : de l'hébreu *immanouel* : « Dieu avec nous ». Manel est donc considéré comme un diminutif d'Emmanuelle.
Fête : 25 décembre (jour de la naissance du Christ) - **Couleur :** orange - **Chiffre :** 2
Caractère : Manel est efficace, persévérante, honnête et structurée.
Fréquence : rare - **Évolution :** ↗
Âge moyen : 8 ans

B

Manon

Étymologie : de l'hébreu *myriam* : « la voyante » et *hannah* : « la grâce ». Manon fut d'abord un diminutif de Marie-Anne, avant de devenir un prénom à part entière il y a trois siècles. Ce prénom se fait connaître en France dans les années 70 avant d'atteindre un premier pic dans les années 80. Le succès du film de Claude Berri et la prestation d'Emmanuelle Béart dans le rôle de *Manon des Sources*, adapté du roman de Pagnol, ont contribué à rendre ce prénom à la mode dès 1995. Manon est devenu un « classique populaire ».
Fête : 15 août - **Couleur :** vert - **Chiffre :** 3
Caractère : Manon est féminine en diable, elle est aussi très éprise de liberté et aime mener sa vie selon son bon vouloir.
Personnages célèbres : Manon Lescaut, héroïne du roman éponyme de l'abbé Prévost, qui a engendré trois opéras : *Manon* de Daniel-François-Esprit Auber, *Manon Lescaut* de Puccini et *Manon* de Jules Massenet ; Manon des Sources, héroïne éponyme du livre de Marcel Pagnol et de son film en 1953.
Fréquence : répandu - **Évolution :** ↘
Âge moyen : 13 ans

V

Manuella

Manuela, Manuelita

Étymologie : de l'hébreu *immanouel* : « Dieu avec nous ». Le Messie est désigné ainsi dans un certain nombre de liturgies. Manuella correspond à une des formes hispaniques d'Emmanuelle et peut être considéré comme la forme féminine de Manuel.
Fête : 25 janvier (Saint-Manuel)
Couleur : orange - **Chiffre :** 2
Caractère : Manuella est indépendante, intelligente et sage.
Fréquence : rare - **Évolution :** ↘
Âge moyen : 31 ans

B

Marceline

Marcela, Marcelline, Marcellina

Étymologie : ce prénom correspond à la forme féminine de Marcelin.
Fête : 17 juillet - **Couleur :** orange - **Chiffre :** 2
Caractère : Marceline est douce, franche et très travailleuse.
Personnage célèbre : Marceline Desbordes-Valmore, poétesse française (1786-1859).
Fréquence : rare - **Évolution :** ↗

B

Marcelle

Marcèle

Étymologie : du latin *marcelus* : « petit marteau », ou du latin « dieu Mars ».

Ce prénom correspond à la forme féminine de Marcel.

Fête : 31 janvier - **Couleur** : orange - **Chiffre** : 6

Caractère : Marcelle est dévouée, loyale, serviable et volontaire. Elle doit faire attention toutefois à ne pas se laisser déborder par ses émotions.

Personnages célèbres : Marcelle Ferron (1924-2001), peintre québécoise ; Marcelle Burgart, épouse de Charles Debbas, premier président de la république du Liban.

Fréquence : répandu - **Évolution** : ↘

Âge moyen : 90 ans

V

Marcia

Marcianne, Marcie, Marcy, Marcienne, Marsia, Martiale, Martianne, Martienne

Étymologie : du latin *marcelus* : « petit marteau », ou du latin « dieu Mars ». Ce prénom est un prénom espagnol, anglais et portugais.

Fête : 31 janvier - **Couleur** : orange - **Chiffre** : 6

Caractère : Marcia est très humaine. Elle est généreuse et ouverte d'esprit.

Fréquence : rare - **Évolution** : ↗

Âge moyen : 20 ans

V

Mareva

Étymologie : du tahitien : « étoile filante ».

Couleur : jaune - **Chiffre** : 2

Caractère : Mareva est bienveillante, consciencieuse et résolue.

Personnage célèbre : Mareva Galanter, ancienne Miss France 1999, elle est aujourd'hui chanteuse, actrice, animatrice et mannequin.

Fréquence : rare - **Évolution** : ↘

Âge moyen : 14 ans

V

Margaret

Margareth, Margarette

Étymologie : du perse *marguiritis* : « perle ». Ce prénom correspond à la forme anglo-saxonne de Marguerite. Ce substantif fut certainement emprunté à la langue perse avant d'être attribué à une fleur.

Fête : 16 novembre - **Couleur** : vert - **Chiffre** : 6

Caractère : Margaret est sociable, réceptive et déterminée.

Personnages célèbres : la princesse Margaret, sœur cadette de la reine Elisabeth II (1930-2002) ; Margaret Mitchell, l'auteur d'*Autant en emporte le vent* ; Margaret Thatcher, ex-Premier Ministre britannique.

Fréquence : rare - **Évolution** : =

Âge moyen : 55 ans

B

Margaux

Margaud, Margault

Étymologie : du perse *marguiritis* : « perle ». Ce prénom n'est apparu que dans les années 80. C'est une variante de Margot qu'Ernest Hemingway créa pour prénommer sa petite-fille. Il souhaitait, par ce biais, rendre hommage à son vin préféré : le *Château Margaux*, grand cru du Médoc. Cette forme, médiatisée sans doute par Margaux Hemingway, devenue actrice, est aujourd'hui plus attribuée que la traditionnelle Margot.

Fête : 16 novembre - **Couleur** : jaune - **Chiffre** : 4

Caractère : Margaux est persévérante, structurée, aussi logique qu'attirée par la réussite.

Personnage célèbre : l'actrice et mannequin Margaux Hemingway.

Fréquence : répandu - **Évolution** : ↘

Âge moyen : 14 ans

B

Margo

Margotte, Margod

Étymologie : du perse *marguiritis* : « perle ». Cette forme orthographique a été inventée il y a peu, réduisant le prénom à sa plus simple écriture.

Fête : 16 novembre - **Couleur :** jaune - **Chiffre :** 4

Caractère : Margo est humaine, mais peut parfois faire preuve d'une certaine rectitude. C'est également une rêveuse, dotée d'une grande ouverture d'esprit.

Fréquence : rare - **Évolution :** ⇗

Âge moyen : 11 ans

B

Margot

Étymologie : du perse *marguiritis* : « perle ». Ce prénom est un diminutif ancien de Marguerite, qui apparaît dès le Moyen Âge, mais n'est reconnu en tant que prénom qu'au milieu du XXe siècle.

Fête : 16 novembre - **Couleur :** jaune - **Chiffre :** 4

Caractère : Margot est diplomate, sociable et réceptive, mais aussi redoutablement indépendante. Il faut dire que ses exigences sont nombreuses et qu'elle a heureusement suffisamment de volonté pour les combler, tout en faisant preuve d'une certaine prudence.

Personnage célèbre : la Reine Margot, surnom de Marguerite de Navarre, sœur de Charles IX et épouse d'Henri IV, incarnée au cinéma par Isabelle Adjani, dans le film éponyme de Patrice Chéreau.

Fréquence : répandu - **Évolution :** ⇘

Âge moyen : 14 ans

C

Marguerite

Margalite, Margarida, Margarita, Margerie, Margery, Marget, Margie, Marguerie, Margrit

Étymologie : du perse *marguiritis* : « perle ». Ce substantif fut certainement emprunté à la langue perse avant d'être attribué à une fleur.

Fête : 16 novembre - **Couleur :** vert - **Chiffre :** 9

Caractère : Marguerite est persévérante, travailleuse, opiniâtre et altruiste.

Personnages célèbres : Marguerite Gautier, héroïne de *La Dame aux camélias* ; Marguerite Yourcenar, romancière et première femme à avoir été élue à l'Académie française ; l'écrivain Marguerite Duras.

Fréquence : répandu - **Évolution :** ⇘

V

Maria

Mariah, Mariya, Marya, Marye, Mayra

Étymologie : de l'hébreu *myriam* : « celle qui élève ». Maria est une forme internationale de Marie, répandue en Allemagne, en Espagne, au Portugal et en Italie.

Fête : 15 août - **Couleur :** bleu - **Chiffre :** 1

Caractère : Maria est consciencieuse, bienveillante et bonne conseillère.

Personnages célèbres : Maria Callas, la célèbre cantatrice (1923-1977) ; l'actrice Maria Casarès (1922-1996).

Fréquence : courant - **Évolution :** ⇗

Âge moyen : 78 ans

V

Mariam

Mariem, Marieme

Étymologie : de l'hébreu *myriam* : « celle qui élève ». Ce prénom est une variante de Myriam plus particulièrement attribuée en Afrique noire

où elle est assez répandue.
Fête : 15 août - **Couleur** : bleu - **Chiffre** : 1
Caractère : Mariam est audacieuse, dynamique, indépendante et directive.
Personnage célèbre : Mariam, la chanteuse du duo *Amadou et Mariam.*
Fréquence : rare - **Évolution** : ↗
Âge moyen : 17 ans

V

Mariama

Étymologie : de l'hébreu *myriam* : « celle qui élève ». Ce prénom est une variante de Myriam attribuée en Afrique noire où elle est assez répandue.
Fête : 15 août - **Couleur** : bleu - **Chiffre** : 1
Caractère : Mariama est réceptive, diplomate, sociable et pleine de bonté.
Fréquence : rare - **Évolution** : ↗
Âge moyen : 17 ans

C

Mariane

Étymologie : Mariane est une contraction du prénom Marie-Anne. Elle est cependant moins courante que la forme pourvue des deux « n ».
Fête : 9 juillet - **Couleur** : bleu - **Chiffre** : 3
Caractère : Mariane est résolue, indépendante et intelligente.
Fréquence : rare - **Évolution** : ↗
Âge moyen : 37 ans

V

Marianna

Mariana, Maryanna

Étymologie : Marianna est une contraction du prénom Marie-Anna. Elle est particulièrement usitée dans les pays slaves, en Italie et en Grèce. C'est aussi un choix traditionnel breton et basque.
Fête : 9 juillet - **Couleur** : bleu - **Chiffre** : 3
Caractère : douce, séductrice et affectueuse, Marianna sait user de ses charmes.
Fréquence : rare - **Évolution** : =
Âge moyen : 43 ans

C

Marianne

Étymologie : ce prénom est une contraction du prénom composé Marie-Anne. Marianne, déesse de la liberté de l'antiquité romaine, revêtant le bonnet phrygien devient le symbole de liberté sous la Révolution, puis celui de la République.
Fête : 9 juillet - **Couleur** : bleu - **Chiffre** : 3
Caractère : Marianne est sociable, vive, indépendante et optimiste.
Personnages célèbres : Marianne, la personnification de la République française ; Marianne, la protagoniste de la pièce d'Alfred de Musset, *Les Caprices de Marianne* ; Marianne Faithfull, chanteuse.
Fréquence : répandu - **Évolution** : ↘
Âge moyen : 46 ans

C

Marie

Mariola, Mariouchka, Mariquita, Marita, Marjelle, Maroussia, Maruja, Maruska, Marzel, Moïra, Moll, Molly, Moyra, Miureall

Étymologie : de l'hébreu *myriam* : « celle qui élève ». Marie est un prénom mixte, bien que couramment porté par les femmes. Ce n'est qu'avant le XXe siècle que Marie était attribué aux garçons. Intemporel, il symbolise la chrétienté. Désignant, à l'origine, la mère du Christ et des croyants, élue de Dieu et Femme parmi les femmes. Ce prénom est comme doté, dans l'inconscient collectif, d'un pouvoir de protection. En vogue depuis des siècles, au point de figurer en tête des prénoms dès le XVIIe siècle,

Marie perd, pourtant, de son ascendant de 1915 jusque dans les années 60, avant de connaître un nouvel essor dès 1980. Faisant figure de classique intergénérationnel et interclasse, Marie est le prénom de l'éternel féminin, d'où l'attrait qu'elle exerce.

Fête : 15 août - **Couleur :** bleu - **Chiffre :** 1

Caractère : émotive, vulnérable, sensible, généreuse et volontaire, sa personnalité rayonne. Simple et attentive, elle recherche l'harmonie.

Personnages célèbres : Marie, mère de Jésus ; Marie Stuart, reine d'Écosse de 1542 à 1567 ; Marie de Médicis, fille de François Ier, épouse d'Henri IV, reine de France de 1600 à 1610, reine mère jusqu'à sa mort en 1642 ; Marie Curie, célèbre prix Nobel de physique qui découvrit le radium ; Marie Laurencin (1883- 1956), peintre.

Fréquence : répandu - **Évolution :** ↘

Âge moyen : 58 ans

C

Marie-Alice

Étymologie : ce prénom est formé à partir des prénoms Marie et Alice.

Fête : 15 août ou 11 juin - **Couleur :** bleu

Chiffre : 2

Caractère : Marie-Alice est fantaisiste, imaginative, ce qui ne l'empêche pas, pour autant, d'être fiable et déterminée. Ces deux courants, contradictoires en apparence, se transforment d'autant mieux en instinct créatif.

Personnage célèbre : Mary Alice Young, la narratrice de la série *Desperate Housewives.*

Fréquence : rare - **Évolution :** ↘

C

Marie-Amélie

Mary-Amélie, Marie-Amély, Mary-Amély

Étymologie : ce prénom est formé à partir des prénoms Marie et Amélie.

Fête : 15 août ou 5 janvier - **Couleur :** bleu

Chiffre : 3

Caractère : Marie-Amélie est courageuse, dynamique, audacieuse et déterminée. L'amour de la vie et des autres est ce qui la rend forte.

Personnage célèbre : Marie-Amélie de Bourbon-Siciles (1782-1866), d'abord duchesse d'Orléans, puis reine des Français, épouse de Louis-Philippe Ier.

Fréquence : rare - **Évolution :** ↘

Âge moyen : 20 ans

C

Marie-Anne

Marie-Ann, Mary-Ann

Étymologie : ce prénom composé est doublement placé sous le signe du matriarcat. En effet, il combine le prénom de la mère de Jésus avec celui de sa grand-mère. Ce prénom fut aussi porté par une religieuse résidant en Équateur : Marie-Anne de Paredes, qui a vécu recluse et mourut à la suite de privations en 1645, à l'âge de vingt-sept ans.

Fête : 2 mai - **Couleur :** bleu - **Chiffre :** 5

Caractère : Marie-Anne est une fine stratège, ardente et déterminée, mais dont l'ego est parfois démesuré.

Personnages célèbres : Marie-Anne de la Trémoille, princesse des Ursins, femme politique (1642-1722) ; Marie-Anne Chazel, célèbre comédienne française, ayant fait partie de la troupe du *Splendid.*

Fréquence : rare - **Évolution :** ↘

Âge moyen : 54 ans

C

Marie-Astrid

Marie-Astride

Étymologie : ce prénom combine deux prénoms assez prisés des milieux chics.

Fête : 15 août ou 27 novembre

TOP 20

Prénoms de marques

Le nom qui symbolise une marque est parfois un prénom : il peut être celui du créateur(trice) de la marque, ou être choisi pour sa sonorité, son histoire. Les parents peuvent donc faire leur choix parmi une liste à l'imaginaire façonné par les marques. Voici quelques exemples...

Alice
Athéna
Babette
Bérénice
Chanel(le)
Chloé
Céline
Clio
Debby
Essie
Francine
Logan
Marie
Megane
Mercedes
Morgan
Jennifer
Lou
Séphora
Zara

Couleur : jaune - **Chiffre :** 4
Caractère : Marie-Astrid est douce, tendre et réservée.
Fréquence : rare - **Évolution :** ↘
Âge moyen : 34 ans

C

Marie-Caroline

Maria-Carolina, Marie-Carolyn, Mary-Carolyn

Étymologie : ce prénom est composé des prénoms Marie et Caroline, deux classiques. Cette combinaison est assez ancienne puisqu'elle remonte au XVIIIe siècle.
Fête : 15 août - **Couleur :** orange - **Chiffre :** 4
Caractère : Marie-Caroline est volontaire, raisonnable et bienveillante.
Personnage célèbre : Marie-Caroline d'Autriche, sœur de Marie-Antoinette (1752-1814).
Fréquence : rare - **Évolution :** ↘
Âge moyen : 35 ans

C

Marie-Cécile

Étymologie : ce prénom est composé des prénoms Marie et Cécile et assez rare jusqu'en 1980. Il devient un des prénoms composés les plus attribués ensuite, bénéficiant sans doute de la faveur de Cécile, en plein essor à cette même époque.
Fête : 15 août ou 22 novembre - **Couleur :** bleu
Chiffre : 11
Caractère : Marie-Cécile est dynamique, endurante et volontaire.
Personnage célèbre : Marie-Cécile Gros-Gaudenier, championne du monde de descente de ski alpin en 1982.
Fréquence : rare - **Évolution :** ↘
Âge moyen : 44 ans

C

Marie-Charlotte

Étymologie : ce prénom est composé des prénoms Marie et Charlotte. Ce prénom est assez ancien. Il s'est en effet répandu dans toute l'Europe dès le XVIIe siècle en réunissant deux classiques aristocrates ; il est devenu un prénom double très souvent attribué aux princesses.
Fête : 15 août ou 17 juillet - **Couleur :** bleu
Chiffre : 11
Caractère : Marie-Charlotte est méthodique. Elle a le sens de l'analyse, est fiable et tenace.
Personnage célèbre : Marie-Charlotte de Romilley de la Chesnelaye (marquise de L'Hospital), mathématicienne du XVIIe siècle.
Fréquence : rare - **Évolution :** ↘
Âge moyen : 26 ans

C

Marie-Christine

Étymologie : prénom formé des deux prénoms Marie et Christine. Ce prénom fut porté par une princesse de Savoie, épouse de Ferdinand II, roi des Deux-Siciles, morte en 1836, à l'âge de vingt-quatre ans.
Fête : 31 janvier - **Couleur :** vert - **Chiffre :** 5
Caractère : Marie-Christine est déterminée et quelles que soient ses ambitions, elle atteint toujours ses objectifs. Attirée par l'art, la culture ou l'ésotérisme, Marie-Christine ne goûte guère la monotonie.
Personnage célèbre : Marie-Christine Barrault, comédienne française.
Fréquence : répandu - **Évolution :** ↘
Âge moyen : 52 ans

C

Marie-Claire

Étymologie : prénom formé des deux prénoms Marie et Claire.
Fête : 15 ou 11 août - **Couleur :** rouge - **Chiffre :** 9
Caractère : Marie-Claire est tenace, résolue et fiable.
Personnage célèbre : le magazine féminin du même nom créé par Jean Prouvost.
Fréquence : répandu - **Évolution :** ↘
Âge moyen : 56 ans

C

Marie-Claude

Étymologie : prénom formé des deux prénoms Marie et Claude. Ce prénom fut porté par Marie-Claude Cyprienne Brard, une des seize carmélites de Compiègne, guillotinée à Paris 17 juillet 1794, sur la place de la Nation.
Fête : 17 juillet - **Couleur :** blanc - **Chiffre :** 2
Caractère : Marie-Claude est généreuse, chaleureuse et franche.
Personnage célèbre : Marie-Claude Pietragalla, actrice, danseuse et chorégraphe.
Fréquence : répandu - **Évolution :** ↘
Âge moyen : 56 ans

P

Marie-Éva

Marie-Ève

Étymologie : prénom formé des deux prénoms Marie et Éva. Ce prénom double fait référence aux deux femmes les plus célèbres de la Bible.
Fête : 15 août ou 6 septembre - **Couleur :** gris
Chiffre : 6
Caractère : Marie-Éva est intuitive, aime le relationnel. Elle est fidèle et n'a pas peur de prendre des décisions.
Fréquence : rare - **Évolution :** ↘
Âge moyen : 21 ans

C

Marie-France

Étymologie : prénom formé de Marie et France. Ce prénom qui associe la mère de l'humanité à la nation est apparu quelque temps avant 1940, apparaissant même comme le prénom le plus attribué dans le Bottin mondain. Ce prénom s'est littéralement envolé durant l'Occupation. Marie-France, comme Marie-Claire, est devenu le titre bien connu d'un magazine féminin très célèbre en France.

Fête : 15 août ou 26 avril - **Couleur :** jaune

Chiffre : 4

Caractère : Marie-France est capable d'analyses très fines. Optimiste, pragmatique, elle possède de véritables facilités à communiquer.

Personnage célèbre : Marie-France Pisier, comédienne française.

Fréquence : répandu - **Évolution :** ↘

Âge moyen : 57 ans

C

Marie-Françoise

Étymologie : prénom composé de Marie et de Françoise. Ce prénom est assez ancien et c'est dans l'entre-deux-guerres qu'il connut son plus vif succès.

Fête : 15 août ou 9 mars - **Couleur :** jaune

Chiffre : 4

Caractère : Marie-Françoise est dynamique, audacieuse et volontaire.

Fréquence : répandu - **Évolution :** ↘

Âge moyen : 58 ans

C

Marie-Gabrielle

Étymologie : prénom composé de Marie et Gabrielle. Ce prénom unit ainsi la mère du Christ et l'ange qui lui annonça l'heureuse nouvelle.

Fête : 15 août ou 26 juin - **Couleur :** violet

Chiffre : 3

Caractère : Marie-Gabrielle est altruiste, idéaliste et intègre.

Personnage célèbre : Marie Gabrielle en Bavière, princesse en Bavière (1878-1912).

Fréquence : rare - **Évolution :** ↘

Âge moyen : 44 ans

P

Marie-Hélène

Étymologie : prénom composé de Marie et Hélène. Ce prénom a rencontré un vif succès durant la première moitié du XXe siècle. Les deux prénoms qui le composent étant relativement classiques et bourgeois, la forme composée a, par conséquent, épousé le même profil. Elle est nettement moins prisée aujourd'hui, effacée par Mylène.

Fête : 15 août ou 18 août - **Couleur :** bleu

Chiffre : 5

Caractère : Marie-Hélène est dynamique, indépendante et courageuse.

Fréquence : répandu - **Évolution :** ↘

Âge moyen : 51 ans

C

Marie-Jeanne

Étymologie : prénom composé de Marie et Jeanne. Ce prénom fut porté par une martyre de la Révolution française, assassinée sous la Terreur en 1794 à Angers.

Fête : 22 février - **Couleur :** vert - **Chiffre :** 6

Caractère : Marie-Jeanne est énergique, résolue et audacieuse.

Personnage célèbre : Marie-Jeanne, la serveuse automate de la comédie musicale *Starmania*, interprétée par Fabienne Thibeault en 1979, puis par Maurane, dix ans après.

Fréquence : rare - **Évolution :** ↘

Âge moyen : 69 ans

C

Marie-Laure

Étymologie : prénom formé de Marie et de Laure.
Fête : 15 août ou 19 octobre - **Couleur :** bleu
Chiffre : 5
Caractère : Marie-Laure est gracieuse, généreuse, créative. C'est une séductrice hors pair.
Personnage célèbre : Marie-Laure de Noailles, égérie du monde littéraire et artistique français, dont le salon fit sensation de 1920 à 1950.
Fréquence : répandu - **Évolution :** ↘
Âge moyen : 41 ans

P

Marielle

Mariel, Mariele, Maryelle

Étymologie : de l'hébreu *myriam* : « celle qui élève ». Ce prénom correspond à une variante de Marie.
Fête : 15 août - **Couleur :** bleu - **Chiffre :** 3
Caractère : Marielle est équilibrée, douce et possède un grand sens artistique.
Personnage célèbre : Marielle Goitschel, la skieuse alpine française (deux médailles d'or olympique, sept titres de championne du monde).
Fréquence : répandu - **Évolution :** ↘
Âge moyen : 42 ans

B

Marie-Lou

Étymologie : prénom composé de Marie et de Lou (diminutif de Louise).
Fête : 28 avril - **Couleur :** bleu **Chiffre :** 8
Caractère : Marie-Lou est persévérante, volontaire et structurée.
Fréquence : rare - **Évolution :** ↗
Âge moyen : 11 ans

C

Marie-Louise

Étymologie : prénom composé de Marie et de Louise.
Fête : 28 avril - **Couleur :** bleu **Chiffre :** 7
Caractère : Marie-Louise est directive, audacieuse et dynamique.
Personnage célèbre : L'impératrice Marie-Louise, seconde épouse de Napoléon et mère de son fils, « l'Aiglon ».
Fréquence : répandu - **Évolution :** ↘
Âge moyen : 85 ans

C

Marie-Lys

Étymologie : prénom formé de Marie et de la fleur de lys, qui symbolise la pureté, la virginité. Ce prénom correspond à une variante de Marie aux Lys ou Marie des Lys.
Fête : 15 août ou 27 juillet - **Couleur :** vert
Chiffre : 6
Caractère : Marie-Lys est sympathique et pragmatique. C'est un être optimiste.
Fréquence : rare - **Évolution :** ↘
Âge moyen : 30 ans

C

Marie-Madeleine

Étymologie : contre toute attente, ce prénom n'est pas réellement formé des prénoms Marie et Madeleine. En effet, Marie-Madeleine correspond, initialement à « Marie de Magdala », du nom d'un petit village proche du lac de Tibériade. Ce nom fait donc office de prénom unique. Lors de leur baptême, beaucoup de petites filles portant le prénom de Madeleine étaient inscrites sous le nom de Marie-Madeleine. Marie-Madeleine dans la Bible symbolise la pécheresse repentie et fut la première à témoigner de la résurrection du Christ.

Fête : 22 juillet - **Couleur :** gris - **Chiffre :** 7
Caractère : Marie-Madeleine est douce, travailleuse, capable d'introspection et d'un certain équilibre.
Fréquence : rare - **Évolution :** ↘
Âge moyen : 67 ans

P

Marie-Océane

Marie-Océan

Étymologie : prénom composé de Marie et d'Océane. Cette composition est récente.
Fête : 15 août ou 7 février - **Couleur :** orange
Chiffre : 4
Caractère : Marie-Océane est forte, ambitieuse, habile et volontaire.
Fréquence : rare - **Évolution :** ↘
Âge moyen : 14 ans

P

Marie-Paule

Étymologie : prénom composé de Marie et de Paule, forme féminine de Paul. C'est dans l'entre-deux-guerres que ce prénom a été formé, au moment où Paule perdait son succès et où la mode des prénoms composés prenait une importance considérable.
Fête : 15 août ou 26 janvier - **Couleur :** vert
Chiffre : 6
Caractère : Marie-Paule est diplomate, sociable et réceptive.
Personnage célèbre : Marie-Paule Belle, chanteuse, pianiste et comédienne française, principalement connue pour la chanson *La Parisienne*, qu'elle a composée en 1976.
Fréquence : répandu - **Évolution :** ↘
Âge moyen : 55 ans

P

Marie-Pierre

Marie-Pier

Étymologie : prénom composé de Marie et de Pierre. Ce prénom composé est l'un des rares à avoir été créé récemment, inspiré par un double masculin traditionnel : Pierre-Marie.
Fête : 15 août ou 29 juin - **Couleur :** jaune
Chiffre : 7
Caractère : Marie-Pierre est rêveuse, humaine et déterminée.
Fréquence : répandu - **Évolution :** ↘
Âge moyen : 47 ans

P

Marie-Rose

Mary-Rose

Étymologie : prénom composé de Marie et de Rose. Ce prénom fut porté par une religieuse qui fonda un institut d'éducation religieuse.
Fête : 12 mars - **Couleur :** bleu - **Chiffre :** 3
Caractère : Marie-Rose est fiable, douce, méthodique et tenace.
Personnage célèbre : héroïne interprétée par Chantal Goya dans ses spectacles des années 80.
Fréquence : rare - **Évolution :** =
Âge moyen : 68 ans

C

Marie-Sophie

Étymologie : prénom composé de Marie et de Sophie. Ce prénom est une invention du XIXe siècle qui a épousé le succès du prénom Sophie.
Couleur : rouge - **Chiffre :** 2
Caractère : Marie-Sophie est énergique, possède une autorité naturelle et un esprit d'innovation.
Personnage célèbre : Marie-Sophie L., actrice et ex-femme de Claude Lelouch.
Fréquence : rare - **Évolution :** ↘
Âge moyen : 32 ans

C

Marie-Thérèse

Étymologie : prénom composé de Marie et de Thérèse. Il s'agit d'un des prénoms composés les plus anciens. Il date du XVIe siècle. Ce prénom fut rendu illustre par Marie-Thérèse de Soubiran, religieuse française, qui fonda l'œuvre de Marie-Auxiliatrice, pour l'éducation des enfants pauvres.
Fête : 7 juin - **Couleur :** rouge - **Chiffre :** 9
Caractère : Marie-Thérèse est altruiste, idéaliste et intègre.
Personnage célèbre : Marie-Thérèse d'Autriche, épouse de Louis XIV.
Fréquence : répandu - **Évolution :** ↘
Âge moyen : 68 ans

B

Mariette

Marieta, Marietta, Marietou, Mietta, Miette

Étymologie : de l'hébreu *myriam* : « celle qui élève ». Mariette est un diminutif de Marie.
Fête : 15 août - **Couleur :** bleu - **Chiffre :** 1
Caractère : Mariette est directive, indépendante et audacieuse.
Fréquence : rare - **Évolution :** ↘
Âge moyen : 77 ans

P

Marilou

Étymologie : ce prénom correspond à la contraction de Marie et de Louise. C'est un prénom féminin français et anglais.
Fête : 28 avril (Sainte-Marie-Louise)
Couleur : noir - **Chiffre :** 10
Caractère : Marilou est ambitieuse, habile et raisonnable.
Personnage célèbre : l'actrice Marilou Berry.
Fréquence : rare - **Évolution :** ↗
Âge moyen : 9 ans

P

Marilyn

Maryline

Étymologie : contraction de Mary et Ellen, versions anglo-saxonnes des prénoms Marie et Hélène.
Fête : 15 août ou 18 août - **Couleur :** bleu
Chiffre : 2
Caractère : Marilyn est réfléchie, charismatique et suit toujours les élans de son cœur.
Personnage célèbre : celle que le seul prénom suffit à identifier : la star Marilyn Monroe.
Fréquence : rare - **Évolution :** ↘
Âge moyen : 37 ans

C

Marilys

Marylise, Marylis

Étymologie : ce prénom est une contraction des prénoms Marie et Lys.
Fête : 15 août ou 27 juillet - **Couleur :** vert
Chiffre : 1
Caractère : Marylis aime la méditation. Elle est toujours en quête de savoir et de réalisation. Elle est aussi intelligente qu'indépendante.
Fréquence : rare - **Évolution :** ↘
Âge moyen : 52 ans

P

Marina

Maryna

Étymologie : du latin *marinus, marina* : « marin, marine ».
Fête : 12 février - **Couleur :** bleu - **Chiffre :** 7
Caractère : Marina est réceptive, loyale, diplomate et sociable.
Personnage célèbre : Marina Foïs, actrice française.
Fréquence : répandu - **Évolution :** ↘
Âge moyen : 26 ans

P

Marine

Maryne

Étymologie : du latin *marinus, marina* : « marin, marine ». Ce prénom correspond à la forme féminine du prénom plus rare dans sa version masculine : Marin.

Fête : 12 février - Couleur : rouge - Chiffre : 7

Caractère : Marine est vive, sensible et optimiste.

Personnage célèbre : la comédienne Marine Delterme.

Fréquence : répandu - Évolution : ↘

Âge moyen : 19 ans

B

Marinette

Étymologie : du latin *marinus, marina* : « marin, marine ». Marinette est un diminutif de Marine.

Fête : 12 février - Couleur : rouge - Chiffre : 7

Caractère : Marinette est déterminée, a le sens des responsabilités et de la famille.

Personnage célèbre : ce prénom évoque le personnage des *Contes du chat perché* de Marcel Aymé.

Fréquence : rare - Évolution : ↘

Âge moyen : 70 ans

P

Marion

Maryon

Étymologie : de l'hébreu *myriam* : « celle qui élève ». Ce prénom correspond à une forme dérivée de Marie. Si Marion est un prénom ancien (certaines sources font remonter sa présence au XIe siècle), il n'en figure pas moins comme emblématique des années 80. Répandu en France, Marion se rencontre aussi aisément aux États-Unis.

Fête : 15 août - Couleur : bleu - Chiffre : 7

Caractère : Marion réunit deux qualités presque antinomiques. En effet, elle possède, d'une part, la réflexion liée à l'esprit de synthèse et de l'autre, une certaine intuition. Mais elle doit toujours veiller à garder un certain équilibre, car lorsque l'un l'emporte sur l'autre, elle peut faire des erreurs.

Personnages célèbres : Marion Delorme, personnalité féminine célèbre sous Louis XIII, qui inspira le drame éponyme que Victor Hugo écrivit en 1831 ; Marion Crane, héroïne du célèbre film d'Hitchcock, *Psychose* ; Marion Jones, athlète américaine ; Marion Cotillard, actrice française.

Fréquence : répandu - Évolution : ↘

Âge moyen : 21 ans

V

Marisa

Marysa, Maribel, Marisol, Marissa, Maritza, Mariza

Étymologie : de l'hébreu *myriam* : « celle qui élève ». Ce prénom semble s'apparenter à Maryse et pourrait être une forme contractée de Marie-Louise.

Couleur : bleu - Chiffre : 7

Caractère : Marisa est une séductrice qui aime l'originalité et la réflexion.

Personnages célèbres : Marisa Berenson et Marisa Tomei, actrices.

Fréquence : rare - Évolution : ↗

B

Marjolaine

Marjolène

Étymologie : du latin *majorana*, nom d'usage de l'origan, plante aromatique à fleurs roses.

Fête : 5 octobre (Sainte-Fleur)

Couleur : gris - Chiffre : 8

Caractère : Marjolaine est forte, habile, raisonnable et ambitieuse.

Fréquence : rare - Évolution : ↘

Âge moyen : 26 ans

P

Marjorie

Marjory

Étymologie : du perse *marguiritis* : « perle ». Marjorie est, dans les pays anglophones, la forme la plus répandue de Margaret, Marguerite en français. Marjorie fut très prisé en France entre la fin des années 70 et le début des années 90.

Fête : 20 juillet - **Couleur :** vert - **Chiffre :** 8

Caractère : Marjorie est forte, a du caractère et de l'habileté.

Fréquence : répandu - **Évolution :** ↘

Âge moyen : 28 ans

P

Marlène

Marlaine, Marleine, Marleyne, Marlie, Marline, Marly

Étymologie : ce prénom est une forme contractée de Marie-Hélène.

Fête : 15 août ou 18 août - **Couleur :** orange

Chiffre : 5

Caractère : Marlène est charmante, fantaisiste, se laisse guider facilement par son instinct affectif et son envie de séduire.

Personnages célèbres : la star de cinéma, Marlene Dietrich ; Marlène Jobert, comédienne.

Fréquence : courant - **Évolution :** ↘

Âge moyen : 40 ans

V

Martha

Étymologie : de l'araméen *martha* : « la maîtresse de maison ». Ce prénom correspond à la forme internationale de Marthe.

Fête : 9 juillet - **Couleur :** bleu - **Chiffre :** 2

Caractère : Martha aime l'originalité, est philosophe et spirituelle.

Personnage célèbre : Martha Stewart, personnalité de la télévision américaine connue pour ses leçons d'art de vivre.

Fréquence : rare - **Évolution :** ↗

Âge moyen : 73 ans

C

Marthe

Mara, Marfa, Marfenia, Marfoucha, Mart, Martella, Martha, Martie, Martita, Marty, Mat, Mattie, Matty

Étymologie : de l'araméen *martha* : « la maîtresse de maison ». Ce prénom fut porté par la sœur de Lazare et de Marie-Madeleine, elle aurait demandé à Jésus de ressusciter son frère. D'après la légende, Marthe quitta Bethléem avec sa sœur et débarqua avec elle en Provence. Elle évangélisa la région et fonda un monastère en Avignon. Elle est aujourd'hui considérée comme la patronne des hôteliers.

Fête : 9 juillet - **Couleur :** bleu - **Chiffre :** 2

Caractère : Marthe est dynamique, opportuniste et diplomate.

Personnage célèbre : Marthe Villalonga, actrice.

Fréquence : répandu - **Évolution :** ↘

P

Martine

Étymologie : du latin *martius*, *martia* : « consacré au dieu Mars ». Ce prénom correspond à la forme féminine de Martin.

Fête : 30 janvier - **Couleur :** jaune - **Chiffre :** 8

Caractère : Martine est pleine de vitalité. Toute concentrée à l'intérieur d'elle-même, elle confirme cet aspect contemplatif et l'égaye çà et là d'un sens ludique souverain.

Personnages célèbres : Martine Carol, actrice ; Martine, l'héroïne des livres pour enfants ; la femme politique Martine Aubry.

Fréquence : répandu - **Évolution :** ↘

Âge moyen : 56 ans

V

Marwa

Étymologie : de l'arabe : « rocher ». Ce nom est celui d'un rocher proche de la Kaaba de La Mecque. La mère d'Ismaël, Hajar, abandonnée avec lui dans le désert, parcourut sept fois d'affilée la distance de Marwa à Safa, un autre bloc de pierre. Dieu fit alors jaillir une source. Le parcours d'Hajar fait partie aujourd'hui du pèlerinage de La Mecque.

Couleur : blanc - **Chiffre :** 2

Caractère : Marwa est diplomate, sociable et réceptive.

Fréquence : rare - **Évolution :** ↗

Âge moyen : 8 ans

V

Mary

Étymologie : de l'hébreu *myriam* : « celle qui élève ». Mary est la forme anglo-saxonne de Marie. Mary est, comme la Marie française, un très grand classique dans les pays anglo-saxons.

Fête : 15 août - **Couleur :** bleu - **Chiffre :** 1

Caractère : Mary est pragmatique, optimiste et créative.

Personnages célèbres : Mary Shelley, romancière anglaise, créatrice du personnage de Frankenstein ; Mary Higgins Clark, la reine américaine du roman policier.

Fréquence : rare - **Évolution :** ↘

Âge moyen : 41 ans

V

Maryam

Maryama, Maryame, Maryem

Étymologie : de l'hébreu *myriam* : « celle qui élève ». Maryam est une forme arabe de Myriam, très répandue en Iran.

Fête : 15 août - **Couleur :** bleu - **Chiffre :** 1

Caractère : Maryam est audacieuse, dynamique, indépendante et directive.

Fréquence : rare - **Évolution :** ↗

Âge moyen : 12 ans

P

Marylène

Étymologie : Marylène correspond à la forme contractée de Marie-Hélène.

Fête : 15 août ou 18 août - **Couleur :** orange

Chiffre : 9

Caractère : Marylène est élégante, émotive et imaginative.

Fréquence : répandu - **Évolution :** ↘

Âge moyen : 49 ans

P

Maryline

Marylin

Étymologie : Maryline est une forme dérivée de Marilyn. Elle correspond à la contraction de Mary et Ellen.

Fête : 15 août ou 18 août - **Couleur :** bleu

Chiffre : 2

Caractère : Maryline est sagace, spirituelle et sympathique. En outre, sa soif de connaissances est sans limite, ce qui ne gâche rien.

Fréquence : répandu - **Évolution :** ↘

Âge moyen : 46 ans

P

Marylise

Étymologie : ce prénom correspond à la forme contractée de Mary et de Lise.

Fête : 28 avril (Sainte-Marie-Louise)

Couleur : jaune - **Chiffre :** 3

Caractère : Marylise est enthousiaste et compatissante.

Fréquence : rare - **Évolution :** ↘

Âge moyen : 47 ans

P

Marylou

Étymologie : ce prénom correspondant à un dérivé de Marilou, la forme contractée de Marie-Lou, diminutif de Marie-Louise.
Fête : 28 avril (Sainte-Marie-Louise)
Couleur : orange - **Chiffre :** 2
Caractère : Marylou est équilibrée, a le sens de la famille et des responsabilités.
Personnage célèbre : l'héroïne de la chanson de Michel Polnareff, *Goodbye Marylou.*
Fréquence : rare - **Évolution :** ↗
Âge moyen : 26 ans

P

Maryse

Marisa, Marise

Étymologie : de l'hébreu myriam : « celle qui élève ».
Fête : 15 août - **Couleur :** rouge - **Chiffre :** 9
Caractère : Maryse est réaliste, imaginative, indépendante et sensible.
Personnages célèbres : Maryse Bastié, pionnière de l'aviation (1898-1952) ; Maryse Condé, écrivaine française contemporaine.
Fréquence : répandu - **Évolution :** ↘
Âge moyen : 59 ans

P

Maryvonne

Étymologie : ce prénom correspond à une forme contractée de Marie et d'Yvonne.
Fête : 15 août ou 19 mai
Couleur : vert - **Chiffre :** 1
Caractère : Maryvonne est charmante, séduisante, déterminée et travailleuse.
Fréquence : répandu - **Évolution :** ↘
Âge moyen : 62 ans

B

Mathilda

Étymologie : du germanique *math* : « force » et *hild* : « la guerre ». Mathilda est une variante de notre Mathilde française, particulièrement répandue dans les pays slaves et anglo-saxons.
Fête : 14 mars - **Couleur :** jaune - **Chiffre :** 9
Caractère : Mathilda est curieuse, dynamique, indépendante et courageuse.
Fréquence : rare - **Évolution :** =
Âge moyen : 13 ans

C

Mathilde

Machthild, Mathéna, Matheline, Mathylde, Mathie, Matilde, Maty, Mectilde, Megtilda, Mektilde, Mettelde, Mettild, Metze, Telia Tilda, Tilde.

Étymologie : du germanique *math* : « force » et *hild* : « la guerre ». Mathilde est un prénom caractéristique de l'aristocratie européenne médiévale et connaît un succès certain jusqu'au XVIe siècle, avant que sa cote ne baisse jusqu'au XIXe siècle où il redevient assez prisé et régulièrement attribué. Mais le XXe siècle semble aussi lui réussir. Valeur sûre des milieux BCBG pendant les années 80, Mathilde, prénom chic par excellence, surfe donc sur la tendance dès la décennie suivante. Particulièrement usité en Allemagne où il honore ses origines, Mathilde s'inscrit, à présent, dans le top 50 français.
Fête : 14 mars - **Couleur :** jaune - **Chiffre :** 9
Caractère : Mathilde est quelque peu curieuse, mais sa douceur et sa sensibilité sont telles qu'elles compensent ce défaut souvent charmant.
Personnages célèbres : Mathilde Bonaparte, princesse et femme de lettres du Second Empire ; Mathilde de la Mole, personnage féminin du roman de Stendhal, *Le Rouge et le Noir.*
Fréquence : répandu - **Évolution :** ↘
Âge moyen : 34 ans

B

Mathurine

Thurine

Étymologie : du latin *maturus* : « l'homme mûr, l'homme sage ». Ce prénom est la forme féminine de Mathurin.

Fête : 9 novembre - Couleur : jaune - Chiffre : 8

Caractère : Mathurine est dynamique, directive et audacieuse.

Fréquence : rare - Évolution : ↗

B

Matilda

Étymologie : du germanique *math* : « force » et *hild* : « la guerre ». C'est dans les pays anglophones et scandinaves que Matilda est attribué couramment.

Fête : 14 mars - Couleur : jaune - Chiffre : 9

Caractère : Matilda est consciencieuse, bienveillante. Elle recherche la paix et, à ce titre, se révèle être une très bonne conseillère.

Personnage célèbre : le personnage du livre pour enfant éponyme de Roald Dahl.

Fréquence : rare - Évolution : ↗

Âge moyen : 9 ans

C

Maud

Maude

Étymologie : du germanique *math* : « force » et *hild* : « la guerre ». Ce prénom est une ancienne forme de Mathilde créée via la forme Mahaut. Elle est attestée en Angleterre dès le XVe siècle. Ce prénom fut très attribué durant les années 80.

Fête : 14 mars - Couleur : vert - Chiffre : 3

Caractère : Maud est enthousiaste, pragmatique et généreuse.

Personnages célèbres : Maud, l'héroïne du film d'Éric Rohmer *Ma nuit chez Maud* ; Maude, l'héroïne du film d'Hal Ashby *Harold et Maude* ; la psychanalyste Maud Mannoni.

Fréquence : répandu - Évolution : ↘

Âge moyen : 32 ans

P

Maurane

Étymologie : du latin *maurus, maura* : « brun, ou brune, de peau », comme les Maures d'Afrique du Nord. Ce prénom fut porté par une martyre d'Éphèse au Ier siècle.

Fête : 26 janvier - Couleur : violet - Chiffre : 1

Caractère : Maurane est ambitieuse, énergique et rigoureuse.

Personnage célèbre : Maurane, la chanteuse.

Fréquence : rare - Évolution : ↘

Âge moyen : 14 ans

V

Maureen

Étymologie : du celte *maryin* : « Mairin », forme irlandaise de Marie.

Fête : 15 août - Couleur : bleu - Chiffre : 3

Caractère : Maureen est audacieuse, originale et déterminée.

Personnage célèbre : Maureen Dor, animatrice de télévision, actrice, chanteuse et écrivain belge.

Fréquence : rare - Évolution : ↘

Âge moyen : 17 ans

B

Mauve

Étymologie : du celtique *mach* : « gage » et *lou* : « lumière ».

Fête : 5 octobre (Sainte-Fleur)

Couleur : bleu - Chiffre : 9

Caractère : Mauve possède un tempérament ardent. Pleine de vitalité, elle aime aller au bout des choses et possède un certain leadership.

Fréquence : très rare - Évolution : ↘

Âge moyen : 26 ans

B

Mauricette

Étymologie : du latin *maurus, maura* : « brun, ou brune, de peau », comme les Maures d'Afrique du Nord. Ce prénom correspond à la forme féminine de Maurice.
Fête : 22 septembre - **Couleur :** violet - **Chiffre :** 7
Caractère : Mauricette est réservée, prudente, possède de grandes qualités d'écoute et aime l'étude.
Fréquence : répandu - **Évolution :** ↘
Âge moyen : 74 ans

P

Maurine

Étymologie : du celte *maryin* : « Mairin », forme irlandaise de Marie.
Fête : 15 août - **Couleur :** bleu - **Chiffre :** 3
Caractère : Maurine est déterminée, humaine et rêveuse.
Fréquence : rare - **Évolution :** ↘
Âge moyen : 15 ans

C

Maxence

Étymologie : du latin *Maxentius*, nom d'un empereur romain du début du IVe siècle. Ce prénom fut porté par une disciple de saint Patrick. Ayant été exilée, elle s'installa en France à la fin du Ve siècle, près de Senlis. Elle y vécut plusieurs années dans un ermitage, mais fut tuée par des païens qui ravageaient la région. Maxence étant aujourd'hui un prénom plus couramment attribué aux garçons, on oublie, à tort, qu'il est également féminin.
Fête : 20 - **Couleur :** bleu - **Chiffre :** 3
Caractère : Vive et débrouillarde, Maxence a toujours de quoi émerveiller son entourage.
Fréquence : rare - **Évolution :** ↘
Âge moyen : 26 ans

TOP 20

Prénoms royaux

Faire le choix d'un prénom dit « royal » c'est choisir un grand classique qui a marqué l'histoire. Prisé par les familles « tradi », le classique-chic se démocratise depuis quelques années, constituant une valeur refuge.

Alix
Anne
Antoinette
Astrid
Aude
Béatrix
Berthe
Catherine
Clémence
Élisabeth
Ermengarde
Gertrude
Isabelle
Jeanne
Louise
Marie-Amélie
Marguerite
Marie
Philippa
Victoria

B

Maximilienne

Massimiliana, Maxima, Maximiliana, Maximille

Étymologie : du latin *maximus* : « le plus grand ». Ce prénom correspond à la forme féminine de Maximilien.

Fête : 12 mars - **Couleur :** orange - **Chiffre :** 1

Caractère : Maximilienne est orgueilleuse, entière et déterminée.

Fréquence : rare - **Évolution :** =

Âge moyen : 90 ans

B

Maxine

Étymologie : du latin *maximus* : « le plus grand ».

Fête : 12 mars - **Couleur :** orange - **Chiffre :** 2

Caractère : Maxine est pragmatique, optimiste et déterminée.

Fréquence : rare - **Évolution :** ↗

Âge moyen : 8 ans

C

Maxime

Étymologie : du latin *maximus* : « le plus grand ». Ce prénom est mixte, mais bien plus couramment porté par des garçons. Sainte Maxime (VIIe siècle) est la patronne de plusieurs villages de Provence (une ville porte même son nom).

Fête : 12 mars - **Couleur :** rouge - **Chiffre :** 6

Caractère : Maxime est exigeante et travailleuse, elle aime aller droit au but.

Fréquence : rare - **Évolution :** ↗

Âge moyen : 10 ans

B

May

Étymologie : de l'anglais : « mois de mai ». La tendance anglo-saxonne du XIXe siècle, en accord avec le courant romantique, était de donner aux filles des prénoms désignant des fleurs ou des mois printaniers comme April, May ou June.

Caractère : May est créative, optimiste et efficace.

Fréquence : rare - **Évolution :** ↗

Âge moyen : 28 ans

V

Maya

Étymologie : ce prénom peut se rapporter au peuple de l'Amérique précolombienne ou être un dérivé du prénom May.

Couleur : jaune - **Chiffre :** 7

Caractère : Maya est méthodique, tenace et fiable.

Personnage célèbre : Maya l'Abeille, l'héroïne du dessin animé du même nom.

Fréquence : rare - **Évolution :** ↗

Âge moyen : 10 ans

V

Maylis

Étymologie : Maylis est une variante de Maïlis. Ce prénom correspond à la forme contractée du prénom composé né dans les Landes : Marie-Lys ou Marie aux Lys qui unit Marie à la fleur de lys, symbole de pureté et de virginité. Il existe une sainte Maïlys, martyrisée au début du christianisme, mais qui ne figure pas au calendrier des saints.

Fête : 15 août - **Couleur :** blanc - **Chiffre :** 3

Caractère : Maylis est franche et gaie. Elle aime la convivalité.

Fréquence : rare - **Évolution :** ↗

Âge moyen : 16 ans

V

Mayté

Étymologie : Mayté est une variante de Maïté, forme contractée de Marie-Thérèse.

Fête : 7 juin - **Couleur :** rouge - **Chiffre :** 9

Caractère : drôle, intelligente et audacieuse, Mayté relève de nombreux défis.

Fréquence : rare - **Évolution :** ↘

C

Mazarine

Étymologie : du nom du cardinal Jules Mazarin (1602-1661) qui fut le ministre d'Anne d'Autriche, puis de Louis XIV. Ce prénom fut sans aucun doute créé par François Mitterand qui baptisa ainsi sa fille.

Couleur : vert - **Chiffre :** 6

Caractère : Mazarine est équilibrée, a le sens des responsabilités et de la famille.

Personnage célèbre : Mazarine Pingeot, écrivain et fille de François Mitterrand.

Fréquence : rare - **Évolution :** ↘

Âge moyen : 11 ans

P

Mégane

Mégan, Méghan, Méghane

Étymologie : Mégane est la forme française du diminutif gallois de Marguerite : Megan.

Fête : 16 novembre - **Couleur :** vert - **Chiffre :** 5

Caractère : Mégane est passionnée, épicurienne, a le goût de l'aventure et est pleine de vivacité.

Personnage célèbre : l'actrice Megan Fox.

Fréquence : répandu - **Évolution :** ↘

Âge moyen : 17 ans

V

Meggy

Meggie, Megie, Meguy

Étymologie : du perse *marguiritis* : « perle ». Meggy est un diminutif de Marguerite, proche de Maggy.

Fête : 16 novembre - **Couleur :** vert - **Chiffre :** 5

Caractère : Meggy est généreuse, enthousiaste. Elle est, qui plus est, dotée d'un esprit pratique.

Fréquence : rare - **Évolution :** ↘

Âge moyen : 18 ans

P

Mélaine

Étymologie : du celte *melaine* : « blond, doré ». Ce prénom fut rendu illustre par un évêque de Rennes qui fut le conseiller de Clovis Ier. Il mourut en 530. Mélaine est donc un prénom mixte, beaucoup plus souvent attribué aux filles.

Fête : 6 juin - **Couleur :** vert - **Chiffre :** 2

Caractère : Mélaine est bienveillante, attentive et consciencieuse.

Fréquence : rare - **Évolution :** ↘

Âge moyen : 20 ans

P

Mélanie

Malania, Mel, Mélaine, Melania, Melanija, Melanio, Melanius, Melany, Mélas, Mellie, Melloney, Mellony, Melltje

Étymologie : du grec *melas, melanos* : « de couleur noire ». Ce prénom fut porté par une riche romaine du Ve siècle qui, ayant perdu ses deux fils, vendit tous ses biens et fit construire des églises et des hôpitaux. Après la mort de son mari, elle acheva sa vie dans un couvent de Jérusalem qui avait été fondé par sa grand-mère, sainte Mélanie l'Ancienne, que l'on fête le 26 janvier.

Fête : 31 décembre - **Couleur** : orange - **Chiffre** : 5
Caractère : Mélanie est franche, curieuse, vive et indépendante.
Personnages célèbres : les actrices Melanie Griffith, Mélanie Thierrry et Mélanie Laurent ; Melanie Klein, psychanalyste.
Fréquence : répandu - **Évolution** : ↘
Âge moyen : 30 ans

P

Mélina

Étymologie : du grec : « miel ». Le miel est considéré comme la nourriture des dieux de l'Olympe. Ce prénom était donc presque exclusivement usité en Grèce.
Couleur : rouge - **Chiffre** : 9
Caractère : Mélina est discrète, gentille et sociable.
Personnage célèbre : l'actrice, chanteuse et ministre grecque Melina Mercouri.
Fréquence : rare - **Évolution** : ↗
Âge moyen : 20 ans

P

Mélinda

Étymologie : du germanique *lindi* : « le dragon, le serpent » (divinité de la mythologie germanique). Cette variante du prénom Bélinda fut portée par une jeune vierge consacrée qui fut assassinée.
Fête : 8 septembre - **Couleur** : jaune - **Chiffre** : 6
Caractère : Mélinda est fiable, tenace et engagée.
Fréquence : rare - **Évolution** : ↗
Âge moyen : 20 ans

P

Méline

Méliana, Méliane, Mélyne

Étymologie : du grec : « miel », considéré comme la nourriture des dieux de l'Olympe. Méline est une forme francisée de Mélina et est très prisé en France aujourd'hui.
Couleur : rouge - **Chiffre** : 9
Caractère : Méline est volontaire, dévouée aux autres et d'une grande sensibilité.
Fréquence : rare - **Évolution** : ↗
Âge moyen : 9 ans

C

Mélisande

Melicent, Melisenda, Mellicent, Mil, Millicent, Millie, Millisent, Milly

Étymologie : du germanique *amalswint* : « la noble énergique ». Ce prénom est une variante du prénom Milicent.
Couleur : jaune - **Chiffre** : 1
Caractère : Mélisande est opiniâtre, indépendante, fidèle et volontaire.
Personnage célèbre : Mélisande, l'héroïne du drame de Maeterlinck, *Pelléas et Mélisande*, adapté en opéra par Claude Debussy.
Fréquence : très rare - **Évolution** : ↘
Âge moyen : 19 ans

V

Mélissa

Melisse, Melita, Melitta, Mellie, Mélyssa

Étymologie : du grec *melissa* : « l'abeille ». Dans la mythologie, Mélissa était une nymphe, fille de Melissos, roi de Crète, qui, avec sa sœur Amalthée, éleva Zeus et le nourrit de miel.
Fête : 10 novembre - **Couleur** : vert - **Chiffre** : 6

Caractère : Mélissa est douce, intuitive et diplomate.
Personnage célèbre : Mélissa Theuriau, journaliste et productrice française.
Fréquence : répandu - **Évolution :** ↘
Âge moyen : 16 ans

C

Mélissandre

Étymologie : du germanique *amalswint* : « la noble énergique ». Ce prénom est une variante du prénom Milicent, un dérivé de Mélisande.
Couleur : jaune - **Chiffre :** 1
Caractère : Mélissandre est diplomate, sociable et loyale.
Fréquence : rare - **Évolution :** ↘
Âge moyen : 14 ans

P

Mélodie

Mélody

Étymologie : du grec *melos* : « air musical » et *adein* : « chanter ». Ce prénom a strictement le même sens que le substantif. Mélodie est fêtée le même jour que saint Roman le Mélode, diacre mélomane du VIe siècle.
Fête : 1er octobre - **Couleur :** vert - **Chiffre :** 6
Caractère : Mélodie est volontaire, humaine et rêveuse.
Fréquence : rare - **Évolution :** ↘
Âge moyen : 18 ans

B

Mélusine

Étymologie : du patronyme Lusignan, nom d'une grande famille poitevine. Ce prénom évoque la fée, qui dans les romans de chevalerie médiévale, était condamnée à se transformer chaque samedi en serpent, en raison d'un sort jeté par sa mère. Mariée à Raymondin de Lusignan dont elle est éprise, elle est un jour découverte sous son autre forme par celui-ci. Elle disparut aussitôt. La tradition rapporte que, chaque fois qu'un malheur frappait un sire de Lusignan, Mélusine apparaissait en poussant d'affreux cris.
Couleur : gris - **Chiffre :** 8
Caractère : Mélusine est charmante, diplomate, vive et indépendante.
Fréquence : rare - **Évolution :** ↗
Âge moyen : 15 ans

V

Mercedes

Étymologie : du latin : « grâce », qui a engendré l'espagnol *merced* : « pardon ». Il est attribué en l'honneur de Maria de Las Mercedes, Marie de Toutes les Grâces, la Vierge protégeant l'ordre fondé par le dominicain catalan Raymond de Penyafort.
Fête : 24 septembre - **Couleur :** bleu - **Chiffre :** 1
Caractère : Mercedes est émotive, curieuse, aime l'harmonie et sait s'adapter. Elle est aussi très courageuse.
Personnage célèbre : ce prénom renvoie induscutablement à la marque Mercedes Benz. En réalité, c'est le constructeur automobile du même nom qui utilisa le prénom de sa femme (pour lui rendre hommage) lorsqu'il créa sa marque.
Fréquence : rare - **Évolution :** ↘
Âge moyen : 69 ans

V

Mérédith

Méridith, Merry

Étymologie : du gallois *mawr* : « grand » et *iudd* : « le seigneur ». Ce prénom masculin à l'origine l'est resté au Pays de Galles, mais s'est féminisé aux États-Unis et partout ailleurs.
Couleur : violet - **Chiffre :** 3
Caractère : Mérédith est autoritaire, sage et ambitieuse.

Personnage célèbre : Meredith Grey, héroïne de la série *Grey's Anatomy*.
Fréquence : rare - **Évolution :** ↗
Âge moyen : 13 ans

V

Mériem

Mérieme, Méryem, Méryeme

Étymologie : de l'hébreu *myriam* : « celle qui élève ».
Fête : 15 août - **Couleur :** bleu - **Chiffre :** 1
Caractère : Mériem est intègre, altruiste et idéaliste.
Fréquence : rare - **Évolution :** ↗
Âge moyen : 22 ans

B

Méryl

Méryll, Mérylle

Étymologie : du gaélique *muirgheal* : « mer brillante, haute mer ». Méryl est la forme phonétique anglaise de Muriel. Elle est devenue un prénom à part entière dès le début du XXe siècle.
Fête : 29 août - **Couleur :** bleu - **Chiffre :** 1
Caractère : Méryl est autoritaire, sympathique et aime l'innovation.
Personnage célèbre : l'actrice américaine Meryl Streep.
Fréquence : rare - **Évolution :** ↘
Âge moyen : 16 ans

V

Mia

Mya

Étymologie : du latin *amata* : « aimée ». Mia est le diminutif d'Aimée, prénom qui fut porté par la bienheureuse nièce de sainte Claire, au XIIIe siècle.
Fête : 20 février - **Couleur :** orange - **Chiffre :** 5
Caractère : Mia est fidèle, efficace, sociale et déterminée.
Personnages célèbres : Mia Farrow, actrice américaine, ex-compagne et muse de Woody Allen ; Mia Frye, danseuse et chorégraphe.
Fréquence : rare - **Évolution :** ↗
Âge moyen : 7 ans

V

Michaela

Étymologie : de l'hébreu *mi kha el* : « qui donc est comme Dieu ? ». Michaela correspond à la forme féminine de Michaël, forme originelle de Michel. Michaela est la Michèle allemande.
Fête : 29 septembre (Saint-Michel)
Couleur : rouge - **Chiffre :** 7
Caractère : Michaela est calme, aime l'harmonie, est habile et généreuse.
Personnage célèbre : Michaela Conlin, actrice américaine.
Fréquence : rare - **Évolution :** ↘
Âge moyen : 32 ans

P

Michèle

Michelette

Étymologie : de l'hébreu *mi kha el* : « qui donc est comme Dieu ? ».
Fête : 29 septembre (Saint-Michel)
Couleur : rouge - **Chiffre :** 2
Caractère : Michèle est séduisante, sérieuse et déterminée.
Personnages célèbres : Michèle Morgan, l'actrice française ; Michèle Laroque, comédienne française, productrice et humoriste.
Fréquence : répandu - **Évolution :** ↘
Âge moyen : 61 ans

P

Micheline

Étymologie : de l'hébreu *mi kha el* : « qui donc est comme Dieu ? ». Micheline est un diminutif du Michel masculin : « la petite enfant de Michel ». Micheline est apparu avant Michèle.

Fête : 19 juin - **Couleur :** rouge - **Chiffre :** 6

Caractère : Micheline est sensible, active, méthodique et déterminée.

Personnages célèbres : les actrices Micheline Presle et Micheline Dax.

Fréquence : répandu - **Évolution :** ↘

Âge moyen : 75 ans

P

Michelle

Étymologie : de l'hébreu *mi kha el* : « qui donc est comme Dieu ? ». Michelle correspond à la forme anglo-saxonne de Michèle.

Fête : 29 septembre (Saint-Michel)

Couleur : rouge - **Chiffre :** 2

Caractère : Michelle est tenace, a le sens du devoir et de l'engagement.

Personnages célèbres : les actrices Michelle Pfeiffer, Michelle Yeoh et Michelle Rodriguez ; Michelle Obama, épouse du président américain Barack Obama.

Fréquence : rare - **Évolution :** ↘

Âge moyen : 66 ans

V

Midoli

Étymologie : du japonais : « de couleur verte ».

Couleur : blanc - **Chiffre :** 1

Caractère : Midoli est forte, habile et passionnée. Elle possède un certain leadership.

Fréquence : très rare - **Évolution :** =

V

Mieko

Étymologie : du japonais : « très belle enfant ».

Couleur : orange - **Chiffre :** 9

Caractère : Mieko est une femme de caractère, qui aime les stratégies. Son intelligence a besoin d'être mise à l'épreuve.

Fréquence : très rare - **Évolution :** =

V

Miki

Étymologie : du japonais : « arbre, beauté ».

Couleur : rose - **Chiffre :** 9

Caractère : Miki est bienveillante et sage. C'est une pacificatrice dans l'âme.

Fréquence : très rare - **Évolution :** =

B

Mila

Étymologie : du slave *ludmilla* « aimée du peuple », ou de l'espagnol *milagros* : « miracles ».

Couleur : noir - **Chiffre :** 7

Caractère : Mila est pleine d'ardeur et de vitalité. Elle est charmante et charismatique.

Personnage célèbre : l'actrice Mila Kunis.

Fréquence : rare - **Évolution :** ↗

Âge moyen : 6 ans

P

Mildred

Étymologie : de l'anglais : « la douce ». Mildred fut porté par une abbesse du monastère de l'île de Thanet, l'estuaire de la Tamise. Sa beauté, sa compassion l'ont rendu célèbre.

Fête : 13 juillet - **Couleur :** vert - **Chiffre :** 7

Caractère : Mildred est équilibrée, gaie et optimiste.

Fréquence : rare - **Évolution :** ↘

Âge moyen : 13 ans

TOP 20

Prénoms régionaux

La profonde vogue actuelle pour les prénoms régionaux, prénoms de caractère, témoigne d'une quête de « réassurance », d'un désir incontestable de retour aux sources. Ces sources sont parfois familiales ou pas : on peut avoir envie d'un prénom breton en venant de Paris, rien n'est interdit !

Ainhoa *(Pays Basque)*
Alogia *(Gascogne)*
Amiga *(Languedoc)*
Annaïg *(Bretagne)*
Apolonia *(Pays Basque)*
Aourgen *(Bretagne)*
Cassiana *(Provençal)*
Elis *(Occitanie)*
Fantou *(Bretagne)*
Florès *(Occitanie)*
Fursy *(Alsace)*
Isolina *(Occitanie)*
Mativa *(Gascogne)*
Mêlie *(Normandie)*
Nellig *(Bretagne)*
Noyale *(Bretagne)*
Reinilde *(Alsace)*
Suzelle *(Alsace)*
Trudie / Trudy *(Alsace)*
Ulrica *(Alsace)*

P

Miléna

Étymologie : forme contractée du prénom composé Marie-Hélène.
Fête : 15 août ou 18 août - Couleur : blanc
Chiffre : 2
Caractère : Miléna est ouverte d'esprit, humaine et rêveuse.
Fréquence : rare - Évolution : ↗
Âge moyen : 17 ans

P

Milène

Étymologie : forme contractée du prénom composé Marie-Hélène.
Fête : 15 août ou 18 août- Couleur : blanc
Chiffre : 2
Caractère : Milène est méthodique, tenace et fiable.
Fréquence : rare - Évolution : ↘
Âge moyen : 27 ans

V

Mina

Étymologie : du germanique *wil* : « volonté » et *helm* : « casque ». Ce prénom correspond à un dérivé de Wilhelmina, forme féminine de William et par conséquent forme anglo-saxonne et germanique de Guillemette.
Fête : 10 janvier (Saint-Guillaume)
Couleur : bleu - Chiffre : 6
Caractère : Mina a le sens des responsabilités, a de la conscience professionnelle, est affectueuse et dévouée.
Fréquence : rare - Évolution : ↗

V

Minnie

Étymologie : du germanique *wil* : « volonté » et *helm* : « casque ». Ce prénom est un dérivé de Wilhelmina, forme féminine de William et par conséquent, forme anglo-saxonne et germanique de Guillemette.
Fête : 10 janvier (Saint-Guillaume)
Couleur : vert - **Chiffre :** 1
Caractère : Minnie est active, volontaire, ambitieuse et autoritaire.
Personnages célèbres : Minnie Mouse, la compagne de Mickey, créée par Walt Disney ; la chanteuse de soul américaine Minnie Riperton (1947-1979) ; l'actrice Minnie Driver.
Fréquence : très rare - - **Évolution :** ↘

P

Mireille

Mirèio, Mirella, Mireya, Miriella

Étymologie : prénom inventé par le poète provençal Frédéric Mistral, qu'il présenta comme une forme provençale de Marie, issue du verbe latin *mirare*, qui aurait signifié admirer.
Fête : 15 août - **Couleur :** rouge - **Chiffre :** 2
Caractère : Mireille est altruiste, indépendante et ambitieuse.
Personnages célèbres : les chanteuses Mireille, Mireille Mathieu ; l'actrice Mireille Darc ; la journaliste Mireille Dumas.
Fréquence : répandu - **Évolution :** ↘
Âge moyen : 65 ans

B

Moïsette

Mosie

Étymologie : de l'hébreu *moshé* : « je l'ai tiré de l'eau ». Ce prénom est une forme féminine de Moïse.
Fête : 4 septembre - **Couleur :** blanc - **Chiffre :** 1
Caractère : Moïsette est pragmatique, généreuse et enthousiaste.
Fréquence : rare - **Évolution :** =
Âge moyen : 73 ans

V

Mona

Étymologie : de l'irlandais *muadhnait*, diminutif de *muadh* : « noble ».
Fête : 6 janvier - **Couleur :** blanc - **Chiffre :** 5
Caractère : Mona est sagace, originale et volontaire.
Fréquence : rare - **Évolution :** ↗
Âge moyen : 20 ans

P

Monica

Mika, Monca, Monika

Étymologie : du grec : « l'unique, le solitaire ».
Fête : 27 août - **Couleur :** bleu - **Chiffre :** 4
Caractère : Monica est directive, volontaire, audacieuse et possède de grandes facultés d'analyse.
Personnages célèbres : Monica Vitti et Monica Belucci, actrices italiennes ; Monica Geller, personnage de la série *Friends*.
Fréquence : rare - **Évolution :** ↗
Âge moyen : 31 ans

P

Monique

Monick, Mone, Moni, Monico

Étymologie : du grec : « l'unique, le solitaire ».
Fête : 27 août - **Couleur :** bleu - **Chiffre :** 4
Caractère : Monique est réfléchie, généreuse, fidèle et rigoureuse.
Fréquence : rare - **Évolution :** ↘
Âge moyen : 68 ans

V

Montserrat

Monserrat

Étymologie : du latin : « montagne dentelée ». Ce prénom est attribué en l'honneur de la Vierge de Montserrat, patronne de la Catalogne.

Fête : 15 août - **Couleur :** bleu - **Chiffre :** 8

Caractère : Montserrat a l'esprit pratique, est équilibrée, rigoureuse et a le sens de la justice.

Fréquence : rare - **Évolution :** =

Âge moyen : 49 ans

P

Morgan

Morgana, Morgann, Morganne, Morgiane

Étymologie : du gallois *mawr* : « grand » et *can* : « brillant ». Cette forme orthographique peut sembler masculine, mais elle est la plus usitée par les Bretons.

Fête : 23 mars - **Couleur :** bleu - **Chiffre :** 3

Caractère : Morgan est courageuse, a du caractère, est dynamique et curieuse.

Fréquence : rare - **Évolution :** ↘

Âge moyen : 19 ans

P

Morgane

Morgaine, Morgana, Morganenn, Morrigaine, Morrigane, Muirgen

Étymologie : du gallois *mawr* : « grand » et *can* : « brillant ».

Fête : 23 mars - **Couleur :** bleu - **Chiffre :** 3

Caractère : Morgane est énergique, autoritaire et volontaire.

Personnages célèbres : la fée des légendes galloises ; la sœur du Roi Arthur dans les légendes des *Chevaliers de la Table ronde*.

Fréquence : répandu - **Évolution :** ↘

Âge moyen : 18 ans

V

Mouna

Étymologie : de l'arabe : « le vœu, le souhait, ce qui est désiré ». Ce prénom correspond à une forme féminine de Mounir.

Couleur : jaune - **Chiffre :** 1

Caractère : Mouna est disciplinée et possède une certaine autorité naturelle.

Fréquence : rare - **Évolution :** ↘

Âge moyen : 21 ans

V

Mounia

Étymologie : de l'arabe : « le vœu, le souhait, ce qui est désiré ». Ce prénom correspond à une forme féminine de Mounir.

Couleur : jaune - **Chiffre :** 1

Caractère : Mounia est dynamique, audacieuse et volontaire.

Fréquence : rare - **Évolution :** ↘

Âge moyen : 24 ans

P

Muriel

Merriel, Muireall, Muirgheal, Murial, Muriela, Muriella, Murielle, Muriele

Étymologie : du gaélique *muirgheal* : « mer brillante, haute mer ».

Fête : 8 octobre - **Couleur :** vert - **Chiffre :** 8

Caractère : Muriel est discrète, mais fiable et déterminée.

Personnages célèbres : Muriel Robin, humoriste française ; Muriel Moreno, artiste, ex-chanteuse du groupe Niagara.

Fréquence : répandu - **Évolution :** ↘

Âge moyen : 46 ans

P

Mylène

Étymologie : forme contractée du prénom composé Marie-Hélène.
Fête : 15 août ou 18 août - **Couleur :** blanc
Chiffre : 2
Caractère : Mylène est réceptive, sensible et loyale.
Personnage célèbre : Mylène Farmer, chanteuse française.
Fréquence : répandu - **Évolution :** ↘
Âge moyen : 29 ans

V

Myra

Étymologie : sans doute issu du latin *myron* : « la myrrhe ». Ce prénom fut inventé par le poète anglais Greville (1554-1628), proche de la reine Élisabeth, pour désigner la femme qu'il aimait.
Couleur : jaune - **Chiffre :** 4
Caractère : Myra est une séductrice, douce et mystérieuse.
Fréquence : rare - **Évolution :** =
Âge moyen : 14 ans

V

Myriam

Myriama, Myriame

Étymologie : de l'hébreu *myriam* : « celle qui élève ». Ce prénom correspond à la forme hébraïque et originelle de Marie. Il fut porté par la sœur de Moïse. C'est elle qui le déposa dans une petite barque sur le Nil.
Fête : 15 août - **Couleur :** rouge - **Chiffre :** 1
Caractère : Myriam est dynamique, perfectionniste et réservée.
Personnage célèbre : Myriam Makeba, chanteuse.
Fréquence : répandu - **Évolution :** ↘

V

Myriem

Myrieme

Étymologie : de l'hébreu myriam : « celle qui élève ». Myriem correspond à une forme arabe de Marie.
Fête : 15 août - **Couleur :** rouge - **Chiffre :** 1
Caractère : Myriem est intuitive, fidèle et aime le relationnel.
Fréquence : rare - **Évolution :** ↗
Âge moyen : 26 ans

B

Myrtille

Étymologie : du grec *murtos* : « le myrte ». Nom d'une petite baie noire au goût sucré, fruit d'un arbrisseau qui pousse surtout dans les massifs montagneux.
Fête : 5 octobre (Sainte-Fleur)
Couleur : rouge - **Chiffre :** 6
Caractère : Myrtille est optimiste, épicurienne et persuasive.
Fréquence : rare - **Évolution :** ↗
Âge moyen : 30 ans

n

V

Nabila

Étymologie : de l'arabe *nabil* : « noble, chevaleresque ». Il est assez courant en France comme dans les pays du Maghreb. Il appartient à la série de prénoms formés autour du thème de la noblesse et de l'élévation.
Couleur : blanc - **Chiffre :** 2

Caractère : Nabila est dynamique, gaie, généreuse, altruiste et féminine.
Fréquence : répandu - **Évolution :** ↘
Âge moyen : 27 ans

P

Nadège

Nadeje

Étymologie : du slave *nadesjda* : « l'espérance ». Ce prénom fut porté par une martyre romaine, devenue légendaire. Si Nadège est une allégorie, elle est, dans tous les cas, très invoquée dans le culte orthodoxe.
Fête : 18 septembre - **Couleur :** rouge - **Chiffre :** 2
Caractère : Nadège est courageuse, travailleuse, sensible et fidèle.
Fréquence : courant - **Évolution :** ↘
Âge moyen : 37 ans

V

Nadia

Étymologie : de l'arabe *nawâl* : « le don, la ferveur ». Nadia appartient à une famille de prénoms (citons Nawel, Naoual ou autres dérivés orthographiques) évoquant la petite fille ainsi désignée comme un cadeau de Dieu à ses parents.
Couleur : jaune - **Chiffre :** 7
Caractère : Nadia est diplomate, réceptive au monde et aux choses qui l'entourent. Elle est extrêmement loyale.
Personnage célèbre : Nadia Comăneci, gymnaste, élue en 1999 à Vienne Gymnaste du Siècle.
Fréquence : répandu - **Évolution :** ↘
Âge moyen : 41 ans

C

Nadine

Nadyne

Étymologie : du slave *nadesjda* : « l'espérance ».
Fête : 18 septembre - **Couleur :** blanc - **Chiffre :** 2
Caractère : sociabilité et société sont importantes pour Nadine, parfaite diplomate. C'est un être qui aime la délicatesse et les rapports humains.
Personnage célèbre : Nadine de Rothschild, célèbre baronne française.
Fréquence : répandu - **Évolution :** ↗
Âge moyen : 53 ans

V

Nadira

Étymologie : de l'arabe : « précieux, rare ».
Couleur : jaune - **Chiffre :** 1
Caractère : Nadira est diplomate, loyale et déterminée.
Fréquence : rare - **Évolution :** ↘
Âge moyen : 37 ans

V

Nadiya

Étymologie : de l'arabe : « qui a une belle voix ».
Couleur : jaune - **Chiffre :** 7
Caractère : Nadiya est réceptive, sociable et pugnace.
Personnage célèbre : Nadiya, chanteuse de R'n'B française
Fréquence : très rare - **Évolution :** ↘

V

Nadja

Nadejda, Najda

Étymologie : du slave *nadesjda* : « l'espérance ». Nadja est un diminutif slave de Nadège, prénom porté par une martyre romaine devenue légendaire.
Fête : 18 septembre - **Couleur :** rouge - **Chiffre :** 2
Caractère : Nadja est sensible, intuitive, idéaliste et altruiste.
Fréquence : répandu - **Évolution :** ↘
Âge moyen : 41 ans

V

Naëlle

Étymologie : de l'hébreu *hannah* : « la grâce ». Naëlle est un diminutif d'Annaëlle très en vogue actuellement. Ce prénom, formé sur la combinaison d'Anne et d'une syllabe « bretonnisante », est né entre les années 70 et 80 et aurait été engendré par le succès d'Anaïs. C'est bien naturellement en Bretagne qu'il a remporté ses premiers succès.
Fête : 26 juillet - **Couleur :** bleu - **Chiffre :** 5
Caractère : Naëlle est gaie, portée par une joie de vivre de tous les instants, qui s'avère vite contagieuse. D'autant plus qu'elle développe très tôt un goût certain pour la fête et l'amitié. C'est une extravertie.
Fréquence : rare - **Évolution :** ↗
Âge moyen : 7 ans

V

Naïma

Naaïma, Nayma

Étymologie : de l'arabe *na'ima* : « douce, délicieuse ». Ce qualificatif définit, dans le Coran, les délices de la vie paradisiaque, ainsi que le nom d'un des jardins du Paradis. Ainsi les qualités attribuées à celle qui porte ce prénom sont identiques à celles de l'existence que Dieu réserve à ses élus.
Couleur : jaune - **Chiffre :** 1
Caractère : Naïma est intuitive, déterminée et fidèle.
Fréquence : rare - **Évolution :** =
Âge moyen : 28 ans

P

Naïg

Étymologie : de l'hébreu : « la grâce ». Ce prénom est le diminutif d'Annaïg, forme bretonne d'Anne.
Fête : 26 juillet - **Couleur :** bleu - **Chiffre :** 4
Caractère : Naïg est travailleuse, rigoureuse et équilibrée.
Fréquence : rare - **Évolution :** ↗
Âge moyen : 13 ans

B

Naïs

Étymologie : du grec *naïs*, du nom d'une naïade de la mythologie grecque. Les naïades étaient les divinités des sources et des rivières. Naïs pourrait aussi découler de Anne, dont elle pourrait être un diminutif par le biais d'Anaïs.
Couleur : bleu - **Chiffre :** 8
Caractère : Naïs est énergique, charmante, franche et responsable.
Fréquence : rare - **Évolution :** ↗
Âge moyen : 11 ans

V

Najat

Nadjat, Nadjet, Naget, Nagète, Najate, Najatte, Najet, Najette

Étymologie : de l'arabe : « sauvée ».
Couleur : blanc - **Chiffre :** 4
Caractère : Najat est équilibrée, exigeante et influente.
Personnage célèbre : Najat Vallaud-Belkacem, ministre des Droits des femmes, puis de l'Éducation.
Fréquence : rare - **Évolution :** =
Âge moyen : 29 ans

V

Najoua

Najoie, Najwa, Néjoua

Étymologie : de l'arabe : « confidence, secret ».
Couleur : blanc - **Chiffre :** 4
Caractère : Najoua est ambitieuse et passionnée.
Fréquence : rare - **Évolution :** ↘
Âge moyen : 22 ans

P

Nancy

Étymologie : de l'hébreu : « la grâce ». Ce prénom est un diminutif familier d'Ann, la forme anglo-saxonne d'Anne. Adopté en Angleterre au milieu du XVIIIe siècle, Nancy est très tôt devenu un prénom à part entière dans les pays anglophones, y restant régulièrement utilisé jusqu'au début du XXe siècle.
Fête : 26 juillet - **Couleur :** bleu - **Chiffre :** 3
Caractère : Nancy est charmante, sociable, déterminée et diplomate.
Personnages célèbres : Nancy Holloway, chanteuse de soul américaine ; Nancy Reagan, l'épouse du président des États-Unis Ronald Reagan.
Fréquence : rare - **Évolution :** ↘
Âge moyen : 37 ans

P

Naomi

Naomie

Étymologie : de l'hébreu *naomi* : « la douceur, la grâce ». Ce prénom correspond à la forme originale du prénom plus connu en France sous la forme Noémie, mais plus répandu ainsi aux États-Unis.
Fête : 21 août - **Couleur :** bleu - **Chiffre :** 5
Caractère : Naomi est curieuse, persuasive et a le goût de l'aventure.
Personnages célèbres : Naomi Watts, actrice américaine ; Naomi Campbell, top model.
Fréquence : rare - **Évolution :** ↗
Âge moyen : 12 ans

V

Naoual

Naouale, Naouele, Nawaël

Étymologie : de l'arabe *nawâl* : « le don, la faveur ». Naoual appartient à une famille de prénoms (citons Nawal, Naoual et Nadia) évoquant la petite fille ainsi désignée comme un cadeau de Dieu à ses parents. Naoual est moins répandu sous cette forme que sous celle pourvue d'un « w » fidèle à l'étymon.
Couleur : jaune - **Chiffre :** 7
Caractère : Naoual est énergique, ambitieuse, autonome et parfois autoritaire.
Fréquence : rare - **Évolution :** ↘
Âge moyen : 25 ans

V

Naouel

Naouel, Naouelle, Naouele

Étymologie : de l'arabe *nawâl* : « le don, la faveur ». Naoual appartient à une famille de prénoms (citons Nawal, Naoual et Nadia) évoquant la petite fille ainsi désignée comme un cadeau de Dieu à ses parents.
Couleur : jaune - **Chiffre :** 7
Caractère : Naouel est audacieuse, énergique, originale et séductrice.
Fréquence : rare - **Évolution :** ↘
Âge moyen : 24 ans

V

Nassera

Étymologie : de l'arabe : « celui qui porte assistance, le défendeur ». Ce prénom est l'un des noms attribués au Prophète Mahomet.
Couleur : vert - **Chiffre :** 2
Caractère : Nassera est audacieuse, originale, énergique et combative.
Fréquence : rare - **Évolution :** ↘
Âge moyen : 38 ans

V

Nassima

Étymologie : de l'arabe *nassim* : « la brise légère ». Ce prénom, au sens figuré, signifie : « le souffle de vie ».

Couleur : bleu - **Chiffre :** 3
Caractère : Nassima est créative, pragmatique et optimiste.
Fréquence : rare - **Évolution :** ↘
Âge moyen : 22 ans

C

Nastasia

Nastassja

Étymologie : du grec : « résurrection ». Ce prénom correspond à un diminutif d'Anastasia, version russe d'Anastasie. Anastasia est le nom dont on s'est servi, à partir du XIXe siècle, pour personnifier la censure en Russie qu'on représentait alors sous les traits d'une vieille fille armée de longs ciseaux.
Fête : 10 mars - **Couleur :** vert - **Chiffre :** 8
Caractère : Nastasia est stable, méthodique et tenace.
Personnage célèbre : Nastassja Kinski, actrice.
Fréquence : rare - **Évolution :** ↘
Âge moyen : 20 ans

C

Natacha

Nacha, Natasha

Étymologie : du latin *natalis* : « le jour de la naissance » (sous-entendu du Christ). Natacha correspond à la forme slave de Nathalie.
Fête : 8 septembre - **Couleur :** rouge - **Chiffre :** 2
Caractère : Natacha est enthousiaste, organisée et a l'esprit pratique.
Personnages célèbres : Natacha, héroïne du roman *Guerre et Paix* (1886), de Léon Tolstoï ; l'actrice Natacha Régnier.
Fréquence : courant - **Évolution :** ↘
Âge moyen : 30 ans

V

Nathalie

Natala, Natalène, Natalie
Natalia, Natoulia, Nattie

Étymologie : du latin *natalis* : « le jour de la naissance » (sous-entendu du Christ).
Fête : 27 juillet - **Couleur :** bleu - **Chiffre :** 7
Caractère : Nathalie est réservée, réfléchie et fidèle en amitié. Elle possède un véritable esprit d'analyse et de synthèse.
Personnages célèbres : Natalie Clifford Barney, femme de lettres ; l'écrivain Nathalie Sarraute ; les actrices Nathalie Wood et Nathalie Baye.
Fréquence : répandu - **Évolution :** ↘
Âge moyen : 42 ans

P

Nathanaëlle

Étymologie : de l'hébreu *natha* et *el* : « Dieu seul donne ». Ce prénom correspond à une forme féminine de Nathanaël, qui était le prénom de saint Barthélémy, avant qu'il ne rencontre le Christ. Nathanaëlle est donc célébrée le jour de la saint Barthélémy.
Fête : 24 août - **Couleur :** bleu - **Chiffre :** 4
Caractère : Nathanaëlle est enthousiaste, sensible et organisée.
Fréquence : rare - **Évolution :** ↘
Âge moyen : 20 ans

B

Nausicaa

Étymologie : du grec, du nom de la fille d'Alcinoos, roi des Phéaciens, qui accueillit Ulysse sur son île après que celui-ci ait fuit la nymphe Calypso. C'est chez Nausicaa qu'Ulysse raconta ses voyages (retranscrits dans l'Odyssée d'Homère), avant de rentrer à Itaque où l'attendait Pénélope.
Fête : 10 novembre (Sainte-Nymphe)
Couleur : blanc - **Chiffre :** 7

Caractère : Nausicaa est sentimentale, fidèle et serviable.
Fréquence : rare - Évolution : ↗
Âge moyen : 17 ans

V

Nawal

Naoïl, Naoïle, Naouale, Nawale

Étymologie : de l'arabe *nawâl* : « le don, la faveur ».
Couleur : jaune - Chiffre : 7
Caractère : Nawal est bienveillante, consciencieuse et bonne conseillère.
Fréquence : rare - Évolution : ↗
Âge moyen : 20 ans

V

Nawel

Naouelle, Nawell, Nawelle

Étymologie : de l'arabe *nawâl* : « le don, la faveur ». Nawel évoque la petite fille ainsi désignée comme un cadeau de Dieu à ses parents.
Couleur : jaune - Chiffre : 7
Caractère : Nawel est énergique, ambitieuse et assez autonome.
Fréquence : rare - Évolution : ↗
Âge moyen : 13 ans

B

Neige

Étymologie : se rapporte au substantif du même nom.
Couleur : violet - Chiffre : 3
Caractère : Neige est un être tout en poésie. Sensible, elle est à l'écoute des autres, mais elle est parfois impétueuse.
Fréquence : rare - Évolution : =
Âge moyen : 21 ans

P

Nell

Nelle

Étymologie : du grec *helénê* : « le flambeau », de la famille d'*helios* : « le soleil ». Nell est une variante de Nelly, diminutif anglo-saxon d'Hélène devenu un prénom à part entière au XVIIIe siècle.
Fête : 2 octobre - Couleur : bleu - Chiffre : 3
Caractère : Nell est intelligente, indépendante et sage.
Personnage célèbre : Nelle Porter, personnage féminin de la série télévisée *Ally McBeal*.
Fréquence : rare - Évolution : ↗
Âge moyen : 8 ans

P

Nelly

Nela, Nella, Neli, Nelli, Nely, Nellia, Nellie

Étymologie : du grec *helénê* : « le flambeau », de la famille d'*helios* : « le soleil ». Nelly correspond à un diminutif anglo-saxon d'Hélène qui est devenu un prénom à part entière au XVIIIe siècle.
Fête : 2 octobre - Couleur : bleu - Chiffre : 3
Caractère : Nelly est vive, curieuse, indépendante et séduisante.
Personnages célèbres : Nelly Sachs, prix Nobel de littérature en 1966 ; Nelly Furtado, chanteuse.
Fréquence : courant - Évolution : ↘
Âge moyen : 55 ans

V

Nesrine

Nasrine, Nassrie, Nesrin, Nesserine, Nessrine, Nisrin

Étymologie : de l'arabe : « églantine ». Ce prénom correspond à la forme arabe d'Églantine. L'églantine est la fleur de l'églantier, rosier

sauvage poussant dans les bois et pouvant vivre jusqu'à mille ans.
Couleur : vert - **Chiffre :** 6
Caractère : Nesrine est pragmatique, optimiste, créative et résolue.
Fréquence : rare - **Évolution :** =
Âge moyen : 11 ans

V

Ness

Étymologie : de l'arabe : «sympathique, généreuse ».
Couleur : orange - **Chiffre :** 2
Caractère : Ness est optimiste, créative et a les pieds sur terre.
Fréquence : rare - **Évolution :** ↘
Âge moyen : 5 ans

V

Nicky

Nikki

Étymologie : du grec *nikê* : « la victoire », et *laos* : « le peuple ». Ce prénom correspond à un diminutif anglo-saxon de Nicole, devenu un prénom à part entière.
Fête : 6 décembre (Saint-Nicolas)
Couleur : rouge - **Chiffre :** 4
Caractère : Nicky est ambitieuse, énergique et autoritaire.
Personnage célèbre : Nicky Hilton, héritière du groupe Hilton, styliste et sœur de Paris.
Fréquence : très rare - **Évolution :** =
Âge moyen : 5 ans

P

Nicole

Nicolle, Nicoleta,
Nicoina, Nicoline, Nikole

Étymologie : du grec *nikê* : « la victoire », et *laos* : « le peuple ». Nicole correspond à la forme fémi-

TOP 20

Prénoms américains

La vague des prénoms anglo-saxons envahit les milieux populaires français depuis les années 70. On peut évidemment l'expliquer par l'influence de la télévision et du cinéma sur notre quotidien. Les actualités, l'ampleur médiatique de certaines séries ou films y sont pour beaucoup. Ils ont lancé ou permis de faire connaître certains prénoms.

Abigail
Addison
Amber
Ashley
Beverly
Cameron
Courtney
Ella
Emily
Hailey
Heather
Hillary
June
Kelly
Kimberley
Kristen
Madison
Savannah
Sharon
Taylor

nine de Nicolas. Ce prénom, très répandu, est un des classiques français des années 40 à 50. C'est à cette date qu'il se répand en Australie et au Canada, au point d'atteindre les premiers rangs des palmarès.
Fête : 6 décembre (Saint-Nicolas)
Couleur : rouge - Chiffre : 4
Caractère : Nicole est prudente, opiniâtre, travailleuse et affectueuse.
Personnages célèbres : les actrices Nicole Kidman et Nicole Garcia ; la it-girl Nicole Richie.
Fréquence : courant - Évolution : =
Âge moyen : 65 ans

V

Nicoletta

Nicolette

Étymologie : du grec *nikê* : « la victoire », et *laos* : « le peuple ». Nicoletta correspond à la forme italienne de Nicole.
Fête : 6 décembre (Saint-Nicolas)
Couleur : rouge - Chiffre : 4
Caractère : Nicoletta est pleine de volonté, altruiste et intègre.
Personnage célèbre : Nicoletta, chanteuse.
Fréquence : rare - Évolution : ↘
Âge moyen : 42 ans

P

Nikita

Étymologie : du grec *nikê* : « la victoire », et *laos* : « le peuple ».
Fête : 6 décembre (Saint-Nicolas)
Couleur : rouge - Chiffre : 4
Caractère : Nikita aime l'innovation. Elle est énergique et résolue.
Personnage célèbre : Nikita, héroïne du film de Luc Besson du même nom.
Fréquence : rare - Évolution : ↘
Âge moyen : 15 ans

V

Nina

Étymologie : de l'espagnol *niña* : « petite fille ».
Fête : 14 janvier - Couleur : bleu - Chiffre : 2
Caractère : Nina aime l'harmonie, est fidèle, affectueuse et a le sens des responsabilités.
Personnages célèbres : Nina Simone, chanteuse ; Nina Ricci, créatrice de mode ; Nina Companeez, cinéaste.
Fréquence : rare - Évolution : ↗
Âge moyen : 14 ans

C

Nine

Ninette

Étymologie : de l'hébreu *hannah* : « la grâce ». Diminutif d'Anne datant du XVIe siècle.
Fête : 15 décembre - Couleur : bleu - Chiffre : 3
Caractère : Nine est intuitive, fidèle et déterminée.
Fréquence : rare - Évolution : ↗
Âge moyen : 8 ans

B

Ninon

Étymologie : de *Ninos*, nom d'un dieu gréco-babylonien, époux de Sémiramis et ancêtre des Héraclides. Ou de l'hébreu *hannah* : « la grâce », diminutif d'Anne datant du XVIe siècle.
Fête : 15 décembre - Couleur : bleu - Chiffre : 3
Caractère : Ninon est pragmatique, créative et optimiste.
Personnage célèbre : Ninon de Lenclos, célèbre figure féminine du XVIIe siècle.
Fréquence : rare - Évolution : ↗
Âge moyen : 10 ans

V

Nisrine

Nissrine

Étymologie : de l'arabe : « églantine ». Ce prénom correspond à la forme arabe d'Églantine. L'églantine est la fleur de l'églantier, rosier sauvage pouvant vivre jusqu'à mille ans

Couleur : vert - **Chiffre :** 6

Caractère : Nisrine est intelligente, cultivée et indépendante.

Fréquence : rare - **Évolution :** ↗

Âge moyen : 12 ans

P

Noa

Noah

Étymologie : de l'hébreu : « en mouvement ». Ce prénom fut porté, dans la Bible, par une descendante de Joseph.

Couleur : vert - **Chiffre :** 3

Caractère : Noa est énergique, sociable, a de grandes facultés d'adaptation et le goût de l'aventure.

Fréquence : rare - **Évolution :** ↘

Âge moyen : 6 ans

P

Noèle

Étymologie : du latin *natalis* : « le jour de la naissance » (sous-entendu du Christ). Ce prénom correspond à une des formes féminines de Noël.

Fête : 19 octobre (Saint-Noël) ou 25 décembre (jour de Noël) - **Couleur :** jaune - **Chiffre :** 7

Caractère : Noèle est exigeante et équilibrée.

Fréquence : rare - **Évolution :** =

P

Noélie

Étymologie : du latin *natalis* : « le jour de la naissance » (sous-entendu du Christ). Ce prénom correspond à une des formes féminines de Noël.

Fête : 19 octobre (Saint-Noël) ou 25 décembre (jour de Noël) - **Couleur :** jaune - **Chiffre :** 7

Caractère : Noélie est équilibrée, influente et a le sens des responsabilités.

Fréquence : rare - **Évolution :** ↗

Âge moyen : 66 ans

P

Noéline

Étymologie : du latin *natalis* : « le jour de la naissance » (sous-entendu du Christ). Ce prénom correspond à une des formes féminines de Noël.

Fête : 19 octobre (Saint-Noël) ou 25 décembre (jour de Noël) - **Couleur :** jaune - **Chiffre :** 7

Caractère : Noéline est fidèle, intuitive et logique.

Fréquence : rare - **Évolution :** ↗

Âge moyen : 34 ans

P

Noëlla

Étymologie : du latin *natalis* : « le jour de la naissance » (sous-entendu du Christ). Ce prénom correspond à une des formes féminines de Noël.

Fête : 19 octobre (Saint-Noël) ou 25 décembre (jour de Noël) - **Couleur :** jaune - **Chiffre :** 7

Caractère : Noëlla est curieuse, indépendante, dynamique et charismatique.

Fréquence : rare - **Évolution :** ↘

Âge moyen : 60 ans

P

Noëlle

Étymologie : du latin *natalis* : « le jour de la naissance » (sous-entendu du Christ). Ce prénom correspond à une des formes féminines de Noël.

Fête : 19 octobre (Saint-Noël) ou 25 décembre (jour de Noël) - **Couleur :** jaune - **Chiffre :** 7

Caractère : Noëlle est ouverte d'esprit et généreuse.

Fréquence : rare - **Évolution** : ↘
Âge moyen : 61 ans

B

Noëllie

Noëlline, Noëlly, Noëly

Étymologie : du latin *natalis* : « le jour de la naissance » (sous-entendu du Christ). Ce prénom correspond à une des formes féminines de Noël.
Fête : 19 octobre (Saint-Noël) ou 25 décembre (jour de Noël) - **Couleur** : jaune - **Chiffre** : 7
Caractère : Noëllie est rêveuse, humaine et a l'esprit d'initiative.
Fréquence : rare - **Évolution** : ↗
Âge moyen : 34 ans

P

Noémie

Noémi

Étymologie : de l'hébreu *naomi* : « la douceur, la grâce ». Il s'agit d'un prénom bibique, celui de la belle-mère de Ruth.
Couleur : rouge - **Chiffre** : 7
Caractère : Noémie est critique, exigeante, prudente et travailleuse.
Personnage célèbre : Noémie Lenoir, mannequin et actrice.
Fréquence : répandu - **Évolution** : ↘
Âge moyen : 22 ans

V

Noha

Étymologie : de l'arabe : « sagesse, esprit ».
Couleur : bleu - **Chiffre** : 10
Caractère : Noha est intuitive, fidèle et possède un grand sens du relationnel.
Fréquence : rare - **Évolution** : ↗
Âge moyen : 9 ans

B

Noisette

Étymologie : du français, du nom du fruit du noisetier. Ce prénom est le pendant français d'Hazel.
Couleur : blanc - **Chiffre** : 7
Caractère : Noisette est forte, habile, ambitieuse et déterminée.
Fréquence : très rare - **Évolution** : =
Âge moyen : 3 ans

P

Nola

Étymologie : diminutif de *Fionnula*, qui signifie « épaule pâle ». Ce prénom est d'origine irlandaise.
Couleur : blanc - **Chiffre** : 5
Caractère : Nola est équilibrée ; elle a le sens des responsabilités. Voilà pourquoi elle est exigeante. C'est une femme d'influence.
Fréquence : rare - **Évolution** : ↗
Âge moyen : 5 ans

V

Nolwen

Nolvenn, Nolween, Nolwene, Nolwenne

Étymologie : du celtique *noal* : « le lieu » et gwenn : « blanc, sacré ».
Fête : 6 juillet - **Couleur** : gris - **Chiffre** : 7
Caractère : Nolwen est intuitive, fidèle et possède un grand sens de la médiation.
Fréquence : rare - **Évolution** : ↘
Âge moyen : 18 ans

V

Nolwenn

Nolwenna, Nolwennig

Étymologie : du celtique *noal* : « le lieu » et *gwenn* : « blanc, sacré ».

Fête : 6 juillet - Couleur : gris - Chiffre : 7
Caractère : Nolwenn est sensible, intuitive, altruiste et rêveuse.
Personnage célèbre : Nolwenn Leroy, chanteuse.
Fréquence : rare - Évolution : ↘
Âge moyen : 19 ans

V

Nora

Norah

Étymologie : du grec : « éclat ». Nora est un diminutif d'Éléonore.
Fête : 25 juin - Couleur : orange - Chiffre : 6
Caractère : Nora est sociable et franche.
Fréquence : courant - Évolution : ↗
Âge moyen : 27 ans

C

Norberte

Norberta

Étymologie : du germain *north* : « nord » et *behrt* : « brillant ».
Fête : 6 juin - Couleur : violet - Chiffre : 2
Caractère : Norberte est indépendante, sage et intelligente. Elle est toujours en quête de savoir.
Fréquence : très rare - Évolution : =
Âge moyen : 82 ans

B

Norine

Noreen, Norina

Étymologie : du grec : « éclat ». Nora est un diminutif d'Éléonore.
Fête : 5 août - Couleur : jaune - Chiffre : 8
Caractère : Norine est optimiste et sociable. Elle aime la création et la communication. Pour elle, les deux vont de pair.
Fréquence : rare - Évolution : ↗
Âge moyen : 13 ans

V

Norma

Étymologie : du latin : « règle ».
Couleur : orange - Chiffre : 4
Caractère : Norma est résolue, sagace et spirituelle.
Personnage célèbre : Norma, l'héroïne de la tragédie d'Alexandre Soumet *Norma ou l'Infanticide*, qui a donné lieu au célèbre opéra de Bellini.
Fréquence : rare - Évolution : ↘
Âge moyen : 58 ans

V

Nour

Nourane, Noure, Nourhan, Nourhane, Nourhene, Nouria, Nourra, Nur

Étymologie : de l'arabe *nûr* : « lumineuse ». Nour est l'un des nombreux noms attribués au Prophète Mahomet et c'est aussi une façon de désigner Dieu : *Nour an-Nour*, « la lumière de la lumière ». Ce prénom mixte est le titre de la 24e sourate du Coran. Il est néanmoins plus courant chez les garçons.
Couleur : bleu - Chiffre : 7
Caractère : Nour est énergique, audacieuse et raisonnable.
Fréquence : rare - Évolution : ↗
Âge moyen : 8 ans

V

Noura

Nouria, Nouriya, Nooria, Noorya, Nuriya

Étymologie : de l'arabe *nûr* : « lumineuse » et dans ce cas, ce prénom est considéré comme une variante féminisée de Nour ou de l'hébreu « feu » .
Couleur : bleu - Chiffre : 8
Caractère : Noura allie bienveillance et détermination. Elle est raisonnée et cherche la paix

dans ses rapports avec les autres.
Fréquence : rare - **Évolution** : =
Âge moyen : 32 ans

V

Nuccia

Étymologie : de l'italien : « qui ajoutera ».
Couleur : gris - **Chiffre** : 3
Caractère : Nuccia est bienveillante et résolue. Elle est recherchée pour son caractère apaisant et les bons conseils qu'elle sait prodiguer.
Fréquence : très rare - **Évolution** : ↗

V

Nuria

Nuriah, Nurya

Étymologie : ce prénom se rapporte à un sanctuaire pyrénéen dédié à la Vierge de Nuria. C'est donc au Pays basque, en Catalogne et en Espagne que ce prénom est le plus usité.
Couleur : vert - **Chiffre** : 3
Caractère : Nuria est altruiste, idéaliste et réfléchie.
Fréquence : rare - **Évolution** : ↗
Âge moyen : 41 ans

B

Nymphe

Étymologie : du grec *numphe* : « la nymphe ». Dans la mythologie grecque, les nymphes protégeaient les jeunes filles et prenaient soin des dieux lorsqu'ils étaient enfants. Elles étaient souvent associées aux cultes d'Apollon et de Dionysos. Nymphe est la patronne de toutes celles qui portent le nom d'une divinité plus ou moins mineure de la Grèce ou de la Rome antique.
Fête : 10 novembre - **Couleur** vert - **Chiffre** : 9
Caractère : Nymphe est fidèle et c'est une habile médiatrice.
Fréquence : très rare - **Évolution** : ↘

B

Nymphéa

Étymologie : du grec *numphe* : « la nymphe, la femme ». Nymphéa est un dérivé du substantif nymphe.
Fête : 10 novembre - **Couleur** : vert - **Chiffre** : 9
Caractère : Nymphéa possède de fortes capacités d'adaptaton et cherche toujours à se réaliser.
Personnage célèbre : *Les Nymphéas*, du nom des tableaux que Claude Monet a peint d'après le jardin d'eau de Giverny, en Normandie. Son bassin aux « nymphéas » (entendre, ici, « nénuphars ») en était la pièce maîtresse.
Fréquence : très rare - **Évolution** : ↗
Âge moyen : 6 ans

O

V

Oanell

Oanel, Oanelle

Étymologie : du grec *agnê* : « chaste ». Ce prénom correspond à la forme bretonne d'Agnès.
Fête : 21 janvier - **Couleur** : vert - **Chiffre** : 10
Caractère : pleine d'énergie, Oanell est très autonome, ambitieuse et pourvue d'une autorité naturelle.
Fréquence : très rare - **Évolution** : ↗
Âge moyen : 5 ans

V

Ocella

Océlia, Océlie

Étymologie : du latin *oceanus* et du grec *okeanos* : « océan ». Dans la mythologie, Océan était l'aîné des Titans, fils de Gaïa (la Terre) et d'Ouranos (le Ciel). Ce dieu de la mer est l'époux de Thétys et personnifie l'océan Atlantique. Leurs filles sont nommées les Océanides, en grec *okeane* et leurs fils sont les fleuves. Ce prénom est une des formes féminines du prénom masculin Océan.

Fête : la date est incertaine. Selon certaines sources, il s'agit du 7 février, selon d'autres, la Sainte-Océane coïncide avec la Sainte-Marina, le 20 juillet, tandis que le 2 novembre est également défini comme la Saint-Océan.

Couleur : vert - **Chiffre :** 7

Caractère : Ocella est humaine, généreuse et ouverte d'esprit.

Fréquence : très rare - **Évolution :** =

Âge moyen : 5 ans

P

Océane

Océana, Océanne

Étymologie : du latin *oceanus* et du grec *okeanos* : « océan ». Dans la mythologie, Océan était l'aîné des Titans, fils de Gaïa (la Terre) et d'Ouranos (le Ciel). Ce dieu de la mer est l'époux de Thétys et personnifie l'océan Atlantique. Leurs filles sont nommées les Océanides, en grec okeane et leurs fils sont les fleuves. C'est surtout sous sa forme masculine que le prénom était attribué, particulièrement aux XVIIe et XVIIIe siècles, par les parents protestants anglais, lorsque leurs enfants naissaient durant la traversée de l'Atlantique, alors qu'ils émigraient en Amérique. C'est durant les années 80, que ce prénom a entamé sa carrière, surfant sur le succès de Marine et séduisant les parents par son caractère poétique.

Fête : la date est incertaine. Selon certaines sources, il s'agit du 7 février, selon d'autres, la Sainte-Océane coïncide avec la Sainte-Marina, le 20 juillet, tandis que le 2 novembre est également défini comme la Saint-Océan.

Couleur : mauve - **Chiffre :** 1

Caractère : Océane est, à l'image de l'élément que sa forme masculine personnifiait jadis, fougueuse, passionnée, parfois déchaînée. Elle est active, perfectionniste, mais d'une nature extrêmement généreuse.

Fréquence : répandu - **Évolution :** =

Âge moyen : 12 ans

B

Octavie

Octavia, Octaviana, Octavienne, Ottavia, Tava, Tavie

Étymologie : du latin *octavius* : « le huitième ». Le chiffre huit est le symbole de l'équilibre cosmique. Ce prénom correspond à la forme féminine d'Octave.

Fête : 20 novembre - **Couleur :** bleu - **Chiffre :** 3

Caractère : Octavie est généreuse, fantaisiste, curieuse.

Personnages célèbres : Octavie, l'épouse de Néron ; Octavie, sœur d'Auguste et femme du triumvir Antoine.

Fréquence : rare - **Évolution :** ↗

Âge moyen : 89 ans

B

Odélice

Odélisa, Odélise, Odélisse

Étymologie : du germanique *odal* : « le patrimoine, la fortune ».

Fête : 14 décembre - **Couleur :** vert - **Chiffre :** 9

Caractère : Odélice a l'esprit logique. C'est une femme de caractère, stratège et pleine de vitalité.

Fréquence : très rare - **Évolution :** ↘

B

Odélinie

Étymologie : du germanique *odal* : « le patrimoine, la fortune ».

Fête : 14 décembre - **Couleur :** vert - **Chiffre :** 9

TOP 20

Prénoms méditerranéens

Les prénoms méditerranéens ont le vent en poupe. Provençaux, grecs et surtout italiens, ces sonorités rondes, avec ces doubles « l » et syllabes finales à la féminité marquée, ont la générosité typique et la volupté affirmée du Sud. Très en vogue depuis plusieurs années, ils s'inscrivent dans une tendance qui ne semble pas prête de s'essoufler.

Catoun
Desma
Dessa
Donatella
Donia
Estefania
Fanélie
Fanny
Guida
Lena
Luca
Manon
Mila
Muccia
Néoma
Nilda
Noula
Ocella
Ornella
Sophia

Caractère : Odélinie est énergique, volontaire, un brin autoritaire. C'est une femme qui a le goût d'entreprendre et aime innover.
Fréquence : très rare - **Évolution :** =

B

Odette

Od, Oda, Odde, Oddone, Odel, Odelia

Étymologie : du germanique *odal* : « le patrimoine, la fortune ».
Fête : 20 avril - **Couleur :** jaune - **Chiffre :** 6
Caractère : Odette est généreuse, efficace, séduisante et dotée d'une certaine force de caractère.
Personnages célèbres : Odette, l'héroïne du roman de Marcel Proust *Un amour de Swann* ; l'héroïne du *Lac des cygnes* de Tchaïkovski ; les actrices françaises Odette Joyeux et Odette Laure.
Fréquence : rare - **Évolution :** ↘
Âge moyen : 85 ans

C

Odiane

Odiana, Odianne

Étymologie : du germanique *odal* : « le patrimoine, la fortune ». Ce prénom est un dérivé d'Odette.
Fête : 20 avril - **Couleur :** jaune - **Chiffre :** 6
Fréquence : très rare - **Évolution :** ↘

C

Odile

Odélide, Odélie, Odelinda, Odelinde, Odéline, Odilia, Odilie, Odille, Odilo, Odilon, Odita, Oudilia

Étymologie : du germanique *odal* : « le patrimoine, la fortune ».
Fête : 14 décembre - **Couleur :** vert - **Chiffre :** 9
Caractère : Odile est altruiste, généreuse, rêveuse et attirée par la spiritualité.
Personnages célèbres : l'actrice française Odile Versois ; Odile Jacob, éditrice ; Odile, le « cygne

noir » du *Lac des cygnes* de Tchaïkovski.
Fréquence : répandu - **Évolution :** ↘
Âge moyen : 63 ans

B

Odyssée

Odessa

Étymologie : du grec : « long voyage ». Ce prénom renvoie à l'œuvre d'Homère.
Couleur : bleu - **Chiffre :** 9
Caractère : Odyssée est ouverte d'esprit, généreuse, un brin rêveuse.
Fréquence : très rare - **Évolution :** ↘
Âge moyen : 5 ans

V

Olga

Ilga, Oleg, Olegouchka, Olgounia, Olgoussia, Oliacha, Olva

Étymologie : du slave : « consacré aux dieux ».
Fête : 11 juillet - **Couleur :** rouge - **Chiffre :** 8
Caractère : Olga est énergique, exigeante et possède une certaine autorité naturelle.
Personnage célèbre : une héroïne d'*Eugène Onéguine* (1879), de Tchaïkovski.
Fréquence : rare - **Évolution :** ↘
Âge moyen : 84 ans

B

Olive

Olivea, Olivette, Olivera

Étymologie : du latin *oliva*, du nom de l'arbre fruitier et de ses fruits.
Fête : 5 mars - **Couleur :** jaune - **Chiffre :** 1
Caractère : Olive est altruiste, idéaliste et intègre.
Personnage célèbre : Olive Oyl, la fiancée de Popeye dans la BD créée en 1919 par Elzie Crisler Segar et adaptée en dessin animé.
Fréquence : rare - **Évolution :** ↗
Âge moyen : 88 ans

C

Olivia

Oliva, Oliviana, Oliviane, Olivianna, Olivianne, Olivine

Étymologie : du latin *oliva*, du nom de l'arbre fruitier et de ses fruits.
Fête : 5 mars - **Couleur :** jaune - **Chiffre :** 1
Caractère : Olivia est réfléchie, rapide et studieuse.
Personnages célèbres : Olivia Newton-John, actrice et chanteuse anglo-australienne ; Olivia Ruiz, chanteuse française.
Fréquence : répandu - **Évolution :** ↗
Âge moyen : 24 ans

B

Olympe

Étymologie : du grec *Olumpos*, du nom du massif montagneux de Thessalie où les dieux de la mythologie grecque séjournaient.
Fête : 17 décembre - **Couleur :** jaune - **Chiffre :** 5
Caractère : Olympe est dynamique, indépendante, courageuse et travailleuse.
Personnages célèbres : Olympe Mancini, comtesse de Soissons et nièce du cardinal Mazarin ; Olympe de Gouges, qui proposa une Déclaration des droits de la femme et de la citoyenne en 1792.
Fréquence : rare - **Évolution :** ↗
Âge moyen : 62 ans

B

Olympia

Olympias

Étymologie : du grec *Olumpos*, du nom du massif montagneux de Thessalie où les dieux de la mythologie grecque séjournaient.
Fête : 17 décembre - **Couleur :** jaune - **Chiffre :** 5
Caractère : Olympia est curieuse, courageuse, dynamique, sympathique et volontaire.

Personnages célèbres : Olympias, la mère d'Alexandre le Grand ; Olympia, le personnage sulfureux du tableau éponyme d'Édouard Manet, aujourd'hui reconnu comme un chef-d'œuvre, qui fit scandale au Salon de 1865.
Fréquence : très rare - **Évolution :** ↗
Âge moyen : 27 ans

B

Ombeline

Ombline

Étymologie : du latin *ombria* : « pierre précieuse ».
Fête : 21 août - **Couleur :** orange - **Chiffre :** 3
Caractère : Ombeline est équilibrée, sociable, franche et curieuse.
Fréquence : rare - **Évolution :** ↗
Âge moyen : 14 ans

B

Ondine

Ondina, Ondyne

Étymologie : du latin *unda* : « la vague, l'eau agitée », du nom des créatures hybrides des contes de fées médiévaux, qui habitaient les rochers ou les grottes des lacs, des rivières ou des océans.
Fête : 10 novembre (Sainte-Nymphe)
Couleur : gris - **Chiffre :** 7
Caractère : Ondine est spirituelle, éprise d'originalité et de connaissances. Bienveillante et volontaire, elle possède un esprit d'une grande sagacité.
Personnage célèbre : Ondine, l'héroïne de la pièce éponyme de Jean Giraudoux.
Caractère : Ondine est spirituelle, rêveuse et encline à la méditation.
Fréquence : rare - **Évolution :** ↘
Âge moyen : 17 ans

B

Opale

Opal, Opaline

Étymologie : du sanskrit *upala* : « pierre précieuse », du nom de la pierre fine aux multiples variétés. L'opale noble venue de Hongrie est très recherchée pour les couleurs vives qu'elle diffuse. L'opale du Mexique est également appréciée pour ses reflets flamboyants rouge orange ou jaune et vert. L'opaline, elle, n'est qu'un ouvrage de verre dont la matière et les couleurs cherchent à imiter l'opale.
Fête : 10 mars (Sainte-Esmeralda)
Couleur : rouge - **Chiffre :** 4
Caractère : Opale a beaucoup de cœur, est persévérante et efficace.
Fréquence : rare - **Évolution :** ↗
Âge moyen : 8 ans

B

Ophélie

Ophélia, Ophéline, Ophély

Étymologie : du grec *ophelos* : « l'aide », « le secours ». Ce prénom semble avoir été inventé par William Shakespeare.
Couleur : vert - **Chiffre :** 2
Caractère : Ophélie est toujours en quête de connaissance et de spiritualité. Elle aime analyser les choses.
Personnages célèbres : la fiancée d'Hamlet dans la pièce de Shakespeare ; la chanteuse Ophélie Winter.
Fréquence : courant - **Évolution :** ↘
Âge moyen : 19 ans

C

Orane

Orana, Oranne

Étymologie : du latin *aureus* : « doré ».
Fête : 4 octobre - **Couleur :** jaune - **Chiffre :** 9

Caractère : Orane est habile, ambitieuse et résolue.
Fréquence : rare - **Évolution :** ↘
Âge moyen : 14 ans

C

Oriane

Oria, Oriala, Orria, Oryane, Oriana, Orianna, Orianne

Étymologie : du latin *aureus* : « doré ».
Fête : 4 octobre - **Couleur :** jaune - **Chiffre :** 9
Caractère : Oriane est ambitieuse et passionnée.
Fréquence : rare - **Évolution :** ↘
Âge moyen : 15 ans

V

Orlane

Orlana, Rollande

Étymologie : du germanique *hrod* : « gloire» et *nand* : « le courage ». Ce prénom est un dérivé de Rolanda, qui correspond à la Rolande italienne.
Fête : 13 mai - **Couleur :** vert - **Chiffre :** 8
Caractère : Orlane est passionnée, pleine de vitalité et curieuse.
Fréquence : rare - **Évolution :** ↘
Âge moyen : 14 ans

V

Orly

Étymologie : de l'irlandais : « or », « princesse ».
Couleur : orange - **Chiffre :** 6
Caractère : Orly est autoritaire, énergique et raisonnée.
Fréqucnce : très rare - **Évolution :** ↘
Âge moyen : 2 ans

V

Orna

Étymologie : de l'hébreu : « lumière en mouvement » et de l'irlandais : « couleur pâle ».
Couleur : bleu - **Chiffre :** 4
Caractère : Orna a l'esprit pratique, elle est volontaire et sait ce qu'elle veut.
Fréquence : très rare - **Évolution :** ↘
Âge moyen : 6 ans

V

Ornella

Étymologie : du latin *aurea* : « doré ». Ce prénom fut porté par la première abbesse du monastère parisien fondé par saint Éloi en 633. Elle mourut de la peste en 666 et fut longtemps considérée comme l'une des saintes patronnes de Paris.
Fête : 19 juillet - **Couleur :** rouge - **Chiffre :** 5
Caractère : Ornella est passionnée, émotive, persévérante et exigeante.
Personnage célèbre : Ornella Muti, actrice italienne.
Fréquence : rare - **Évolution :** ↘
Âge moyen : 17 ans

B

Orchidée

Orchidéa

Étymologie : du grec, renvoie à la fleur du même nom.
Fête : 5 octobre (Sainte-Fleur) - **Couleur :** rose
Chiffre : 2
Caractère : Orchidée est fiable, tenace et possède un certain sens du devoir et de l'engagement.
Fréquence : très rare - **Évolution :** ↘
Âge moyen : 8 ans

V

Osana

Osane, Osanna, Osanne

Étymologie : du basque : « santé », de l'hébreu : « qui sauve ».
Couleur : violet - **Chiffre :** 10
Caractère : Osana est une séductrice. Auda-

cieuse, elle charme par son originalité.
Fréquence : très rare - **Évolution :** ↗
Âge moyen : 5 ans

B

Oscarine

Étymologie : du germanique *os* : « la divinité » et gari : « la lance ».
Fête : 13 février - **Couleur :** jaune - **Chiffre :** 2
Caractère : Oscarine est décidée, optimiste et pragmatique.
Fréquence : très rare - **Évolution :** =
Âge moyen : 110 ans

C

Othilie

Othélie, Othilia, Ottalie, Ottilia, Ottilie, Otylia

Étymologie : du germanique *odal* : « le patrimoine, la fortune ». Othilie peut être considéré comme une variante d'Odile, mais aussi comme la forme féminine du germanique Othon.
Couleur : violet - **Chiffre :** 5
Caractère : Othilie est fine, consciencieuse et possède d'importantes capacités d'analyse. Elle est un brin directive, comme toutes les meneuses d'opinion.
Fréquence : rare - **Évolution :** ↘
Âge moyen : 11 ans

V

Ouarda

Oirda, Ouardia, Ourda, Ourdia

Étymologie : de l'arabe : « rose ».
Couleur : orange - **Chiffre :** 3
Caractère : Ouarda a le sens des responsabilités. La famille est importante pour elle. C'est son équilibre.
Fréquence : rare - **Évolution :** ↘
Âge moyen : 35 ans

V

Ouidad

Ouidade, Ouided

Étymologie : de l'arabe : « fidèle, affectionnée ».
Couleur : jaune - **Chiffre :** 8
Caractère : Ouidad est rêveuse, mais reste raisonnable. Elle est très ouverte d'esprit. C'est une personne que l'on recherche pour sa compagnie.
Fréquence : rare - **Évolution :** ↗
Âge moyen : 27 ans

V

Oumaïma

Oum, Ouma

Étymologie : de l'arabe : « jeune mère ».
Couleur : bleu - **Chiffre :** 8
Caractère : Oumaïma est indépendante, audacieuse et dynamique.
Fréquence : rare - **Évolution :** ↗
Âge moyen : 9 ans

V

Oumayma

Omaya, Oumou, Oumy,Umay, Umayma,

Étymologie : de l'arabe : « jeune mère ».
Couleur : vert - **Chiffre :** 7
Caractère : Oumayma possède un tempérament ardent. C'est une femme de caractère qui croque la vie à pleines dents.
Fréquence : rare - **Évolution :** ↗
Âge moyen : 8 ans

V

Oxana

Oksana, Oksanna, Oksanne, Oxane, Oxanne

Étymologie : du grec : « hospitalier » ; il s'agit d'un un prénom slave oriental.
Couleur : rouge - **Chiffre :** 8
Caractère : Oxana est audacieuse, dynamique, indépendante et pleine d'assurance.
Fréquence : répandu - **Évolution :** ↘
Âge moyen : 9 ans

P

B

Palmyre

Palma, Palmira, Palmire

Étymologie : du grec *palmura*, du nom d'une ancienne cité syrienne.
Couleur : rouge - **Chiffre :** 9
Caractère : Palmyre est secrète, idéaliste et réfléchie.
Fréquence : rare - **Évolution :** ↘

B

Paloma

Palome, Palomia

Étymologie : du latin *palumbus* : « l'amant, le tourtereau », qui a engendré l'espagnol : « la palombe ». Ce prénom fut associé à la Vierge Marie par les Espagnols du XVIe siècle.
Fête : 31 décembre - **Couleur :** vert - **Chiffre :** 4
Caractère : Paloma est franche, courageuse, déterminée et autoritaire.
Personnage célèbre : Paloma Picasso, styliste.
Fréquence : rare - **Évolution :** ↘
Âge moyen : 10 ans

P

Pamela

Pam, Pamélia, Pamella

Étymologie : du grec *pan* : « tout » et mellos : « le miel » ; « tout en douceur, sucré ». Ce prénom a été inventé au XVIe siècle par le poète anglais Philip Sidney.
Fête : 16 février - **Couleur :** bleu - **Chiffre :** 4
Caractère : Pamela est franche, curieuse, optimiste et vive.
Personnages célèbres : Paméla, l'héroïne du roman du XVIIIe siècle de Samuel Richardson *Paméla ou la Vertu récompensée* ; Pamela Anderson, actrice américaine.
Fréquence : rare - **Évolution :** ↘
Âge moyen : 27 ans

C

Paola

Paolina

Étymologie : du latin *paulus*, *paula* : « petite, faible, humble ». Paola correspond à la forme italienne et hispanophone de Paule.
Fête : 26 janvier - **Couleur :** rouge - **Chiffre :** 9
Caractère : Paola est assez rêveuse. Elle est altruiste, idéaliste et réfléchie. Dotée d'une personnalité intègre, lorsqu'elle aime, elle peut aller jusqu'au dévouement.
Personnage célèbre : la reine Paola de Belgique.
Fréquence : rare - **Évolution :** =
Âge moyen : 27 ans

B

Pâquerette

Étymologie : de l'hébreu : « Pâques ». C'est la fête de Pâques qui a donné son nom aux petites marguerites. En effet, elles fleurissent au début

du printemps et leur éclosion coïncide avec la date de la célébration de la Résurrection du Christ, entre la mi-mars et la mi-avril, selon le calendrier liturgique de l'année.
Fête : 5 octobre (Sainte-Fleur) - **Couleur :** blanc
Chiffre : 2
Caractère : Pâquerette est fine, intuitive et bonne médiatrice.
Fréquence : rare - **Évolution :** ↘
Âge moyen : 78 ans

V

Paquita

Pakita

Étymologie : du latin *francus, franca* : « homme libre », « femme libre ».
Fête : 9 mars - **Couleur :** rouge - **Chiffre :** 9
Caractère : Paquita est structurée, persévérante et sécurisante.
Personnage célèbre : Paquita Paquin, figure de la nuit, ancienne physionomiste du Palace, le club parisien mythique.
Fréquence : rare - **Évolution :** ↘
Âge moyen : 53 ans

P

Paris

Étymologie : du nom de la ville. Ce prénom doit être prononcé en faisant sonner le « s ».
Couleur : rose - **Chiffre :** 2
Caractère : Paris est volontaire et impétueuse.
Personnage célèbre : la it-girl Paris Hilton.
Fréquence : rare - **Évolution :** ↗
Âge moyen : 4 ans

P

Pascale

Pascasia, Paschase, Paschasie, Pascuala, Pasqua, Pasquale

Étymologie : du latin *pasqualis* : « qui se rapporte à la fête de Pâques ». Ce prénom est la forme féminine de Pascal.
Fête : 17 mai (Saint-Pascal) - **Couleur :** orange
Chiffre : 3
Caractère : Pascale est sociable, curieuse et fantaisiste.
Personnages célèbres : la cinéaste Pascale Ferran ; l'actrice Pascale Ogier.
Fréquence : courant - **Évolution :** ↘
Âge moyen : 49 ans

B

Pascaline

Pascalina, Pasqualine

Étymologie : du latin *pasqualis* : « qui se rapporte à la fête de Pâques ».
Fête : 17 mai (Saint-Pascal) - **Couleur :** orange
Chiffre : 3
Caractère : Pascaline est une stratège, directive et pleine de vitalité.
Fréquence : rare - **Évolution :** ↘
Âge moyen : 46 ans

B

Patience

Étymologie : du latin : « patience ».
Couleur : jaune - **Chiffre :** 4
Caractère : Patience est sympathique, audacieuse et résolue. Elle est dynamique et n'est pas toujours aussi patiente que son prénom le laisserait penser.
Fréquence : très rare - **Évolution :** ↗
Âge moyen : 5 ans

P

Patricia

Patriciane, Patricie, Patrizia, Pattie, Patty

Étymologie : du latin *patricius* : « qui appartient à la noblesse, à l'élite ». Ce prénom correspond à la forme féminine de Patrick et de Patrice.

Fête : 25 août - **Couleur** : orange - **Chiffre** : 5
Caractère : Patricia est franche, pleine de charme, indépendante et rapide.
Personnages célèbres : Patricia Highsmith, écrivain américain ; la chanteuse Patricia Kaas ; l'actrice Patricia Arquette ; la chanteuse Patty Smith.
Fréquence : répandu - **Évolution** : ↘
Âge moyen : 49 ans

P

Patsy

Étymologie : du latin *patricius* : « qui appartient à la noblesse, à l'élite ». Patsy est un diminutif anglo-saxon de Patricia devenu un prénom à part entière.
Fête : 25 août - **Couleur** : orange - **Chiffre** : 5
Caractère : Patsy est audacieuse et pleine d'originalité.
Personnage célèbre : la chanteuse et actrice Patsy Kensit.
Fréquence : très rare - **Évolution** : ↘
Âge moyen : 17 ans

V

Paula

Pavla, Pavlik, Pavlina, Pavlinka, Pavlounia

Étymologie : du latin *paulus, paula* : « petite, faible, humble ». Paula est très répandu dans les pays hispanophones. C'est aussi un prénom traditionnel corse.
Fête : 26 janvier - **Couleur** : rouge - **Chiffre** : 1
Caractère : Paula est bienveillante, consciencieuse et sage.
Personnages célèbres : Paula Heimann (1899-1982), psychanalyste, dont les recherches sur le contre-transfert sont restées illustres ; Paula Abdul, chanteuse et danseuse américaine.
Fréquence : rare - **Évolution** : ↘
Âge moyen : 56 ans

B

Paule

Pawle, Pachata, Pachouchka, Paulienne, Paulille, Paulita

Étymologie : du latin *paulus, paula* : « petite, faible, humble ».
Fête : 26 janvier - **Couleur** : rouge - **Chiffre** : 1
Caractère : Paule est énergique, ambitieuse et a du cœur.
Personnage célèbre : la styliste Paule Ka.
Fréquence : répandu - **Évolution** : ↘
Âge moyen : 85 ans

P

Paulette

Étymologie : du latin *paulus, paula* : « petite, faible, humble ». Paulette est un dérivé de Paule qui a eu un certain succès dans les années 20, quand les prénoms en « ette » étaient à la mode.
Fête : 26 janvier - **Couleur** : rouge - **Chiffre** : 1
Caractère : Paulette est énergique, audacieuse et organisée.
Personnages célèbres : Paulette Goddard, actrice ; Paulette Merval, chanteuse.
Fréquence : répandu - **Évolution** : ↘
Âge moyen : 83 ans

V

Paulina

Étymologie : du latin *paulus, paula* : « petite, faible, humble ». Ce prénom est attribué en Espagne, en Lettonie et en Pologne.
Fête : 9 juillet - **Couleur** : rouge - **Chiffre** : 1
Caractère : Paulina est sociable, ouverte d'esprit, résolue et sympathique.
Fréquence : rare - **Évolution** : ↘
Âge moyen : 52 ans

C

Pauline

Paolia, Pauliana, Paulienne, Paulyne

Étymologie : du latin *paulus, paula* : « petite, faible, humble ». Ce prénom est attribué en Espagne, en Lettonie et en Pologne. Pauline est un prénom qui fut très à la mode du XIXe siècle jusqu'en 1920. Tombé véritablement en désuétude dans les années 60, c'est vingt ans plus tard qu'il redevient à la mode et s'inscrit dans le palmarès des prénoms les plus attribués, agissant comme le prescripteur de la tendance rétro.

Fête : 9 juillet - **Couleur :** rouge - **Chiffre :** 1

Caractère : Pauline est aussi sensuelle qu'imprévisible. Parfois têtue, elle est aussi douce, calme, affectueuse et possède un grand sens artistique.

Personnages célèbres : Pauline Bonaparte, la sœur de Napoléon Ier ; Pauline, héroïne de *Polyeucte* de Corneille et du *Conte d'hiver* de Shakespeare.

Fréquence : répandu - **Évolution :** ↘

Âge moyen : 32 ans

P

Pearl

Étymologie : du latin *pernula* : « la perle ». Pearl est bien entendu la forme anglo-saxonne de Perle. C'est sainte Marguerite-Marie Alacoque (puisque Margaritas signifiait « perle » en latin avant de désigner « la fleur») qui illustre ce prénom. Elle est connue pour avoir répandu dans le monde la dévotion au Sacré-Cœur.

Fête : 16 octobre - **Couleur :** vert - **Chiffre :** 2

Caractère : Pearl est déterminée, compatissante et spirituelle.

Personnage célèbre : Pearl Buck, romancière, prix Nobel de littérature en 1938.

Fréquence : rare - **Évolution :** ↗

Âge moyen : 16 ans

V

Peggy

Étymologie : de l'anglais Margaret : « Marguerite ». Peggy est, contre toute attente, un dérivé de Margaret devenu Maggy, puis Meggy.

Fête : 8 janvier - **Couleur :** vert - **Chiffre :** 8

Caractère : Peggy est volontaire, indépendante et pourvue d'une certaine autorité naturelle. Elle reste toutefois assez émotive.

Personnage célèbre : Peggy Bouchet, première femme à avoir traversé l'Atlantique à la rame.

Fréquence : rare - **Évolution :** ↘

Âge moyen : 36 ans

B

Pélagie

Pélagia, Pélagienne

Étymologie : du grec *pelagos* : « la haute mer ».

Fête : 8 octobre - **Couleur :** bleu - **Chiffre :** 4

Caractère : Pélagie est volontaire, active et loyale.

Fréquence : rare - **Évolution :** ↘

Âge moyen : 69 ans

C

Pénélope

Penny

Étymologie : du grec *penelopeia* : « la tisserande ».

Fête : 10 novembre (Sainte-Nymphe)

Couleur : bleu - **Chiffre :** 7

Caractère : Pénélope est sociable, réservée, curieuse et a le sens de l'observation.

Personnage célèbre : Penélope Cruz, actrice.

Fréquence : rare - **Évolution :** ↗

Âge moyen : 14 ans

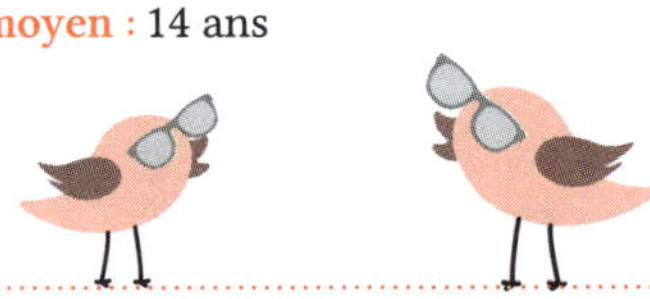

V

Pépita

Étymologie : de l'hébreu *yosseph* : « Dieu ajoutera ». Pepita correspond à la forme espagnole de Josette, le féminin de Joseph.

Fête : 4 octobre - **Couleur :** rouge - **Chiffre :** 4

Caractère : Pépita est déterminée, persévérante… En résumé : d'une efficacité redoutable.

Fréquence : rare - **Évolution :** ↘

Âge moyen : 53 ans

B

Perle

Perlette, Perline

Étymologie : du latin *pernula* : « perle ». C'est sainte Marguerite-Marie Alacoque (puisque Margaritas signifiait « perle » en latin avant de désigner « la fleur ») qui illustre ce prénom. Elle est connue pour avoir répandu dans le monde la dévotion au Sacré-Cœur.

Fête : 16 octobre - **Couleur :** vert - **Chiffre :** 2

Caractère : Perle est volontaire, indépendante et émotive.

Fréquence : rare - **Évolution :** ↗

Âge moyen : 17 ans

B

Pernelle

Pernille, Péronelle, Péroline, Péronille, Péronne, Péronnelle

Étymologie : du grec *petros* : « pierre ». Ce prénom correspond à une variante de Pétronille, forme féminine de Pierre.

Fête : 31 mai - **Couleur :** vert - **Chiffre :** 9

Caractère : Pernelle est sensible, idéaliste, rêveuse et dévouée.

Fréquence : rare - **Évolution :** ↗

Âge moyen : 16 ans

TOP 20

Prénoms rétro

Parce que les tendances en disent long sur l'humeur d'une société, voici les prénoms les plus populaires du début du siècle précédent. La plupart sont en passe d'être « estampillés » bobo, mais ils n'en demeurent pas moins totalement vintage et… so chics !

Alphonsine
Anna
Andrée
Angèle
Antoinette
Augustine
Cécile
Célia
Eugénie
Félicie
Germaine
Henriette
Lucie
Louison
Lucienne
Ludivine
Marcelle
Marthe
Odette
Solange

B

Perrette

Étymologie : du grec *petros* : « pierre ». Ce prénom correspond à une variante de Perrine.
Fête : 31 mai - **Couleur :** vert - **Chiffre :** 6
Caractère : Perrette est ambitieuse, forte, passionnée et habile.
Personnage célèbre : Perrette, l'héroïne de la fable de La Fontaine *La Laitière et le pot au lait* (Livre VII, Fab 9).
Fréquence : très rare - **Évolution :** ↘
Âge moyen : 74 ans

B

Perrine

Périna, Périnne, Perrina, Perrinette, Perryne

Étymologie : du grec *petros* : « pierre ».
Fête : 31 mai - **Couleur :** vert - **Chiffre :** 6
Caractère : Perrine est sensible, prudente, passionnée et charismatique.
Fréquence : répandu - **Évolution :** ↘
Âge moyen : 25 ans

B

Pervenche

Étymologie : du latin *pervinca* : « la pervenche ». Du nom de la plante aux fleurs d'un bleu mauve qui fleurit dans les sous-bois humides.
Fête : 5 octobre (Sainte-Fleur) - **Couleur :** bleu
Chiffre : 9
Caractère : Pervenche est gaie, douce et optimiste.
Fréquence : rare - **Évolution :** =
Âge moyen : 85 ans

V

Petra

Peterina, Petia, Petie, Petoussia, Petrine, Petrinka, Pita, Pitrah, Protia

Étymologie : du grec *petros* : « pierre ». Ce prénom correspond à la forme slave et espagnole de Pierrette, une forme féminine de Pierre. En France, c'est au Pays basque que ce prénom est le plus traditionnellement usité.
Fête : 29 juin - **Couleur :** jaune - **Chiffre :** 8
Caractère : Petra est déterminée, consciencieuse et bienveillante.
Fréquence : rare - **Évolution :** =
Âge moyen : 54 ans

B

Pétronille

Pétronella, Pétrounel, Petronia

Étymologie : du grec *petros* : « pierre ».
Fête : 31 mai - **Couleur :** vert - **Chiffre :** 9
Caractère : Pétronille est sensible, idéaliste, rêveuse et dévouée.
Fréquence : rare - **Évolution :** ↗
Âge moyen : 74 ans

V

Pétula

Étymologie : de l'anglais : « impatiente ».
Couleur : gris - **Chiffre :** 2
Caractère : Pétula est une femme de cœur, très optimiste.
Personnage célèbre : la chanteuse britannique Petula Clark.
Fréquence : très rare - **Évolution :** ↗
Âge moyen : 35 ans

B

Pétunia

Étymologie : du latin, du nom de la plante ornementale appartenant au genre des solanacées aux fleurs violettes, bleues, roses ou blanches.
Fête : 5 octobre (Sainte-Fleur) - **Couleur :** bleu
Chiffre : 6
Caractère : Pétunia est résolue, dynamique et sympathique.
Personnage célèbre : Petunia Dursley, la tante de Harry Potter dans la saga littéraire éponyme.
Fréquence : très rare - **Évolution :** =

B

Phénicia

Étymologie : se rapporte au Phénix, créature de la mythologie égyptienne, bien connue pour sa faculté à renaître de ses cendres.
Couleur : bleu - **Chiffre :** 3
Caractère : Phénicia est intuitive. Elle aime l'action et sait entretenir l'amitié. C'est une personnalité recherchée par ses proches.
Fréquence : très rare - **Évolution :** =
Âge moyen : 10 ans

P

Philadelphia

Philadelphie

Étymologie : du nom de la ville américaine.
Couleur : vert - **Chiffre :** 6
Caractère : Philadelphia est réceptive, sociable, mais elle a soif de réussite.
Fréquence : très rare - **Évolution :** =

C

Philaé

Phila, Philia, Phillie

Étymologie : du grec : « qui aime ».
Couleur : rose - **Chiffre :** 6
Caractère : Philaé est bienveillante et sympathique. C'est une amie idéale.
Fréquence : très rare - **Évolution :** =

C

Philiberte

Filiberta, Philberta, Philberte, Philiberte

Étymologie : du germain fili : « beaucoup » et behrt : « brillant ».
Couleur : vert - **Chiffre :** 2
Caractère : Philiberte est audacieuse, sensible, active et dynamique.
Fréquence : rare - **Évolution :** =
Âge moyen : 99 ans

C

Philippa

Filippa, Felipa, Filia, Filiouchka, Filipa, Filipka, Pippa

Étymologie : du grec *phillos* : « ami », et *hippos* : « cheval ». Ce prénom correspond à une forme féminine de Philippe.
Fête : 3 mai (Saint-Philippe) - **Couleur :** vert
Chiffre : 1
Caractère : Philippa est équilibrée, a le sens de la famille et des responsabilités.
Personnage célèbre : Philippa de Hainaut, reine d'Angleterre.
Fréquence : rare - **Évolution :** ↗
Âge moyen : 43 ans

C

Philippine

Fily, Flippie, Filippina, Phillie, Philipine,

Étymologie : du grec *phillos* : « ami », et *hippos* : « cheval ». Ce prénom est un diminutif de Philippa, forme féminine de Philippe.
Fête : 18 novembre - **Couleur :** vert - **Chiffre :** 2

Caractère : Philippine est compatissante, consciencieuse et bienveillante.
Personnages célèbres : Philippine Leroy-Beaulieu, actrice française.
Fréquence : rare - **Évolution :** =
Âge moyen : 32 ans

C

Philomène

Filoména, Philomèna

Étymologie : du grec *philein* : « aimer », et *mênê* : « lune ».
Fête : 10 août - **Couleur :** blanc - **Chiffre :** 5
Caractère : Philomène est volontaire et spirituelle.
Fréquence : rare - **Évolution :** =
Âge moyen : 87 ans

C

Philotée

Philothéa, Philotée

Étymologie : Philotée est un prénom d'origine grecque, formé sur les racines *philos* : « aimer » et *theos* : « Dieu », à rapprocher de Théophile, formé sur les mêmes racines.
Couleur : rouge - **Chiffre :** 5
Caractère : Philotée est attentionnée et très courageuse. Elle met sa curiosité au service des autres, mais se montre parfois caractérielle.
Fréquence : très rare - **Évolution :** =

C

Phyllis

Étymologie : du grec : « branche d'arbre verte ». Ce prénom fut porté, dans l'Antiquité, par la fille de Lycurge, le roi de Thrace, qui était amoureuse de Démophon. Ce dernier devait l'épouser à son retour d'Athènes. Ne le voyant pas revenir, elle comprit qu'il l'avait abandonnée et se pendit. Elle fut métamophosée en amandier. Ce prénom est surtout répandu dans les pays anglo-saxons.
Couleur : vert - **Chiffre :** 2
Caractère : Phyllis est fière, franche, fantaisiste et fidèle.
Personnages célèbres : Phyllis Dorothy James, véritable nom de l'auteur de romans policiers P. D. James ; Phyllis Wheatley (1753-1784), première poètesse afro-américaine.
Fréquence : très rare - **Évolution :** =
Âge moyen : 39 ans

B

Pia

Étymologie : du latin *pius*, *pia*, qu'on retrouve dans l'adjectif « pieux, pieuse ». Ce prénom correspond à la forme féminine de Pio ou Pie, nom des papes.
Fête : 30 avril ou 21 août - **Couleur :** vert
Chiffre : 8
Caractère : Pia est pleine de vitalité, ardente et charismatique.
Fréquence : rare - **Évolution :** ↗
Âge moyen : 33 ans

B

Pierrette

Pierra, Pierret

Étymologie : du grec *petros* : « pierre ». Ce prénom correspond à une variante de Perrette, forme féminine de Pierre.
Fête : 31 mai - **Couleur :** jaune - **Chiffre :** 8
Caractère : Pierrette est ambitieuse, forte, habile et passionnée.
Fréquence : courant - **Évolution :** ↘
Âge moyen : 74 ans

B

Pierrine

Étymologie : du grec *petros* : « pierre ».
Fête: 31 mai - **Couleur :** vert - **Chiffre :** 6
Caractère : Pierrine est efficace, honnête et persévérante. Très structurée, elle offre une impression de « sécurité ». Elle est bien le « petit caillou » comme l'indique son étymologie, auquel on s'attache.
Fréquence : rare - **Évolution :** ↘
Âge moyen : 80 ans

B

Pomme

Pomeline

Étymologie : du latin *pomum*, du fruit du même nom. Pomme renvoie à Pomone, déesse romaine des fruits et des vergers.
Fête : 5 octobre (Sainte-Fleur) - **Couleur :** jaune
Chiffre : 2
Caractère : Pomme est intrépide, vive, perfectionniste et fantaisiste.
Fréquence : très rare - **Évolution :** ↘
Âge moyen : 21 ans

B

Pomona

Étymologie : du latin *pomum*, du fruit du même nom. Pomme renvoie à Pomone, déesse romaine des fruits et des vergers.
Fête : 5 octobre (Sainte-Fleur) - **Couleur :** jaune
Chiffre : 2
Caractère : Pomona est gouvernée par l'ardeur et la vitalité, tout en parvenant à conserver un certain sens de la stratégie.
Fréquence : très rare - **Évolution :** ↘

C

Praxilla

Étymologie : du latin *priscus* : « antique ». Praxilla est une forme dérivée de Priscille.
Fête : 18 janvier - **Couleur :** bleu - **Chiffre :** 3
Caractère : Praxilla est fiable, audacieuse et méthodique.
Fréquence : très rare - **Évolution :** =

P

Precillia

Precilia

Étymologie : du latin *priscus* : « antique ».
Fête : 18 janvier - **Couleur :** bleu - **Chiffre :** 3
Caractère : Precillia est énergique, audacieuse et attire immédiatement la sympathie. C'est une amie très recherchée.
Fréquence : rare - **Évolution :** ↘
Âge moyen : 18 ans

P

Prescilia

Prescylia

Étymologie : du latin *priscus* : « antique ».
Fête : 18 janvier - **Couleur :** bleu - **Chiffre :** 3
Caractère : Prescilia est diplomate, sociable et résolue.
Fréquence : rare - **Évolution :** ↘
Âge moyen : 17 ans

P

Prescilla

Étymologie : du latin *priscus* : « antique ».
Fête : 18 janvier - **Couleur :** bleu - **Chiffre :** 3
Caractère : Prescilla est audacieuse et compatissante.
Fréquence : rare - **Évolution :** ↘
Âge moyen : 20 ans

P

Prescillia

Étymologie : du latin *priscus* : « antique ».
Fête : 18 janvier - **Couleur :** bleu - **Chiffre :** 3
Caractère : Prescillia est énergique, résolue, sympathique et audacieuse.
Fréquence : rare - **Évolution :** ↘
Âge moyen : 18 ans

P

Prescious

Étymologie : de l'anglais : « précieuse ».
Couleur : jaune - **Chiffre :** 2
Caractère : Prescious est capable d'impétuosité, car elle est d'une grande sensibilité. C'est sa maturité qui lui permettra ensuite de se canaliser.
Fréquence : très rare - **Évolution :** =
Âge moyen : 21 ans

V

Prima

Étymologie : du latin : « première ».
Couleur : orange - **Chiffre :** 7
Caractère : Prima est enthousiaste et pragmatique. Elle aime aller au bout des choses.
Fréquence : très rare - **Évolution :** ↘

V

Primavera

Étymologie : du latin : « printemps ».
Couleur : orange - **Chiffre :** 8
Caractère : Primavera s'adapte avec facilité à toutes les situations. Peu contraignante, elle est facile à vivre.
Fréquence : très rare - **Évolution :** =

P

Primrose

Primerose

Étymologie : de l'anglais : « première rose ».
Couleur : vert - **Chiffre :** 3
Caractère : Primrose est audacieuse, plein de volonté et parfois un peu directive.
Fréquence : très rare - **Évolution :** =

P

Princesse

Étymologie : du latin : « celle qui est supérieure ».
Couleur : gris - **Chiffre :** 3
Caractère : Princesse est une rêveuse pour qui l'amitié est importante. Très humaine, elle sait se montrer forte dans ses opinions.
Fréquence : rare - **Évolution :** ↗
Âge moyen : 9 ans

V

Prisca

Priska

Étymologie : du latin *priscus* : « ancien ».
Fête : 18 janvier - **Couleur :** bleu - **Chiffre :** 3
Caractère : Prisca est créative, pragmatique et enjouée, elle voit la vie du bon côté.
Fréquence : rare - **Évolution :** ↘
Âge moyen : 29 ans

P

Priscilia

Pris, Priskilla, Prissi, Pricilla, Pricillia, Priscila, Prissie

Étymologie : du latin *priscus* : « ancien ».
Fête : 18 janvier - **Couleur :** bleu - **Chiffre :** 3
Caractère : Priscilia est équilibrée, influente et a le sens des responsabilités.
Fréquence : très rare - **Évolution :** ↘

C

Priscilla

Priscila, Prissie, Pricilla, Pricillia

Étymologie : du latin *priscus* : « ancien ». De toutes les formes nées de Prisca, Priscilla est la plus répandue.
Fête : 18 janvier - **Couleur :** bleu - **Chiffre :** 9
Caractère : Priscilla est humaine, rêveuse et généreuse.
Personnage célèbre : Priscilla Presley, actrice et veuve du King Elvis Presley.
Fréquence : rare - **Évolution :** ↘
Âge moyen : 24 ans

C

Priscille

Priscillienne

Étymologie : du latin *priscus* : « ancien ». De tous les formes nées de Prisca, Priscille est la favorite des milieux BCBG.
Fête : 18 janvier - **Couleur :** bleu - **Chiffre :** 9
Caractère : Priscille est pleine de bon sens et d'affection. Elle attache une grande importance aux traditions.
Fréquence : rare - **Évolution :** ↘
Âge moyen : 26 ans

P

Prudence

Prudencia, Prudie, Prudy

Étymologie : du latin *prudentia* : « prévoyance, sagacité ». Ce sont les puritains anglais et américains du XVIIe siècle qui contribuèrent à son expansion, puisqu'ils appréciaient les prénoms qui évoquaient une vertu.
Fête : 6 mai - **Couleur :** bleu - **Chiffre :** 5
Caractère : Prudence est audacieuse, plein de vie et d'initiatives ; c'est une originale.
Personnage célèbre : Prudence (dite Prue) Halliwell, personnage de la série télévisée *Charmed*.
Fréquence : rare - **Évolution :** ↗
Âge moyen : 53 ans

P

Prune

Prunelle

Étymologie : du latin *prunus* : « prunier, prunellier ».
Fête : 5 octobre - **Couleur :** violet **Chiffre :** 2
Caractère : Prune est intuitive et généreuse.
Fréquence : rare - **Évolution :** ↗
Âge moyen : 12 ans

C

Pulchérie

Étymologie : du latin *pulcher* : « beau, joli, noble ».
Couleur : orange - **Chiffre :** 8
Caractère : Pulchérie est intelligente et sympathique. C'est une personnalité pétillante et dynamique.
Fréquence : rare - **Évolution :** =
Âge moyen : 88 ans

Q

V

Quetura

Étymologie : de l'hébreu : « encens ».
Couleur : gris - **Chiffre :** 5
Caractère : Quetura n'aime pas la monotonie. Elle est impétueuse et instinctive.
Fréquence : très rare - **Évolution :** ↘

TOP 20

Prénoms orientaux

Certains prénoms arabes féminins s'adjugent des domaines symboliques classiques dans la représentation de la féminité (beauté, coquetterie...). Dans le panel de prénoms ci-dessous sont représentées d'autres valeurs, vertus et images associées à d'harmonieuses sonorités. Symbolisant ce parfait rapport du son et du sens, nous sommes au cœur de l'usage originel des prénoms.

Abia *(exceptionnelle)*
Afaq *(horizons)*
Almera *(femme raffinée)*
Dahma *(celle qui a la peau brune)*
Dalal *(coquetterie)*
Elmire *(princesse exaltée)*
Emine *(digne de confiance)*
Imane *(croyance, foi)*
Inaya *(sollicitude)*
Inesse *(sympathique, généreuse)*
Janan *(inspirée)*
Kabira *(celle qui est issue d'un rang élevé)*
Kounouz *(richesse)*
Lali *(perles, antilopes)*
Maliha *(celle qui est belle et a bon cœur)*
Somaya *(parfaite, élevée)*
Souhila *(douce)*
Yiesha *(femme)*
Zafina *(triomphante)*
Zahia *(splendeur, lumière)*

C

Quartilla

Étymologie : du latin : « quatrième ».
Couleur : mauve - Chiffre : 4
Caractère : Quartilla est avant-gardiste, perspicace et audacieuse. Elle aime l'innovation.
Fréquence : très rare - Évolution : ↘

V

Queen

Étymologie : de l'anglais : « reine ».
Couleur : vert - Chiffre : 10
Caractère : Queen est habile, dynamique et ambitieuse.
Fréquence : très rare - Évolution : =
Âge moyen : 5 ans

V

Queridah

Étymologie : du latin : « calme, tranquille ». Ce prénom correspond à une forme espagnole de Quitterie.
Caractère : Quéridah est une rêveuse, un brin émotive. Elle est intelligente, intuitive et a, sans cesse, besoin d'entreprendre.
Couleur : violet - Chiffre : 7
Fréquence : très rare - Évolution : =

C

Quitterie

Quiteira, Quiterie, Quitteri

Étymologie : du latin : « calme, tranquille ».
Couleur : violet - Chiffre : 7
Caractère : Quitterie est toujours avide de connaissances, elle est spirituelle, sensible et... originale.
Fréquence : rare - Évolution : ↗
Âge moyen : 20 ans

C

Quintilla

Quinta, Quinte, Quintia, Quintila, Quintilienne, Quintiane, Quintila, Quintina

Étymologie : du latin *quintinius* : « cinquième ». Forme féminine de Quentin.

Fête : 31 octobre - Couleur : bleu - Chiffre : 1

Caractère : pourvue d'une certaine autorité naturelle, Quintilla est pourtant attentionnée.

Fréquence : très rare - Évolution : ↘

R

P

Rachel

Rachael, Rachela, Rachelle, Rachie, Rachile, Rae, Rachilde, Raquel, Richelle

Étymologie : de l'hébreu *rahel* : « la brebis ».

Fête : 15 janvier - Couleur : orange - Chiffre : 2

Caractère : Rachel incarne la générosité, l'ouverture du cœur et le charme profond. Elle est pourvue de qualités indéniables : une volonté certaine, une intelligence synthétique, un sens de l'action bien menée.

Personnages célèbres : l'actrice anglo-américaine Rachel Weisz et l'actrice américaine Raquel Welch.

Fréquence : répandu - Évolution : ↘

Âge moyen : 47 ans

V

Rachida

Étymologie : de l'arabe : « la bien guidée », sous-entendu par Dieu.

Couleur : blanc - Chiffre : 1

Caractère : Rachida est une passionnée qui vit tout intensément.

Personnages célèbres : l'actrice Rachida Brakni ; la femme politique Rachida Dati.

Fréquence : rare - Évolution : ↘

Âge moyen : 36 ans

V

Raïssa

Étymologie : de l'arabe *raïssana* : « tendre, douce ». Ce prénom fut porté par une martyre du IIIe siècle suppliciée à Alexandrie.

Fête : 5 septembre - Couleur : rouge - Chiffre : 4

Caractère : Raïssa est tenace. Fiable et méthodique, elle possède de grandes qualités morales, entre autres un certain sens du devoir et de l'engagement.

Fréquence : rare - Évolution : ↘

Âge moyen : 20 ans

V

Rania

Rahnia, Raniha, Ranya, Rhania

Étymologie : de l'arabe : « riche, noble ».

Couleur : vert - Chiffre : 5

Caractère : Rania est spirituelle, déterminée et originale.

Personnage célèbre : la reine Rania de Jordanie.

Fréquence : rare - Évolution : ↗

Âge moyen : 13 ans

P

Raphaëlle

Rafaële, Rafaëlle, Rafaïla, Raffaele, Rafi, Rapha, Raphaela, Raphaële, Raphaëlla

Étymologie : de l'hébreu *repha* : « guérir » et *el* : « Dieu » ; « Dieu seul guérit ». Ce prénom correspond à la forme féminine de Raphaël.

Fête : 29 septembre - **Couleur :** jaune - **Chiffre :** 7
Caractère : Raphaëlle est énergique, créative et sociable.
Personnage célèbre : l'écrivain Raphaële Billetdoux, auteur de *Mes nuits sont plus belles que vos jours.*
Fréquence : rare - **Évolution :** ↘
Âge moyen : 27 ans

P

Raymonde

Raimonda, Raimonde, Ramona, Raymonda, Raymunda

Étymologie : du germanique *ragin* : « conseil » et mundo : « protection » ; « celui qui protège par ses conseils ».
Fête : 7 janvier - **Couleur :** bleu - **Chiffre :** 5
Caractère : Raymonde est réservée, a le goût de l'aventure, est sensible et sait s'adapter.
Personnage célèbre : Raymonde de Laroche, première femme à avoir reçu son brevet de pilote.
Fréquence : répandu - **Évolution :** ↘
Âge moyen : 86 ans

P

Rébecca

Beck, Beckie, Becky, Bekki, Rebeca, Rebekah, Rebekka, Rivka, Reba, Rebe

Étymologie : de l'hébreu *rivka* : « celle qui est rassasiée ». Rebecca est, dans la Bible, l'épouse d'Isaac et la mère de Jacob et d'Ésaü. Elle est considérée comme une aïeule d'Israël.
Fête : 15 octobre - **Couleur :** vert - **Chiffre :** 9
Caractère : Rébecca est indépendante, autoritaire et déterminée.
Personnage célèbre : *Rebecca*, roman de Daphne du Maurier, qui fut adapté au cinéma par Alfred Hitchcock.
Fréquence : rare - **Évolution :** ↘
Âge moyen : 25 ans

V

Régina

Raina, Rina

Étymologie : du latin *regere* : « gouverner » et *rex, regis, regina* : « roi, reine ». Forme ancienne de Reine, correspondant à son étymologie latine regina : « la reine ». Regina est un prénom très répandu en Italie. En France, c'est en Alsace et en Corse qu'il est le plus attribué.
Fête : 7 septembre - **Couleur :** rouge - **Chiffre :** 4
Caractère : Regina est intègre, idéaliste, réfléchie et altruiste.
Personnage célèbre : Regina Rubens, styliste.
Fréquence : rare - **Évolution :** =
Âge moyen : 84 ans

P

Régine

Regan, Reggie

Étymologie : du latin *regere* : « gouverner » et *rex, regis, regina* : « roi, reine ». Forme ancienne de Reine, correspondant à son étymologie latine regina : « la reine ».
Fête : 7 septembre - **Couleur :** rouge - **Chiffre :** 4
Caractère : Régine est émotive, travailleuse, rigoureuse et a le sens des responsablités.
Personnages célèbres : la cantatrice française Régine Crespin ; l'écrivain Régine Deforges ; la chanteuse et reine de la nuit Régine.
Fréquence : répandu - **Évolution :** ↘
Âge moyen : 61 ans

V

Rehane

Étymologie : de l'arabe : « basilic ».
Couleur : vert - **Chiffre :** 6
Caractère : équilibrée, protectrice, dotée d'un solide sens des responsabilités, Rehane est la sœur, l'amie rêvée.
Fréquence : rare - **Évolution :** ↘

V

Reine

Reina, Reinette

Étymologie : du latin *regina* : « reine ». C'est en Côte-d'Or que ce prénom est le plus attribué.
Fête : 7 septembre - **Couleur :** rouge - **Chiffre :** 4
Caractère : Reine est affectueuse, diplomate, dévouée et toujours en quête d'harmonie.
Fréquence : courant - **Évolution :** ↗
Âge moyen : 85 ans

P

Réjane

Réjanne, Réjeane, Réjine

Étymologie : du latin *regina* : « reine ». Réjane est une variante de Régine.
Fête : 7 septembre - **Couleur :** vert - **Chiffre :** 8
Caractère : Réjane est énergique, volontaire, ambitieuse et courageuse.
Personnage célèbre : Réjane, la grande comédienne.
Fréquence : rare - **Évolution :** ↘
Âge moyen : 66 ans

P

Renée

Nata, Rena, Renata, Renate, Renelle

Étymologie : du latin *renatus* : « né une nouvelle fois, en référence ».
Fête : 19 octobre - **Couleur :** vert - **Chiffre :** 6
Caractère : Renée est diplomate, réceptive, sociable et loyale.
Fréquence : répandu - **Évolution :** =
Âge moyen : 87 ans

P

Rhéa

Étymologie : du grec. Fille du ciel, Ouranos et de Gaïa, la Terre, Rhéa devint ensuite l'épouse de Kronos et enfanta les dieux de l'Olympe.
Couleur : rouge - **Chiffre :** 5
Caractère : Rhéa sait s'adapter. Elle est indépendante, sensible et possède le goût de l'aventure.
Fréquence : très rare - **Évolution :** =
Âge moyen : 2 ans

V

Rita

Ritta

Étymologie : du grec *margaritès* : « la perle ». Ce prénom fut porté par une noble dame romaine brutalisée par son mari et ses deux fils, qui entra chez les Sœurs Augustines de Cascia après leur mort. Elle y vécut pendant quinze ans, portant sur le visage des stigmates affreusement malodorants qui opéraient néanmoins sur les malades qui venaient la voir d'innombrables guérisons miraculeuses. Rita est toujours aujourd'hui l'une des saintes les plus priées et l'objet d'un culte important en tant que patronne des causes désespérées.
Fête : 22 mai - **Couleur :** blanc - **Chiffre :** 7
Caractère : Rita est créative. Elle est pragmatique, sociable et optimiste.
Personnages célèbres : l'actrice Rita Hayworth ; Rita Levi-Montalcini, prix Nobel de physiologie en 1986, décédée en 2012 à 103 ans ; le groupe de musique Rita Mitsouko ; la chanteuse Rita Ora.
Fréquence : rare - **Évolution :** ↗
Âge moyen : 53 ans

V

Roberta

Robertina, Robertine, Robina, Robinette, Robinia, Ruberta, Ruperta

Étymologie : du germanique : « gloire illustre ».
Fête : 30 avril (Saint-Robert) - **Couleur :** rouge
Chiffre : 6

Caractère : Roberta est réfléchie, réservée et spirituelle.
Personnage célèbre : Roberta Flack, chanteuse soul américaine rendue célèbre par sa chanson *Killing me softly*.
Fréquence : rare - **Évolution :** ↗
Âge moyen : 48 ans

B

Roberte

Robertina, Robertine,

Étymologie : du germanique : «gloire illustre ».
Fête : 30 avril (Saint-Robert) - **Couleur :** rouge
Chiffre : 6
Caractère : Roberte est fidèle, intuitive et aime le relationnel.
Fréquence : rare - **Évolution :** =
Âge moyen : 77 ans

B

Rolande

Rollande

Étymologie : du germanique *hrod* : « la gloire » et nand : « le courage ».
Fête : 13 mai - **Couleur :** vert - **Chiffre :** 8
Caractère : Rolande est dynamique, fidèle et a le sens des responsabilités.
Fréquence : répandu - **Évolution :** =
Âge moyen : 80 ans

B

Romaine

Étymologie : du latin *romanus* : « romain ». Romaine est la forme féminine de Romain.
Fête : 28 février (Saint-Romain)
Couleur : jaune - **Chiffre :** 3
Caractère : Romaine est enthousiaste, directive et a du caractère.
Fréquence : rare - **Évolution :** ↘
Âge moyen : 78 ans

B

Romane

Romana, Romanella, Romanie, Romélie, Romina, Romanka

Étymologie : du latin *romanus* : « romain ». Romane est une forme féminine de Romain.
Fête : 28 février (Saint-Romain)
Couleur : vert - **Chiffre :** 3
Caractère : Romane est vive, enthousiaste et charmante.
Personnage célèbre : Romane Bohringer, actrice.
Fréquence : rare - **Évolution :** ↗
Âge moyen : 9 ans

B

Romy

Étymologie : ce prénom est, en réalité, un diminutif affecteux de Rose-Marie. On dit, dans ces cas-là, qu'il s'agit d'une forme hypocoristique.
Fête : 12 mars - **Couleur :** gris - **Chiffre :** 8
Caractère : Romy est créative, romanesque et passionnée.
Personnage célèbre : l'actrice Romy Schneider.
Fréquence : rare - **Évolution :** ↗
Âge moyen : 14 ans

P

Rosa

Étymologie : du latin *rosa* : « rose ». Le prénom est associé à la fleur du même nom. Considérée, à l'origine, comme la fleur d'Aphrodite dans la mythologie grecque (et de Vénus, dans la mythologie romaine), la rose est un symbole de beauté et d'amour. De couleur rouge, elle est connue pour exprimer la passion. Ce prénom correspond à la forme originelle de la forme Rose et est particulièrement attribué en Espagne et en Italie.
Fête : 23 août - **Couleur :** bleu - **Chiffre :** 3
Caractère : Rosa est charismatique et aime avoir une certaine influence sur son entourage.

Personnages célèbres : la militante et théoricienne révolutionnaire d'origine polonaise Rosa Luxemburg (1870-1919) ; Rosa Parks, figure emblématique de la lutte contre la ségrégation raciale aux États-Unis ; la chanson de Jacques Brel *Rosa* ; l'artiste peintre Rosa Bonheur.
Fréquence : rare - **Évolution :** ↗
Âge moyen : 79 ans

B

Rosalie

Rosalia, Rosali, Rosaly, Rosella, Roselle, Rozalia, Rozalija, Rozella

Étymologie : du latin *rosario* : « le jardin des roses ». Ce prénom fut porté par une ermite sicilienne du XIIIe siècle qui vécut dans une grotte près de Palerme. Elle est aujourdhui la sainte patronne de la Sicile.
Fête : 4 septembre - **Couleur :** bleu - **Chiffre :** 7
Caractère : Rosalie est curieuse, secrète et réfléchie.
Fréquence : rare - **Évolution :** ↗

B

Rosalinde

Rosalind, Rosalinda

Étymologie : du germanique *hros* : « le cheval » et *lind* : « le serpent », personnifications de divinités mythologiques. Ce prénom est la forme première de Roseline.
Fête : 17 janvier - **Couleur :** blanc - **Chiffre :** 7
Caractère : Rosalinde est équilibrée, rigoureuse, travailleuse et a le sens de la justice.
Fréquence : très rare - **Évolution :** =

P

Rosanne

Étymologie : prénom formé sur l'union de Rose et Anne.
Fête : 23 août - **Couleur :** vert - **Chiffre :** 9
Caractère : Rosanne est équilibrée, rigoureuse et travailleuse.
Fréquence : rare - **Évolution :** ↗
Âge moyen : 46 ans

B

Rose

Rhoda, Rodhia, Roos, Rosaura, Rosaure, Rosalba, Rosalio, Rosaria, Roscoe

Étymologie : du latin *rosa* : « rose ». Le prénom est associé à la fleur du même nom. Considérée, à l'origine, comme la fleur d'Aphrodite dans la mythologie grecque (et de Vénus, dans la mythologie romaine), la rose est un symbole de beauté et d'amour. De couleur rouge, elle est connue pour exprimer la passion. Ce prénom, très en vogue du Moyen Âge à la Renaissance, fut assez prisé et donna lieu à nombre d'autres formes : Rosemonde, Rosine, Rosaline... Fort appréciée dès le XIXe siècle dans sa forme simple, Rose devient source de formes composées dès le XXe siècle, alors que seule et sans aucun prénom pour l'accompagner, elle perd quelque peu de son attrait jusque vers 1995. Aujourd'hui, elle revient, seule.
Fête : 23 août - **Couleur :** bleu - **Chiffre :** 3
Caractère : Rose est dynamique, éloquente, vive. À l'image de la fleur qu'elle représente, Rose est une charmeuse invétérée. Terriblement sensuelle, c'est aussi une amoureuse de l'amour, quel qu'il soit. Car Rose est capable d'être la plus aimante des épouses, comme la meilleure des mères.
Personnage célèbre : Rose Caron, cantatrice (1857-1930).
Fréquence : répandu - **Évolution :** ↗
Âge moyen : 75 ans

P

Roselyne

Roseline, Rosolino, Rosula, Rosule

Étymologie : du germanique *hros* : « le cheval » et *lind* : « le serpent », personnifications de divinités mythologiques. Roselyne est un dérivé attesté dès le XVe siècle de Rosalinde. La signification étymologique originelle s'estompa, semblant placer le prénom sous le double patronnat floral de la rose et du lys.

Fête : 17 janvier - **Couleur :** gris - **Chiffre :** 7

Caractère : Roselyne est énergique, audacieuse et aime la découverte.

Personnage célèbre : Roselyne Bachelot, femme politique et chroniqueuse TV.

Fréquence : répandu - **Évolution :** ↘

Âge moyen : 55 ans

C

Rosemarie

Étymologie : du latin *rosemarinus* : « rosée de mer ». Il fut ensuite relié au prénom floral, Rose et à celui de la Sainte Vierge, Marie. Rosemarie est la version française de Rosemary.

Fête : 23 août - **Couleur :** bleu - **Chiffre :** 4

Caractère : Rosemarie est gracieuse, ambitieuse et travailleuse.

Personnage célèbre : l'actrice américaine Rosemarie DeWitt.

Fréquence : rare - **Évolution :** =

Âge moyen : 53 ans

C

Rose-Marie

Étymologie : du latin *rosa* : « rose ». Cette composition de Rose et de Marie a été instaurée par une sainte, née à Lima au Pérou au XVIe siècle, fille d'un colon espagnol et d'une métisse indienne, qu'elle aida, car ils étaient ruinés et malades. Elle prit ensuite le voile, s'installant dans le cabanon de son jardin, au point d'en faire une sorte de mini-couvent dominicain où elle vécut dix ans, s'astreignant à une vie austère. On dit que très belle, très cultivée en plus d'être très pieuse, elle possédait de nombreux dons mystiques et fut visitée à de nombreuses reprises. Morte en 1617, elle fut canonisée en 1671 et devint la patronne de l'Amérique latine et des Philippines. C'est elle qui a rajouté Marie à son prénom.

Fête : 23 août - **Couleur :** bleu - **Chiffre :** 4

Caractère : Rose-Marie est persévérante, résolue et volontaire.

Fréquence : rare - **Évolution :** ↘

Âge moyen : 54 ans

V

Rosemary

Rosemay

Étymologie : du latin *rosemarinus* : « rosée de mer ». Il fut ensuite relié au prénom floral, Rose et à celui de la Sainte Vierge, Marie. Il eut, outre-Manche, une période de faveur entre 1935 et 1955.

Fête : 23 août - **Couleur :** bleu - **Chiffre :** 4

Caractère : Rosemary est bienveillante, consciencieuse, volontaire et réaliste.

Personnage célèbre : Rosemary, l'héroïne, interprétée par Mia Farrow, du célèbre film de Roman Polanski *Rosemary's Baby*.

Fréquence : rare - **Évolution :** =

Âge moyen : 43 ans

C

Rosemonde

Étymologie : du germanique *hros* : « le cheval » et *mund* : « la protection ». Ce prénom fut porté par une comtesse de Vernon qui, devenue veuve, entra chez les bénédictines où elle vécut de longues années.

Fête : 30 avril - **Couleur :** rouge - **Chiffre :** 2

Caractère : Rosemonde est idéaliste, altruiste et intègre.
Fréquence : rare - **Évolution :** ↘
Âge moyen : 66 ans

V

Rosetta

Rosita

Étymologie : du latin *rosa* : « rose ». Rosetta est une variante de Rosette.
Fête : 23 août - **Couleur :** bleu - **Chiffre :** 3
Caractère : Rosetta aime la communication et sait toujours parfaitement s'adapter.
Personnage célèbre : *Rosetta*, film des frères Dardenne sorti en 1999.
Fréquence : rare - **Évolution :** ↘
Âge moyen : 50 ans

B

Rosette

Étymologie : du latin *rosa* : « rose ». Rosette peut signifier « petite rose ».
Fête : 23 août - **Couleur :** bleu - **Chiffre :** 3
Caractère : Rosette est déterminée, enthousiaste et a l'esprit pratique.
Fréquence : rare - **Évolution :** ↘
Âge moyen : 71 ans

B

Rosine

Rosiane, Rosina

Étymologie : du latin *rosa* : « rose ». Rosine est un diminutif de Rose. Ce prénom fut porté par une religieuse allemande du XIIIe siècle vénérée dans le diocèse d'Augsburg.
Fête : 11 mars - **Couleur :** vert - **Chiffre :** 6
Caractère : Rosine est passionnée, habile, déterminée et ambitieuse.
Fréquence : rare - **Évolution :** =
Âge moyen : 73 ans

P

Rosy

Rosia, Rosie, Rossy

Étymologie : du latin *rosa* : « rose ». Rosy est un diminutif international de Rose, équivalent au Rosette français.
Fête : 23 août - **Couleur :** bleu - **Chiffre :** 3
Caractère : Rosy est énergique, audacieuse, séductrice et originale.
Personnage célèbre : Rossy de Palma, actrice et chanteuse espagnole.
Fréquence : rare - **Évolution :** ↗
Âge moyen : 30 ans

B

Roxane

Roxana, Roxanna, Roxanne, Roxine

Étymologie : du perse *rakshna* : « l'aurore lumineuse ».
Fête : 4 octobre - **Couleur :** rouge - **Chiffre :** 9
Caractère : Roxane est curieuse, indépendante et courageuse.
Personnages célèbres : Roxane, héroïne de Bajazet, la pièce de Racine ; Roxane l'héroïne de *Cyrano de Bergerac*, d'Edmond Rostand ; l'héroïne éponyme de la célèbre chanson du groupe *The Police*.
Fréquence : rare - **Évolution :** ↗
Âge moyen : 21 ans

V

Rozenn

Roza, Rozanne, Rozen

Étymologie : du latin *rosa* : « rose ». Ce prénom correspond à la forme bretonne de Rose.
Fête : 23 août - **Couleur :** vert - **Chiffre :** 2
Caractère : fidèle et intuitive, Rozenn sait par-

faitement s'adapter aux situations. Elle a de plus une certaine aisance relationnelle.
Fréquence : rare - Évolution : =
Âge moyen : 32 ans

B

Ruth

Ruthy

Étymologie : de l'hébreu : « celle qui compatit ». Elle s'expatria avec sa belle-mère Noémie avant de revenir à Bethléem pour épouser Booz. Elle est l'arrière-grand-mère du roi David.
Fête : 1er septembre - Couleur : rouge - Chiffre : 1
Caractère : Ruth est prudente, généreuse, travailleuse et exigeante.
Personnages célèbres : Ruth Rendell, l'auteur de romans policiers ; la journaliste Ruth Elkrief.
Fréquence : rare - Évolution : ↘
Âge moyen : 44 ans

V

Sabah

Saba, Sabahe, Sabbah, Sabéha

Étymologie : de l'arabe *sabâh* : « la lumière du matin ». Ce prénom correspond, par sa signification, à l'équivalent arabe d'Aurore.
Couleur : jaune - Chiffre : 4
Caractère : Sabah est fiable, tenace et méthodique.
Fréquence : rare - Évolution : ↘
Âge moyen : 30 ans

P

Sabine

Bine, Binele, Sabe, Sabi, Sabie, Sabienne, Sabina, Sabinka, Saby, Saidhbhinn, Savina, Savine, Saviniane, Savinka, Vinia

Étymologie : du latin *sabinus, sabina* : « appartenant au peuple ». Ce prénom renvoie au peuple des Sabins, qui furent les voisins des premiers Romains, au temps de la fondation de Rome.
Fête : 29 août - Couleur : bleu - Chiffre : 5
Caractère : Sabine est autoritaire, énergique et active.
Personnages célèbres : les Sabines, qui furent enlevées par leurs voisins romains, désirant former des familles, furent l'objet de nombreuses peintures, dont celle de Nicolas Poussin, extrêmement célèbre ; Sabine Azéma, actrice française.
Fréquence : répandu - Évolution : ↘
Âge moyen : 44 ans

P

Sabrina

Sabryna

Étymologie : de *sabre*, transcription latine du celte *severn*. La fille illégitime du roi Locrine, que son épouse Gwendoline jeta dans la rivière pour se venger, était prénommée Sabrina. Depuis la rivière est, toujours dans la transcripion latine, nommée Sabrina.
Couleur : bleu - Chiffre : 1
Caractère : Sabrina est ambitieuse, indépendante, affective.
Personnage célèbre : Sabrina, l'héroïne du film du même nom, incarnée par Audrey Hepburn.
Fréquence : répandu - Évolution : ↘
Âge moyen : 28 ans

B

Sacha

Étymologie : Sacha est un diminutif d'Alexandra, du grec *alexein* : « défendre » et andros : « homme ».
Couleur : rouge - **Chiffre :** 2
Caractère : Sacha est sensible, volontaire, active et opportuniste.
Fréquence : rare - **Évolution :** ↗
Âge moyen : 10 ans

V

Safia

Safaa, Safae, Safya, Safiya

Étymologie : de l'arabe *safiyya* : « pure ». Ce prénom fut porté par l'une des épouses du Prophète Mahomet, qui était une captive juive convertie à l'Islam.
Couleur : rouge - **Chiffre :** 9
Caractère : Safia est entière, franche et passionnée.
Fréquence : rare - **Évolution :** ↗
Âge moyen : 19 ans

V

Saïda

Étymologie : de l'arabe *sa' îd* : « heureux, chanceux ».
Couleur : vert - **Chiffre :** 6
Caractère : Saïda est affectueuse, sensible. Elle possède un sens profond des responsabilités.
Fréquence : rare - **Évolution :** ↘
Âge moyen : 32 ans

V

Salima

Salama

Étymologie : de l'arabe *salîm* : « sain, sans défaut, intact ».
Couleur : vert - **Chiffre :** 6

TOP 20

Prénoms slaves

Les prénoms slaves répondent à plusieurs critères mode du moment : la terminaison en A, un mystère certain, une sonorité appuyée. Un prénom slave est souvent la résultante d'un système de diminutifs marquant le degré de familiarité ou d'affection. Russie, Croatie, Pologne, Serbie et Monténégro, République Tchèque et Slovaquie... Voici une courte liste de prénoms venus de l'est.

Bogdana
Denica
Divina
Jelena
Jasna
Luba
Mila
Milady
Melina
Milena
Mira
Morana
Nada
Stanka
Svetlana
Tamila
Tihana
Vera
Vesna
Zlatina

Caractère : Salima est dynamique, audacieuse, indépendante et pleine d'assurance.
Fréquence : rare - Évolution : ↘
Âge moyen : 31 ans

V

Salma

Étymologie : de l'arabe *salîm* : « sain, sans défaut, intact ».
Couleur : vert - Chiffre : 6
Caractère : Salma est dynamique, audacieuse, indépendante et pleine d'assurance.
Personnage célèbre : Salma Hayek, actrice américaine.
Fréquence : rare - Évolution : ↗
Âge moyen : 9 ans

V

Sally

Sallie

Étymologie : de l'hébreu *saray* : « la princesse, la reine ». Sally est un diminutif de Sarah devenu prénom à part entière.
Fête : 20 décembre - Couleur : rouge - Chiffre : 6
Caractère : Sally est douce, charmante, affectueuse et généreuse.
Personnages célèbres : Sally Field, actrice américaine ; Sally, héroïne du film *Quand Harry rencontre Sally.*
Fréquence : rare - Évolution : ↗
Âge moyen : 19 ans

B

Salomé

Lomée, Loménie, Saloméa, Salomée

Étymologie : de l'hébreu *chalom* : « paix ». Ce prénom correspond à la forme féminine de Salomon. La mère de saint Jean l'Évangéliste et de saint Jacques le Majeur se prénommait Marie-Salomé.
Fête : 22 octobre - Couleur : vert - Chiffre : 2
Caractère : Salomé est charmante, courageuse, franche et sait faire preuve de professionnalisme.
Personnage célèbre : Salomé, fille d'Hérodiade, est une des plus anciennes femmes fatales de l'histoire : dansant devant son oncle qu'elle envoûta, elle obtint ainsi de lui qu'il tue Jean-Baptiste et lui apporte sa tête sur un plateau. C'est un personnage biblique très célèbre qui, outre les œuvres picturales qu'elle inspira avec sa danse des sept voiles, fut incarnée au cinéma par Rita Hayworth et « mise en musique » par Richard Strauss.
Fréquence : courant - Évolution : ↘
Âge moyen : 18 ans

P

Samantha

Mantha, Manthy, Sama, Samanta, Samanthy, Sammantha, Samthann

Étymologie : du germanique *santh* : « vrai, juste » et *thanc* : « la pensée ».
Fête : 19 décembre - Couleur : rouge - Chiffre : 9
Caractère : Samantha est sensible, charmeuse et fidèle.
Personnages célèbres : Samantha Stephens, l'héroïne de la série télévisée *Ma sorcière bien-aimée* ; Samantha Miccelli, personnage de la série *Madame est servie.*
Fréquence : répandu - Évolution : ↘
Âge moyen : 20 ans

V

Samia

Sama, Samae, Samah, Samia, Samiya, Sémiha

Étymologie : de l'arabe *samiya* : « haute, élevée, sublime ».
Couleur : blanc - Chiffre : 7
Caractère : Samia est toujours en quête de dépassement. Exigeante et aventurière, elle est néanmoins capable d'une grande rigueur.

Personnage célèbre : Samia, personnage de la sitcom de France 3 *Plus belle la vie.*
Fréquence : rare - **Évolution :** ↘
Âge moyen : 29 ans

V

Samira

Sémira

Étymologie : de l'arabe : « celle avec qui on peut converser pendant la nuit, la confidente ».
Couleur : vert - **Chiffre :** 6
Caractère : Samira a le sens de la famille, elle est équilibrée et exigeante.
Fréquence : rare - **Évolution :** ↘
Âge moyen : 29 ans

V

Sandie

Sandi, Sandia

Étymologie : du grec *alexein* : « repousser », et *andros* : « l'homme, le guerrier », signifie par extension : « celle qui repousse l'ennemi » ; ou du grec kassandra, « celle (ou celui) qui aide les hommes ». Ce prénom est considéré comme un diminutif d'Alexandra ou de Cassandra et Cassandre.
Fête : 2 avril - **Couleur :** vert - **Chiffre :** 6
Caractère : Sandie est déterminée, sait faire preuve de sagacité et est toujours en quête de connaissances.
Fréquence : rare - **Évolution :** ↘
Âge moyen : 30 ans

P

Sandra

Saundra

Étymologie : du grec *alexein* : « repousser », et *andros* : « l'homme, le guerrier », signifie par extension : « celle qui repousse l'ennemi » ; ou du grec kassandra : « celle (ou celui) qui aide les hommes ». Ce prénom est considéré comme un diminutif d'Alexandra. C'est dans les pays anglo-saxons et en Italie que ce prénom a d'abord explosé, inconnu en France avant les années 60. C'est dans les années 70 qu'il commence à se répandre.
Fête : 20 mars - **Couleur :** vert - **Chiffre :** 6
Caractère : Sandra, à l'image de la racine de son prénom, est une douce guerrière. Brave, combative, elle est aussi humaine que cérébrale et chez elle, finesse d'analyse et extrême bienveillance se complètent sans cesse.
Personnage célèbre : Sandra Bullock, actrice américaine.
Fréquence : répandu - **Évolution :** ↘
Âge moyen : 32 ans

P

Sandrine

Sandrina, Sendrine

Étymologie : du grec *alexein* : « repousser », et *andros* : « l'homme, le guerrier », signifie par extension : « celle qui repousse l'ennemi » ; ou du grec *kassandra* : « celle (ou celui) qui aide les hommes ». Ce prénom est considéré comme un diminutif d'Alexandrine. Sandrine a beau être un diminutif, il précéda, dans son envol, les formes dont il est issu. En 1973, Sandrine était même à la première place des prénoms féminins. Tout en étant très répandu, il est nettement moins à la mode aujourd'hui.
Fête : 2 avril - **Couleur :** bleu - **Chiffre :** 6
Caractère : Sandrine est déterminée, volontaire, pragmatique, optimiste, ce qui peut en faire une meneuse d'homme. Elle n'est pas sans douceur pour autant. Bien au contraire, elle peut se montrer extrêmement délicate et indulgente.
Personnages célèbres : Sandrine Bonnaire et Sandrine Kiberlain, comédiennes.
Fréquence : répandu - **Évolution :** ↘
Âge moyen : 38 ans

P

Sandy

Étymologie : du grec *alexein* : « repousser », et *andros* : « l'homme, le guerrier », signifie par extension : « celle qui repousse l'ennemi » ; ou du grec *kassandra*, « celle (ou celui) qui aide les hommes ». Ce prénom est considéré comme un diminutif d'Alexandra ou de Cassandra et Cassandre.
Fête : 2 avril - **Couleur :** bleu - **Chiffre :** 6
Caractère : Sandy est altruiste, réaliste, intègre et réfléchie.
Fréquence : rare - **Évolution :** ↘
Âge moyen : 23 ans

P

Sarah

Laria, Sadella, Sadie, Sal, Salaidh, Sara, Sarene, Sarette, Sari, Sarine, Zarah

Étymologie : de l'hébreu *sarah* : « princesse, souveraine ».
Fête : 9 octobre - **Couleur :** rouge - **Chiffre :** 3
Caractère : Sarah est une fine observatrice ! Idéaliste, elle n'aime pas que l'on remette en question ses convictions profondes. Elle est sociable et foncièrement bienveillante. Lorsqu'elle blesse ou déçoit, c'est par maladresse ou par excès de légèreté.
Personnages célèbres : la comédienne Sarah Bernhardt ; la chanteuse Sarah Vaughan ; la duchesse d'York Sarah Ferguson.
Fréquence : répandu - **Évolution :** ↘
Âge moyen : 19 ans

V

Sasha

Sascha

Étymologie : du grec *alexein* : « repousser », et *andros* : « l'homme, le guerrier », signifie par extension : « celle qui repousse l'ennemi » ; ou du grec *kassandra*, « celle (ou celui) qui aide les hommes ». Ce prénom est considéré comme un diminutif d'Alexandra.
Couleur : rouge - **Chiffre :** 2
Caractère : Sasha est sensible, volontaire, active et opportuniste.
Fréquence : rare - **Évolution :** ↗
Âge moyen : 6 ans

V

Saskia

Étymologie : du germanique : « couteau ».
Couleur : bleu - **Chiffre :** 6
Caractère : Saskia a le sens des responsabilités, est généreuse et attachée aux traditions.
Personnages célèbres : Saskia Rembrandt, l'épouse du peintre ; Saskia Sassen, sociologue et économiste néerlando-américaine, à l'origine du concept de ville mondiale (*global cities*).
Fréquence : rare - **Évolution :** ↗

B

Satine

Sateen, Satyne, Satheen

Étymologie : de satin, du nom de l'étoffe de soie fine et lustrée que l'on considère comme un symbole de douceur. Ce prénom confère à celle qui le porte un caractère de préciosité qui a contribué à le lancer.
Couleur : rouge - **Chiffre :** 10
Caractère : Satine est énergique, originale, audacieuse et a l'esprit de découverte.
Personnage célèbre : l'héroïne du film *Moulin Rouge* incarnée par Nicole Kidman.
Fréquence : rare - **Évolution :** ↘
Âge moyen : 5 ans

B

Sauvanne

Étymologie : de l'espagnol *sabana* : « la plaine sans arbre, la savane ». Ce prénom correspond à la

forme francisée (rare mais pas inexistante) de Savannah (nom d'une grande ville de Géorgie fondée en 1733, qui fut le théâtre d'une bataille de la guerre d'Indépendance, puis de la guerre de Sécession).
Couleur : jaune - **Chiffre :** 4
Caractère : Sauvanne est une aventurière dans l'âme, malicieuse et fine.
Fréquence : très rare - **Évolution :** =
Âge moyen : 16 ans

V

Savannah

Savana, Savanah, Savanna

Étymologie : de l'espagnol *sabana* : « la plaine sans arbre, la savane ». Savannah est le nom d'une grande ville de Géorgie fondée en 1733, qui fut le théâtre d'une bataille de la guerre d'Indépendance, puis de la guerre de Sécession.
Couleur : jaune - **Chiffre :** 4
Caractère : Savannah est drôle, inventive et imprévisible.
Fréquence : rare - **Évolution :** ↗
Âge moyen : 8 ans

B

Scarlett

Scarlette

Étymologie : du vieux français *escarlate*, qui a donné le terme français écarlate : « rouge profond ». Cette couleur revêtirait un aspect très métaphorique dans la langue anglaise, puisque Scarlett signifierait à l'origine : « pêcheresse ».
Couleur : rouge - **Chiffre :** 6
Caractère : Scarlett est ambitieuse, habile, forte et résolue.
Personnages célèbres : Scarlett O'Hara, la très célèbre héroïne d'*Autant en emporte le vent* ; Scarlett Johansson, l'actrice américaine.
Fréquence : rare - **Évolution :** ↗
Âge moyen : 22 ans

V

Schéhérazade

Chéhérazade, Chéhrazad, Chéhrazade, Chérazade, Shéérazade

Étymologie : du persan *charazade* : « la reine ».
Couleur : vert - **Chiffre :** 6
Caractère : Schéhérazade est fantasque, déterminée et énergique.
Personnage célèbre : l'illustre narratrice des contes des *Mille et Une Nuits*.
Fréquence : rare - **Évolution :** ↘
Âge moyen : 26 ans

C

Ségolène

Ségolaine, Ségolen, Sigolène

Étymologie : du germanique *sieg* : « victoire », et *lind* : « doux, douce ».
Fête : 24 juillet - **Couleur :** rouge - **Chiffre :** 3
Caractère : Ségolène est curieuse, charismatique, énergique et ambitieuse.
Personnage célèbre : Ségolène Royal, femme politique.
Fréquence : rare - **Évolution :** ↘
Âge moyen : 26 ans

B

Séléna

Étymologie : du grec *sélène* : « la lune ». Dans la mythologie grecque, Séléna est la fille des Titans Hypérion et Théia, et la sœur d'Hélios, le Soleil et d'Eos, l'Aurore.
Couleur : blanc - **Chiffre :** 2
Caractère : Selena est douce, réceptive, diplomate et loyale.
Personnage célèbre : la chanteuse et actrice Séléna Gomez.
Fréquence : rare - **Évolution :** ↗
Âge moyen : 9 ans

B

Sélène

Selen, Sélénia, Selenna

Étymologie : du grec *sélène* : « la lune ». Dans la mythologie grecque, Séléna est la fille des Titans, Hypérion et Théia, la sœur d'Hélios, le Soleil et d'Eos, l'Aurore.
Couleur : blanc - Chiffre : 2
Caractère : Sélène est douce, affective, diplomate et sensible.
Fréquence : rare - Évolution : ↗
Âge moyen : 8 ans

V

Selima

Sélimata

Étymologie : de l'arabe *salîm* : « saine, sans défaut, intacte ». Ce prénom correspond à la forme masculine de Selim.
Couleur : vert - Chiffre : 6
Caractère : Sélima est structurée, persévérante, déterminée et efficace.
Fréquence : rare - Évolution : ↗
Âge moyen : 32 ans

V

Sélina

Sélinay

Étymologie : ce prénom peut s'apparenter à une variante de Séléna, mais il correspond plus sûrement à un dérivé de Célina dont l'origine est incertaine. Il est peut-être issu du latin *caelina* : « divine, merveilleuse », mais est plus sûrement un diminutif de Marcelline.
Fête : 21 octobre - Couleur : bleu - Chiffre : 3
Caractère : Sélina est habile, forte, ambitieuse et déterminée.
Fréquence : rare - Évolution : ↗
Âge moyen : 10 ans

B

Selma

Zelma

Étymologie : du germanique : « protégé par le dieu Ans». Ce prénom correspond au diminutif d'Anselma, la forme féminine d'Anselme.
Fête : 21 avril (Saint-Anselme) - Couleur : bleu
Chiffre : 5
Caractère : Selma est travailleuse, volontaire, opiniâtre et rigoureuse.
Personnages célèbres : Selma Lagerlöf, romancière suédoise qui remporta le prix Nobel de littérature en 1909 pour son roman *La légende de Gösta Berling* ; l'actrice américaine Selma Blair.
Fréquence : rare - Évolution : ↗
Âge moyen : 12 ans

P

Séphora

Céphora, Séfora

Étymologie : de l'hébreu *tsipora* : « l'oiselle ». Ce prénom biblique fut porté par l'épouse de Moïse qui lui donna deux fils, avant que celui-ci ne la renvoie chez son père, afin qu'il puisse se consacrer uniquement à sa mission.
Couleur : bleu - Chiffre : 1
Caractère : Séphora est intuitive, aime la communication et l'harmonie.
Personnage célèbre : en raison de sa jolie sonorité, ce prénom a été utilisé il y a quelques années pour nommer une chaîne de parfumerie et de cosmétiques.
Fréquence : rare - Évolution : ↘
Âge moyen : 15 ans

B

Séraphine

Sérafina, Séraphie, Séraphina

Étymologie : de l'hébreu *saraph* : « brûlant ».
Fête : 9 septembre
Couleur : bleu - Chiffre : 9

Caractère : Séraphine est imaginative, passionnée et animée par une quête d'absolu.
Personnage célèbre : Séraphine de Senlis, artiste peintre française (1864-1942) dont l'œuvre est rattachée à l'art naïf.
Fréquence : rare - **Évolution :** ⇗
Âge moyen : 81 ans

P

Séréna

Séren

Étymologie : du latin *serenus, serena* : « calme, paisible, serein ».
Fête : 23 février - **Couleur :** gris - **Chiffre :** 8
Caractère : comme l'étymologie de son prénom ne l'indique pas, Séréna est ardente, pleine de vitalité et de résolution.
Personnages célèbres : Serena Williams, la joueuse de tennis ; Serena, l'héroïne de la série *Gossip Girl*.
Fréquence : rare - **Évolution :** ⇗
Âge moyen : 11 ans

B

Sergine

Sergia, Serguiane

Étymologie : du latin *Sergius*, du nom d'une célèbre famille romaine du Ier siècle. Ce prénom correspond à la forme féminine de Serge.
Fête : 25 septembre (Saint-Serge)
Couleur : rouge - **Chiffre :** 9
Caractère : Sergine est émotive, autoritaire et efficace.
Fréquence : rare - **Évolution :** =
Âge moyen : 57 ans

B

Serine

Serina

Étymologie : du latin *serenus, serena* : « calme, paisible, serein ». Serine est un prénom dont l'orthographe est proche de celle de l'adjectif français sereine.
Fête : 23 février - **Couleur :** gris - **Chiffre :** 8
Caractère : Serine est indépendante, intelligente et déterminée.
Fréquence : rare - **Évolution :** ⇗
Âge moyen : 9 ans

V

Serlana

Étymologie : du latin *Sergius*, du nom d'une célèbre famille romaine du Ier siècle. Serlana correspond à une forme féminine slave de Serge.
Fête : 25 septembre (Saint-Serge)
Couleur : bleu - **Chiffre :** 9
Caractère : Serlana est ambitieuse, indépendante, imaginative et sensible.
Fréquence : très rare - **Évolution :** =

B

Servane

Servanne

Étymologie : du latin *servo* : « garder, respecter ».
Fête : 12 mai - **Couleur :** orange - **Chiffre :** 7
Caractère : Servane est affectueuse, indépendante et réservée.
Fréquence : rare - **Évolution :** ⇘
Âge moyen : 26 ans

P

Séverine

Séverа, Sévère, Severiana, Severianka, Sévériane, Séverienne, Séverina, Séveryne

Étymologie : du latin *severus* : « rigoureux, sévère », ou *severanus* : « appartenant à la gens Severa », illustre à Rome.
Fête : 20 juillet - **Couleur :** orange - **Chiffre :** 7
Caractère : Séverine aime l'originalité.
Fréquence : répandu - **Évolution :** ⇘
Âge moyen : 35 ans

TOP 20

Prénoms asiatiques

Ado *(japonais)*
Aelan *(laotien)*
Aiko *(japonais)*
Azura *(japonais)*
Hong *(du vietnamien : « beauté »)*
Kohana *(du japonais : « petite fleur »)*
Kuniyo *(japonais)*
Kunnarie *(du cambodgien : « élégante »)*
Mai *(du japonais : « lumineux »)*
Midoli *(du japonais : « couleur verte »)*
Minh *(du vietnamien : « intelligente »)*
Nioko *(japonais)*
Tama *(du japonais : « bijou »)*
Tamala *(du japonais : « joyaux »)*
Tamako *(du japonais : « bijou »)*
Tham *(du vietnamien : grâce)*
Thanh *(du vietnamien : « couleur bleue »)*
Thien *(du vietnamien : « celle qui est bonne et juste »)*
Thuy *(du vietnamien : « eau »)*
Tori *(du japonais : « oiseau »)*

Shaïma

Shayma

Étymologie : de l'arabe : « d'une grande beauté ».
Couleur : vert - Chiffre : 10
Caractère : Shaïma est bienveillante, sage et consciencieuse.
Fréquence : rare - Évolution : ↗
Âge moyen : 7 ans

Shaïna

Sheïna

Étymologie : de l'hébreu : « belle ». Shaïna est un prénom en forte croissance actuellement, en raison de sa prononciation équivalente à celle du mot anglais : « China ».
Chiffre : bleu - Couleur : 9
Caractère : Shaïna est pleine de sagacité, elle est spirituelle et résolue.
Fréquence : rare - Évolution : ↗
Âge moyen : 6 ans

Shana

Shanaé, Shanaël, Shanaëlle, Shania, Shanna, Shawna

Étymologie : de l'hébreu *yohanân* : « Dieu fait grâce ». Shana est une féminisation de Shan, forme phonétique du prénom gallois orthographié Sian, correspondant au Jane anglais, en français Jeanne.
Fête : 30 mai - Couleur : jaune - Chiffre : 5
Caractère : Shana est intelligente, sage et indépendante.
Fréquence : rare - Évolution : ↗
Âge moyen : 7 ans

S

V

Shannon

Shannen, Shannone, Shanon, Shanone

Étymologie : du celte *sinnan* : « la Vieille », déesse-mère de la mythologie irlandaise, qui a donné son nom au plus long fleuve de l'île (370 km) qui se jette dans l'océan Atlantique. Shannon est un prénom prisé en Grande-Bretagne et aux États-Unis, dans les familles d'origine irlandaise. C'est un prénom mixte, même s'il est plus couramment usité pour les filles.
Couleur : vert - Chiffre : 5
Caractère : Shannon a le goût de l'aventure, elle est sensible et indépendante.
Fréquence : rare - Évolution : ↘
Âge moyen : 11 ans

V

Sharleen

Sharlen

Étymologie : du germanique *karl* : « viril ». Ce prénom correspond à une forme féminine anglo-saxonne de Charles.
Fête : 17 juillet - Couleur : bleu - Chiffre : 3
Caractère : Sharleen a l'esprit pratique, est d'un naturel positif et allant de l'avant.
Personnages célèbres : Sharleen Spiteri, chanteuse du groupe *Texas*.
Fréquence : rare - Évolution : ↗
Âge moyen : 9 ans

P

Sharlène

Étymologie : du germanique *karl* : « viril ». Ce prénom correspond à une forme féminine anglo-saxonne de Charles, la variante de Charlène.
Fête : 17 juillet - Couleur : bleu - Chiffre : 3
Caractère : Sharlène est déterminée, ambitieuse et énergique.
Fréquence : rare - Évolution : ↘
Âge moyen : 11 ans

P

Sharon

Sharona, Sharone,

Étymologie : de l'hébreu *charone*, du nom d'une plaine israëlienne s'étendant de Tel Aviv à Césarée. Une jeune et jolie bergère est surnommée la « rose de Sharon » dans le *Cantique des cantiques*. Ce sont les puritains des États-Unis au XVIIe siècle qui ont fait de ce toponyme un prénom.
Couleur : vert - Chiffre : 3
Caractère : Sharon est sociable, optimiste, pragmatique et indépendante.
Personnage célèbre : Sharon Stone, star de cinéma américaine.
Fréquence : rare - Évolution : ↘
Âge moyen : 17 ans

V

Sheila

Sheelagh, Sheelah, Sheilah, Shelagh, Shiela

Étymologie : du latin *caecili*, nom d'une célèbre famille de l'aristocratie romaine, qui aurait été hérité du nom donné à un ancêtre, *caecus* : « l'aveugle ». Dans l'Antiquité, être aveugle signifiait avoir un pouvoir de lire l'avenir.
Ce prénom correspond à la forme anglo-saxonne de Cécile.
Fête : 22 novembre - Couleur : bleu - Chiffre : 1
Caractère : Sheila est émotive, charmante, généreuse et douée d'un grand sens artistique.
Personnage célèbre : Sheila, chanteuse française dont les premiers succès marquent l'époque yé-yé.
Fréquence : rare - Évolution : ↗
Âge moyen : 34 ans

V

Shérazade

Étymologie : du persan *charazade* : « la reine ».
Couleur : vert - Chiffre : 6

Caractère : Shérazade aime innover. Elle est imaginative, fantasque et bienveillante.
Fréquence : rare - **Évolution :** ↗
Âge moyen : 14 ans

V

Sheryl

Étymologie : du germanique *karl* : « viril ». Ce prénom est une variante de Chéryl, dérivé anglo-saxon assez courant outre-Atlantique de Charlotte.
Fête : 17 juillet - **Couleur :** vert - **Chiffre :** 6
Caractère : Sheryl est généreuse, pleine de charme et a le sens des responsabilités.
Personnage célèbre : Sheryl Crow, chanteuse américaine.
Fréquence : rare - **Évolution :** ↗
Âge moyen : 13 ans

V

Sherilyn

Étymologie : de l'anglais *charity* : « la charité ». Sherilyn est une variante de Chérilyn, un dérivé de Charity, prénom du XIXe siècle, qui comme Faith reflétait les vertus théologiales et était attribué par les puritains protestants. Sa terminaison pourrait être due à une contraction avec Ellen.
Couleur : rouge - **Chiffre :** 3
Caractère : Sherilyn est réputée pour la pureté de son cœur, mais aussi pour son caractère actif et sa capacité à rebondir.
Personnage célèbre : Sherilyn Fenn, actrice américaine.
Fréquence : très rare - **Évolution :** ↗
Âge moyen : 14 ans

P

Shirel

Shirelle, Shyrel, Shyrelle

Étymologie : du latin : « cerisier ».
Couleur : bleu - **Chiffre :** 9
Caractère : Shirel est bienveillante, a le sens des responsabilités et un grand sens artistique.
Fréquence : rare - **Évolution :** ↗
Âge moyen : 8 ans

P

Shirley

Sheri, Sherley, Shir, Shirlee, Shirleen, Shirlene

Étymologie : de l'anglais : « belle clairière ». Ce nom de lieu a subi l'évolution classique ; il est devenu patronyme, puis prénom et plus précisément prénom féminin.
Couleur : vert - **Chiffre :** 6
Caractère : Shirley est vive, sociable, volontaire et optimiste.
Personnages célèbres : Shirley Temple, enfant prodige du cinéma américain dont elle fut une vedette dès l'âge de six ans ; Shirley Mac Laine, l'actrice américaine.
Fréquence : rare - **Évolution :** ↘
Âge moyen : 23 ans

C

Sibylle

Bilgen, Cibilla, Cilli, Sébille, Sib, Sibbie, Sibeal, Sibel, Sibell, Sibie, Sibil, Sibilla, Sibille, Sibyl, Sibylla, Sibyllina, Sybyl, Sibyl, Sibylline

Étymologie : du grec *sibulla*, en latin *sibylla* : « femme qui prédit l'avenir ». Les Sibylles étaient les prêtresses d'Apollon qui avaient le don de prédire l'avenir.
Couleur : blanc - **Chiffre :** 7
Caractère : Sibylle est directive, organisée et sait prendre des décisions. Elle a aussi beaucoup de cœur.
Personnage célèbre : la sibylle de Cumes, qui passe pour avoir prévu la venue sur terre du Christ.
Fréquence : rare - **Évolution :** ↗
Âge moyen : 22 ans

V

Sidney

Étymologie : du grec *Dionysos.* Ce prénom serait, vraisemblablement, la forme anglo-saxonne de Denise, en hommage au dieu du vin, de la vigne et de l'inspiration poétique, dans la mythologie grecque.
Fête : 9 octobre - **Couleur :** rouge - **Chiffre :** 4
Caractère : Sidney est persévérante, structurée et indépendante.
Fréquence : rare - **Évolution :** =

B

Sidonie

Sid, Sidel, Sidoine, Sidonia, Sitta, Zdenka

Étymologie : du latin *sidonius* : qui habite la ville de Sidon, sur la côte libanaise.
Fête : 21 août - **Couleur :** vert - **Chiffre :** 9
Caractère : Sidonie est à l'écoute des autres, déterminée et pleine de vitalité.
Fréquence : rare - **Évolution :** ↗
Âge moyen : 61 ans

V

Siham

Sihame

Étymologie : de l'arabe *sihâm* : « les flèches ».
Couleur : bleu - **Chiffre :** 5
Caractère : Siham est curieuse, courageuse et charismatique.
Fréquence : rare - **Évolution :** ↘
Âge moyen : 20 ans

V

Sihem

Siheme

Étymologie : de l'arabe *sihâm* : « les flèches ».
Couleur : bleu - **Chiffre :** 5
Caractère : Sihem est rêveuse, ouverte d'esprit et humaine.
Fréquence : rare - **Évolution :** ↗
Âge moyen : 19 ans

P

Silvana

Étymologie : du latin *Silvanus* : « le dieu de la forêt ». Silvana correspond à la version italienne de Sylvaine, forme féminine de Sylvain.
Fête : 4 mai (Saint-Sylvain) - **Couleur :** rouge
Chiffre : 4
Caractère : Silvana est très méthodique, compatissante et aime se réaliser.
Personnage célèbre : Silvana Mangano, actrice italienne.
Fréquence : rare - **Évolution :** =
Âge moyen : 46 ans

P

Simone

Sima, Sime, Siméone, Simmie, Simona, Simonette, Sym, Syma

Étymologie : de l'hébreu *shimeone* : « Dieu a entendu ma souffrance ».
Fête : 19 février - **Couleur :** violet - **Chiffre :** 3
Caractère : Simone est curieuse, a soif de culture et de savoir. Elle peut parfois se montrer dominatrice.
Personnages célèbres : Simone de Beauvoir, l'écrivain féministe, auteur du *Deuxième Sexe* et compagne de Jean-Paul Sartre ; Simone Weil, la célèbre philosophe ; Simone Veil, femme politique française ; Simone Signoret, grande actrice française.
Fréquence : répandu - **Évolution :** ↗
Âge moyen : 83 ans

V

Sirine

Syrine

Étymologie : du persan *sîrîn* : « la rassasiée ». Ce prénom fut porté par l'une des esclaves que Mahomet envoya au gouverneur d'Égypte. Elle se convertit à l'Islam, mais garda son prénom d'origine.
Couleur : blanc - **Chiffre :** 2
Caractère : Sirine est intuitive, fidèle et aime la méditation.
Fréquence : rare - **Évolution :** ⇗
Âge moyen : 8 ans

C

Sixtine

Étymologie : du latin *sextus* : « le chiffre six », considéré comme le médiateur entre Dieu et sa Création, en référence aux 6 jours de la Création, d'où son utilisation en tant que prénom.
Fête : 7 août - **Couleur :** bleu - **Chiffre :** 2
Caractère : Sixtine est indépendante et a le goût de l'aventure.
Fréquence : rare - **Évolution :** ⇗
Âge moyen : 12 ans

B

Sofia

Sofa, Sophia, Zofia

Étymologie : du grec *sophia* : « la sagesse ». Ce prénom correspond à la forme slave, espagnole et italienne de Sophie. Ce prénom fut porté par deux saintes. La première, celle que l'on célèbre le 25 mai, est auréolée de légende. En effet, cette Romaine du IIe siècle fut martyrisée avec ses trois filles Liouba (Charité), Véra (Foi), Nadège (Espérance), sur l'ordre de l'empereur Hadrien. Son propre prénom signifiant « sagesse », on soupçonne cette histoire d'être une allégorie, Sophie désignant elle-même la sagesse divine. C'est pourtant elle que l'on consacra sainte et non Madeleine-Sophie Barrat, qui fonda au début du XIXe siècle, la fameuse congrégation des sœurs du Sacré-Cœur.
Fête : 25 mai - **Couleur :** bleu - **Chiffre :** 2
Caractère : Sofia est séductrice, audacieuse et pourvue d'un bel esprit de découverte.
Personnage célèbre : la réalisatrice Sofia Coppola.
Fréquence : rare - **Évolution :** ⇗
Âge moyen : 15 ans

V

Soizic

Soazic, Soizick

Étymologie : du latin *francus, franca* : « homme, femme libre », puis « du peuple franc ». Ce prénom correspond à la forme bretonne de Françoise.
Fête : 29 mars - **Couleur :** rouge - **Chiffre :** 9
Caractère : Soizic est intuitive, sensible et charmante.
Fréquence : rare - **Évolution :** ⇘
Âge moyen : 31 ans

B

Solange

Solemnia, Solemnio

Étymologie : du latin *sollemnis* : « grave, consacrée ».
Fête : 10 mai - **Couleur :** bleu - **Chiffre :** 1
Caractère : Solange est vive, énergique, volontaire et a de grandes capacités d'adaptation.
Personnage célèbre : la chanteuse Solange Knowles et sœur de Beyoncé.
Fréquence : répandu - **Évolution :** ⇘
Âge moyen : 76 ans

V

Soléa

Étymologie : du latin *sollemnis* : « grave, consacrée ».
Fête : 10 mai - **Couleur :** bleu - **Chiffre :** 1

Caractère : Soléa est spirituelle et philosophe. Tout en étant raisonnée, elle aborde la vie en se posant des questions.
Fréquence : très rare - **Évolution :** ↗
Âge moyen : 5 ans

V

Soléane

Soléanne, Soliane, Solianne

Étymologie : ce prénom est une contraction de Soléa et Anne.
Couleur : vert - **Chiffre :** 3
Caractère : Soléane est habile, ambitieuse et passionnée.
Fréquence : rare - **Évolution :** ↗
Âge moyen : 5 ans

V

Solène

Solenn, Solenne

Étymologie : du latin *sollemnis* : « grave, consacrée ».
Fête : 17 octobre - **Couleur :** vert - **Chiffre :** 7
Caractère : Solène est secrète, sérieuse et réfléchie.
Fréquence : rare - **Évolution :** ↘
Âge moyen : 17 ans

B

Soline

Solyane, Solyne

Étymologie : du latin *sollemnis* : « grave, consacrée ». Ce prénom est une variante de Solène.
Fête : 17 octobre - **Couleur :** orange - **Chiffre :** 2
Caractère : Soline est intuitive, directive. Elle a l'esprit logique et aime le relationnel.
Fréquence : rare - **Évolution :** ↗
Âge moyen : 17 ans

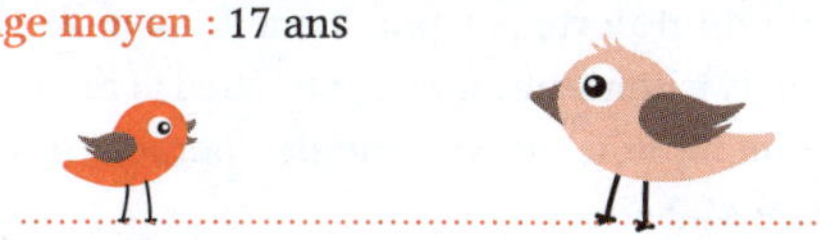

C

Solveig

Solvei, Solveiga, Solvey, Solvi, Solvic, Solvig

Étymologie : du germanique : « la maîtresse de maison ».
Couleur : blanc - **Chiffre :** 9
Caractère : Solveig est indépendante, travailleuse, opiniâtre et émotive.
Personnages célèbres : Solveig, l'héroïne de Peer Gynt d'Ibsen, dont Grieg a fait un opéra ; la réalisatrice Sólveig Anspach.
Fréquence : rare - **Évolution :** ↗
Âge moyen : 20 ans

P

Sonia

Sonja, Sonya,

Étymologie : du grec *sophia* : « la sagesse ». Sonia est une variante slave très répandue de Sophie.
Fête : 25 mai - **Couleur :** blanc - **Chiffre :** 2
Caractère : Sonia est persévérante, structurée et efficace.
Personnages célèbres : l'artiste peintre Sonia Delaunay ; la styliste Sonia Rykiel.
Fréquence : répandu - **Évolution :** ↘
Âge moyen : 35 ans

C

Sophie

Fei, Fia, Fieke, Fig, Fiken, Phie, Sadhba, Sadhbn, Sofi, Sofie, Sopher, Sophus, Sophy, Vike, Viki, Vikli, Zoffi

Étymologie : du grec *sophia* : « la sagesse ». Ce prénom fut porté par deux saintes. La première, celle que l'on célèbre 25 mai, est auréolée de légende. En effet, cette romaine du IIe siècle fut martyrisée avec ses trois filles Liouba (Charité), Véra (Foi), Nadège (Espérance), sur l'ordre de l'empereur Hadrien. Son propre prénom signifiant « sagesse », on soupçonne cette histoire d'être une allégorie, Sophie désignant elle-même la sagesse divine. C'est pourtant elle que l'on consacra sainte et non Madeleine-Sophie Barrat, qui fonda au début du XIXe siècle, la fameuse congrégation des sœurs du Sacré-Cœur. Sophie fait figure de classique. Représenté dès l'Antiquité, plus particulièrement sous la Grèce antique, sous sa forme en « a », il se répand en Italie, en Espagne ou en Allemagne pendant la Renaissance. Le prénom avec sa terminaison francisée est régulièrement attribué en France, dès le XVIIIe, au point de devenir un prénom courant dès la seconde moitié du XIXe siècle. La publication du roman de la Comtesse de Ségur (qui prénomme son héroïne comme elle) semble lui porter malheur, puisqu'elle est suivie d'une période de disgrâce, largement rattrapée, heureusement, dès le XXe siècle. En effet, Sophie revient durant les années 50, en particulier au sein des milieux bourgeois qui l'affectionnent au point de lui permettre de s'épanouir jusqu'à la fin des années 70. Moins attribué aujourd'hui, il demeure tout de même un prénom répandu, ayant longtemps gardé la faveur des milieux chics et reste une sorte de classique courant.

Fête : 25 mai - **Couleur :** bleu - **Chiffre :** 2

Caractère : Sophie a un cœur ouvert et généreux, mais un excès de sensibilité et de subjectivité, pas nécessairement synonyme de sagesse ; très sociable, intelligente et hyperféminine, elle sait se tromper avec humour et se dévouer sans déplaisir ; vive et décidée, elle cultive volontiers le paradoxe et n'hésite pas à frôler l'inconvenance.

Personnages célèbres : Sophie Volland, correspondante de Diderot ; Sophie Germain, mathématicienne française du XVIIIe siècle ; Sophie Rostopchine, nom de la comtesse de Ségur ; l'actrice Sophie Marceau.

Fréquence : répandu - **Évolution :** ↘

Âge moyen : 38 ans

V

Soraya

Étymologie : de l'arabe *thourayya* : « la constellation des pléiades ».

Couleur : bleu - **Chiffre :** 7

Caractère : Soraya est réservée, généreuse et réfléchie.

Fréquence : rare - **Évolution :** ↗

Âge moyen : 25 ans

V

Souad

Souaad, Souade, Souadou, Souhad, Souhade, Suheda

Étymologie : de l'arabe : « heureuse, chanceuse ».

Couleur : vert - **Chiffre :** 2

Caractère : Souad est bienveillante, consciencieuse et sage. C'est la confidente rêvée.

Fréquence : rare - **Évolution :** ↘

Âge moyen : 27 ans

V

Soukaïna

Soukeïna, Soukayna

Étymologie : de l'arabe *sakîna* : « la paix profonde ».

Couleur : jaune - **Chiffre :** 1

Caractère : autoritaire et énergique, Soukaïna a l'esprit logique.

Fréquence : rare - **Évolution :** ↗

Âge moyen : 11 ans

V

Soumaya

Souméya

Étymologie : de l'arabe *samiya* : « sublime ». Ce prénom fut porté par une jeune femme de La Mecque, tristement connue pour être la première femme à avoir été victime des persécutions contre Mahomet.

Couleur : bleu - **Chiffre :** 5
Caractère : Soumaya est dynamique, courageuse et sait faire preuve d'indépendance.
Fréquence : rare - **Évolution :** ⬀
Âge moyen : 14 ans

V

Soumia

Soumiya, Soumya

Étymologie : de l'arabe *samiya* : « sublime ». Ce prénom fut porté par une jeune femme de La Mecque, tristement connue pour être la première femme à avoir été victime des persécutions contre Mahomet.
Couleur : bleu - **Chiffre :** 5
Caractère : Soumia est influente, a le sens des responsabilités et de l'analyse.
Fréquence : rare - **Évolution :** ⬂
Âge moyen : 20 ans

P

Stacy

Stacie, Stacey

Étymologie : du grec : « résurrection ». Stacy est un diminutif anglo-saxon d'Anastasie.
Fête : 10 mars - **Couleur :** vert - **Chiffre :** 8
Caractère : Stacy est énergique, audacieuse et a l'esprit de découverte.
Fréquence : rare - **Évolution :** ⬂
Âge moyen : 13 ans

V

Steffy

Steffie, Steffi, Stephie, Stephy

Étymologie : du grec *stephanos* : « couronné ». Ce prénom est un diminutif de Stéphanie.
Fête : 2 janvier - **Couleur :** orange - **Chiffre :** 7
Caractère : Steffy est idéaliste, dévouée et altruiste.
Fréquence : rare - **Évolution :** ⬂
Âge moyen : 16 ans

P

Stella

Étymologie : du latin *stella* : « l'étoile ». Ce prénom correspond au substantif latin qui a engendré le français Estelle.
Fête : 11 mai - **Couleur :** bleu - **Chiffre :** 8
Caractère : Stella est équilibrée, créative et intuitive.
Personnage célèbre : la styliste Stella McCartney.
Fréquence : rare - **Évolution :** ⬀
Âge moyen : 26 ans

C

Stéphanie

Étymologie : du grec *stephanos* : « couronné ».
Fête : 2 janvier - **Couleur :** orange - **Chiffre :** 7
Caractère : Stéphanie est une altruiste, accordant une grande importance à l'amitié et s'épanouissant au sein d'un groupe. Pourtant, elle est capable, parfois, d'étonner par son besoin de solitude. Il faut dire que le recueillement lui est nécessaire, car son esprit ne s'arrête jamais. Stéphanie est, dans tous les cas, une passionnée, curieuse de tout et en particulier des êtres humains, pour qui elle est capable de se battre sans répit, si la cause lui semble juste.
Personnage célèbre : la princesse Stéphanie de Monaco.
Fréquence : répandu - **Évolution :** ⬂
Âge moyen : 35 ans

V

Stessy

Étymologie : du grec : « résurrection ». Stessy est une variante de Stacy, diminutif anglo-saxon d'Anastasie.
Fête : 10 mars - **Couleur :** vert - **Chiffre :** 8
Caractère : Stessy est énergique, audacieuse et possède un esprit de découverte.
Fréquence : rare - **Évolution :** ⬂
Âge moyen : 13 ans

Sue

Étymologie : de l'hébreu *shushân* : « le lys ». Ce prénom correspond à un diminutif anglo-saxon de Suzanne.
Fête : 11 août - Couleur : violet - Chiffre : 1
Caractère : Sue est vive, intelligente et diplomate.
Fréquence : très rare - Évolution : ≡
Âge moyen : 31 ans

Suzanne

Sanna, Sanne, Sannerl, Siusaidh, Siusan, Sosanna, Sukey, Suki, Susan, Susana, Suzanna, Suzannus, Zuselt, Zuzanna

Étymologie : de l'hébreu *shushân* : « le lys ».
Fête : 11 août - Couleur : violet - Chiffre : 1
Caractère : Suzanne est affectueuse, ironique, perspicace, dynamique, parfois renfermée ou repliée sur quelque secret ; son charme est indéniable et tient à sa simplicité d'être, directe, bon enfant et enjouée. Elle a la grâce du lys.
Personnages célèbres : Suzanne Necker, qui fonda au XVIIIe siècle l'hôpital des Enfants-Malades ; l'artiste peintre Suzanne Valadon (1867-1938), mère de Maurice Utrillo ; la première star internationale du tennis féminin, Suzanne Lenglen.
Fréquence : courant - Évolution : ↗
Âge moyen : 88 ans

Suzette

Susette

Étymologie : de l'hébreu *shushân* : « le lys ». Suzette correspond à un diminutif de Suzanne.
Fête : 11 août - Couleur : violet - Chiffre : 1
Caractère : Suzette est forte, ambitieuse et sensible.
Personnage célèbre : Suzette, la petite amie du petit Spirou.
Fréquence : rare - Évolution : ↘
Âge moyen : 76 ans

Suzie

Susi, Susie, Suzy, Zannie

Étymologie : de l'hébreu *shushân* : « le lys ». Suzie est l'un des diminutifs de Suzanne.
Fête : 11 août - Couleur : violet - Chiffre : 1
Caractère : Suzie est ambitieuse, forte et habile.
Fréquence : rare - Évolution : ↗
Âge moyen : 32 ans

Suzon

Susano

Étymologie : de l'hébreu shushân : « le lys ». Suzon correspond à un diminutif de Suzanne.
Fête : 11 août - Couleur : violet - Chiffre : 1
Caractère : Suzon est curieuse, dynamique et indépendante.
Fréquence : rare - Évolution : ↗
Âge moyen : 13 ans

Swann

Swanna, Swanne, Swanny

Étymologie : de l'anglais : « cygne ». Ce prénom est visiblement un croisement entre le substantif anglais et le patronyme du héros de Marcel Proust, *Du côté de chez Swann.*
Couleur : gris - Chiffre : 8
Caractère : Swann est une stratège, fine et subtile. C'est une intrigante mystérieuse, elle peut paraître presque insaisissable.
Fréquence : rare - Évolution : ↗
Âge moyen : 9 ans

C

Sybille

Étymologie : du grec *sibulla*, du latin *sibylla* : « femme qui prédit l'avenir ». Ce prénom est une variante de Sibylle. Les Sibylles étaient les prêtresses d'Apollon qui avaient le don de prédire l'avenir.
Couleur : blanc - **Chiffre :** 7
Caractère : Sibylle aime communiquer. Elle est à la fois pragmatique et déterminée.
Fréquence : rare - **Évolution :** ↗
Âge moyen : 34 ans

P

Sydney

Étymologie : du grec *Dionysos*. Ce prénom, variante orthographique de Sidney, serait vraisemblablement la forme anglo-saxonne de Denise.
Fête : 9 octobre - **Couleur :** rouge - **Chiffre :** 4
Caractère : Sydney est persévérante, structurée, indépendante et déterminée.
Personnage célèbre : Sydney Bristow, héroïne de la série télévisée *Alias*.
Fréquence : rare - **Évolution :** =
Âge moyen : 10 ans

C

Sylvaine

Silvaine, Silvana, Silvane

Étymologie : du latin *Silvanus* : « le dieu de la forêt ». Sylvaine est la forme féminine de Sylvain.
Fête : 4 mai (Saint-Sylvain) - **Couleur :** rouge
Chiffre : 4
Caractère : Sylvaine est ambitieuse, fière et travailleuse.
Fréquence : rare - **Évolution :** ↘
Âge moyen : 54 ans

TOP 20

Prénoms du cinéma

Ah... les prénoms de cinéma ! Voici des titres de films (non suivis d'une parenthèse dans la liste ci-dessous), et les noms des héroïnes véhiculant tout un monde fantasmatique : celui du réalisateur et le nôtre. Des prénoms générationnels pour des personnages devenus cultes.

Amélie *(Amélie Poulain)*
Angélique
Arwen *(Le Seigneur des Anneaux)*
Bella *(Twilight)*
Emmanuelle
Manon *(Manon des Sources)*
Julia
Juno
Leia *(Star Wars)*
Lilou *(Le Cinquième Élément)*
Lola *(Cours, Lola, Cours)*
Lux *(Virgin Suicides)*
Nathalie
Neytiri *(Avatar)*
Nikita
Satine *(Moulin Rouge)*
Sally *(Quand Harry rencontre Sally)*
Scarlett *(Autant en emporte le vent)*
Thelma *(Thelma et Louise)*
Vic / Victoire *(La Boum)*

V

Sylvana

Étymologie : du latin *Silvanus* : « le dieu de la forêt ». Sylvaine est la forme féminine de Sylvain.
Fête : 4 mai (Saint-Sylvain) - **Couleur :** rouge
Chiffre : 4
Caractère : Sylvana a un certain sens de la méthode, elle est compatissante et aime se réaliser.
Fréquence : rare - **Évolution :** ↘
Âge moyen : 38 ans

B

Sylvette

Étymologie : du latin *silva* : « la forêt ». Ce prénom est un diminutif de Sylvie.
Fête : 5 décembre - **Couleur :** vert - **Chiffre :** 2
Caractère : Sylvette a du cœur, aime la réussite et est très active.
Fréquence : rare - **Évolution :** =
Âge moyen : 62 ans

P

Sylvia

Étymologie : du latin silva : « la forêt ».
Fête : 5 décembre - **Couleur :** vert - **Chiffre :** 2
Caractère : Sylvia est intelligente, éprise de savoir et de méditation.
Personnage célèbre : l'écrivain Sylvia Plath.
Fréquence : répandu - **Évolution :** ↘
Âge moyen : 44 ans

P

Sylviane

Sylviana, Sylvianne

Étymologie : du latin *silva* : « la forêt ». Ce prénom est une variante de Sylvie.
Fête : 5 décembre - **Couleur :** vert - **Chiffre :** 2 -
Caractère : Sylviane est compatissante, réaliste et pleine de vitalité.
Fréquence : répandu - **Évolution :** =
Âge moyen : 58 ans

P

Sylvie

Étymologie : du latin *silva* : « la forêt ».
Fête : 5 décembre - **Couleur :** vert - **Chiffre :** 2
Caractère : Sylvie est féminine, charmante, courageuse et loyale.
Personnages célèbres : Sylvie de Gérard de Nerval, une des nouvelles réunies sous le titre *Les Filles du feu* ; Sylvie Joly, humoriste française ; la chanteuse Sylvie Vartan ; l'actrice Sylvie Testud.
Fréquence : répandu - **Évolution :** ↘
Âge moyen : 48 ans

T

P

Tabatha

Étymologie : du grec : « gazelle ».
Couleur : rouge - **Chiffre :** 2
Caractère : Tabatha est forte, passionnée, ambitieuse et habile.
Personnage célèbre : Tabatha Stevens, fille de Samantha et Jean-Pierre Stevens dans la série *Ma sorcière bien-aimée.*
Fréquence : rare - **Évolution :** ↘
Âge moyen : 11 ans

B

Tacha

Tasha

Étymologie : du latin *natalis* : « jour de naissance ». Ce prénom correspond au diminutif de Natacha, forme slave de Nathalie. L'épouse

de saint Adrien, prénommée Natacha, subit le martyre en même temps que lui.
Fête : 8 septembre - Couleur : rouge - Chiffre : 2
Caractère : Tacha est réservée, loyale et fidèle et peut faite preuve d'un véritable esprit d'analyse.
Fréquence : très rare

B

Taïs

Taïssia, Taïssa, Taïssir, Taïss, Taïssy

Étymologie : du grec : « lien », « bandage ». Ce prénom fut porté par une courtisane athénienne du IVe siècle avant J.-C. Maîtresse d'Alexandre le Grand, elle devint à sa mort l'épouse de Ptolémée Ier. Ce prénom fut également rendu illustre par une courtisane égyptienne du IVe siècle, qui fut convertie par un moine et se retira dans un monastère.
Fête : 8 octobre - Couleur : rouge - Chiffre : 3
Caractère : Taïs est une séductrice, optimiste, ordonnée et rigoureuse.
Fréquence : rare - Évolution : ⇗
Âge moyen : 6 ans

P

Talia

Étymologie : du grec : « florissant ». Thalia est le nom de la Muse de la comédie et de la poésie et le prénom d'une des trois Grâces. On lui attribuait le pouvoir de faire fleurir les plantes.
Couleur : bleu - Chiffre : 1
Caractère : Talia est intelligente et organisée.
Fréquence : rare - Évolution : ⇗
Âge moyen : 8 ans

V

Talma

Étymologie : ce prénom est une variante du prénom Thelma. On prête à ce prénom deux étymologies : le grec *thelema* : « la volonté », ou le germanique *ans* : « la divinité » et *helm* : « la protection » (le heaume des guerriers), ce qui en ferait le féminin du prénom Anthelme.
Fête : 26 juin - Couleur : bleu - Chiffre : 5
Caractère : Talma est bienveillante, consciencieuse et bonne conseillère.
Fréquence : très rare - Évolution : =

V

Tamar

Thamar

Étymologie : de l'hébreu *temara* : « le palmier-dattier ». Ce prénom fut porté par plusieurs femmes dans la Bible et par la reine du royaume de Géorgie au XIIe siècle. Elle régna pendant trente ans avec justice et dévouement.
Fête : 1er mai - Couleur : rouge - Chiffre : 1
Caractère : Tamar aime le leadership et sait se montrer très stratège.
Fréquence : rare - Évolution : =
Âge moyen : 17 ans

V

Tamara

Thamara, Tamarah, Tammara, Tammaro, Tamra

Étymologie : de l'hébreu *temara* : « le palmier-dattier ». Ce prénom fut porté par plusieurs femmes dans la Bible et par la reine du royaume de Géorgie au XIIe siècle. Elle régna pendant trente ans avec justice et dévouement.
Fête : 1er mai - Couleur : rouge - Chiffre : 1
Caractère : Tamara est altruiste, idéaliste et intègre.
Fréquence : rare - Évolution : =
Âge moyen : 19 ans

V

Tammy

Tammi, Tammie

Étymologie : de l'hébreu *temara* : « le palmier-dattier ». Tammy est un diminutif de Tamara. Ce

prénom fut porté par plusieurs femmes dans la Bible et par la reine du royaume de Géorgie au XIIe siècle. Elle régna pendant trente ans avec justice.
Fête : 1er mai - Couleur : rouge - Chiffre : 1
Caractère : Tammie est ouverte d'esprit et possède de réelles qualités d'empathie. Malgré un côté rêveur, elle est tout à fait capable de réalisations.
Fréquence : très rare - Évolution : =
Âge moyen : 48 ans

V

Tanaïs

Tana, Tanys

Étymologie : du slave « fée » ou du latin *Tatius*, du nom du roi des Sabins, en Italie, au VIIIe siècle avant J.-C., qui devint l'allié de Rome après avoir été son adversaire. Ce prénom est une forme dérivée de Tatiana. Il fut porté par une martyre chrétienne du IIIe siècle qui survécut à maints supplices et qu'on finit par décapiter.
Fête : 12 janvier - Couleur : rouge - Chiffre : 5
Caractère : Tanaïs est sensible, émotive et attachée aux traditions.
Fréquence : rare - Évolution : ↗
Âge moyen : 8 ans

P

Tania

Tanina, Tanis, Tanja, Tanka, Tannis

Étymologie : du slave « fée » ou du latin *Tatius*, du nom du roi des Sabins, en Italie, au VIIIe siècle avant J.-C., qui devint l'allié de Rome après avoir été son adversaire. Ce prénom est une forme dérivée de Tatiana. Il est répandu dans les pays anglophones, hispanophones et en Italie.
Fête : 12 janvier - Couleur : bleu - Chiffre : 3
Caractère : Tania est émotive, idéaliste et volontaire.
Personnage célèbre : Tania de Montaigne, journaliste et écrivain française.
Fréquence : rare - Évolution : ↗
Âge moyen : 28 ans

V

Tanit

Étymologie : nom de la déesse de la moisson et de la prospérité dans la mythologie carthaginoise.
Couleur : orange - Chiffre : 1
Caractère : Tanit est déterminée et clairvoyante. Elle ne se laisse pas gouverner par ses émotions.
Fréquence : très rare - Évolution : =

P

Tanya

Tanaya, Tanina

Étymologie : du slave « fée » ou du latin *Tatius*, du nom du roi des Sabins, en Italie, au VIIIe siècle, qui devint l'allié de Rome après avoir été son adversaire. Ce prénom est une forme dérivée de Tatiana. Il est répandu dans les pays anglophones, hispanophones et en Italie.
Fête : 12 janvier - Couleur : bleu - Chiffre : 3
Caractère : Tanya est animée par une quête de spiritualité, de philosophie et d'originalité.
Fréquence : rare - Évolution : ↗
Âge moyen : 13 ans

V

Tara

Thara

Étymologie : de l'arabe : « raisonnable », ou du celte : « colline rocailleuse ». Dans la mythologie irlandaise, Tara est le nom de la forteresse où vivent les rois. D'où le fait que dans le film *Autant en emporte le vent*, Tara soit le nom du domaine de Scarlett O'Hara.
Couleur : blanc - Chiffre : 2
Caractère : Tara a le sens du devoir, elle aime l'engagement, est fiable et méthodique.
Personnages célèbres : Tara King, l'héroïne de la

série télévisée *Chapeau melon et bottes de cuir* ; Tara, l'héroïne de la série télévisée *The United States of Tara*.
Fréquence : rare - **Évolution :** ↗
Âge moyen : 11 ans

C

Tatiana

Tatia, Tatiane, Tatienne, Tatjana, Tatyana, Taunya

Étymologie : du slave « fée » ou du latin *Tatius*, du nom du roi des Sabins, en Italie, au VIIIe siècle, qui devint l'allié de Rome après avoir été son adversaire. Ce prénom fut porté par une martyre chrétienne du IIIe siècle qui survécut à maints supplices et qu'on finit par décapiter. Tatiana est un prénom latin devenu un grand succès des pays slaves.
Fête : 12 janvier - **Couleur :** bleu - **Chiffre :** 3
Caractère : Tatiana est sensible, généreuse, fantaisiste et curieuse.
Personnage célèbre : Tatiana Golovin, joueuse de tennis.
Fréquence : rare - **Évolution :** ↘
Âge moyen : 24 ans

P

Téa

Étymologie : du grec *théa* : « la divinité ». Téa semble être un diminutif de Dorothéa et peut être considérée comme la forme féminine de Théo.
Fête : 6 février - **Couleur :** gris - **Chiffre :** 7
Caractère : Téa est ambitieuse, forte, habile et passionnée.
Personnage célèbre : Téa Leoni, actrice américaine.
Fréquence : rare - **Évolution :** ↗
Âge moyen : 7 ans

V

Telma

Étymologie : ce prénom est une variante du prénom Thelma. On prête à ce prénom deux étymologies possibles. Le grec *thelema* : « la volonté », ou le germanique *ans* : « la divinité » et helm : « la protection » (le heaume des guerriers), ce qui en ferait le féminin du prénom Anthelme.
Fête : 26 juin - **Couleur :** bleu - **Chiffre :** 5
Caractère : Telma est bienveillante, consciencieuse et bonne conseillère.
Fréquence : rare - **Évolution :** ↗
Âge moyen : 9 ans

C

Térésa

Terecha, Teresa, Terese, Teresita, Terez, Terezie

Étymologie : du latin *therasia* : « habitant de l'île de Thérassia ». Teresa est la forme espagnole et portugaise de Thérèse.
Fête : 1er octobre (Sainte-Thérèse-de-Lisieux) ou 15 octobre (Sainte-Thérèse-d'Avila)
Couleur : orange - **Chiffre :** 7
Caractère : Térésa est résolue, fiable, fine et méthodique.
Personnages célèbres : Mère Térésa, prix Nobel de la paix ; Teresa Berganza, cantatrice espagnole.
Fréquence : rare - **Évolution :** =
Âge moyen : 45 ans

V

Terry

Terie, Terrie, Teri, Terri, Terye

Étymologie : du latin *therasia* : « habitant de l'île de Thérassia ». Terry correspond au diminutif anglo-saxon de Theresa.
Fête : 1er octobre (Sainte-Thérèse-de-Lisieux) ou 15 octobre (Sainte-Thérèse-d'Avila)

Couleur : orange - Chiffre : 7
Caractère : Terry est séductrice, énergique et audacieuse.
Personnage célèbre : Terry de Gunzburg, célèbre maquilleuse, à l'origine de la ligne de cosmétiques *By Terry*.
Fréquence : rare - Évolution : ↘
Âge moyen : 23 ans

B

Tess

Teseu, Tessia, Tessie, Tessy

Étymologie : du latin *therasia* : « habitant de l'île de Thérassia ». Tess est un diminutif de Thérèse attesté dès la fin du XIXe siècle en Italie ou en Grande-Bretagne.
Fête : 1er octobre (Sainte-Thérèse-de-Lisieux) ou 15 octobre (Sainte-Thérèse-d'Avila)
Couleur : blanc - Chiffre : 2
Caractère : Tess est une idéaliste : elle est altruiste, intègre et dévouée.
Fréquence : rare - Évolution : ↗
Âge moyen : 8 ans

P

Tessa

Tesja, Texa

Étymologie : du latin *therasia* : « habitant de l'île de Thérassia ». Tess est un diminutif de Thérèse attesté dès la fin du XIXe siècle en Italie ou en Grande-Bretagne.
Fête : 1er octobre (Sainte-Thérèse-de-Lisieux) ou 15 octobre (Sainte-Thérèse-d'Avila)
Couleur : blanc - Chiffre : 2
Caractère : Tessa est indépendante, dynamique et directive.
Fréquence : rare - Évolution : ↗
Âge moyen : 9 ans

B

Thaïs

Thaïssa, Thaïss, Thaïss, Thaïssia, Thaïssee, Thaïsse

Étymologie : du grec : « lien », « bandage ».
Fête : 8 octobre - Couleur : rouge - Chiffre : 3
Caractère : Thaïs est une séductrice, optimiste, ordonnée et rigoureuse.
Personnages célèbres : Thaïs Oliveira, mannequin brésilien ; *Thaïs* est le nom d'un opéra de Jules Massenet de 1894 où un moine cherche à convertir Thaïs, courtisane célèbre, au catholicisme.
Fréquence : rare - Évolution : ↗
Âge moyen : 10 ans

P

Thalia

Étymologie : du grec : « florissant ». Thalia est le nom de la Muse de la comédie et de la poésie et le prénom d'une des trois Grâces. On lui attribuait le pouvoir de faire fleurir les plantes.
Couleur : bleu - Chiffre : 1
Caractère : Thalia aime exercer une certaine influence. Elle est équilibrée et organisée, malgré des apparences parfois trompeuses.
Fréquence : rare - Évolution : ↗
Âge moyen : 7 ans

B

Thalie

Étymologie : du grec : « florissant ». Thalia est le nom de la Muse de la comédie et de la poésie et le prénom d'une des trois Grâces. On lui attribuait le pouvoir de faire fleurir les plantes. Thalie correspond à la forme francisée de Thalia.
Couleur : bleu - Chiffre : 1
Caractère : Thalie est ambitieuse, volontaire et travailleuse.
Fréquence : rare - Évolution : ↗
Âge moyen : 11 ans

B

Théa

Thée

Étymologie : du grec *théa* : « la divinité ». Théa semble être un diminutif de Dorothéa et peut être considérée comme la forme féminine de Théo.

Fête : 6 février - **Couleur :** gris - **Chiffre :** 7

Caractère : Théa est indépendante, dynamique et curieuse.

Fréquence : rare - **Évolution :** ↗

Âge moyen : 9 ans

P

Théana

Théane, Théanna, Théanne, Thela

Étymologie : du grec *théa* : « la divinité ».

Fête : 25 juillet - **Couleur :** bleu - **Chiffre :** 4

Caractère : Théana est travailleuse, rigoureuse, stable et ambitieuse.

Fréquence : rare - **Évolution :** ↘

Âge moyen : 8 ans

V

Thelma

Thelmis

Étymologie : on prête à ce prénom deux étymologies possibles. Le grec *thelema* : « la volonté », ou le germanique *ans* : « la divinité » et helm : « la protection » (le heaume des guerriers), ce qui en ferait le féminin du prénom Anthelme.

Fête : 26 juin - **Couleur :** bleu - **Chiffre :** 5

Caractère : Thelma est sensible, affective, charmante et réservée.

Personnages célèbres : Thelma, héroïne du film de Ridley Scott *Thelma et Louise* ; *Thelma*, roman de Marie Corelli, publié en 1891.

Fréquence : rare - **Évolution :** ↗

Âge moyen : 9 ans

P

Thérésa

Teresa, Thérésia, Thereza, Thérézia, Thérézina

Étymologie : du latin *therasia* : « habitant de l'île de Thérassia ».

Fête : 1er octobre (Sainte-Thérèse-de-Lisieux) ou 15 octobre (Sainte-Thérèse-d'Avila)

Couleur : orange - **Chiffre :** 7

Caractère : Thérésa est résolue, fiable, fine et méthodique.

Fréquence : rare - **Évolution :** ↗

Âge moyen : 68 ans

P

Thérèse

Thérèze

Étymologie : du latin *therasia* : « habitant de l'île de Thérassia ».

Fête : 1er octobre ou 15 octobre

Couleur : orange - **Chiffre :** 7

Caractère : Thérèse est affective, altruiste et perspicace.

Personnages célèbres : Thérèse Raquin, héroïne éponyme du roman d'Émile Zola ; Thérèse, l'une des protagonistes du film *Le père Noël est une ordure.*

Fréquence : répandu - **Évolution :** ↘

Âge moyen : 79 ans

C

Théodora

Téodora, Thédoria, Théodorie, Théodorine, Théodosie, Théodota

Étymologie : du grec *theios deros* : « don des dieux ». Ce prénom fut porté par une chrétienne qui, parce qu'elle s'était convertie, fut enfermée dans une maison close.

Fête : 28 avril - **Couleur :** rouge - **Chiffre :** 5

Caractère : Théodora est attentionnée et très

TOP 20

Prénoms de fleurs, fruits, et épices

Avec la création du calendrier républicain en 1793, la référence aux saints chrétiens est abandonnée. L'heure est à la créativité débridée et c'est dès lors, la nature et ses productions qui sont célébrées. Fleurs, fruits ou épices... Aujourd'hui encore, nombre de parents se laissent séduire par une poésie bucolique, placée sous le signe de la féminité.

Némone
Camélia
Canelle
Capucine
Cerise / Cherry
Clémentine
Églantine
Fleur
Iris
Jacinthe / Jacynthe
Lila(s)
Marguerite / Daisy
Myrtille
Pétunia
Poppy *(coquelicot en anglais)*
Pomme
Prune
Rose
Vanille
Violette

courageuse. Elle met sa curiosité au service des autres, mais se montre parfois caractérielle.
Personnage célèbre : Theodora Richards, mannequin, fille de Keith Richards.
Fréquence : rare - Évolution : ↘
Âge moyen : 67 ans

C

Tifenn

Tifenne

Étymologie : du grec *theophania* : « la manifestation de Dieu ». Tifenn est une variante de Tiphaine.
Fête : 6 janvier - Couleur : rouge - Chiffre : 9
Caractère : Tifenn est courageuse, dynamique, indépendante et charismatique.
Fréquence : rare - Évolution : ↘
Âge moyen : 17 ans

P

Tiffany

Toifanie, Tifanny, Tifany, Tiffanie, Tifanie, Tiffani

Étymologie : du grec *theophania* : « la manifestation de Dieu ». Ce prénom correspond à la forme anglo-saxonne de Tiphaine.
Fête : 6 janvier - Couleur : rouge - Chiffre : 9
Caractère : Tiffany est résolue, idéaliste, intègre. C'est aussi un être altruiste et réfléchi.
Personnage célèbre : la plus illustre est sans doute la marque de joaillerie new-yorkaise médiatisée dès 1962, année de la sortie du film de Blake Edwards avec Audrey Hepburn *Breakfeast at Tiffany's*.
Fréquence : répandu - Évolution : ↘
Âge moyen : 18 ans

P

Tina

Tine

Étymologie : diminutif anglo-saxon d'Augus-

tina, de Christina et d'autres prénoms comprenant cette marque du féminin. Tina est aujourd'hui considéré comme un prénom à part entière.
Couleur : violet - **Chiffre :** 4
Caractère : Tina est passionnée, forte et ambitieuse.
Personnages célèbres : Tina Turner, la chanteuse américaine ; la chanteuse australienne Tina Arena.
Fréquence : rare - **Évolution :** ↗
Âge moyen : 16 ans

C

Tiphaine

Étymologie : du grec *theophania* : « la manifestation de Dieu ». Ce prénom se rapporte à l'Épiphanie, jour de l'adoration de l'Enfant Jésus par les Rois mages.
Fête : 6 janvier - **Couleur :** jaune - **Chiffre :** 1
Caractère : Tiphaine est travailleuse, courageuse, exigeante et rigoureuse.
Fréquence : répandu - **Évolution :** ↘
Âge moyen : 20 ans

P

Tiphanie

Étymologie : du grec *theophania* : « la manifestation de Dieu ». Tiphanie se rapporte à une variante francisée de Tifanny, rappelant à la fois Tiphaine et Stéphanie.
Fête : 6 janvier - **Couleur :** rouge - **Chiffre :** 9
Caractère : Tiphanie a du ressort, de la finesse et de l'audace.
Fréquence : rare - **Évolution :** ↘
Âge moyen : 20 ans

P

Tiphany

Étymologie : du grec *theophania* : « la manifestation de Dieu ». Tiphany réunit, par son orthographe, deux prénoms : Tiphaine et sa forme anglaise Tiffany.
Fête : 6 janvier - **Couleur :** rouge - **Chiffre :** 9
Caractère : Tiphany est pragmatique, optimiste et active.
Fréquence : rare - **Évolution :** ↘
Âge moyen : 18 ans

V

Tonia

Tonina, Tonya

Étymologie : du latin : « inestimable ». Ce prénom est un diminutif d'Antonia.
Fête : 2 octobre - **Couleur :** jaune - **Chiffre :** 4
Caractère : Tonia est énergique, audacieuse et déterminée.
Fréquence : rare - **Évolution :** ↗
Âge moyen : 31 ans

B

Toscane

Tosca

Étymologie : du latin. Nom de la célèbre province italienne dont la capitale est Florence. Ce prénom, en période de croissance, suit la vague née outre-Atlantique des prénoms géographiques. Sa sonorité et la ville à laquelle il renvoie se distinguent par leur romantisme.
Couleur : vert - **Chiffre :** 5
Caractère : Toscane est intuitive, généreuse et idéaliste.
Fréquence : rare - **Évolution :** ↗
Âge moyen : 7 ans

V

Tracy

Tracey, Tracie, Tran, Trecy, Tressy

Étymologie : ce prénom correspond sans doute à une déformation du prénom Thérésa datant du XIXe siècle.

Fête : 1er octobre ou 15 octobre - Couleur : orange
Chiffre : 7
Caractère : Tracy est organisée, fiable et méthodique.
Personnages célèbres : Tracy, personnage joué par Grace Kelly dans le film *High Society*. Tracy Chapman, auteur-compositrice-interprète américaine.
Fréquence : rare - Évolution : ↘
Âge moyen : 13 ans

V

Trixie

Trix, Trixy

Étymologie : du latin *beata* : « heureuse », « qui rend heureux ». Ce prénom correspond à un diminutif familier de Béatrix.
Fête : 13 février - Couleur : bleu clair - Chiffre : 6
Caractère : Trixie est toujours avide de connaissances et pleine de résolutions.
Fréquence : très rare - Évolution : ↗

P

Trudy

Trude, Trudie

Étymologie : du germanique *ger* : « la lance » et *druda* : « l'amitié ». Trudy est un diminutif de Gertrude.
Fête : 16 novembre - Couleur : bleu - Chiffre : 2
Caractère : Trudy est travailleuse, appliquée et généreuse.
Fréquence : très rare - Évolution : =

P

Typhaine

Tyffaine, Typhène, Typhenn

Étymologie : du grec *theophania* : « la manifestation de Dieu ». Ce prénom se rapporte à l'Épiphanie, jour de l'adoration de l'Enfant Jésus par les Rois mages.
Fête : 6 janvier - Couleur : jaune - Chiffre : 1
Caractère : Typhaine est travailleuse, courageuse, exigeante et rigoureuse.
Fréquence : rare - Évolution : ↘
Âge moyen : 19 ans

P

Typhanie

Tyfanie, Tyffanie

Étymologie : du grec *theophania* : « la manifestation de Dieu ». Typhanie est une variante de Tiffany formée sur l'orthographe de Stéphanie. Ce prénom se rapporte à l'Épiphanie, jour de l'adoration de l'Enfant Jésus par les Rois mages.
Fête : 6 janvier - Couleur : rouge - Chiffre : 9
Caractère : Typhanie est résolue, intègre, idéaliste et altruiste.
Fréquence : rare - Évolution : ↘
Âge moyen : 19 ans

U

V

Ulrika

Ulderika, Ulla, Ulrica, Ulrike

Étymologie : du germanique wolf : « le loup » et rik : « le puissant ».
Fête : 10 juillet - Couleur : rouge - Chiffre : 1
Caractère : Ulrika est ouverte d'esprit, rêveuse et très humaine.
Fréquence : très rare - Évolution : =

B

Ulyssia

Étymologie : du grec : « courroucé ».
Couleur : bleu - Chiffre : 2

Caractère : Ulyssia est spirituelle, originale et philosophe.
Fréquence : très rare - **Évolution :** =

B

Uma

Étymologie : dans la mythologie hindouiste, ce prénom est un des noms donnés à la déesse Parvati.
Couleur : bleu - **Chiffre :** 4
Caractère : Uma est ambitieuse, forte et passionnée.
Personnage célèbre : l'actrice Uma Thurman.
Fréquence : rare - **Évolution :** ↘
Âge moyen : 5 ans

V

Umberta

Umberline, Umberte

Étymologie : du germanique un : « très », et behrt : « brillant ».
Fête : 25 mars - **Couleur :** bleu - **Chiffre :** 2
Caractère : Umberta est déterminée, ambitieuse, forte et habile. Elle porte son prénom à la perfection.
Fréquence : très rare - **Évolution :** ↘

B

Uranie

Urana, Urane, Urania

Étymologie : du grec ouranos : « ciel, paradis ». Uranie est le prénom de la Muse de l'astronomie dans la mythologie grecque.
Fête : 10 novembre (Sainte-Nymphe)
Couleur : bleu - **Chiffre :** 5
Caractère : Uranie est sensible, imaginative et fantaisiste.
Fréquence : rare - **Évolution :** =
Âge moyen : 92 ans

C

Urbaine

Urbana, Urbane, Urbanie, Urbanilla

Étymologie : du latin urbanus : « le citadin ».
Fête : 29 juillet - **Couleur :** vert - **Chiffre :** 8
Caractère : Urbaine est sagace, organisée et déterminée.
Fréquence : rare - **Évolution :** =

B

Urielle

Uria, Uriah, Urias, Uriel, Uriela, Uriell

Étymologie : d'un vocable celtique signifiant « ange ».
Fête : 1er octobre - **Couleur :** rouge - **Chiffre :** 1
Caractère : Urielle est réputée très intelligente, rigoureuse, dynamique. Sous des apparences plutôt austères, elle aiguise une ironie tranchante.
Fréquence : rare - **Évolution :** ↗
Âge moyen : 20 ans

V

Ursula

Orsola, Oursa, Oursoula, Ursa, Ursulina, Ursilla, Ursillane, Ursy, Urzili, Urzula

Étymologie : du latin *ursus* : « l'ours ».
Fête : 21 octobre - **Couleur :** bleu - **Chiffre :** 3
Caractère : Ursula est calme, persévérante, traditionnelle et affectueuse.
Personnage célèbre : l'actrice américaine Ursula Andress.
Fréquence : rare - **Évolution :** ↘

B

Ursule

Orson, Ours, Urs, Urschi, Ursel, Ursine, Ursuline

Étymologie : du latin ursus : « l'ours ».
Fête : 21 octobre - **Couleur :** bleu - **Chiffre :** 3

Caractère : Ursule est calme, persévérante, traditionnelle et affectueuse.
Personnage célèbre : Ursule Mirouët, personnage de *La Comédie humaine* de Balzac.
Fréquence : rare - **Évolution :** ↘
Âge moyen : 87 ans

V

Vahiné

Vahinée

Étymologie : du tahitien : « épouse », « femme ». Ce prénom renvoie au nom qui désigne les femmes tahitiennes en général.
Couleur : bleu - **Chiffre :** 4
Caractère : Vahiné est curieuse, indépendante, dynamique et courageuse.
Fréquence : très rare - **Évolution :** =

V

Vaiana

Étymologie : du tahitien : « eau de la grotte ».
Couleur : violet - **Chiffre :** 4
Caractère : Vaiana est enthousiaste, a l'esprit pratique et est pleine de douceur.
Fréquence : rare - **Évolution :** ↗
Âge moyen : 12 ans

V

Valentina

Vallatina, Valencina, Vallentina, Vallie

Étymologie : du latin *valens*, « vigoureux ». Valentina correspond à la forme internationale de Valentine.
Fête : 25 juillet - **Couleur :** bleu - **Chiffre :** 3
Caractère : Valentina est organisée, ferme et résolue.
Personnage célèbre : Valentina Terechkova, russe, première femme cosmonaute.
Fréquence : rare - **Évolution :** ↗
Âge moyen : 19 ans

B

Valentine

Val, Valeda, Valence, Valencia, Valensia, Valentia, Valentiane, Valentienne, Valiaka, Vallatina, Vallie

Étymologie : du latin *valens* : « vigoureux ».
Fête : 25 juillet - **Couleur :** bleu - **Chiffre :** 3
Caractère : Valentine est enthousiaste, dynamique et aime l'éclectisme.
Personnage célèbre : Valentine Hugo, peintre ayant participé au mouvement surréaliste.
Fréquence : répandu - **Évolution :** =
Âge moyen : 45 ans

B

Valériane

Valérian, Valeriana, Valérianna, Valérianne, Valérienne, Valérina, Valérine

Étymologie : du latin : « valeureuse ». Ce prénom correspond à un dérivé de Valérie, la forme féminine de Valère ou Valéry.
Fête : 28 avril - **Couleur :** bleu - **Chiffre :** 9
Caractère : Valériane est endurante, forte et sensible.
Fréquence : rare - **Évolution :** ↘

P

Valérie

Valéra, Valerianka, Valeriano, Valeska, Valioucha, Valiouchka, Vallie, Valy, Waleria

Étymologie : du latin : « valeureuse ».
Fête : 28 avril - **Couleur :** bleu - **Chiffre :** 9

Caractère : Valérie est courageuse, forte, et sensible.
Personnages célèbres : l'actrice Valérie Lemercier ; l'animatrice TV Valérie Damidot.
Fréquence : répandu - **Évolution :** ↘
Âge moyen : 43 ans

P

Vanessa

Van, Vanesa, Vanna, Vanni, Vannie, Vanny, Vannessa

Étymologie : du grec *pherennike* : « porteuse de victoire ». Ce prénom est un dérivé de Vénisse, la forme normande de Véronique.
Fête : 4 février - **Couleur :** bleu - **Chiffre :** 6
Caractère : Vanessa est douce, ordonnée, rêveuse et créative.
Personnages célèbres : les actrices Vanessa Hudgens et Vanessa Redgrave ; la chanteuse et actrice Vanessa Paradis ; la styliste Vanessa Bruno.
Fréquence : répandu - **Évolution :** ↘
Âge moyen : 28 ans

B

Vanille

Vanilla

Étymologie : du nom de la plante vanilla, de *vaina* : « la graine », dérivée de *vena* : « le conduit », que les Espagnols découvrirent au Mexique, au XVIe siècle. Évoquant la douceur et un certain exotisme teinté de sensualité, Vanille est devenu un prénom à la fin du XXe siècle.
Fête : 5 octobre (Sainte-Fleur) - **Couleur :** bleu
Chiffre : 3
Caractère : Vanille est douce, séductrice et gaie.
Fréquence : rare - **Évolution :** =
Âge moyen : 14 ans

V

Vanina

Vannina

Étymologie : de l'hébreu *yohanân* : « Dieu fait grâce ». Ce prénom correspond à une forme russe de Jeanne.
Fête : 30 mai - **Couleur :** jaune - **Chiffre :** 4 -
Caractère : Vanina est intelligente, toujours en quête de savoir.
Personnage célèbre : Vanina, l'héroïne de la chanson du même nom, de Dave.
Fréquence : rare - **Évolution :** ↘
Âge moyen : 28 ans

B

Vashti

Vasthie, Vastie

Étymologie : du perse : « joli ». Ce prénom fut porté par la femme d'Assuérus, le roi de Perse.
Couleur : orange - **Chiffre :** 7
Caractère : Vashti aime l'étude et la réflexion.
Fréquence : très rare - **Évolution :** =

B

Vénus

Vénissia

Étymologie : du latin. Ce prénom est celui de la déesse de l'amour et de la beauté dans la mythologie romaine.
Couleur : rouge - **Chiffre :** 9
Caractère : Vénus est sensible, harmonieuse, affectueuse et charmante.
Fréquence : rare - **Évolution :** ↘
Âge moyen : 26 ans

P

Véra

Veera, Veira, Viera

Étymologie : du slave *viera* : « la foi ». Ce prénom fut porté par la fille de sainte Sophie qui

fut martyrisée avec cette dernière et ses sœurs Nadège et Liubba, en Asie Mineure au IIe siècle.
Fête : 18 septembre - **Couleur :** bleu - **Chiffre :** 1
Caractère : Véra est volontaire, travailleuse, perfectionniste et exigeante.
Personnages célèbres : Vera Molnár, artiste d'origine hongroise, considérée comme un précurseur de l'art numérique et de l'art algorithmique ; Vera Wang, styliste américaine.
Fréquence : rare - **Évolution :** ↗
Âge moyen : 51 ans

P

Verity

Vérité

Étymologie : de l'anglais : « vérité ». Ce prénom est attesté dès le XIXe siècle et figure parmi ceux qui, comme Faith, reflétait les vertus théologiales et était attribué par les puritains protestants. Il est encore très courant aux États-Unis.
Couleur : bleu - **Chiffre :** 4
Caractère : sa quête de l'authenticité ne l'empêche pas d'être un brin coquette. Verity est mutine, tenace et quelque peu capricieuse.
Fréquence : très rare - **Évolution :** ↘

P

Véronica

Verona, Veronika

Étymologie : du grec *pherennike* : « porteuse de victoire ». Véronica est la forme internationale de Véronique.
Fête : 4 février - **Couleur :** bleu - **Chiffre :** 9
Caractère : Veronica a le sens des responsabilités, de la famille et l'esprit d'analyse.
Personnage célèbre : Veronica Mars, héroïne de la série télévisée éponyme ; Veronica Lake, actrice américaine.
Fréquence : rare - **Évolution :** ↗
Âge moyen : 34 ans

P

Véronique

Fronika, Ronky, Veron, Veronik, Veronike, Veroucha, Verounia, Vonnie, Vroni, Vroon

Étymologie : du grec *pherennike* : « porteuse de victoire ». La tradition veut qu'une femme ait essuyé, dans un geste de pitié, le visage ruisselant de Jésus qui montait au Calvaire et que l'étoffe blanche utilisée ait gardé « imprimés » les traits du Sauveur. Le « voile de la Sainte Face » aurait ensuite permis de guérir des malades. Cette femme, nommée Véronique, fut donc la première sainte Véronique.
Fête : 4 février - **Couleur :** bleu - **Chiffre :** 9
Caractère : Véronique cultive volonté et bienveillance avec une grande droiture de sentiments. Elle est très active, fidèle et persévérante.
Personnages célèbres : un opéra-comique d'André Messager (1853-1929), *Véronique* ; la chanteuse Véronique Sanson ; l'actrice Véronique Jannot ; la créatrice Véronique Leroy.
Fréquence : répandu - **Évolution :** ↘
Âge moyen : 47 ans

P

Vicky

Vicki, Vickie

Étymologie : du latin *victoria* : « la victorieuse ».
Fête : 15 novembre - **Couleur :** vert - **Chiffre :** 5
Caractère : Vicky est indépendante, a le goût de l'aventure et des voyages.
Fréquence : rare - **Évolution :** ↘
Âge moyen : 20 ans

C

Victoire

Viktorie, Viktorka

Étymologie : du latin victoria : « la victorieuse ».
Fête : 15 novembre - **Couleur :** vert - **Chiffre :** 6
Caractère : Victoire a le sens du relationnel, est

intuitive et a l'esprit logique.
Personnages célèbres : Victoire Doutreleau, mannequin français, muse du couturier Christian Dior, puis d'Yves Saint Laurent ; Victoire de Castellane, créatrice de joaillerie.
Fréquence : rare - **Évolution :** ↗
Âge moyen : 47 ans

C

Victoria

Toria, Viktoria, Viktorina, Vitiana, Vitoucha, Vitoulia, Vittoria, Vittoriana

Étymologie : du latin *victoria* : « la victorieuse ».
Fête : 15 novembre - **Couleur :** vert - **Chiffre :** 2
Caractère : Victoria est intelligente, calme et très réfléchie.
Personnages célèbres : Victoria Ire, reine d'Angleterre et impératrice des Indes ; l'actrice Victoria Abril ; Victoria Beckham, chanteuse et créatrice de mode.
Fréquence : rare - **Évolution :** ↘
Âge moyen : 35 ans

B

Victorine

Victoriana, Victorie, Victorienne, Victorina

Étymologie : du latin *victoria* : « la victorieuse ».
Fête : 15 novembre - **Couleur :** vert - **Chiffre :** 2
Caractère : Victorine est exigeante, équilibrée et a le sens de la famille.
Fréquence : rare - **Évolution :** ↗
Âge moyen : 86 ans

C

Vinciane

Vikacha, Vincente, Vincentine, Vincentia, Vincianne, Vincienne

Étymologie : du latin *vincere* : « vaincre ».
Fête : 11 septembre - **Couleur :** bleu - **Chiffre :** 5
Caractère : Vinciane est intuitive, ambitieuse et curieuse.
Fréquence : rare - **Évolution :** ↘
Âge moyen : 24 ans

C

Violaine

Viola, Violène, Violine

Étymologie : du latin *viola*. Ce prénom renvoie à la fleur du même nom.
Fête : 5 octobre (Sainte-Fleur) **Couleur :** rouge - **Chiffre :** 6
Caractère : Violaine est optimiste, éloquente, épicurienne.
Personnage célèbre : Violaine, l'héroïne de *L'annonce faite à Marie* de Claudel.
Fréquence : rare - **Évolution :** ↘
Âge moyen : 32 ans

P

Violetta

Violeta, Violetka

Étymologie : du latin *viola*. Ce prénom renvoie à la fleur du même nom. Violetta est particulièrement répandu dans les pays slaves et hispanophones. Ce prénom fut assez fréquemment attribué sous l'Antiquité, à cause de son évocation de la fleur. Absent jusqu'au XIXe siècle, il réapparut alors, cette fois-ci utilisé comme code, puisqu'il faisait office de signe de reconnaissance entre bonapartistes.
Fête : 5 octobre (Sainte-Fleur) - **Couleur :** rouge
Chiffre : 7
Caractère : Violetta est audacieuse, énergique et a l'esprit de découverte.
Personnages célèbres : Violetta Valéry, l'héroïne de l'opéra de Verdi *La Traviata* ; l'héroïne éponyme de la série télévisée de Disney Channel.
Fréquence : rare - **Évolution :** ↗
Âge moyen : 53 ans

C

Violette

Ibolya, Letta, Ola, Olia, Olioucha, Vila, Viola, Violante, Violantilla, Violet, Violett, Violka, Vitoulia, Volia

Étymologie : du latin *viola.* Ce prénom renvoie à la fleur du même nom. Violetta est particulièrement répandue dans les pays slaves et hispanophones. Ce prénom fut assez fréquemment attribué sous l'Antiquité, à cause de son évocation de la fleur. Absent jusqu'au XIXe siècle, il réapparut alors, cette fois-ci utilisé comme code, puisqu'il faisait office de signe de reconnaissance entre bonapartistes.

Fête : 5 octobre (Sainte-Fleur) - Couleur : rouge
Chiffre : 7

Caractère : Violette est émotive, tendre et généreuse.

Personnage célèbre : Violette Leduc, célèbre romancière française (1907-1973) qui obtint le prix Goncourt en 1964, pour son roman *La Bâtarde.*

Fréquence : rare - Évolution : ⇗

Âge moyen : 57 ans

V

Virgilia

Virgila, Virgiliane

Étymologie : du latin *virga* : « pousse », « surgeon », « sève ».

Fête : 5 mars - Couleur : bleu - Chiffre : 2

Caractère : Virgilia est équilibrée. Elle a le sens de la famille et des responsabilités. C'est une femme d'influence.

Fréquence : très rare - Évolution : ⇘

Âge moyen : 20 ans

P

Virginia

Guinia, Virguinia

Étymologie : du latin *virgo* : « vierge ».

Fête : 7 janvier - Couleur : violet - Chiffre : 8

Caractère : Virginia est créative, dotée d'une sensibilité extrême et d'une grande imagination.

Personnages célèbres : Virginia, le nom de l'État d'Amérique du Nord, qui fut baptisé ainsi par les Anglais en l'honneur d'Élisabeth Ire, surnommée la Reine Vierge ; la romancière anglaise, Virginia Woolf.

Fréquence : rare - Évolution : ⇘

Âge moyen : 34 ans

C

Virginie

Ginnie, Ginny, Virgie, Virgin, Virgine, Virginy

Étymologie : du latin *virgo* : « vierge ».

Fête : 7 janvier - Couleur : violet - Chiffre : 8

Caractère : Virginie est féminine, douce et rêveuse.

Personnages célèbres : la Virginie (dans sa forme française) est le nom d'un État d'Amérique du Nord, qui fut baptisé ainsi par les Anglais en l'honneur d'Élisabeth Ire, surnommée la Reine Vierge ; l'héroïne éponyme du roman de Bernardin de Saint-Pierre *Paul et Virginie* ; les actrices Virginie Efira et Virginie Ledoyen.

Fréquence : répandu - Évolution : ⇘

Âge moyen : 37 ans

V

Viridiana

Viridis, Virida, Viridienne

Étymologie : du latin : « verdure ». Ce prénom fut porté par une chrétienne du XIIIe siècle, qui passa trente ans enfermée dans une cellule, seule, en Toscane.

Fête : 1er février - Couleur : vert - Chiffre : 7

Caractère : Viridiana est courageuse, travailleuse et réaliste.

Fréquence : rare - Évolution : ⇘

Âge moyen : 29 ans

P

Vita

Étymologie : du latin *vita* : « la vie ». Ce prénom correspond au diminutif d'une forme féminine de Vital.
Fête : 28 avril (Saint-Vital) - **Couleur :** vert
Chiffre : 8
Caractère : Vita est originale et spirituelle.
Personnage célèbre : Vita, chanteuse française.
Fréquence : très rare - **Évolution :** ↗
Âge moyen : 42 ans

B

Vitalie

Vitaline

Étymologie : du latin *vita* : « la vie ». Ce prénom correspond à la forme féminine de Vital.
Fête : 28 avril (Saint-Vital) - **Couleur :** vert
Chiffre : 8
Caractère : Vitalie est sagace et philosophe.
Fréquence : très rare - **Évolution :** ↗
Âge moyen : 6 ans

B

Viviane

Bibiane, Bibianne, Veïa, Viva, Vivia, Vivana, Viviana, Vivianne, Vivianno, Vivianka

Étymologie : du latin *vivo, vivere* : « vivre ».
Fête : 2 décembre - **Couleur :** rouge - **Chiffre :** 1
Caractère : Viviane est un être de grande (et bonne) volonté, dynamique, active et soucieuse de s'en tenir aux principes qu'elle s'est fixés.
Personnages célèbres : la fée du cycle de la *Table ronde*, également désignée comme la Dame du Lac ; l'actrice Viviane Romance.
Fréquence : répandu - **Évolution :** ↘
Âge moyen : 58 ans

TOP 20

Prénoms noms communs noms propres

Monde minéral, vertus, pays... En français, comme en langue étrangère, c'est autant la musicalité des mots que leurs significations et les rêveries qu'ils engendrent qui en font des prénoms de choix.

Ambre
Argentine
Automne
Bohème
Colombe
Conception / Concepçion
Dune
Harmonie/y
Jade
June
Louve
Melodie/y
Opale
Printemps
Prudence
Romance
Rubis / Ruby
Summer
Toscane
Victoire

B

Vivienne

Vivien, Vivine

Étymologie : du latin *vivo, vivere* : « vivre ».
Fête : 10 mars - Couleur : rouge - Chiffre : 1
Caractère : Vivienne est déterminée et exerce une certaine influence sur les gens.
Personnage célèbre : la créatrice Vivienne Westwood.
Fréquence : rare - Évolution : =
Âge moyen : 77 ans

W

V

Wafaa

Waffa, Wafae

Étymologie : de l'arabe : « fidèle ».
Couleur : rouge - Chiffre : 7
Caractère : Wafaa est énergique. Elle aime l'originalité et la séduction.
Fréquence : rare - Évolution : ↗
Âge moyen : 21 ans

V

Walida

Oualida

Étymologie : de l'arabe : « nouveau-né ». Ce prénom correspond à la forme féminine de Walid. La signification de ce prénom est teintée de l'affection que l'on porte à l'enfant qui vient de naître. C'était le prénom donné autrefois aux esclaves qui naissaient dans la maison de leur maître. Walida est resté un prénom très répandu (même des califes l'ont porté) qui continue d'être fréquemment attribué.
Couleur : jaune - Chiffre : 4
Caractère : Walida est structurée, persévérante, efficace, sécurisante et déterminée.
Fréquence : rare - Évolution : =

V

Wallis

Étymologie : de l'anglais : « celle qui vient du pays de Galles ». Ce prénom correspond à la forme féminine de Wallace. Il pourrait être aussi être inspiré par Samuel Wallis, qui a découvert l'île du même nom en 1767.
Couleur : jaune - Chiffre : 4
Caractère : Wallis est sensible, charmante et épicurienne.
Fréquence : très rare - Évolution : ↘
Âge moyen : 14 ans

V

Wanda

Vanda, Wandala, Wandeline, Wandis, Wando, Wandula

Étymologie : du latin *vandali*. Nom d'une tribu germanique des bords de la Vistule qui envahit la Gaule, l'Espagne et une partie de l'Afrique du Nord au début du Ve siècle. La notion de vandale inhérente à ce prénom ne contribua pas à lui faire prendre son essor avant le XIXe siècle, époque à laquelle un roman intitulé *Wanda*, écrit par la romancière anglaise à succès Ouida (1839-1908), fut publié. Le vernis romanesque dont fut revêtu le prénom compensa son caractère négatif et le lança dans les pays anglophones, alors qu'il n'était jusque là attribué que dans les pays slaves.
Couleur : violet - Chiffre : 6
Caractère : Wanda est passionnée, obstinée, fière et fougueuse.
Personnages célèbres : Wanda, princesse des légendes polonaises, considérée traditionnellement comme la Jeanne d'Arc de là-bas. En effet, selon la légende, elle régnait sur Cracovie. Fille du roi Krak, fondateur de la ville,

elle se sacrifia en se jetant dans la Vistule pour échapper au mariage avec le prince allemand Rytygier et éviter ainsi la soumission de son peuple. Wanda, héroïne du film *Un poisson nommé Wanda*, interprétée par Jamie Lee Curtis.
Fréquence : rare - **Évolution :** =
Âge moyen : 68 ans

P

Wendy

Wendi, Wendie, Wendila

Étymologie : de l'anglais. Ce prénom date du début du XXe sièclee siècle et, plus précisément, de la pièce de théâtre de J. M. Barrie (1860-1937) : Peter Pan. C'est l'auteur qui a créé ce prénom, qu'on suppose fondé sur l'expression enfantine « Friendy Windy » et qui signifie « ami-ami ». Il est devenu un prénom à part entière, en Grande-Bretagne, à partir des années 20.
Couleur : jaune - **Chiffre :** 9
Caractère : Wendy est romantique, fantaisiste et douce.
Personnage célèbre : le personnage Wendy de *Peter Pan.*
Fréquence : rare - **Évolution :** ↘
Âge moyen : 15 ans

P

Whitney

Withney

Étymologie : ce prénom est, à l'origine, le nom d'un lieu-dit anglais dont la signification est : « île blanche ». Son usage était patronymique jusqu'au XIXe siècle, époque à laquelle il est devenu masculin avant de se féminiser au XXe siècle.
Couleur : bleu - **Chiffre :** 5
Caractère : Whitney est audacieuse, pleine de ressort, mais elle doit rester vigilante, car cette fabuleuse énergie se retourne parfois contre elle.
Personnage célèbre : Whitney Houston, chanteuse américaine.
Fréquence : rare - **Évolution :** ↘
Âge moyen : 14 ans

V

Wilhelmine

Wilhelmina

Étymologie : du germanique : « protectrice absolue ». Wilhelmine correspond à la forme germanique de Guillaumette.
Fête : 10 janvier (Saint-Guillaume)
Couleur : vert - **Chiffre :** 2
Caractère : Wilhelmine est réservée, altruiste et affective.
Personnages célèbres : Wilhelmine de Prusse (1751-1820) ; Wilhelmine des Pays-Bas (reine des Pays-Bas de 1890 à 1948).
Fréquence : rare - **Évolution :** ↘

V

Wilma

Vilma, Wylma

Étymologie : du germanique : « protectrice absolue ». Ce diminutif de Wilhelmine est un prénom à succès dans les pays scandinaves, plus précisément en Finlande et en Suède.
Fête : 10 janvier (Saint-Guillaume)
Couleur : vert - **Chiffre :** 4
Caractère : Wilma est intuitive et volontaire.
Fréquence : rare - **Évolution :** =
Âge moyen : 39 ans

C

Winifred

Étymologie : du celte : « pensée sacrée ». Ce prénom très rare en France l'est moins en Allemagne. En Angleterre, il fut très en vogue à la fin du XIXe siècle.
Couleur : bleu - **Chiffre :** 6
Caractère : Winifred est simple, bonne, gaie et parfois prude.
Fréquence : très rare - **Évolution :** =

P

Winona

Wynona

Étymologie : de l'amérindien : « fille aînée ».
Couleur : vert - Chiffre : 4
Caractère : Winona est sensible et imaginative. C'est, en outre, une véritable épicurienne.
Personnage célèbre : Winona Ryder, actrice américaine.
Fréquence : rare - Évolution : ↘
Âge moyen : 10 ans

V

Wissem

Wissam, Wissame, Wisseme

Étymologie : de l'arabe : « honoré de médailles ».
Couleur : vert - Chiffre : 5
Caractère : Wissem est spirituelle et son esprit sagace est toujours avide de connaissances.
Fréquence : rare - Évolution : ↗
Âge moyen : 9 ans

X

P

Xandra

Alexandra, Sandra

Étymologie : du grec *alexein* : « défendre » et *andros* : « homme ». Signifie par extension : « qui protège l'humanité ». Ce prénom correspond à la forme basque et espagnole d'Alexandra.
Fête : 20 mars - Couleur : bleu - Chiffre : 8
Caractère : Xandra a le caractère et l'audace d'une combattante.
Fréquence : rare - Évolution : =

B

Xavière

Saveria, Veria, Xari, Xaviera

Étymologie : si Xavier est populaire au masculin, sa forme féminine, elle, est nettement plus BCBG.
Fête : 3 décembre - Couleur : bleu - Chiffre : 5
Caractère : Xavière est terriblement intuitive et son dynamisme semble intarissable.
Fréquence : rare - Évolution : ↘
Âge moyen : 67 ans

P

Xénia

Xéna, Zéna, Zénia, Zéna

Étymologie : du grec *xenos* : « l'étranger ». Ce prénom fut porté par une dame de la cour d'Alexandre III de Russie, qui, devenue veuve, se retira du monde pour prier Dieu.
Fête : 24 janvier - Couleur : rouge - Chiffre : 2
Caractère : Xénia est douce, compatissante et dévouée.
Personnage célèbre : Xéna, la guerrière, héroïne d'une série télévisée.
Fréquence : rare - Évolution : ↘
Âge moyen : 31 ans

Y

V

Yaël

Étymologie : de l'hébreu : « chèvre sauvage ». Ce prénom a été porté par une héroïne de la guerre du XIIe siècle avant Jésus-Christ. Elle est célébrée dans la Bible et plus précisément dans le Cantique de Déborah. Ce prénom est aussi employé comme

formes basques ou bretonnes de Joël et, comme lui, il est à présent considéré comme mixte, même si, à l'origine, c'est un féminin.
Couleur : bleu - **Chiffre :** 3
Caractère : Yaël est sagace, énergique, originale et compatissante.
Personnages célèbres : Yaël Hassan, auteur de romans pour la jeunesse ; Yaël Abecassis, actrice israëlienne ayant joué dans le film *Va, vis et deviens.*
Fréquence : rare - **Évolution :** ↗
Âge moyen : 22 ans

V

Yaëlle

Étymologie : de l'hébreu : « chèvre sauvage ». Ce prénom a été porté par une héroïne de la guerre du XIIe siècle avant Jésus-Christ. Elle est célébrée dans la Bible et plus précisément dans le Cantique de Déborah. La forme Yaël est, à présent, considérée comme mixte alors qu'elle était à l'origine féminine. Le rajout de la terminaison « le » s'est donc opéré par mimétisme avec d'autres prénoms, dans le but d'éviter la confusion avec la version masculine.
Couleur : bleu - **Chiffre :** 3
Caractère : Yaëlle est sympahique, terriblement énergique. Impossible de s'ennuyer en sa présence : elle est tout sauf fade !
Fréquence : rare - **Évolution :** ↗
Âge moyen : 13 ans

V

Yamina

Yamma, Yaminah, Yemina, Yeminah

Étymologie : de l'arabe *yâmin* : « heureux, fortuné, prospère ». On prend souvent, à tort, Yamina pour une variante de Yasmina. Si leurs sonorités sont proches, elles n'en sont pas moins d'origines totalement différentes.
Couleur : blanc - **Chiffre :** 5
Caractère : Yamina est intègre, altruiste. Elle s'épanouit pleinement dans la création et aime passionnément s'investir dans des œuvres sociales ou artistiques. L'inaction ne lui sied pas du tout !
Fréquence : rare - **Évolution :** ↘
Âge moyen : 40 ans

V

Yasmina

Lasmina

Étymologie : du perse *yâsamin* : « jasmin ». Yasmina est à la fois reconnu comme un prénom musulman et comme un prénom de fleur. Sa présence est attestée depuis le XIXe siècle en Espagne, en Italie et surtout aux États-Unis où il le dispute à Jasmina. En France, on peut donc le fêter lors de la Sainte-Fleur.
Fête : 5 octobre - **Couleur :** blanc - **Chiffre :** 5
Caractère : sensible, créative, imaginative, Yasmina est une épicurienne.
Personnage célèbre : Yasmina Reza, romancière et actrice.
Fréquence : rare - **Évolution :** ↘
Âge moyen : 32 ans

V

Yasmine

Yasmeen, Yasmin, Yassmine

Étymologie : du perse *yâsamin* : « jasmin ». Malgré son origine, Yasmine n'est pas véritablement considéré comme un prénom musulman et c'est son caractère floral que l'on retient avant tout. En France, Yasmine le dispute à Jasmine et peut donc être fêtée lors de la Sainte-Fleur.
Fête : 5 octobre - **Couleur :** blanc - **Chiffre :** 5
Caractère : Yasmine est aimable, gracieuse , mutine et volontiers cabotine.
Personnage célèbre : Yasmine Bleeth, actrice américaine (une des anciennes naïades d'*Alerte à Malibu*).
Fréquence : répandu - **Évolution :** ↗
Âge moyen : 15 ans

V

Yelena

Yelenna

Étymologie : du grec *helénê* : « le flambeau », de la famille d'*helios* : « le soleil ». Cette forme russe d'Hélène connaît depuis peu un joli succès.

Fête : 14 août - **Couleur :** jaune - **Chiffre :** 4

Caractère : Yelena est généreuse, aimante et ardente.

Personnage célèbre : Yelena Noah, fille de Yannick.

Fréquence : rare - **Évolution :** ↗

Âge moyen : 10 ans

V

Yoanna

**Yoane, Yoannie,
Yohanna, Yohana, Yohane**

Étymologie : de l'hébreu *yohanân* : « Dieu fait grâce ». Ce prénom est un dérivé de Jeanne.

Fête : 30 mai - **Couleur :** jaune - **Chiffre :** 4

Caractère : Yoanna est indépendante, et sage.

Fréquence : rare - **Évolution :** ↗

Âge moyen : 21 ans

C

Yolaine

Yolaina, Yolène

Étymologie : du grec *iôn* : « la violette ». Yolaine est une forme dérivée de Yolande et Violaine.

Fête : 11 juin - **Couleur :** jaune - **Chiffre :** 4

Caractère : Yolaine est sympathique, altruiste et a l'esprit d'analyse.

Fréquence : rare - **Évolution :** ↘

Âge moyen : 49 ans

V

Yolanda

Iola, Iolana, Iolanda, Jolenta, Yola, Yolenta

Étymologie : du grec *iôn* : « la violette ». Ce prénom n'est autre que la Violette hispanique.

Fête : 11 juin - **Couleur :** jaune - **Chiffre :** 4

Caractère : Yolanda est volontaire, idéaliste, compétente. Droite, généreuse, elle a le sens du devoir.

Personnage célèbre : Yolanda Gigliotti, véritable nom de Dalida.

Fréquence : rare - **Évolution :** =

Âge moyen : 51 ans

C

Yolande

**Eolande, Iolande,
Iolende, Iolente, Jolande**

Étymologie : du grec *iôn* : « la violette ». Yolande et sa terminaison en « e » correspondent à la version francisée de Yolanda, la Violette espagnole. Le succès de Yolande fut très grand au Moyen Âge, époque à laquelle il semble avoir été imposé en Europe par les croisés.

Fête : 11 juin - **Couleur :** jaune - **Chiffre :** 4

Caractère : Yolande est dévouée, généreuse, serviable et clairvoyante. Elle est active et a le sens de l'effort. Son dévouement et son envie de faire le bien stimulent son énergie. Yolande est un être fort et loyal. Sa robustesse morale et physique en font un être précieux.

Personnage célèbre : Yolande Moreau, comédienne française.

Fréquence : répandu - **Évolution :** ↘

Âge moyen : 69 ans

V

Yona

Iona, Yonaa

Étymologie : de l'hébreu : « colombe ». Ce prénom, mixte dans la Bible, est aujourd'hui typiquement féminin.

Couleur : rouge - **Chiffre :** 1

Caractère : Yona est indépendante, volontaire, aime l'étude et l'introspection.

Personnage célèbre : Yona, l'héroïne éponyme de *Yona, la légende de l'oiseau-sans-aile.*

Fréquence : rare - **Évolution :** ↗
Âge moyen : 10 ans

V

Youna

Yeun, Younen, Yvona, Yf

Étymologie : du celte : « if ». En raison de son origine, c'est en Bretagne que Youna est le plus attribué. Comme sa sonorité ne l'indique pas, Youna est la forme féminine du prénom Yves.
Fête : 19 mai - **Couleur :** vert - **Chiffre :** 4
Caractère : Youna est travailleuse, rigoureuse. Stable, elle possède un bon sens de l'organisation.
Fréquence : rare - **Évolution :** ↗
Âge moyen : 9 ans

C

Yousra

Yousrah, Youssra

Étymologie : de l'arabe *yusrâ* : « douce, facile, conciliante ».
Couleur : gris - **Chiffre :** 8
Caractère : Yousra est avant tout raisonnable et droite. Très ambitieuse, elle allie énergie et esprit logique.
Fréquence : rare - **Évolution :** ↗
Âge moyen : 10 ans

V

Ysée

Ysé

Étymologie : du germanique *ethylda* : « le noble serpent ». Ce prénom est un rare dérivé d'Iseult.
Fête : 14 juillet - **Couleur :** blanc - **Chiffre :** 2
Caractère : Ysée est tenace, méthodique, fiable.
Personnage célèbre : Ysée, héroïne éponyme d'une BD en trois tomes d'Évelyne Brisou-Pellen.
Fréquence : rare - **Évolution :** ↗
Âge moyen : 7 ans

V

Yvana

Yvanna, Yvannah

Étymologie : de l'hébreu *Yo*, contraction de « Yahvé, Dieu » et *hanan* : « miséricordieux ». Cette variante d'Ivana, forme slave de Jeanne, connaît actuellement une douce croissance.
Fête : 30 mai - **Couleur :** jaune - **Chiffre :** 5
Caractère : Yvana n'a qu'un but : se réaliser. Elle porte en elle le courage et l'humanité nécessaires à la mission qu'elle s'est fixée.
Fréquence : rare - **Évolution :** ↗
Âge moyen : 17 ans

V

Yveline

Guyveline

Étymologie : du celte : « if ». Ce prénom est formé sur le masculin Yves, auquel on a rajouté le suffixe féminin « line », créant une forte similitude sonore avec le prénom Évelyne.
Fête : 19 mai - **Couleur :** orange - **Chiffre :** 8
Caractère : Yveline est une femme enfant, mutine, parfois capricieuse. Elle laisse souvent ses humeurs prendre le dessus.
Fréquence : rare - **Évolution :** =
Âge moyen : 60 ans

P

Yvette

Ivetta, Maryvette

Étymologie : du celte : « if ». C'est en Bretagne que ce prénom remporta ses plus grands succès, même s'il demeure caractéristique d'une certaine période : les années 30-40. Il est, par conséquent, relativement bien représenté auprès d'une certaine tranche d'âge, mais reste aujourd'hui peu attribué.
Fête : 13 janvier - **Couleur :** bleu - **Chiffre :** 7
Caractère : Yvette est volontaire, affectueuse, généreuse et tendre.
Personnages célèbres : Yvette Roudy, ex-ministre

des Droits de la femme ; l'accordéoniste Yvette Horner.

Fréquence : répandu - **Évolution** : ↘
Âge moyen : 77 ans

Yvonne

Evona, Evone, Evonna, Evonne, Yvona, Yvone, Vonne, Yvona

Étymologie : du celte : « if ». Si Yvette est un diminutif, Yvonne est, elle, une forme féminine directe du prénom Yves (via Yvon).
Fête : 19 mai - **Couleur** : bleu - **Chiffre** : 3
Caractère : Yvonne est douce, courageuse et toujours désireuse d'apprendre. C'est aussi une femme extrêmement maternelle, possédant un sens profond de la famille.
Personnages célèbres : Yvonne Printemps, actrice et chanteuse française (1895-1977) ; Yvonne de Bray, qui joua dans *Les Parents terribles* de Jean Cocteau.
Fréquence : répandu - **Évolution** : ↘

Zahra

Zarha

Étymologie : de l'arabe : « blanche ».
Couleur : rouge - **Chiffre** : 9
Caractère : Zahra est altruiste, spirituelle, rêveuse et généreuse.
Fréquence : rare - **Évolution** : ↗
Âge moyen : 34 ans

Zaïnedinne

Zaïnedine, Zaïnedinne

Étymologie : de l'arabe *zay ad Dîn* : « la beauté de la religion ». Ce prénom est une forme féminine de Zinédine.
Couleur : bleu - **Chiffre** : 5
Caractère : Zaïnedinne est généreuse, modeste, chaleureuse et exceptionnellement douée.
Fréquence : rare - **Évolution** : =
Âge moyen : 36 ans

Zaynab

Zaïnab, Zeinab, Zeinabou, Zeine, Zeinb, Zinab

Étymologie : de l'arabe *zaynab* : « arbre aux fleurs odorantes ». Ce prénom, ici, dans une de ses transcriptions les plus courantes, est celui de deux des épouses du Prophète Mahomet. Ce prénom figure parmi les prénoms musulmans les plus répandus dont les différentes graphies sont acceptées à l'état civil et en font un prénom à part entière.
Couleur : blanc - **Chiffre** : 2
Caractère : appliquée et très obstinée, Zaynab n'aime pas l'échec.
Personnages célèbres : les épouses du Prophète.
Fréquence : rare - **Évolution** : ↗
Âge moyen : 9 ans

Zelda

Zehlda, Zhelda

Étymologie : l'étymologie est incertaine. Attestée par certains comme une variante de Zita (sixième lettre de l'alphabet grec), Zelda est aussi défini par d'autres comme provenant de Griselda, « guerrière grise » en germanique.
Fête : 27 avril - **Couleur** : bleu - **Chiffre** : 3
Caractère : Zelda est énergique, travailleuse et sociable.

Personnages célèbres : la princesse Zelda, l'un des personnages principaux de la série de jeux vidéo *The Legend of Zelda* ; Zelda Fitzgerald, épouse de Francis Scott Fitzgerald et auteur du roman *Accordez-moi cette valse.*
Fréquence : rare - **Évolution :** =
Âge moyen : 17 ans

B

Zélia

Zéa, Zélé, Zéline

Étymologie : du latin : « annuelle ». Ce prénom correspond à une forme dérivée de Solène qui se serait, au départ, d'abord écrite Zéline.
Fête : 17 octobre - **Couleur :** vert - **Chiffre :** 3
Caractère : Zélia est déterminée, ardente et pleine de vitalité.
Fréquence : rare - **Évolution :** ↗

B

Zélie

Étymologie : du latin : « annuelle ». Ce prénom correspond à une forme dérivée de Solène qui se serait, au départ, d'abord écrite Zéline.
Fête : 17 octobre - **Couleur :** vert - **Chiffre :** 3
Caractère : Zélie est secrète, sérieuse et sait faire preuve d'un véritable esprit d'analyse.
Fréquence : rare - **Évolution :** ↗
Âge moyen : 40 ans

B

Zénaïde

Zénaïda

Étymologie : du grec : « hospitalier ». Ce prénom correspond à la forme féminine de Zénas et fut porté par une femme pieuse convertie par saint Paul. Elle consacra sa vie à soigner les malades.
Couleur : vert - **Chiffre :** 1
Caractère : Zénaïde est intuitive, rapide, fine et déterminée.
Fréquence : rare - **Évolution :** ↗

B

Zéphirine

Zéphyrine, Zéphyryne

Étymologie : du grec *zephuros* : « le zéphir », du nom d'un vent du nord-ouest.
Fête : 20 décembre - **Couleur :** jaune - **Chiffre :** 4
Caractère : Zéphirine est bienveillante, consciencieuse, aussi bonne conseillère que pacifiste.
Fréquence : rare - **Évolution :** =

V

Zeyneb

Zaïnab, Zeineb, Zeïneb, Zeynep, Zinebe, Zineb

Étymologie : de l'arabe *zaynab* : « arbre aux fleurs odorantes ». Ce prénom, est celui de deux des épouses du Prophète Mahomet. La seconde était déjà mariée à son fils adoptif Zaïd, mais bouleversé par sa beauté, Mahomet obtint de ce dernier qu'il la répudie afin qu'il se marie avec elle. Pour éviter le scandale de cet épisode qui choqua nombre de croyants, Dieu révéla dans la 33e sourate du Coran que Zeynep était bien destinée à Mahomet, d'où cette irrésistible attraction. La fille aînée que le Prophète eut avec Khadija se prénommait aussi Zeynep, ainsi que l'une de ses petites-filles, réputée plus tard pour son savoir immense. Ce prénom figure, à présent, parmi les prénoms musulmans les plus répandus.
Couleur : blanc - **Chiffre :** 2
Caractère : Zeynep est directive, audacieuse et pleine d'assurance.
Personnage célèbre : l'une des épouses du Prophète Mahomet.
Fréquence : rare - **Évolution :** ↗
Âge moyen : 14 ans

V

Zia

Étymologie : de l'hébreu : « trembler ». Ce prénom est également originaire de la tradition

maya. Il est très attribué en Amérique du Sud.
Couleur : orange - Chiffre : 2
Caractère : Zia est humaine, rêveuse et généreuse.
Fréquence : rare - Évolution : ↗
Âge moyen : 4 ans

V

Zilpa

Étymologie : de l'hébreu : « qui coule ».
Couleur : vert - Chiffre : 1
Caractère : Zilpa est énergique, autoritaire et charismatique.
Fréquence : très rare - Évolution : =

B

Zita

Étymologie : du latin *sititus, sitita* : « désiré », « désirée ».
Fête : 27 avril - Couleur : jaune - Chiffre : 5
Caractère : Zita est décidée, humble, travailleuse et profondément sociable.
Personnage célèbre : Zita de Habsbourg, la dernière impératrice d'Autriche-Hongrie, qui passa sa vie en exil.
Fréquence : rare - Évolution : ↗
Âge moyen : 63 ans

C

Zoé

Zoa, Zoée, Zoello, Zoey, Zoilo

Étymologie : du grec *zoos* : « la vie ». Ce prénom, évocateur du monde orthodoxe, ne s'est montré dans l'univers occidental qu'à travers la Grande-Bretagne puis la France, à partir du XIXe siècle. C'est pendant les Années folles qu'il décline. Oublié ensuite, car jugé d'une sonorité trop passéiste, ou trop facétieuse, Zoé est attribué à nouveau de temps en temps dans les années 80, par des parents qui jugent son classicisme original, mais ce sont les années 90 et plus particulièrement leur seconde moitié, qui le consacrent définitivement tendance. Zoé répond, en effet, aux critères de la mode actuelle : sa sonorité repose sur les voyelles, il ne possède que deux syllabes et trois lettres et il est terriblement rétro. Tout pour le faire figurer au top 50 des prénoms féminins français, avant de grimper vers le top 20.
Fête : 2 mai - Couleur : bleu - Chiffre : 1
Caractère : Zoé est décidée, ferme, parfois imprévisible, entière. D'aucuns la trouvent trop fougueuse là où elle n'est qu'intense.
Personnage célèbre : Zoé Valdès, romancière et scénariste cubaine.
Fréquence : répandu - Évolution : ↗
Âge moyen : 15 ans

V

Zohra

Zora, Zara, Zorah, Zorra, Zorrah

Étymologie : de Zohra, nom arabe de la planète Vénus. Donner ce prénom à une petite fille, c'est donc l'apparenter à un symbole de beauté et d'éclat, mais aussi à celui de la longévité. En effet, cette étoile est toujours la première à apparaître le soir et la dernière à se coucher le matin.
Couleur : bleu - Chiffre : 3
Caractère : Zohra est chaleureuse, affectueuse et peut sembler parfois théâtrale et excessive. En réalité, elle a juste un grand besoin d'amour.
Fréquence : rare - Évolution : ↗
Âge moyen : 33 ans

V

Zoubida

Étymologie : de l'arabe : « fleur ». Ce prénom fut porté par une reine d'Arabie du VIIIe siècle.
Couleur : rouge - Chiffre : 6
Caractère : Zoubida est émotive, active, indépendante et éprise d'harmonie.
Fréquence : rare - Évolution : ↘
Âge moyen : 41 ans

PRÉNOMS DE

Garçons

Carnet bleu des people 2024 par **PARENTS**

Elijah *(Fils de Karlie Kloss et Joshua Kushner)*
Ernest *(Fils de la Princesse Eugénie et Jack Brooksbank)*
François *(Fils de Stéphanie et Guillaume du Luxembourg)*
Gabriel *(Fils de Pauline Parmentier)*
Hiro *(Fils de Virginie Effira et Niels Schneider)*
Joseph *(Fils de Léa Arnezeder et Jean-Baptiste Maunier)*
Luai *(Fils de Lindsay Lohan et Bader Shamma)*
Malo *(Fils de Camille Cerf et Théo Fleury)*
Marlon *(Fils de Elsa Leeb et Allan Asle)*
Otto *(Fils de et Ashley Olsen et Louis Esner)*
Phoenix *(Fils de Paris Hilton et Carl Reum)*
Sidney *(Fils de Kelly Osbourne et Sid Wilson)*
Vasco *(Fils d'Amélie Etasse et Clément Séjourné)*
Wren Alexander *(Fils de Chrissy Teigen et John Legend)*

SOMMAIRE

• Tous les prénoms de A à Z •

• Les tops 20 •

A

B

Aaron

Aarao, Aharon, Arek, Aron, Aronk, Aronek, Aronne, Aronos, Arra, Arren, Arrin, Arron, Haron, Haroun.

Étymologie : de l'hébreu : « esprit », ou *har* : « montagne ». Dans la Bible, il est le frère aîné de Moïse, chargé par Dieu de le protéger.

Fête : 22 juin - Couleur : rouge - Chiffre : 5

Caractère : Aaron est être passionné. Il aime innover et possède les qualités nécessaires pour ce faire : précision, efficacité, patience. Il est aussi dévoué et scrupuleux.

Personnage célèbre : le producteur de séries TV américaines à succès Aaron Spelling.

Fréquence : rare - Évolution : ↗

Âge moyen : 6 ans

V

Abbas

Abbes

Étymologie : de l'araméen : « père ». Ce nom fut porté par l'oncle de Mahomet, qui mourut en 653 et considéré comme l'ancêtre de la dynastie des Abbassides, qui régna sur le monde musulman de 750 à 1258. Abbas fut également le nom d'un abbé de Saint-Benoît-sur-Loire, connu pour ses talents en poésie et en arithmétique.

Fête : 13 novembre - Couleur : orange - Chiffre : 8

Caractère : Abbas est réfléchi, aime l'étude et la spiritualité.

Personnages célèbres : un shah de Perse, qui établit sa capitale à Ispahan, au Ve siècle ; le réalisateur iranien Abbas Kiarostami.

Fréquence : rare - Évolution : =

Âge moyen : 28 ans

V

Abby

Étymologie : de l'hébreu : « père des nations ». Ce diminutif d'Abraham est devenu un prénom dans les pays anglo-saxons.

Fête : 20 février - Couleur : vert - Chiffre : 8

Caractère : Abby est courageux, efficace, énergique.

Fréquence : très rare - Évolution : ↘

V

Abdel

Ab-del, Abd-el, Abdelali

Étymologie : de l'arabe *abd* : « serviteur » et *allah* : « Dieu ».

Couleur : vert - Chiffre : 6

Caractère : Abdel est épris de paix et gouverné par la raison. Il aime tout ce qui s'y rapporte : le conseil, la gestion...

Personnage célèbre : Abdel, père de Mahomet, le Prophète.

Fréquence : rare - Évolution : ↗

Âge moyen : 31 ans

V

Abdelaziz

Abdelazize, Abdelazziz, Abdelhaziz, Abdelaziz, Abdel-Aziz

Étymologie : de l'arabe *abd* : « serviteur » et *allah* : « Dieu ».

Caractère : Abdelaziz est ambitieux, habile, fort et passionné.

Personnages célèbres : un sultan mérinide (dynastie berbère du Maghreb) mort en 1372 ; le premier roi du « Najd et du Hijaz » de la dynastie saoudienne.

Fréquence : rare - Évolution : ↘

Âge moyen : 32 ans

V

Abdelmalek

Abdelmalik

Étymologie : de l'arabe *abd* : « serviteur » et *allah* : « Dieu ».
Couleur : vert - **Chiffre :** 3
Caractère : Abdelmalek est pragmatique, optimiste, créatif et organisé.
Fréquence : rare - **Évolution :** ↗
Âge moyen : 29 ans

V

Abdelkader

Abdel-Kader, Abdelkadir

Étymologie : de l'arabe *abd* « serviteur » et *allah* : « Dieu ». Ce prénom évoquait une confrérie mystique du XIe siècle, celle des shérifs Kadarites.
Couleur : gris - **Chiffre :** 6
Caractère : Abdelkader est idéaliste, altruiste, organisé et intègre.
Fréquence : rare - **Évolution :** =
Âge moyen : 28 ans

V

Abdel-Karim

Abdel-Karim

Étymologie : de l'arabe *abd* : « serviteur » et *allah* : « Dieu » et *karim* : « bien né, généreux ».
Couleur : vert - **Chiffre :** 3
Caractère : Abdel-Karim est méthodique, fiable et organisé. Comme tous les êtres résolus, il sait faire preuve d'une incroyable ténacité.
Fréquence : rare - **Évolution :** =
Âge moyen : 28 ans

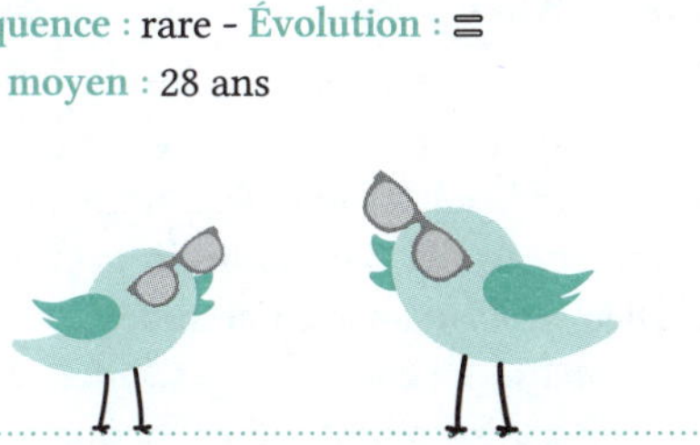

TOP 20

Prénoms de stars

Acteurs d'un âge d'or du cinéma, stars hollywoodiennes ou françaises au rayonnement international, icônes pop, compétiteurs féroces... Voici une liste qui perpétue la magie de ces personnages.

Allan
Alonzo
Bradley
Charles
Elvis
Georges
Gilles
Guillaume
Harry
Jacob
Ken
Malcom
Nelson
Niels
Lorenzo
Pharrell
Omar
Sean
Timothée
Travis

V

Abdelkrim

Abdelkarim, Abd el-krim, Abdelkrime

Étymologie : de l'arabe : « serviteur de Celui qui est généreux ».

Couleur : vert - Chiffre : 3

Caractère : Abdelkrim est déterminé, rigoureux et courageux.

Fréquence : rare - Évolution : ↘

Âge moyen : 38 ans

V

Abdelrahim

Abdelghani, Abdelrani, Abderhim, Abderahim, Abderrahim

Étymologie : de l'arabe : « serviteur de Celui qui est bon ».

Couleur : vert - Chiffre : 3

Caractère : Abdelrahim est dynamique, audacieux, directif et résolu.

Fréquence : rare - Évolution : ↗

Âge moyen : 14 ans

V

Abderrahamane

Abdelrahmane, Abderahmane, Abderrahman

Étymologie : de l'arabe : « serviteur du Miséricordieux ».

Couleur : bleu - Chiffre : 3

Caractère : Abderrahmane est idéaliste, altruiste et attentif. C'est un homme de cœur.

Fréquence : très rare - Évolution : ↗

V

Abdoulaye

Abdou, Abdoul

Étymologie : de l'arabe *abd* : « serviteur » et *allah* : « Dieu ». Abdoulaye est la version d'Abdullah la plus portée en Afrique noire.

Couleur : vert - Chiffre : 4

Caractère : Abdoulaye a pour lui le savoir et l'intelligence. Les autres l'envient et l'admirent pour sa sagesse et sa maturité.

Fréquence : rare - Évolution : ↗

Âge moyen : 16 ans

V

Abdullah

Abdala, Abdelan, Abdella, Abdellli, Abdoul Abdoulah, Abdoulah, Abdoullah, Abdul.

Étymologie : de l'arabe *abd* : « serviteur » et *allah* : « Dieu ».

Couleur : bleu - Chiffre : 4

Caractère : intelligent, autonome, Abdullah est un être organisé qui n'aime pas que l'on bouscule ses habitudes.

Fréquence : rare - Évolution : ↗

Âge moyen : 14 ans

V

Abed

Étymologie : de l'arabe : « Celui qui est pieux ».

Couleur : jaune - Chiffre : 2

Caractère : Abed est pragmatique, optimiste, créatif et sociable.

Fréquence : rare - Évolution : ↗

Âge moyen : 31 ans

B

Abel

Abeau, Abélard, Abelardo, Abele, Abelin, Avel, Avelin, Avelain

Étymologie : de l'hébreu : « souffle vital », ou *ab* : « père » et *el* : « Dieu ». Ce prénom est celui du fils d'Adam et Ève, frère de Caïn. Ce dernier le tua, jaloux de la préférence que Dieu semblait lui avoir accordé.

Fête : 5 août - Couleur : jaune - Chiffre : 2

Caractère : Abel réunit toutes les qualités de

l'être introspectif : la pudeur, le mysticisme, l'intelligence… Il sait aussi se montrer fidèle.

Personnages célèbres : Abel Gance, pionnier du cinéma muet (1889-1981) ; le cinéaste contemporain Abel Ferrarra.

Fréquence : rare - Évolution : ↗

Âge moyen : 78 ans

V

Abraham

Abe, Abey, Abie, Abrahamo, Abrahan, Abram, Abrami, Abramo, Abran, Abrao, Avraham, Avram, Avrum

Étymologie : de l'hébreu : « père des nations ».

Fête : 20 décembre - Couleur : bleu - Chiffre : 8

Caractère : Abraham est pédagogue, volontaire, bâtisseur.

Personnage célèbre : Abraham Lincoln, président des États-Unis.

Fréquence : rare - Évolution : ↗

Âge moyen : 47 ans

B

Achille

Achiléus, Achill, Achillée, Achillé, Achlles, Achillio, Akil, Akilino, Akilles.

Étymologie : du grec *akilé* : « qui a de belles lèvres ».

Fete : 12 mai - Couleur : rouge - Chiffre : 5

Caractère : Achille réunit toutes les qualités du guerrier : ambition, courage, autorité, exigence. Rien de plus normal ! Héros de l'Iliade d'Homère, il est, de tous les guerriers, le plus brave et le plus impétueux.

Personnages célèbres : Achille, le héros de la Guerre de Troie. Sa mère, pour le rendre invulnérable, le plongea dans les eaux du Styx en le tenant par la cheville, faisant, hélas, de cette partie du corps son seul point faible. L'expression « talon d'Achille » est restée consacrée depuis ; Achille Talon, le personnage de bande dessinée ; Achille Zavatta, le clown.

Fréquence : rare - Évolution : ↗

Âge moyen : 66 ans

B

Adam

Adamec, Adamek, Adamh, Adamik, Adamka, Adamko, Adamo, Adams, Adamson, Adamsson, Adan, Adanet, Adao, Addam, Adams, Addamson, Addy, Adhamh, Adenot, Adnet, Adnot.

Étymologie : de l'hébreu *adam*, *adama* : « la terre ». Adam, à proprement parler, n'avait guère d'état « civil ». Aucun saint ne s'étant appelé Adam, il n'a donc pas sa fête sur nos calendriers.

Couleur : rouge - Chiffre : 1

Caractère : Adam est exclusif, sensuel, mais aussi logique, discipliné et un peu dur parfois.

Personnages célèbres : c'est le nom du premier homme créé par Dieu, compagnon d'Ève au jardin d'Éden. Tous deux furent chassés du paradis terrestre après avoir croqué la pomme de l'arbre de la connaissance ; Adam Clayton, bassiste du groupe U2 ; Adam Smith, économiste anglais.

Fréquence : rare - Évolution : ↗

Âge moyen : 11 ans

P

Addison

Addie, Addy

Étymologie : de l'anglais : « fils d'Adam ». D'abord nom de famille, Addison est devenu prénom en Angleterre dès le XIXe siècle.

Fête : 17 juin - Couleur : rouge - Chiffre : 3

Caractère : Addison est optimiste, pragmatique. C'est un être de volonté. Il est résolu et a besoin de communiquer.

Fréquence : très rare - Évolution : ↘

Âge moyen : 4 ans

C

Adelin

Adelino

Étymologie : du germanique *adal* : « noble » et lind : « doux ».

Fête : 4 février - Couleur : rouge - Chiffre : 4

Caractère : Adelin est curieux, indépendant, gai, travailleur, mais aussi pourvu d'un solide sens des responsabilités.

Fréquence : rare - Évolution : ↘

Âge moyen : 48 ans

C

Ademar

Adelmar, Aymar, Azémar, Valdemar

Étymologie : du germanique *adal* : « noble », *heim* : « maison » et mar : « illustre ».

Fête : 24 mars - Couleur : bleu - Chiffre : 5

Caractère : Ademar est curieux, intuitif et opportuniste.

Personnage célèbre : Adémar de Chabannes (988-1034), moine, chroniqueur de son époque et compositeur français.

Fréquence : rare - Évolution : ↘

Âge moyen : 100 ans

C

Adhémar

Étymologie : du germanique *adal* : « noble », *heim* : « maison » et mar : « illustre ». Cette orthographe plus rare n'est pas la plus conservatrice et était assez attribuée du Moyen Âge au XIXe siècle. Elle reste traditionnelle aujourd'hui dans certaines familles de sang bleu.

Fête : 24 mars - Couleur : bleu - Chiffre : 5

Caractère : Adhémar aime la découverte. Il est énergique, audacieux et déterminé.

Fréquence : rare - Évolution : ↘

Âge moyen : 94 ans

C

Adelphe

Étymologie : du germain *adal* : « noble » et *wolf* : « loup ».

Fête : 11 février - Couleur : jaune - Chiffre : 6

Caractère : Adelphe est bienveillant, consciencieux. Il a du cœur et recherche la réussite.

Fréquence : très rare - Évolution : =

Âge moyen : 57 ans

V

Adib

Étymologie : de l'arabe : « cultivé, lettré ». Ce prénom renvoie à la vertu coranique qui consiste à s'imprégner et à comprendre avec justesse le message divin envoyé par le Prophète, de manière à honorer Dieu comme il se doit.

Couleur : gris - Chiffre : 9

Caractère : Adib est juste, intelligent et raisonnable.

Fréquence : rare - Évolution : ↗

Âge moyen : 12 ans

V

Adil

Adile, Adlâne, Adlen, Adlène

Étymologie : de l'arabe : « juste, équilibré ». Il rejoint le vieux prénom latin *Justus*, Juste en français.

Couleur : bleu - Chiffre : 7

Caractère : Adil est un stratège qui possède un certain leadership.

Fréquence : rare - Évolution : ↗

Âge moyen : 19 ans

V

Adnan

Adnane, Adnen, Adnène

Étymologie : de l'arabe : « être grand ».

Couleur : jaune - Chiffre : 8

Caractère : Adnan est pragmatique, aime s'adapter et est généreux.
Fréquence : rare - **Évolution :** ↗
Âge moyen : 18 ans

C

Adolphe

Adolfino, Adolfo, Adulfo, Adolf, Adulf

Étymologie : du germain *adal* : « noble » et *wolf* : « loup ».
Fête : 11 février - **Couleur :** jaune - **Chiffre :** 6
Caractère : Adolphe est pourvu d'un bel esprit d'analyse. Il est doué pour les études, réservé et ambitieux.
Personnages célèbres : Adolphe Thiers ; *Adolphe*, roman de Benjamin Constant.
Fréquence : très rare - **Évolution :** ↘

B

Adonis

Adon

Étymologie : du phénicien *adôn* : « seigneur ». Adonis désigne un personnage de la mythologie grecque incarnant la beauté et amant d'Aphrodite et de Perséphone. Aphrodite en était si éprise qu'elle supplia Zeus de le ressusciter après qu'un sanglier l'eut tué lors d'une partie de chasse en forêt.
Couleur : rouge - **Chiffre :** 6
Caractère : Adonis est un être sensible, épicurien, charismatique et curieux.
Fréquence : rare - **Évolution :** ↗
Âge moyen : 46 ans

V

Adrian

Adrean, Adren, Adrean

Étymologie : du grec *Adrianos* et du latin *Adrianus*, nom d'une famille romaine originaire d'Adria, ville de Vénétie. Cette ville aurait donné son nom à la mer Adriatique. Ce prénom correspond à la forme provençale, hispanophone et lusophone d'Adrien.
Fête : 8 septembre - **Couleur :** bleu - **Chiffre :** 6
Caractère : Adrian est courageux, généreux et diplomate.
Personnage célèbre : Adrián López Álvarez, footballeur espagnol, champion d'Espagne en 2014.
Fréquence : rare - **Évolution :** ↘
Âge moyen : 16 ans

V

Adriano

Étymologie : du grec *Adrianos* et du latin *Adrianus*, nom d'une famille romaine originaire d'Adria, ville de Vénétie. Cette ville aurait donné son nom à la mer Adriatique. Ce prénom correspond à la forme italienne d'Adrien.
Fête : 8 septembre - **Couleur :** bleu - **Chiffre :** 6
Caractère : Adriano allie vitalité et sens de la stratégie. Il est aussi résolu et volontaire.
Personnages célèbres : Adriano de Souza, surfer professionnel brésilien ; Adriano Leite Ribeiro, footballeur international brésilien.
Fréquence : rare - **Évolution :** ↗
Âge moyen : 22 ans

C

Adrien

Étymologie : du grec *Adrianos* et du latin *Adrianus*, nom d'une famille romaine originaire d'Adria, ville de Vénétie. Cette ville aurait donné son nom à la mer Adriatique.
Fête : 8 septembre - **Couleur :** bleu - **Chiffre :** 6
Caractère : Adrien réunit toutes les qualités du sensuel : sens de l'esthétique, gourmandise... Tout cela doublé d'une certaine ingéniosité. Mais c'est aussi un grand sentimental.
Personnage célèbre : l'acteur américain Adrien Brody.
Fréquence : répandu - **Évolution :** ↘
Âge moyen : 38 ans

V

Ael

Aelig

Étymologie : du grec *eggelos* : « messager ». Ce prénom correspond à la forme bretonne du prénom Ange.
Fête : 5 mai - **Couleur :** bleu - **Chiffre :** 9
Caractère : Ael est émotif, intuitif, volontaire et imaginatif.
Fréquence : rare - **Évolution :** ⇗
Âge moyen : 8 ans

B

Agathon

Agapes, Agapetos, Agapios, Hassan

Étymologie : du grec *agathè, agatho* : « bon ». Ce prénom correspond à la forme masculine d'Agathe usitée surtout en Roumanie.
Fête : 10 janvier - **Couleur :** violet - **Chiffre :** 3
Caractère : Agathon est sensible, charismatique, prudent et travailleur.
Personnage célèbre : Agathon, poète tragique grec, ami de Platon et d'Euripide.
Fréquence : très rare - **Évolution :** =
Âge moyen : 98 ans

C

Agénor

Étymologie : du grec : « très courageux, vaillant ». Ce prénom est celui du roi de Phénicie, personnage de la mythologie grecque et fils de Poséïdon, dieu de la mer.
Fête : 10 mars - **Couleur :** rouge - **Chiffre :** 6
Caractère : Agénor est doté d'une grande confiance en lui. Il a le sens des responsabilités, est énergique et ambitieux.
Personnage célèbre : Agénor de Gramont, diplomate et ministre français des Affaires étrangères (1819-1880).
Fréquence : rare - **Évolution :** ⇗
Âge moyen : 92 ans

C

Agnan

Étymologie : du grec *agnè* : « chaste ». Ce prénom correspond à la forme masculine d'Agnès.
Fête : 21 janvier - **Couleur :** vert - **Chiffre :** 1
Caractère : Agnan est sensible, éloquent et pourvu d'un certain sens artistique.
Fréquence : rare - **Évolution :** =
Âge moyen : 77 ans

B

Agrippin

Étymologie : du latin : « issu des Agrippa », du nom de la gens Agrippa (illustre famille) à Rome au Ier siècle avant J.-C. Ce prénom fut porté par l'évêque de Côme en Italie.
Fête : 17 juin - **Couleur :** bleu - **Chiffre :** 5
Caractère : Agrippin est curieux, vif et diplomate.
Fréquence : très rare - **Évolution :** =

V

Ahmed

Ahmad, Ahmet, Ahmid, Amin, Hamid

Étymologie : de l'arabe : « digne d'éloge ». Ce prénom est celui d'un saint du XIIe siècle, fils d'Émir qui fut tué pour avoir abjuré l'Islam et s'être fait baptisé ainsi que sa famille.
Fête : 20 août - **Couleur :** rouge - **Chiffre :** 3
Caractère : Ahmed est méthodique, logique, discipliné, ardent au travail et dialecticien.
Personnage célèbre : Ahmed Ben Balla, premier président de la république d'Algérie.
Fréquence : répandu - **Évolution :** ⇗
Âge moyen : 29 ans

B

Aimable

Étymologie : du latin *amabilis* : « qui mérite d'être aimé ». Ce prénom, mixte, fut à l'origine porté par le patron de Riom en Auvergne. Il vécut au VIe siècle et chassa les païens de sa région. La légende veut qu'il ait eu pour habitude de suspendre son manteau à un rayon de soleil.

Fête : 18 octobre - **Couleur :** bleu - **Chiffre :** 1

Caractère : Aimable est résistant, volontaire, simple et généreux.

Personnage célèbre : Aimable, accordéoniste français (1922-1997).

Fréquence : très rare - **Évolution :** =

B

Aimé

Amat, Amato, Aziz (version orientale)

Étymologie : du latin *amatus*, qui signifie… « aimé ».

Fête : 13 septembre - **Couleur :** blanc - **Chiffre :** 1

Caractère : Aimé est responsable, indépendant, rêveur et sensible.

Personnages célèbres : le poète et homme politique Aimé Césaire ; l'ex-entraîneur et sélectionneur des Bleus Aimé Jacquet.

Fréquence : répandu - **Évolution :** ↗

Âge moyen : 85 ans

C

Aimeric

Aimeri, Aimerick, Emeri, Emery, Aymeri, Aimery, Emmerich

Étymologie : du germanique *haim* : « maison » et *ric* : « roi ».

Fête : 4 novembre - **Couleur :** bleu - **Chiffre :** 7

Caractère : Aimeric est calculateur, méfiant, astucieux, opportuniste, mais peut se montrer d'une grande tendresse. C'est un passionné autodidacte.

Fréquence : rare - **Évolution :** ↘

Âge moyen : 17 ans

V

Akim

Étymologie : de l'hébreu : « Dieu a établi ». Contrairement à ce que l'on pourrait penser, ce prénom n'est guère arabe, il vient de Russie. On peut le considérer comme un diminutif de Joachim assez répandu.

Fête : 26 juillet - **Couleur :** blanc - **Chiffre :** 3

Caractère : Akim est indépendant, sage et intelligent.

Personnage célèbre : Akim Tamiroff (1899-1972), acteur : *La Tulipe noire, Le Procès, Don Quichotte.*

Fréquence : rare - **Évolution :** ↘

Âge moyen : 29 ans

P

Alain

Ailean, Ailin, Al, Aland, Alanic, Alanig, Alano, Alanson, Alao, Alen, Alin, Allain, Allayne, Allen, Alleyn, Allin, Allon, Allyn, Alon, Alun

Étymologie : du latin *Alanus*. Les Alains désignent le peuple nomade venu d'Iran qui a envahi la Gaule et l'Espagne avant d'être vaincu définitivement par les Wisigoths.

Fête : 9 septembre - **Couleur :** vert - **Chiffre :** 10

Caractère : Alain est un passionné : entier, impulsif, excessif, mais aussi fidèle et séducteur.

Personnages célèbres : le philosophe Alain (1868-1951) ; Alain Resnais, cinéaste ; Alain Delon, acteur ; Alain Decaux, historien, membre de l'Académie française ; les chanteurs Alain Souchon et Alain Bashung ; le chef Alain Ducasse ; le comédien Alain Chabat.

Fréquence : répandu - **Évolution :** ↘

Âge moyen : 58 ans

V

Alan

Alane, Allan

Étymologie : du latin *alanus* ou du celte : « juste, beau ».

Fête : 9 septembre - **Couleur :** orange - **Chiffre :** 10

Caractère : Alan est passionné, efficace, volontaire et rigoureux.

Personnage célèbre : Alan Stivell, chanteur breton.
Fréquence : rare - Évolution : ↘
Âge moyen : 17 ans

V

Alaric

Alar, Alari, Alarik, Alrick, Alric, Alrik, Alarico

Étymologie : du germain *ala* : « tout » et *ric* : « puissant ». Signifie par extension : « chef suprême ». Prénom très en vogue au Moyen Âge, il est à présent plus répandu sous sa forme patronymique, mais semble bénéficier d'un retour en grâce.
Fête : 29 septembre - Couleur : rouge - Chiffre : 9
Caractère : Alaric est solide, charmant, ambitieux et rigoureux.
Personnage célèbre : Alaric, roi wisigoth qui s'empara de Rome le 24 août 410 et mit fin à la civilisation romaine antique.
Fréquence : rare - Évolution : ↘
Âge moyen : 16 ans

V

Alarig

Étymologie : du germain *ala* : « tout » et *ric* : « puissant ». Signifie par extension : « chef suprême ». Ce prénom correspond à la forme bretonne du prénom Alaric.
Fête : 29 septembre - Couleur : rouge - Chiffre : 9
Caractère : Alarig est solide, charmant, ambitieux et rigoureux.
Fréquence : rare - Évolution : ↘

V

Alary

Étymologie : du germain *ala* : « tout » et *ric* : « puissant ». Signifie par extension : « chef suprême ». Ce prénom correspond à la forme anglo-saxonne du prénom Alaric.
Fête : 29 septembre - Couleur : rouge - Chiffre : 9
Caractère : Alary est solide, charmant, ambitieux et rigoureux.
Fréquence : rare - Évolution : =

C

Albain

Étymologie : du latin *albus* : « blanc ». Ce prénom est un dérivé d'Alban.
Fête : 1er mars - Couleur : orange - Chiffre : 2
Caractère : Albain est intuitif, affectif et affectueux.
Fréquence : très rare - Évolution : =

C

Alban

Alabanus, Albanino, Albano, Auban, Albin, Albi, Albino

Étymologie : du latin *albus* : « blanc ».
Fête : 22 juin - Couleur : blanc - Chiffre : 3
Caractère : Alban est généreux, désintéressé, serein, mais son sens de l'amitié peut le rendre parfois influençable.
Personnage célèbre : le grand compositeur autrichien Alban Berg (1885-1935).
Fréquence : rare - Évolution : ↗
Âge moyen : 31 ans

C

Albéric

Albérico, Albérigo, Albérich, Alberich, Alberik, Alfaric, Aubriet, Aubriot, Elberich

Étymologie : du germain *alb* : « elfe » et *ric* : « puissant », ou *rik* : « roi ».
Fête : 26 janvier - Couleur : rouge - Chiffre : 5
Caractère : Albéric est rigoureux, sérieux, actif et autoritaire.
Personnages célèbres : Albéric, « elfe puissant », ou encore « roi des elfes », est l'un des Nibelungen dans la Tétralogie de Wagner ; Albéric

Magnard (1865-1914), compositeur français.
Fréquence : rare - Évolution : ↘
Âge moyen : 54 ans

P

Albert

Adalbert, Albar, Albaro, Albrecht, Alberto, Albero, Auberto, Aubrey, Auberon, Bert, Elbert, Oberon.

Étymologie : du germain *adal* : « noble » et *behrt* : « célèbre ».
Fête : 15 novembre - Couleur : bleu - Chiffre : 4
Caractère : Albert est calme, secret, relativement insaisissable, intuitif et d'une curiosité sélective.
Personnages célèbres : Albert Schweitzer, théologien, musicologue, médecin et philosophe ; le physicien Albert Einstein ; les écrivains Albert Camus et Albert Cohen ; le prince Albert de Monaco.
Fréquence : répandu - Évolution : ↘
Âge moyen : 54 ans

B

Albertin

Aubertin

Étymologie : du germain *adal* : « noble » et *behrt* : « célèbre ». Ce prénom correspond à une forme dérivée d'Albert.
Fête : 13 avril - Couleur : bleu - Chiffre : 5
Caractère : Albertin est vif, réfléchi, possessif, mais aussi courageux et honnête.
Personnage célèbre : Albertin Botton, médecin de l'Académie de Padoue.
Fréquence : très rare - Évolution : =
Âge moyen : 109 ans

V

Alberto

Alberti, Albertino

Étymologie : du germain *adal* : « noble » et *behrt* : « célèbre ».
Fête : 15 novembre - Couleur : bleu - Chiffre : 4
Caractère : Alberto est prudent, réservé, travailleur et persévérant.
Personnages célèbres : Alberto Giacometti, le sculpteur et peintre (1901-1966) ; le coureur cycliste Alberto Contador.
Fréquence : rare - Évolution : ↗
Âge moyen : 45 ans

C

Albin

Étymologie : du latin *albus* : « blanc ». Ce prénom est un dérivé d'Alban.
Fête : 1er mars - Couleur : orange - Chiffre : 2
Caractère : Albin est intuitif, affectif, affectueux, sociable et pourvu de grandes qualités d'adaptabilité.
Personnage célèbre : Albin Michel, fondateur, en 1900, de la maison d'édition du même nom.
Fréquence : rare - Évolution : ↗
Âge moyen : 48 ans

V

Aldo

Aldou

Étymologie : du germanique *ald* : « ancien ». Ce prénom, très répandu en Italie, est la version masculine d'Alda, jeune toscane qui, à la mort de son mari, distribua sa fortune et consacra le reste de sa vie à soigner des malades à l'hôpital de Sienne.
Fête : 26 avril - Couleur : vert - Chiffre : 8
Caractère : Aldo est calme, prudent, curieux et opportuniste.
Personnages célèbres : Aldo l'Ancien, créateur de la typographie et de l'édition moderne ; Aldo Maccione, célèbre acteur.
Fréquence : rare - Évolution : ↗
Âge moyen : 58 ans

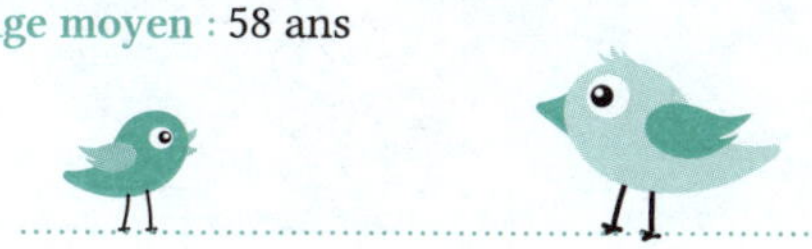

TOP 20

Prénoms de contes

Qu'il s'agisse des écrits de Grimm, de Perrault ou d'Andersen, les contes ont leur lot de héros qui ont inspiré les rêveries animées débridées des grands studios d'animation…

Aladdin
Blaise *(Merlin l'enchanteur)*
Charmant *(Shrek)*
Dimitri *(Anastasia)*
Éric *(La Petite Sirène)*
Florian *(Blanche Neige et les Sept Nains)*
Flynn *(Raiponce)*
Guillaume *(Le Petit Poucet)*
Hansel *(Hansel et Gretel)*
Hubert *(La Belle au Bois Dormant)*
Jacques/Jack *(Le Haricot magique)*
Jean *(Robin des Bois)*
Kristoff *(La Reine des Neiges)*
Merlin *(l'enchanteur)*
Michel *(Peter Pan)*
Olaf *(La Reine des Neiges)*
Philippe *(La Belle au Bois Dormant)*
Pierre *(et le Loup)*
Robin *(des bois)*
Taram *(Le Chaudron magique)*

V

Aldric

Alderic, Alderick, Aldred, Aldrick, Aldrik, Audran, Audric

Étymologie : du germanique *ada* : « noble » et *ric* : « puissant », ou *rik* : « roi ». Ce prénom correspond à la forme masculine d'Audrey.
Fête : 7 janvier - Couleur : orange - Chiffre : 3
Caractère : Aldric est actif, émotif, intuitif et charismatique.
Fréquence : rare - Évolution : ↘
Âge moyen : 22 ans

P

Alec

Aleck

Étymologie : du grec *alexein* : « protéger » et andros : « homme, guerrier, ennemi ». Ce prénom correspond à un diminutif anglo-saxon d'Alexandre. Il peut être considéré comme une variante d'Alex.
Fête : 22 avril - Couleur : bleu - Chiffre : 3
Caractère : Alec est un charmeur épicurien. Son éloquence et son pouvoir de séduction le lui permettent.
Personnage célèbre : l'acteur Alec Baldwin.
Fréquence : rare - Évolution : ↘
Âge moyen : 15 ans

V

Alessandro

Alessio

Étymologie : du grec *alexein* : « protéger » et andros : « homme, guerrier, ennemi ». Ce prénom correspond à la forme italienne d'Alexandre.
Fête : 3 mai - Couleur : bleu - Chiffre : 4
Caractère : Alessandro est humain, rêveur, mais peut aussi faire preuve d'un très fort caractère.
Personnages célèbres : Alessandro Scarlatti (1660-1725), compositeur de musique baroque ;

Alessandro Moreschi (1858-1922), célèbre chanteur castrat ; Alessandro Baricco, journaliste et écrivain, célèbre notamment pour son roman *Soie*.
Fréquence : rare - **Évolution :** ↗
Âge moyen : 13 ans

P

Alex

Étymologie : du grec *alexein* : « protéger » et *andros* : « homme, guerrier, ennemi » ; « défense de l'humanité ». Ce prénom correspond au diminutif d'Alexandre ou d'Alexis, considéré à présent comme un prénom à part entière. Le premier à avoir été inscrit dans les registres d'état civil date des années 90.
Fête : 3 mai - **Couleur :** bleu - **Chiffre :** 6
Caractère : Alex est exigeant, mais aussi influent et charismatique. Il a le sens de la famille et des responsabilités.
Personnages célèbres : Alex Métayer, humoriste français (1930-2004) ; Alex Ferguson, célèbre manager du club de football anglais Manchester United de 1986 à 2013.
Fréquence : rare - **Évolution :** ↘
Âge moyen : 21 ans

V

Alexander

Aleksandar, Alsander, Sancho, Sander, Sanders, Xander, Xandre

Étymologie : du grec *alexein* : « protéger » et *andros* : « homme, guerrier, ennemi ». Ce prénom correspond à la forme anglo-saxonne et germanique d'Alexandre. Il figure d'ailleurs dans le top 10 allemand et suédois.
Fête : 3 mai - **Couleur :** bleu - **Chiffre :** 6
Caractère : Alexander est volontaire, enthousiaste, il a l'esprit pratique et d'énormes capacités de raisonnement.
Personnages célèbres : sir Alexander Fleming qui découvrit la pénicilline ; le sculpteur Alexander Calder ; Alexander Mcqueen et Alexander Wang créateurs de mode.
Fréquence : rare - **Évolution :** =
Âge moyen : 20 ans

C

Alexandre

Alexandro, Alexandros, Alleissandre, Alleissandrino, Alejandro, Alisander, Alissander, Aliocha, Sandrino, Alastair, Alistair, Lisandre, Lysandre

Étymologie : du grec *alexein* : « protéger » et *andros* : « homme, guerrier, ennemi ». C'est d'abord par Alexandre le Grand que ce nom fut rendu illustre. Alexandre III, dit « le Conquérant » ou « le Grand » (356-323 avant J.-C.), a conquis l'Indus, la Perse et Babylone, cherchant à unir ce qui, a priori, ne pouvait pas l'être. Ce prénom confère à ceux qui le portent une aura de gloire et de puissance.
Fête : 3 mai - **Couleur :** bleu - **Chiffre :** 3
Caractère : Alexandre a les qualités du héros : ambitieux, opportuniste, passionné, idéaliste et excessif.
Personnages célèbres : les écrivains Alexandre Pouchkine, Alexandre Dumas, Alexandre Soljenitsyne et Alexandre Blok.
Fréquence : répandu - **Évolution :** ↘
Âge moyen : 31 ans

P

Alexis

Alessi, Alessio, Alejo, Alessi, Aleksii, Alexe, Alexei, Alexi, Alexian, Alexios, Alexy

Étymologie : du grec *alexein* : « protéger » et *andros* : « homme, guerrier, ennemi ».
Fête : 17 février - **Couleur :** bleu - **Chiffre :** 7
Caractère : Alexis est aussi orgueilleux que machiavélique. Il est aussi imaginatif et enthousiaste.

Personnages célèbres : Alexis de Tocqueville, intellectuel français du XIXe siècle à l'origine, notamment, de l'ouvrage *De la démocratie en Amérique* (1835) ; Alexis Grüss, artiste de cirque.
Fréquence : répandu - Évolution : ↘
Âge moyen : 26 ans

V

Alfie

Alf, Alfy, Avery

Étymologie : du germain *alf* : « tout » et *frido* : « paix » ; ou *alf* : « elfe » et *rath* : « conseil ». Ce prénom correspond à une forme anglo-saxonne du très germanique Alfred, peu attribuée en France, mais représentée dans les pays anglo-saxons.
Fête : 15 novembre - Couleur : violet - Chiffre : 4
Caractère : Alfie est audacieux, dynamique et plein d'audace.
Personnages célèbres : Alfie Bass, acteur anglais (*Le Bal des vampires* de Roman Polanski, *Train d'enfer*) ; Alfie, héros éponyme du film *Alfie le dragueur* de Lewis Gilbert, sorti en 1966, qui a donné lieu au remake de Charles Shyer : *Irrésistible Alfie* avec Jude Law, sorti en 2004.
Fréquence : très rare - Évolution : =
Âge moyen : 4 ans

V

Alfonso

Étymologie : du germain *adal* : « noble » et *funs* : « prompt, rapide », qui signifie : « prêt pour la bataille ». Ce prénom correspond à la forme portugaise et espagnole d'Alphonse.
Fête : 1er août - Couleur : violet - Chiffre : 9
Caractère : Alfonso est énergique, autoritaire et ambitieux.
Fréquence : rare - Évolution : =
Âge moyen : 26 ans

B

Alfred

Alf, Alfredo, Alfret, Aufray, Aufroy, Afreddy, Manfred

Étymologie : du germain *alf* : « tout » et *frido* : « paix » ; ou *alf* : « elfe » et *rath* : « conseil ».
Fête : 15 août - Couleur : violet - Chiffre : 1
Caractère : Alfred est courtois, intuitif, orgueilleux, mais aussi contradictoire.
Personnages célèbres : l'officier Alfred Dreyfus ; les hommes de lettres Alfred de Vigny, Alfred de Musset et Alfred Jarry ; le cinéaste Alfred Hitchcock.
Fréquence : répandu - Évolution : ↘
Âge moyen : 89 ans

V

Ali

Étymologie : de l'arabe *allah* : « Dieu ». Par déduction, signifie « supérieur ». Ali, cousin de Mahomet, épousa Fatima et devient quatrième calife avant d'être assassiné en 661. C'est lui que les chiites reconnaissent comme le véritable successeur de Mahomet.
Fête : 20 juillet - Couleur : vert - Chiffre : 8
Caractère : Ali est spontané, combatif, adroit, observateur et inspiré.
Personnage célèbre : Ali Baba, le héros des *Mille et Une Nuits* immortalisé au cinéma par Fernandel dans *Ali Baba et les quarante voleurs*.
Fréquence : répandu - Évolution : ↗
Âge moyen : 31 ans

V

Allistair

Alistair, Allastair

Étymologie : du grec *alexein* : « protéger » et *andros* : « homme, guerrier, ennemi ». Ce prénom correspond à la forme gaélique d'Alexandre. Elle est donc plus répandue dans les pays anglo-saxons où elle revêt un certain caractère rétro.

Fête : 3 mai - **Couleur** : bleu - **Chiffre** : 2
Caractère : Allistair est volontaire, aussi actif qu'énergique, mais parfois autoritaire.
Fréquence : très rare - **Évolution** : =
Âge moyen : 4 ans

C

Alix

Étymologie : du germanique *adal* : « noble ». Ce prénom mixte est plus couramment attribué aux bébés de sexe féminin.
Fête : 9 janvier - **Couleur** : jaune - **Chiffre** : 1
Caractère : Alix est un individu énergique, ambitieux, qui aime l'innovation, la logique et l'autorité.
Fréquence : rare - **Évolution** : ↗
Âge moyen : 37 ans

V

Alonzo

Étymologie : du germain *adal* : « noble » et *funs* : « prompt, rapide », qui signifie : « prêt pour la bataille ». Ce prénom correspond à la forme italienne d'Alphonse.
Fête : 1er août - **Couleur** : violet - **Chiffre** : 9
Caractère : Alonzo aime le relationnel. Il est intuitif, fidèle et sait s'adapter à toutes les situations.
Fréquence : rare - **Évolution** : ↗
Âge moyen : 4 ans

C

Aloysius

Aloïs, Aloisio, Aloys, Aloyse, Aloysisus

Étymologie : du germain *hold* : « illustre, glorieux » et *wig* : « bataille, combattant ». L'allemand Chlodowig s'est transformé en Clovis, forme plus simple, puis en Clodovico, avant le résultat final : Louis. Aloysius correspond à une forme médiévale de Louis encore attribuée.
Fête : 25 août - **Couleur** : orange - **Chiffre** : 9
Caractère : Aloysius est sociable, sensible et recherche l'affection.
Fréquence : rare - **Évolution** : =
Âge moyen : 21 ans

B

Alphonse

Alfons, Alphons, Alphonsin, Alphonso, Alfonso, Anfos, Anfonsa, Fonso, Fonzie, Adelfons, Fons, Alonso, Alonzo

Étymologie : du germain *adal* : « noble » et *funs* : « prompt, rapide », qui signifie : « prêt pour la bataille ».
Fête : 1er août - **Couleur** : violet - **Chiffre** : 9
Caractère : Alphonse est spontané, efficace, passionné, sensuel et gai.
Personnages célèbres : Alphonse de Lamartine, le poète ; Alphonse Daudet, l'auteur des *Lettres de mon moulin* ; Alphonse Allais, écrivain humoriste.
Fréquence : rare - **Évolution** : ↘
Âge moyen : 92 ans

P

Alvin

Aldwin, Alvy, Alwin, Alwynn, Elvin, Elwynn

Étymologie : du vieil angais *aelf* : « elfe » et *win* : « ami ».
Fête : 15 août - **Couleur** : bleu - **Chiffre** : 2
Caractère : Alvin est un esthète perfectionniste.
Personnage célèbre : Alvin, petit héros de la série de films *Alvin et les Chipmunks*.
Fréquence : rare - **Évolution** : ↘
Âge moyen : 15 ans

V

Amadeus

Amadour, Amadeo, Amadeu, Amadis, Amadeo, Amedeo

Étymologie : du latin *amadeus* : « celui qui aime Dieu ». Cette forme latine et primitive du prénom Amédée a été médiatisée dans les années 80 suite au film de Milos Forman qui retraçait la vie de Mozart.
Fête : 30 mars - Couleur : blanc - Chiffre : 2
Caractère : Amadeus est créatif, optimiste et volontaire.
Fréquence : très rare - Évolution : ↘
Âge moyen : 11 ans

V

Amadou

Hammad, Hammadi

Étymologie : de l'arabe *hammad* : « la louange ». Ce prénom est, en effet, une forme dérivée du prénom Hammad. Amadou est sans doute à rapprocher du prénom Laud, qui n'est plus guère attribué aujourd'hui, mais dont l'origine est latine et renvoie à la même idée de louange, puisque laudare signifie « louer ».
Fête : 22 septembre (Saint-Laud)
Couleur : rouge - Chiffre : 7
Caractère : Amadou est directif, dynamique, indépendant et plein d'assurance.
Personnage célèbre : Amadou, chanteur et compositeur du duo musical *Amadou et Mariam*.
Fréquence : rare - Évolution : ↗
Âge moyen : 19 ans

C

Amalric

Amalrico

Étymologie : du germain *amal*, lié à la famille royale wisigothe Amali et de *ric* : « puissant ». Amalric correspond à la forme primitive d'Amaury.
Fête : 15 janvier - Couleur : jaune - Chiffre : 4
Caractère : Amalric est actif, combatif et impatient.
Fréquence : très rare - Évolution : =
Âge moyen : 18 ans

C

Amaury

Amery, Amorey, Amory

Étymologie : du germain *amal*, de signification obscure, lié à la famille royale wisigothe Amali et de *ric* : « puissant ».
Fête : 15 janvier - Couleur : jaune - Chiffre : 4
Caractère : Amaury est un amateur d'aventures, impulsif, conquérant et amateur d'amitiés viriles. Il est également sensuel, méthodique et nerveux.
Personnage célèbre : Amaury-Duval, peintre français du XIXe siècle.
Fréquence : rare - Évolution : ↗
Âge moyen : 18 ans

B

Ambroise

Ambrose, Ambrosius, Ambrogio, Ambroisino, Ambroisin

Étymologie : du grec *ambrôsios* : « immortel ».
Fête : 7 décembre - Couleur : violet - Chiffre : 1
Caractère : Ambroise est un sentimental qui peut sembler austère, mais qui est avant tout rigoureux et soumis à la réflexion. Très charitable, il est néanmoins acquis aux faibles et aux malheureux.
Personnages célèbres : Ambroise Thomas (1811-1896), le compositeur ; Ambroise Paré (1509-1590), chirurgien de Henri II, de François II, de Charles IX et de Henri III.
Fréquence : rare - Évolution : ↗
Âge moyen : 59 ans

B

Amédée

Amadour, Amadeo, Amadeu, Amadis, Amadeo, Amédé, Amédéo, Amedo

Étymologie : du latin *amadeus* : « celui qui aime Dieu ». C'est l'équivalent, pour le sens, de l'allemand Gottlieb ou du grec Théophile.

Fête : 30 mars - Couleur : jaune - Chiffre : 1

Caractère : Amédée est sensible, ambitieux, très actif mais aussi capable du plus grand calme.

Personnages célèbres : le roi d'Espagne Amédée de Savoie (1845-1890) ; neuf comtes de Savoie également dont le plus connu fut Amédée VIII, qui fut antipape sous le nom de Felix V ; Amédée Bollée, constructeur de voitures à vapeur. On lui doit notamment en 1873 l'*Obéissante*, un break à vapeur de douze places.

Fréquence : rare - Évolution : ⬀

Âge moyen : 89 ans

V

Amerigo

Étymologie : du germanique *haim* : « maison » et *ric* : « roi ». Ce prénom correspond à la forme italienne d'Aymeric. Correctement représenté en Italie, il est moins connu en France.

Fête : 4 novembre - Couleur : bleu - Chiffre : 7

Caractère : Amerigo est persévérant, aventureux, réservé mais determiné.

Personnage célèbre : Amerigo Vespucci (1454-1512), le cartographe et navigateur florentin dont le prénom a inspiré le nom « Amérique ».

Fréquence : très rare - Évolution : =

Âge moyen : 58 ans

V

Amin

Amine

Étymologie : de l'arabe : « loyal, digne de confiance ». Signifie également : « celui qui demande la protection de Dieu » ou encore : « Amen, ainsi soit-il ». Al Amin était le nom du fils du calife Hârûn Ar-Rashîd. À la mort de ce dernier, une guerre civile éclata entre ses deux fils et c'est Al Amin qui fut déclaré calife.

Couleur : jaune - Chiffre : 6

Caractère : Amin est dynamique, directif et audacieux.

Personnage célèbre : Amin Maalouf, écrivain franco-libanais, élu à l'Académie française en 2011.

Fréquence : rare - Évolution : ⬂

Âge moyen : 14 ans

C

Amory

Étymologie : du germain *amal*, de signification obscure, lié à la famille royale wisigothe Amali et de *ric* : « puissant ». Ce prénom est un dérivé du prénom Amaury, plus rarement attribué.

Fête : 15 janvier - Couleur : jaune - Chiffre : 4

Caractère : Amory est indépendant et a soif de réalisation. Rien d'étonnant à ce qu'il aime la méditation.

Fréquence : rare - Évolution : ⬀

Âge moyen : 11 ans

V

Amos

Étymologie : de l'hébreu : « celui qui est chargé ». Ce prénom fut porté par un prophète juif qui, au VIIIe siècle avant notre ère, eut pour mission de condamner le matérialisme et la dépravation au royaume d'Israël. Ses oracles constituent l'un des livres des prophètes les plus anciens de la Bible. Ce prénom, rare en France, est très répandu aux États-Unis et en Israël.

Fête : 31 mars - Couleur : blanc - Chiffre : 1

Caractère : Amos est sociable, fantaisiste, curieux et indépendant.

Personnage célèbre : Amos Gitaï, cinéaste israélien.

Fréquence : rare - Évolution : ⬀

Âge moyen : 11 ans

V

Anaël

Enaël

Étymologie : de l'hébreu : « grâce ». Ce prénom correspond à une invention récente formée sur le prénom Anne. Le suffixe « aël » l'apparente à la Bretagne et le virilise.

Fête : 26 juillet - Couleur : bleu - Chiffre : 5

Caractère : Anaël est équilibré, influent et a le sens des responsabilités.

Fréquence : rare - Évolution : ↗

Âge moyen : 15 ans

B

Anastase

Anastas, Anastasio, Anasthase

Étymologie : d'un nom grec latinisé, *Anastasius* : « né une nouvelle fois ».

Fête : 22 janvier - Couleur : vert - Chiffre : 8

Caractère : Anastase est doté d'un tempérament ardent et plein de vitalité. De plus, il possède un certain leadership.

Fréquence : rare - Évolution : ↘

Âge moyen : 81 ans

B

Anatole

Anatol, Anatoli, Anatolii, Astola, Tola

Étymologie : du grec *anatolé* : « l'Orient, le levant ». Ce terme désigne la région d'Anatolie en Asie Mineure.

Fête : 3 février - Couleur : jaune - Chiffre : 5

Caractère : Anatole est indépendant, curieux et rigoureux.

Personnage célèbre : l'écrivain Anatole France (1844-1924).

Fréquence : rare - Évolution : ↗

Âge moyen : 46 ans

V

Anderson

Ander, Anders

Étymologie : de l'anglo-saxon : « le fils d'André ». Ce prénom est formé sur la base grecque à laquelle a été rajouté le mot « son » : fils, faisant office de suffixe. L'usage de ce patronyme répandu dans les pays anglo-saxons en a fait un prénom.

Fête : 30 novembre - Couleur : rouge - Chiffre : 8

Caractère : Anderson est déterminé, volontaire, mais a su conserver son côté humain et rêveur.

Fréquence : rare - Évolution : ↘

Âge moyen : 15 ans

C

André

Anders, Andor, Andrea, Andreani, Andrev, Andrieu, Andreu, Andras, Andros, Andrew, Andy, Drew, Dries

Étymologie : du grec *andros* : « illustre parmi les hommes ».

Fête : 30 novembre - Couleur : rouge - Chiffre : 6

Caractère : André est un excentrique, sportif, affectueux, doté d'un grand sens de la justice.

Personnages célèbres : les écrivains André Malraux, André Gide, André Maurois et André Breton ; l'ingénieur et industriel André Citroën ; le comédien André Dussolier ; le joueur de tennis André Agassi.

Fréquence : rare - Évolution : ↘

Âge moyen : 81 ans

B

Andréa

Étymologie : du grec *andros* : « illustre parmi les hommes ». Andréa correspond à la forme italienne d'André. Il figure parmi les prénoms masculins les plus portés en Italie. En France, c'est évidemment au Pays basque et en Corse

que ce prénom est le plus fréquemment attribué.
Fête : 30 novembre - Couleur : orange - Chiffre : 2
Caractère : Andréa est intelligent, ambitieux et lorsqu'il se passionne pour quelque chose, son savoir pour cette discipline peut aller jusqu'à l'érudition. Il est aussi très enclin à la méditation.
Personnage célèbre : le chanteur Andrea Bocelli.
Fréquence : rare - Évolution : ⇗
Âge moyen : 13 ans

V

Andreas

Étymologie : du grec *andros* : « illustre parmi les hommes ». Ce prénom correspond à la forme scandinave d'André et c'est en Norvège qu'il figure parmi les prénoms les plus portés. S'il se montre plus rare en France, il a néanmoins des adeptes.
Fête : 30 novembre - Couleur : rouge - Chiffre : 2
Caractère : Andreas est ambitieux, fort et parfois quelque peu directif.
Personnage célèbre : Andreas Martens, scénariste et dessinateur de bande dessinée.
Fréquence : rare - Évolution : ⇗
Âge moyen : 13 ans

V

Andres

Étymologie : du grec *andros* : « illustre parmi les hommes ». Cette forme correspond à la version espagnole, portugaise et sud-américaine d'André. Contrairement à Andreas et Andréa, autre formes d'origine étrangère, elle est moins représentée en France.
Fête : 30 novembre - Couleur : orange - Chiffre : 2
Caractère : Andres est spirituel et sait faire preuve de sagacité. Il est original, ce qui ne l'empêche pas d'être résolu surtout lorsqu'il s'agit d'élargir ses connaissances, puisqu'il a toujours soif d'enrichissement spirituel et culturel.
Fréquence : rare - Évolution : ⇗
Âge moyen : 36 ans

V

Andrew

André, Andéol, Andréa, Andréi, Andres, Andreu, Andrev, Andros, Andy

Étymologie : du grec *andros* : « illustre parmi les hommes ». Ce prénom correspond à la forme anglo-saxonne d'André et figure parmi les prénoms américains les plus portés.
Fête : 30 novembre - Couleur : jaune - Chiffre : 2
Caractère : Andrew est loyal, diplomate, sociable et très réceptif.
Personnages célèbres : Andrew Carnegie, industriel et philanthrope célèbre (1835-1919), à l'origine, notamment, de *Carnegie Hall*, célèbre salle de spectacle new-yorkaise ; le prince Andrew, troisième enfant de la reine Élisabeth II, duc d'York.
Fréquence : rare - Évolution : ⇗
Âge moyen : 17 ans

P

Andy

Étymologie : du grec *andros* : « illustre parmi les hommes ». Andy est considéré comme le diminutif anglo-saxon d'André, devenu un prénom à part entière.
Fête : 30 novembre - Couleur : jaune - Chiffre : 7
Caractère : Andy est un fin stratège, plein de vitalité, ardent, épris de réalisation et en premier lieu de la sienne.
Personnages célèbres : Andy Warhol, artiste américain appartenant au mouvement du pop art ; Andy Capp, personnage de B. D. ayant, par ailleurs, inspiré la chanson des Rita Mitsouko, *Andy*.
Fréquence : rare - Évolution : ⇘
Âge moyen : 15 ans

B

Ange

Ael, Angelico, Aniol, Angelet, Anget, Angiolo, Arcangelo

Étymologie : du grec *eggelos* : « messager ». Ce prénom est surtout usité en Provence et en Corse.

Fête : 5 mai - Couleur : violet - Chiffre : 5

Caractère : Ange est humain, rêveur, généreux et tolérant.

Personnage célèbre : Ange Pitou, journaliste et chansonnier français immortalisé par Alexandre Dumas père.

Fréquence : rare - Évolution : ⇗

Âge moyen : 66 ans

P

Angel

Ael, Aela, Aelig, Angelin, Angelo, Angelos, Angelus, Angie, Angy, Arcangelo

Étymologie : du grec *eggelos* : « messager ».

Fête : 5 mai - Couleur : bleu - Chiffre : 3

Caractère : Angel est curieux de tout, par conséquent très cultivé, brillant mais exigeant.

Personnage célèbre : personnage de la série télévisée *Buffy contre les vampires*, devenu ensuite héros de la série portant son nom.

Fréquence : rare - Évolution : =

Âge moyen : 6 ans

V

Angelo

Angelico, Angelito

Étymologie : du grec *eggelos* : « messager ». Ce prénom correspond à la version italienne d'Ange.

Fête : 5 mai - Couleur : violet - Chiffre : 5

Caractère : Angelo est aussi idéaliste qu'altruiste. Quoi de plus normal, il a un très grand cœur !

Personnage célèbre : Angelo Roncalli, le pape Jean XXIII.

Fréquence : rare - Évolution : ⇗

Âge moyen : 37 ans

C

Angus

Aengus

Étymologie : du celte : « un, unique » et *rejeto* : « tige ». Angus Og aurait été un dieu celtique. Ce nom fut surtout porté par un roi picte du VIIe siècle qui régna sur presque toute l'Écosse.

Fête : 5 mai - Couleur : jaune - Chiffre : 7

Caractère : Angus est un individu fier, loyal, doué pour la poésie.

Personnage célèbre : Angus Young, guitariste du groupe AC/DC.

Fréquence : rare - Évolution : ⇗

Âge moyen : 5 ans

B

Anicet

Anycet, Nicet

Étymologie : du latin *anicetum* : « anis » ou du grec *aniketo* : « invincible, invaincu ».

Fête : 17 avril - Couleur : jaune - Chiffre : 3

Caractère : Anicet est altruiste, discipliné et possède de grandes qualités intellectuelles.

Personnages célèbres : Anicet, inventeur d'un vaisseau destiné à noyer Agrippine, la mère de Néron ; le héros du roman du jeune Aragon : *Anicet ou le panorama* (1921).

Fréquence : rare - Évolution : ⇗

Âge moyen : 66 ans

V

Anis

Aniss, Anisse, Anys

Étymologie : de l'arabe : « cordial, affable, aimable ». L'arabe littéraire le désigne comme « le compagnon ». Ce prénom renvoie à la notion d'amitié qui est essentielle aux yeux du Prophète. Il est à rapprocher du latin Aimable par

sa signification. Il renvoie, en outre, à la plante herbacée cultivée pour ses feuilles et ses graines aromatiques dont le parfum est si particulier.
Fête : 18 octobre - Couleur : bleu - Chiffre : 1
Caractère : Anis porte bien son nom : sympathique, à l'écoute, il n'en est pas moins pourvu d'une grande force de caractère.
Fréquence : rare - Évolution : ↗
Âge moyen : 12 ans

V

Anja

Étymologie : du grec *eggelos* : « messager ». Ce joli prénom mixte est l'Ange des Balkans.
Fête : 5 mai - Couleur : violet - Chiffre : 3
Caractère : Anja est un idéaliste qui sait faire face à ses tourments. Comme le phœnix, il renaît toujours de ses cendres.
Fréquence : très rare - Évolution : =

V

Annaeg

Annaec, Annaïc, Annaïg

Étymologie : de l'hébreu *hannah* : « grâce ». Ce prénom correspond à la forme masculine et bretonne du prénom Anne.
Fête : 26 juillet - Couleur : bleu - Chiffre : 7
Caractère : Annaeg est un homme d'influence. Exigeant, il a le sens des responsabilités et de la famille.
Fréquence : rare - Évolution : ↗
Âge moyen : 25 ans

B

Anselme

Anse, Anseaume, Ansel, Anserme, Anthelme, Anthime, Anthyme, Antime, Anzo, Enseli

Étymologie : du germain *ans*, désignant les dieux Ases et *helm*, signifiant : « casque, heaume, protection ». Ce prénom est mixte.
Fête : 21 avril - Couleur : bleu - Chiffre : 7
Caractère : Anselme est pourvu d'une grande sensibilité alliée à un sens aigu de la logique, de l'adresse, de la minutie. C'est un travailleur intellectuel fort subtil amoureux de la précision.
Fréquence : rare - Évolution : ↗
Âge moyen : 69 ans

V

Anouar

Anoir, Anwar

Étymologie : de l'arabe *anwar* : « très lumineux, éblouissant ». Ce prénom est mixte. La signification étymologique fait référence à la lumière divine, image de la beauté, de la splendeur.
Couleur : jaune - Chiffre : 10
Caractère : Anouar est calme, volontaire, affectueux et déterminé.
Fréquence : rare - Évolution : ↗
Âge moyen : 20 ans

P

Anthony

Antonello, Antoni, Antony, Antonie, Antonien, Tonio, Nellino

Étymologie : du latin *antonius* : « inestimable ». Ce nom proviendrait de celui d'une famille romaine baptisée Antonia et dont Plutarque a relaté l'histoire. Ce prénom correspond à la forme anglaise d'Antoine, particulièrement affectionnée chez les New-Yorkais de souche italienne. C'est vers les années 60 qu'il devient populaire en France jusqu'à devenir très courant dans les années 80.
Fête : 13 juin - Couleur : jaune - Chiffre : 6
Caractère : Anthony est spirituel et doté d'une grande sensibilité. C'est un original.
Personnages célèbres : les acteurs Anthony Quinn, Anthony Perkins, Anthony Hopkins et Anthony Delon.
Fréquence : répandu - Évolution : ↘
Âge moyen : 23 ans

C

Antoine

Antin, Antoinet, Antoinon, Antonello, Antoney, Antoni, Antonien, Antonino, Antonio, Antonius, Antons, Antony, Antos, Anttony, Titoan, Toni, Tonio, Tony

Étymologie : du latin *antonius* : « inestimable ». Ce nom proviendrait de celui d'une famille romaine baptisée Antonia et dont Plutarque a relaté l'histoire. Le plus illustre des 19 saints nommé Antoine est le fondateur du monachisme chrétien. Mais, originaire d'Égypte, Antoine dit « le Grand », doit surtout sa célébrité à son triomphe sur le Malin et les nombreuses tentations que celui-ci lui infligea. Il a d'ailleurs inspiré, entre autres, à Flaubert une nouvelle : *La Tentation de saint Antoine.* Saint Antoine de Padoue, prédicateur et professeur de théologie en Italie au XIIe siècle a sans doute, également, largement contribué à populariser ce prénom, par sa fonction de protecteur des pauvres gens. Ce prénom fut également porté par 31 bienheureux.

Fête : 13 juin - Couleur : jaune - Chiffre : 6

Caractère : Antoine sait fort bien « faire le vide » en lui et accueillir la vie comme un don et comme un combat. Il est l'intransigeance qui résiste aux égarements.

Personnages célèbres : Antoine Lavoisier, chimiste ; Antoine de Saint-Exupéry, aviateur et auteur du *Petit Prince* ; les peintres Antoine van Dyck et Antoine Watteau ; le sculpteur Antoine Bourdelle ; le chanteur Antoine ; le comédien, réalisateur et présentateur TV Antoine de Caunes.

Fréquence : répandu - Évolution : ↘

Âge moyen : 45 ans

V

Anton

Antton, Antone

Étymologie : du latin *antonius* : « inestimable ». Ce nom proviendrait de celui d'une famille romaine baptisée Antonia et dont Plutarque a relaté l'histoire. Ce prénom correspond à la forme germanique d'Antoine. Il est particulièrement répandu dans les pays slaves et scandinaves et commence à croître doucement en France.

Fête : 13 juin - Couleur : jaune - Chiffre : 6

Caractère : Anton est autonome, énergique, toujours à la recherche de l'innovation.

Personnage célèbre : l'écrivain Anton Tchekhov.

Fréquence : rare - Évolution : ↗

Âge moyen : 12 ans

B

Antonin

Antoninus, Antonino, Nino

Étymologie : du latin *antonius* : « inestimable ». Ce nom proviendrait de celui d'une famille romaine baptisée Antonia et dont Plutarque a relaté l'histoire. Ce prénom est un dérivé ancien d'Antoine qui fut porté par onze saints.

Fête : 2 mai - Couleur : jaune - Chiffre : 1

Caractère : Antonin est adroit, diplomate tout en ayant le goût du commandement.

Personnage célèbre : Antonin Artaud, poète français, comédien et essayiste dramatique.

Fréquence : rare - Évolution : ↗

Âge moyen : 41 ans

V

Antonio

Antonello, Antonino, Tonio

Étymologie : du latin *antonius* : « inestimable ». Ce nom proviendrait de celui d'une famille romaine baptisée Antonia et dont Plutarque a relaté l'histoire. Ce prénom correspond à la forme

italienne, espagnole et portugaise d'Antoine.
Fête : 13 juin - Couleur : jaune - Chiffre : 6
Caractère : Antonio est secret, émotif, sensible, méthodique, mais aussi fort et combatif.
Personnages célèbres : Antonio Stradivari, le célèbre luthier ; le musicien Antonio Vivaldi ; Antonio Gaudí, le grand architecte catalan.
Fréquence : répandu - Évolution : ↗
Âge moyen : 45 ans

B

Apollinaire

Apolinarie, Apollinaris, Apolo, Apolon, Apollon, Apollonius, Apollos, Appolinaire

Étymologie : du grec *apellos* : « qui inspire ». C'est le dieu Apollon qui a inspiré ce prénom. On oublie bien souvent qu'il s'agit d'un prénom à cause de ce qu'on pense être le patronyme du poète Guillaume Apollinaire. À tort, puisqu'il s'agit d'un pseudonyme composé des prénoms du poète.
Fête : 12 septembre - Couleur : bleu - Chiffre : 4
Caractère : rares sont celles et ceux qu'il ne parvient pas à convaincre ou à séduire. Avec lui, c'est l'énergie de l'intuition vive qui est à l'œuvre.
Personnages célèbres : deux grammairiens grecs (IVe siècle), Apollinaire le Jeune et Apollinaire l'Ancien.
Fréquence : rare - Évolution : ↗
Âge moyen : 49 ans

B

Archibald

Archie, Archimbaut, Archambaud, Archie, Archy, Arcibaldo, Baldie, Erkenbald

Étymologie : du germain *aircan* : « naturel » et *bald* : « audacieux ». Archibald est un classique britannique qui a engendré le diminutif non moins célèbre Archie.

TOP 20

Prénoms de la mythologie et de héros

La mythologie égyptienne, grecque ou romaine est évidemment génératrice de rêve. Quoi de plus normal que de vouloir donner à son enfant un prénom qui le placera sous un patronat au potentiel héroïque ?

Achille
Adonis
Arcas
Arès
Attis/Atys
Castor
Daphnis
Hector
Hélios
Hercule
Icare
Jason
Liber
Lycaon
Narcisse
Oreste
Philémon
Silvanus
Télémaque
Ulysse

Fête : 30 avril - Couleur : jaune - Chiffre : 4
Caractère : Archibald, comme tous les bâtisseurs, est aussi obstiné que visionnaire. Il est aussi mystérieux et chanceux.
Personnage célèbre : saint Archibald fut, au VIIe siècle, évêque de Londres.
Fréquence : rare - Évolution : ⇗
Âge moyen : 9 ans

V

Ariel

Étymologie : de l'hébreu *arie* et *el* : « le lion de Dieu ». Selon le prophète Isaïe, ce nom est à la fois le nom d'un ange et celui de la ville sainte de Jérusalem. La Kabbale l'apparente à l'ange révélateur qui connaît ensuite la déchéance.
Couleur : vert - Chiffre : 7
Caractère : Ariel est très ambigu. Pourtant, la solidité fait partie de sa personnalité au même titre que son ambivalence et bien entendu, de son extrême intelligence. Il est inébranlable.
Personnages célèbres : Ariel Sharon, homme d'État israélien ; *Ariel et autres poèmes*, nom d'un recueil de poésie de Sylvia Plath ; le journaliste Ariel Wizman.
Fréquence : rare - Évolution : ⇗
Âge moyen : 27 ans

B

Aristide

Aricie, Ariste, Aristeo, Aristée, Aristides, Aristido, Aristiarque, Aristion

Étymologie : du grec *aristos* et *eidès* : « fils du meilleur ».
Fête : 31 août - Couleur : jaune - Chiffre : 7
Caractère : Aristide est persuasif, méthodique, intuitif : c'est un gagneur.
Personnages célèbres : Aristide Briand (1862-1932), onze fois président du Conseil en France et remarquable orateur ; Aristide Bruant (1851-1925), le chansonnier ; Aristide Maillol (1861-1944), le sculpteur.
Fréquence : rare - Évolution : ⇗
Âge moyen : 78 ans

C

Armand

Arman, Armando, Armandin, Armin, Armon, Armond, Armondo.

Étymologie : du germanique *harja* : « armée » et *man* : « homme ».
Fête : 9 juillet - Couleur : bleu - Chiffre : 6
Caractère : Armand est solide, réaliste, honnête et d'une fidélité sans failles.
Personnages célèbres : Armand Jean du Plessis, duc de Richelieu ; Armand Duval, le héros romantique de *La Dame aux camélias*.
Fréquence : rare - Évolution : ⇗
Âge moyen : 76 ans

V

Armel

Armael, Arzhel, Arzel, Arhel, Arael, Arzael, Armelin, Harmel

Étymologie : du celte *arz* : « ours » et *mael* : « prince » : « prince des ours ». Armagilus est la forme latine de ce prénom illustré par l'évangélisateur de Bretagne, qui, exilé quand les Saxons envahissent l'île, envahit Plouarzel, puis Ploërmel.
Fête : 16 août - Couleur : bleu - Chiffre : 4
Caractère : Armel est attachant, affectueux, un véritable comédien, mais il manque parfois de rigueur… qu'il compense par l'imagination.
Fréquence : rare - Évolution : ⇗
Âge moyen : 55 ans

V

Armin

Arminius, Arminot

Étymologie : du germanique *Irmin*, dieu dont le nom se retrouve également dans la peuplade ancienne des Irminions, ou Hermions.
Couleur : violet - Chiffre : 4

Caractère : Armin est indépendant, directif et audacieux… C'est un meneur qui ne laisse pas indifférent.
Fréquence : rare - Évolution : ↗
Âge moyen : 19 ans

C

Arnaud

Arend, Arnal, Arnall, Arnard, Arnauld, Arnaudet, Arnaudy, Arnd, Arnault, Arnec, Arnaldo, Arnalt, Arnas, Arnolfo, Arnoud, Arnould, Arend, Arnd

Étymologie : du germain *arn* : « aigle » et *walden* : « gouverner » ; « le gouverneur de l'aigle ».
Fête : 10 février - Couleur : violet - Chiffre : 5
Caractère : Arnaud est efficace, réfléchi mais séducteur… et séduisant. C'est un leader dans l'âme.
Personnages célèbres : le tennisman Arnaud Clément ; l'homme d'affaires Arnaud Lagardère ; l'avocat Arnaud Klarsfeld ; le réalisateur et comédien Arnaud Desplechin.
Fréquence : répandu - Évolution : ↘
Âge moyen : 32 ans

V

Arno

Étymologie : du germain *arn* : « aigle » et *wulf* : « lion ». Contrairement à l'opinion commune, il ne s'agit pas d'une version simplifiée d'Arnold ou d'Arnaud, mais celle du prénom Arnulf également trouvé sous la forme Arnoul, qui évoque la double protection totémique de l'aigle et du lion.
Fête : 17 septembre (Saint-Arnulf) ou 7 novembre (Saint-Ernest) - Couleur : jaune - Chiffre : 7
Caractère : Arno est pragmatique, ce qui ne l'empêche pas d'être un vrai créatif. C'est un tempérament optimiste.
Personnage célèbre : Arno, chanteur belge ; Arno est aussi un fleuve qui traverse la ville de Florence.
Fréquence : rare - Évolution : =
Âge moyen : 12 ans

P

Arnold

Arnoldo

Étymologie : du germain *arn* : « aigle » et *walden* : « gouverner » ; « le gouverneur de l'aigle ». Ce prénom correspond à la forme primitive d'Arnaud.
Fête : 15 août - Couleur : vert - Chiffre : 5
Caractère : Arnold est dynamique, curieux et peut passer de l'extrême gentillesse à l'indifférence la plus totale.
Personnage célèbre : Arnold Schwarzenegger, acteur devenu gouverneur de Californie.
Fréquence : rare - Évolution : ↘
Âge moyen : 48 ans

B

Arsène

Arsenio, Arsenius, Arseno, Arsinoé

Étymologie : du grec *arsenios* : « viril, puissant ».
Fête : 19 juillet - Couleur : jaune - Chiffre : 7
Caractère : on voit en Arsène l'alliance réussie de l'extrême sensibilité émotive et de la maîtrise de soi. En ce qu'il entreprend, finesse et subtilité de l'artiste sont volontiers de la partie.
Personnages célèbres : le physicien français Arsène d'Arsonval (1851-1940) ; Arsène Lupin, le « Gentleman Cambrioleur », créé par l'écrivain Maurice Leblanc ; Arsène Wenger, l'entraîneur de l'Arsenal Football Club.
Fréquence : rare - Évolution : ↗
Âge moyen : 75 ans

C

Arthur

Art, Artair, Arte, Artek, Artie, Artis, Arto, Artu, Arturo, Arty, Artur, Arthuys, Artie, Artor, Aurturo, Thurel

Étymologie : du celte *arz* : « ours ».

Fête : 15 novembre - Couleur : violet - Chiffre : 2

Caractère : Arthur a toutes les qualités de l'individu sociable : il est cultivé, raffiné, mais aussi équitable et souple.

Personnages célèbres : le légendaire roi Arthur et ses chevaliers de la table ronde ; le philosophe Arthur Schopenhauer ; le général Arthur Wellesley, duc de Wellington ; le poète Arthur Rimbaud ; le chanteur Arthur H ; l'animateur TV et humoriste Arthur.

Fréquence : rare - Évolution : ↗

Âge moyen : 31 ans

C

Arthus

Artus

Étymologie : du celte *arz* : « ours ». Ce prénom est une forme dérivée d'Arthur.

Fête : 15 novembre - Couleur : violet - Chiffre : 5

Caractère : Arthus est organisé, bienveillant et pacifiste.

Fréquence : rare - Évolution : ↗

Âge moyen : 7 ans

V

Ashley

Ashlee, Ashleigh, Ashlie, Ashly

Étymologie : du celte *aescleah* : « le bois de frêne ». Ce prénom est d'abord un patronyme. Il devint un prénom suite à la gratitude de la classe ouvrière envers lord Ashley, homme politique britannique qui fit réglementer le travail des enfants dans les usines en 1850.

Couleur : rouge - Chiffre : 8

Caractère : Ashley fonctionne à la passion, à l'énergie et aux élans du cœur.

Fréquence : rare - Évolution : ↗

Âge moyen : 18 ans

V

Ashton

Étymologie : de l'anglais : « ville aux frênes ». Ce prénom est à l'origine un toponyme devenu un patronyme répandu avant d'être attribué comme prénom.

Couleur : vert - Chiffre : 4

Caractère : Ashton est taquin, gentil, provocateur. Pourtant, il sait être patient pour les choses importantes.

Personnage célèbre : Ashton Kutcher, acteur américain.

Fréquence : très rare - Évolution : ↗

Âge moyen : 3 ans

C

Aubert

Aubéron, Aubertin, Ober, Obéron

Étymologie : du germain *adal* : « noble » et *behrt* : « célèbre ». Ce prénom correspond à une forme très ancienne d'Albert.

Fête : 10 septembre - Couleur : jaune - Chiffre : 4

Caractère : Aubert est un individu que l'on pourrait qualifier d'intellectuel : il aime résoudre les énigmes surtout si elles sont mathématiques.

Fréquence : rare - Évolution : ↘

Âge moyen : 72 ans

C

Aubin

Aubain

Étymologie : du latin *albus* : « blanc ». Ce prénom correspond à une forme dérivée d'Alban.

Fête : 22 juin - Couleur : blanc - Chiffre : 3

Caractère : Aubin est un intuitif qui aime le relationnel. Résolu, organisé, c'est un excellent

médiateur dans les périodes de conflit.
Fréquence : rare - Évolution : ↗
Âge moyen : 29 ans

C

Aubry

Aubrey, Aubri, Audric

Étymologie : du germain *alb* : « elfe » et *ric* : « puissant », ou *rik* : « roi ». Ce prénom correspond à une forme dérivée du germanique Albéric.
Fête : 26 janvier - Couleur : rouge - Chiffre : 5
Caractère : sérieux, rigoureux, Aubry aime à être dans l'action.
Fréquence : rare - Évolution : ↘
Âge moyen : 22 ans

C

Auguste

Agust, August, Augusto, Guste, Gusto

Étymologie : du latin *augustus* : « vénérable, majestueux, consacré par les augures ». Tout empereur portant ce titre, qui devint ainsi un nom, était donc sacré comme un égal des dieux.
Fête : 29 février - Couleur : vert - Chiffre : 4
Caractère : Auguste est un fonceur : tenace, dynamique, méthodique, mais il est aussi fier et loyal.
Personnages célèbres : le philosophe Auguste Comte ; le peintre Auguste Renoir ; le sculpteur Auguste Rodin ; l'inventeur du cinéma (avec son frère Louis) Auguste Lumière.
Fréquence : répandu - Évolution : ↗
Âge moyen : 93 ans

C

Augustin

Agostino, Agustin, Angoustin, Gustin

Étymologie : du latin *augustus* : « vénérable, majestueux, consacré par les augures ». Tout empereur portant ce titre, qui devint ainsi un nom, était donc sacré comme un égal des dieux.
Fête : 28 août - Couleur : rouge - Chiffre : 4
Caractère : Augustin est aussi sympathique que sécurisant : il est structuré, mais aussi déterminé et persévérant.
Personnages célèbres : le théologien Augustin de Cantorbéry ; l'historien Augustin Thierry.
Fréquence : répandu - Évolution : ↗
Âge moyen : 61 ans

B

Aurèle

Aurel, Aurelio, Aurélius

Étymologie : du grec *aurios* : « matinée », d'où le latin *aureus* ou *aurum* : « or, mordoré, semblable à l'or ».
Fête : 27 juin - Couleur : orange - Chiffre : 8
Caractère : Aurèle est un fin stratège, ardent, gourmand, d'une grande vitalité.
Fréquence : rare - Évolution : ↗
Âge moyen : 26 ans

P

Aurélien

Aurélian, Aurélio, Aurian, Auriol, Orélien.

Étymologie : du grec *aurios* : « matinée », d'où le latin *aureus* ou *aurum* : « or, mordoré, semblable à l'or ».
Fête : 16 juin - Couleur : orange - Chiffre : 4
Caractère : Aurélien est persévérant, efficace, idéaliste et aventureux.
Personnages célèbres : l'empereur Aurélien qui s'est illustré en restaurant l'unité de Rome, mais aussi, accessoirement, le culte du Soleil ; *Aurélien*, le roman de Louis Aragon.
Fréquence : répandu - Évolution : ↘
Âge moyen : 24 ans

P

Austin

Aostin, Austen

Étymologie : du latin *augustus* : « vénérable, majestueux, consacré par les augures ». Tout empereur portant ce titre, qui devint ainsi un nom, était donc sacré comme un égal des dieux. Ce diminutif d'Augustin est à la fois un patronyme anglo-saxon et un prénom très à la mode autant chez les garçons que chez les filles.

Fête : 28 août - Couleur : vert - Chiffre : 8

Caractère : Austin est équilibré, ambitieux, charismatique et pourvu d'un sens aigu de la justice.

Personnage célèbre : Austin Powers, héros d'une trilogie parodiant James Bond, interprété par Mike Myers au cinéma.

Fréquence : très rare - Évolution : ↗

Âge moyen : 7 ans

P

Auxane

Euxane

Étymologie : du grec *euxenos* : « hospitalier ». Plus répandu aujourd'hui chez les filles que chez les garçons, Auxane pourrait bénéficier de la tendance assez répandue des prénoms en « ane ».

Couleur : vert - Chiffre : 9

Caractère : Auxane est habile, sociable et aventureux.

Fréquence : très rare - Évolution : ↘

Âge moyen : 5 ans

P

Axel

Absalon, Aksel, Ax, Axe, Axil, Axill, Axl

Étymologie : de l'hébreu *ab* : « père » et *shalom* : « paix ». Ce prénom est, plus précisément, un dérivé scandinave du nom hébraïque. Rien d'étonnant à ce qu'il soit incontournable en Suède et en Norvège, mais aussi dans les pays germaniques. Cette anagramme du diminutif d'Alexandre connaît un succès grandissant en France, s'inscrivant dans la tendance actuelle des prénoms courts.

Fête : 21 mars - Couleur : jaune - Chiffre : 6

Caractère : Axel a le sens des responsabilités, est un conciliateur patient autant qu'influent.

Personnages célèbres : l'ami de Marie-Antoinette, Axel de Fersen (1755-1810) ; Axel Springer (1912-1985) et Axel Ganz, patrons de presse ; Axel Foley, héros du *Flic de Beverly Hills*, interprété par Eddie Murphy.

Fréquence : répandu - Évolution : ↗

Âge moyen : 14 ans

C

Aymar

Aimar, Aymard, Eymard

Étymologie : du germain *haim* : « maison » et *hard* : « dur », ou mar : « illustre » ; « dure maison » ou « illustre maison ».

Fête : 29 mai - Couleur : rouge - Chiffre : 4

Caractère : Aymar aime être le roi. Un orgueil qui n'entrave en rien sa générosité.

Fréquence : rare - Évolution : ↘

Âge moyen : 41 ans

C

Aymeric

Aymerick

Étymologie : du germanique *haim* : « maison » et *ric* : « roi ».

Fête : 4 novembre - Couleur : bleu - Chiffre : 7

Caractère : Aymeric est réservé, élitiste, affectif, persévérant.

Personnage célèbre : Aymeric Caron, journaliste.

Fréquence : rare - Évolution : ↘

Âge moyen : 19 ans

Ayoub

Ayyoub, Ayoube, Hayoub

Étymologie : du cananéen *ayab* : « celui qui revient vers Dieu, se repent ». Cette langue ancienne a engendré l'arabe « Ayoub » et l'hébreu « Lyyob » que nous traduisons par Job.

Fête : le 29 mai - **Couleur :** jaune - **Chiffre :** 1

Caractère : Ayoub est un conquérant qui, comme le phœnix, renaît toujours de ses cendres.

Personnages célèbres : Ayoub, le porte-étendard de Mahomet qui mourut en assiégeant Constantinople ; Ayyoub, le père de Saladin qui fonda la dynastie des Ayyoubides.

Fréquence : rare - **Évolution :** ↗

Âge moyen : 9 ans

Aziz

Aaziz, Azize, Haziz

Étymologie : de l'arabe : « précieux, chéri ». Aziz est un peu l'équivalent arabe du latin Aimé. C'est, en tous cas, l'un des noms du Prophète dans le Coran que l'on traduit par : « le Très Honoré ».

Couleur : rouge - **Chiffre :** 3

Caractère : Aziz honore son prénom en rêvant de paix et d'harmonie, mais d'aucuns lui reprochent de manquer de pragmatisme.

Fréquence : rare - **Évolution :** ↘

Âge moyen : 29 ans

B

Babacar

Ababacar

Étymologie : de l'arabe : « jeune chameau ». Babacar est la forme la plus répandue en Afrique noire de Boubacar.

Couleur : jaune - **Chiffre :** 4

Caractère : Babacar est idéaliste, intègre et possède un grand sens de l'analyse.

Personnage célèbre : *Babacar*, la chanson de France Gall, composée et écrite par Michel Berger.

Fréquence : rare - **Évolution :** ↗

Âge moyen : 16 ans

Bachir

Bachar

Étymologie : de l'arabe: « qui annonce une bonne nouvelle ». Le prénom Ange, qui vient du grec *aggelos* : « messager », a le même sens. Ce prénom est l'une des appellations coraniques du Prophète Mahomet.

Couleur : bleu clair - **Chiffre :** 5

Caractère : Bachir est indépendant et sait s'adapter. Il est curieux et aventurier.

Fréquence : rare - **Évolution :** ↗

Âge moyen : 35 ans

Badir

Badr, Badre

Étymologie : de l'arabe : « pleine lune ». Ce prénom correspond au nom qui fut donné au Prophète lorsqu'il émigra de la Mecque à Médine.

La lune symbolise la perfection du créateur dans la tradition musulmane.
Couleur : jaune - Chiffre : 8
Caractère : Badir est intelligent, indépendant et sage.
Fréquence : rare - Évolution : =

B

Balthazar

Baldassarre, Baltasar, Balthasar, Balthazard

Étymologie : de l'assyrien *baal* : « dieu », *shar* : « protéger » et *ukur* : « roi ».
Fête : 6 janvier (jour des rois) - Couleur : jaune
Chiffre : 7
Caractère : Balthazar est réfléchi, logique, inspiré et aussi spontané qu'inventif.
Personnages célèbres : Balthazar, l'un des trois mages venus adorer l'Enfant Jésus dans la crèche de Bethléem (il était le porteur de la myrrhe) ; Balthazar Castiglione, auteur italien d'un traité, *Le Livre du courtisan.*
Fréquence : rare - Évolution : ↗
Âge moyen : 17 ans

C

Baptiste

Bapper, Batiste, Bastisto, Bautista, Battista, Baptistet, Batistoun, Bautisse, Bop, Titoun

Étymologie : du grec *baptistes* : « qui immerge ». Avant de devenir un prénom, Baptiste était le surnom du prophète saint Jean le Baptiste, fils de Zacharie et d'Élisabeth, une cousine de Marie. Ce n'est qu'à partir du XVIIe siècle que Baptiste fut employé seul et non plus sous la forme composée : Jean-Baptiste.
Fête : 24 juin - Couleur : jaune - Chiffre : 2
Caractère : Baptiste est altruiste, calme, diplomate et persuasif.
Personnages célèbres : Baptiste Lecaplain, humoriste et acteur français ; Baptiste Giabiconi, mannequin et chanteur français.
Fréquence : répandu - Évolution : ↘
Âge moyen : 21 ans

B

Baptistin

Baptist, Baptista

Étymologie : du grec *baptistes* : « qui immerge ». Ce prénom correspond à une variante du prénom Baptiste, forme qui a engendré le féminin Baptistine.
Fête : 24 juin - Couleur : jaune - Chiffre : 2
Caractère : Baptistin est sociable, diplomate, loyal et résolu.
Personnage célèbre : Baptistin Poujoulat, écrivain.
Fréquence : rare - Évolution : ↘
Âge moyen : 89 ans

B

Barnabé

Barnaba, Barnabas, Barn, Barney, Bernabé, Barnabe, Barnaby, Varnava

Étymologie : de l'hébreu *bar* : « fils » et *naba* : « consolation ».
Fête : 11 juin - Couleur : jaune - Chiffre : 3
Caractère : Barnabé est sensible, réservé mais parfois piquant.
Fréquence : rare - Évolution : ↗
Âge moyen : 41 ans

V

Barry

Étymologie : du celte *bearach* : « la lance ». Ce prénom a d'abord été répandu en Écosse et en Irlande, où il a ses racines. C'est au XIXe siècle qu'il a commencé à s'étendre en Angleterre (sans doute sous l'impulsion du roman de Thackeray : *Barry Lindon*, paru en 1844). Ce prénom est à présent assez courant aux États-Unis et la

France, sans l'usiter fréquemment, le considère néanmoins comme familier.
Couleur : vert - Chiffre : 1
Caractère : Barry apparaît comme un épicurien évident, pourtant il est plus profond qu'il n'y paraît.
Personnages célèbres : Barry Lindon, héros éponyme du roman de Thackeray, puis de l'adaptation cinématographique réalisée par Kubrick ; Barry White, chanteur américain, considéré comme une légende de la funk.
Fréquence : très rare - Évolution : ↘
Âge moyen : 31 ans

P

Bart

Étymologie : de l'araméen *bar tolomaï* : « fils de Tolomaï ». Bart correspond au diminutif de Barthélémy devenu un prénom anglo-saxon.
Fête : 24 août - Couleur : bleu - Chiffre : 1
Caractère : Bart est travailleur, éloquent et charismatique.
Personnage célèbre : Bart Simpson, fils d'Homer et de Marge dans la célèbre série animée.
Fréquence : très rare - Évolution : =

B

Barthélémy

Barsimée, Bartel, Bartemiou, Bärthel, Barthélémi, Barthélémie, Barthélemye, Bartholomäus, Bartholoméo, Bartholomé, Bartolomé, Bartolo, Bartholomew, Bartolo, Bartolomeo, Berthélémy, Barth, Bartlett, Bartie

Étymologie : de l'araméen *bar tolomaï* : « fils de Tolomaï ».
Fête : 24 août - Couleur : bleu - Chiffre : 1
Caractère : Barthélémy est ambitieux et quelque peu versatile. Il est capable d'autant d'impétuosité que de douceur et d'affectivité. Ce qui explique sans aucun doute son âme de battant.
Personnages célèbres : Barthélémy Thimonnier, inventeur de la machine à coudre ; Barthélémy Boganda, président-fondateur de la République centrafricaine.
Fréquence : rare - Évolution : =
Âge moyen : 72 ans

B

Basile

Basil, Basileus, Basilio, Basilius, Bazire, Basillou

Étymologie : du grec *basileus* : « roi ».
Fête : 2 janvier - Couleur : rouge - Chiffre : 1
Caractère : Basile est sociable, a le sens des responsabilités, ce qui ne l'empêche pas d'être un épicurien. Il parvient à maintenir un juste équilibre.
Personnages célèbres : l'alchimiste Basile Valentin ; le footballeur Basile Boli.
Fréquence : rare - Évolution : ↗
Âge moyen : 34 ans

B

Bastian

Étymologie : du grec *sebastos* : « honoré ». Ce prénom correspond à un diminutif de Sébastien dont la forme est usitée à la fois en Bretagne, en Occitanie et en Grande-Bretagne.
Fête : 20 janvier - Couleur : blanc - Chiffre : 7
Caractère : Bastian est enthousiaste et résolu.
Fréquence : rare - Évolution : ↗
Âge moyen : 12 ans

P

Bastien

Bastiano

Étymologie : du grec *sebastos* : « honoré ». Ce prénom correspond au diminutif de Sébastien, attesté depuis le Moyen Âge et en vogue en Europe depuis longtemps. Il est encore très répandu aujourd'hui.
Fête : 20 janvier - Couleur : blanc - Chiffre : 7

TOP 20

Prénoms rares

Voici quelques exemples de prénoms singuliers aux jolis sonorités qui sortent de l'ordinaire. Il est tout à fait légitime de vouloir donner à son fils un prénom qui le distinguera.

Abriel
Chain
Cleon
Erke
Hess
Gipsy
Golding
Gray
Hiérémias
Jamaine
Jay
Lior
Lord
Léocadie
Sim
Quantilien
Xever
Tewis
Xerox
Yoni

Caractère : Bastien est sensible, exigeant et volontaire.
Personnage célèbre : Bastien, protagoniste de l'opéra-comique de Mozart : *Bastien et Bastienne* (1768).
Fréquence : répandu - Évolution : ↘
Âge moyen : 17 ans

C

Baudoin

Balduino, Baldwin, Baldwino, Beaudoin, Beaudouin, Balduino

Étymologie : du germain *bald* : « audacieux » et *win* : « ami ».
Fête : 17 octobre - Couleur : bleu - Chiffre : 7
Caractère : Baudoin est exigeant, mais aussi généreux et prudent.
Personnages célèbres : Baudoin de Constantinople, frère de Godefroy de Bouillon ; Baudoin Ier, roi des Belges.
Fréquence : rare - Évolution : ↘
Âge moyen : 38 ans

C

Baudry

Baldéric, Baudri, Baudric

Étymologie : du germain *bald* : « audacieux » et *rik* : « le chef ». Ce prénom correspond à la forme française du prénom Baldéric.
Fête : 8 octobre - Couleur : bleu - Chiffre : 5
Caractère : Baudry est un être qui aborde la vie avec légèreté et impulsivité.
Fréquence : très rare

V

Bechir

Étymologie : de l'arabe : « qui annonce une bonne nouvelle ». Le prénom Ange, qui vient du grec *aggelos* : « messager », a le même sens. Ce prénom est l'une des appellations coraniques du Prophète Mahomet.

Couleur : bleu clair - **Chiffre :** 5
Caractère : Bechir est rêveur mais, en contrepartie, humain et ouvert d'esprit.
Fréquence : rare - **Évolution :** ↘
Âge moyen : 27 ans

C

Benjamin

Beathan, Ben, Beniamino, Benny, Veniamine

Étymologie : de l'hébreu *ben'yamin* : « fils de la main droite », soit du côté de la chance, du bon augure.
Fête : 31 mars - **Couleur :** vert - **Chiffre :** 5
Caractère : Benjamin est passionné, ambitieux et affectif.
Personnages célèbres : Benjamin Franklin (1706-1790), homme d'État et inventeur du paratonnerre ; Benjamin Constant (1767-1830), écrivain, auteur du célèbre *Adolphe* ; le présentateur TV Benjamin Castaldi ; le chanteur Benjamin Biolay ; Benjamin Millepied, ex directeur du Ballet de l'Opéra de Paris, aujourd'hui à la tête du LA Dance Project et époux de l'actrice Natalie Portman.
Fréquence : répandu - **Évolution :** ↘
Âge moyen : 23 ans

C

Benoît

Bendetto, Benz, Bénédig, Bénédit, Bénezet, Bennideg, Bennigan, Benito.

Étymologie : du latin *benedictus* : « bien dit, bien nommé », donc « béni, protégé de Dieu ».
Fête : 11 juillet - **Couleur :** orange - **Chiffre :** 2
Caractère : Benoît est un être cultivé, sensible, généreux, calme et efficace.
Personnages célèbres : les comédiens Benoît Magimel et Benoît Poelvoorde.
Fréquence : répandu - **Évolution :** ↘
Âge moyen : 36 ans

C

Benoni

Étymologie : de l'hébreu *benoni* : « fils de ma douleur ». Ce prénom est en réalité le premier prénom qui fut donné à Benjamin. En effet, Rachel, devinant qu'elle allait mourir en couches, décida de prénommer son dernier-né Benoni. Jacob, après sa mort, le renomma Benjamin. Nombre de parents, qui le pensent italien à cause de sa sonorité, sont donc loin du compte. Par sa signification, c'est du féminin Dolorès que Benoni est le plus proche.
Fête : 18 janvier - **Couleur :** bleu clair - **Chiffre :** 5
Caractère : Benoni est habité par une certaine gravité, ce qui, heureusement, ne l'empêche pas d'être pourvu d'une grande joie de vivre.
Fréquence : rare - **Évolution :** =
Âge moyen : 84 ans

C

Béranger

Bérenger

Étymologie : du germain ber : « ours » et gari : « lance ».
Fête : 26 mai - **Couleur :** violet - **Chiffre :** 7
Caractère : Béranger est dynamique, motivé, curieux et imaginatif.
Personnage célèbre : Béranger de Tours, théologien du Moyen Âge dont les idées furent condamnées par le concile de Tours pour hérésie.
Fréquence : rare - **Évolution :** ↘
Âge moyen : 33 ans

P

Bernard

Barnard, Barnd, Barney, Bénard, Bernardino, Bernardo, Bernd, Bernhard, Bernie, Berny, Bernward, Berie, Bernez, Bernhardt, Bernat, Bjorn.

Étymologie : du germain *ber* : « ours » et *hard* : « courageux ».

Fête : 20 août - Couleur : violet - Chiffre : 8
Caractère : Bernard est un être entier : les tièdes et les irrésolus ne l'intéressent pas.
Personnages célèbres : l'architecte de la cathédrale de Reims, Bernard de Soissons ; le chanteur Bernard Lavilliers ; l'écrivain Bernard Clavel ; l'éditeur Bernard Grasset ; Bernard Pivot, présentateur d'émissions télévisées culturelles ; le philosophe Bernard-Henri Lévy ; le médiatique Bernard Tapie ; l'homme politique Bernard Kouchner.
Fréquence : répandu - Évolution : ↘
Âge moyen : 67 ans

C

Bernardin

Étymologie : du germain *ber* : « ours » et *hard* : « courageux ». Ce prénom correspond à une forme dérivée de Bernard, assez répandue également en tant que patronyme.
Fête : 20 août - Couleur : bleu - Chiffre : 8
Caractère : Bernardin a l'esprit directif, il est méthodique, fiable, tenace et engagé.
Personnage célèbre : Bernardin de Saint-Pierre, auteur du roman *Paul et Virginie*.
Fréquence : rare - Évolution : =
Âge moyen : 87 ans

V

Bernardo

Étymologie : du germain *ber* : « ours » et *hard* : « courageux ». Ce prénom correspond à la forme italienne et espagnole de Bernard.
Fête : 20 août - Couleur : violet - Chiffre : 8
Caractère : Bernardo est curieux, déterminé, dynamique et volontaire.
Personnages célèbres : Bernardo, comparse de Zorro ; Bernardo Bertolucci, cinéaste.
Fréquence : rare - Évolution : =
Âge moyen : 50 ans

C

Bertrand

Belt, Beltig, , Bertie, Bertram, Bertran, Bertrando, Bertranet, Ebertram

Étymologie : du germain *behrt* : « brillant » et *hramm* : « corbeau ».
Fête : 16 octobre - Couleur : orange - Chiffre : 1
Caractère : Bertrand est sociable et déterminé.
Personnages célèbres : le connétable Bertrand Du Guesclin, qui combattit les Anglais pendant la guerre de Cent Ans ; l'écrivain Bertrand Poirot-Delpech et les cinéastes Bertrand Tavernier et Bertrand Blier ; l'homme politique Bertrand Delanoë.
Fréquence : répandu - Évolution : ↘
Âge moyen : 46 ans

B

Béryl

Berillio, Berillo

Étymologie : du sanskrit *veruliya* qui a engendré le grec *berullas* et le latin *beryllis*. Le mot iranien *beryl* désigne le cristal. On utilisa le béryl pour faire des lunettes et le mot français « besicles » en dérive. Ce prénom-substantif désigne une famille de pierres dont l'une est précieuse, l'émeraude et les deux autres semi-précieuses, l'aiguemarine et le béryl lui-même, caractérisé par la variété de ses couleurs : transparent, jaune, rose ou bleu azur.
Fête : 29 juin (Saint-Pierre) - Couleur : vert
Chiffre : 4
Caractère : Béryl est réaliste, volontaire, fidèle, a le sens des responsabilités.
Fréquence : rare - Évolution : ↗
Âge moyen : 12 ans

V

Beverly

Étymologie : du vieil anglais *beaver stream* : « la rivière des castors ». Suivant une évolution assez

connue, Beverley, ville du Yorkshire en Angleterre, est devenue un patronyme, puis un prénom dès le XVIIIe siècle. Cette orthographe (sans le « e » avant le « y ») correspond à la forme américaine de Beverley, puisque l'hommage au célèbre faubourg de Los Angeles, Beverly Hills (qui a même inspiré une série), semble avoir pris le pas sur la ville d'Angleterre. Ce prénom est, à l'origine, un prénom masculin.
Couleur : blanc - Chiffre : 9
Caractère : Beverly est ambitieux, travailleur et consciencieux.
Fréquence : très rare - Évolution : ↘

V

Bessim

Étymologie : de l'arabe : « celui qui est souriant ».
Couleur : rouge - Chiffre : 9
Caractère : Bessim est fidèle, intuitif et possède de grandes facultés d'adaptation.
Fréquence : très rare - Évolution : =

V

Bilal

Belal, Bellal, Bilail, Bilale, Bilele, Bilhal, Billel, Bylel

Étymologie : de l'arabe : « l'eau, le rafraîchissement ».
Couleur : violet - Chiffre : 9
Caractère : Bilal est un altruiste, discret, travailleur et rêveur.
Fréquence : rare - Évolution : ↗
Âge moyen : 11 ans

V

Bilel

Étymologie : de l'arabe : « l'eau, le rafraîchissement ».
Couleur : violet - Chiffre : 9
Caractère : Bilel est persévérant, efficace et honnête.
Fréquence : rare - Évolution : ↗
Âge moyen : 12 ans

P

Bill

Bily, Billy

Étymologie : du germain *will* : « volonté » et *helm* : « protection ». Bill correspond à une forme dérivée de Will, lui-même diminutif de William, le Guillaume français.
Fête : 10 janvier - Couleur : rouge - Chiffre : 2
Caractère : Bill possède un certain leadership. Il est ardent et plein de vitalité.
Personnage célèbre : Bill Clinton, ancien président des États-Unis.
Fréquence : très rare - Évolution : ↘
Âge moyen : 22 ans

V

Billal

Étymologie : de l'arabe : « l'eau, le rafraîchissement ».
Couleur : violet - Chiffre : 9
Caractère : Billal est pragmatique, créatif et bon gestionnaire.
Fréquence : rare - Évolution : ↗
Âge moyen : 12 ans

V

Bixente

Étymologie : du latin : « qui travaille ». Ce prénom correspond à la forme basque de Vincent.
Fête : 22 janvier - Couleur : rouge - Chiffre : 6
Caractère : même si Bixente peut sembler fougueux, il est en réalité sage et indépendant.
Personnage célèbre : Bixente Lizarazu, champion du monde de football en 1998.
Fréquence : rare - Évolution : ↗
Âge moyen : 10 ans

B

Blaise

Blaze, Bleiz, Blas, Blasius, Biagio, Biasio, Blaisian, Blasioun, Vlas

Étymologie : du nom d'une famille romaine, *Blaesus*, signifiant « qui bégaie ». Comme l'aveuglement, le bégaiement était considéré par les Romains comme le signe d'une communication directe avec le divin.

Fête : 3 février - Couleur : jaune - Chiffre : 3

Caractère : Blaise est sensible, a le sens des responsabilités et aime l'étude.

Personnages célèbres : Blaise Pascal ; Blaise Cendrars ; *Pauvre Blaise* de la comtesse de Ségur ; le joueur de football Blaise Matuidi.

Fréquence : rare - Évolution : ↘

Âge moyen : 61 ans

P

Bob

Étymologie : du germain *hrod* : « gloire » et *behrt* : « brillant ». Ce prénom correspond au diminutif anglo-saxon de Robert. Il est particulièrement répandu en Grande-Bretagne, Irlande et aux États-Unis.

Fête : 30 avril - Couleur : rouge - Chiffre : 6

Caractère : Bob est autonome, autoritaire et ambitieux.

Personnages célèbres : Bob Hope, acteur et humoriste américain (1903-2003) ; Bob Fosse, chorégraphe et metteur en scène (*Cabaret*, *Chicago*...) ; les chanteurs Bob Dylan et Bob Marley.

Fréquence : rare - Évolution : ↘

Âge moyen : 25 ans

V

Bobby

Boby

Étymologie : du germain *hrod* : « gloire » et *behrt* : « brillant ». Ce prénom correspond à la forme familière de Bob, lui-même diminutif de Robert, mais qui est reconnu comme prénom depuis peu.

Fête : 30 avril - Couleur : rouge - Chiffre : 6

Caractère : Bobby est autoritaire, énergique et ambitieux.

Personnages célèbres : le chanteur Bobby Lapointe.

Fréquence : rare - Évolution : ↘

Âge moyen : 28 ans

B

Boniface

Bonifacius, Bonifacio, Bonifas, Faas, Fatzel

Étymologie : du latin *bonifacius* : « celui qui a bonne face », ou encore *bonus* : « bon » et *fatum* : « destinée ».

Fête : 5 juin - Couleur : bleu - Chiffre : 1

Caractère : Boniface est énergique, autoritaire, travailleur et curieux.

Personnages célèbres : neuf papes, dont l'excommunicateur de Philippe le Bel, Boniface VIII ; Boniface, marquis de Toscane, qui fonda en Corse une ville à laquelle il donna le nom de Bonifacio ; le poète pamphlétaire du XIIIe siècle Boniface de Castellane, qui combattit durement de ses vers Charles d'Anjou.

Fréquence : rare - Évolution : ↘

Âge moyen : 83 ans

V

Boris

Borromée

Étymologie : du slave *borotj* : « combattant, guerrier ».

Fête : 2 mai - Couleur : violet - Chiffre : 9

Caractère : Boris est sociable, tolérant, épris d'harmonie et très affectueux.

Personnages célèbres : un tsar de toutes les Russies, Boris Godounov, gendre d'Ivan le Terrible, dont Moussorgsky s'inspira pour son opéra

(Boris Godounov, 1874) ; l'acteur Boris Karloff ; Boris Eltsine, premier président russe d'après l'URSS ; l'écrivain poète et musicien Boris Vian ; le joueur de tennis Boris Becker.
Fréquence : répandu - Évolution : ⇗
Âge moyen : 31 ans

V

Boubacar

Aboubacary, Baoubakar, Boubacary, Boubaker

Étymologie : de l'arabe : « jeune chameau ».
Couleur : jaune - Chiffre : 4
Caractère : Boubacar est idéaliste, altruiste et organisé.
Personnage célèbre : le père de l'épouse de Mahomet, qui lui succéda de 632 à 634 comme calife orthodoxe.
Fréquence : rare - Évolution : ⇗
Âge moyen : 15 ans

P

Brad

Bradan, Braden, Bradin

Étymologie : du veil anglais *brad leah* : « la large clairière ». Ce prénom correspond au diminutif de Bradley, devenu plus courant encore que son prénom d'origine.
Couleur : rouge - Chiffre : 9
Caractère : Brad est calme, sérieux, persévérant, discipliné, mais il est aussi spirituel et avide de connaissances.
Personnage célèbre : l'acteur américain Brad Pitt.
Fréquence : rare - Évolution : =
Âge moyen : 10 ans

P

Bradley

Bradleigh, Bradlie, Bradly, Bradle, Bradlie, Bradly

Étymologie : du veil anglais *brad leah* : « la large clairière ». Ce toponyme est devenu un patronyme, puis un prénom. C'est la popularité du général Omar Bradley, commandant de la 12e armée américaine au moment du débarquement des Alliés en 1944, qui généra cette différence d'usage.
Couleur : rouge - Chiffre : 9
Caractère : Bradley sait se montrer d'une détermination farouche. Altruiste et généreux, il sait faire preuve de patience.
Personnage célèbre : Bradley Cooper, acteur américain.
Fréquence : rare - Évolution : ⇗
Âge moyen : 10 ans

P

Brady

Bradie

Étymologie : du veil anglais *brad leah* : « la large clairière ». Ce prénom correspond à une forme dérivée de Bradley, formée sur le diminutif Brad.
Couleur : bleu - Chiffre : 7
Caractère : Brady est tenace, méthodique et fiable.
Fréquence : rare - Évolution : ⇗
Âge moyen : 7 ans

V

Brahim

Brahime

Étymologie : de l'hébreu *abraham* : « père de la multitude ». Ce prénom correspond, en effet, au diminutif d'Ibrahim, transcription arabe d'Abraham. Dans le Coran, la 14e sourate porte son nom.
Couleur : vert - Chiffre : 3
Caractère : Brahim est affectueux, a le sens des responsabilités et est d'une générosité sans faille.
Personnages célèbres : Brahim Asloum, boxeur français, champion olympique en 2000 ; Brahim Zaibat, danseur et chorégraphe français.
Fréquence : rare - Évolution : ⇘
Âge moyen : 29 ans

Brandon

Étymologie : du celte *brano* : « le corbeau ». Brandon correspond à une forme dérivée de Brendan, beaucoup plus américaine et qui doit sa percée en France, au milieu des années 90, à la diffusion d'une série télévisée américaine.
Fête : 16 mai - Couleur : blanc - Chiffre : 7
Caractère : Brandon a l'esprit d'aventure, il est donc actif et curieux.
Personnage célèbre : Brandon Walsh, le héros de la série télévisée *Beverly Hills 90210.*
Fréquence : très rare - Évolution : ↘
Âge moyen : 18 ans

Brayan

Brayann, Brayane

Étymologie : du celte *brigo* : « la dignité, l'élévation ». Ce prénom est un dérivé du prénom Briac et fut porté au Moyen Âge par Brian Boru (940-1014), un irlandais qui parvint à unifier entièrement l'île et à la rendre prospère.
Ce prénom correspond à la forme de Brian qui fut pendant un temps la plus attribuée en France car cette transcription obligeait à une prononciation anglo-saxonne.
Fête : 18 décembre - Couleur : rouge - Chiffre : 1
Caractère : Brayan est caractérisé par sa constante soif de connaissances et son esprit sagace.
Fréquence : rare - Évolution : ↗
Âge moyen : 10 ans

Brendan

Brandan, Brendon, Brendy

Étymologie : du celte *brano* : « le corbeau ». C'est dans les pays celtiques et anglophones (Écosse, pays de Galles, Irlande où saint Brendan est aussi renommé que saint Patrick) que Brendan eut le plus de succès, mais dès la fin du XIXe siècle, il franchit les mers et commence à être usité aux États-Unis. En France, son arrivée est toute récente.
Fête : 16 mai - Couleur : blanc - Chiffre : 7
Caractère : Brendan est résolu, méthodique et engagé.
Personnage célèbre : Brendan Fraser, acteur américain.
Fréquence : rare - Évolution : ↘
Âge moyen : 17 ans

Brenton

Étymologie : du viel anglais : « la colline ». Brenton est un dérivé de Brent.
Couleur : jaune - Chiffre : 5
Caractère : Brenton a l'esprit sagace. Il est avide de connaissances et de spiritualité.
Fréquence : très rare - Évolution : =

Brent

Étymologie : du viel anglais : « la colline ». Ce nom de lieu est ensuite devenu dès le XVe siècle un nom de famille avant de devenir un prénom. Brent a beau avoir des origines anglo-irlandaises (Brent désigne une déesse irlandaise et a donné son nom à une rivière d'Angleterre), c'est d'abord aux États-Unis qu'il rencontre ses premiers succès.
Couleur : jaune - Chiffre : 4
Caractère : Brent est original, audacieux, énergique et séducteur.
Fréquence : très rare - Évolution : =

Brett

Bret, Bretton, Brit

Étymologie : du latin *britto* : « originaire de Bretagne ». Comprendre : « originaire de Grande-

Bretagne ». Brett désignait également au Moyen Âge les Armoricains débarquant en Angleterre pour suivre Guillaume le Conquérant. Ce n'est pourtant pas uniquement en Grande-Bretagne que Brett a été attribué en particulier. En effet, il est aussi très répandu en Australie.

Couleur : vert - Chiffre : 8

Caractère : Brett allie une certaine aisance relationnelle à une forte intuition et faculté d'adaptation.

Personnages célèbres : Brett Sinclair, un des deux héros de la série *Amicalement vôtre* ; l'écrivain américain Bret Easton Ellis.

Fréquence : très rare - Évolution : =

Âge moyen : 22 ans

V

Briac

Briag

Étymologie : du celte *brigo* : « la dignité, l'élévation ». Ce prénom fut porté par un Irlandais qui fonda un monastère dans une petite ville des Côtes-d'Armor, nommée Boubriac en son honneur, comme Saint-Briac-sur-Mer, dans le Finistère.

Fête : 18 décembre - Couleur : bleu - Chiffre : 6

Caractère : Briac est élégant, indépendant, charmant et a le sens des responsabilités.

Fréquence : rare - Évolution : =

Âge moyen : 13 ans

P

Brian

Briand, Briano, Brien, Brion, Bryant, Bryan

Étymologie : du celte *brigo* : « la dignité, l'élévation ». Ce prénom est un dérivé du prénom Briac et fut porté au Moyen Âge par Brian Boru (940-1014), un irlandais qui parvint à unifier entièrement l'île et à la rendre prospère. Si Briac est resté typiquement breton, Brian, lui, est un grand succès américain.

Fête : 18 décembre - Couleur : rouge - Chiffre : 1

Caractère : Brian est un fin stratège, plein de vitalité et d'ardeur et s'il peut se montrer extrêmement brillant et d'une créativité géniale, il a tendance à être trop sérieux au quotidien.

Personnages célèbres : le cinéaste Brian De Palma ; Brian Jones, guitariste des Rolling Stones ; le patineur Brian Joubert.

Fréquence : rare - Évolution : ↘

Âge moyen : 17 ans

P

Brice

Brès, Bricius, Brix, Briz, Bryce

Étymologie : du celte *brictio* : « tacheté », en allusion aux taches de rousseur.

Fête : 13 novembre - Couleur : rouge - Chiffre : 1

Caractère : Brice est dynamique, actif, habile et indépendant.

Personnage célèbre : le héros éponyme du film *Brice de Nice* incarné par Jean Dujardin.

Fréquence : répandu - Évolution : ↘

Âge moyen : 26 ans

V

Brieuc

Brieg, Brieug, Brieux, Briog

Étymologie : du celte *brigomaglos* : « le grand prince ». Ce prénom dont la forme bretonne correspond à Brieg est retranscrit Brieuc en français.

Fête : 1er mai - Couleur : rouge - Chiffre : 1

Caractère : Brieuc est affectueux, généreux, charitable et perfectionniste.

Fréquence : rare - Évolution : =

Âge moyen : 17 ans

P

Bruce

Brucey, Brucie, Brunetto, Broen

Étymologie : ce nom serait vraisemblablement celui d'une famille normande du Cotentin, les

Bruce. Ce patronyme aurait conquis l'Écosse, d'où l'origine anglo-saxonne qu'on lui prête aujourd'hui, à tort puisqu'il ne s'est répandu dans les autres pays anglophones qu'au XXe siècle.

Couleur : rouge - Chiffre : 2

Caractère : Bruce peut sembler renfermé, voire taciturne, mais en réalité c'est un grand sentimental qui peine, parfois, à se l'avouer. D'où sa difficulté à le montrer.

Personnages célèbres : les acteurs Bruce Lee et Bruce Willis ; le chanteur Bruce Springsteen.

Fréquence : rare - Évolution : =

Âge moyen : 31 ans

P

Bruno

Broen, Brunetto, Bruneau, Brunot, Brunon

Étymologie : du germain brun : « bouclier » ou brunja : « armure ».

Fête : 6 octobre - Couleur : bleu - Chiffre : 7

Caractère : Bruno est secret, pétri de gentillesse, mais se révèle assez rapidement solitaire, attiré par le risque, comme par la réflexion.

Personnages célèbres : Bruno Bettelheim, psychanalyste et auteur (*La Psychanalyse des contes de fées*) ; Bruno Coquatrix, homme de spectacle, directeur et propriétaire de l'Olympia ; les acteurs Bruno Putzulu et Bruno Solo ; le chanteur Bruno Mars.

Fréquence : répandu - Évolution : ↘

Âge moyen : 47 ans

B

Byron

Étymologie : ce prénom doit son usage au nom de famille de lord George Byron, célèbre poète anglais (1788-1824). Dès le XIXe siècle, ce prénom fut très attribué au États-Unis et il l'est toujours. Longtemps plus rare en France, Byron commence néanmoins à trouver des amateurs.

Couleur : bleu - Chiffre : 4

Caractère : Byron est un révolté, qui prend toujours le parti de la passion et de l'humanité.

Fréquence : rare - Évolution : ↗

Âge moyen : 10 ans

C

V

Caleb

Cale, Kaleb

Étymologie : de l'hébreu : « comme le cœur, courageux ».

Couleur : jaune - Chiffre : 1

Caractère : Caleb est curieux, sociable, autoritaire et a le goût du pouvoir.

Personnage célèbre : ce prénom est porté, dans la Bible, par un des douze explorateurs que Moïse envoya pour découvrir la Terre promise.

Fréquence : très rare - Évolution : ↗

Âge moyen : 4 ans

B

Caliste

Calix, Calixte, Calliste, Callisto

Étymologie : du grec *kallistos* : « le plus beau ».

Fête : 14 octobre - Couleur : rouge - Chiffre : 5

Caractère : Caliste est pétri de qualités de cœur : fidélité, générosité, il semble toutes les posséder.

Fréquence : très rare - Évolution : ↗

Âge moyen : 3 ans

P

Calvin

Étymologie : du latin : « chauve ». Ce prénom est issu du patronyme du célèbre théologien français qui contribua à la construction de la doctrine protestante, qui s'oppose au culte des saints.
Couleur : jaune - Chiffre : 7
Personnages célèbres : Calvin, l'enfant imaginatif du duo de la B. D. *Calvin et Hobbes* ; le styliste Calvin Klein.
Caractère : Calvin est réservé, sensible, perfectionniste. C'est un esthète.
Fréquence : rare - Évolution : ↗
Âge moyen : 10 ans

V

Camel

Camal

Étymologie : de l'arabe *kamal* : « perfection, plénitude ».
Couleur : gris - Chiffre : 7
Caractère : Camel est intelligent, sage et indépendant. Sa quête de savoir n'a pas de limite.
Fréquence : rare - Évolution : ↘
Âge moyen : 27 ans

V

Cameron

Camerone

Étymologie : du gaélique *camshron* : « nez crochu ». Ce nom était celui d'un clan écossais très connu. Très prisé aujourd'hui au sein des pays anglo-saxons, ce prénom n'est apparu en Écosse que dans les années 50, avant de se répandre en Australie. Il est aujourd'hui plus attribué chez les filles.
Couleur : vert - Chiffre : 6
Caractère : Cameron est énergique, dynamique, doté d'un bel esprit de camaraderie et très attentif aux autres.
Fréquence : rare - Évolution : ↗
Âge moyen : 7 ans

B

Camille

Camilien, Camilo, Camillo, Camilho, Kamil, Kamill, Kamillo

Étymologie : du latin *camillus* : « jeune homme », qui, dans les sacrifices aux dieux de Rome, assistait le grand prêtre durant la cérémonie.
Fête : 14 juillet - Couleur : jaune - Chiffre : 1
Caractère : Camille est énergique, sociable, travailleur et indépendant.
Personnages célèbres : l'homme politique de la Révolution française, Camille Desmoulins ; les peintres Camille Corot et Camille Pissarro ; le musicien Camille Saint-Saëns.
Fréquence : rare - Évolution : ↗
Âge moyen : 73 ans

V

Carl

Carle, Carles, Carlus

Étymologie : du germanique *karl* : « fort, viril ». Ce prénom correspond à une variante de la forme primitive de Charles. C'est en Alsace que ce prénom est le plus attribué.
Fête : 4 novembre - Couleur : vert - Chiffre : 3
Caractère : Carl est équilibré, organisé, a le sens des responsabilités, est solide et protecteur.
Fréquence : rare - Évolution : ↘
Âge moyen : 27 ans

V

Carlos

Étymologie : du germanique *karl* : « fort, viril ». Ce prénom correspond à la forme espagnole de Charles.
Fête : 4 novembre - Couleur : vert - Chiffre : 3
Caractère : Carlos est audacieux, attiré par l'originalité et les découvertes.
Personnages célèbres : Carlos Fuentes, romancier

et essayiste mexicain ; Carlos, le chanteur de chansons ludiques.
Fréquence : rare - Évolution : =
Âge moyen : 41 ans

V

Carmelo

Carmel, Carmello

Étymologie : de l'hébreu *carmel* : « voyager ». Ce prénom désigne le mont Carmel en Israël, à l'endroit où le prophète Élie se sacrifia. Au XIIe siècle, un Italien revenu des croisades s'installa avec d'autres ermites sur ce mont et fonda un nouvel ordre religieux qui se répandit dans toute l'Europe, les Carmes, avant de donner naissance au XVe siècle, à un ordre typiquement féminin, les Carmélites, encore connues aujourd'hui.
Fête : 16 juillet (consacrée à la Vierge Marie, sous son appellation Notre-Dame du Mont-Carmel).
Couleur : bleu - Chiffre : 7
Caractère : Carmelo est bon conseiller, bienveillant, pacifiste et consciencieux.
Fréquence : rare - Évolution : ↘
Âge moyen : 47 ans

V

Casey

Étymologie : du celte *cathasach* : « le vigilant ». Ce prénom doit son succès à John Luther Jones, surnommé « Casey » qui, après un terrible accident de chemin de fer en 1900, sauva une dizaine de vies avant de succomber à ses blessures. Il devint un héros dans l'inconscient collectif.
Couleur : vert - Chiffre : 6
Caractère : Casey a beaucoup de cœur. Et il est, ce qui ne gâche rien, fort, ambitieux, passionné et sait faire preuve d'habileté.
Fréquence : rare - Évolution : ↗
Âge moyen : 4 ans

V

Casimir

Casimiro, Casimo, Casper, Cass, Kazimir

Étymologie : du polonais *kas* : « assemblée » et *kasimierz* : « qui fait la paix ».
Fête : 4 mars - Couleur : bleu - Chiffre : 6
Caractère : Casimir peut se montrer rêveur, mais il est humain et généreux.
Personnages célèbres : le poète Casimir Delavigne (1793-1843) ; le banquier et homme politique Casimir Perier ; le personnage orange de *L'Île aux enfants*.
Fréquence : rare - Évolution : ↘
Âge moyen : 85 ans

B

Cassien

Cassian, Cassio, Cassiono, Kassian

Étymologie : du latin *cassia*, du nom d'une illustre famille romaine du Ier siècle. Ce prénom fut porté par celui qui est devenu le protecteur des écrivains et des enseignants. Il fut mis à mort à coup de stylets par une vingtaine de ses élèves, en raison de sa foi chrétienne.
Fête : 5 août - Couleur : orange - Chiffre : 7
Caractère : Cassien aime l'étude, la réflexion et la persévérance.
Fréquence : rare - Évolution : ↗
Âge moyen : 9 ans

B

Cassius

Étymologie : du latin *cassia*, du nom d'une illustre famille romaine du Ier siècle. Ce prénom correspond à la forme originelle de Cassien.
Fête : 5 août - Couleur : orange - Chiffre : 7
Caractère : Cassius est un original qui aime les prises de risques et déteste le conformisme.
Personnages célèbres : Cassius Clay, nom de

baptême de Mohamed Ali ; Cassius, duo de musique électronique assimilé au mouvement *french touch*.
Fréquence : très rare - Évolution : =
Âge moyen : 4 ans

B

Cécilien

Cécilian, Cécilio

Étymologie : du latin *caecili*, nom d'une célèbre famille de l'aristocratie romaine. Cette famille aurait hérité du nom donné à un ancêtre, Caecus : « l'aveugle ». La perte d'un des sens était alors considérée comme un signe de communion avec les dieux. Dans l'Antiquité, être aveugle signifiait avoir un pouvoir de vision différent : pouvoir lire dans l'avenir.
Fête : 22 novembre - Couleur : bleu - Chiffre : 1
Caractère : Cécilien est bienveillant, consciencieux et plein de sagesse.
Fréquence : rare - Évolution : ↘
Âge moyen : 72 ans

P

Cédric

Cédrick, Cédrik

Étymologie : du vieil anglais *caddaric* : « chef de guerre » ; ou du gallois *ceredig* : « aimable ». Ce sont les romans anglo-saxons qui ont contribué, en partie, à faire connaître ce prénom. Pourtant, ce n'est pas dans les pays anglophones que Cédric rencontre le succès. C'est en France qu'il s'est répandu.
Fête : 7 janvier - Couleur : bleu - Chiffre : 3
Caractère : Cédric est orgueilleux, parfois possessif, mais aussi travailleur et épicurien. Il est donc animé par le goût de l'art, du luxe et de l'amitié.
Personnages célèbres : Cédric, personnage du roman *Ivanhoé* de Walter Scott (1820) ; Cédric, héros du *Petit Lord Fauntleroy* (1886), roman de Hodgson Burnett ; le joueur de tennis Cédric

C

TOP 20

Prénoms en chanson

Ces prénoms ont inspiré des titres cultes, des textes inoubliables mettant en avant des personnages hauts en couleurs… Directement liés à la vie des artistes qui les ont chantés ou simples causes de rêveries musicales, ils pourraient bien inspirer vos vies.

Alexis — *Philippe Lafontaine*
Andy — *Rita Mitsouko*
Clyde — *Serge Gainsbourg (Bonnie and Clyde)*
Diego — *Michel Berger*
Etienne — *Guesh Patti*
Fernand — *Jacques Brel*
Gaston — *Nino Ferrer*
Georgy – *Toto (Georgy Porgy)*
Jeff — *Jacques Brel*
Jim — *Alain Souchon (La Ballade de Jim)*
Joe – *Jimi Hendrix (Hey Joe)*
Johnny — *Jeanne Mas (Johnny Johnny)*
Luka – *Suzanne Vega*
Manu — *Renaud*
Max — *Hervé Christiani (Il est libre Max)*
Nicolas – *Rita Mitsouko (Les Histoires d'A)*
Pierrot — *Renaud*
Raphaël — *Carla Bruni*
Valentin — *Juliette Gréco*
Ziggy — *Fabienne Thibeault / Céline Dion*

Pioline ; le réalisateur Cédric Klapisch.
Fréquence : répandu - Évolution : ↘
Âge moyen : 30 ans

B

Céleste

Célestu, Célestyn

Étymologie : du latin *caelestis* : « d'origine céleste, venant du ciel ». Prénom mixte à l'origine, car porté par un saint et non une sainte, Céleste est aujourd'hui bien plus attribué aux filles, mais la tendance pourrait s'inverser.
Fête : 14 octobre - Couleur : jaune - Chiffre : 6
Caractère : Céleste est discret, a le sens des responsabilités et de l'harmonie.
Fréquence : rare - Évolution : ↗
Âge moyen : 70 ans

B

Célestin

Célestion, Colestin, Célestino

Étymologie : du latin *caelestis* : « d'origine céleste, venant du ciel ». Célestin Ier fut élu pape en 422, il combattit l'hérésie toute sa vie. On le fête le 6 avril. Célestin V fut élu pape, malgré lui, à la fin du XIIIe siècle et quitta sa fonction après six mois, de sa propre initiative. On le fête le 19 mai.
Fête : 6 avril ou 19 mai - Couleur : jaune Chiffre : 6
Caractère : Célestin a le sens des responsabilités, est fidèle et aime le pouvoir.
Fréquence : rare - Évolution : ↗
Âge moyen : 79 ans

B

Célian

Célien

Étymologie : du grec *séléné* : « la lune ». Ce prénom correspond à la forme masculine de Céline.
Fête : 21 octobre - Couleur : bleu - Chiffre : 3
Caractère : détermination, ardeur... autant de qualités qui font de Célian un être combatif et stratège. Il aime aller au bout des choses.
Fréquence : rare - Évolution : ↗
Âge moyen : 8 ans

P

Célio

Étymologie : du latin *caecili*, nom d'une célèbre famille de l'aristocratie romaine. Cette famille aurait hérité du nom donné à un ancêtre, Caecus : « l'aveugle ». Célio correspond à une forme masculine de Cécile, via Cécilio dont il pourrait être un diminutif.
Fête : 22 novembre - Couleur : bleu - Chiffre : 1
Caractère : Célio est dans le raisonnement constant. Il a toujours besoin d'achever ce qu'il entreprend.
Personnage célèbre : Célio, une marque de prêt-à-porter masculin.
Fréquence : rare - Évolution : ↗
Âge moyen : 11 ans

B

Cernin

Étymologie : du nom du dieu romain de l'agriculture, Saturne, équivalent du grec Cronos. Ce prénom est, en effet, un diminutif de Saturnin.
Fête : 29 novembre - Couleur : rouge - Chiffre : 8
Caractère : Cernin est humain, ouvert d'esprit, généreux... C'est aussi un grand rêveur.
Fréquence : très rare - Évolution : =

B

César

Césaire, Césare, Caesar, Cäsar, Césaire, Cesare, Césarie, Césarine, Cesario, Cesariu, Cesarius, Cisar, Cisariu, Kecha, Kesari, Serres, Tzer

Étymologie : du latin *caesariatus* : « le chevelu » ou *caedo* : « coupé, tranché ». En latin, César (ou

Cæsar) est le titre honorifique qui désigne les empereurs. Ce prénom évoque aujourd'hui irrémédiablement le fondateur de l'Empire romain et est devenu un titre royal en lui-même dans de nombreuses langues (Kaiser, Tsar...).

Fête : 26 août - Couleur : bleu - Chiffre : 2

Caractère : César est dynamique, audacieux, directif et indépendant.

Personnages célèbres : César Franck, musicien ; César, le sculpteur qui a donné son nom à la cérémonie du cinéma français (et dessiné les trophées) ; César, héros du roman de Marcel Pagnol.

Fréquence : rare - Évolution : ↗

Âge moyen : 52 ans

P

Charlélie

Charlély

Étymologie : prénom fusionnant Charles et Élie.

Fête : 5 novembre (Charles) ou 20 juillet (Élie)

Couleur : jaune - Chiffre : 1

Caractère : Charlélie aime l'innovation, il est créatif et énergique.

Personnage célèbre : Charlélie Couture, artiste, qui a lancé le prénom.

Fréquence : rare - Évolution : ↘

Âge moyen : 15 ans

C

Charles

Carlo, Charel, Charle, Charlemagne, Charlez, Charley, Charlot, Charlton, Carol, Carolin, Charlot, Chick, Chuck, Jarl, Karel, Karl, Siarl, Teârlach

Étymologie : du germain *karl* : « viril ». Charles est aujourd'hui un classique chic indémodable.

Fête : 4 novembre - Couleur : rouge - Chiffre : 3

Caractère : Charles sait mettre sa force tout entière au service d'un but clairement visé et défini. Pragmatisme et créativité s'unissent en lui pour braver les obstacles qui auraient bien tort de se placer sur sa route.

Personnages célèbres : Charles Martel, duc d'Austrasie et grand-père de Charlemagne ; le penseur politique Charles de Montesquieu ; le musicien Charles Gounod ; Charles Darwin, le naturaliste anglais ; Charles Baudelaire, le poète ; le faiseur de contes Charles Perrault ; les écrivains Charles Dickens et Charles Bukowski ; les chanteurs Charles Trenet et Charles Aznavour ; l'acteur Charles Bronson ; Charles, le prince de Galles.

Fréquence : répandu - Évolution : =

Âge moyen : 76 ans

C

Charles-Antoine

Étymologie : du germanique *karl* : « fort, viril » et du latin *antonius* : « inestimable". Ce prénom réunit deux classiques chics.

Fête : 4 novembre (Saint-Charles), 17 janvier ou 13 juin (Saint-Antoine).

Couleur : rouge - Chiffre : 4

Caractère : Charles-Antoine est parfois tourmenté, mais sa capacité à choisir ceux qui l'entourent pallient ses manques éventuels de confiance en lui.

Fréquence : rare - Évolution : ↘

Âge moyen : 24 ans

C

Charles-Édouard

Étymologie : du germanique *karl* : « fort, viril » et du germain *ed* : « biens, richesses » et *ward* : « gardien ». Ce prénom est, à l'instar de Marie-Chantal, voire de Charles-Henri, un prénom devenu emblématique de la classe bourgeoise, au point, parfois, d'être pourvu d'un côté caricatural. Il est, néanmoins, en bonne place dans le *Bottin mondain*.

Fête : 4 novembre (Saint-Charles) ou 5 janvier (Saint-Édouard) - Couleur : rouge - Chiffre : 5

Caractère : Charles-Édouard est volontaire, raisonnable et aime achever ce qu'il entreprend.

Personnage célèbre : Charles-Édouard Jeanneret-Gris, dit Le Corbusier.
Fréquence : rare - Évolution : ↘
Âge moyen : 24 ans

C

Charles-Élie

Étymologie : prénom composé de Charles et d'Élie. Ce prénom est très rare et équivaut lorsqu'il est prononcé au prénom Charlélie.
Fête : 5 novembre (Saint-Charles) ou le 20 juillet (Saint-Élie) - Couleur : orange - Chiffre : 5
Caractère : Charles-Élie est résolu, spirituel et sagace.
Personnage célèbre : Charles-Élie de Ferrières, homme politique et homme de lettres français (1741-1804).
Fréquence : rare - Évolution : ↗
Âge moyen : 18 ans

C

Charles-Henri

Étymologie : prénom composé de Charles et d'Henri. Ce prénom est, avec Charles-Édouard, l'un des prénoms les plus représentés dans le *Bottin mondain* et le *Who's Who.*
Fête : 4 novembre (Saint-Charles) ou le 13 juillet (Saint-Henri) - Couleur : jaune - Chiffre : 5
Caractère : Charles-Henri aime la communication, il a de fortes capacités d'adaptation et possède une nature enthousiaste qui lui donne beaucoup de force.
Fréquence : rare - Évolution : ↘
Âge moyen : 30 ans

P

Charlie

Charli

Âge moyen : du germain *karl* : « viril ». Ce prénom correspond à un diminutif de Charles.
Fête : 4 novembre - Couleur : rouge - Chiffre : 3
Caractère : Charlie aime le relationnel, il est intuitif et fidèle.
Personnages célèbres : Charlie Chaplin, le célèbre Charlot.
Fréquence : rare - Évolution : ↗
Âge moyen : 9 ans

P

Charly

Étymologie : du germain *karl* : « viril ». Ce prénom correspond à un diminutif de Charles à la terminaison anglo-saxonne.
Fête : 4 novembre - Couleur : rouge - Chiffre : 3
Caractère : Charly est structuré, sécurisant et efficace.
Fréquence : rare - Évolution : ↗
Âge moyen : 22 ans

V

Cheikh

Cheick

Étymologie : de l'arabe : « le maître que l'expérience a rempli de sagesse ».
Couleur : bleu - Chiffre : 7
Caractère : malgré son côté stratège, Cheikh est d'une grande sensibilité. Dynamique, il a un constant besoin de challenges.
Fréquence : rare - Évolution : ↗
Âge moyen : 16 ans

V

Chérif

Charaf, Charef, Charif, Chériff, Sherif

Étymologie : de l'arabe : « de haut rang ».
Couleur : vert - Chiffre : 10
Caractère : Chérif est tenace, fiable, méthodique et logique.
Fréquence : rare - Évolution : ↗
Âge moyen : 36 ans

P

Chris

Chriss, Chrys

Étymologie : ce prénom est un diminutif des prénoms assemblés avec Chris, il est plus couramment usité dans les pays anglo-saxons.
Fête : 12 novembre (Saint-Christian)
Couleur : vert - **Chiffre :** 4
Caractère : Chris a l'esprit pratique, aime la communication et possède de fortes qualités d'adaptation.
Fréquence : rare - **Évolution :** ⇗
Âge moyen : 15 ans

P

Christian

Crestian, Chrétien, Christ, Christaen, Christel, Christien, Christin, Kriss, Kristan, Kristen, Kristian

Étymologie : du latin *christianus* : « chrétien, disciple du Christ ».
Fête : 12 novembre - **Couleur :** vert - **Chiffre :** 2
Caractère : Christian est intuitif, attentif, prudent et animé d'une certaine confiance en lui.
Personnages célèbres : l'acteur Christian Clavier ; les couturiers Christian Lacroix et Christian Dior.
Fréquence : répandu - **Évolution :** ⤵
Âge moyen : 58 ans

P

Christobal

Cristobal

Étymologie : du grec *khristophoros* : « qui porte le Christ ».
Fête : 25 juillet - **Couleur :** bleu - **Chiffre :** 4
Caractère : doté d'un fort esprit logique, Christobal est un bon gestionnaire.
Fréquence : très rare - **Évolution :** =
Âge moyen : 43 ans

P

Christophe

Chrys, Chrystal, Cristof, Cristoforo, Kester, Kit, Kristof, Kristofor, Toffel, Töffel

Étymologie : du grec *khristophoros* : « qui porte le Christ ».
Fête : 25 juillet - **Couleur :** bleu - **Chiffre :** 4
Caractère : Christophe est une forte tête, voilà qui est certain !
Doté d'une volonté farouche, c'est un passionné, un spirituel.
Personnages célèbres : Christophe Colomb ; l'animateur Christophe Dechavanne ; l'acteur Christophe Lambert ; les chanteurs Christophe Willem et Christophe Maé ; l'athlète médaillé, Christophe Lemaitre.
Fréquence : répandu - **Évolution :** ⇘
Âge moyen : 39 ans

P

Christopher

Christofer, Chrystopher, Kristofer, Kristopher

Étymologie : du grec *khristophoros* : « qui porte le Christ ».
Fête : 25 juillet - **Couleur :** bleu - **Chiffre :** 4
Caractère : Christopher est méthodique, tenace, fiable et attentionné.
Personnages célèbres : les acteurs Christopher Lee, Christopher Walken et Christopher Reeve.
Fréquence : répandu - **Évolution :** ⇘
Âge moyen : 21 ans

B

Clair

Clairin

Étymologie : du latin *clarus* : « clair ». Ce prénom correspond à la forme masculine de Claire, qu'on juge, à tort, inexistant.
Fête : 26 avril - **Couleur :** jaune - **Chiffre :** 4

Caractère : Clair est sage, indépendant et intelligent.
Fréquence : rare - Évolution : =
Âge moyen : 84 ans

B

Clarence

Clare, Clarey

Étymologie : du latin *clarus* : « clair ». Ce prénom, dont la sonorité semble très équivoque en France, est, au contraire, très masculin en Angleterre, particulièrement au XIXe siècle.
Fête : 26 avril - Couleur : jaune - Chiffre : 4
Caractère : Clarence aime l'inconstance et la légèreté. Ce sont les plaisirs immédiats qui priment, à ses yeux.
Fréquence : rare - Évolution : ↗
Âge moyen : 11 ans

P

Claude

Claud, Claudien

Étymologie : du latin *claudus* : « le boiteux », substantif qui semble avoir engendré Claudius, le nom de l'illustre famille romaine, dont furent issus Néron, Claude et Caligula. La claudication, rappelant Vulcain le dieu forgeron, qui souffrait de cette infirmité, passait pour une capacité à communiquer avec l'au-delà.
Fête : 6 juin - Couleur : orange - Chiffre : 1
Caractère : Claude est élégant, généreux et plein de vivacité.
Personnages célèbres : le peintre Claude Monet ; le musicien Claude Debussy ; les chanteurs Claude François et Claude Nougaro ; les cinéastes Claude Lelouch, Claude Sautet, Claude Santelli et Claude Lanzmann.
Fréquence : répandu - Évolution : ↘
Âge moyen : 68 ans

V

Claudio

Étymologie : du latin *claudus* : « le boiteux », substantif qui semble avoir engendré Claudius, le nom de l'illustre famille romaine, dont furent issus Néron, Claude et Caligula. La claudication, rappelant Vulcain le dieu forgeron, qui souffrait de cette infirmité, passait pour une capacité à communiquer avec l'au-delà. Claudio est le Claude de l'Italie et de l'Espagne.
Fête : 6 juin - Couleur : orange - Chiffre : 1
Caractère : Claudio est réceptif, sociable et diplomate.
Personnage célèbre : le musicien Claudio Monteverdi.
Fréquence : rare - Évolution : ↗
Âge moyen : 41 ans

B

Claudy

Claudie

Étymologie : du latin *claudus* : « le boiteux », substantif qui semble avoir engendré Claudius, le nom de l'illustre famille romaine, dont furent issus Néron, Claude et Caligula. La claudication, rappelant Vulcain le dieu forgeron, qui souffrait de cette infirmité, passait pour une capacité à communiquer avec l'au-delà. Ce prénom correspond à un diminutif de Claude, dont la terminaison en fait l'équivalent anglo-saxon de Claudie. .
Fête : 6 juin - Couleur : orange - Chiffre : 1
Caractère : Claudy est autoritaire, ambitieux et énergique.
Fréquence : rare - Évolution : ↘
Âge moyen : 50 ans

P

Clark

Clerk

Étymologie : du latin *clericus* : « clerc », dont Clark est la version anglaise. Cette forme est

celle qui a subsisté, puisque « clerc » est un substantif français, mais n'est guère usité en tant que prénom.
Fête : 14 janvier - Couleur : blanc - Chiffre : 9
Caractère : Clark est sociable, généreux, émotif et sait écouter.
Personnages célèbres : Clark Gable, acteur connu, entre autres, pour son rôle de Rhett Butler dans *Autant en emporte le vent* ; Clark Kent, patronyme de Superman.
Fréquence : rare - Évolution : ↗
Âge moyen : 14 ans

V

Clay

Clayborne

Étymologie : du vieil anglais : « l'argile », qui serait issu du saxon *claeg.*
Couleur : vert Chiffre : 6
Caractère : Clay est altruiste, compatissant et idéaliste.
Fréquence : très rare - Évolution : =

V

Clayton

Étymologie : du vieil anglais : « qui habite sur un sol d'argile », qui serait issu du saxon *claeg.*
Couleur : vert - Chiffre : 6
Caractère : Clayton est intègre, compatissant et généreux.
Fréquence : rare - Évolution : ↗
Âge moyen : 11 ans

V

Cliff

Étymologie : du saxon *clif* : « la falaise ». Ce nom de lieu est devenu un patronyme aux États-Unis au XIXe siècle, avant de devenir un prénom. Cliff est le diminutif de Clifford.
Couleur : bleu - Chiffre : 5
Caractère : Cliff est réfléchi, intègre, altruiste et idéaliste.
Fréquence : rare - Évolution : ↘
Âge moyen : 23 ans

V

Clifford

Étymologie : du saxon *clif* : « la falaise » et *ford* : « le gué ». Ce nom de lieu est devenu un patronyme aux États-Unis au XIXe siècle, avant de devenir un prénom.
Couleur : bleu - Chiffre : 5
Caractère : Clifford est indépendant, audacieux et directif.
Fréquence : rare - Évolution : ↘
Âge moyen : 28 ans

C

Clément

Clem, Clemens, Clemente, Clemmie, Clemmy, Clemens, Clémentius, Clim, Klémens, Kliment

Étymologie : du latin *clemens* : « doux, clément ».
Fête : 23 novembre - Couleur : rouge - Chiffre : 7
Caractère : Clément porte-t-il bien son nom ? Eh bien, l'étymologie ne ment pas : Clément est généreux, magnanime, doux, tendre et équilibré. En revanche, il peut parfois se montrer autoritaire.
Personnages célèbres : le poète de la Renaissance Clément Marot ; le précurseur de l'aviation Clément Ader.
Fréquence : répandu - Évolution : ↘
Âge moyen : 27 ans

B

Clémentin

Étymologie : du latin *clemens* : « doux, clément ».
Fête : 23 novembre - Couleur : rouge - Chiffre : 7

Caractère : Clémentin est dynamique, curieux, indépendant et courageux.
Fréquence : rare - Évolution : ↘
Âge moyen : 19 ans

P

Cléo

Étymologie : du grec *kleiô* : « commémorer, célébrer ». Cléo peut être considéré comme le diminutif de Cléophas ou du féminin Cléopâtre. Il bénéficie d'un succès réel et est reconnu aujourd'hui comme un prénom mixte. Il est de plus en plus souvent attribué à des garçons, raison de sa terminaison en « o », qui est un signe masculin pour de nombreux parents. Il fait ainsi office de pendant à Chloé.
Fête : 19 octobre - Couleur : noir - Chiffre : 8
Caractère : Cléo est dynamique, franc et généreux.
Fréquence : rare - Évolution : ↗
Âge moyen : 16 ans

C

Cléophas

Étymologie : du grec *kleiô* : « commémorer, célébrer ». Cléophas correspond à la forme masculine de Cléophée.
Fête : 19 octobre - Couleur : gris - Chiffre : 8
Caractère : Cléophas est doté d'un bel esprit et d'un grand cœur. Toujours avide de nouvelles connaissances, il est spirituel et aime l'originalité.
Fréquence : très rare - Évolution : =
Âge moyen : 100 ans !

C

Clotaire

Étymologie : du germanique *hold* : « illustre » et *hart* « fort ».
Fête : 7 avril - Couleur : bleu - Chiffre : 2
Caractère : Clotaire est affectueux, fidèle et se laisse toujours guider par ses intuitions.
Personnage célèbre : Clotaire Ier, fils de sainte Clothilde.
Fréquence : rare - Évolution : ↗
Âge moyen : 81 ans

C

Clovis

Clodwig, Clovisse

Étymologie : du germain *hold* : « illustre, glorieux » et *wig* : « bataille, combattant ». L'allemand Chlodowig s'est transformé en Clovis, forme plus simple, puis en Clodovico, forme plus latine, qui a engendré Ludovic, puis Louis. Clovis est donc bien une forme franque de Louis.
Fête : 25 août - Couleur : vert - Chiffre : 8
Caractère : Clovis est énergique, autoritaire, déterminé et réservé.
Personnages célèbres : Clovis, le très célèbre roi des Francs au Ve siècle, qui fonda la dynastie mérovingienne ; Clovis Cornillac, acteur français.
Fréquence : rare - Évolution : ↗
Âge moyen : 59 ans

P

Clyde

Étymologie : du celtique *clyde*, du nom de la rivère qui arrose Glasgow.
Couleur : vert - Chiffre : 4
Caractère : Clyde est persévérant, efficace et redoutablement sympathique.
Personnage célèbre : le malfaiteur Clyde Barrow, complice de Bonnie Parker, durant la Grande Dépression. Il est immortalisé par Warren Beatty dans le film *Bonnie and Clyde* d'Arthur Penn sorti en 1967, mais aussi en musique par Serge Gainsbourg dans la chanson qu'il interpréta avec Brigitte Bardot l'année suivante.
Fréquence : rare - Évolution : ↘
Âge moyen : 17 ans

C

P

Colas

Klaus

Étymologie : du grec *nikê* : « la victoire » et *laos* : « le peuple ». Ce prénom est un diminutif de Nicolas.

Fête : 6 décembre - **Couleur :** rouge - **Chiffre :** 9

Caractère : Colas est curieux, dynamique, courageux et charismatique.

Fréquence : rare - **Évolution :** ↘

Âge moyen : 19 ans

P

Colin

Collin, Kolin

Étymologie : du grec *nikê* : « la victoire » et *laos* : « le peuple ».

Fête : 6 décembre - **Couleur :** rouge - **Chiffre :** 9

Caractère : Colin est habile, fort, ambitieux. Il parvient à maintenir un juste équilibre entre raisonnement et passion.

Fréquence : rare - **Évolution :** ↘

C

Côme

Cosme, Cosmos, Cosimo, Kosma, Kosmas, Kosmos

Étymologie : du grec *cosmos* : « le bon ordre de l'univers ». Côme est le prénom du frère ou camarade de Damien qui se rendit illustre (comme Damien) en tant que médecin « anagyre » : il prodiguait des soins gratuitement. Côme est, comme Damien, le patron de l'Ordre des Médecins.

Fête : 26 septembre - **Couleur :** violet - **Chiffre :** 4

Caractère : Côme est émotif, altruiste, diplomate et sérieux.

Personnages célèbres : Côme l'Ancien et Côme le Jeune, princes de la famille de Médicis.

Fréquence : rare - **Évolution :** ↗

Âge moyen : 16 ans

V

Conan

Connan, Konan

Étymologie : du celtique *kuno* : « le chef ».

Fête : 13 juin - **Couleur :** rouge - **Chiffre :** 2

Caractère : Conan est volontaire, déterminé, impétueux et brave.

Personnages célèbres : sir Conan Doyle, romancier anglais et créateur du célébrissimme *Sherlock Holmes* ; Conan le Barbare, personnage de fiction (livres, cinéma, dessins animés).

Fréquence : très rare - **Évolution :** =

Âge moyen : 4 ans

V

Connor

Étymologie : de l'irlandais : « grand désir ». - **Couleur :** rouge - **Chiffre :** 2

Caractère : Connor est diplomate, émotif et charismatique.

Fréquence : très rare - **Évolution :** =

Âge moyen : 5 ans

V

Conrad

Corrado, Konrad, Conradin, Conrado, Conrard, Conrart, Corradino, Curd, Curt, Kéno, Koeraad, Koert, Koertsje, Radel, Rädel, Râsch

Étymologie : du germain *kon* : « audacieux » et *ragin* : « le conseil ».

Fête : 26 novembre - **Couleur :** jaune - **Chiffre :** 1

Caractère : Conrad est dynamique, original, travailleur et réfléchi.

Personnage célèbre : Konrad Adenauer, homme d'État allemand.

Fréquence : rare - **Évolution :** ↗

Âge moyen : 60 ans

TOP 20

Prénoms du monde minéral et animal

L'animalité et le caractère intangible et précieux du monde minéral renvoient à une masculinité forte dans l'imaginaire collectif. Voici quelques exemples.

Béryl
Corail
Cristal
Chrysobéryl
Dauphin
Diamanté
Grenat
Larimar
Lazuli
Loup
Onyx
Opalin
Péridot
Pierre
Quartz
Roc
Saphir
Shark
Turquoise
Zircon

C

Constant

Constans, Constantino, Costin, Stans

Étymologie : du latin *constantia* : « constance ».
Fête : 23 septembre - Couleur : vert - Chiffre : 1
Caractère : Constant est intelligent, indépendant et bon gestionnaire.
Fréquence : rare - Évolution : ↗
Âge moyen : 81 ans

B

Constantin

Constancio, Konstanze, Konstantin, Kosta, Costanzo, Konstantin

Étymologie : du latin *constantia* : « constance ».
Fête : 31 mai - Couleur : rouge - Chiffre : 3
Caractère : Constantin est opportuniste, sociable et prudent.
Personnages célèbres : le sculpteur roumain Constantin Brâncusi ; le cinéaste franco-grec Constantin Costa-Gavras.
Fréquence : rare - Évolution : ↗
Âge moyen : 47 ans

P

Corentin

Coranthin, Corantin, Corenthin, Corentino, Corentyn, Curi, Kaou, Kaourentin, Korantin, Korentin, Tin

Étymologie : du celtique *carent* : « parenté, entourage », ou kar : « ami ».
Fête : 12 décembre - Couleur : noir - Chiffre : 1
Caractère : ardeur et vitalité sont les caractéristiques de Corentin, ce stratège qui aime les raisonnements.
Personnage célèbre : le footballeur Corentin Martins.
Fréquence : répandu - Évolution : ↘
Âge moyen : 18 ans

V

Corey

Coie, Corry, Cory, Korey

Étymologie : du gaëlique *conhraïde* : « un creux, un lieu caverneux ».
Couleur : jaune - Chiffre : 3
Caractère : Corey est intelligent, indépendant et a l'esprit logique.
Fréquence : très rare - Évolution : =
Âge moyen : 9 ans

P

Corneille

Cornel, Corneli, Cornelien, Cornelis, Cornelio, Cornelius, Cornely, Cornil, Cornille, Korneli

Étymologie : du latin : « cornu, corneille ».
Couleur : jaune - Chiffre : 10
Caractère : Corneille a l'esprit pratique. Il est de nature enthousiaste et aime communiquer.
Personnage célèbre : le chanteur Corneille.
Fréquence : rare - Évolution : ↗
Âge moyen : 84 ans

V

Craig

Kraig

Étymologie : du celte *craig* : « le rocher »
Couleur : violet - Chiffre : 9
Caractère : Craig est diplomate, loyal et réceptif.
Fréquence : rare - Évolution : ↘
Âge moyen : 30 ans

V

Curt

Curd, Kurt

Étymologie : du germain *kurz* : « allemand ».
Couleur : jaune - Chiffre : 8
Caractère : Curt est un sage indépendant qui aime la méditation.
Fréquence : rare - Évolution : =
Âge moyen : 98 ans

P

Curtis

Kurtis, Curtiss

Étymologie : du latin *curtis* : « la cour ». Ce prénom est la transcription de l'adjectif qualificatif français « courtois ». Patronyme anglais dès le XIIe siècle, il est attesté comme prénom aux États-Unis dès le XIXe siècle.
Fête : 26 novembre - Couleur : vert - Chiffre : 1
Caractère : Curtis est idéaliste, intègre et organisé. Et porte à merveille son prénom ! Autant dire que la courtoisie n'est guère une valeur usurpée par Curtis.
Personnage célèbre : Curtis Mayfield, le chanteur, auteur-compositeur.
Fréquence : rare - Évolution : ↗
Âge moyen : 11 ans

C

Cyprien

Cyprian, Cipriano, Cyprian, Cypris

Étymologie : du latin *cyprius* ou du grec *kupris*, qui signifient « originaire de l'île de Chypre ».
Fête : 16 septembre - Couleur : rouge - Chiffre : 9
Caractère : Cyprien est idéaliste, altruiste et compatissant.
Fréquence : rare - Évolution : ↘
Âge moyen : 39 ans

B

Cyriaque

Étymologie : du grec *kurios* : « consacré au divin ». Ce prénom fut porté par un martyr romain des premiers siècles, l'un des Quatorze Auxiliaires, saints invoqués pour écarter les maladies ou les maux . Cyriaque est surtout répandu dans les pays de tradition orthodoxe, mais on le rencontre aussi en Italie et en France.

Fête : 8 août - Couleur : rouge - Chiffre : 3
Caractère : Cyriaque est humain, rêveur et a du cœur.
Fréquence : rare - Évolution : ≡
Âge moyen : 48 ans

P

Cyril

Ciril, Cirillo, Ciryl, Cyrill, Cyrile

Étymologie : du grec *kurios* : « consacré au divin ». Cyril correspond à une variante de Cyrille, dont l'orthographe est ainsi plus moderne et masculine.
Fête : 18 mars - Couleur : rouge - Chiffre : 3
Caractère : Cyril est persévérant, efficace et sécurisant.
Personnage célèbre : le cuisinier Cyril Lignac.
Fréquence : répandu - Évolution : ↘
Âge moyen : 30 ans

P

Cyrille

Cyrile, Cyrillus

Étymologie : du grec *kurios* : « consacré au divin ».
Fête : 18 mars - Couleur : rouge - Chiffre : 3
Caractère : côté caractère, Cyrille est un original, un franc-tireur ; c'est un combattant de l'amitié et un grand cœur.
Personnage célèbre : saint Cyrille qui mit définitivement au point l'alphabet cyrillique (IXe siècle).
Fréquence : répandu - Évolution : ↘
Âge moyen : 42 ans

P

Cyrus

Cyrius

Étymologie : du perse *kurush* : « le trône ». Ce prénom fut porté par l'empereur perse qui a permis aux Juifs captifs à Babylone de retourner dans leur patrie. Cyrus est devenu un prénom très répandu aux États-Unis
Couleur : jaune - Chiffre : 3
Caractère : Cyrus est franc, indépendant et réservé. Mais sa force intérieure est immense.
Fréquence : rare - Évolution : ↗
Âge moyen : 19 ans

D

V

Dagmar

Dag, Dagomar, Dagomaro, Dajo

Étymologie : du scandinave *dag* : « dieu du jour » dans la mythologie scandinave et mar : « la gloire ». Ce prénom fait donc allusion au dieu de la Lumière dans la mythologie scandinave, soit à l'Apollon nordique.
Couleur : noir - Chiffre : 8
Caractère : Dagmar est sensible, généreux et toujours en quête d'harmonie.
Fréquence : très rare - Évolution : ≡
Âge moyen : 60 ans

B

Dagobert

Étymologie : du germain *dag* : « jour » et *bert* : « brillant ».
Fête : 23 décembre - Couleur : bleu - Chiffre : 5
Caractère : Dagobert est intègre et idéaliste, ce qui le rend altruiste.
Personnages célèbres : ce prénom perpétue le souvenir du fameux roi Dagobert Ier, roi des Francs entre 629 et 639 et sujet d'une chanson bien connue.
Fréquence : très rare - Évolution : ↘

C

Damase

Damas, Damaso

Étymologie : du latin *damasius*, de la ville de Damas en Syrie.
Fête : 11 décembre - Couleur : bleu - Chiffre : 7
Caractère : Damase est sérieux, réfléchi, intuitif et affectueux.
Fréquence : rare - Évolution : =
Âge moyen : 92 ans

P

Damian

Étymologie : du grec *Damia*, qui était la déesse de la Fertilité et des Moissons. Damia était un surnom de Cybèle, véritable « identité » de la déesse. Damian correspond à la forme anglo-saxonne de Damien.
Fête : 26 septembre - Couleur : rouge - Chiffre : 1
Caractère : Damian est bienveillant, bon conseiller et consciencieux.
Personnage célèbre : Damian Marley, fils de Bob Marley, artiste et producteur de disques.
Fréquence : rare - Évolution : ↗
Âge moyen : 16 ans

P

Damien

Dami, Damiano, Damianus, Damiens, Damioen, Damy

Étymologie : du grec *Damia*, qui était la déesse de la Fertilité et des Moissons. Damia était un surnom de Cybèle, véritable « identité » de la déesse. Saint Damien et son inséparable frère, saint Côme, furent martyrisés sous le règne de Dioclétien ; ils sont désormais les patrons des médecins.
Fête : 26 septembre - Couleur : rouge - Chiffre : 1
Caractère : Damien est sérieux, travailleur et réfléchi.
Personnages célèbres : Damien Saez et Damien Sargue, chanteurs français ; Damien Hirst, artiste britannique, activiste des Young British Artists.
Fréquence : répandu - Évolution : ↘
Âge moyen : 27 ans

P

Damon

Étymologie : du grec : « gentil ».
Couleur : violet - Chiffre : 3
Caractère : Damon est autoritaire, ambitieux et énergique.
Personnage célèbre : Damon Albarn, chanteur britannique, leader des groupes *Blur* et *Gorillaz*.
Fréquence : rare - Évolution : ↗
Âge moyen : 10 ans

P

Dan

Étymologie : de l'hébreu *dayân, dan* : « il juge ». Contrairement à l'opinion commune, Dan n'est pas un diminutif de Daniel, mais un prénom biblique. Il fut porté par le cinquième des douze fils de Jacob. Il est donc l'un des fondateurs des tribus d'Israël.
Couleur : vert - Chiffre : 1
Caractère : Dan est généreux, ambitieux et fier. Il est d'une rare pugnacité.
Personnage célèbre : Dan Brown, écrivain star, auteur notamment du *Da Vinci Code*.
Fréquence : rare - Évolution : ↘
Âge moyen : 19 ans

P

Daniel

Dan, Dany, Danilo, Daniele, Danié, Daniset, Danie, Danielo, Danielou, Danilo, Danjel, Dännel, Deniel

Étymologie : de l'hébreu *dayân, dan* : « juge » et *el* (de Elohim), l'un des noms de Dieu. Signifie : « Dieu est seul juge ».
Fête : 11 décembre - Couleur : jaune - Chiffre : 9

Caractère : Daniel est intelligent, séducteur, exigeant et aime la communication.
Personnages célèbres : l'auteur de *Robinson Crusoë* Daniel Defoe ; les acteurs Daniel Auteuil, Daniel Radcliffe et Daniel Day-Lewis ; l'homme politique Daniel Cohn-Bendit.
Fréquence : répandu - Évolution : ↘
Âge moyen : 61 ans

V

Danny

Étymologie : de l'hébreu *dayân*, *dan* : « juge » et *el* (de Elohim), l'un des noms de Dieu. Signifie : « Dieu est seul juge ». Danny correspond à une variante anglo-saxonne de Daniel considérée comme un prénom mixte.
Fête : 11 décembre - Couleur : jaune - Chiffre : 9
Caractère : Danny est persévérant, structuré et efficace.
Personnage célèbre : Danny DeVito, célèbre acteur américain.
Fréquence : rare - Évolution : ↗
Âge moyen : 26 ans

B

Dante

Dantes

Étymologie : du latin *durante* : « obstiné, endurant ». Ce prénom est bien le diminutif de Durante et non le patronyme du célèbre écrivain de la Renaissance. Ce prénom était très répandu dans la France et l'Italie moyenâgeuses et a engendré les patronymes français bien connus Durand et Durant.
Couleur : vert - Chiffre : 8
Caractère : Dante est énergique, créatif, fort et passionné.
Personnage célèbre : Dante Alighieri, l'auteur de la *Divine Comédie* dont le prénom est resté illustre.
Fréquence : rare - Évolution : ↗
Âge moyen : 64 ans

V

Dario

Darrel, Darril, Derrel

Étymologie : du perse *Daraya-Vahu*, qui a donné le grec *dareios*, nom désignant les rois perses.
Fête : 19 décembre - Couleur : blanc - Chiffre : 6
Caractère : Dario est fidèle, intuitif. C'est un grand créatif qui écoute son instinct.
Personnages célèbres : Dario Moreno, chanteur ; Dario Argento, réalisateur italien.
Fréquence : rare - Évolution : ↗
Âge moyen : 30 ans

P

Darius

Étymologie : du perse *Daraya-Vahu*, qui a donné le grec *dareios*, nom désignant les rois perses. Darius correspond à la forme latinisée du grec Dario.
Fête : 19 décembre - Couleur : blanc - Chiffre : 6
Caractère : Darius est sensible, imaginatif et altruiste.
Fréquence : rare - Évolution : ↗
Âge moyen : 37 ans

P

Daryl

Darryl, Daryll

Étymologie : du nom d'une famille normande du XIe siècle, les D'Airelle, qui s'installèrent dans le sud-est de l'Angleterre, à la suite de Guillaume le Conquérant.
Couleur : rouge - Chiffre : 8
Caractère : Daryl est dynamique, plein de joie de vivre et d'attentions.
Fréquence : rare - Évolution : ↗
Âge moyen : 11 ans

V

Dave

Daven

Étymologie : de l'hébreu *daoud*, ou *yadad*, qui signifie « aimé, chéri ». Dave est un diminutif anglo-saxon de David.

Fête : 29 décembre - Couleur : bleu - Chiffre : 4

Caractère : Dave est dynamique, curieux et courageux.

Personnage célèbre : Dave, chanteur d'origine néerlandaise et célèbre en France.

Fréquence : rare - Évolution : ↘

Âge moyen : 27 ans

P

David

Daoud, Dave, Dafydd, Daibidh, Davida, Davide, Davidka, Davidou, Davie, Davina, Daviot, Davit, Daw, Dawie, Taffy, Vida, Vidli

Étymologie : de l'hébreu *daoud*, ou *yadad*, qui signifie « aimé, chéri ».

Fête : 29 décembre - Couleur : bleu - Chiffre : 4

Caractère : en ce qui concerne le caractère, on le dit volontaire et farouche, pratiquant volontiers le culte de l'amitié virile et du courage du genre « risque-tout ». Ce n'est pas par hasard qu'il abat les géants !

Personnages célèbres : le héros du roman de Charles Dickens *David Copperfield* ; le magicien volant David Copperfield, qui a emprunté son nom de scène au héros de Dickens ; le chanteur David Bowie ; le réalisateur David Lynch ; le comédien David Duchovny ; les footballeurs David Ginola, David Trezeguet et David Beckham.

Fréquence : répandu - Évolution : ↘

Âge moyen : 34 ans

V

Davy

Davys, Davyd

Étymologie : de l'hébreu *daoud*, ou *yadad*, qui signifie « aimé, chéri ». Davy correspond à une forme galloise de David.

Fête : 20 septembre - Couleur : blanc - Chiffre : 7

Caractère : Davy aime l'originalité, a l'esprit sagace et recherche la réussite.

Personnage célèbre : Davy Crockett, le célèbre trappeur du XIXe siècle, qui s'illustra lors du siège de Fort Alamo.

Fréquence : rare - Évolution : ↘

Âge moyen : 26 ans

P

Dean

Étymologie : du latin *decanus*, titre que l'on donnait à un moine responsable de dix autres moines. Ce titre ecclésiastique a dérivé en nom de famille qui a évolué en prénom.

Couleur : orange - Chiffre : 6

Caractère : Dean est exigeant, influent, équilibré et a le sens des responsabilités.

Personnage célèbre : l'acteur Dean Martin.

Fréquence : rare - Évolution : ↗

Âge moyen : 10 ans

P

Denis

Denney,Dionisio, Dionysos, Dennis, Denys, Dnny, Dion, Donisi, Dwight, Dionysius, Nise, Nisi, Sidney, Sydney

Étymologie : du grec *Dionysos*, nom du dieu du vin, de la vigne et de l'inspiration poétique dans la mythologie grecque.

Fête : 9 octobre - Couleur : orange - Chiffre : 6

Caractère : Denis est un impulsif, un émotif qui réagit souvent avant de réfléchir. Pourtant, son intelligence très cartésienne n'admet que le rationel. Ce caractère ambivalent sait séduire par son originalité et en déconcerte souvent plus d'un !

Personnages célèbres : Denis Diderot, le célèbre auteur de l'Encyclopédie ; Denis Papin, l'inventeur de la machine à vapeur ; Denis de Rougemont, le philosophe.

Fréquence : répandu - Évolution : ↘

Âge moyen : 54 ans

P

Derek

Derick, Derreck, Deryck, Dirk

Étymologie : du germain *theud* : « peuple » et *rik* : « chef » ; « maître du peuple ». Ce prénom est un diminutif de Théodoric, la forme première du français Thierry. Derek est considéré comme un prénom d'origine anglophone, car c'est dans ces pays qu'il rencontre le plus de succès depuis le XIXe siècle, mais il est aussi prisé en Allemagne, son lieu de naissance.

Fête : 9 juillet - Couleur : bleu - Chiffre : 7

Caractère : Derek est charmeur et charmant, il possède un certain sens de l'harmonie, mais ne sait pas rester inactif.

Fréquence : rare - Évolution : ↗

Âge moyen : 20 ans

B

Désiré

Dees, Desidario, Desiderio, Desider, Desideratus, Desiderius, Désirat, Dizier, Detle

Étymologie : du latin *desideratus* : « souhaité, désiré ».

Fête : 8 mai - Couleur : violet - Chiffre : 6

Caractère : Désiré est bienveillant, déterminé et consciencieux.

Personnage célèbre : Désiré, héros de la pièce éponyme de Sacha Guitry.

Fréquence : rare - Évolution : ↘

Âge moyen : 89 ans

V

Desmond

Étymologie : de l'irlandais *Deasmhumhnaigh*, originaire du Sud Munster. Desmond est un dérivé de ce nom de famille et devint ensuite un prénom dans l'Irlande du XVIIe siècle. Il gagna ensuite l'Angleterre avant de s'étendre à tous les pays anglo-saxons.

Couleur : bleu - Chiffre : 8

Caractère : Desmond est bienveillant, diplomate, sociable et loyal.

Personnage célèbre : Desmond Tutu, archevêque anglican sud-africain, prix Nobel de la Paix.

Fréquence : très rare - Évolution : =

Âge moyen : 9 ans

P

Dick

Dick, Dickie, Dicky, Dix

Étymologie : du germain *rik* ; « roi » et *hart* : « fort ». Ce prénom est un diminutif affectueux de Richard, datant du XIVe siècle.

Fête : 3 avril - Couleur : rouge - Chiffre : 7

Caractère : Dick est rêveur, ouvert d'esprit et profondément humain.

Personnages célèbres : Dick Cheney, ancien vice-président des États-Unis (de 2001 à 2009).

Fréquence : très rare - Évolution : ↘

P

Didier

Dider, Dieter, Desiderio

Étymologie : du latin *desideratus* : « souhaité, désiré ». Ce prénom est une forme dérivée du prénom Désiré.

Fête : 23 mai - Couleur : jaune - Chiffre : 4

Caractère : Didier est un être franc, travailleur, parfois impulsif mais aussi solide, réfléchi et loyal.

Personnages célèbres : l'entraîneur de l'équipe de France de football Didier Deschamps ; le

footballeur Didier Drogba.
Fréquence : répandu - Évolution : ↘
Âge moyen : 51 ans

P

Diego

Diege

Étymologie : de l'hébreu *yaacov* : « il a talonné ». Ce prénom correspond à la version espagnole et portugaise de Jacques.
Couleur : jaune Chiffre : 4
Caractère : Diego est aussi séduisant que séducteur. Attentif aux autres, aimant savourer les plaisirs de l'existence, de nature souriante, Diego est un sensuel.
Personnages célèbres : les peintres Diego Velasquez et Diego Rivera ; Don Diego de la Vega, véritable identité de Zorro ; le footballeur Diego Forlan.
Fréquence : rare - Évolution : ↗
Âge moyen : 16 ans

V

Dietrich

Étymologie : du germain *theud* : « peuple » et *rik* « chef » ; « maître du peuple ». Ce prénom correspond à la forme germanique de Thierry.
Fête : 1er juillet - Couleur : bleu - Chiffre : 4
Caractère : Dietrich est persévérant, a du ressort et de la finesse.
Fréquence : très rare - Évolution : =
Âge moyen : 66 ans

C

Dimitri

Demetre, Demetrio, Demetrios, Demetrius, Dmitri,Dimitr, Dimitre, Dimitrios, Dimitrios, Dmitry

Étymologie : du nom de la déesse grecque des Moissons, Déméter. La Grèce et l'Asie Mineure, jadis et maintenant, ont beaucoup utilisé ce prénom qui est répandu, d'une manière plus générale, dans tous les pays de confession orthodoxe de l'Europe centrale et jusqu'en Russie.
Fête : 26 octobre - Couleur : vert - Chiffre : 7
Caractère : Dimitri est un être excessif. Il aime ardemment, jalouse obstinément et se montre volontiers tyrannique. C'est aussi un grand créatif. On peut lui accorder sa confiance les yeux fermés et on lui pardonne volontiers ses colères, comme à tous les êtres dotés d'un charme puissant.
Personnage célèbre : le compositeur Dimitri Chostakovitch.
Fréquence : rare - Évolution : ↘
Âge moyen : 22 ans

V

Dimitry

Étymologie : du nom de la déesse grecque des Moissons, Déméter. La Grèce et l'Asie Mineure, jadis et maintenant, ont beaucoup utilisé ce prénom qui est répandu, d'une manière plus générale, dans tous les pays de confession orthodoxe de l'Europe centrale et jusqu'en Russie.
Fête : 26 octobre - Couleur : vert - Chiffre : 7
Caractère : Dimitry est habile, fort et ambitieux.
Personnage célèbre : Dimitry Tsvetkov, plasticien-designer russe.
Fréquence : rare - Évolution : ↘
Âge moyen : 18 ans

V

Dirk

Étymologie : du germain *theud* : « peuple » et *rik* « chef » ; « maître du peuple ». Ce prénom est un diminutif de Théodoric, la forme première du français Thierry.
Couleur : 9 juillet - Chiffre : bleu
Caractère : 7
Personnage célèbre : l'acteur américain Dirk Bogarde.
Fréquence : très rare - Évolution : =

V

Djamal

Djamale

Étymologie : de l'arabe *jamâl* : « la beauté ».
Couleur : rouge - Chiffre : 1
Caractère : Djamal est courageux, déterminé, indépendant, dynamique et charismatique.
Fréquence : rare - Évolution : ↗
Âge moyen : 40 ans

V

Djamel

Djamele, Djamil

Étymologie : de l'arabe *jamâl* : « la beauté ».
Couleur : rouge - Chiffre : 1
Caractère : Djamel est un créatif, passionné par autrui et les liens qu'il peut tisser.
Fréquence : rare - Évolution : ↘
Âge moyen : 35 ans

V

Djibril

Djibrill

Étymologie : de l'hébreu *gavar* : « force » et *el* : « Dieu » ; « Dieu est ma force ». Djibril correspond à la forme arabe de Gabriel. C'est lui qui révéla le Coran au Prophète Mahomet.
Couleur : bleu - Chiffre : 9
Caractère : Djibril est idéaliste, intègre et réfléchi.
Personnage célèbre : le footballeur Djibril Cissé.
Fréquence : rare - Évolution : ↗
Âge moyen : 8 ans

V

Domenico

Étymologie : du latin *dominicus* : « qui appartient au Seigneur ». Domenico est la forme italienne de Dominique.
Fête : 8 août - Couleur : vert - Chiffre : 8
Caractère : Domenico a le sens de l'analyse, est équilibré et volontaire.
Fréquence : rare - Évolution : ↘
Âge moyen : 49 ans

V

Domingo

Domingos

Étymologie : du latin *dominicus* : « qui appartient au Seigneur ». Domingo est la forme espagnole de Dominique. En espagnol, Domingo signifie dimanche (le jour du Seigneur). L'île de Saint-Domingue fut découverte un dimanche, d'où le nom qui lui fut attribué.
Fête : 8 août - Couleur : vert - Chiffre : 8
Caractère : Domingo est énergique, audacieux et original.
Fréquence : rare - Évolution : ↘
Âge moyen : 55 ans

P

Dominique

Dom, Domien, Dominico, Domini, Dominik, Dominick, Mingo, Mini, Minkes

Étymologie : du latin *dominicus* : « qui appartient au Seigneur ». Dominique, en français, fait partie des prénoms mixtes. Il a, en outre, donné naissance à nombre de noms de famille.
Fête : 8 août - Couleur : vert - Chiffre : 8
Caractère : Dominique est armé d'une volonté farouche, c'est un vrai passionné, fougueux, déterminé et quelque peu jusqu'au-boutiste.
Personnages célèbres : Dominique, héros éponyme du roman d'Eugène Fromentin paru en 1863 ; Dominique Farrugia, humoriste et réalisateur français.
Fréquence : répandu - Évolution : ↘
Âge moyen : 54 ans

P

Don

Étymologie : du celte *domhnall* : « le peuple puissant ». Don est un diminutif de Donald.
Fête : 15 juillet - Couleur : rouge - Chiffre : 5
Caractère : Don est volontaire, déterminé et consciencieux.
Personnage célèbre : l'acteur américain Don Johnson.
Fréquence : rare - Évolution : ↗
Âge moyen : 80 ans

P

Donald

Étymologie : du celte *domhnall* : « le peuple puissant ».
Fête : 15 juillet - Couleur : rouge - Chiffre : 5
Caractère : Donald est d'une générosité remarquable, n'hésitant pas à tendre la main à ceux qui sont dans le besoin. Émotif, affectueux et prodigue, il peut être impulsif, agissant parfois sans penser aux conséquences.
Personnage célèbre : le célébrissime canard de dessin animé créé par Walt Disney.
Fréquence : rare - Évolution : ↘
Âge moyen : 48 ans

P

Donan

Étymologie : du celte *danin* : « la hauteur ».
Fête : 15 avril - Couleur : bleu - Chiffre : 3
Caractère : Donan est charismatique, réservé et doté d'un grand sens artistique.
Fréquence : très rare - Évolution : ↗

C

Donatien

Donasian, Donatian

Étymologie : du latin *donatus* : « donné ».
Fête : 24 mai - Couleur : jaune - Chiffre : 1
Caractère : Donatien est calme, énergique, curieux au point que son esprit semble étudier sans cesse.
Personnage célèbre : Donatien Alphonse François de Sade, le « divin marquis ».
Fréquence : rare - Évolution : ↘
Âge moyen : 52 ans

P

Donovan

Donovane, Donovann, Donoven, Donovon

Étymologie : du celte *donnabhain* : « brun foncé ».
Couleur : blanc - Chiffre : 7
Caractère : Donovan est rigoureux, travailleur et méthodique.
Fréquence : rare - Évolution : ↗
Âge moyen : 13 ans

B

Dorian

Doriand, Doriane, Doriann, Doriano

Étymologie : du peuple des Doriens qui envahirent la Grèce au XIIe siècle avant notre ère pour s'y installer.
Couleur : bleu - Chiffre : 1
Caractère : Dorian est sensible, prudent, aime l'étude, la réflexion et la prudence.
Personnage célèbre : le héros du roman d'Oscar Wilde, *Le Portrait de Dorian Gray*.
Fréquence : rare - Évolution : ↘
Âge moyen : 13 ans

B

Doryan

Doryann

Étymologie : du peuple des Doriens qui envahirent la Grèce au XIIe siècle avant notre ère pour s'y installer.

Doryan est une variante récente de Dorian.
Couleur : bleu - Chiffre : 1
Caractère : Doryan est dynamique, courageux et curieux.
Fréquence : rare - Évolution : ↗
Âge moyen : 9 ans

P

Douglas

Doug

Étymologie : du celtique *dubio* : « noir » et *glas* : « bleu sombre ». Ces adjectifs ont sans doute d'abord composé des toponymes avant de nommer pendant trois siècles (du XIIe au XVe), une des plus grandes familles d'Écosse.
Couleur : noir - Chiffre : 5
Caractère : Douglas est réservé, raffiné, exigeant et doté d'un grand sens de l'harmonie.
Personnages célèbres : Douglas Fairbanks, père et fils, acteurs ; Douglas MacArthur, général américain de la Seconde Guerre mondiale.
Fréquence : rare - Évolution : ↘
Âge moyen : 29 ans

V

Driss

Drice, Dris, Drisse, Dryss

Étymologie : de l'arabe *darada* : « étudier ». Ce prénom est le diminutif du prénom Idriss. Idriss correspond au prénom attribué par les musulmans à celui que la Bible prénomme Énoch. Il est considéré par les musulmans comme le premier homme à s'être essayé à l'écriture par le biais d'une plume : le kalam.
Couleur : vert - Chiffre : 6
Caractère : Driss a le sens des responsabilités, est exigeant et attache beaucoup d'importance à la famille.
Fréquence : rare - Évolution : ↘
Âge moyen : 21 ans

V

Duncan

Dunc, Dunchan, Dunkan, Dunnchad

Étymologie : du celtique *donchad* : « le guerrier brun », qui engendra Duncan, nom d'une dynastie de rois écossais.
Couleur : blanc - Chiffre : 9
Caractère : Duncan est créatif, optimiste et pragmatique.
Personnage célèbre : Duncan Ier, qui fut tué par Macbeth.
Fréquence : rare - Évolution : ↘
Âge moyen : 12 ans

P

Dunstan

Dusten, Dustin, Duston

Étymologie : du celte : « bon et ardent ». Ce prénom fut porté par l'évêque de Canterbury au Xe siècle, qui joua un rôle politique important au sein de l'Église anglaise.
Fête : 19 mai - Couleur : jaune - Chiffre : 3
Caractère : Dunstan est doué pour la communication, possède un grand sens pratique, de l'éloquence et du charme.
Fréquence : très rare - Évolution : =

P

Dylan

Dylan, Dylann, Dylane

Étymologie : du gallois : « le fils des vagues ». Ce dieu très populaire de la mythologie galloise serait né alors que sa mère sautait par-dessus une baguette magique. Il serait tombé dans une rivière se jetant dans l'océan et en serait devenu le dieu.
Couleur : vert - Chiffre : 2
Caractère : Dylan est travailleur, persévérant et fiable.
Personnage célèbre : le poète Dylan Thomas.
Fréquence : rare - Évolution : ↘

E

Eddie

Étymologie : du germain *ed* : « biens, *ri*chesses » et *ward* : « gardien ». Eddie est le diminutif francisé de tous les prénoms courants formés avec « ed », mais c'est à Édouard qu'on le rattache, la plupart du temps.
Fête : 5 janvier - Couleur : rouge - Chiffre : 5
Caractère : Eddie est intègre, altruiste et idéaliste.
Personnages célèbres : Eddie Barclay (1921-2005) producteur de musique ; Eddie Murphy.
Fréquence : rare - Évolution : ↘
Âge moyen : 40 ans

Eddy

Édy

Étymologie : du germain *ed* : « biens, *ri*chesses » et *ward* : « gardien ». Eddy est un diminutif de tous les prénoms courants formés avec « ed », mais c'est à Édouard qu'on le rattache la plupart du temps. Eddy est devenu un prénom à part entière dès le XIXe siècle.
Fête : 5 janvier - Couleur : rouge - Chiffre : 5
Caractère : Eddy aime le relationnel, il est intuitif et fidèle.
Personnages célèbres : Eddy Merckx, champion cycliste ; Eddy Mitchell, chanteur.
Fréquence : rare - Évolution : ↘
Âge moyen : 31 ans

TOP 20

Prénoms bibliques

Le prénom biblique a bien des facettes : il est parfois un classique intemporel, se prête à des engouements populaires, et reste une valeur sûre dans le monde judaïque, dans la population Bobo (Adam...), voire dans les familles afro ou blanches fortement influencées par la culture américaine (Ruben, Ethan). Une source d'inspiration intarissable donc...

Abel
Abraham
Adam
Dan
Daniel
Éthan
Evan
Ilan
Isaac
Jacob
Jacques
Joseph
Ruben
Raphaël
Salomon
Samson
Seth
Simon
Timothée
Zacharie

P

Eden

Étymologie : de l'hebreu *eden* : « délices, plaisirs ». Ce nom désigne, dans la Bible, le jardin où Dieu a placé Adam et Ève. C'est un prénom attesté dès le XVIIe siècle dans les pays anglophones où il est également attribué à des garçons. Ce n'est qu'en France qu'il est plutôt féminin.

Couleur : jaune - **Chiffre :** 1

Caractère : Eden est optimiste, douce, déterminé et combatif.

Personnage célèbre : Eden Hazard, le joueur de football.

Fréquence : rare - **Évolution :** ⇗

Âge moyen : 6 ans

C

Edern

Edernez, Edernig

Étymologie : du vieux gallois *edyrn* : « géant, énorme ». Prénom attesté en Bretagne depuis le haut Moyen Âge ; ce prénom apparaît tout au long des récits arthuriens.

Fête : 30 août - **Couleur :** violet - **Chiffre :** 4

Caractère : directif, audacieux, indépendant, Edern est plein d'assurance.

Fréquence : rare - **Évolution :** ⇗

Âge moyen : 16 ans

C

Edgar

Edgard, Edgardo, Edger, Ogier, Otgar, Otger, Otker

Étymologie : du germain *ed* : « biens, *ri*chesses » et *gari* : « pique, lance ».

Fête : 8 juillet - **Couleur :** jaune - **Chiffre :** 8

Caractère : Edgar est un homme intuitif, à l'intelligence aiguisée. Il possède une qualité considérable : il est ouvert sur le monde.

Personnages célèbres : l'historien et philosophe français Edgar Quinet (1803-1875) ; le peintre Edgar Degas (1834-1917) ; l'homme politique Edgar Faure ; l'auteur Edgar Allan Poe.

Fréquence : rare - **Évolution :** ⇗

Âge moyen : 39 ans

C

Edmond

Admeo, Eamon, Edmund, Edmundo, Edmondo, Otmund

Étymologie : du germain *ed* : « biens, *ri*chesses » et *mund* : « protecteur » ; « le protecteur de patrimoines ».

Fête : 20 novembre - **Couleur :** violet - **Chiffre :** 1

Caractère : Edmond est un fonceur : brillant, entreprenant, réalisant impeccablement ses projets, il fait l'unanimité quant à la reconnaissance de son envergure intellectuelle.

Personnages célèbres : Edmond Dantès, le Comte de Monte-Cristo (roman d'Alexandre Dumas) ; les écrivains Edmond Rostand et Edmond de Goncourt.

Fréquence : rare - **Évolution :** =

Âge moyen : 87 ans

C

Édouard

Duarte, Edoardo, Eduardo, Edvard, Edward, Ned, Otward, Ted, Teddy

Étymologie : du germain *ed* : « biens, *ri*chesses » et *ward* : « gardien ».

Fête : 5 janvier - **Couleur :** rouge - **Chiffre :** 5

Caractère : Édouard est disponible et pourvu d'une certaine capacité à agir pour autrui. Édouard possède l'aptitude au dévouement et au commandement.

Personnages célèbres : les peintres Édouard Manet et Édouard Vuillard ; les hommes politiques Édouard Herriot et Édouard Balladur ; le comédien Édouard Baer.

Fréquence : rare - **Évolution :** ⇘

Âge moyen : 71 ans

V

Eduardo

Edouardo

Étymologie : du germain *ed* : « biens, *ri*chesses » et *ward* : « gardien ». Eduardo est la forme italienne et hispanique d'Édouard.

Fête : 5 janvier - Couleur : rouge - Chiffre : 5

Caractère : Eduardo est volontaire, courageux, dynamique et curieux.

Personnage célèbre : Eduardo De Filippo, peintre.

Fréquence : rare - Évolution : ↗

Âge moyen : 34 ans

B

Edwin

Eduin, Eduino

Étymologie : du germain *ed* : « biens, *ri*chesses » et *win* : « ami ».

Fête : 12 octobre - Couleur : vert - Chiffre : 7

Caractère : Edwin aime l'innovation. Il est quelque peu ambitieux. En revanche, il est autonome et énergique.

Fréquence : rare - Évolution : ↘

Âge moyen : 24 ans

C

Egmont

Egmond, Egmund, Egmunt

Étymologie : du germain *ecka* : « qui effraie, qui impressionne » et *mund* : « protecteur ».

Couleur : bleu - Chiffre : 2

Caractère : Egmont est diplomate, loyal et réceptif, mais reste un homme de caractère.

Fréquence : rare - Évolution : ↘

V

Efflam

Étymologie : du celte : « rayonnant ». Ce prénom fut porté par le fils d'un roi irlandais marié, dès le berceau, à Énora, une princesse galloise. À l'âge adulte et, bien que mariés, ils firent tous deux vœu de chasteté, mais Efflam finit par s'enfuir, éprouvant trop de désir pour Énora. Celle-ci le rejoignit, se faisant construire un oratoire de l'autre côté de la colline où était situé celui d'Efflam. Ils passèrent ainsi le reste de leur vie loin l'un de l'autre, ne pouvant que s'apercevoir.

Fête : 12 octobre - Couleur : bleu - Chiffre : 7

Caractère : Efflam est sérieux, discret et a le sens des responsabilités.

Fréquence : rare - Évolution : ↗

Âge moyen : 15 ans

V

Éli

Eliel, Ellis, Elly, Ely, Héli, Hélie

Étymologie : de l'hébreu *el* et *yah* : « Dieu est Dieu ». Ce prénom est particulièrement attribué en Israël, mais moins en France que les autres formes.

Fête : 20 juillet - Couleur : bleu - Chiffre : 3

Caractère : Éli est fort autant qu'ambitieux. Il est passionné et habile. Des qualités de manager, assurément.

Fréquence : rare - Évolution : ↗

Âge moyen : 31 ans

V

Élias

Eliasse, Ellias, Helias

Étymologie : de l'hébreu *el* et *yah* : « Dieu est Dieu ». C'est cette dernière syllabe que l'on retrouve dans *yah*vé et Jéhovah. Ce prénom correspond à une des formes internationales d'Élie.

Fête : 20 juillet - Couleur : bleu - Chiffre : 3

Caractère : Élias est un énergique et un ambitieux, ce qui le rend parfois quelque peu autoritaire.

Fréquence : rare - Évolution : ↗

Âge moyen : 10 ans

V

Élie

Elia, Elio, Elias, Ellis, Ili

Étymologie : de l'hébreu *el* et *yah* : « Dieu est Dieu ».
Fête : 20 juillet - Couleur : bleu - Chiffre : 3
Caractère : Élie est ambitieux, sociable et éloquent. C'est un épicurien.
Personnages célèbres : Élie Faure, le célèbre historien d'art ; Élie Wiesel, écrivain américain, prix Nobel de la paix ; Élie Kakou (1960-1999) et Élie Semoun, humoristes ; le cinéaste Élie Chouraqui.
Fréquence : répandu - Évolution : ↗
Âge moyen : 72 ans

V

Éliès

Eliesse, Eliess, Heliès

Étymologie : de l'hébreu *el* et *yah* : « Dieu est Dieu ». Ce prénom correspond à une des formes internationales d'Élie.
Fête : 20 juillet - Couleur : bleu - Chiffre : 3
Caractère : Éliès est indépendant, courageux et résolu.
Fréquence : rare - Évolution : ↗
Âge moyen : 11 ans

B

Élijah

Étymologie : de l'hébreu *el* et *yah* : « Dieu est Dieu ». Élijah correspond à la forme hébraïque et première d'Élie.
Couleur : 20 juillet - Chiffre : bleu
Caractère : 3
Personnage célèbre : l'acteur américain Elijah Wood.
Fréquence : rare - Évolution : ↗
Âge moyen : 6 ans

B

Éliot

Elioth, Eliote, Heliot

Étymologie : de l'hébreu : « Dieu est mon seigneur ». C'est un dérivé du prénom juif Élie.
Fête : 20 juillet - Couleur : rouge - Chiffre : 9
Caractère : dynamique, indépendant, audacieux… Éliot est un touche-à-tout.
Personnage célèbre : Eliot Ness, agent du trésor américain déterminé à faire respecter la prohibition aux États-Unis.
Fréquence : rare - Évolution : ↗
Âge moyen : 8 ans

B

Éliott

Étymologie : de l'hébreu : « Dieu est mon seigneur ».
Fête : 20 juillet - Couleur : rouge - Chiffre : 9
Caractère : Éliott est ouvert d'esprit, très humain, mais quelque peu rêveur.
Fréquence : rare - Évolution : ↗
Âge moyen : 8 ans

B

Elliot

Étymologie : de l'hébreu : « Dieu est mon seigneur ».
Fête : 20 juillet - Couleur : rouge - Chiffre : 9
Caractère : indépendant, dynamique et audacieux, Elliot est aussi un brin casse-cou.
Fréquence : rare - Évolution : ↗
Âge moyen : 8 ans

B

Elliott

Étymologie : de l'hébreu : « Dieu est mon seigneur ».
Fête : 20 juillet - Couleur : rouge - Chiffre : 9
Caractère : Elliott est un homme de communi-

cation, sa gouaille et sa force de persuasion sont définitivement des atouts.
Fréquence : rare - Évolution : ⇗
Âge moyen : 10 ans

C

Éloi

Aloi, Eloic, Eloick, Eloim, Elois, Eloy, Eligio, Helois

Étymologie : du latin *eligius* : « élu ».
Fête : 1er décembre - Couleur : jaune - Chiffre : 5
Caractère : Éloi est une bouffée d'air frais à lui tout seul. Il a les défauts de ses qualités : espiègle mais étourdi. Mais comme il répare ses étourderies, rares sont ceux qui lui en veulent.
Personnage célèbre : le bon saint Éloi (588-659) qui aida le roi Dagobert d'un point de vue vestimentaire et politique.
Fréquence : rare - Évolution : ⇗
Âge moyen : 59 ans

V

Élouan

Elouann, Elouane, Elouen, Elvan

Étymologie : du celtique : « le très lumineux, le très éclairé ».
Fête : 28 août - Couleur : rouge - Chiffre : 5
Caractère : Élouan est curieux, optimiste et indépendant.
Fréquence : rare - Évolution : ⇗
Âge moyen : 7 ans

P

Elton

Étymologie : de l'anglais : « la demeure d'Ella ». Ce prénom est à l'origine un toponyme attribué comme prénom en Angleterre dès le XIXe siècle.
Fête : 1er février (Sainte-Ella)
Couleur : blanc Chiffre : 1
Caractère : Elton est généreux, créatif et enthousiaste.
Fréquence : rare - Évolution : ⇗
Âge moyen : 12 ans

P

Elvis

Elwis

Étymologie : l'étymologie de ce prénom est incertaine : du scandinave : « sage », ou d'Alvis, nom d'une marque américaine de voitures dont les parents du King se seraient inspirés pour prénommer leur fils !
Couleur : rouge - Chiffre : 5
Caractère : Elvis est tenace, méthodique, résolu, créatif et torturé.
Personnage célèbre : Elvis Presley, le King, bien évidemment.
Fréquence : rare - Évolution : ⇘
Âge moyen : 26 ans

V

Élyas

Elyass, Elyasse

Étymologie : de l'hébreu *el* et *yah* : « Dieu est Dieu ». Ce prénom correspond à une des formes internationales d'Élie.
Fête : 20 juillet - Couleur : bleu - Chiffre : 2
Caractère : Élyas est énergique, autoritaire et ambitieux.
Fréquence : rare - Évolution : ⇗
Âge moyen : 7 ans

V

Émeric

Eymard

Étymologie : du germanique *haim* : « maison » et *ric* : « roi ». Émeric correspond à une variante d'Aymeric.
Fête : 4 novembre - Couleur : bleu - Chiffre : 2
Caractère : Émeric est sympathique, équilibré

et a le sens des responsabilités.
Fréquence : rare - Évolution : ↘
Âge moyen : 21 ans

B

Émile

Emil, Emiland, Emille, Emilius, Emils, Migeli, Mil, Millian, Million

Étymologie : du latin *aemulus* : « rival », ou du grec *haimulos* : « ruse ». Aemilius fut le nom d'une grande famille romaine.
Fête : 22 mai - Couleur : bleu - Chiffre : 8
Caractère : Émile se signale par sa fraîcheur d'esprit, sa fougue spontanée. Il est volontaire, très intuitif, actif.
Personnages célèbres : Émile Augier, l'auteur du *Gendre de M. Poirier* ; Émile Littré, lexicographe et philosophe ; Émile Zola ; *L'Émile* de Jean-Jacques Rousseau.
Fréquence : rare - Évolution : ↗
Âge moyen : 89 ans

C

Emmanuel

Emanuel, Emmanouïl, Immanuel, Maan, Mandel, Mano, Manoel, Manolete, Manolo, Manu, Manuel, Mendel

Étymologie : de l'hébreu *imanu-el* : « Dieu est avec nous ».
Fête : 25 décembre - Couleur : orange - Chiffre : 3
Caractère : Emmanuel est un homme de volonté. C'est elle qui le pousse et le soutient. Très actif, il est aussi d'une grande conscience professionnelle.
Personnages célèbres : le philosophe Emmanuel Kant (1724-1804) ; le compositeur Emmanuel Chabrier ; l'homme politique Emmanuel Arago ; le chanteur Emmanuel Moire.
Fréquence : répandu - Évolution : ↘
Âge moyen : 42 ans

B

Émilien

Emilian, Emilion

Étymologie : du latin *aemulus* : « rival », ou du grec *haimulos* : « ruse ». Aemilius fut le nom d'une grande famille romaine.
Fête : 18 juillet - Couleur : bleu - Chiffre : 6
Caractère : Émilien est calculateur, parfois méfiant imaginatif et passionné.
Fréquence : rare - Évolution : ↘
Âge moyen : 46 ans

V

Émilio

Étymologie : du latin *aemulus* : « rival », ou du grec *haimulos* : « ruse ». Aemilius fut le nom d'une grande famille romaine. Ce prénom correspond à la forme hispanophone et italienne d'Émile.
Fête : 22 mai - Couleur : bleu - Chiffre : 8
Caractère : Émilio est sensible, enthousiaste, passionné et exigeant.
Personnages célèbres : le créateur de mode italien Émilio Pucci ; l'acteur américain Émilio Estevez.
Fréquence : rare - Évolution : ↗
Âge moyen : 35 ans

C

Enguerrand

Angelram, Angeran, Anguerand, Engilram, Engueran, Enguerand, Enguerran

Étymologie : du germanique *engil* : « ange » et *hramm* : « corbeau ».
Fête : 25 octobre - Couleur : orange - Chiffre : 4
Caractère : Enguerrand est sympathique. Réalisation et achèvement sont les maîtres mots de cet astucieux stratège.
Personnage célèbre : Enguerrand de Marigny, ministre du roi Philippe IV le Bel.

Fréquence : rare - Évolution : ↘
Âge moyen : 15 ans

B

Énoch

Étymologie : de l'hébreu *enoch* : « consacré ». Ce prénom fut porté par l'un des dix patriarches bibliques, père de Mathusalem et arrière-grand-père de Noé.
Couleur : blanc - Chiffre : 9
Caractère : Énoch est optimiste, travailleur et d'une détermination sans faille.
Fréquence : très rare - Évolution : ↗
Âge moyen : 5 ans

V

Enrico

Enriko, Henrico

Étymologie : du germain *aina* : « unique, total » et *rik* : « roi » ; ou bien de *ehre* : « honneur » et *ric* : « riche, puissant » ; signifie par extension : « le maître de tout ». En dehors de la France, Enrico est particulièrement répandu en Italie.
Fête : 18 mai - Couleur : rouge - Chiffre : 8
Caractère : Enrico est audacieux, indépendant et quelque peu directif.
Personnage célèbre : Enrico Macias, le chanteur.
Fréquence : rare - Évolution : =
Âge moyen : 50 ans

V

Enrique

Henrique

Étymologie : du germain *aina* : « unique, total » et *rik* : « roi » ; ou bien de *ehre* : « honneur » et *ric* : « riche, puissant » ; signifie par extension : « le maître de tout ». Enrique correspond à la forme espagnole et portugaise d'Éric, mais il est également bien représenté en France.
Fête : 18 mai - Couleur : rouge - Chiffre : 8
Caractère : habile, ambitieux, Enrique peut se révéler un manager né, animé par la passion.
Personnage célèbre : Enrique Iglesias, le chanteur.
Fréquence : rare - Évolution : ↗
Âge moyen : 31 ans

P

Enzo

Étymologie : du germain *heim* : « maison, foyer » et *rik* : « roi ». Ce prénom correspond en réalité à une forme hybride d'Henri composée de sa version italienne, Enrico et de sa version allemande, Heinz. On dit que cette variante fut inventée au XIIIe siècle par l'empereur germanique Frédéric II pour le fils naturel qu'il eut de sa maîtresse italienne Bianca Lancia.
Fête : 13 juillet - Couleur : vert - Chiffre : 4
Caractère : Enzo est indépendant, créatif, il n'aime guère les conflits, car il aime communiquer, en particulier des idées. Enzo est rigoureux, ce qui lui permet de mener à bien ses projets.
Personnages célèbres : Enzo Ferrari (1898-1988), le créateur d'une des marques de voitures de sport les plus iconiques du monde ; Enzo Siciliano (1934-2006), romancier, essayiste, éditorialiste italien, qui fut aussi président de la télévision publique italienne : la Raï.
Fréquence : répandu - Évolution : ↗
Âge moyen : 8 ans

P

Éric

Air, Eirik, Éri, Érich, Érico, Érika, Eriks, Erke, Erker, Erkina, Éryck, Genseric, Jerk, Ric, Ricky, Rika

Étymologie : du germain *aina* : « unique, total » et *rik* : « roi » ; ou bien de *ehre* : « honneur » et *ric* : « riche, puissant » ; signifie par extension : « le maître de tout ».
Fête : 18 mai - Couleur : rouge - Chiffre : 8
Caractère : Éric est d'une intelligence profonde, et a beaucoup de flair et d'intuition.

Personnages célèbres : l'acteur Eric von Stroheim ; Eric Clapton ; le navigateur Éric Tabarly ; Éric Cantona ; Éric Judor, le comédien et humoriste ; le réalisateur Éric Rohmer.
Fréquence : répandu - Évolution : ↘
Âge moyen : 45 ans

P

Érik

Étymologie : du germain *aina* : « unique, total » et *rik* : « roi » ; ou bien de *ehre* : « honneur » et *ric* : « riche, puissant » ; signifie par extension : « le maître de tout ». Érik correspond à la forme scandinave d'Éric. C'est un prénom très répandu en Suède.
Fête : 18 mai - Couleur : rouge - Chiffre : 8
Caractère : Érik est attiré par la spiritualité, il aime l'originalité et est toujours en quête de connaissances.
Personnages célèbres : le musicien Érik Satie ; Érik Orsenna, romancier et académicien français.
Fréquence : rare - Évolution : ↗
Âge moyen : 38 ans

B

Ernest

Arnost, Arnst, Earnest, Ernesto, Ernestus, Ernie, Erno, Ernst, Erny

Étymologie : du germain *ernst* : « sérieux ».
Fête : 7 novembre - Couleur : jaune - Chiffre : 9
Caractère : Ernest est énergique, passionné et exigeant.
Personnages célèbres : les auteurs Ernest Renan et Ernest Hemingway.
Fréquence : rare - Évolution : ↗
Âge moyen : 92 ans

P

Éros

Étymologie : nom du dieu de l'Amour dans la mythologie grecque. Né directement du Chaos primitif, Éros est une allégorie de l'amour passionnel et le dieu du désir sexuel, qui rapproche les êtres et pousse la vie à se perpétuer. Selon Hésiode, quand Aphrodite apparaît, présidant à l'amour conjugal (union ordonnée des sexes et pendant de l'amour passionnel), Éros se met à son service.
Couleur : rouge - Chiffre : 7
Caractère : Éros est enthousiaste, a de fortes capacités de communication et d'adaptation.
Personnage célèbre : Éros Ramazotti, chanteur italien.
Fréquence : rare - Évolution : ↗
Âge moyen : 8 ans

V

Erwan

Ervan, Erwann

Étymologie : du celtique *esugenos* : « de la race d'Ésus », dieu gaulois de la guerre, ou du gallois *ivo*, *iv* : « l'if ». L'étymologie d'Erwann est incertaine et si les spécialistes penchent pour la première origine, c'est pourtant la deuxième qui prévaut en France. Erwan est donc usité, sans doute à tort, comme la forme bretonne d'Yves.
Fête : 19 mai - Couleur : blanc - Chiffre : 7
Caractère : Erwan est indépendant, affectueux et déterminé.
Fréquence : rare - Évolution : ↘
Âge moyen : 19 ans

V

Erwin

Irvin, Irving, Irwin

Étymologie : du germain *her* : « armée » et win : « ami ». Prénom surtout allemand et alsacien, on le confond, souvent et à tort, avec le celtique Erwan.
Fête : 29 mai - Couleur : rouge - Chiffre : 4
Caractère : Erwin se caractérise par la volonté, le dynamisme et une intuition très affinée.
Personnages célèbres : Erwin von Steinbach

(XIVe siècle), bâtisseur de la cathédrale de Strasbourg ; le général Erwin Rommel.
Fréquence : rare - Évolution : ↘
Âge moyen : 50 ans

V

Esteban

Estebane, Estebann, Estefan, Estevan

Étymologie : du grec *stephanos* : « couronne ». Ce prénom est le doublet étymologique de Stéphane. Il est donc l'Étienne hispanique.
Fête : 26 décembre - Couleur : rouge - Chiffre : 3
Caractère : charismatique et généreux, Esteban ne laisse guère indifférent. Il est, en outre, très créatif.
Fréquence : rare - Évolution : ↗
Âge moyen : 8 ans

P

Étan

Étane, Étann

Étymologie : de l'hebreu *etan* : « fort, ferme ». Ce prénom fut porté par trois personnages de la Bible. L'un d'eux, fils de Mahol, haut fonctionnaire du roi Salomon, était d'une sagesse telle qu'on la disait égale à celle du roi lui-même. Si l'un des Éthan bibliques est l'un des petits-fils de Judas, l'autre est connu pour être un lévite et avoir accompagné en chanson le transfert de l'arche de Jérusalem. Ce prénom correspond à la forme hébraïque originale de ce prénom biblique dont le « h » rajouté est typiquement anglo-saxon.
Couleur : vert - Chiffre : 3
Caractère : sensible, Étan est aussi rêveur et généreux.
Fréquence : rare - Évolution : ↗
Âge moyen : 4 ans

P

Éthan

Éthane, Éthann

Étymologie : de l'hebreu *etan* : « fort, ferme ». Éthan, avec son « h » central, correspond à l'orthographe anglo-saxonne de ce prénom, qui, comme nombre de prénoms bibliques, se répandit d'abord aux États-Unis, car remis au goût du jour par des puritains anglais y ayant migré.
Couleur : vert - Chiffre : 3
Caractère : Éthan est vif, charismatique, amusant et pourvu de grandes facultés d'adaptation.
Personnages célèbres : Ethan Allen, important leader de la guerre d'Indépendance ; Ethan Hawke, acteur américain ; Ethan Coen (l'un des deux frères Coen), cinéaste.
Fréquence : rare - Évolution : ↗
Âge moyen : 5 ans

B

Étienne

Esteffe, Estevan, Estève, Estienne, Staffan, Staines, Steaphan, Stefaans, Stefan, Steffel, Steffert, Stephan, Stephanson

Étymologie : du grec *stephanos* : « couronne ». Ce prénom est le doublet étymologique de Stéphane.
Fête : 26 décembre - Couleur : vert - Chiffre : 9
Caractère : Étienne est sociable, tolérant et toujours en quête d'harmonie.
Personnages célèbres : Étienne Marcel (mort en 1358), prévôt des marchands de Paris et opposant au futur Charles V ; le poète Étienne de La Boétie ; l'évêque Étienne Montgolfier (1712-1791) ; le cinéaste français Étienne Chatiliez.
Fréquence : répandu - Évolution : ↘
Âge moyen : 60 ans

TOP 20

Prénoms bobos

Les bobos (bourgeois bohème) sont sans conteste les plus prescripteurs de tendances. Intellectuels branchés, ils puisent dans le classique, la référence « arty », ou le rétro assumé. Ce sont eux qui récupèrent les premiers les prénoms passés de mode, les jugeant anticonformistes.

Apollinaire
Arsène
Aristide
Émile
Eugène
Eustache
Gabin
Gaspard
Gavroche
Léon
Jules
Marcus
Marceau
Marius
Mirabeau
Numa
Soren
Solal
Vadim
Zélian

C

Eudes

Eude, Eudin, Eudelin

Étymologie : du grec *eod* : « le preux ».
Fête : 19 novembre - Couleur : vert - Chiffre : 9
Caractère : Eudes est altruiste, affectueux et plein de fantaisie.
Fréquence : rare - Évolution : ↗
Âge moyen : 29 ans

B

Eugène

Eugen, Eugénien, Eugenio, Eugenios, Eujen, Gene

Étymologie : du grec *eugenios* : « bien né, de noble race ».
Fête : 13 juillet - Couleur : bleu - Chiffre : 3
Caractère : Eugène possède de fortes capacités d'adaptation, il possède un fort esprit d'innovation et sait naviguer hors de sa zone de confort.
Personnages célèbres : les dramaturges Eugène Labiche et Eugène Ionesco ; le peintre Eugène Delacroix ; Eugène Sue, l'auteur des *Mystères de Paris.*
Fréquence : ancien - Évolution : ↗
Âge moyen : 93 ans

B

Eusèbe

Eusebio

Étymologie : du grec *eusebes* : « pieux ».
Fête : 2 août - Couleur : jaune - Chiffre : 3
Caractère : Eusèbe possède de fortes capacités d'adaptation. Doté d'une nature enthousiaste, il aime profondément communiquer avec autrui.
Fréquence : rare - Évolution : =
Âge moyen : 87 ans

B

Eustache

Eustace, Eustasius, Eustatius, Eustazio, Stazio

Étymologie : du grec *eustachios* : « fécond, fertile ».

Fête : 20 septembre - Couleur : violet - Chiffre : 1

Caractère : Eustache est un être profondément intègre. Épris de vérité et de justice, il est capable de déplacer des montagnes pour atteindre ses objectifs.

Personnages célèbres : Eustache Deschamps, poète du XIVe siècle ; Eustache Le Sueur, peintre du XVIIe siècle ; Eustache Du Caurroy, musicien d'Henri IV.

Fréquence : rare - Évolution : =

V

Évan

Évann

Étymologie : de l'hébreu *yohânân* : « Dieu pardonne ». Ce prénom correspond à une variante celtique de Jean, même si sa sonorité le rapproche d'Even et son orthographe d'Ivan.

Fête : 24 juin ou 27 décembre - Couleur : jaune
Chiffre : 2

Caractère : Évan a le sens des responsabilités, il est bienveillant et consciencieux.

Fréquence : rare - Évolution : ↗

Âge moyen : 7 ans

V

Évans

Évence

Étymologie : de l'irlandais : « jeune guerrier ».

Couleur : orange - Chiffre : 2

Caractère : Évans est un philosophe, toujours en quête de spiritualité et dont l'esprit est toujours en mouvement.

Fréquence : rare - Évolution : ↗

Âge moyen : 11 ans

C

Évariste

Evaristo

Étymologie : du latin *evagor* : « se propager, se répandre ».

Fête : 26 octobre - Couleur : jaune - Chiffre : 9

Caractère : Évariste est un altruiste. Idéaliste certes, mais déterminé et intègre.

Personnages célèbres : le poète académicien français Évariste Désiré de Forges ; le mathématicien Évariste Galois (1811-1832).

Fréquence : rare - Évolution : ↗

Âge moyen : 76 ans

V

Éven

Éwen

Étymologie : du celtique *esugenos* : « de la race d'Ésus », dieu gaulois de la guerre. Éven est un nom gaulois et un homonyme du substantif anglais heaven : « paradis ».

Fête : 17 avril - Couleur : jaune - Chiffre : 1

Caractère : Éven est dynamique, audacieux, indépendant et courageux.

Fréquence : rare - Évolution : ↗

Âge moyen : 10 ans

C

Évrard

Éverard, Éverardo

Étymologie : du germain *eber* : « sanglier » et *hard* : « vigoureux ».

Fête : 14 août - Couleur : violet - Chiffre : 5

Caractère : Évrard aime la vie : il la croque à pleine dents. C'est aussi un esthète qui place le beau au centre de son quotidien. Il aime se cultiver et découvrir de nouvelles choses.

Personnage célèbre : le premier porteur du titre de « peintre du roi », Évrard d'Orléans (XIIIe siècle).

Fréquence : rare - Évolution : ↘

V

Éwan

Éwann

Étymologie : du celtique *esugenos* : « de la race d'Ésus », dieu gaulois de la guerre, ou du gaélique eoghan : « la jeunesse ».
Fête : 19 mai - Couleur : orange - Chiffre : 7
Caractère : Éwan est réfléchi, réservé autant que spirituel.
Fréquence : rare - Évolution : ↗
Âge moyen : 7 ans

V

Éwen

Éwenn

Étymologie : du celtique *esugenos* : « de la race d'Ésus », dieu gaulois de la guerre. Éwen est une variante d'Éven.
Fête : 17 avril - Couleur : jaune - Chiffre : 1
Caractère : Éwen est diplomate, loyal et bon.
Fréquence : rare - Évolution : ↗
Âge moyen : 9 ans

V

Eymeric

Eymard, Eymerick

Étymologie : du germanique *haim* : « maison » et *ric* : « roi ». Eymeric correspond à une variante d'Aymeric, plus proche, par son orthographe, de son origine.
Fête : 4 novembre - Couleur : bleu - Chiffre : 2
Caractère : Eymeric est sympathique, équilibré et a le sens des responsabilités.
Fréquence : rare - Évolution : ↘

B

Ezéchiel

Ezkiel, Ezéquiel

Étymologie : de l'hébreu *yeh'ezquel* : « Dieu rendra fort ».
Fête : 10 avril - Couleur : bleu - Chiffre : 1
Caractère : Ezéchiel est énergique, exigeant, autoritaire et volontaire.
Personnage célèbre : Ezéchiel, prophète de l'ancien testament
Fréquence : rare - Évolution : ↗
Âge moyen : 13 ans

F

P

Fabien

Fabian, Fabiano, Fabianus, Fabion, Fabis

Étymologie : du latin *faba* : « fève ».
Fête : 20 janvier - Couleur : jaune - Chiffre : 1
Caractère : Fabien est doté d'un esprit analytique toujours en mouvement. Il sait rester maître de ses émotions et assume pleinement ses responsabilités.
Personnages célèbres : le héros de *Vol de nuit*, de Saint-Exupéry ; le footballeur Fabien Barthez ; le réalisateur Fabien Onteniente.
Fréquence : répandu - Évolution : ↘
Âge moyen : 31 ans

V

Fabio

Étymologie : du latin *faba* : « fève ». Fabio correspond à la forme italienne de Fabien et figure dans le top 10 des prénoms masculins favoris en Italie.
Fête : 20 janvier - Couleur : jaune - Chiffre : 1
Caractère : Fabio a le sens des responsabilités et de la famille. Il est exigeant et équilibré.
Personnages célèbres : Fabio Ambrozio, religieux italien.

Fréquence : rare - **Évolution :** ↗
Âge moyen : 13 ans

P

Fabrice

Fabri, Fabricien, Fabricio, Fabricius, Favre

Étymologie : du latin *faber* : « l'artisan, le forgeron ». Fabrice a donné naissance à nombre de noms de famille comme Favre, Fèvre, Lefèvre, Lefébure, Fabry, etc.
Fête : 22 août - **Couleur :** rouge - **Chiffre :** 8
Caractère : Fabrice est rigoureux dans sa vie comme dans son métier. Sensible et plein de charme, il peut aussi faire preuve de beaucoup d'humour et aime à plaire à un public qu'il s'est lui-même choisi.
Personnages célèbres : le héros de *La Chartreuse de Parme* (1839), de Stendhal, Fabrice del Dongo ; le comédien français Fabrice Luchini ; le tennisman français Fabrice Santoro.
Fréquence : rare - **Évolution :** ↘
Âge moyen : 40 ans

V

Fabrizio

Étymologie : du latin *faber* : « l'artisan, le forgeron ». Fabrizio est la forme italienne de Fabrice. En France, c'est au Pays basque et en Corse que ce prénom est le plus couramment usité.
Fête : 22 août - **Couleur :** rouge - **Chiffre :** 8
Caractère : Fabrizio est audacieux, énergique et aime l'originalité et la séduction.
Fréquence : rare - **Évolution :** =
Âge moyen : 37 ans

V

Fadel

Fadil

Étymologie : de l'arabe : « vertueux, méritant ». Ce terme est souvent utilisé pour désigner Mahomet.
Couleur : rouge - **Chiffre :** 10
Caractère : Fadel est audacieux, raisonnable et énergique.
Personnages célèbres : deux vizirs de la dynastie abbasside, qui régna du VIIIe au XIIIe siècle, portèrent ce nom.
Fréquence : rare - **Évolution :** ↗
Âge moyen : 20 ans

V

Faël

Étymologie : de l'arabe : « heureux présage ».
Couleur : rose - **Chiffre :** 8
Caractère : Faël est sage, bienveillant et bon conseiller.
Fréquence : rare - **Évolution :** ↗
Âge moyen : 8 ans

B

Fantin

Étymologie : du latin : « enfant ». Ce prénom fut porté par un abbé en Calabre au Xe siècle connu pour sa charité et sa bonté.
Fête : 30 août - **Couleur :** vert - **Chiffre :** 1
Caractère : Fantin est sensible, autoritaire, généreux et volontaire.
Fréquence : rare - **Évolution :** =
Âge moyen : 9 ans

V

Farah

Étymologie : de l'arabe : « la joie, la gaieté ». Ce prénom est mixte, même si en France on le considère avant tout comme un prénom féminin.
Couleur : blanc - **Chiffre :** 7
Caractère : Farah est courageux, digne, fier et studieux.
Fréquence : très rare - **Évolution :** ↘
Âge moyen : 25 ans

V

Faouzi

Étymologie : de l'arabe : « qui aura du scuccès ».
Couleur : jaune - Chiffre : 7
Caractère : Faouzi est intuitif, fidèle et directif.
Fréquence : rare - Évolution : ↘
Âge moyen : 30 ans

V

Farid

Faride, Farrid, Férid

Étymologie : de l'arabe : « incomparable, sans pareil ». Ce prénom fait de celui qui le porte l'élu divin. Il est donc assez courant.
Couleur : jaune - Chiffre : 7
Caractère : Farid est fidèle, intuitif et possède un certain sens du relationnel.
Fréquence : répandu - Évolution : ↘
Âge moyen : 36 ans

V

Fares

Faress, Faresse

Étymologie : de l'arabe *faris* : « le cavalier ». Ce substantif est, en réalité, le surnom courant du lion, considéré comme un symbole de force et de bravoure.
Couleur : vert - Chiffre : 8
Caractère : Fares est efficace, persévérant et directif.
Fréquence : rare - Évolution : ↗
Âge moyen : 11 ans

V

Farouk

Farik, Faruk

Étymologie : de l'arabe : « qui aura du succès ».
Couleur : bleu - Chiffre : 10
Caractère : Farouk est altruiste, intègre et idéaliste.
Personnage célèbre : le roi Farouk d'Égypte détrôné par un coup d'État en 1952.
Fréquence : rare - Évolution : ↗
Âge moyen : 31 ans

V

Fathi

Fathy, Fati, Fethy

Étymologie : de l'arabe : « conquérant ». Ce prénom est un des surnoms du Prophète.
Couleur : noir - Chiffre : 8
Caractère : Fathi est actif, plein d'ardeur : c'est un leader dans l'âme.
Fréquence : rare - Évolution : ↘
Âge moyen : 19 ans

V

Fatih

Fatah, Fatèh

Étymologie : de l'arabe : « conquérant ». Ce prénom est un des surnoms du Prophète.
Couleur : noir - Chiffre : 8
Caractère : Fatih est ambitieux, fort, habile et passionné.
Fréquence : rare - Évolution : ↗
Âge moyen : 19 ans

C

Faustin

Faustino, Fausto

Étymologie : du latin *faustus* : « heureux, fortuné ».
Fête : 15 février - Couleur : blanc - Chiffre : 2
Caractère : Faustin est intuitif, fidèle et directif.
Fréquence : rare - Évolution : ↗
Âge moyen : 55 ans

V

Fawzi

Étymologie : de l'arabe : « qui aura du succès ».

Couleur : jaune - Chiffre : 7
Caractère : Fawzi est intuitif, fidèle et directif.
Fréquence : rare - Évolution : ↘
Âge moyen : 27 ans

V

Fayçal

Faïçal, Faïsal, Faïssal, Fayçel, Faysal, Fayssal

Étymologie : de l'arabe *fayssal* : « celui qui décide ».
Couleur : rouge - Chiffre : 4
Caractère : Fayçal est rigoureux, travailleur et stable.
Personnages célèbres : Fayçal Ier, le prince qui dirige la révolte arabe contre l'Empire ottoman en 1916, avant de devenir roi de Syrie et roi d'Irak.
Fréquence : rare - Évolution : ↘
Âge moyen : 24 ans

V

Federico

Étymologie : du germain *fried* : « protecteur » et *ric* : « puissant », ou *rik* : « roi ». Ce prénom correspond à la forme italienne et hispanique de Frédéric.
Fête : 18 juillet - Couleur : jaune - Chiffre : 5
Caractère : Federico a l'espit logique, du caractère et de l'intuition.
Personnages célèbres : les peintres Federico Garcia Lorca et Federico Bahamontes ; Federico Fellini, réalisateur et scénariste italien.
Fréquence : rare - Évolution : ↗

B

Félicien

Felice, Felizian, Felise, Felizon

Étymologie : du latin *felicitas* : « chance, bonheur ».
Fête : 9 juin - Couleur : orange - Chiffre : 9
Caractère : Félicien est un être plein de douceur, de délicatesse et de dévouement.
Personnages célèbres : le dramaturge Félicien Marceau ; le peintre Félicien Rops.
Fréquence : rare - Évolution : ↘
Âge moyen : 76 ans

V

Félipe

Felip

Étymologie : du grec *philo* : « ami » et *hippos* : « cheval ». Ce prénom correspond à la forme espagnole de Philippe. En France, c'est au Pays basque que ce prénom est le plus couramment usité.
Fête : 3 mai - Couleur : vert - Chiffre : 1
Caractère : Felipe est sympathique, aime analyser et aller jusqu'au bout des choses.
Personnage célèbre : Felipe de Bourbon, prince héritier d'Espagne.
Fréquence : rare - Évolution : ↗
Âge moyen : 34 ans

B

Félix

Féliz, Felicidad, Felice, Feliciano

Étymologie : du latin *felicitas* : « chance, bonheur ».
Fête : 8 janvier ou 12 février - Couleur : orange
Chiffre : 2
Caractère : Félix est intuitif, doté d'un certain sens artistique. C'est un épicurien charmant.
Personnages célèbres : l'homme d'État Félix Faure ; les peintres Félix Vallotton et Félix Labisse ; Félix Mendelssohn, musicien : auteur de la Marche du même nom ; Félix le Chat, héros de BD.
Fréquence : répandu - Évolution : ↘
Âge moyen : 70 ans

Ferdinand

(B)

Ferd, Ferdinando, Ferdl, Ferrante, Fertel, Friedenand, Hernando

Étymologie : du germain *fried* : « protecteur », ou *frithu* : « paix » et *nant* : « hardi, courageux ».
Fête : 30 mai - Couleur : jaune - Chiffre : 3
Caractère : Ferdinand est intelligent, éloquent, sensible et plein de vivacité.
Personnages célèbres : Ferdinand de Lesseps, à l'origine de la création du canal de Suez ; Ferdinand de Saussure, l'éminent linguiste.
Fréquence : répandu - Évolution : ↗
Âge moyen : 86 ans

Fergal

(B)

Étymologie : du celte *fur* : « sage » et *gal* : « brave ». Ce prénom fut porté par un abbé irlandais du VIIIe siècle qui évangélisa l'Autriche.
Fête : 27 novembre - Couleur : vert - Chiffre : 8
Caractère : Fergal est discret, émotif et équilibré.
Fréquence : très rare - Évolution : ↘
Âge moyen : 8 ans

Fernand

(B)

Fernan, Fernando, Hernandes, Hernandez

Étymologie : du germain *fried* : « protecteur », ou *frithu* : « paix » et *nant* : « hardi, courageux ».
Fête : 27 juin - Couleur : jaune - Chiffre : 8
Caractère : Fernand est doué d'une grande puissance vitale, autant pour le travail que pour les plaisirs. C'est un amoureux de la vie.
Personnage célèbre : l'humoriste Fernand Raynaud.
Fréquence : répandu - Évolution : ↘
Âge moyen : 89 ans

Ferréol

(B)

Étymologie : du latin : « de la vigne ».
Fête : 18 septembre - Couleur : vert - Chiffre : 7
Caractère : Ferréol est émotif, prudent, réfléchi et studieux.
Fréquence : rare - Évolution : ↗
Âge moyen : 36 ans

Fidel

(V)

Étymologie : du latin *fidelis* : « croyant ».
Fête : 24 avril - Couleur : jaune - Chiffre : 5
Caractère : Fidel est volontaire, humain et rêveur.
Personnages célèbres : Fidel Castro, le chef d'État cubain.
Fréquence : rare - Évolution : ↘
Âge moyen : 50 ans

Fidèle

(B)

Fidelo, Fidelio

Étymologie : du latin *fidelis* : « croyant ».
Fête : 24 avril - Couleur : jaune - Chiffre : 5
Caractère : Fidèle est un être puissant, fascinant, volontiers dominateur. Il porte à merveille son prénom : entier et loyal, comme il est.
Fréquence : rare - Évolution : =
Âge moyen : 90 ans

Filippo

(V)

Étymologie : du grec *philo* : « ami » et hippos : « cheval ». Ce prénom correspond à la forme italienne de Philippe.
Fête : 3 mai - Couleur : vert - Chiffre : 1
Caractère : Filipo a l'esprit pratique, est sympathique, enthousiaste et aime communiquer.
Fréquence : rare - Évolution : ↘

B

Firmin

Fermin, Firminan, Firminien, Frémin, Firmino

Étymologie : du latin *firmus* : « ferme » (dans sa foi, ses convictions).

Fête : 11 octobre - Couleur : orange - Chiffre : 6

Caractère : Firmin est un être rigoriste, pragmatique et entier. Il fait honneur au sens de son prénom et reste campé sur ses principes et positions sans toutefois se montrer obtus.

Personnage célèbre : l'imprimeur Firmin Didot.

Fréquence : rare - Évolution : ↗

Âge moyen : 82 ans

C

Flavien

Flavianus, Flavius

Étymologie : du latin *Flavius*, nom d'une famille romaine, qui signifie « blond ».

Fête : 22 décembre - Couleur : jaune - Chiffre : 3

Caractère : Flavien est calme, diplomate, généreux et courageux.

Fréquence : rare - Évolution : ↘

Âge moyen : 26 ans

V

Flavio

Étymologie : du latin *Flavius*, nom d'une famille romaine, qui signifie « blond ». Ce prénom correspond à la forme espagnole et italienne de Flavien.

Fête : 18 février - Couleur : jaune - Chiffre : 3

Caractère : Flavio est diplomate, sociable et réceptif.

Personnage célèbre : Flavio Briatore, homme d'affaires italien.

Fréquence : rare - Évolution : ↗

Âge moyen : 11 ans

P

Florent

Florenceau, Florencio, Florentius, Florenz

Étymologie : du latin *florens* : « en floraison, florissant ».

Fête : 7 novembre - Couleur : orange - Chiffre : 9

Caractère : Florent est réservé, prudent, sensible et intuitif.

Personnages célèbres : le nageur Florent Manaudou ; le chanteur Florent Pagny.

Fréquence : rare - Évolution : ↘

Âge moyen : 30 ans

P

Florentin

Florentino

Étymologie : du latin *florentinus* : « originaire de la cité de Florence ».

Fête : 24 octobre - Couleur : vert - Chiffre : 5

Caractère : Florentin aime la séduction, il est éloquent, dynamique et passionné.

Fréquence : rare - Évolution : ↘

Âge moyen : 36 ans

P

Florian

Floriant, Floriano

Étymologie : du latin *florens* : « en floraison, florissant ».

Fête : 4 mai - Couleur : vert - Chiffre : 6

Caractère : Florian est plein de vivacité, sociable, mais aussi très indépendant.

Personnages célèbres : l'écrivain Florian Zeller ; le Caffè Florian, nom d'un café mythique situé sur la place Saint-Marc à Venise.

Fréquence : répandu - Évolution : ↘

Âge moyen : 20 ans

P

Florient

Florien

Étymologie : du latin *florens* : « en floraison, florissant ». Ce prénom est une variante de Florian.
Fête : 4 mai - Couleur : vert - Chiffre : 6
Caractère : Florient est idéaliste, altruiste, intègre et réfléchi.
Fréquence : rare - Évolution : ↘
Âge moyen : 17 ans

B

Florimond

Florimon

Étymologie : du latin *florens* : « en floraison, florissant ». Ce prénom est célébré le jour de la Saint-Florian.
Fête : 4 mai - Couleur : violet - Chiffre : 6
Caractère : Florimond est calme, curieux, intelligent et exigeant.
Fréquence : rare - Évolution : ↘
Âge moyen : 72 ans

B

Floris

Étymologie : du latin *florens* : « en floraison, florissant ». Ce prénom, qui peut correspondre au masculin de Flore, est néanmoins fêté en même temps que Florian et non pas à la Sainte-Fleur.
Fête : 4 mai - Couleur : bleu - Chiffre : 7
Caractère : Floris est perfectionniste, exigeant et rigoureux.
Fréquence : rare - Évolution : ↗
Âge moyen : 38 ans

V

Fortuné

Fortunat, Fortunato

Étymologie : du latin *fortuna,* du nom de la déesse de la Chance, sous la protection de laquelle était placé celui qui portait ce prénom. Fortuné est une variante de Fortunat, nom d'un diacre martyrisé à Valence au IIIe siècle.
Fête : 23 avril - Couleur : blanc - Chiffre : 3
Caractère : Fortuné est élégant, diplomate et perfectionniste.
Fréquence : rare - Évolution : ↗
Âge moyen : 88 ans

V

Fouad

Fouaad, Fouade, Fouede, Fouhad

Étymologie : de l'arabe *fouad* : « cœur spirituel, courageux ».
Couleur : gris - Chiffre : 2
Caractère : Fouad est diplomate, émotif et sociable.
Personnage célèbre : Fouad fut un nom porté par de nombreux monarques d'Égypte.
Fréquence : rare - Évolution : ↘
Âge moyen : 28 ans

C

Foucauld

Foucault

Étymologie : du germain *folc* : « peuple ».
Fête : 10 juin - Couleur : vert - Chiffre : 9
Caractère : Foucauld est sérieux, intuitif, diplomate et a le sens des responsabilités.
Fréquence : rare - Évolution : ↗
Âge moyen : 11 ans

C

Foulques

Étymologie : du germain *folc* : « peuple ».
Fête : 10 juin - Couleur : vert - Chiffre : 9
Caractère : Foulques est énergique, courageux, franc et loyal.
Fréquence : rare - Évolution : =
Âge moyen : 17 ans

V

Foued

Fouhed, Fouede

Étymologie : de l'arabe *fouad* : « cœur spirituel, courageux ».
Couleur : gris - **Chiffre :** 2
Caractère : Foued est bienveillant, bon conseiller et parfois caractériel.
Fréquence : rare - **Évolution :** ↘
Âge moyen : 27 ans

V

Francesco

Étymologie : du latin *francus* : « homme libre ». Dès l'origine, le mot a été utilisé pour désigner les Francs. Francesco est la forme italienne de François.
Fête : 4 octobre - **Couleur :** bleu - **Chiffre :** 4
Caractère : Francesco est enthousiaste, raisonnable et déterminé.
Fréquence : rare - **Évolution :** ↗
Âge moyen : 42 ans

P

Francis

Francisek, Francisque

Étymologie : du latin *francus* : « homme libre ». Dès l'origine, le mot a été utilisé pour désigner les Francs.
Fête : 28 septembre - **Couleur :** bleu - **Chiffre :** 7
Caractère : Francis est charmant, élégant, sensible et exigeant.
Personnages célèbres : les peintres Francis Bacon et Francis Picabia ; le poète Francis Ponge ; les acteurs Francis Blanche et Francis Huster ; le cinéaste Francis Ford Coppola ; le chanteur Francis Cabrel.
Fréquence : rare - **Évolution :** ↘
Âge moyen : 65 ans

V

Francisco

Étymologie : du latin *francus* : « homme libre ». Dès l'origine, le mot a été utilisé pour désigner les Francs. Francisco est la forme espagnole de François.
Fête : 4 octobre - **Couleur :** bleu - **Chiffre :** 4
Caractère : Francisco est déterminé, spirituel, cultivé et sagace.
Fréquence : rare - **Évolution :** ↗
Âge moyen : 46 ans

P

Franck

Étymologie : du latin *francus* : « homme libre ». Dès l'origine, le mot a été utilisé pour désigner les Francs. Franck correspond à la forme anglo-américaine de François, Frank, que la majorité des Français ont modifié en y rajoutant un « c ».
Fête : 4 octobre - **Couleur :** bleu - **Chiffre :** 8
Caractère : Franck est déterminé, raisonnable, actif et sensible.
Personnages célèbres : l'humoriste Franck Dubosc ; le footballeur Franck Ribéry.
Fréquence : répandu - **Évolution :** ↘
Âge moyen : 41 ans

C

François

Fercsi, Ferenc, Fran, Francelin, Francisek, Franek, Frangag, Frankie, Frans, Franz, Fränze, Pancho, Ziskus

Étymologie : du latin *francus* : « homme libre ». Dès l'origine, le mot a été utilisé pour désigner les Francs. François coïncide donc exactement avec la France, pays des Francs.
Fête : 4 octobre - **Couleur :** bleu - **Chiffre :** 4
Caractère : Si François semble faire preuve de mesure en toutes choses, c'est en réalité un être animé de passion. Très intuitif, il est le feu caché sous la glace.

Personnages célèbres : les auteurs François Rabelais, François Fénelon et François Mauriac ; les comédiens François Cluzet et François Berléand ; les présidents François Mitterrand, François Hollande.
Fréquence : répandu - Évolution : ⇘
Âge moyen : 66 ans

C

François-Xavier

Étymologie : ce prénom est à l'origine un patronyme donné à un saint François, car il y en avait trop. Né en Navarre espagnole en 1906, ce jeune noble venait d'un château de Pampelune que l'on appelait *etcheberri* : « la maison neuve ». Après avoir rencontré Ignace de Loyola, il le suivit et fonda la Compagnie de Jésus. C'est alors qu'il prit ce nom déformé en « Javerri », puis en « Javier », ce qui donne Xavier.
Fête : 3 décembre - Couleur : vert - Chiffre : 4
Caractère : François-Xavier peut passer pour un expansif, mais il est mû par un besoin de reconnaissance.
Personnage célèbre : l'écrivain et humoriste François-Xavier Demaison.
Fréquence : rare - Évolution : ⇘
Âge moyen : 33 ans

P

Francky

Francki, Franckie, Franki, Frankie

Étymologie : du latin *francus* : « homme libre ». Ce prénom correspond à un diminutif de Franck.
Fête : 4 octobre - Couleur : rouge - Chiffre : 1
Caractère : Francky est sympathique, équilibré et a le sens des responsabilités.
Fréquence : rare - Évolution : ⇘
Âge moyen : 31 ans

P

Frank

Étymologie : du latin *francus* : « homme libre ». Dès l'origine, le mot a été utilisé pour désigner les Francs. Frank correspond à la forme anglo-américaine de François.
Fête : 4 octobre - Couleur : bleu - Chiffre : 8
Caractère : Frank est courageux, dynamique, curieux et indépendant.
Personnage célèbre : l'acteur et chanteur américain Frank Sinatra.
Fréquence : rare - Évolution : ⇘
Âge moyen : 44 ans

P

Franklin

Étymologie : du latin *francus* : « homme libre ». Ce prénom correspond à un dérivé de Frank.
Fête : 4 octobre - Couleur : rouge - Chiffre : 1
Caractère : Franklin est persévérant, résolu et déterminé.
Personnage célèbre : Franklin Delano Roosevelt, ancien président des États-Unis.
Fréquence : rare - Évolution : ⇘
Âge moyen : 38 ans

P

Fred

Frede

Étymologie : du germain *fried* : « protecteur » et *ric* : « puissant », ou *rik* : « roi ».
Fête : 18 juillet - Couleur : jaune - Chiffre : 5
Caractère : Fred est équilibré, volontaire et a le sens des responsabilités.
Fréquence : rare - Évolution : ⇘
Âge moyen : 50 ans

P

Freddy

Freddi, Freddie, Fredi, Fredj, Fredo

Étymologie : du germain *fried* : « protecteur » et *ric* : « puissant », ou *rik* : « roi ». Freddy est un diminutif de Frédéric consacré prénom à part entière dès les années 60 en France.

Fête : 18 juillet - Couleur : jaune - Chiffre : 5

Caractère : Freddy est volontaire, déterminé et aime aller au bout des choses.

Fréquence : répandu - Évolution : ↘

Âge moyen : 39 ans

P

Frédéric

Feder, Federigo, Frederick, Fredericus, Frederik, Frederk, Fredric, Fredrick, Freek, Frerich, Frerk, Fridichs, Friedel, Friedl, Rickel

Étymologie : du germain *fried* : « protecteur » et *ric* : « puissant », ou *rik* : « roi ».

Fête : 18 juillet - Couleur : jaune - Chiffre : 5

Caractère : Frédéric est courageux, déterminé, ambitieux et entreprenant.

Personnages célèbres : Frédéric Chopin, musicien virtuose ; Frédéric Mistral, écrivain et lexicographe français ; Frédéric Dard, auteur des *San Antonio* ; l'acteur Frédéric Diefenthal ; Frédéric Mitterrand ; Frédéric Beigbeder ; le journaliste Frédéric Taddeï.

Fréquence : répandu - Évolution : ↘

Âge moyen : 42 ans

V

Friedrich

Étymologie : du germain *fried* : « protecteur » et *ric* : « puissant », ou *rik* : « roi ». Friedrich est la forme germanique de Frédéric.

Fête : 18 juillet - Couleur : jaune - Chiffre : 5

Caractère : Friedrich est fort, ambitieux et habile. Il est doté d'un fort esprit de logique.

TOP 20

Prénoms chics

Révélateur du milieu social auquel nous appartenons, le prénom laisse transparaître l'origine autant que certains codes vestimentaires. Ainsi, certains prénoms qui semblent originaux, voire rarissimes, à l'ensemble de la population, apparaissent en bonne place dans le *Bottin Mondain* et sont très attribués en milieux aristocratiques.

Ambroise
Armand
Augustin
Baudoin
Charles
Côme
Constant
Cyprien
Edgar
Édouard
Éloi
Enguerrand
Eudes
Hippolyte
Louis
Stanislas
Tancrède
Théophile
Vianney
Victor

Personnages célèbres : le dramaturge Friedrich Schiller ; les philosophes Friedrich Nietzsche et Friedrich Engels.
Fréquence : très rare - Évolution : =
Âge moyen : 90 ans

C

Fulbert

Volbert

Étymologie : du germain *ful* : « abondant, beaucoup » et *bert* : « brillant ».
Fête : 10 avril - Couleur : jaune - Chiffre : 5
Caractère : Fulbert est discret, charmant et s'adapte aux individus avec facilité.
Fréquence : rare - Évolution : ↘
Âge moyen : 77 ans

C

Fulvien

Fulvi, Fulvian, Fulvius

Étymologie : du latin *fulvus* : « jaunâtre, fauve ». Les Fulvius furent une célèbre famille romaine.
Couleur : jaune - Chiffre : 3
Caractère : Fulvien est un stratège à l'esprit logique.
Fréquence : très rare - Évolution : ↘

G

B

Gabin

Gabino

Étymologie : de *Gabinia*, nom d'une illustre famille romaine sans doute originaire du Gabies, une ville du Latium.
Fête : 19 février - Couleur : jaune - Chiffre : 6
Caractère : Gabin a le sens des responsabilités, est exigeant et affectueux.
Fréquence : rare - Évolution : ↗
Âge moyen : 10 ans

P

Gabriel

Gaaf, Gabay, Gabel, Gabig, Gabrielo, Gabor, Gabrel, Gabriël, Gabriele, Gabriello, Gabrielo, Gabrio, Gabry, Gavril, Gavriil,

Étymologie : de l'hébreu *gabar* : « force », ou *gabri* : « héros »
Fête : 29 septembre - Couleur : bleu - Chiffre : 9
Caractère : Gabriel est un être brillant, doté d'un solide esprit de synthèse. Il avance, toujours paré d'une solide confiance en lui. Rien ne peut véritablement le désarçonner. Il est pourvu d'une force intérieure comme on en connaît peu.
Personnages célèbres : le musicien Gabriel Fauré ; Gabriel García Márquez, écrivain colombien qui obtint le prix Nobel en 1982.
Fréquence : répandu - Évolution : ↗
Âge moyen : 57 ans

P

Gaby

Étymologie : de l'hébreu *gabar* : « force », ou *gabri* : « héros ». Gaby est le diminutif de Gabriel.
Fête : 29 septembre - Couleur : bleu - Chiffre : 9
Caractère : Gaby est fort, ambitieux et habile.
Fréquence : rare - Évolution : ↗
Âge moyen : 45 ans

V

Gad

Étymologie : de l'hébreu : « honneur ». Gad est le fondateur de l'une des tribus d'Israël.
Couleur : jaune - Chiffre : 3
Caractère : Gad est actif, déterminé, sociable,

mais parfois réservé.
Personnage célèbre : Gad Elmaleh, humoriste et acteur.
Fréquence : rare - Évolution : ↘
Âge moyen : 16 ans

P

Gaël

Étymologie : du germain *walah* : « étranger » et plus spécialement les Celtes.
Fête : 17 décembre - Couleur : jaune - Chiffre : 2
Caractère : Gaël cache sa sensibilité et sa tendresse sous une certaine forme de froideur comme le font les timides, prompts à tomber amoureux.
Personnage célèbre : le comédien Gael García Bernal.
Fréquence : répandu - Évolution : ↗
Âge moyen : 26 ans

P

Gaëtan

Gaetano, Cajetan, Gaéthan, Kajetan

Étymologie : du latin *caietanus* : « habitant de Caieta (Gaète) ».
Fête : 7 août - Couleur : orange - Chiffre : 3
Caractère : Gaëtan est un rêveur, un tendre, un éternel enfant.
Personnage célèbre : le chanteur Gaëtan Roussel.
Fréquence : rare - Évolution : ↘

C

Garnier

Varnier, Vernier, Guarnerio, Guarnerio

Étymologie : du germanique *waran* : « protéger » et *heri* : « armée ». Ce prénom correspond à la forme française de Werner.
Fête : 19 avril - Couleur : rouge - Chiffre : 4
Caractère : Garnier est altruiste, réfléchi et aime le dépassement de soi.
Fréquence : très rare - Évolution : =

V

Gary

Étymologie : du germanique *ger* : « la lance » (symbole du guerrier) et *hart* : « fort ». Gary est un diminutif de Garrett, forme anglo-saxonne de Gérard.
Fête : 3 octobre - Couleur : bleu - Chiffre : 6
Caractère : Gary est charmant, sociable et sensible.
Personnages célèbres : Gary Cooper et Gary Oldman, acteurs.
Fréquence : rare - Évolution : ↘
Âge moyen : 25 ans

B

Gaspard

Caspar, Casper, Jasper, Gaspar, Kaspar, Gaspare, Gasparin, Gasparo, Gasper, Kapp, Kaspar, Kasper, Käsper

Étymologie : du sanskrit *gathaspa* : « celui qui vient voir ».
Fête : 3 janvier - Couleur : rouge - Chiffre : 3
Caractère : Gaspard aime les risques et en prend volontiers. C'est un volontaire, un dynamique qui ne s'avoue jamais fatigué ni vaincu.
Personnages célèbres : Gaspard, celui des trois mages qui apportait l'encens pour la naissance de Jésus ; Gaspard Monge, mathématicien ; Gaspard, héros du roman de la Comtesse de Ségur *La Fortune de Gaspard* ; le comédien Gaspard Ulliel ; l'humoriste Gaspard Proust.
Fréquence : rare - Évolution : ↗
Âge moyen : 18 ans

B

Gaston

Gastone, Gastoun, Gastâo, Vaast, Waast

Étymologie : du germain *gast* : « hôte, voyageur ».
Fête : 6 février - Couleur : vert - Chiffre : 4

Caractère : sa robuste volonté, la finesse de son intellect et une sociabilité bon enfant caractérisent Gaston.
Personnages célèbres : Gaston Doumergue, l'homme d'État ; l'écrivain Gaston Leroux ; l'éditeur Gaston Gallimard ; Gaston Lagaffe ; le philosophe Gaston Bachelard.
Fréquence : répandu - Évolution : ↗
Âge moyen : 91 ans

C

Gatien

Étymologie : du latin *gatinus* : « originaire du Gâtinais ».
Fête : 18 décembre - Couleur : jaune - Chiffre : 5
Caractère : Gatien est sociable, réceptif et diplomate.
Fréquence : rare - Évolution : ↗
Âge moyen : 27 ans

C

Gaubert

Gaudebert, Goberto, Gualber, Jaubert, Joubert

Étymologie : du germain *gault* : « divinité » et *bert* : « brillant ».
Fête : 2 mai - Couleur : rouge - Chiffre : 4
Caractère : Si Gaubert peut parfois se montrer colérique, c'est aussi un être d'intuitions et un grand amoureux.
Fréquence : très rare - Évolution : ↗

C

Gauthier

Bhailtair, Galtier, Galtière, Gaultier, Gautier, Gauthière, Gualtiero, Ualtar, Walt, Walter, Waltersje, Walterus, Walthera, Waly, Walz, Wat, Welter, Wolt, Wouter

Étymologie : du germain *waldan* : « gouverner » et *her* : « armée ».
Fête : 9 avril - Couleur : orange - Chiffre : 9
Caractère : Gauthier est attentif, actif et aime aller au bout des choses.
Fréquence : rare - Évolution : ↘
Âge moyen : 19 ans

C

Gauvain

Gauwe, Gavan, Gaven, Gauvin, Galwin, Gavin, Gawain, Gawen, Gawin

Étymologie : du vieux gallois *gwalchmai* : « faucon de la plaine »
Couleur : orange - Chiffre : 4
Caractère : Gauvain est dynamique, indépendant et élégant.
Personnage célèbre : dans le cycle des *Chevaliers de la Table ronde*, Gauvain est le neveu préféré du roi Arthur.
Fréquence : rare - Évolution : ↘
Âge moyen : 14 ans

P

Gaylord

Gaylor

Étymologie : de l'anglais : « le joyeux sire ».
Couleur : jaune - Chiffre : 1
Caractère : Gaylord est dynamique, audacieux et directif.
Fréquence : rare - Évolution : ↘
Âge moyen : 25 ans

B

Gédéon

Guidon, Gideon, Gideone

Étymologie : de l'hébreu : « saison de chance ».
Fête : 1er septembre - Couleur : violet - Chiffre : 5
Caractère : Gédéon est sociable, actif et réservé.
Fréquence : rare - Évolution : ↗
Âge moyen : 58 ans

C

Gélase

Étymologie : du latin *Gelasius* : « habitant de la ville de Gélase ».
Fête : 21 novembre - Couleur : rouge - Chiffre : 1
Caractère : Gélase est énergique, franc et rigoureux.
Fréquence : très rare - Évolution : =

C

Geoffrey

Jaufret, Jefferey, Jeffrey, Joffret,

Étymologie : du germain *gaut* : « divinité, dieu » et *frid* : « paix », ou *fried* : « protecteur ».
Fête : 8 novembre - Couleur : jaune - Chiffre : 7
Caractère : Geoffrey est élégant, indépendant, fier et charismatique.
Fréquence : répandu - Évolution : ↘
Âge moyen : 23 ans

C

Geoffroy

Goffert, Jeffe, Jefie

Étymologie : du germain *gaut* : « divinité, dieu » et *frid* : « paix », ou *fried* : « protecteur ».
Fête : 8 novembre - Couleur : jaune - Chiffre : 7
Caractère : Geoffroy est prudent et n'accorde pas facilement sa confiance. Pourtant, dès qu'il dépose les armes, il sait se montrer charmant et chaleureux.
Personnage célèbre : le naturaliste Geoffroy Saint-Hilaire.
Fréquence : rare - Évolution : ↘
Âge moyen : 33 ans

C

Georges

Egor, Georas, Georg, George, Georgio, Georgius, Georgy, Gorch, Görch, Görgel, György, Iouri, Jörg, Jorge, Jorick, Joris, Jörn, Jürg, Jürgen, Juris, Seiorse, Sior, Yorick

Étymologie : du grec *gheorghios* : « travailleur de la terre ».
Fête : 23 avril - Couleur : jaune - Chiffre : 4
Caractère : Georges exige autant des autres que de lui-même. Plein d'humour, il est drôle et curieux. Résolument optimiste, il dévore la vie avec appétit !
Personnages célèbres : le compositeur Georges Bizet ; les auteurs Georges Courteline, Georges Feydeau, Georges Bernanos, Georges Perec et Georges Bataille ; l'artiste Georges Braque ; le chanteur Georges Brassens.
Fréquence : répandu - Évolution : ↘
Âge moyen : 84 ans

P

Gérald

Géraud, Guiraud, Gerold, Geerry, Geraldo, Gerry, Gerwald, Giraldo, Gerrelt, Gerwald, Graald, Greelt, Jerry

Étymologie : du germain *ger* : « lance, pique » et *waldan* : « commander, gouverner ».
Fête : 5 décembre - Couleur : bleu - Chiffre : 2
Caractère : Gérald est volontaire, courageux et perfectionniste.
Personnage célèbre : l'historien Gérald Barry (XIIe siècle).
Fréquence : rare - Évolution : ↘
Âge moyen : 45 ans

P

Gérard

Gard, Garret, Garrit, Gearard, Geeraard, Geerhard, Geert, Gérardin, Gerardo, Gerardus, Gerd, Gerhard, Gerhart, Gersten, Gert, Gherardo, Girard,

Étymologie : du germain *ger* : « lance, pique » et *herd* : « dur, courageux ».
Fête : 3 octobre - Couleur : orange - Chiffre : 8

Caractère : Gérard est réaliste, a le sens des responsabilités, est rigoureux et possède une certaine autorité.
Personnages célèbres : le poète Gérard de Nerval ; le cinéaste Gérard Oury ; les acteurs Gérard Depardieu, Gérard Jugnot et Gérard Lanvin.
Fréquence : rare - Évolution : ↘
Âge moyen : 65 ans

C

Géraud

Guérand

Âge moyen : du germain *ger* : « lance, pique » et *herd* : « dur, courageux ». Géraud n'est autre que la transcription française de Gérald.
Fête : 13 octobre - Couleur : bleu - Chiffre : 2
Caractère : Géraud est intuitif, altruiste et sensible.
Fréquence : rare - Évolution : ↘
Âge moyen : 42 ans

C

Germain

Garmon, German, Germanus, Germanio, Germanus, Germano

Étymologie : du latin *germanus* (germen) : « issu de la même race, du même sang ».
Fête : 28 mai - Couleur : jaune - Chiffre : 4
Caractère : une ténacité sans faille, une grande confiance en lui, une intelligence pratique et précise l'accompagne.
Fréquence : répandu - Évolution : ↘
Âge moyen : 79 ans

B

Gervais

Étymologie : du germanique *ger* : « la lance » et *win* : « l'ami ».
Fête : 19 juin - Couleur : rouge - Chiffre : 9
Caractère : Gervais est un grand amoureux et un ami loyal. Il accorde une grande importance à ses affections et à ceux qui en constituent l'objet. Pour lui, l'amitié n'a pas de prix.
Fréquence : rare - Évolution : =
Âge moyen : 73 ans

P

Ghislain

Gelijn, Ghilain, Gislain, Gisleno, Gislenus, Gleitje, Guislain

Étymologie : du germain *ghil* : « otage » et *hard* : « dur ».
Fête : 10 octobre - Couleur : bleu - Chiffre : 7
Caractère : Ghislain est élégant et volontaire, c'est un esthète.
Fréquence : rare - Évolution : ↘
Âge moyen : 42 ans

V

Giacomo

Étymologie : de l'hébreu *ya'aqob* : « que Dieu favorise ». Giacomo est la forme italienne de Jacques, forme française de Jacob, prénom biblique du fils d'Esaü et de Rebecca.
Fête : 25 juillet - Couleur : rouge - Chiffre : 4
Caractère : Giacomo est idéaliste, intègre et altruiste.
Personnage célèbre : Giacomo Casanova, séducteur légendaire.
Fréquence : rare - Évolution : ↗
Âge moyen : 37 ans

V

Gianni

Gian, Giani, Gianny

Étymologie : de l'hébreu *yohânân* : « Dieu pardonne ». Gianni est le diminutif de Giovanni, forme italienne de Jean.
Fête : 24 juin ou 27 décembre - Couleur : jaune
Chiffre : 2
Caractère : Gianni est curieux, créatif et charismatique.

Personnage célèbre : Gianni Versace, le créateur de mode.
Fréquence : rare - **Évolution :** ⇗
Âge moyen : 18 ans

V

Gil

Étymologie : du germanique *ghil* : « la promesse, l'engagement », ou du grec *aigidos* : « le bouclier ». Ce prénom correspond à un diminutif des prénoms commençant par Gil (Gilbert, par exemple), mais c'est aussi la forme espagnole de Gilles.
Fête : 4 février - **Couleur :** bleu - **Chiffre :** 2
Caractère : Gil est ambitieux, énergique et autonome.
Personnage célèbre : Gil Blas de Santillane, héros de Lesage.
Fréquence : rare - **Évolution :** ⇘
Âge moyen : 46 ans

P

Gilbert

Gielbert, Gielbertus, Gilbertus, Gilbrecht, Gillebert, Gisbert, Giselbert, Gisilo

Étymologie : du germain *gisil* : « descendant (de haute race) » et *bert* : « brillant ».
Fête : 7 juin ou 4 février - **Couleur :** bleu
Chiffre : 2
Caractère : Gilbert est dynamique, indépendant et a le goût de l'aventure.
Personnages célèbres : le chanteur-compositeur Gilbert Bécaud ; le chanteur Gilbert Montagné ; l'acteur Gilbert Melki.
Fréquence : répandu - **Évolution :** ⇘
Âge moyen : 73 ans

V

Gilberto

Étymologie : du germain *gisil* : « descendant (de haute race) » et *bert* : « brillant ». Gilberto est la forme hispanophone de Gilbert. Gilberto est très répandu en Espagne, mais aussi au Portugal ou au Brésil.
Fête : 7 juin ou 4 février - **Couleur :** bleu
Chiffre : 2
Caractère : Gilberto est intelligent, a du cœur et l'esprit logique.
Personnage célèbre : Gilberto Gil, chanteur et compositeur brésilien.
Fréquence : rare - **Évolution :** ⇘
Âge moyen : 42 ans

C

Gildas

Gildo, Gweltaz, Gweltazenn, Gweltazig, Ieltaz, Ieltez, Jildaz, Jildazig, Veltaz, Yeltaz

Étymologie : du celtique *gwelt* : « chevelure ».
Fête : 29 janvier - **Couleur :** noir - **Chiffre :** 9
Caractère : Gildas est spirituel, organisé et original.
Fréquence : rare - **Évolution :** ⇘
Âge moyen : 44 ans

P

Gilles

Aegidius, Egid, Egide, Egidio, Gil, Giles, Gilet, Gilio, Gill, Gillesko, Gillis, Gillo, Idzi, Ilian, Jilez

Étymologie : du germain *gisil* : « descendant (de haute origine) », qui se confondit avec *aegidius* : « le protecteur » (du grec *aigidos* : « bouclier », celui de Zeus).
Fête : 1er septembre - **Couleur :** vert - **Chiffre :** 1
Caractère : c'est à la fois un timide et un entreprenant, toujours en quête de s'affirmer et de s'affermir.
Personnages célèbres : l'écrivain Gilles Perrault ; l'acteur Gilles Lellouche ; le philosophe Gilles Deleuze .
Fréquence : répandu - **Évolution :** ⇘
Âge moyen : 51 ans

Gino

Gine, Ginno

Étymologie : du germain *hold* : « glorieux » et *wig* : « le combattant ». Gino est un diminutif de Luigino, lui-même diminutif de Luigi, le Louis italien.

Fête : 25 août - Couleur : vert - Chiffre : 9

Caractère : Gino a du tact, est sensible et sait parfaitement s'adapter.

Fréquence : rare - Évolution : ↗

Âge moyen : 44 ans

Giordano

Étymologie : de l'hébreu *yarden* : « Jourdain », du nom du fleuve qui arrose la Palestine et borde la frontière de la Jordanie, avant de se jeter dans la mer Morte. C'est dans ces eaux que Jean-Baptiste baptisa le Christ. Giordano est la forme italienne de Jordan.

Fête : 15 février - Couleur : bleu - Chiffre : 4

Caractère : Giordano est diplomate, sociable, volontaire et réceptif.

Fréquence : très rare - Évolution : ↘

Âge moyen : 76 ans

Giorgio

Étymologie : du grec *gheorghios* : « travailleur de la terre ».

Fête : 23 avril - Couleur : jaune - Chiffre : 4

Caractère : Giorgio est à la fois un stratège et un créatif. Il possède un certain leadership.

Personnages célèbres : Giorgio Armani, le créateur ; Giorgio Moroder, le compositeur et producteur.

Fréquence : rare - Évolution : ↗

Âge moyen : 33 ans

Giovanni

Étymologie : de l'hébreu *yohânân* : « Dieu pardonne ». Giovanni est la forme italienne de Jean.

Fête : 24 juin ou 27 décembre - Couleur : jaune

Chiffre : 2

Caractère : Giovanni est audacieux, dynamique et directif.

Personnage célèbre : Don Giovanni, le héros de l'opéra de Mozart.

Fréquence : rare - Évolution : ↘

Âge moyen : 30 ans

Giulio

Étymologie : du latin *iulius*, dérivé de *Jovilios* : « descendant de Jupiter ». Ce nom désignait à l'origine un fils d'Énée avant de devenir le patronyme de ses descendants. La gens Jiulia a pour membre célèbre le grand César lui-même. Giulio est la forme italienne de Jules.

Fête : 12 avril - Couleur : rouge - Chiffre : 4

Caractère : Giulio est ambitieux, opiniâtre et travailleur.

Fréquence : rare - Évolution : ↗

Âge moyen : 18 ans

Giuseppe

Étymologie : de l'hébreu *yosseph* : « Dieu ajoutera ».

Fête : 19 décembre ou 20 mars - Couleur : rouge

Chiffre : 1

Caractère : Giuseppe a du cœur. Il est habile, fort et ambitieux.

Personnage célèbre : le compositeur Giuseppe Verdi.

Fréquence : rare - Évolution : ↗

Âge moyen : 43 ans

V

Glenn

Étymologie : du celte *glean* : « vallée encaissée ».
Fête : 11 septembre - **Couleur :** bleu - **Chiffre :** 2
Caractère : Glenn a du cœur. Il est enclin à la méditation et toujours en quête de savoir.
Personnage célèbre : le chanteur Glenn Medeiros.
Fréquence : rare - **Évolution :** ↘
Âge moyen : 20 ans

C

Godefroy

Friedel, Godefroi, Godel, Godfred, Godfroi, Godofredo, Goffert, Goraidh, Gotfridus, Gothfraith, Götschi, Gottfredo, Gottfriede, Gotti, Götz, Gotz

Étymologie : du germain *gaut* : « divinité, dieu » et *frid* : « paix », ou *fried* : « protecteur ».
Fête : 8 novembre - **Couleur :** vert - **Chiffre :** 5
Caractère : Intuitif, Godefroy recherche la sécurité. Pourtant, il aime à la remettre en jeu, la bousculer, sans doute pour mieux l'éprouver.
Personnage célèbre : Godefroi de Bouillon, qui mena la première croisade jusqu'à Jérusalem et n'admit pas d'en être sacré roi.
Fréquence : rare - **Évolution :** ↘
Âge moyen : 48 ans

C

Gontran

Gontrand

Étymologie : du germain *gund* : « combat » et *harban* : « corbeau ».
Fête : 28 mars - **Couleur :** bleu - **Chiffre :** 8
Caractère : Gontran est un obstiné, un idéaliste qui défend toujours ce qu'il entreprend. Il aime les plaisirs de la vie et tout ce qui est beau.
Fréquence : rare - **Évolution :** ↘
Âge moyen : 66 ans

C

Gonzague

Étymologie : ce prénom est, à l'origine, un patronyme. Il a subi une évolution typique des pays anglophones, beaucoup moins courante en France. En effet, Gonzague était le nom d'une famille originaire de Gonzaga en Lombardie, qui régna sur le duché de Mantoue pendant deux siècles.
Fête : 26 juin - **Couleur :** violet - **Chiffre :** 6
Caractère : Gonzague est travailleur, calme, courageux et se laisse guider par son instinct affectif.
Personnage célèbre : le journaliste et auteur Gonzague Saint Bris.
Fréquence : rare - **Évolution :** =
Âge moyen : 42 ans

V

Gonzalès

Étymologie : du germain *gund* : « combat » et *al* : « tout ». Ce prénom fut porté par un seigneur portugais qui, à son retour de Terre sainte, se fit dominicain et vécut en ermite au bord d'un fleuve jusqu'à sa mort.
Fête : 10 janvier - **Couleur :** vert - **Chiffre :** 4
Caractère : Gonzalès est humain, ouvert d'esprit et très généreux.
Fréquence : très rare - **Évolution :** =

V

Gordon

Gordan, Gordy

Étymologie : du celte : « la montagne aux trois versants ». Ce toponyme aurait été le patronyme d'un vieux clan écossais.
Fête : 10 mai - **Couleur :** vert - **Chiffre :** 5
Caractère : Gordon est audacieux, dynamique et fort.
Personnage célèbre : Gordon Ramsay, le chef cuisinier.
Fréquence : rare - **Évolution :** ↘
Âge moyen : 23 ans

TOP 20

Prénoms composés et 2 en 1

Une certaine liberté étant offerte aux parents, il est à présent possible de... ne plus choisir entre deux prénoms aimés. Depuis quelques années, on compose et on appose les prénoms, au point de retirer le trait d'union si on le désire.

Carobert *(contraction de Charles et Robert)*
Charles-Édouard
Charles-Henri
Franck-Olivier
François-Xavier
Jean-Luc
Jean-Pierre
Juan-Carlos
Mohamed-Amine
Noah-Gabriel
Léo-Paul
Louinick *(contraction de Louis et Yannick)*
Louis-Marie
Paul-Alexandre
Paul-Antoine
Pierre-Étienne
Pierre-Loup
Pierre-Olivier
Pierre-Yves
Victor-Emmanuel

C

Gracien

Étymologie : du latin *gratia* : « la faveur, le bienfait ». Gracien est une variante de Gratien.
Fête : 22 décembre - Couleur : jaune - Chiffre : 2
Caractère : Gracien est optimiste, pragmatique et sympathique.
Fréquence : très rare - Évolution : ↘

V

Graham

Étymologie : du gallois : « maison grise ». Graham est un patronyme anglo-saxon qui est aussi usité comme prénom dans les pays anglophones.
Couleur : vert - Chiffre : 2
Caractère : Graham a du ressort, aime la communication et la réalisation.
Personnage célèbre : l'écrivain anglais Graham Greene.
Fréquence : très rare - Évolution : ↗
Âge moyen : 17 ans

C

Gratien

Gratian, Graziano

Étymologie : du latin *gratia* : « la faveur, le bienfait ».
Fête : 22 décembre - Couleur : jaune - Chiffre : 2
Caractère : Gratien est loyal, sociable et résolu.
Fréquence : rare - Évolution : ↘
Âge moyen : 76 ans

P

Greg

Étymologie : du grec *egregorien* : « éveillé, qui veille ». Greg est un diminutif de Gregory devenu un prénom à part entière.
Fête : 3 septembre - Couleur : violet - Chiffre : 3
Caractère : Greg est directif, audacieux, indépendant et dynamique.

Fréquence : rare - Évolution : ↘
Âge moyen : 15 ans

C

Grégoire

Étymologie : du grec *egregorien* : « éveillé, qui veille ». Ce prénom fut porté par un pape qui, dès 590, réorganisa l'Église et unifia la liturgie. C'est lui qui est l'origine des chants grégoriens. À sa mort, il fut nommé docteur de l'Église.
Fête : 3 septembre - Couleur : violet - Chiffre : 3
Caractère : Grégoire est rapide, curieux, indépendant et sociable.
Personnages célèbres : le chanteur Grégoire ; l'illustrateur Grégoire Solotareff.
Fréquence : répandu - Évolution : ↘
Âge moyen : 30 ans

P

Gregory

Étymologie : du grec *egregorien* : « éveillé, qui veille ». Gregory est la forme anglo-saxonne de Grégoire, qui fut très prisée en France dès les années 80.
Fête : 3 septembre - Couleur : violet - Chiffre : 3
Caractère : Gregory a le goût de l'aventure, est indépendant et dynamique.
Personnages célèbres : l'acteur Gregory Peck.
Fréquence : répandu - Évolution : ↘
Âge moyen : 29 ans

V

Griffin

Étymologie : du gallois : « cheveux rouges ». Griffin est un patronyme anglo-saxon qui est aussi usité comme prénom dans les pays anglophones.
Couleur : rouge - Chiffre : 7
Caractère : Griffin est équilibré, a le sens des responsabilités et de la famille.
Fréquence : très rare - Évolution : ↘

V

Griffith

Étymologie : du gallois : « chef fort ». Griffith est un patronyme anglo-saxon qui est aussi usité comme prénom depuis le XVIIIe siècle.
Couleur : vert - Chiffre : 2
Caractère : Griffith est diplomate, sociable et rigoureux.
Fréquence : très rare - Évolution : ↘

V

Guénael

Étymologie : du celtique *gwenn* : « blanc, heureux » et *hael* : « généreux, noble ».
Fête : 3 novembre - Couleur : bleu - Chiffre : 7
Caractère : Guénael est loyal, sympathique et sociable.
Fréquence : rare - Évolution : ↘
Âge moyen : 34 ans

V

Guénhaël

Étymologie : du celtique *gwenn* : « blanc, heureux ».
Fête : 3 novembre - Couleur : bleu - Chiffre : 7
Caractère : Guénhaël est fier, volontaire, ombrageux parfois, mais possédant un grand sens de la beauté et une indéniable sensualité.
Fréquence : rare - Évolution : =
Âge moyen : 45 ans

V

Guénolé

Étymologie : du celtique *gwenn* : « blanc, heureux » et *uual* : « le valeureux ».
Fête : 3 mars - Couleur : rouge - Chiffre : 9
Caractère : Guénolé est indépendant, intelligent et sympathique.
Fréquence : rare - Évolution : ↘
Âge moyen : 31 ans

V

Guerric

Étymologie : du germain *warran* : « la protection » et *rik* : « le roi ».
Fête : 19 août - Couleur : rouge - Chiffre : 9
Caractère : Guerric est sympathique, ouvert d'esprit, rêveur et humain.
Fréquence : rare - Évolution : ↘
Âge moyen : 23 ans

V

Guido

Étymologie : du germain *wid* : « forêt ».
Fête : 12 juin - Couleur : violet - Chiffre : 8
Caractère : Guido est un fin stratège, dont la vitalité et l'ardeur au travail en font un redoutable travailleur.
Fréquence : rare - Évolution : =
Âge moyen : 73 ans

P

Guillaume

Guillemet, Guillemin, Guillerme, Guillermo, Guillou, Guilmot, Guilhaume, Guillemin, Guyllaume, Gwilherm

Étymologie : du germain *will* : « volonté » et *helm* : « protection ».
Fête : 10 janvier - Couleur : vert - Chiffre : 2
Caractère : Guillaume est enclin à la méditation. Sage, droit, solide et généreux, il possède une certaine réserve qui se mêle à un côté hédoniste.
Personnages célèbres : Guillaume le Conquérant, duc de Normandie ; Guillaume Tell, héros légendaire du XVIe siècle, expert en arbalète ; l'humaniste Guillaume Budé ; le poète Guillaume Apollinaire ; Guillaume Gallienne, de la Comédie Française.
Fréquence : répandu - Évolution : ↘
Âge moyen : 30 ans

V

Guilhem

Guilem, Guilhelm

Étymologie : du germain *will* : « volonté » et *helm* : « protection ». Guilhem correspond à une variante de Guillaume usitée depuis le XIIIe siècle.
Fête : 10 janvier - Couleur : vert - Chiffre : 2
Caractère : Guilhem a du ressort, est enthousiaste et sympathique.
Fréquence : rare - Évolution : ↘
Âge moyen : 21 ans

P

Guillain

Ghilain, Guilain, Guillai, Guislain

Étymologie : du germain : « doux otage ».
Fête : 10 octobre - Couleur : bleu - Chiffre : 7
Caractère : Guillain est élégant, volontaire, c'est un esthète.
Fréquence : rare - Évolution : ↘
Âge moyen : 28 ans

V

Gunther

Gondario, Gontario, Gonthier, Gontier, Gunder, Gunezilo, Gunnar, Gunner, Guntars, Günter, Gunter, Günzel, Gunzo

Étymologie : du germain : « guerrier ». Gunther est un prénom typique du nord de l'Europe (Scandinavie ou Allemagne).
Couleur : bleu - Chiffre : 8
Caractère : Gunther est sociable, persuasif et opportuniste.
Fréquence : rare - Évolution : ↘
Âge moyen : 57 ans

V

Gurvan

Gourvan, Gurvann, Gurwan

Étymologie : du breton : « sagesse ».
Couleur : bleu - Chiffre : 4
Caractère : Gurvan est réceptif, sociable, diplomate, mais il sait faire preuve de compassion.
Fréquence : rare - Évolution : ↘
Âge moyen : 17 ans

P

Gus

Guste, Gusto

Étymologie : du germain *gustav* : « qui prospère ». Gus est un diminutif anglo-saxon d'Auguste.
Fête : 7 octobre - Couleur : violet - Chiffre : 5
Caractère : Gus est un fonceur, tenace, dynamique, méthodique, mais il est aussi fier et loyal.
Personnage célèbre : Gus Van Sant, réalisateur primé à Cannes.
Fréquence : très rare - Évolution : =
Âge moyen : 2 ans

B

Gustave

Gus, Gust, Gustaf, Gustav, Gustavo, Gustavus, Gustel, Staf

Étymologie : du germain *gustav* : « qui prospère ».
Fête : 7 octobre - Couleur : violet - Chiffre : 5
Caractère : Gustave est un être curieux, dynamique, dont le grand cœur égale l'esprit de réussite.
Personnages célèbres : Gustave Flaubert, le célèbre auteur de *L'Éducation sentimentale* et de *Madame Bovary* ; Gustave Eiffel, à qui on doit la tour mythique.
Fréquence : rare - Évolution : ↗
Âge moyen : 91 ans

P

Guy

Gui, Guyot, Gurig, Veit, Vitus

Étymologie : du germain *wid* : « forêt ».
Fête : 12 juin - Couleur : violet - Chiffre : 8
Caractère : Guy est un intuitif et un esthète qui n'aime pas se disperser. Il est perpétuellement en quête de stabilité et d'équilibre de vie. Pour lui, rien de tel que les relations durables.
Personnages célèbres : l'écrivain Guy de Maupassant ; l'acteur Guy Marchand ; le chanteur Guy Béart ; l'humoriste Guy Bedos ; Guy Roux, l'entraîneur de football.
Fréquence : répandu - Évolution : ↘
Âge moyen : 69 ans

V

Gwen

Étymologie : du celtique *gwenn* : « blanc, heureux ». Ce prénom est mixte et fut porté par une sainte. La mère des saints Jacut et Gwenolé. Elle a vécu au VIe siècle.
Fête : 18 octobre - Couleur : vert - Chiffre : 3
Caractère : Gwen est un être fiable, tenace, qui mêle le sens du devoir à celui de la méthode. Évidemment, il est parfois très engagé dans certaines causes qu'il sert avec passion
Fréquence : rare - Évolution : ↗
Âge moyen : 16 ans

V

Gwenaël

Gwenal, Gwenel, Gwennaël, Gwenhael, Guenael, Ganael

Étymologie : du celtique *gwenn* : « blanc, heureux » et *hael* : « généreux, noble ».

Fête : 3 novembre - Couleur : blanc - Chiffre : 2
Caractère : Gwenaël est sécurisant, perspicace, structuré et sait faire preuve d'une immense compassion.
Fréquence : rare - Évolution : ↘
Âge moyen : 30 ans

Gwendal

Étymologie : du celtique *gwenn* : « blanc, heureux » et *talo* : « le front ».
Fête : 19 janvier - Couleur : bleu - Chiffre : 3
Caractère : Gwendal est doté d'un esprit pratique et d'un don certain pour la communication.
Personnage célèbre : Gwendal Peizerat, danseur sur glace.
Fréquence : rare - Évolution : ↘
Âge moyen : 17 ans

Gwenhaël

Étymologie : du celtique *gwenn* : « blanc, heureux » et *hael* : « généreux, noble ». Gwenhaël est une forme orthographique peu répandue, mais est la plus fidèle à la graphie d'origine.
Fête : 3 novembre - Couleur : blanc - Chiffre : 2
Caractère : Gwenhaël est sécurisant, perspicace, structuré et sait faire preuve d'une immense compassion.
Fréquence : rare - Évolution : ↘
Âge moyen : 27 ans

Gwenolé

Étymologie : du celtique *gwenn* : « blanc, heureux » et *uual* : « le valeureux ».
Fête : 3 mars - Couleur : rouge - Chiffre : 9
Caractère : Gwenolé est humain, ouvert d'esprit et rêveur.
Fréquence : rare - Évolution : ↘
Âge moyen : 24 ans

H

Habib

Étymologie : de l'arabe : « louange ». Ce prénom fut porté par un diacre d'Urfa, en Turquie (anciennement Édesse), martyrisé. Il se livra volontairement à ses bourreaux et mourut, en 327, sur le bûcher. De ce fait, il fut canonisé par l'Église catholique. Habib peut donc être attribué à un chrétien comme à un musulman.
Fête : 27 mars - Couleur : jaune - Chiffre : 1
Caractère : Habib est persévérant, intelligent, capable d'un certain romantisme et très fidèle en amour.
Personnage célèbre : Habib Bourguiba, fondateur de la Tunisie indépendante.
Fréquence : rare - Évolution : ↗
Âge moyen : 27 ans

Hachim

Étymologie : de l'arabe : « le docteur, le sage ». Ce prénom correspond à une variante orthographique d'Hakim, c'est aussi une variante sonore lorsque le « ch » n'est pas prononcé « k ». Allah Al-Hakim fut calife jusqu'en 1021, avant de proclamer sa divinité. Les « tables hakimites » sont des tables astronomiques qui datent de son règne et ont été baptisées ainsi en son honneur.
Couleur : orange - Chiffre : 2
Caractère : Hachim porte bien son nom : il est juste et sage. Il possède un certain sens des valeurs, des responsabilités et de la famille.
Fréquence : rare - Évolution : ↗
Âge moyen : 14 ans

V

Hadad

Étymologie : de l'hébreu : « aigu ». Ce prénom fut porté, dans la Bible, par un petit-fils d'Abraham.
Couleur : rouge - **Chiffre :** 9
Caractère : Hadad est efficace, réaliste, ambitieux et organisé.
Fréquence : très rare - **Évolution :** ↘

C

Hadrien

Hadriano

Étymologie : du grec *Adrianos* et du latin *Adrianus*, nom d'une famille romaine originaire d'Adria, ville de Vénétie. Cette ville aurait donné son nom à la mer Adriatique.
Fête : 8 septembre - **Couleur :** bleu - **Chiffre :** 6
Caractère : Hadrien sait faire preuve d'une redoutable énergie, d'une audace certaine et d'un fort esprit de découverte.
Personnage célèbre : Hadrien, qui prit la tête de l'Empire romain en 117, a marqué l'histoire par ses talents d'administrateur et de législateur. Marguerite Yourcenar en fit le héros de ses *Mémoires d'Hadrien.*
Fréquence : rare - **Évolution :** ↘
Âge moyen : 17 ans

V

Hakim

Hachim, Hakime, Hakem

Étymologie : de l'arabe : « le docteur, le sage ». Allah Al-Hakim fut calife jusqu'en 1021, avant de proclamer sa divinité. Les « tables hakimites » sont des tables astronomiques qui datent de son règne et ont été baptisées ainsi en son honneur.
Couleur : orange - **Chiffre :** 2
Caractère : Hakim est minutieux, consciencieux, excellent conseiller car bienveillant.
Fréquence : rare - **Évolution :** ↘
Âge moyen : 26 ans

V

Hamza

Aza, Hamsa

Étymologie : de l'arabe : « dur, vif, vigoureux ».
Couleur : jaune - **Chiffre :** 4
Caractère : Hamza est d'une fougue et d'une énergie quasi batailleuse, tout en étant optimiste et déterminé.
Fréquence : rare - **Évolution :** ↗
Âge moyen : 12 ans

V

Hannes

Étymologie : de l'hébreu *yohânân* : « Dieu pardonne ». Hannes correspond à la forme néerlandaise et germanique de Jean.
Fête : 24 juin ou 27 décembre - **Couleur :** jaune
Chiffre : 6
Caractère : Hannes est bienveillant, sage et consciencieux.
Fréquence : très rare - **Évolution :** =

V

Hans

Étymologie : de l'hébreu *yohânân* : « Dieu pardonne ». Hans correspond à la forme néerlandaise et germanique de Jean.
Fête : 24 juin ou 27 décembre - **Couleur :** jaune
Chiffre : 6
Caractère : Hans est un séducteur, a le sens des responsabilités, est indépendant et perfectionniste.
Personnage célèbre : Hans, héros de la légende du *Preneur de rats* de Hamelin.
Fréquence : rare - **Évolution :** ↘
Âge moyen : 44 ans

P

Harold

Aradldo, Aralt, Aroldo, Hal, Halle, Harailt, Haralds, Haraldus, Haroldo, Heroldo

Étymologie : du germanique *hari* : « armée » et *waldan* : « commander ».

Fête : 1er novembre - Couleur : jaune - Chiffre : 7

Caractère : Harold est calme, observateur et patient, mais gare à l'original qui sommeille en lui !

Personnages célèbres : Harold Pinter, auteur dramatique anglais ; Harold Godwinson, dit Harold II d'Angleterre, est le dernier roi anglo-saxon d'Angleterre.

Fréquence : rare - Évolution : ↘

Âge moyen : 32 ans

P

Harrison

Harrissen

Étymologie : de l'anglais : « fils de Harry ».

Fête : 13 juillet (Saint-Henri dont Harry est une variante) - Couleur : violet - Chiffre : 3

Caractère : Harrison est un homme de parole, qui respecte ses engagements. C'est son redoutable sens de l'observation qui lui permet de prendre les bonnes décisions.

Personnage célèbre : Harrison Ford, acteur américain.

Fréquence : très rare - Évolution : ↘

Âge moyen : 5 ans

V

Haroun

Arouna, Arun, Harouna, Harun

Étymologie : de l'hébreu : « esprit », ou har : « montagne ». Signifie par extension : « noble ou exalté ». Ce prénom correspond, en effet, à la forme arabe de Aaron, le frère de Moïse dans la Bible.

Couleur : rouge - Chiffre : 4

Caractère : Haroun est courageux, résolu, dynamique et curieux.

Personnages célèbres : Haroun Tazieff, géologue et vulcanologue (1914- 1998) ; Hâroun Ar-Rachîd (763-809), connu pour être le plus fastueux des califes de Bagdad et surtout le héros des *Mille et Une Nuits*.

Fréquence : rare - Évolution : ↗

Âge moyen : 14 ans

P

Harry

Étymologie : du germain *heim* : « maison, foyer » et *rik* : « roi ». Harry correspond à une forme anglo-saxonne d'Henri.

Fête : 13 juillet - Couleur : violet - Chiffre : 9

Caractère : Harry est intelligent, indépendant et actif.

Personnages célèbres : l'inspecteur Harry, héros interprété au cinéma par Clint Eastwood ; le héros de la saga *Harry Potter* ; le présentateur télé Harry Roselmack ; le prince Harry.

Fréquence : rare - Évolution : ↗

Âge moyen : 40 ans

V

Harvey

Hervey

Étymologie : du celtique *haer* : « fort », ou *houarn* : « fer » et *ber* : « ardent ». Ce prénom correspond à la forme anglo-saxonne d'Hervé.

Fête : 17 juin - Couleur : rouge - Chiffre : 9

Caractère : Harvey est réfléchi, sérieux et calme.

Personnage célèbre : l'acteur Harvey Keitel.

Fréquence : très rare - Évolution : =

Âge moyen : 6 ans

V

Hassan

Assan, Assen, Hasan, Hasane, Hassane

Étymologie : de l'arabe : « le lion ». Ce prénom fut porté par le cinquième calife de l'histoire, considéré comme le cinquième successeur du Prophète et le second imam des chiites. Hassan est un prénom régulièrement attribué en France, dans les familles originaires du Maroc.

Couleur : rouge - Chiffre : 1

Caractère : Hassan est énergique, intelligent et charmeur. C'est un épicurien assumé.

Fréquence : rare - Évolution : ↗

Âge moyen : 27 ans

V

Heathcliff

Étymologie : de l'anglais : « falaise près d'un champ ». Heathcliff est un prénom rare, mais pas inexistant dans les pays anglo-saxons. C'est, à l'origine, un patronyme.

Couleur : bleu - Chiffre : 9

Caractère : Heathcliff est parfois obstiné, mais il est généreux et passionné.

Personnages célèbres : le héros des *Hauts de Hurlevent* d'Emily Brontë ; Heathcliff Huxtable, héros de la série *Cosby Show*.

Fréquence : très rare - Évolution : ↘

B

Hector

Ettore

Étymologie : du grec *hectoros* : « celui qui détient ». Nom du héros troyen, fils de Priam et chef de guerre, qui fut tué par Achille.

Couleur : jaune - Chiffre : 6

Caractère : Hector est un courageux, franc, droit et fidèle.

Personnages célèbres : le compositeur Hector Berlioz ; l'auteur Hector Malot.

Fréquence : rare - Évolution : ↗

V

Hedi

Hadi

Étymologie : de l'arabe *hâdî* : « qui va vers le droit chemin ». Cette signification équivaut au mot « guide », nom souvent attribué au Prophète Mahomet dans le Coran.

Couleur : noir - Chiffre : 8

Caractère : Hedi est sociable, aimable et très épicurien en apparence, mais plus tourmenté qu'il n'y paraît.

Personnage célèbre : Hedi Slimane, photographe et couturier français.

Fréquence : rare - Évolution : ↗

Âge moyen : 19 ans

V

Heinrich

Heinrick, Heinz

Étymologie : du germain *heim* : « maison, foyer » et *rik* : « roi ». Ce prénom correspond à la forme germanique d'Henri, c'est un classique en Allemagne et même s'il se fait rare en France, il est parfois usité en Alsace.

Fête : 13 juillet - Couleur : bleu - Chiffre : 9

Caractère : Heinrich est réceptif, sociable, diplomate, loyal et bon.

Personnages célèbres : les écrivains Heinrich von Kleist et Heinrich Heine.

Fréquence : très rare - Évolution : ↘

Âge moyen : 51 ans

V

Hélie

Étymologie : de l'hébreu : « Dieu est mon seigneur ». Ce prénom est une variante du prénom Éli.

Fête : 20 juillet - Couleur : bleu - Chiffre : 1

Caractère : Hélie est indépendant, curieux, épicurien et a de fortes capacités d'adaptation.

Fréquence : rare - Évolution : ↗

Âge moyen : 18 ans

V

Helmut

Helle, Hellmuth, Helm, Helmi, Helmke, Helmo, Helmoed, Helmuts

Étymologie : du germain *helm* : « protection, heaume » et mut : « courage ».

Couleur : rouge - Chiffre : 5

Caractère : l'intelligence, l'indépendance et la finesse, voilà ce qui caractérise Helmut.

Personnages célèbres : l'acteur Helmut Berger ; les chanceliers allemands Helmut Schmidt et Helmut Kohl ; le photographe Helmut Newton ; le styliste Helmut Lang.

Fréquence : rare - Évolution : =

Âge moyen : 80 ans

C

Henri

Arrigo, Drickes, Eanruig, Guenrikh, Hank, Hanraoi, Heinrich, Heinrik, Heinz, Henderkien, Hendrick, Hendricus, Hendrijke, Henke, Hennih, Henno, Henrik, Henschel, Hettie, Hetty, Hinz, Reiz, Riekie, Ritz

Étymologie : du germain *heim* : « maison, foyer » et *rik* : « roi ».

Fête : 13 juillet - Couleur : violet - Chiffre : 9

Caractère : Henri est chanceux, mais sait provoquer la chance, car il est un brin opportuniste. Ce qui ne l'empêche pas d'être sensible et bon.

Personnages célèbres : Henri est un prénom royal, il ne prénomma pas moins de quatre rois de France, huit rois d'Angleterre et quatre rois de Castille ; le peintre Henri Matisse ; le philosophe Henri Bergson ; l'écrivain Henri Michaux ; Henri Cartier-Bresson, le photographe.

Fréquence : répandu - Évolution : ↘

Âge moyen : 85 ans

C

Henry

Étymologie : du germain *heim* : « maison, foyer » et *rik* : « roi ». Henry correspond à une forme anglo-saxonne d'Henri, mais il est néanmoins attribué en France aussi, même si c'est à moindre échelle.

Fête : 13 juillet - Couleur : violet - Chiffre : rouge

Caractère : Henry a toujours soif d'originalité et de connaissances, mais il est fin et spirituel.

Personnages célèbres : les écrivains Henry James, Henry Miller et Henry de Montherlant.

Fréquence : rare - Évolution : ↘

Âge moyen : 70 ans

B

Herbert

Aribert, Hébert, Héribert, Herberto, Herbrecht, Erberto

Étymologie : du germain *hari* : « armée » et *behrt* : « brillant ».

Fête : 20 mars - Couleur : vert - Chiffre : 4

Caractère : intuitif, rêveur, philosophe, il est pourvu d'une intelligence aiguë et d'une mémoire sans faille.

Personnages célèbres : Herbert George Wells (plus connu par ses initiales : H. G. Wells), célèbre écrivain anglais ; Herbert Spencer, philosophe ; le grand chef d'orchestre Herbert von Karajan.

Fréquence : rare - Évolution : ↘

Âge moyen : 71 ans

B

Hercule

Ercolano, Ercole, Herkules

Étymologie : du grec *Héraklès* : « la gloire de la déesse Héra ». Ce prénom est celui du fils de Zeus qui réussit à exécuter les « douze travaux ». Il demeure, encore aujourd'hui, un symbole de force.

Couleur : violet - Chiffre : 3

Caractère : Hercule est rigoureux, persévérant, ambitieux et autoritaire.
Personnage célèbre : le détective belge Hercule Poirot, héros de l'œuvre d'Agatha Christie.
Fréquence : très rare - **Évolution :** ↘
Âge moyen : 80 ans

V

Hermann

Ermanno, Erminio, Harm, Hermake, Herman, Hermano, Hermel, Hermen, Herminius, Hermjke, Herrmann, Hetze, Hetzel, Manes, Mannus, Meins, Menzel

Étymologie : du germain *hari* : « armée » et *mann* : « homme ».
Fête : 25 septembre - **Couleur :** orange - **Chiffre :** 1
Caractère : Hermann est calme, sérieux, réaliste et persévérant.
Personnages célèbres : les écrivains Herman Melville et Hermann Hesse ; Hermann, héros du poème de Goethe, *Hermann et Dorothée.*
Fréquence : rare - **Évolution :** ↘
Âge moyen : 60 ans

P

Hervé

Harvey, Hervea, Herveig, Hervey, Hervie

Étymologie : du celtique *haer* : « fort », ou *houarn* : « fer » et *ber* : « ardent ». Prénom breton par excellence, Hervé a pourtant dépassé les limites de la Bretagne il y a bien longtemps. Hervé fut invoqué pour se protéger des loups et guérir les yeux malades.
Fête : 17 juin - **Couleur :** bleu - **Chiffre :** 4
Caractère : la volonté, la vitalité, la passion, la pénétration de l'esprit, voilà ce qui d'emblée marque le caractère d'un Hervé.
Personnage célèbre : le romancier Hervé Bazin.
Fréquence : répandu - **Évolution :** ↘
Âge moyen : 50 ans

V

Hicham

Hichame, Hichem, Hicheme, Ichaï, Icham

Étymologie : de l'arabe *hichem* : « amour, générosité, bienveillance ». Ce prénom fut porté par le dixième calife de la dynastie des Omeyyades de Damas, c'est lui qui termina la construction de la mosquée de Cordoue, puisque son empire allait de l'Iran à l'Espagne.
Couleur : vert - **Chiffre :** 6
Caractère : Hicham porte bien son prénom et fait honneur à ses illustres représentants. En effet, il aime construire et il aime le faste, mais il n'aime pas en profiter seul. La réussite sans le partage n'a aucun intérêt pour lui.
Fréquence : rare - **Évolution :** ↘
Âge moyen : 22 ans

C

Hilaire

Allaire, Guilarka, Hario, Hélier, Hilar, Hilario, Hilarion, Hilarius,

Étymologie : du latin *hilarus* : « celui qui est gai ». La commune de Saint-Hilaire doit son nom à cet évêque, auteur d'un écrit sur la Trinité qui fit date dans la théologie.
Couleur : rouge - **Chiffre :** 3
Caractère : Hilaire est ambitieux, efficace, persévérant et sensible.
Fréquence : rare - **Évolution :** ↘
Âge moyen : 80 ans

C

Hippolyte

Hippol, Hippolyt, Ippolita, Ippolito, Hipolito, Ippolito

Étymologie : du grec *hippos* : « cheval » et lutos : « dompteur, qui délie ».
Fête : 13 août - **Couleur :** vert - **Chiffre :** 9

Caractère : Hippolyte est sensible, réfléchi et réservé.
Personnages célèbres : Hippolyte est le fils du roi Thésée dont Phèdre (chez Euripide comme chez Racine), alors qu'elle était sa belle-mère, tomba folle amoureuse ; l'acteur Hippolyte Girardot.
Fréquence : rare - Évolution : ↗
Âge moyen : 64 ans

V

Hoël

Étymologie : du celte *hywell* : « éminent, occupant une position élevée ». Ce prénom fut porté par le roi de Domnomée, au VIe siècle, qui fut le père d'une nombreuse famille qu'il éleva dans la plus extrême piété.
Fête : 13 juillet - Couleur : vert - Chiffre : 4
Caractère : Hoël est travailleur, rigoureux et organisé.
Personnage célèbre : Hoël, père d'Iseult dans le cycle de Tristan.
Fréquence : rare - Évolution : ↘
Âge moyen : 15 ans

B

Honoré

Honor, Honoratus, Honorius, Onorato, Onorio

Étymologie : du latin *honoratus* : « honoré, digne d'honneurs ». Saint Honoré fut évêque d'Amiens au VIe siècle ; on dit que le Christ lui-même lui serait apparu, lui présentant l'hostie, autrement dit le pain consacré. Il est devenu le patron des boulangers et des pâtissiers au point que ceux-ci établirent leur confrérie au XIIIe siècle dans son église du quartier Saint-Honoré, à Paris.
Couleur : orange - Chiffre : 3
Caractère : Honoré est imaginatif, travailleur, gourmand et tenace. C'est un combatif amateur des plaisirs de la vie.
Personnages célèbres : les écrivains Honoré d'Urfé et Honoré de Balzac ; le peintre et caricaturiste Honoré Daumier.
Fréquence : rare - Évolution : ↗
Âge moyen : 85 ans

B

Horace

Horacio, Horatius, Horats, Horz, Orazio, Horatio

Étymologie : du latin *Horatia*, nom porté par une famille de Rome.
Couleur : bleu - Chiffre : 2
Caractère : Horace est doté d'une grande sensibilité autant que d'une grande détermination. Sous son sens de l'humour et son émotivité se cache une volonté à toute épreuve.
Personnage célèbre : Horace, l'illustre poète latin, auteur du célèbre « carpe diem ».
Fréquence : rare - Évolution : ↗
Âge moyen : 77 ans

V

Howard

Étymologie : du germanique *huguard* : « le gardien, le veilleur ». Ce prénom s'est répandu au XIXe siècle aux États-Unis, sans doute à cause de la popularité d'Oliver Howard, le héros de la guerre de Sécession qui fonda l'université du même nom.
Couleur : rouge - Chiffre : 9
Caractère : Howard est bienveillant, charismatique, volontaire et résolu.
Personnages célèbres : le milliardaire Howard Hughes, homme d'affaires et producteur ; Howard Hawks, réalisateur, producteur et scénariste américain.
Fréquence : rare - Évolution : ↘
Âge moyen : 31 ans

C

Hubert

Bertus, Breggie, Hauke, Hobard, Hoibeard, Hube, Hubbard, Huberto, Hubertus, Hugibert, Huibert, Hukko, Huppel, Huprecht, Uberto

Étymologie : du germain *hug* : « intelligence » et *behrt* : « brillant ».

Fête : 3 novembre - Couleur : bleu - Chiffre : 2

Caractère : force de la nature, Hubert est largement tourné vers la vie et le monde ; une volonté éclatante l'anime qui confine parfois au goût de l'héroïsme.

Personnages célèbres : Hubert van Eyck, le peintre flamand ; Hubert Reeves, astrophysicien ; Hubert Beuve-Méry, fondateur du journal *Le Monde* ; Hubert Bonisseur de la Bath, nom du héros de fiction *OSS 117*.

Fréquence : répandu - Évolution : ↘

Âge moyen : 68 ans

P

Hugo

Étymologie : du germain *hug* : « intelligence ». Si Hugues est largement tombé en désuétude, Hugo et sa sonorité finale en « o », que beaucoup considèrent comme le signe du masculin, est devenu une valeur sûre en France.

Fête : 1er avril - Couleur : bleu - Chiffre : 7

Caractère : Hugo est un être extrêmement sociable et très entouré. Il est, du coup, parfois déçu. Il est sensible et exigeant.

Personnages célèbres : l'auteur de bandes dessinées Hugo Pratt ; le président vénézuélien Hugo Chavez ; Hugo Boss, le fondateur de la marque du même nom.

Fréquence : répandu - Évolution : ↘

Âge moyen : 12 ans

TOP 20

Prénoms de séries TV

Les séries télévisées constituent aujourd'hui un véritable phénomène de société entraînant des addictions en masse, des attentes fébriles et des discussions sans fin. S'insérant dans notre quotidien, elles influencent de manière inévitable le choix des prénoms de nombreux parents.

Adam *(Sex Education)*
Alban *(Jusqu'ici tout va bien)*
Anthony *(Lockwood & Co)*
Bernard *(Silo)*
Colin *(Uncoupled)*
Danny *(Tiny Beautiful Things)*
Gabriel *(Liaison)*
Isaac *(Infinity)*
Martin *(Cœurs Noirs)*
Mickey *(A découvert)*
Miguel *(Up Here)*
Nicholas *(Extrapolations)*
Sheldon *(Young Sheldon)*
Socrate *(B.R.I)*
Stéphane *(En place)*
Sven *(Copenhagen Cowboy)*
Vadim *(The Undeclared War)*
Xander *(The Idol)*
Youssef *(Lupin)*
William *(Obsession)*

C

Hugues

Aodh, Haug, Hoege, Huey, Huglie, Hugly, Hugolin, Hugorick, Huige, Huik

Étymologie : du germain *hug* : « intelligence ».
Fête : 1er avril - Couleur : violet - Chiffre : 9
Caractère : Hugues est sensible, exigeant et diplomate.
Personnages célèbres : Hugues Capet, le fondateur de la monarchie française et plus précisément de la dynastie des Capétiens ; Hugues Aufrey, le chanteur.
Fréquence : répandu - Évolution : ↘
Âge moyen : 49 ans

B

Humbert

Étymologie : du germanique *un* : « très » et *behrt* : « brillant ».
Fête : 25 mars - Couleur : bleu - Chiffre : 2
Caractère : Humbert est ambitieux, courageux, travailleur et exigeant.
Fréquence : rare - Évolution : ↘
Âge moyen : 81 ans

V

Humphrey

Étymologie : du germanique *hun* : « géant » et *frido* : « paix ».
Couleur : rouge - Chiffre : 6
Caractère : Humphrey est un épicurien, généreux et charmant.
Personnage célèbre : l'acteur Humphrey Bogart.
Fréquence : très rare - Évolution : ↘
Âge moyen : 25 ans

V

Hussein

Houssain, Husayn

Étymologie : de l'arabe *husayn*, diminutif d'Hassan : « le lion ».
Couleur : vert - Chiffre : 4
Caractère : Hussein est passionné, parfois impulsif et coléreux.
Personnage célèbre : le créateur et styliste Hussein Chalayan.
Fréquence : rare - Évolution : ↗
Âge moyen : 19 ans

B

Hyacinthe

Giacinto, Jacinto

Étymologie : du grec *Hyacinthé*, du nom du jeune homme qu'Apollon tua par accident alors qu'il en était épris. C'est de son sang que naquit la célèbre fleur parfumée que l'on connaît sous le nom de Jacinthe.
Fête : 17 août - Couleur : rouge - Chiffre : 2
Caractère : Hyacinthe est charmeur et charmant. Réaliste, il est néanmoins féru de négociations, partant du principe que rien n'est jamais perdu d'avance.
Personnage célèbre : Hyacinthe Rigaud, peintre.
Fréquence : rare - Évolution : =
Âge moyen : 79 ans

I

V

Iago

Étymologie : de l'hébreu *ya'aqob* : « que Dieu favorise ». Ce prénom correspond, en effet, à la forme dialectale de Jacques en italien et en espagnol. Santiago est ainsi l'équivalent de saint Jacques.

Fête : 25 juillet ou 3 mai - **Couleur :** rouge
Chiffre : 4

Caractère : Iago est dynamique, courageux, indépendant et curieux.

Personnage célèbre : Iago, personnage shakespearien de la pièce *Othello ou le maure de Venise.*

Fréquence : très rare - **Évolution :** =

Âge moyen : 5 ans

Ian

Étymologie : de l'hébreu *yohânân* : « Dieu pardonne ». Ce prénom correspond à une variante du prénom Jean surtout attribuée en Grande-Bretagne.

Fête : 24 juin ou 27 décembre - **Couleur :** jaune
Chiffre : 2

Caractère : Ian est pacifiste, bienveillant et consciencieux.

Fréquence : rare - **Évolution :** ⇗

Âge moyen : 17 ans

Ianis

Iannis

Étymologie : de l'hébreu *yohânân* : « Dieu pardonne ». Ce prénom correspond à la forme grecque originelle de Jean. Ce prénom semble mêler les prénoms arabes Anis et Yassine et doit son succès au fait qu'il mêle dans un heureux symbole le grec, le breton et l'arabe.

Fête : 24 juin ou 27 décembre - **Couleur :** jaune
Chiffre : 2

Caractère : Ianis est original, spirituel, sagace et résolu.

Fréquence : rare - **Évolution :** ⇗

Âge moyen : 11 ans

Iban

Étymologie : de l'hébreu *yohânân* : « Dieu pardonne ». Ce prénom correspond à la forme basque de Jean.

Fête : 24 juin ou 27 décembre - **Couleur :** jaune
Chiffre : 2

Caractère : Iban est ardent, déterminé et fougueux.

Fréquence : rare - **Évolution :** ⇗

Âge moyen : 8 ans

Ibrahim

Étymologie : de l'hébreu : « père des nations ». Ce prénom correspond à la forme arabe d'Abraham.

Fête : 20 décembre - **Couleur :** blanc - **Chiffre :** 8

Caractère : Ibrahim est aussi charmeur que charmant. Il est aussi exigeant, indépendant, toujours en quête d'harmonie.

Personnage célèbre : Ibrahim Ferrer, chanteur cubain, membre du groupe *Buena Vista Social Club.*

Fréquence : rare - **Évolution :** ⇗

Âge moyen : 15 ans

Idris

Driss, Idriss

Étymologie : de l'arabe *edrasa* : « étudier ». Idris correspond au prénom attribué par les musulmans à celui que la Bible prénomme Énoch. Il est considéré par les musulmans comme le premier homme à s'être essayé à l'écriture par le biais d'une plume : le kalam. Idris est un prénom très attribué dès les débuts de l'Islam ; il continue d'être très répandu.

Couleur : vert - **Chiffre :** 2

Caractère : Idris est dynamique, curieux et charismatique.

Personnage célèbre : Idris, un grand géographe, qui, vers 1150 mit au point une carte du monde qu'on utilisa durant trois siècles. Il élabora également la première mappemonde.
Fréquence : rare - Évolution : ↗
Âge moyen : 15 ans

B

Ignace

Gnazi, Ignacio, Ignatio, Ignatus, Ignatz, Ignaz, Ignazio, Inigo, Natz, Nazerl

Étymologie : du latin *ignitus* : « enflammé » (entendre « par la foi »).
Fête : 31 juillet - Couleur : jaune - Chiffre : 3
Caractère : Ignace a le sens des responsabilités, est équilibré, charismatique et éloquent.
Personnages célèbres : Ignace de Loyola, qui fonda l'ordre des jésuites ; Ignace, titre d'une chanson de Fernandel ; Ignace Paderewski, célèbre musicien polonais.
Fréquence : rare - Évolution : ↘
Âge moyen : 80 ans

V

Igor

Ingvarr, Ingver, Ingwar

Étymologie : du germain *ingward* : « fils protecteur ».
Fête : 5 juin - Couleur : rouge - Chiffre : 4
Caractère : Igor est un être fougueux, fier et audacieux. Plein d'audace, il n'ésite pas à entreprendre ce qui lui tient à cœur.
Personnages célèbres : l'opéra inachevé de Borodine, *Le Prince Igor* ; le compositeur Igor Stravinski ; le chef d'orchestre Igor Markevitch.
Fréquence : rare - Évolution : ↘
Âge moyen : 31 ans

V

Ikram

Étymologie : de l'arabe *ikram* : « déférence, respect ».
Couleur : blanc - Chiffre : 7
Caractère : Ikram est doux, optimiste et enthousiaste.
Fréquence : rare - Évolution : ↗
Âge moyen : 12 ans

V

Ilan

Ilane, Ilann, Ilhan

Étymologie : de l'hébreu : « arbre ». Ce prénom, très à la mode aujourd'hui, renvoie au nouvel an des arbres. Le 15 du mois de Chevath (ce qui correspond de manière approximative et variable à la mi-février), on doit consommer chacun des produits qui caractérisent la terre d'Israël : blé, orge, raisin, figues, olives, grenade et miel.
Couleur : rouge - Chiffre : 9
Caractère : Ilan a toujours soif de connaissances, est original et compatissant.
Fréquence : rare - Évolution : ↗
Âge moyen : 8 ans

V

Ilario

Hilari, Lari

Étymologie : du latin *hilarus* : « celui qui est gai ». Ilario correspond à la forme italienne d'Hilaire et a, par ailleurs, nettement plus de succès que la forme française.
Couleur : rouge - Chiffre : 3
Caractère : Ilario est ambitieux, énergique et a l'esprit d'innovation.
Fréquence : rare - Évolution : ↗
Âge moyen : 11 ans

Ilian

Ilyan, Ylian

Étymologie : de l'arabe : « grandeur, élévation de l'esprit ». Une confusion s'opère souvent entre Ilan et Ilian, pourtant il s'agit de deux prénoms différents, aux origines distinctes (et non des formes dérivées).
Couleur : bleu - Chiffre : 5
Caractère : Ilian est idéaliste, aime la réflexion. Il est altruiste et intègre.
Fréquence : rare - Évolution : ↗
Âge moyen : 6 ans

Ilias

Ilies, Ilyas, Ilyes

Étymologie : de l'hébreu *el* et *yah* : « Dieu est Dieu ». Ce prénom correspond à une variante américaine d'Élie.
Fête : 20 juillet - Couleur : bleu - Chiffre : 5
Caractère : Ilias est indépendant, courageux, dynamique et curieux.
Fréquence : rare - Évolution : ↗
Âge moyen : 10 ans

Illan

Étymologie : de l'hébreu : « arbre ». Ce prénom correspond à une variante orthographique du prénom Ilan.
Couleur : rouge - Chiffre : 9
Caractère : Ilan a l'esprit pratique. Il est enthousiaste et sait prendre des décisions.
Fréquence : rare - Évolution : ↗
Âge moyen : 8 ans

Ilyas

Ilya, Ilyass, Ilyasse

Étymologie : de l'hébreu *el* et *yah* : « Dieu est Dieu ». Ce prénom correspond à une variante américaine d'Élie.
Fête : 20 juillet - Couleur : bleu - Chiffre : 5
Caractère : Ilyas aime la communication, est enthousiaste et généreux.
Fréquence : rare - Évolution : ↗
Âge moyen : 9 ans

Ilyes

Ilies, Illyes, Illyess

Étymologie : de l'hébreu *el* et *yah* : « Dieu est Dieu ». Ce prénom correspond à une variante américaine d'Élie.
Fête : 20 juillet - Couleur : bleu - Chiffre : 5
Caractère : Ilyes est résolu, épris de savoir et sympathique.
Fréquence : rare - Évolution : ↗
Âge moyen : 7 ans

Iman

Étymologie : de l'arabe *imân* : « la foi ». Ce prénom relève d'un substantif qui renvoyait, en premier lieu, à la notion de guide. Ce mot a ensuite pris un sens religieux en évoquant la prière. Ce prénom est à rapprocher du mot *imam*.
Couleur : jaune - Chiffre : 1
Caractère : Iman est simple, candide et généreux.
Fréquence : rare - Évolution : ↘
Âge moyen : 12 ans

B

Innocent

Innocenzo, Nocenzio

Étymologie : du latin *innocens* : « qui ne nuit pas ».
Fête : 28 décembre - Couleur : orange - Chiffre : 1
Caractère : Innocent contrecarre parfois le sens de son prénom en se montrant combatif et volontaire.
Personnages célèbres : les papes (une lignée de onze).
Fréquence : rare - Évolution : ↘
Âge moyen : 83 ans

V

Iossif

Étymologie : de l'hébreu *yosseph* : « Dieu ajoutera ». Ce prénom correspond à une variante orthographique de Yossef, l'une des transcriptions arabes les plus courantes du Joseph français.
Couleur : rouge - Chiffre : 1
Caractère : Iossif est tendre, bienveillant, mais parfois impulsif.
Fréquence : très rare - Évolution : =

V

Irvin

Irvine

Étymologie : du vieil anglais : « ami de la mer ». Ce prénom est, à l'origine, un toponyme devenu dès le XVe siècle un patronyme.
Couleur : bleu - Chiffre : 7
Caractère : Irvin est altruiste, intègre et idéaliste.
Fréquence : rare - Évolution : ↘
Âge moyen : 17 ans

V

Irving

Earvin

Étymologie : du vieil anglais : « ami de la mer ». Ce prénom est, à l'origine, un toponyme devenu dès le XVe siècle un patronyme.
Couleur : bleu - Chiffre : 7
Caractère : Irving est équilibré, a le sens des affaires et de la justice.
Personnages célèbres : le photographe Irving Penn ; Irving Stone, écrivain ; Irving Langmuir, prix Nobel de chimie.
Fréquence : très rare - Évolution : ↘
Âge moyen : 23 ans

V

Irwin

Étymologie : du germanique : « ami du sanglier ». Ce prénom provient de la tradition germanique ancienne de se référer à des animaux totémiques. Irwin est depuis régulièrement attribué aux États-Unis.
Couleur : rouge - Chiffre : 9
Caractère : Irwin est dévoué et ne prend jamais de décision à la légère.
Fréquence : rare - Évolution : ↘
Âge moyen : 22 ans

B

Isaac

Ike, Ikey, Ikie, Isaak, Isach, Isacco, Isha, Ishak, Itsaq, Itzaq, Itzhak, Izak, Yitzhak

Étymologie : de l'hébreu *yitshak* : « il rira ». Dans la Bible, Isaac est le fils de Sarah et d'Abraham. Ils pensaient qu'ils ne pourraient jamais avoir d'enfants lorsque Dieu leur envoya l'annonce que Sarah enfanterait un fils. D'où le prénom qu'ils lui attribuèrent en guise d'expression de leur joie.
Fête : 20 décembre - Couleur : rouge - Chiffre : 6

Caractère : Isaac est un mystique, instinctif et intuitif. Il fait confiance à son sixième sens. Très doué pour les disciplines artistiques, il progresse vite, guidé par son talent inné. Isaac n'est pas très cartésien mais son intuition lui suffit et le guide.
Personnages célèbres : le physicien Isaac Newton ; le violoniste Isaac Stern.
Fréquence : rare - **Évolution :** ↗
Âge moyen : 24 ans

B

Isaiah

Jesaïa

Étymologie : de l'hébreu : « Dieu est délivrance ». Ce prénom correspond à la forme anglo-saxonne d'Isaïe.
Couleur : vert - **Chiffre :** 7
Caractère : Isaiah est ambitieux, opiniâtre, mais est aussi quelqu'un de très affectif.
Personnage célèbre : Isaiah Washington, acteur américain.
Fréquence : rare - **Évolution :** ↗
Âge moyen : 4 ans

B

Isaïe

Isaiah

Étymologie : de l'hébreu : « Dieu est délivrance ». Isaïe est le nom d'un prophète de la Bible. C'est au royaume de Juda qu'il exerça son ministère au VIIIe siècle avant J.-C.
Couleur : vert - **Chiffre :** 7
Caractère : Isaïe est indépendant, opiniâtre et ambitieux.
Fréquence : rare - **Évolution :** ↗
Âge moyen : 59 ans

B

Isidore

Isidor, Isidorius, Isidoro, Isidro

Étymologie : du grec *isidôres* : « cadeau, présent d'Isis ».
Fête : 4 avril - **Couleur :** vert - **Chiffre :** 7
Caractère : Isidore est très exigent et se donne les moyens d'atteindre ses objectifs. Il est entreprenant et n'aime pas être contrarié dans la quête d'absolu qui est la sienne au quotidien !
Personnages célèbres : l'architecte byzantin du VIe siècle Isidore de Milet ; Isidore Ducasse, comte de Lautréamont, poète français.
Fréquence : rare - **Évolution :** ↗
Âge moyen : 88 ans

V

Ismaël

Étymologie : de l'hébreu *Yichmaël* : « Dieu entendra ». Ce prénom est régulièrement attribué dans les pays musulmans (en particulier au Moyen-Orient) tout en figurant dans le calendrier de l'Église catholique. Il est aussi représenté en France.
Fête : 13 mai - **Couleur :** bleu - **Chiffre :** 5
Caractère : Ismaël est indépendant, courageux, dynamique et déterminé.
Fréquence : rare - **Évolution :** ↗
Âge moyen : 22 ans

V

Ismail

Esmaël, Ismayil, Ismaïla

Étymologie : de l'hébreu *yichmaël* : « Dieu entendra ». Sous cette forme qui présente une variante orthographique d'Ismaël, Ismail reste un prénom attribué tant en France que dans les pays musulmans.
Fête : 13 mai - **Couleur :** bleu - **Chiffre :** 5

TOP 20

Prénoms de marques

Le nom qui symbolise une marque est souvent… un prénom. Il peut être celui du créateur(trice) de la marque ou être choisi de façon stratégique pour sa sonorité, son histoire, son image. Des parents peuvent aussi avoir jeté leur dévolu sur un nom commercial bien connu afin de prénommer leur enfant.

André
Armani
Arthur
Célio
César
Esteban
Félix
Fred
Kenzo
Léon
Nathan
Nicolas
Noë
Renault
Sandro
Sony
Paul
Thomas
Zadig
Zippo

Caractère : Ismail est humain, généreux et ouvert d'esprit.
Fréquence : rare - Évolution : ↗
Âge moyen : 15 ans

B

Ivan

Étymologie : de l'hébreu *yohânân* : « Dieu pardonne ». Ce prénom correspond à la forme slave de Jean.
Fête : 24 juin ou 27 décembre - Couleur : rouge
Chiffre : 1
Caractère : Ivan est émotif, généreux, autoritaire et exigeant.
Personnages célèbres : six princes ou tsars russes, dont le fameux Ivan le Terrible ; les écrivains Ivan Bounine et Ivan Tourgueniev.
Fréquence : rare - Évolution : ↘
Âge moyen : 36 ans

P

Ivy

Étymologie : du gallois *ivo, iv* : « l'if ». Ce prénom correspond à une version anglicisée de la forme ancienne du prénom Yves, même si elle est plus rare.
Fête : 19 mai - Couleur : vert - Chiffre : 4
Caractère : Ivy est volontaire, travailleur, exigeant et a le sens des responsabilités.
Fréquence : très rare - Évolution : ↘
Âge moyen : 5 ans

V

Iwan

Étymologie : du gallois *ivo, iv* : « l'if ». Ce prénom correspond à une variante typiquement bretonne d'Yves. Iwan est très attribué en Bretagne, mais commence à se répandre dans d'autres régions, en raison de la vague actuelle pour les prénoms celtiques.
Fête : 19 mai - Couleur : vert - Chiffre : 4

Caractère : Iwan est diplomate, sociable et réceptif.
Fréquence : très rare - **Évolution :** ↘
Âge moyen : 4 ans

J

P

Jack

Jac, Jacq, Jacmé

Étymologie : de l'hébreu *yohânân* : « Dieu pardonne ». Contrairement à l'opinion commune, Jack n'est pas une version anglo-saxonne de Jacques, mais de Jean, et figure dans dans le top 10 anglais et irlandais.
Fête : 24 juin ou 27 décembre
Couleur : jaune - **Chiffre :** 2
Caractère : Jack est original, spirituel et organisé.
Personnages célèbres : les écrivains américains Jack London et Jack Kerouac ; le ministre Jack Lang ; l'acteur Jack Nicholson ; Jack Sparrow, le héros du film *Pirates des Caraïbes*, incarné par Johnny Depp ; Jack Bauer, héros de la série américaine *24 heures*.
Fréquence : rare - **Évolution :** ↗
Âge moyen : 67 ans

P

Jackie

Étymologie : de l'hébreu *yohânân* : « Dieu pardonne ». Jackie est un diminutif de Jack.
Fête : 24 juin ou 27 décembre - **Couleur :** jaune
Chiffre : 2
Caractère : Jackie est optimiste, pragmatique et déterminé.
Personnage célèbre : Jackie Chan, acteur chinois de films d'action.
Fréquence : rare - **Évolution :** ↘

P

Jacky

Étymologie : de l'hébreu *yohânân* : « Dieu pardonne ». Jacky est un diminutif de Jack.
Fête : 24 juin ou 27 décembre - **Couleur :** jaune
Chiffre : 2
Caractère : Jacky est audacieux, aime la découverte, l'originalité et est énergique.
Fréquence : répandu - **Évolution :** ↘
Âge moyen : 57 ans

B

Jacob

Cob, Cobb, Giacobe, Giacobo, Jacobin, Jacobo, Jacobus, Jacpo, Jacob, Jake, Keube, Köb, Köbes, Koeeb

Étymologie : de l'hébreu *ya'aqob* : « que Dieu favorise ». Ce prénom fut porté, dans la Bible, par le fils d'Isaac et de Rebecca qui racheta d'un plat de lentilles son droit d'aînesse à Esaü. Ses douze fils seront les patriarches des douze tribus d'Israël.
Fête : 25 juillet - **Couleur :** rouge - **Chiffre :** 4
Caractère : Jacob est prudent, persévérant, fidèle et a le sens de l'observation.
Personnages célèbres : Jacob van Ruisdael et Jacob Jordaens, peintres.
Fréquence : rare - **Évolution :** ↗
Âge moyen : 59 ans

C

Jacques

Hamish, Iacovo, Iago, Iakov, Iakovkha, Jaap, Jachimo, Jacolyn, Jacomus, Jacot, Jäggi, Jago, Jaime, Jakez, Jakkie, Jakob, Jakobys, Jakoos, Jakou, Jayme, Jem, Jeppe, Joakje, Joggi, Schack

Étymologie : de l'hébreu *ya'aqob* : « que Dieu favorise ». Ce prénom fut porté, dans la Bible, par le fils d'Isaac et de Rebecca qui racheta d'un plat de lentilles son droit d'aînesse à Esaü.

Ses douze fils seront les patriarches des douze tribus d'Israël.
Fête : 25 juillet - Couleur : rouge - Chiffre : 4
Caractère : Jacques est pourvu d'une volonté exemplaire. Il mûrit soigneusement ses plans. En fait, il est l'efficacité en pensées et en actes.
Personnages célèbres : l'homme de main de Louis XVI pour les finances, Jacques Necker ; le compositeur Jacques Offenbach ; le psychanalyste Jacques Lacan ; le poète Jacques Prévert ; les chanteurs Jacques Brel et Jacques Higelin ; Jacques Chirac, ancien président de la République française.
Fréquence : répandu - Évolution : ↘
Âge moyen : 71 ans

V

Jafar

Étymologie : de l'arabe : « fleuve ». Ce prénom fut porté par un cousin de Mahomet, martyr de l'islam.
Couleur : orange - Chiffre : 9
Caractère : Jafar est rigoureux, volontaire, autoritaire et loyal.
Personnage célèbre : Jafar, le méchant d'*Aladdin*, le dessin animé de Walt Disney.
Fréquence : très rare - Évolution : ↘
Âge moyen : 10 ans

V

Jalil

Djelal, Djelali, Djellouol, Djeloul, Jalal, Jalale, Jalele, Jallal, Jelal.

Étymologie : de l'arabe : « qui est grand ».
Couleur : rouge - Chiffre : 2
Caractère : Jalil est ambitieux, fort, habile et passionné.
Personnage célèbre : l'acteur et réalisateur Jalil Lespert.
Fréquence : rare - Évolution : ↗
Âge moyen : 10 ans

V

Jamal

Jamil

Étymologie : de l'arabe : « la beauté ».
Couleur : jaune - Chiffre : 2
Caractère : Jamal est ambitieux, autonome et aime l'innovation.
Fréquence : rare - Évolution : ↘
Âge moyen : 30 ans

V

Jamel

Étymologie : de l'arabe : « la beauté ».
Couleur : jaune - Chiffre : 2
Caractère : Jamel est énergique, audacieux, original et séduisant.
Personnage célèbre : l'humoriste Jamel Debbouze.
Fréquence : rare - Évolution : ↘
Âge moyen : 34 ans

P

James

Jame, Jamie, Jammes

Étymologie : de l'hébreu *ya'aqob* : « que Dieu favorise ». James est une des formes anglo-saxonnes de Jacques, forme française de Jacob. James est un classique dans les pays anglo-saxons.
Fête : 25 juillet - Couleur : blanc - Chiffre : 3
Caractère : James est optimiste, pragmatique et très sociable.
Personnages célèbres : les écrivains James Joyce et James Ellroy ; les acteurs James Stewart, James Cagney, James Dean et James Franco ; James Bond, le héros de Ian Fleming.
Fréquence : rare - Évolution : ↘
Âge moyen : 51 ans

P

Jan

Étymologie : de l'hébreu *yohânân* : « Dieu pardonne ». Jan est un dérivé de Jean.
Fête : 24 juin ou 27 décembre - **Couleur :** jaune
Chiffre : 2
Caractère : Jan est intelligent, sage et indépendant.
Fréquence : rare - **Évolution :** ⇗
Âge moyen : 39 ans

V

Jarod

Étymologie : de l'hébreu *yered* : « Dieu fera descendre sa loi ». Ce prénom fut porté par le sixième des neuf patriarches qui succéda à Adam d'après la Genèse. Il est le grand-père de Mathusalem. Jarod est aussi le surnom de Moïse.
Couleur : rouge - **Chiffre :** 8
Caractère : Jarod est pragmatique, créatif et sociable.
Personnages célèbres : le personnage principal de la série télévisée *Le Caméléon* ; le joueur de hockey Jarrod Skalde ; le basketteur Jarod Stevenson ; le joueur de baseball Jarrod Washburn ; le footballeur Jarrod Smith.
Fréquence : rare - **Évolution :** ⇘
Âge moyen : 9 ans

P

Jason

Djason, Jaison, Jaeason, Jayson, Jeson, Jeyson

Étymologie : de l'hébreu *yehosua* : « Dieu est mon sauveur ». Les traducteurs de la Bible en latin avaient ainsi reproduit le nom grec *Eason*, transcription fantaisiste de l'hébreu *Joshua*, *Josué* ou Jésus en français.
Fête : 12 juillet - **Couleur :** rouge - **Chiffre :** 7
Caractère : Jason est intuitif, réfléchi, est intelligent et a le goût de l'aventure.
Personnages célèbres : le Jason de la mythologie grecque, qui dut conquérir la Toison d'or d'un bélier fabuleux pour obtenir le trône de Ialcos ; l'acteur Jason Statham ; le personnage de fiction (littéraire et cinématographique) Jason Bourne.
Fréquence : rare - **Évolution :** ⇘
Âge moyen : 15 ans

V

Jasper

Étymologie : du sanskrit *gathaspa* : « celui qui vient voir ». Jasper est une forme anglo-saxonne de Gaspard.
Couleur : bleu - **Chiffre :** 1
Caractère : Jasper a le sens des responsabilités et de la famille. Il est équilibré et c'est un homme d'influence.
Fréquence : très rare - **Évolution :** ⇗
Âge moyen : 5 ans

V

Jawad

Jaouad

Étymologie : de l'arabe *jawâd* : « généreux, libéral ».
Couleur : rouge - **Chiffre :** 3
Caractère : Jawad est entreprenant, généreux et partageur.
Fréquence : rare - **Évolution :** ⇗
Âge moyen : 14 ans

C

Jean

Hampe, Hampus, Hanko, Jens, Jent, Joäo, Jock, Joen, Joes, Jon, Jonet, Jöns, Joop, Juhans, Seain, Seonaid, Shang, Shani

Étymologie : de l'hébreu *yohânân* : « Dieu pardonne ». Ce prénom fut rendu illustre par deux célèbres figures bibliques. La première est celle de saint Jean le Baptiste, fils de Zacharie

et d'Élisabeth, une cousine de Marie. On le considère donc comme un petit cousin de Jésus. Prédicateur en Palestine, il est, dans le Nouveau Testament, l'ultime annonciateur de la venue du Messie. Il baptisa Jésus dans le désert et dévoila à tous son origine divine. Il est fêté le 24 juin, jour de sa naissance. La seconde figure biblique marquante est bien évidemment celle du frère de Jacques, Jean l'Apôtre, un des premiers disciples du Christ, auteur supposé du quatrième Évangile, de trois Épîtres et de l'Apocalypse. Il vécut jusqu'à plus de cent ans, en répétant ce qui fut son leitmotiv : « Aimez-vous les uns les autres. » Il est fêté le 27 décembre, date que certains surnomment la Saint-Jean d'hiver.
Fête : 24 juin ou 27 décembre - Couleur : jaune
Chiffre : 2
Caractère : Jean est pourvu d'un indéniable charisme et d'une grande bonté. Il ne communique, cependant, qu'avec ceux qui l'intéressent. En effet, il exige beaucoup des autres, mais en échange il se montre d'une droiture sans faille. Combatif, il refuse de se laisser abattre et les beautés de la vie le rendent curieux.
Personnages célèbres : les auteurs Jean de La Fontaine, Jean Racine, Jean de La Bruyère, Jean Cocteau, Jean Anouilh, Jean Giraudoux, Jean Rostand, Jean Giono, Jean Genet et Jean Paulhan ; les acteurs Jean Gabin, Jean Marais, Jean Dujardin et Jean Reno.
Fréquence : répandu - Évolution : ↘
Âge moyen : 74 ans

P

Jean-Baptiste

Étymologie : avant de devenir un prénom, Baptiste était le surnom du prophète saint Jean qui, après avoir annoncé la venue du Christ depuis la rive du Jourdain, le baptisa. Ce prénom évoque par sa sonorité le substantif « baptême ». Ce n'est qu'à partir du XVIIe siècle que Baptiste fut employé seul et non plus sous la forme composée : Jean-Baptiste.
Fête : 24 juin - Couleur : blanc - Chiffre : 2
Caractère : Jean-Baptiste est audacieux, énergique et résolu.
Personnage célèbre : Jean-Baptiste Poquelin, dit Molière.
Fréquence : répandu - Évolution : ↘
Âge moyen : 41 ans

C

Jean-Bernard

Étymologie : prénom composé de Jean et de Bernard. Ce prénom fut porté par un missionnaire français à la Réunion, mort en 1867.
Fête : 24 juin ou 27 décembre (Saint-Jean) ou 20 août (Saint-Bernard) - Couleur : bleu - Chiffre : 4
Caractère : Jean-Bernard est nerveux, sensuel, parfois instable.
Fréquence : rare - Évolution : ↘
Âge moyen : 50 ans

C

Jean-Charles

Étymologie : prénom composé de Jean et de Charles. Il fut porté par un missionnaire français envoyé à Tonkin martyrisé en 1837.
Fête : 20 septembre - Couleur : gris - Chiffre : 7
Caractère : Jean-Charles est bienveillant, consciencieux et directif.
Fréquence : rare - Évolution : ↘
Âge moyen : 41 ans

P

Jean-Christophe

Étymologie : prénom composé de Jean et de Christophe.
Fête : 24 juin, 27 décembre (Saint-Jean) ou 25 juillet - Couleur : bleu - Chiffre : 5
Caractère : Jean-Christophe est spirituel, sensible et raisonnable.
Fréquence : répandu - Évolution : ↘

P

Jean-Claude

Étymologie : prénom composé de Jean et de Claude.
Fête : 24 juin, 27 décembre ou 6 juin
Couleur : bleu - Chiffre : 8
Caractère : Jean-Claude est structuré, sécurisant et persévérant.
Personnage célèbre : l'acteur Jean-Claude Van Damme.
Fréquence : répandu - Évolution : ↘
Âge moyen : 60 ans

P

Jean-David

Étymologie : prénom composé de Jean et de David, deux figures bibliques.
Fête : 24 juin, 27 décembre ou 29 décembre
Couleur : vert - Chiffre : 6
Caractère : Jean-David est indépendant, intelligent et résolu.
Fréquence : rare - Évolution : ↘
Âge moyen : 30 ans

C

Jean-Denis

Étymologie : prénom composé de Jean et de Denis.
Fête : 24 juin, 27 décembre ou 9 octobre
Couleur : vert - Chiffre : 6
Caractère : Jean-Denis est humain, rêveur et déterminé.
Fréquence : rare - Évolution : ↘
Âge moyen : 45 ans

C

Jean-Emmanuel

Étymologie : prénom composé de Jean et d'Emmanuel.
Fête : 24 juin, 27 décembre ou 25 décembre
Couleur : vert - Chiffre : 5
Caractère : Jean-Emmanuel est équilibré, exigeant et a le sens de la famille.
Fréquence : rare - Évolution : ↘
Âge moyen : 33 ans

C

Jean-Eudes

Étymologie : prénom composé de Jean et d'Eudes. Ce prénom fut porté par un oratorien normand qui fonda l'ordre des Eudistes. Il créa de nombreux refuges pour les prostituées ainsi que l'institut Notre-Dame-de-la-Charité, consacré à la prière et à la réinsertion sociale. Il est mort à Caen en 1680.
Fête : 19 août - Couleur : orange - Chiffre : 2
Caractère : Jean-Eudes est un homme de foi et de valeurs. Idéaliste, il déteste l'inachevé.
Fréquence : rare - Évolution : ↘
Âge moyen : 27 ans

P

Jean-François

Étymologie : prénom composé de Jean et de François, qui fut porté par un jésuite envoyé en mission dans le Vivarais, région de France alors profondément calviniste. Il y mourut en 1640.
Fête : 16 juin - Couleur : gris - Chiffre : 7
Caractère : Jean-François est savant, intelligent et déterminé.
Personnage célèbre : le chef cuisinier Jean-François Piège.
Fréquence : répandu - Évolution : ↘

C

Jean-Gabriel

Étymologie : prénom composé de Jean et de Gabriel.
Fête : 11 septembre - Couleur : bleu - Chiffre : 9
Caractère : Jean-Gabriel est pratique, enthousiaste et résolu.

Personnage célèbre : le peintre Jean-Gabriel Domergue.
Fréquence : rare - Évolution : ↘
Âge moyen : 38 ans

C

Jean-Hugues

Étymologie : prénom composé de Jean et de Hugues.
Fête : 1er avril ou 29 avril
Couleur : gris - Chiffre : 2
Caractère : Jean-Hugues est audacieux, subtil et secret.
Personnage célèbre : l'acteur Jean-Hugues Anglade.
Fréquence : rare - Évolution : ↘
Âge moyen : 44 ans

P

Jean-Jacques

Étymologie : prénom composé de Jean et de Jacques. Ce prénom fut porté par un prêtre emprisonné en 1792 à la prison des Carmes à Paris. Il fut massacré lors d'une émeute la même année.
Fête : 24 juin - Couleur : blanc - Chiffre : 2
Caractère : Jean-Jacques est spirituel, aime la philosophie et l'originalité.
Personnages célèbres : Jean-Jacques Rousseau, écrivain et philosophe ; Jean-Jacques Goldman, chanteur et compositeur français.
Fréquence : répandu - Évolution : ↘
Âge moyen : 55 ans

C

Jean-Joseph

Étymologie : prénom composé de Jean et de Joseph.
Fête : 19 mars ou 20 décembre - Couleur : bleu
Chiffre : 4
Caractère : Jean-Joseph est honnête, sécurisant et solide.
Fréquence : rare - Évolution : ↘
Âge moyen : 57 ans

P

Jean-Louis

Étymologie : prénom composé de Jean et de Louis. Ce prénom fut porté par un missionnaire français qui fut envoyé en mission au Tonkin et fut martyrisé en 1852.
Fête : 2 mai - Couleur : bleu - Chiffre : 3
Caractère : Jean-Louis est directif, spirituel et épris de connaissances.
Personnages célèbres : l'acteur Jean-Louis Trintignant ; l'homme politique Jean-Louis Borloo.
Fréquence : répandu - Évolution : ↘
Âge moyen : 56 ans

P

Jean-Loup

Étymologie : prénom composé de Jean et de Loup.
Fête : 24 juin, le 27 décembre (Saint-Jean) ou 29 juillet (Saint-Loup) - Couleur : bleu - Chiffre : 3
Caractère : Jean-Loup est efficace, persévérant, sympathique et structuré.
Personnages célèbres : l'astronaute Jean-Loup Chrétien ; le photographe Jean-Loup Sieff ; l'homme de lettres Jean-Loup Dabadie.
Fréquence : rare - Évolution : ↘
Âge moyen : 48 ans

P

Jean-Luc

Étymologie : prénom composé de Jean et de Luc.
Fête : 24 juin, 27 décembre ou 18 octobre
Couleur : vert - Chiffre : 6
Caractère : Jean-Luc est enthousiaste, généreux et pragmatique.
Personnages célèbres : Jean-Luc Godard,

cinéastre franco-suisse ; Jean-Luc Reichmann, animateur et producteur français.
Fréquence : répandu - Évolution : ⬂
Âge moyen : 51 ans

P

Jean-Marc

Étymologie : prénom composé de Jean et de Marc.
Fête : 25 avril - Couleur : blanc - Chiffre : 2
Caractère : Jean-Marc est sociable, réceptif et diplomate.
Personnages célèbres : l'acteur Jean-Marc Barr ; le journaliste Jean-Marc Morandini.
Fréquence : répandu - Évolution : ⬂
Âge moyen : 49 ans

P

Jean-Marie

Étymologie : prénom composé de Jean et de Marie. Ce prénom fut rendu illustre par Jean-Marie Vianney dont le nom de famille est également devenu un prénom en son honneur. Jean-Marie Vianney, curé dans le village d'Ars, de 1818 à 1859, réputé pour ses qualités de confesseurs. Il a été canonisé en 1925 et devenu « patron de tous les curés de l'univers ».
Fête : 4 août - Couleur : vert - Chiffre : 6
Caractère : Jean-Marie est tenace, méthodique, fiable et résolu.
Personnage célèbre : Jean-Marie Farina, le créateur de l'eau de Cologne.
Fréquence : répandu - Évolution : ⬂
Âge moyen : 58 ans

C

Jean-Matthieu

Étymologie : prénom composé de Jean et de Matthieu.
Fête : 24 juin, le 27 décembre (Saint-Jean) ou le 21 septembre (Saint-Matthieu).
Couleur : jaune - Chiffre : 4
Caractère : Jean-Matthieu est audacieux, déterminé et sensible.
Fréquence : rare - Évolution : ⬂
Âge moyen : 55 ans

P

Jean-Michel

Étymologie : prénom composé de Jean et de Michel. Jean-Michel est le prénom d'un général de l'ordre des chartreux au XVIe siècle.
Fête : 23 février - Couleur : blanc - Chiffre : 2
Caractère : Jean-Michel est directif et plein de vitalité.
Personnage célèbre : Jean-Michel Jarre, le compositeur.
Fréquence : répandu - Évolution : ⬂
Âge moyen : 49 ans

P

Jean-Noël

Étymologie : prénom composé de Jean et de Noël.
Fête : 24 juin ou 25 décembre - Couleur : bleu
Chiffre : 5
Caractère : Jean-Noël est actif, indulgent et paisible.
Fréquence : rare - Évolution : ⬂
Âge moyen : 47 ans

C

Jean-Pascal

Étymologie : prénom composé de Jean et de Pascal.
Fête : 17 mai (Saint-Pascal) - Couleur : rouge
Chiffre : 4
Caractère : Jean-Pascal est indépendant, audacieux et dynamique.
Fréquence : rare - Évolution : ⬂
Âge moyen : 44 ans

P

Jean-Paul

Étymologie : prénom composé de Jean et de Paul.
Fête : 29 juin - Couleur : bleu - Chiffre : 3
Caractère : Jean-Paul est ambitieux, passionné, fort, habile et compatissant.
Personnages célèbres : le philosophe Jean-Paul Sartre ; l'acteur Jean-Paul Belmondo ; Jean-Paul Gaultier, le couturier.
Fréquence : répandu - Évolution : ↘
Âge moyen : 56 ans

P

Jean-Philippe

Étymologie : prénom composé de Jean et de Philippe.
Fête : 24 juin ou 3 mai - Couleur : jaune
Chiffre : 3
Caractère : Jean-Philippe est structuré, persévérant et sympathique.
Personnages célèbres : Jean-Philippe Rameau, musicien français du XVIIIe siècle ; Jean-Philippe Smet, véritable nom de Johnny Hallyday.
Fréquence : répandu - Évolution : ↘
Âge moyen : 41 ans

P

Jean-Pierre

Étymologie : prénom composé de Jean et de Pierre. Ce prénom fut porté par un missionnaire français envoyé en Chine qui fut martyrisé en 1862.
Fête : 18 février - Couleur : gris - Chiffre : 7
Caractère : Jean-Pierre est fidèle, intuitif et a le sens du relationnel.
Personnages célèbres : l'acteur Jean-Pierre Darroussin ; l'animateur, Jean-Pierre Foucault.
Fréquence : répandu - Évolution : ↘
Âge moyen : 58 ans

P

Jean-René

Étymologie : prénom composé de Jean et de René.
Couleur : gris - Chiffre : 7
Personnage célèbre : Jean-René Godart, journaliste sportif.
Fréquence : rare - Évolution : ↘
Âge moyen : 49 ans

P

Jean-Roch

Étymologie : prénom composé de Jean et de Roch.
Fête : 24 juin ou 16 août - Couleur : bleu
Chiffre : 4
Caractère : Jean-Roch est réceptif, diplomate et sociable.
Personnage célèbre : l'homme d'affaires Jean-Roch Pedri.
Fréquence : rare - Évolution : =
Âge moyen : 34 ans

C

Jean-Sébastien

Étymologie : prénom composé de Jean et de Sébastien.
Fête : 20 janvier - Couleur : blanc - Chiffre : 2
Caractère : Jean-Sébastien est indépendant, intelligent et créatif.
Personnage célèbre : le compositeur Jean-Sébastien Bach.
Fréquence : rare - Évolution : ↘
Âge moyen : 33 ans

C

Jean-Victor

Étymologie : prénom composé de Jean et de Victor.
Fête : 24 juin ou 20 janvier - Couleur : bleu

Chiffre : 3
Caractère : Jean-Victor est intègre, idéaliste et altruiste.
Fréquence : rare - Évolution : ↘
Âge moyen : 33 ans

P

Jean-Yves

Étymologie : prénom composé de Jean et d'Yves.
Fête : 24 juin ou 19 mai
Couleur : rose - Chiffre : 3
Caractère : Jean-Yves est diplomate, sociable et loyal.
Personnage célèbre : Jean-Yves Lafesse, l'humoriste, Lambert de son vrai nom.
Fréquence : répandu - Évolution : ↘
Âge moyen : 51 ans

P

Jeff

Étymologie : du germain *gaut* : « divinité, dieu » et *frid* : « paix », ou *fried* : « protecteur ». En France, c'est en tant que diminutif de Jean-François et, plus rarement, comme celui de Joseph que Jeff est usité. Pourtant, à l'origine, Jeff est le diminutif de Jeffrey, forme anglo-saxonne de Geoffroy.
Fête : 15 janvier - Couleur : jaune - Chiffre : 7
Caractère : Jeffrey est original, avide de spiritualité et philosophe.
Personnage célèbre : le chanteur Jeff Buckley.
Fréquence : rare - Évolution : ↘
Âge moyen : 20 ans

P

Jefferson

Étymologie : de l'anglais *Jeffrey's son*, fils de Jeffrey. Ce nom de famille est devenu un prénom à partir du XIXe siècle, en référence au président des jeunes États-Unis, Thomas Jefferson (1743-1826).

TOP 20

Prénoms d'enfants de stars

Bien évidemment, être « fils de » peut être parfois lourd à porter. Alors autant se faire un prénom : en avoir un totalement fantaisiste peut finalement aider à se distinguer. Les stars prénomment leurs enfants de noms d'endroits qui les ont marqués, d'extraits de titres de chanson, de leur nombre fétiche... Là où nous pouvons y voir de l'extravagance, peut-être n'est-ce qu'une façon de se stabiliser.

Aire *(Kylie Jenner et Travis Scott)*
Angelo *(Isabelle Huppert et Ronald Chammah)*
Anton *(Caroline de Maigret et Yarol Poupaud)*
Azel *(Laetitia Casta et Louis Garrel)*
Cosmo *(Scarlett Johansson et Colin Jost)*
Edgar *(Catherine Robert et Vianney)*
Ismaël *(Adèle Exarchopoulos et Doums)*
Léonard *(Anne Mirivin et Joachim Roncin)*
Marius *(Alice Detollenaere et Camille Lacourt)*
RZA *(Rihanna et ASAP Rocky)*
Sir *(Beyoncé et Jay-Z)*
Souleyman *(Leïla Bekhti et Tahar Rahim)*
Sylvester *(Emily Ratajkowski et Sebastian Bear Mc Clard)*

Couleur : noir - Chiffre : 8
Caractère : Jefferson est directif, habile et sûr de lui.
Fréquence : rare - Évolution : ↘
Âge moyen : 18 ans

Jeffrey

Étymologie : du germain *gaut* : « divinité, dieu » et *frid* : « paix », ou *fried* : « protecteur ». Jeffrey est la forme anglo-saxonne de Geoffrey et Geoffroy, les dérivés modernes de Godefroy. Ce prénom fut porté par un évêque d'Amiens au XIIe siècle qui défendit la bourgeoisie et le petit peuple contre les grands seigneurs picards et dut souvent en payer le prix.
Fête : 15 janvier - Couleur : jaune - Chiffre : 3
Caractère : Jeffrey est sensible, éloquent et plein de vivacité.
Fréquence : rare - Évolution : ↘
Âge moyen : 21 ans

Jérémie

Jérémi, Jérémias

Étymologie : de l'hébreu *yirmeyah* : « Iahvé (Dieu) élève ». Ce prénom est, dans la Bible, celui d'un des prophètes. Pour réconcilier avec Dieu le peuple juif, il lui fit craindre les châtiments et les malheurs qui l'attendaient (d'où le mot « jérémiades »). Il fut arrêté et, réfugié en Égypte, il y mourut en 587 avant J.-C. Jérémie est la forme française de Jérémy, elle est pourtant nettement moins attribuée.
Fête : 1er mai - Couleur : rouge - Chiffre : 2
Caractère : Jérémie est actif, sociable et diplomate. Il est résolu, a le sens de la famille et des responsabilités.
Personnage célèbre : l'acteur Jérémie Renier.
Fréquence : répandu - Évolution : ↘
Âge moyen : 27 ans

Jérémy

Gérémy

Étymologie : de l'hébreu *yirmeyah* : « Iahvé (Dieu) élève ». C'est sous cette forme que Jérémy est le plus attribué.
Fête : 1er mai - Couleur : rouge - Chiffre : 2
Caractère : Jérémy est persévérant, déterminé et aime la réalisation.
Personnage célèbre : Jeremy Irons, acteur.
Fréquence : répandu - Évolution : ↘
Âge moyen : 22 ans

Jérôme

Gérôme, Geronimo, Gerry, Girolano, Hieronymus, Hyronimus, Ieronim, Jeronimo, Jeromin, Jeronim, Jeronimo, Jeronimus, Olmes, Onimus, Ronimus

Étymologie : du grec *hieros* : « sacré » et onoma : « nom ».
Fête : 30 septembre - Couleur : rouge - Chiffre : 3
Caractère : Jérôme est sociable, fantaisiste, curieux mais parfois impulsif.
Personnages célèbres : Jérôme Bosch, peintre hollandais du XVe siècle ; Jérôme Bonaparte, frère de l'empereur Napoléon ; le metteur en scène Jérôme Savary.
Fréquence : répandu - Évolution : ↘
Âge moyen : 36 ans

Jerry

Étymologie : de l'hébreu *yirmeyah* : « Iahvé (Dieu) élève ». Ce prénom est un diminutif de Jérémy.
Fête : 1er mai - Couleur : rouge - Chiffre : 2
Caractère : Jerry est fiable, résolu et méthodique.
Personnages célèbres : Jerry Lewis, acteur américain ; Jerry, la petite souris de *Tom et Jerry*.
Fréquence : rare - Évolution : ↘

V

Jessé

Étymologie : de l'hébreu *yichaï* : « il y a un cadeau ». Dans la Bible, Jessé est le père du roi David et donc l'ancêtre du Christ dont la généalogie est souvent appelée « l'arbre de Jessé ». Ce prénom fut porté par un évêque géorgien du VIe siècle qui fut martyrisé par les Perses. Jessé est, la plupart du temps, orthographié sans accent aujourd'hui.
Fête : 29 décembre - **Couleur :** jaune - **Chiffre :** 4
Caractère : Jessé est persévérant, efficace et structuré.
Personnages célèbres : Jesse James, bandit américain du XIXe siècle ; Jesse Eisenberg, acteur américain.
Fréquence : rare - **Évolution :** ↗
Âge moyen : 19 ans

P

Jessy

Djessy, Jessi

Étymologie : de l'hébreu *yichaï* : « il y a un cadeau ».
Fête : 29 décembre - **Couleur :** jaune - **Chiffre :** 4
Caractère : Jessy est plein d'assurance, réfléchi et déterminé.
Fréquence : rare - **Évolution :** ↘
Âge moyen : 18 ans

V

Jibril

Gibril, Jebril

Étymologie : de l'hébreu *gavar* : « force » et *el* : « Dieu » ; « Dieu est ma force ». Jibril correspond à la forme arabe de Gabriel. C'est lui qui révéla le Coran au Prophète Mahomet.
Couleur : bleu - **Chiffre :** 9
Caractère : Jibril est idéaliste, intègre et réfléchi.
Fréquence : rare - **Évolution :** ↗
Âge moyen : 6 ans

P

Jim

Gim

Étymologie : de l'hébreu *ya'aqob* : « que Dieu favorise ». Jim est un diminutif de James, version anglo-saxonne de Jacques. Il est assez répandu.
Fête : 25 juillet - **Couleur :** blanc - **Chiffre :** 7
Caractère : Jim est dynamique, curieux et courageux.
Personnages célèbres : le chanteur Jim Morrison ; l'acteur Jim Carrey.
Fréquence : rare - **Évolution :** ↘
Âge moyen : 35 ans

P

Jimmy

Djimmy, Gimy, Jimi, Jimy

Étymologie : de l'hébreu *ya'aqob* : « que Dieu favorise ». Jimmy est un diminutif familier de James, version anglo-saxonne de Jacques.
Fête : 25 juillet - **Couleur :** blanc - **Chiffre :** 7
Caractère : Jimmy est spirituel, original et aime se réaliser.
Personnages célèbres : le joueur de tennis Jimmy Connors ; le président des États-Unis Jimmy Carter ; Jimmy Somerville, chanteur ; Jimmy Choo, créateur de chaussures.
Fréquence : répandu - **Évolution :** ↘
Âge moyen : 25 ans

B

Joachim

Achim, Chim, Joachin, Joackim, Joaquim, Jochem, Jochen, Jochim, Juchem

Étymologie : de l'hébreu *yehoyagim* : « Iahvé (Dieu) met debout ». Selon l'évangile apocryphe de saint Jérôme, Joachim est l'époux de sainte Anne et le père de la Vierge Marie.
Fête : 26 juillet - **Couleur :** bleu - **Chiffre :** 5
Caractère : Très intelligent, Joachim fait preuve

d'une grande cohérence dans tout ce qu'il entreprend. Il est aussi très rigoureux et intuitif.
Personnages célèbres : Joachim de Flore ; le poète Joachim Du Bellay (1522-1560).
Fréquence : rare - Évolution : ⇗
Âge moyen : 49 ans

P

Joan

Étymologie : de l'hébreu *yohânân* : « Dieu pardonne ». Joan est un dérivé de Jean (sans doute une forme simplifiée de Johan).
Fête : 26 juillet - Couleur : bleu - Chiffre : 5
Caractère : Joan est intelligent, sage et indépendant.
Fréquence : rare - Évolution : ⇗
Âge moyen : 19 ans

P

Joaquin

Étymologie : de l'hébreu *yehoyagim* : « Iahvé (Dieu) met debout ».
Fête : 26 juillet - Couleur : blanc - Chiffre : 3
Caractère : Joaquin est bienveillant, consciencieux, déterminé et raisonnable.
Personnage célèbre : l'acteur Joaquin Phoenix.
Fréquence : rare - Évolution : ⇗
Âge moyen : 52 ans

C

Jocelyn

Étymologie : du celtique *iad* : « prince » et *lind* : « doux ».
Fête : 13 décembre (Saint-Jocelyn)
Couleur : rouge - Chiffre : 3
Caractère : Jocelyn est compatissant, enthousiaste et aime la communication.
Fréquence : rare - Évolution : ⇘
Âge moyen : 40 ans

P

Joe

Étymologie : de l'hébreu *yosseph* : « Dieu ajoutera ». Ce prénom est le diminutif anglo-saxon de Joseph.
Fête : 19 mars ou 20 décembre
Couleur : rouge - Chiffre : 1
Caractère : Joe est optimiste, créatif, sociable et pragmatique.
Personnages célèbres : les chanteurs Joe Cocker et Joe Dassin ; Joe Dalton, célèbre bandit ; Joe DiMaggio, légende du base-ball qui fut aussi marié à Marilyn Monroe.
Fréquence : rare - Évolution : ⇘
Âge moyen : 24 ans

P

Joël

Étymologie : de l'hébreu *yô'el* : « Iavhé est Dieu ». Joël, l'un des douze « petits » prophètes de la Bible, vécut environ cinq siècles av. J.-C. C'est un prénom parfaitement biblique et non, comme on le croit parfois, breton.
Fête : 13 juillet - Couleur : bleu - Chiffre : 6
Caractère : Joël est volontaire et intuitif. C'est un excellent orateur servi par une imagination fertile dont il use et abuse pour séduire. Joël n'aime pas être contraint et se fait fort de le rappeler à qui veut l'entendre.
Fréquence : répandu - Évolution : ⇘
Âge moyen : 54 ans

P

Joey

Étymologie : de l'hébreu *yosseph* : « Dieu ajoutera ». Ce prénom est le diminutif anglo-saxon de Joseph.
Fête : 19 mars ou 20 décembre
Couleur : rouge - Chiffre : 1
Caractère : Joey est audacieux, dynamique et indépendant.

Personnages célèbres : Joey Tribbiani, l'un des héros de la série *Friends* ; Joey Starr, nom de scène du rappeur Didier Morville.
Fréquence : rare - **Évolution :** ↘
Âge moyen : 11 ans

P

Joffrey

Joeffrey, Jofray, Joffre, Jofrey

Étymologie : du germain *gaut* : « divinité, dieu » et frid : « paix », ou *fried* : « protecteur ». Joffrey est une forme anglo-saxonne de Geoffrey et Geoffroy, les dérivés modernes de Godefroy. Ce prénom fut porté par un évêque d'Amiens au XIIe siècle qui défendit la bourgeoisie et le petit peuple contre les grands seigneurs picards et dut souvent en payer le prix.
Fête : 15 janvier - **Couleur :** jaune - **Chiffre :** 3
Caractère : Joffrey est persévérant, efficace, résolu et structuré.
Personnage célèbre : Joffrey de Peyrac, héros de la série des *Angélique*.
Fréquence : rare - **Évolution :** ↘
Âge moyen : 23 ans

V

Johan

Étymologie : de l'hébreu *yohânân* : « Dieu pardonne ». Johan correspond à la forme médiévale de Jean.
Fête : 24 juin - **Couleur :** jaune - **Chiffre :** 2
Caractère : Johan est un épicurien charismatique.
Fréquence : répandu - **Évolution :** ↘
Âge moyen : 23 ans

P

Johann

Étymologie : de l'hébreu *yohânân* : « Dieu pardonne ».
Fête : 24 juin - **Couleur :** jaune - **Chiffre :** 2
Caractère : Johann est éloquent et charismatique.
Fréquence : répandu - **Évolution :** ↘
Âge moyen : 28 ans

P

John

Étymologie : de l'hébreu *yohânân* : « Dieu pardonne ». John correspond à une forme anglo-saxonne bien connue de Jean, proche, par ailleurs, de sa forme médiévale.
Fête : 24 juin - **Couleur :** jaune - **Chiffre :** 2
Caractère : John est intuitif, fidèle et a le sens du relationnel. C'est un excellent médiateur.
Personnages célèbres : le président des États-Unis John Fitzgerald Kennedy ; l'acteur John Wayne ; les chanteurs John Lennon et John Legend ; le Premier ministre britannique John Major ; John Malkovitch, acteur, producteur, réalisateur et scénariste américain.
Fréquence : rare - **Évolution :** ↘
Âge moyen : 34 ans

P

Johnny

Étymologie : de l'hébreu *yohânân* : « Dieu pardonne ». Ce prénom est un diminutif familier de John, une des formes anglo-saxonnes de Jean.
Fête : 24 juin - **Couleur :** jaune - **Chiffre :** 2
Caractère : Johnny est énergique, audacieux, original et séducteur.
Personnages célèbres : les chanteurs Johnny Hallyday et Johnny Cash ; l'acteur Johnny Depp.
Fréquence : répandu - **Évolution :** ↘
Âge moyen : 30 ans

B

Jonas

Étymologie : de l'hébreu : « colombe ». Ce prénom, porté par un personnage biblique, désigne l'un des douze « petits prophètes » d'Israël. Il reçut l'ordre divin d'aller prêcher en Assyrie, mais il prit peur et voulut s'enfuir par la mer.

Pris dans une violente tempête, il tomba à l'eau et fut englouti par une baleine, dans le ventre de laquelle il passa trois jours et trois nuits à prier. Il finit par être rejeté sur le rivage.

Fête : 21 septembre - Couleur : vert - Chiffre : 3

Caractère : Jonas est énergique, audacieux et séducteur.

Fréquence : rare - Évolution : ↗

Âge moyen : 18 ans

P

Jonathan

Étymologie : de l'hébreu *yonathan* : « Dieu a donné ». Ce prénom fut porté par le fils du roi Saül et ami de David, tué avec son père à la bataille de Gelboé contre les envahisseurs philistins au XIe siècle avant notre ère.

Fête : 1er mars - Couleur : blanc - Chiffre : 2

Caractère : Jonathan est courageux, volontaire et fidèle.

Personnages célèbres : les écrivains Jonathan Coe, Jonathan Franzen, Jonathan Safran Foer et Jonathan Swift ; l'acteur Jonathan Rhys-Meyers.

Fréquence : répandu - Évolution : ↘

Âge moyen : 23 ans

P

Jordan

Djordan, Jourdain

Étymologie : de l'hébreu *yarden* : « Jourdain », du nom du fleuve qui arrose la Palestine et borde la frontière de la Jordanie, avant de se jeter dans la mer Morte. C'est dans ces eaux que Jean-Baptiste baptisa le Christ. Ce prénom fut rendu illustre par Jourdain de Saxe, successeur des dominicains, qui, très étrangement, périt en mer, au large des côtes Palestine, non loin de l'embouchure du Jourdain.

Fête : 15 février (Saint-Jordan) - Couleur : bleu

Chiffre : 4

Caractère : Jordan est ambitieux, fort, caractériel et habile.

Fréquence : rare - Évolution : ↘

Âge moyen : 16 ans

P

Jordy

Étymologie : de l'hébreu *yarden* : « Jourdain », du nom du fleuve qui arrose la Palestine et borde la frontière de la Jordanie, avant de se jeter dans la mer Morte. Jordy est un diminutif de Jordan.

Fête : 15 février (Saint-Jordan) - Couleur : bleu

Chiffre : 4

Caractère : Jordy est humain, rêveur et ouvert d'esprit.

Fréquence : rare - Évolution : ↘

Âge moyen : 17 ans

P

Joris

Étymologie : du grec *gheorghios* : « travailleur de la terre ». Joris est la forme néerlandaise de Georges, mais possède son propre patron : un évêque arménien très réputé qui mourut en Artois en 1033.

Fête : 26 juillet - Couleur : bleu - Chiffre : 8

Caractère : Joris est ambitieux, travailleur et courageux.

Fréquence : rare - Évolution : ↘

Âge moyen : 16 ans

V

José

Étymologie : de l'hébreu *yôsephyâh* : « que Iavhé (Dieu) ajoute ». José est une version hispanique de Joseph.

Fête : 19 mars - Couleur : rouge - Chiffre : 1

Caractère : José est méthodique, fiable, a le sens du devoir et de l'engagement.

Personnages célèbres : José Bové, figure altermondialiste ; l'acteur José Garcia.

Fréquence : répandu - Évolution : ↘

Âge moyen : 49 ans

B

Joseph

Iosep, Jef, Jeke, Jo, Joap, Job, Jobig, Joep, Jody, Joop, Joos, Josef, Josephus, Jozsef, Jupp, Ossip, Säbel, Seb, Sebel, Seefke

Étymologie : de l'hébreu *yôsephyâh* : « que Iavhé (Dieu) ajoute ».
Fête : 19 mars - Couleur : rouge - Chiffre : 1
Caractère : volontaire, actif, d'une moralité qu'on ne peut mettre en doute, Joseph est un homme bon et fiable.
Personnages célèbres : les écrivains Joseph de Maistre et Joseph Conrad ; le musicien Joseph Haydn ; Joseph Gordon-Lewitt, acteur et producteur américain.
Fréquence : répandu - Évolution : ↗
Âge moyen : 84 ans

B

Joshua

Josh, Jozua, Josiah, Jossua, Josuah, Josua, Josuha

Étymologie : de l'hébreu *yehoshua* : « Dieu sauve ». Ce prénom fut porté par le premier successeur de Moïse. Joshua est très répandu dans les pays anglo-saxons.
Couleur : blanc - Chiffre : 4
Caractère : Joshua est loyal, diplomate et bon.
Personnages célèbres : Joshua Jackson, acteur et réalisateur canadien ; Joshua Bowman, acteur anglais ; Joshua Redman, saxophoniste américain.
Fréquence : rare - Évolution : ↗
Âge moyen : 10 ans

B

Josse

Étymologie : du celtique *iad* : « prince » et *lind* : « doux ». Ce prénom se rapporte à saint Josse, frère cadet du roi Judicaël. Il préféra fuir la cour pour vivre en ermite en Picardie. Il y mourut en 669.
Fête : 13 décembre - Couleur : bleu - Chiffre : 5
Caractère : Josse est dynamique, curieux, indépendant et courageux.
Fréquence : rare - Évolution : ↘
Âge moyen : 31 ans

C

Josselin

Étymologie : du celtique *iad* : « prince » et *lind* : « doux ».
Fête : 13 décembre - Couleur : bleu - Chiffre : 5
Caractère : Josselin est résolu, persévérant et subtil.
Fréquence : rare - Évolution : ↘
Âge moyen : 24 ans

V

Jossué

Josué

Étymologie : de l'hébreu *yehoshua* : « Dieu sauve ».
Fête : 1er septembre - Couleur : rouge - Chiffre : 7
Caractère : Jossué est original, sensible et réservé.
Fréquence : très rare - Évolution : =

V

Juan

Étymologie : de l'hébreu *yohânân* : « Dieu pardonne ». Juan est la forme espagnole de Jean.
Fête : 24 juin ou 27 décembre - Couleur : jaune
Chiffre : 2
Caractère : Juan est autoritaire, énergique et ambitieux.
Fréquence : rare - Évolution : ↗
Âge moyen : 43 ans

TOP 20

Prénoms diminutifs

Un diminutif n'a pas nécessairement vocation à réduire un prénom jugé trop long, mais au contraire il ajoute au prénom une valeur affective. Nombre de ces diminutifs, à force d'être prononcés affectueusement en lieu et place du prénom original, ont fini par leur être préférés et sont devenus des prénoms à part entière.

Bill/Billy
Fred
Gus
Jackie/Jacky
Jeff
John
Leo
Lenny
Lou
Lulu
Manu
Max
Sam
Stan
Ted
Tom
Tim
Tony
Will/Willy
Zac

V

Juan-Carlos

Étymologie : prénom composé de Juan et de Carlos, assez répandu en Espagne. Forme espagnole de Jean-Charles. Il fut porté par un missionnaire français envoyé à Tonkin martyrisé en 1837.

Fête : 20 septembre - Couleur : gris - Chiffre : 7

Caractère : Juan-Carlos est bienveillant, consciencieux et directif.

Personnage célèbre : Juan Carlos Ier, roi d'Espagne.

Fréquence : rare - Évolution : ↗

Âge moyen : 42 ans

V

Jude

Étymologie : de l'hébreu *yehouda* : « Dieu soit loué ». Ce nom est dans la Bible celui du quatrième fils de Jacob et de Léa. Il fut également porté par un frère ou un cousin de l'apôtre Jacques. Selon la *Légende dorée*, Jude aurait été missionnaire en Égypte et au Moyen-Orient, martyrisé en Perse, mis à mort par les prêtres de Zoroastre.

Fête : 18 août - Couleur : noir - Chiffre : 2

Caractère : Jude est tenace, fiable et a le sens du devoir.

Personnages célèbres : Jude, héros du roman de Thomas Hardy, *Jude l'Obscur* ; Jude Law, acteur britannique.

Fréquence : rare - Évolution : ↗

Âge moyen : 39 ans

B

Judicaël

Kaelig, Ikel, Izikel, Jezekaël, Jezekel, Jikaël, Judikäel, Yékel

Étymologie : du vieux breton *lud* : « seigneur » et *hael* : « généreux ». On a longtemps pris Judicaël pour un prénom d'origine hébraïque, alors

qu'il n'en est rien. Judicaël vient de Bretagne et fut le nom d'un roi qui entra dans les ordres au VIIe siècle.
Couleur : blanc - Chiffre : 2
Caractère : Judicaël est généreux, sensible et intuitif.
Fréquence : rare - Évolution : ↘
Âge moyen : 23 ans

B

Jules

Julchen, Juliaantje, Julio, Julius, Juluen, Juult, Oulianke, Schüll, Sile, Sileas, Youli, Youli

Étymologie : du nom d'une famille romaine qui disait descendre du fils d'Énée, Iule.
Fête : 12 avril - Couleur : rouge - Chiffre : 4
Caractère : Jules est aussi ambitieux que travailleur. Il se donne les moyens de sa réussite, est autoritaire mais juste et lucide.
Personnages célèbres : Jules César ; Jules Ferry ; les écrivains Jules Massenet, Jules Michelet, Jules Supervielle, Jules Vallès, Jules Verne, Jules Renard ; l'acteur Jules Raimu.
Fréquence : répandu - Évolution : ↗
Âge moyen : 61 ans

C

Julien

Julen, Juliann, Julano, Jullian, Jullien

Étymologie : du nom d'une famille romaine qui disait descendre du fils d'Énée, Iule.
Fête : 2 août - Couleur : rouge - Chiffre : 8
Caractère : Julien est énergique, courageux, franc et généreux.
Personnages célèbres : le héros de Stendhal (*Le Rouge et le Noir*) Julien Sorel ; le romancier Julien Green ; l'écrivain Julien Gracq ; les chanteurs Julien Clerc et Julien Doré.
Fréquence : répandu - Évolution : ↘
Âge moyen : 35 ans

V

Julio

Étymologie : du nom d'une famille romaine qui disait descendre du fils d'Énée, Iule.
Fête : 12 avril - Couleur : rouge - Chiffre : 4
Caractère : Julio est efficace, persévérant et raisonnable.
Personnage célèbre : le chanteur Julio Iglesias.
Fréquence : rare - Évolution : ↗
Âge moyen : 35 ans

B

Julius

Étymologie : du nom d'une famille romaine qui disait descendre du fils d'Énée, Iule.
Fête : 12 avril - Couleur : rouge - Chiffre : 4
Caractère : Julius est abitieux, opiniâtre et travailleur.
Fréquence : rare - Évolution : ↗
Âge moyen : 55 ans

B

Junien

Juni, Junius

Étymologie : du latin *Juno*, nom d'une divinité, qui, fille de Saturne et femme de Jupiter, présidait célestement à la rencontre et à l'union sexuelle, ainsi qu'aux maternités.
Couleur : violet - Chiffre : 8
Caractère : Junien est ambitieux, déterminé et énergique.
Fréquence : très rare - Évolution : ↘
Âge moyen : 94 ans

C

Just

Étymologie : du latin *justinus* (de *justus*) : « raisonnable, juste ». Ce prénom fut porté par un évêque de Lyon, qui partit prier dans le désert égyptien pour expier ses fautes.

Fête : 14 octobre - **Couleur** : bleu - **Chiffre** : 4
Caractère : Just est enthousiaste, organisé et possède de solides facultés d'adaptation.
Personnages célèbres : Just Fontaine, ancien joueur de football ; Just Jaeckin, photographe et metteur en scène.
Fréquence : rare - **Évolution** : ↘
Âge moyen : 87 ans

C

Justin

Giustino, Giusto, Justinien, Justino, Justo, Tin

Étymologie : du latin *justinus* (de *justus*) : « raisonnable, juste ». Ce prénom fut porté par un philosophe païen qui, une fois, converti, consacra sa vie au dialogue avec les athées et fut martyrisé en 165. Il est le patron des philosophes.
Fête : 1er juin - **Couleur** : vert - **Chiffre** : 3
Caractère : Justin est un esthète, créatif, parfois jaloux et possessif. Il a un tempérament fougueux et attachant.
Personnage célèbre : Justin Timberlake, chanteur et compositeur américain.
Fréquence : répandu - **Évolution** : ↗
Âge moyen : 54 ans

K

V

Kader

Kada, Kadda, Kadder, Kadir

Étymologie : de l'arabe : « puissant, riche ». Ce prénom évoquait une confrérie mystique du XIe siècle, celle des shérifs Kadarites
Couleur : jaune - **Chiffre** : 4
Caractère : Kader est optimiste, pragmatique et créatif.
Fréquence : rare - **Évolution** : ↘
Âge moyen : 34 ans

V

Kaïs

Caïs, Caïss, Kaïss, Kaïsse

Étymologie : de l'arabe: « l'homme à la démarche fière »
Couleur : rouge - **Chiffre** : 9
Caractère : Kaïs est méthodique, obstiné et fier, comme son prénom l'indique.
Personnage célèbre : Kaïs, personnage récurrent de la littérature médiévale arabe, qui symbolisait la passion et l'amour courtois puisque, tout en étant amoureux de Loubna, il était fou amoureux de Leïla.
Fréquence : rare - **Évolution** : ↗
Âge moyen : 8 ans

V

Kamal

Kamale

Étymologie : de l'arabe : *kamal* : « perfection, plénitude ». Ce prénom est fidèle, par son orthographe, au substantif qui en est à l'origine. Pourtant cette forme est assez peu attribuée.
Couleur : gris - **Chiffre** : 7
Caractère : Kamal est intuitif et fidèle.
Fréquence : rare - **Évolution** : ↘
Âge moyen : 33 ans

V

Kamel

Kamil, Kemal, Kemel, Kemil

Étymologie : de l'arabe: *kamal* : « perfection, plénitude ». Ce prénom est très répandu, car il est l'un des nombreux surnoms attribués à Mahomet.
Couleur : gris - **Chiffre** : 7

Caractère : Kamel a le sens des responsabilités et a une certaine influence sur les autres.
Fréquence : répandu - **Évolution :** ↘
Âge moyen : 33 ans

V

Kareem

Étymologie : de l'arabe : « généreux ». Ce prénom correspond à une variante orthographique de Karim attribuée dans les pays anglo-saxons.
Couleur : vert - **Chiffre :** 3
Caractère : Kareem est vif, vigilant et difficile à tromper.
Personnage célèbre : Kareem Abdul-Jabbar, star du basket-ball américain et acteur.
Fréquence : rare - **Évolution :** =

V

Karim

Carim, Karam, Karem, Karime, Karym

Étymologie : de l'arabe : « généreux ». Ce prénom fait figure de classique, car il est un des noms coraniques employés pour désigner Allah.
Couleur : vert - **Chiffre :** 3
Caractère : Karim est original, spirituel et philosophe.
Personnages célèbres : le milliardaire et chef spirituel des ismaéliens nizârites, Karim Aga Khan ; Karim Kacel, chanteur.
Fréquence : répandu - **Évolution :** ↘
Âge moyen : 30 ans

V

Karl

Karlo, Karlos

Étymologie : du germanique *karl* : « fort, viril ». Ce prénom correspond à la forme allemande et originale de Charles. Karl est répandu en Allemagne, mais aussi dans les pays scandinaves.
Fête : 4 novembre - **Couleur :** vert - **Chiffre :** 3
Caractère : Karl est équilibré, organisé, a le sens des responsabilités, est solide et protecteur.
Personnages célèbres : Karl Marx, essayiste et théoricien de la révolution ; le créateur Karl Lagerfeld.
Fréquence : rare - **Évolution :** ↘
Âge moyen : 30 ans

V

Kasimir

Étymologie : du slave *kas* : « l'assemblée » et *mir* : « la paix ». Kasimir correspond à la forme slave de Casimir.
Couleur : bleu - **Chiffre :** 6
Caractère : Kasimir est ouvert d'esprit, rêveur et généreux.
Fréquence : très rare - **Évolution :** ↗
Âge moyen : 85 ans

V

Keith

Étymologie : du celte : « vent »
Couleur : bleu - **Chiffre :** 4
Caractère : Keith est un stratège, ardent et fin.
Personnages célèbres : Keith Richards, guitariste des Rolling Stones ; Keith Barnes, auteur anglais de la *beat generation*.
Fréquence : rare - **Évolution :** =
Âge moyen : 42 ans

P

Kelly

Étymologie : du celtique *ceallagh*, de *ceall* : « le monastère, le couvent ». Kelly est un prénom masculin à l'origine.
Fête : 1er mai - **Couleur :** bleu - **Chiffre :** 2
Caractère : Kelly est énergique, créatif, franc et ambitieux
Personnage célèbre : Kelly Slater, célèbre surfer.
Fréquence : rare - **Évolution :** ↘
Âge moyen : 26 ans

V

Kelian

Kellian

Étymologie : du celtique *ceallagh*, de *ceall* : « le monastère, le couvent ».

Fête : 8 juillet - Couleur : bleu - Chiffre : 5

Caractère : Kelian a l'esprit logique, c'est donc un bon gestionnaire.

Fréquence : rare - Évolution : ↗

Âge moyen : 9 ans

P

Kelvin

Étymologie : d'un mot celtique qui a donné son nom à une rivière d'Écosse.

Couleur : jaune - Chiffre : 8

Caractère : Kelvin est ambitieux et innovateur.

Fréquence : rare - Évolution : ↗

Âge moyen : 9 ans

V

Kelyan

Kelyann, Kelyane

Étymologie : du celtique *ceallagh*, de *ceall* : « le monastère, le couvent ».

Fête : 8 juillet - Couleur : bleu - Chiffre : 5

Caractère : Kelyan est sympathique, courageux et aime la découverte.

Fréquence : rare - Évolution : ↗

Âge moyen : 6 ans

P

Ken

Étymologie : du gaélique *cinaed* : « l'ancien, le sage ». Ken est la plupart du temps un diminutif de Kenan, mais il est employé également pour la majorité des prénoms masculins d'origine celte assemblés avec « Ken ».

Couleur : rouge - Chiffre : 9

Caractère : Ken est pragmatique, optimiste et créatif.

Personnage célèbre : Ken est aussi célèbre que Barbie et ce pour les mêmes raisons : il est son pendant masculin.

Fréquence : rare - Évolution : ↘

Âge moyen : 22 ans

V

Kenan

Étymologie : du gaélique *cinaed* : « l'ancien, le sage ».

Couleur : rouge - Chiffre : 9

Caractère : Kenan est ouvert d'esprit, humain, rêveur et généreux.

Fréquence : rare - Évolution : ↗

Âge moyen : 11 ans

V

Kendal

Kendall

Étymologie : du celte : « rivière de la vallée ».

Couleur : rouge - Chiffre : 9

Caractère : Kendal a le sens du relationnel, il est intuitif, organisé et fidèle.

Fréquence : rare - Évolution : ↗

Âge moyen : 9 ans

V

Kenneth

Étymologie : du gaélique *cinaed* : « l'ancien, le sage ». Ce prénom fut porté par le fils d'un barde irlandais, qui, après avoir fondé un monastère et évangélisé les Pictes écossais, se serait retiré sur une île déserte pour se consacrer à la prière. Il aurait même obtenu que les oiseaux ne chantent pas le dimanche, par respect pour le jour du Seigneur.

Couleur : violet - Chiffre : 4

Caractère : Kenneth aime la réflexion, l'étude, est exigeant et organisé.

Personnage célèbre : Kenneth Branagh, le comé-

dien et réalisateur nord-irlandais.
Fréquence : rare - Évolution : =
Âge moyen : 38 ans

P

Kenny

Keny

Étymologie : du gaélique *cinaed* : « l'ancien, le sage ».
Couleur : vert - Chiffre : 6
Caractère : Kenny est bienveillant, sage et pacifique.
Personnage célèbre : Kenny McCormick, dit Kenny, personnage de la série télévisée *South Park*.
Fréquence : rare - Évolution : ↗
Âge moyen : 17 ans

V

Kentin

Étymologie : du latin *quintus* : « cinquième ». Kentin est une variante de Quentin. Ce prénom est une référence au chiffre cinq, symbole ésotérique de l'union des contraires et de l'harmonie, de l'équilibre. Il renvoie aux sens, aux doigts d'une main et représente, par là-même, la totalité du monde sensible.
Couleur : bleu - Chiffre : 1
Caractère : Kentin est ambitieux, autonome, autoritaire et énergique.
Fréquence : rare - Évolution : ↗
Âge moyen : 9 ans

V

Kenzo

Kenzi, Kenzy

Étymologie : de l'arabe : « trésor ». Ce prénom est en forte croissance, sans doute entraîné par le succès de Kenza.
Couleur : bleu - Chiffre : 3
Caractère : Kenzo est plein de vitalité, il aime le dépassement de soi et l'achèvement.
Personnage célèbre : Kenzo, célèbre créateur (mode, parfums) japonais.
Fréquence : rare - Évolution : ↗
Âge moyen : 6 ans

V

Kerian

Keriann, Querian

Étymologie : du celte : « prêt au combat ».
Fête : 5 novembre - Couleur : rouge - Chiffre : 8
Caractère : Kerian a le sens de la justice, le goût du pouvoir et de l'équilibre.
Fréquence : rare - Évolution : ↗
Âge moyen : 8 ans

V

Kerwan

Étymologie : du celte : « sombre »
Couleur : violet - Chiffre : 8
Caractère : Kerwan est intègre, idéaliste et altruiste.
Fréquence : rare - Évolution : ↗
Âge moyen : 8 ans

V

Keryan

Kerian, Keryann, Kyrian

Étymologie : du celte : « prêt au combat ».
Fête : 5 novembre - Couleur : rouge - Chiffre : 8
Caractère : Keryan est intuitif et aime le relationnel.
Fréquence : rare - Évolution : ↗
Âge moyen : 7 ans

V

Keven

Keven, Kevens, Kewan, Keyvan

Étymologie : du celte *coemgen* : « le bien planté, le bien né, le noble ».

Fête : 3 juin - Couleur : blanc - Chiffre : 4
Caractère : Keven est un manager dans l'âme. Il est habile, fort et passionné.
Fréquence : rare - Évolution : =
Âge moyen : 14 ans

P

Kevin

Gavin, Kervin, Kev, Kevan, Kev, Kevyn

Étymologie : du celte *coemgen* : « le bien planté, le bien né, le noble ».
Fête : 3 juin - Couleur : blanc - Chiffre : 4
Caractère : Kevin est intuitif, discret et sensible.
Personnages célèbres : Kevin Costner, Kevin Spacey et Kevin Bacon, acteurs américains.
Fréquence : répandu - Évolution : ↘
Âge moyen : 20 ans

V

Khaled

Khalid

Étymologie : de l'adjectif arabe *khalid* : « éternel ». Khaled est un dérivé de Khalid. Cet adjectif a été nuancé pour lui ôter tout caractère blasphématoire. Il est, à présent, devenu synonyme de « bienheureux ».
Couleur : rouge - Chiffre : 3
Caractère : Khaled est dynamique, curieux et courageux.
Personnages célèbres : Khaled Ibn Al Walid, un adversaire de Mahomet, qui gagna contre lui la bataille d'Uhud en 625, avant de se convertir à l'islam et de devenir l'un des meilleurs généraux de Mahomet ; Khaled, célèbre chanteur de raï.
Fréquence : rare - Évolution : ↘
Âge moyen : 26 ans

V

Khaïm

Chaïm, Haïm

Étymologie : de l'hébreu *khaïm* : « vie, vivant ».
Couleur : rouge - Chiffre : 2
Caractère : Khaïm est un charmeur, dont la douceur et les capacités artistiques font mouche.
Fréquence : rare - Évolution : =

P

Kilian

Coloman, Kalman, Kill, Killian, Kiliann, Killiam, Killiann, Killien, Koloman, Koulman, Killyan, Kylian

Étymologie : du celtique *ceallagh*, de *ceall* : « le monastère, le couvent ». Ce prénom, ironie du sort, est rarissime dans les pays celtiques d'où il est originaire, mais est un grand succès en France.
Fête : 8 juillet - Couleur : bleu - Chiffre : 5
Caractère : Kilian est énergique, autoritaire et charismatique.
Fréquence : rare - Évolution : ↘
Âge moyen : 10 ans

V

Kim

Étymologie : du viel anglais *kimball* : « guerrier audacieux ». Ce prénom correspond à un diminutif devenu prénom à part entière.
Couleur : orange - Chiffre : 6
Caractère : Kim aime communiquer et attache une grande importance à l'affection.
Personnages célèbres : le héros éponyme de l'ouvrage de Kipling, également auteur du *Livre de la jungle* ; l'acteur Kim Rossi Stuart ; le réalisateur Kim Chapiron.
Fréquence : rare - Évolution : ↗
Âge moyen : 20 ans

B

Kléber

Klébert

Étymologie : en dialecte alsacien, *kléber* signifie « maçon ».

Couleur : bleu - **Chiffre** : 4
Caractère : Kléber est brave, déterminé, subtil et affectueux.
Personnage célèbre : Jean-Baptiste Kléber (1753-1800), chef militaire extrêmement populaire de la Révolution française, qui fut, comme Marceau, Hoche et Joubert, de ceux qui laissèrent leur nom comme prénom.
Fréquence : rare - **Évolution** : ↘
Âge moyen : 91 ans

V

Knut

Canut, Canute, Canuto, Knud,

Étymologie : du scandinave *knut* : « nœud », ou du germanique *knutr* : « hardi ».
Couleur : jaune - **Chiffre** : 8
Caractère : Knut est un pragmatique qui sait s'adapter à toutes les situations. Il est aussi généreux et enthousiaste.
Personnage célèbre : l'écrivain norvégien Knut Hamsun, prix Nobel en 1920.
Fréquence : rare - **Évolution** : =

V

Kurt

Curd, Curt, Kohn, Kord, Kuno, Kunz

Étymologie : du germanique *kurz* : « allemand ».
Couleur : jaune - **Chiffre** : 8
Caractère : Kurt est un sage, un indépendant qui aime la méditation.
Personnages célèbres : le compositeur de la musique de *L'Opéra de quat'sous*, de Brecht, Kurt Weill ; le musicien Kurt Cobain ; l'acteur Kurt Russel.
Fréquence : rare - **Évolution** : ↘

P

Kyle

Étymologie : du celtique *ceallagh*, de *ceall* : « le monastère, le couvent ».
Fête : 8 juillet - **Couleur** : bleu - **Chiffre** : 5
Caractère : Kyle est ardent, sympathique et drôle.
Personnage célèbre : l'acteur Kyle MacLachlan (*Dune, Twin Peaks, Desperate Housewives*).
Fréquence : rare - **Évolution** : ↗
Âge moyen : 7 ans

P

Kylian

Kyllian

Étymologie : du celtique *ceallagh*, de *ceall* : « le monastère, le couvent ».
Fête : 8 juillet - **Couleur** : bleu - **Chiffre** : 5
Caractère : Kylian est un idéaliste, altruiste et intègre. Il sait s'attirer la sympathie de tous.
Fréquence : rare - **Évolution** : ↗
Âge moyen : 7 ans

L

C

Ladislas

Étymologie : du slave *vladi* : « pouvoir » et slava : « gloire ». Ce prénom fut porté par un roi de Hongrie du XIe siècle qui sut fédérer les communautés de son royaume en autorisant les cultes juifs et musulmans. Il fonda également l'évêché de Zagreb en Croatie. Il mourut lors d'une croisade vers la Terre sainte en 1095.
Fête : 27 juin - **Couleur** : bleu - **Chiffre** : 5
Caractère : Ladislas est ambitieux, opportuniste et diplomate.
Fréquence : rare - **Évolution** : =
Âge moyen : 51 ans

C

Lambert

Lamb, Lamberto, Lambertus, Lambrecht, Lampe, Lamprecht, Lanbert, Landbert, Lando, Lanz, Lanzo

Étymologie : du germain *land* : « pays » et *behrt* : « brillant ».

Fête : 17 septembre - Couleur : jaune - Chiffre : 8

Caractère : Lambert est un esprit brillant, cultivé, toujours en quête de connaissances nouvelles : c'est un intellectuel curieux.

Personnage célèbre : le comédien Lambert Wilson.

Fréquence : rare - Évolution : ↘

Âge moyen : 56 ans

B

Lancelot

Lance, Lancelin, Lancellotto, Lancelote, Lancelyn, Lanzelot, Launce, Launcelot

Étymologie : du celte *ancel* : « celui qui sert ».

Fête : 21 avril - Couleur : rouge - Chiffre : 5

Caractère : Lancelot est travailleur, énergique, autoritaire et curieux.

Personnage célèbre : Lancelot est le chevalier de la Table ronde le plus illustre et l'un des personnages les plus importants de la *Geste* (récits d'épopées) de Chrétien de Troyes. Épris de la reine Guenièvre, l'épouse du roi Arthur, il représente l'idéal de l'amoureux courtois aussi beau que courageux et dévoué. C'est cet amour qui, néanmoins, l'empêchera de s'emparer du Graal qui exige la pureté absolue.

Fréquence : rare - Évolution : ↘

Âge moyen : 13 ans

B

Landry

Étymologie : du germain *land* : « pays » et *rik* : « le roi ».

Fête : 10 juin - Couleur : vert - Chiffre : 9

Caractère : Landry est sensible, franc et généreux.

Fréquence : rare - Évolution : ↘

P

Larry

Étymologie : du latin *laurus* : « laurier ». Ce prénom est à l'origine un diminutif de Lawrence, forme anglo-saxonne de Laurent.

Fête : 10 août - Couleur : vert - Chiffre : 2

Caractère : Larry est diplomate, sociable et attiré par la communication.

Personnage célèbre : Larry Hagman, acteur connu pour son rôle de J. R. dans la célèbre série *Dallas*.

Fréquence : rare - Évolution : ↘

Âge moyen : 28 ans

V

Lars

Étymologie : du latin *laurus* : « laurier ». Lars est la forme danoise de Laurent.

Fête : 10 août - Couleur : vert - Chiffre : 1

Caractère : Lars est audacieux, énergique. Il aime la séduction et l'originalité.

Personnage célèbre : Lars Von Trier, réalisateur, scénariste et producteur danois.

Fréquence : très rare - Évolution : =

Âge moyen : 21 ans

P

Laurent

Labhras, Labhruinn, Larrance, Laureano, Laurel, Laurens, Laurentino, Laurentz, Lauritz, Lavr, Lavrenti,Lawrance, Lawrence, Lawry, Lewerentz, Löhr, Löns, Loren, Lorentz, Lori, Lorin, Renzo, Zengo

Étymologie : du latin *laurus* : « laurier ». Le laurier, arbre d'Appolon sous la Grèce antique,

servait à couronner les vainqueurs des jeux. Le christianisme, par la suite, avec les prénoms de Laurentius, Laurenius ou Laura, lui donna une coloration mystique, où ces prénoms se voyaient « couronnés »... par Dieu.
Fête : 10 août - Couleur : vert - Chiffre : 1
Personnages célèbres : le prince Laurent de Médicis, surnommé le Magnifique ; l'homme politique Laurent Fabius ; le chanteur Laurent Voulzy ; l'éditeur Laurent Laffont ; les animateurs Laurent Boyer et Laurent Ruquier.
Fréquence : répandu - Évolution : ↘
Âge moyen : 63 ans

B

Lauréat

Étymologie : du latin *laurus* : « laurier ». La Grèce antique faisait du laurier l'arbre d'Apollon et le tressait en couronne pour les vainqueurs des Jeux. Le christianisme, par la suite, avec les prénoms de Laurentius, Laurenius ou Laura, lui donna une coloration mystique, où ces prénoms se voyaient « couronnés »... par Dieu. Le substantif « lauréat » correspond au prénom et a conservé ce sens d'élu.
Fête : 10 août - Couleur : vert - Chiffre : 1
Caractère : Lauréat est déterminé, équilibré, il a le sens de la famille et des responsabilités.
Fréquence : très rare - Évolution : ↘

B

Laurentin

Étymologie : du latin *laurus* : « laurier ». Laurentin est une forme dérivée de Laurent.
Fête : 10 août - Couleur : vert - Chiffre : 1
Caractère : Laurentin est ambitieux, généreux et raffiné.
Fréquence : très rare - Évolution : ↘
Âge moyen : 7 ans

TOP 20

Prénoms doux

La vague actuelle est aux prénoms courts et aux voyelles juxtaposées qui permettent de jouer avec les harmonies. On rencontre aujourd'hui des Noé comme des Néo ou des Noah. Cet attrait pour une quasi-musicalité agrémentée d'une douceur qu'on pensait réservée aux filles révèle peut-être l'envie d'attribuer un prénom-doudou, qui, sans être régressif, remplira élégamment son office.

Aimé
Ima
Incencio
Ivo
Innocent
Junien
Lel
Léor
Lilo
Maïeul
Manal
Mandé
Malo
Milo
Noah
Noam
Néo
Noé
Roméo
Timéo

C

Lazare

Eléazar, Eliezer, Lazaro, Lazarus, Lazzari

Étymologie : de l'hébreu *el'azar* : « Dieu a secouru ».

Fête : 23 février - Couleur : vert - Chiffre : 3

Caractère : Lazare est réservé, exigeant et travailleur.

Personnage célèbre : le savant et homme politique Lazare Carnot (1753-1823).

Fréquence : rare - Évolution : ↗

Âge moyen : 74 ans

C

Léandre

Étymologie : du grec *léon* : « le lion » et *andros* : « l'homme » ; « l'homme lion ».

Fête : 27 février - Couleur : bleu - Chiffre : 2

Caractère : Léandre est charmant, curieux, vif et épicurien.

Personnages célèbres : Léandre, archétype du jeune élégant frivole chez Corneille et Molière, qui s'inspiraient eux-mêmes de la comédie italienne ; Léandre, héros mythologique, amoureux d'Hero, prêtresse d'Aphrodite, qui traversait le Bosphore à la nage chaque nuit pour la retrouver. Une nuit d'orage, les torches qu'elle allumait sur une tour pour le guider s'éteignirent et il se noya.

Fréquence : rare - Évolution : ↗

Âge moyen : 36 ans

V

Léandro

Étymologie : du grec *léon* : « le lion » et *andros* : « l'homme » ; « l'homme lion ». Léandro est la forme hispanique et italienne de Léandre. En France, c'est au Pays basque que cette forme est la plus couramment usitée.

Fête : 27 février - Couleur : bleu - Chiffre : 2

Caractère : Léandro est consciencieux, bienveillant et volontaire.

Fréquence : rare - Évolution : ↗

Âge moyen : 7 ans

V

Leif

Étymologie : du germanique *leiba* : « descendant, fils ».

Couleur : rouge - Chiffre : 6

Caractère : Leif a l'esprit aventureux, il est audacieux et déterminé.

Personnage célèbre : Leif Erikson est une grande figure viking du XIe siècle. On considère qu'il découvrit le premier le sol américain. Il y fonda des colonies de Vikings. Il est célébré le 9 octobre de chaque année en Amérique. Cette journée historique porte son nom : le *Leif Erikson Day*.

Fréquence : très rare - Évolution : ↘

V

Lénaïc

Étymologie : du vieux breton *Elen* : « le troupeau de bétail » ; Lénaïc passe donc, à tort, pour un diminutif d'Hélène. Ce prénom fut porté par un moine évangélisateur du VIIe siècle qui a donné son nom à un village des Côtes-d'Armor : Saint-Helen.

Fête : 7 septembre - Couleur : gris - Chiffre : vert

Caractère : Lenaïc est un stratège, plein de vitalité et d'ardeur.

Fréquence : rare - Évolution : ↗

Âge moyen : 18 ans

P

Lenny

Leny

Étymologie : du germanique *leonhard* : « fort comme un lion ». Ce prénom correspond à un dérivé anglo-saxon de Léonard. Il fut porté par un ancien soldat de Clovis, qui reçut le baptême en même temps que son roi et se consacra à la libération et à la rééducation des prisonniers, après être entré en religion et avoir fondé un monastère dans le Limousin. Il est aujourd'hui considéré comme le saint patron des prisonniers.

Fête : 6 novembre - Couleur : blanc - Chiffre : 2

Caractère : Lenny est intelligent, indépendant et compatissant.

Personnage célèbre : le chanteur Lenny Kravitz.

Fréquence : rare - Évolution : ⇗

Âge moyen : 7 ans

P

Léo

Étymologie : du latin *leo* : « lion ». C'est sans doute la gloire de Léa, ne correspondant nullement, par ailleurs, à la forme féminine de Léo, qui a engendré l'essor de ce dernier. C'est à la fin des années 80 qu'il s'est timidement réveillé, encouragé par la tendance aux prénoms anciens, courts et riches de voyelles.

Fête : 10 novembre - Couleur : vert - Chiffre : 5

Caractère : Léo est charmant, passionné, très diplomate, car aimant la communication et surtout les autres.

Personnages célèbres : Léo Lagrange (1900-1940), le bienfaiteur du sport populaire ; l'écrivain Léo Malet ; le chanteur Léo Ferré.

Fréquence : rare - Évolution : ⇘

Âge moyen : 14 ans

B

Léon

Leão, Lee, Leons, Léos, Lev

Étymologie : du latin *leo* : « lion ».

Fête : 10 novembre - Couleur : vert - Chiffre : 1

Caractère : Léon est énergique, logique ; il aime la cohérence et la précision. Méthodique et efficace, il sait aussi se montrer chaleureux, affectueux et charismatique.

Personnages célèbres : le géographe arabe Léon l'Africain (XVIe siècle) ; les écrivains Léon Daudet, Léon Bloy, Léon Tolstoï ; les hommes d'État Léon Gambetta, Léon Blum et Léon Trotski.

Fréquence : répandu - Évolution : ⇗

Âge moyen : 90 ans

B

Léonard

Leonhard, Loni, Lonni, Lonny

Étymologie : du germanique *leonhard* : « fort comme un lion ».

Fête : 6 novembre - Couleur : blanc - Chiffre : 2

Caractère : Léonard est réputé brillant et solide ; il voit loin, entreprend intensément et réalise avec audace. Hardi, volontaire et subtil, il manifeste un sens exigeant de l'amitié.

Personnages célèbres : le peintre, sculpteur et ingénieur Léonard de Vinci (1452-1519) ; Léonard Cohen, poète et romancier canadien ; le compositeur Leonard Bernstein.

Fréquence : rare - Évolution : ⇗

Âge moyen : 58 ans

V

Leonardo

Étymologie : du germanique *leonhard* : « fort comme un lion ». Léonardo est la forme espagnole et italienne de Léonard.

Fête : 6 novembre - Couleur : blanc - Chiffre : 2

Caractère : Leonardo est pragmatique, optimiste et a du caractère.

Personnage célèbre : l'acteur Leonardo DiCaprio.

Fréquence : rare - Évolution : ⇗

Âge moyen : 28 ans

B

Léonce

Léoncio

Étymologie : du latin *leo* : « lion ».

Fête : 18 juin - Couleur : orange - Chiffre : 3

Caractère : Léonce est intuitif, réfléchi, sensible et pourvu d'un grand sens critique.
Fréquence : rare - Évolution : ↗
Âge moyen : 91 ans

B

Léontin

Étymologie : du latin *leo* : « lion ».
Fête : 18 juin - Couleur : orange - Chiffre : 3
Caractère : Léontin est un tempérament passionné. Il est fort, habile et ambitieux.
Fréquence : très rare - Évolution : =
Âge moyen : 87 ans

B

Léo-Paul

Étymologie : prénom composé de Léo et de Paul. Cette composition épouse la sonorité du prénom Léopold.
Couleur : vert - Chiffre : 7
Caractère : Léo-Paul est directif, audacieux et indépendant.
Fréquence : rare - Évolution : ↗
Âge moyen : 9 ans

C

Léopold

Bolbi, Lebold, Leibold, Leodebald, Leopoldino, Leopoldo, Leppe, Leupold, Liutbald, Liutpold, Lupold, Lutbald

Étymologie : du germain *liut* : « peuple » et *bald* : « courageux ». Ce prénom fut porté par un duc d'Autriche extrêmement charitable et juste, Léopold IV, qu'on surnomma le « père des pauvres ».
Fête : 15 novembre - Couleur : vert - Chiffre : 7
Caractère : Léopold est ambitieux, travailleur et possède une certaine autorité naturelle ; le poète et chef d'État sénégalais Léopold Sédar Senghor.
Fréquence : rare - Évolution : ↗
Âge moyen : 71 ans

P

Leslie

Lesley, Lesly

Étymologie : de l'écossais : « le château de pierre grise ». Contrairement à ce que l'on pourrait penser, Leslie est également un prénom masculin.
Couleur : vert - Chiffre : 2
Caractère : Leslie est habile, passionné et ambitieux.
Personnages célèbres : Leslie Howard, acteur, réalisateur et producteur britannique ; l'acteur comique américain Leslie Nielsen (*Y a-t-il un pilote dans l'avion ?*, *Y a-t-il un flic pour sauver la reine ?*).
Fréquence : rare - Évolution : ↘
Âge moyen : 44 ans

V

Levi

Levy

Étymologie : de l'hébreu : « qui accompagne ». Ce prénom est porté, dans la Bible, par un des fils de Jacob/Israël et de Léa. Il fonda la tribu des Lévites.
Couleur : rouge - Chiffre : 3
Caractère : Lévi est enthousiaste, pragmatique, a un grand sens de la communication et de fortes capacités d'adaptation, sans oublier sa qualité principale : la générosité.
Personnage célèbre : Levi Strauss, l'inventeur du blue-jeans.
Fréquence : rare - Évolution : ↗
Âge moyen : 14 ans

V

Liam

Lyam

Étymologie : de l'hébreu : « le peuple pour moi ».
Fête : 10 janvier - Couleur : vert - Chiffre : 8

Caractère : Liam est altruiste, sensible, ambitieux et intuitif.
Personnages célèbres : l'acteur Liam Neeson ; le chanteur d'*Oasis* Liam Gallagher.
Fréquence : rare - Évolution : ↗
Âge moyen : 6 ans

P

Lilian

Lilyan

Étymologie : du latin *lilia* : « les lys ».
Fête : 22 juillet - Couleur : bleu - Chiffre : 7
Caractère : Lilian est résolu, optimiste et réussit le défi d'être à la fois créatif et pragmatique.
Personnage célèbre : Lilian Thuram, le footballeur.
Fréquence : répandu - Évolution : ↗
Âge moyen : 18 ans

V

Lindsay

Lindsey, Lyndsay, Lyndsey

Étymologie : de l'anglais : « île aux tilleuls ». Ce nom de lieu devenu prénom était, à l'origine, essentiellement masculin. Il est aujourd'hui plus rare chez les garçons que chez les filles.
Couleur : bleu - Chiffre : 8
Caractère : Lindsay est sensible et quelque peu charmeur.
Fréquence : très rare - Évolution : ↗
Âge moyen : 18 ans

V

Lino

Étymologie : du grec : « lin ». Ce prénom, d'origine italienne, devient tendance grâce à sa terminaison et sa double syllabe.
Couleur : blanc - Chiffre : 2
Caractère : Lino est un être curieux, dynamique, extrêmement logique et indépendant.
Personnage célèbre : l'acteur Lino Ventura.
Fréquence : rare - Évolution : ↗
Âge moyen : 25 ans

P

Lionel

Étymologie : du latin *leo* : « lion ». Lionel est un prénom directement forgé à partir de « lion », avec le sens de « petit lion, lionceau », au Moyen Âge.
Fête : 10 novembre - Couleur : jaune - Chiffre : 3
Caractère : Lionel est intuitif et peut se montrer charmant. Il se révèle néanmoins intransigeant et d'une rigueur absolue dans le travail.
Personnages célèbres : l'homme politique Lionel Jospin ; le chanteur Lionel Richie.
Fréquence : répandu - Évolution : ↘
Âge moyen : 45 ans

V

Livio

Étymologie : du latin *oliva*, du nom de l'arbre fruitier et de ses fruits. Livio correspond à un dérivé italien d'Olivier.
Fête : 12 juillet - Couleur : jaune - Chiffre : 9
Caractère : Livio est méthodique, tenace et fiable.
Fréquence : rare - Évolution : ↗
Âge moyen : 21 ans

V

Lloyd

Étymologie : du gallois : « cheveux gris ».
Couleur : gris - Chiffre : 8
Caractère : Lloyd aime la découverte, la séduction et l'originalité.
Fréquence : rare - Évolution : =
Âge moyen : 18 ans

P

Loan

Loann, Lohan, Lohann

Étymologie : du celte : « lumière ». Ce prénom est mixte, à l'origine et dérivé d'Elouan, un moine irlandais qui évangélisa l'Armorique au début du VIe siècle. Très attribué d'abord aux garçons, puis aux filles, Loan redevient, actuellement, très masculin.

Fête : 28 août - Couleur : orange - Chiffre : 5

Caractère : Loan a le sens des responsabilités et de la famille, est très exigeant et exerce, comme tous les individus forts et charismatiques, une certaine influence sur les autres.

Fréquence : rare - Évolution : ↗

Âge moyen : 7 ans

V

Logan

Logann, Loghan

Étymologie : du celte *log* : « le trou ». Ce substantif se rencontre en Irlande et en Écosse et aurait formé le toponyme Logan : « petite caverne », devenu un patronyme répandu, puis un prénom.

Couleur : blanc - Chiffre : 8

Caractère : Logan est structuré, persévérant, sympathique et efficace.

Fréquence : rare - Évolution : ↘

Âge moyen : 12 ans

V

Loïc

Lomig, Lowik

Étymologie : du germain *hold* : « illustre, glorieux » et *wig* : « bataille, combattant ». Contrairement à ce que l'on pourrait croire, Loïc n'est pas une forme bretonne de Louis, mais une forme provençale. Il est vrai, en revanche, que les Bretons, séduits par sa sonorité proche de celle de l'armoricain Loïg, l'ont adoptée, au point qu'on la pense bretonne.

Fête : 25 août - Couleur : rouge - Chiffre : 3

Caractère : Loïc est calme, sérieux et épris d'harmonie.

Personnage célèbre : Loïc Perron, skipper renommé.

Fréquence : répandu - Évolution : ↘

Âge moyen : 28 ans

V

Loïck

Étymologie : du germain *hold* : « illustre, glorieux » et *wig* : « bataille, combattant ». Loïck est une variante du provençal Loïc.

Fête : 25 août - Couleur : rouge - Chiffre : 3

Caractère : Loïck est énergique, aime la découverte et l'originalité.

Fréquence : rare - Évolution : ↘

Âge moyen : 18 ans

V

Loïg

Étymologie : du germain *hold* : « illustre, glorieux » et *helm* : « protection ». Loïg correspond à la forme armoricaine de Guilhem, attestée dès le XIIIe siècle.

Fête : 10 janvier - Couleur : vert - Chiffre : 2

Caractère : Loïg a du ressort, est enthousiaste et sympathique.

Fréquence : rare - Évolution : ↘

Âge moyen : 26 ans

V

Loïk

Étymologie : du germain *hold* : « illustre, glorieux » et *wig* : « bataille, combattant ». Loïk est une variante du provençal Loïc.

Fête : 25 août - Couleur : rouge - Chiffre : 3

Caractère : Loïk est fidèle, intuitif et aime le relationnel.

Fréquence : rare - Évolution : ↗

V

Loïs

Étymologie : du germain *hold* : « illustre, glorieux » et *wig* : « bataille, combattant ». Loïs correspond à une forme ancienne de Louis, très représentée au XVe et XVIe siècle, dès la seconde moitié du XXe siècle.

Fête : 25 août - **Couleur :** jaune - **Chiffre :** 1

Caractère : Loïs aime l'innovation. Il est autoritaire, ambitieux et sait faire preuve d'analyse.

Fréquence : rare - **Évolution :** ⇗

Âge moyen : 13 ans

V

Lorenzo

Laurenzo, Lenzo, Lorent, Lorenz

Étymologie : du latin *laurus* : « laurier ». Lorenzo correspond à la forme italienne de Laurent, de plus en plus prisée en France.

Fête : 10 août - **Couleur :** vert - **Chiffre :** 1

Caractère : Lorenzo est équilibré, raisonnable et a le sens des responsabilités.

Fréquence : rare - **Évolution :** ⇗

Âge moyen : 11 ans

P

Loris

Lorris, Lorys

Étymologie : du latin *laurus* : « laurier ». Loris correspond à la forme néerlandaise de Laurent. Elle est en vogue depuis les années 90.

Fête : 10 août - **Couleur :** blanc - **Chiffre :** 2

Caractère : Loris est sociable, éloquent et fantaisiste.

Fréquence : rare - **Évolution :** ⇗

Âge moyen : 11 ans

V

Lothaire

Étymologie : du germanique *hold* : « illustre » et *hart* : « fort ».

Fête : 7 avril - **Couleur :** vert - **Chiffre :** 7

Caractère : Lothaire est calme, curieux, travailleur et ambitieux.

Fréquence : rare - **Évolution :** ⇗

Âge moyen : 27 ans

B

Lou

Étymologie : du germain *hold* : « illustre, glorieux » et *wig* : « bataille, combattant ». Lou est attesté comme un diminutif de Louis. Il peut l'être aussi pour Louise. Il est donc considéré comme un prénom mixte bien qu'un peu plus en vogue pour les filles que pour les garçons.

Fête : 25 août - **Couleur :** rouge - **Chiffre :** 4

Caractère : Lou est créatif, optimiste et sociable.

Fréquence : rare - **Évolution :** ⇗

Âge moyen : 10 ans

P

Louan

Louen

Étymologie : du celte : « lumière ». Louan est une variante de Loan, un dérivé d'Elouan : un moine irlandais qui évangélisa l'Armorique au début du VIe siècle.

Fête : 28 août - **Couleur :** orange - **Chiffre :** 5

Caractère : Louan est intègre, altruiste et idéaliste.

Fréquence : rare - **Évolution :** ⇗

Âge moyen : 7 ans

TOP 20

Prénoms exotiques

Les prénoms venus d'ailleurs ne sont plus l'apanage de parents originaires des îles ou de contrées éloignées. Ils se démocratisent et séduisent. Sonorités harmonieuses, évasion, métissage... autant de douces raisons pour céder à cette tendance ensoleillée.

Ari
Hiro
Loti
Manua
Mauri
Miki
Moehau
Moira
Nino
Raihau
Raimanu
Tamahere
Tamarii
Tamatea
Teiki
Timi
Tino
Tuka
Varii
Vahimeo

C

Louis

Ludwig, Lewis, Loïez, Luigno, Lodewijk, Loek, Louiset, Lugaidh, Luisito, Luiz, Luthais, Lüwisi, Viki, Vikli, Visen, Wickel, Wigg, Wiggl, Wisie, Zaig

Étymologie : du germain *hold* : « illustre, glorieux » et *wig* : « bataille, combattant ». L'allemand Chlodowig s'est transformé en Clovis, forme plus simple, puis en Clodovico, forme plus latine, qui a engendré Ludovic, puis Louis. Louis est un prénom marqué par le sceau de la royauté. En effet, le saint qui rendit ce prénom illustre est un roi. Louis IX, qui gouverna la France entre 1226 et 1270 et qui, généreux et juste, était aimé de tous ses sujets. Il mourut de la peste devant Tunis pendant la quatrième croisade et resta un modèle de magnanimité. Ce prénom, porté par dix-huit rois de France, fut néanmoins peu attribué au XVe et au XVIe siècle, considéré sans doute comme l'apanage aristocratique du souverain. En revanche, dès le XVIIe siècle, il se démocratise, notamment en région parisienne. De plus en plus attribué le siècle suivant, il devient même le prénom masculin le plus attribué au cours des vingt premières années du XXe siècle et s'il se démode quelque peu au cours des années 40, il ne fait que se réaffirmer durant les années 80, particulièrement au sein des milieux chics parisiens. Il s'étend ensuite sur tout le territoire, au point de se définir comme un classique indémodable.

Fête : 25 août - Couleur : rouge - Chiffre : 4

Caractère : Louis est déterminé, méthodique, aussi opiniâtre que travailleur.

Personnages célèbres : dix-huit rois de France ; quatre empereurs d'Occident ; quatre rois de Sicile ; deux rois de Hongrie ; un roi d'Espagne ; un roi d'Étrurie ; deux comtes de Flandre ; deux rois de Bavière et deux ducs ; Louis Pasteur ; Louis Braille ; les acteurs Louis Jouvet et Louis

Garrel ; le musicien Louis Armstrong ; les chanteurs Louis Chédid et Louis Bertignac.
Fréquence : répandu - Évolution : ↗
Âge moyen : 77 ans

C

Louis-Alexandre

Étymologie : prénom composé de Louis et d'Alexandre.
Fête : 25 août ou 3 mai - Couleur : vert
Chiffre : 6
Caractère : Louis-Alexandre est intelligent, a du caractère et l'esprit logique.
Personnages célèbres : Louis-Alexandre de Bourbon, fils naturel de Louis XIV et Mme de Montespan ; Louis-Alexandre Berthier, général de Napoléon Ier et maréchal de France.
Fréquence : rare - Évolution : =
Âge moyen : 14 ans

C

Louis-Marie

Étymologie : prénom composé de Louis et de Marie.
Fête : 25 août ou 15 août - Couleur : rouge
Chiffre : 6
Caractère : Louis-Marie est curieux, dynamique et courageux.
Fréquence : rare - Évolution : ↘
Âge moyen : 27 ans

B

Louison

Étymologie : du germain *hold* : « illustre, glorieux » et *wig* : « bataille, combattant ». Louison est un diminutif de Louis, et donc considéré comme un prénom mixte.
Fête : 25 août - Couleur : rouge - Chiffre : 4
Caractère : Louison est bienveillant, consciencieux et doté d'un esprit logique.
Personnage célèbre : Louison Bobet, célèbre coureur cycliste.
Fréquence : rare - Évolution : ↗
Âge moyen : 11 ans

C

Louis-Philippe

Étymologie : prénom composé de Louis et de Philippe.
Fête : 25 août ou 3 mai - Couleur : rouge
Chiffre : 6
Caractère : Louis-Philippe est exigeant, brave et loyal.
Personnages célèbres : Louis-Philippe Ier (1773-1850), duc d'Orléans devenu roi des Français ; Louis Philippe d'Orléans (1845-1866), dit le « prince de Condé ».
Fréquence : rare - Évolution : ↘
Âge moyen : 36 ans

C

Louis-Victor

Étymologie : prénom composé de Louis et de Victor.
Fête : 25 août ou 21 juillet - Couleur : rouge
Chiffre : 7
Caractère : Louis-Victor est directif, dynamique et audacieux.
Personnage célèbre : Louis-Victor Louvel, architecte français du XIXe siècle.
Fréquence : rare - Évolution : ↘
Âge moyen : 12 ans

V

Louka

Étymologie : du latin *lux* : « lumière ». Louka est la forme arabe de Lucas. Ce prénom, qui correspond à une forme ancienne de Luc, fut porté par un missionnaire dominicain, qui vécut au Japon au XVIIe siècle et fut martyrisé à Nagasaki en 1637.
Fête : 18 octobre - Couleur : orange - Chiffre : 2

Caractère : Louka est équilibré, influent et a le sens des responsabilités.
Fréquence : rare - **Évolution :** ↗
Âge moyen : 5 ans

V

Lounes

Étymologie : de l'arabe : « compagnon de fortune ».
Couleur : noir - **Chiffre :** 4
Caractère : Lounes est énergique, audacieux et a l'esprit de découverte.
Fréquence : rare - **Évolution :** ↗
Âge moyen : 15 ans

V

Lounis

Étymologie : de l'arabe : « compagnon de fortune ».
Couleur : noir - **Chiffre :** 4
Caractère : Lounis est énergique, aime l'audace et la séduction.
Fréquence : rare - **Évolution :** ↗
Âge moyen : 15 ans

B

Loup

Ellula, Leu, Lobo, Lope, Louve, Lovell, Lowell, Lua, Lupo, Uffe, Ulf, Wilf, Wolf, Wölfel, Wolfilo

Étymologie : du latin *lupus* : « loup », renvoyant au germain *wolf*, de même signification.
Fête : 29 juillet - **Couleur :** jaune - **Chiffre :** 9
Caractère : Loup est un épicurien. Pourtant, la morale et les principes régissent sa vie. Contrairement à ce que l'on pourrait penser, ce n'est pas l'animalité qui prend le pas sur son être mais une quête du plaisir mesurée.
Fréquence : rare - **Évolution :** ↗
Âge moyen : 12 ans

V

Luan

Étymologie : du celte : « lumière ». Luan est une variante de Loan, un dérivé d'Elouan, un moine irlandais qui évangélisa l'Armorique au début du VIe siècle.
Fête : 28 août - **Couleur :** orange - **Chiffre :** 5
Caractère : Luan est intègre, enthousiaste et généreux.
Fréquence : rare - **Évolution :** ↗
Âge moyen : 5 ans

B

Lubin

Étymologie : du latin *lupus* : « loup », ou du germanique *leuba* : « amour ».
Fête : 15 septembre - **Couleur :** vert - **Chiffre :** 9
Caractère : Lubin est honnête, persévérant et efficace.
Fréquence : rare - **Évolution :** ↗
Âge moyen : 11 ans

P

Luc

Laux, Louki, Loutsi, Loutsian, Luck, Lucillien, Lucinien, Lucky, Lützel, Lutzele,

Étymologie : du latin *lux* : « lumière ». Luc fut l'auteur du troisième Évangile, le plus précis et le plus riche concernant l'enfance du Christ. Médecin d'Antioche, il fut converti par saint Paul et écrivit également les Actes des Apôtres.
Fête : 18 octobre - **Couleur :** orange - **Chiffre :** 9
Caractère : Luc ne montre pas son caractère ombrageux. Il intériorise ses sentiments et se montre, à l'extérieur, toujours d'une humeur égale.
Personnages célèbres : le cinéaste Luc Besson ; le philosophe et ministre Luc Ferry.
Fréquence : répandu - **Évolution :** ↘
Âge moyen : 46 ans

P

Luca

Étymologie : du latin *lux* : « lumière ». Luca correspond à la forme italienne de Lucas.
Fête : 18 octobre - **Couleur :** orange - **Chiffre :** 2
Caractère : Luca est dynamique, audacieux, persévérant et plein d'assurance.
Fréquence : rare - **Évolution :** ⇗
Âge moyen : 10 ans

P

Lucas

Étymologie : du latin *lux* : « lumière ». Ce prénom, qui correspond à une forme ancienne de Luc, fut porté par un missionnaire dominicain, qui vécut au Japon au XVIIe siècle et fut martyrisé à Nagasaki en 1637. Dans les textes anciens, grecs ou latins, Lucas est l'orthographe originale de Luc, usitée au Moyen Âge. Il disparaît ensuite, n'étant plus attribué que comme patronyme. C'est sans doute le succès frontalier du Lukas allemand, qui engendra celui du Lucas français, apparu, au cours des années 1980, comme un nouveau prénom.
Fête : 18 octobre - **Couleur :** orange - **Chiffre :** 2
Caractère : Lucas est un être réservé mais affectueux. Organisé, rigoureux, sur le plan professionnel, beaucoup le considèrent comme un partenaire idéal.
Fréquence : répandu - **Évolution :** ⇗
Âge moyen : 11 ans

B

Lucian

Étymologie : du latin *lux* : « lumière ».
Fête : 27 janvier - **Couleur :** orange - **Chiffre :** 1
Caractère : Lucian est bienveillant, de bon conseil. Il déteste les conflits.
Personnage célèbre : l'artiste Lucian Freud.
Fréquence : rare - **Évolution :** ⇗
Âge moyen : 4 ans

V

Luciano

Étymologie : du latin *lux* : « lumière ». Luciano est la version espagnole et italienne de Lucien.
Fête : 27 janvier - **Couleur :** orange - **Chiffre :** 1
Personnage célèbre : le grand ténor Luciano Pavarotti.
Fréquence : rare - **Évolution :** ⇗
Âge moyen : 35 ans

B

Lucien

Étymologie : du latin *lux* : « lumière ».
Fête : 7 janvier - **Couleur :** orange - **Chiffre :** 1
Caractère : Lucien a l'art, sans paraître y toucher, de ramener la couverture à soi : cet homme de cœur a besoin d'attention, de compréhension, d'amour.
Personnages célèbres : Lucien Leuwen (1855), de Stendhal ; Lucien Bonaparte, frère de Napoléon ; Lucien Guitry, père de Sacha ; Lucien Sempé, dessinateur.
Fréquence : rare - **Évolution :** ⇗
Âge moyen : 84 ans

B

Lucius

Étymologie : du latin *lux* : « lumière ».
Fête : 6 mai - **Couleur :** jaune - **Chiffre :** 3
Caractère : Lucius est passionné, entier et volontaire.
Fréquence : très rare - **Évolution :** =
Âge moyen : 99 ans

V

Ludovic

Lodovico, Ludo, Ludovick, Ludovik

Étymologie : du germain *hold* : « illustre, glorieux » et *wig* : « bataille, combattant ». Ludovic est une forme primitive de Louis. L'allemand Chlodowig s'est transformé en Clovis, forme plus simple, puis en Clodovico, forme plus latine, qui a engendré Ludovic, puis Louis.

Fête : 9 octobre - Couleur : rouge - Chiffre : 1

Caractère : Ludovic est indépendant, curieux et a le goût de l'aventure.

Personnages célèbres : Ludovic Ariosto dit l'Arioste, l'auteur de l'*Orlando Furioso* ; l'auteur dramatique Ludovic Halévy.

Fréquence : rare - Évolution : ↘

Âge moyen : 33 ans

Ludwig

Lidwig, Ludwick, Ludwik

Étymologie : du germain *hold* : « illustre, glorieux » et *wig* : « bataille, combattant ». Ludwig correspond à la forme allemande de Louis.

Fête : 25 août - Couleur : rouge - Chiffre : 4

Caractère : Ludwig est fiable, tenace, méthodique et sympathique.

Personnage célèbre : Ludwig van Beethoven.

Fréquence : rare - Évolution : ↘

Âge moyen : 23 ans

Luigi

Luidgi, Luidji, Luiggi

Étymologie : du germain *hold* : « illustre, glorieux » et *wig* : « bataille, combattant ». Luigi correspond à la forme italienne de Louis.

Fête : 25 août - Couleur : rouge - Chiffre : 4

Caractère : Luigi est persévérant, honnête et efficace.

Personnage célèbre : l'écrivain Luigi Pirandello.

Fréquence : rare - Évolution : ↘

Âge moyen : 32 ans

Luis

Luiz

Étymologie : du germain *hold* : « illustre, glorieux » et *wig* : « bataille, combattant ». Luis est la forme hispanophone de Louis.

Fête : 25 août - Couleur : rouge - Chiffre : 4

Caractère : Luis est intelligent, indépendant, sage et enclin à la méditation.

Personnage célèbre : Luis Buñuel, cinéaste espagnol.

Fréquence : rare - Évolution : ↗

Âge moyen : 32 ans

Luka

Étymologie : du latin *lux* : « lumière ». Luka correspond à une variante de Lukas, la version allemande de Lucas également très prisée en France.

Fête : 18 octobre - Couleur : orange - Chiffre : 2

Caractère : Luka est humain, rêveur et ouvert d'esprit.

Fréquence : rare - Évolution : ↗

Âge moyen : 7 ans

Lukas

Étymologie : Lukas est la version allemande de Lucas. Ce prénom correspond à une forme ancienne de Luc et fut porté par un missionnaire dominicain, qui vécut au Japon au XVIIe siècle et fut martyrisé à Nagasaki en 1637.

Fête : 18 octobre - Couleur : orange - Chiffre : 2

Caractère : Lukas est audacieux, directif et indépendant.

Fréquence : rare - Évolution : ↗

Âge moyen : 7 ans

Luke

Étymologie : du latin *lux* : « lumière ». Ce prénom est la forme anglo-saxonne de Luc.

Fête : 18 octobre - Couleur : orange - Chiffre : 9

Caractère : Luke est tenace, a le sens du devoir.

Personnage célèbre : Luke Skywalker, le héros de *Star Wars*.
Fréquence : rare - **Évolution :** ↗
Âge moyen : 10 ans

B

Lulu

Étymologie : du latin *lux* : « lumière ». Lulu est un diminutif de Lucien.
Fête : 7 janvier - **Couleur :** orange - **Chiffre :** 1
Caractère : Lulu est enthousiaste, généreux et sait s'adapter à toutes les situations.
Personnage célèbre : Lulu Gainsbourg.
Fréquence : très rare - **Évolution :** =
Âge moyen : 4 ans

B

Lux

Étymologie : du latin *lux* : « lumière ».
Fête : 7 janvier - **Couleur :** orange - **Chiffre :** 1
Caractère : Lux est parfois capricieux, mais il est généreux et enthousiaste.
Fréquence : très rare - **Évolution :** ↘

M

P

Maden

Madenig

Étymologie : du celte : « bon ». Ce prénom fut porté par saint Maden, un moine armoricain du VIe siècle, qui prêchait et portait secours aux miséreux.
Fête : 19 juin - **Couleur :** bleu - **Chiffre :** 1
Caractère : Maden est travailleur, pragmatique, efficace et indépendant.
Fréquence : très rare - **Évolution :** ↗
Âge moyen : 4 ans

V

Madison

Étymologie : de l'anglais : « fils du puissant guerrier ». Ce prénom est à l'origine un nom de famille, utilisé ensuite comme prénom aux États-Unis, au XIXe siècle. Aujourd'hui attribué à la fois à des garçons et à des filles comme nombre de prénoms anglo-saxons, Madison est devenu un prénom à succès dans les pays anglophones. Pourtant, s'il s'est répandu aux États-Unis, c'est en raison du président James Madison, qui fut au pouvoir de 1809 à 1817.
Couleur : bleu - **Chiffre :** 3
Caractère : Madison a l'esprit pratique et possède de grandes qualités d'émerveillement.
Personnages célèbres : Madison, nom de la capitale de l'État du Wisconsin ; le *Madison Square Garden*, célèbre parc new-yorkais, baptisé ainsi en l'honneur de l'illustre président ; n'oublions pas que le madison est aussi une danse crée dans les années 60 à Philadelphie.
Fréquence : très rare - **Évolution :** ↗
Âge moyen : 11 ans

V

Madjid

Étymologie : de l'arabe : « distingué, excellent, gracieux, noble ».
Couleur : orange - **Chiffre :** 3
Caractère : Madjid est énergique, audacieux et séducteur.
Fréquence : rare - **Évolution :** ↘
Âge moyen : 35 ans

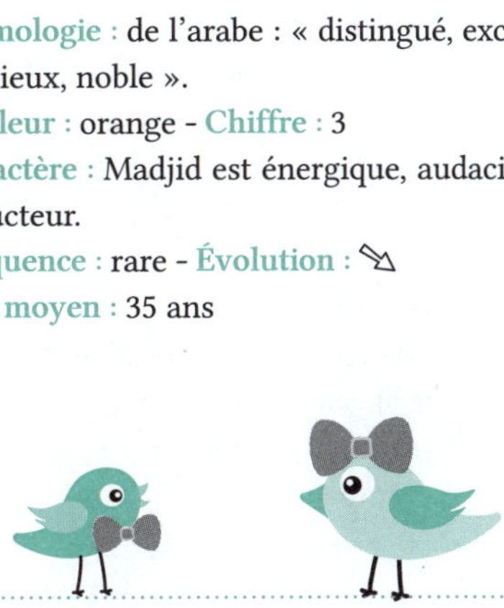

V

Maë

Étymologie : de l'hébreu : « goutte d'eau ». Considéré comme un prénom mixte, cette forme bretonnante de Marie est, dans la plupart du cas, attribué à des filles.

Fête : 15 août - Couleur : orange - Chiffre : 5

Caractère : Maë aime l'innovation, est énergique et ambitieux.

Fréquence : rare - Évolution : ⇗

Âge moyen : 4 ans

V

Maël

Mahel, Mélaire

Étymologie : du vieux breton *maël* : « chef, prince ». Maël est un prénom qui n'est plus uniquement prisé en Bretagne. En effet, il figure parmi les cinquante prénoms masculins les plus attribués du moment.

Fête : 13 mai - Couleur : bleu - Chiffre : 6

Caractère : Maël est efficace, persévérant et honnête.

Fréquence : répandu - Évolution : ⇗

Âge moyen : 9 ans

V

Mahamadou

Étymologie : de l'arabe : « celui qui est loué et digne d'éloges ». Ce prénom correspond à une des formes attribuées en Afrique noire du prénom Muhammad, prénom porté en premier lieu par le prophète Mahomet. La variante Mamadou est néanmoins plus courante.

Couleur : violet - Chiffre : 2

Caractère : Mahamadou est sociable, pragmatique et aime la communication.

Fréquence : rare - Évolution : ⇗

Âge moyen : 17 ans

V

Mahmoud

Mamoud

Étymologie : de l'arabe : « celui qui est loué et digne d'éloges ». Ce prénom correspond à une des formes attribuées en Afrique noire du prénom Muhammad, prénom porté en premier lieu par le prophète Mahomet.

Couleur : violet - Chiffre : 2

Caractère : Mahmoud est pragmatique, optimiste et créatif.

Fréquence : rare - Évolution : ⇗

Âge moyen : 28 ans

B

Maixent

Étymologie : du latin *maximus* : « le plus grand ». Maixent serait une ancienne forme de Maximilien, mais rappelle pourtant Maxence. Ce prénom fut porté par un abbé poitevin mort en 515. C'est autour du monastère qu'il a fondé et de son sanctuaire qu'est fondée la ville de Saint-Maixent.

Fête : 26 juin - Couleur : jaune - Chiffre : 8

Caractère : Maixent est énergique, audacieux et aime prendre des décisions.

Fréquence : rare - Évolution : ⇗

Âge moyen : 17 ans

V

Majid

Madji

Étymologie : de l'arabe : « distingué, excellent, gracieux, noble ».

Couleur : jaune - Chiffre : 6

Caractère : Majid est indépendant, audacieux et dynamique.

Fréquence : rare - Évolution : ⇘

Âge moyen : 26 ans

V

Makram

Étymologie : de l'arabe : « généreux et noble ».
Couleur : jaune - **Chiffre :** 10
Caractère : Makram est équilibré, exerce une certaine influence sur autrui, est solide et affectueux.
Fréquence : rare - **Évolution :** =
Âge moyen : 30 ans

P

Malcolm

Étymologie : du gaélique *maol Colium* : « disciple de Colomban ».
Fête : 15 novembre - **Couleur :** rouge - **Chiffre :** 7
Caractère : Malcom est pragmatique, sociable et optimiste.
Personnages célèbres : l'écrivain Malcom Lowry ; l'acteur Malcolm McDowell ; le musicien et manager des *Sex Pistols*, Malcom McLaren ; le millitant pour les droits des Noirs Malcolm X (de son vrai nom Malcolm Little) ; le héros de la série télévisée éponyme.
Fréquence : rare - **Évolution :** ↘
Âge moyen : 12 ans

V

Malik

Malike

Étymologie : de l'arabe : « le maître, le roi ».
Couleur : jaune - **Chiffre :** 6
Caractère : Malik est ambitieux, organisé et énergique.
Personnage célèbre : Mâlik ibn Anas (710-796), juriste fondateur de l'une des quatre grandes écoles d'interprétation de la loi coutumière issue du Coran.
Fréquence : rare - **Évolution :** ↗
Âge moyen : 24 ans

V

Mallory

Étymologie : du latin *malum augurium* : « mauvaise augure », qui a engendré l'ancien français *maloret* : « le malheureux, la malheureuse ». Ce surnom était à l'origine censé porter chance au jeu et est ensuite devenu un prénom masculin, très attribué aux filles également aujourd'hui. C'est cette graphie que l'on utilise le plus souvent pour les garçons.
Couleur : violet - **Chiffre :** 6
Caractère : Mallory est consciencieux, bienveillant et pacifique.
Fréquence : rare - **Évolution :** ↘
Âge moyen : 21 ans

B

Malo

Étymologie : du celtique *mach* : « gage » et *lou* : « lumière ». Ce prénom fut porté par un moine du pays de Galles qui se rendit à Alet (aujourd'hui Saint-Servan) dont il devint l'évêque. Mort vers 640, c'est sur l'emplacement de son tombeau qu'est fondée la célèbre ville de Saint-Malo.
Fête : 15 novembre - **Couleur :** bleu - **Chiffre :** 9
Caractère : Malo est curieux, dynamique, courageux et indépendant.
Fréquence : rare - **Évolution :** ↗
Âge moyen : 9 ans

V

Malory

Étymologie : du latin *malum augurium* : « mauvaise augure », qui a engendré l'ancien français *maloret* : « le malheureux, la malheureuse ». Ce surnom était à l'origine censé porter chance au jeu et est ensuite devenu un prénom masculin, très attribué aux filles également aujourd'hui.

Couleur : violet - Chiffre : 6
Caractère : Malory aime la réalisation, est enthousiaste et pratique.
Fréquence : rare - Évolution : ↗
Âge moyen : 16 ans

V

Malvin

Étymologie : du celtique *mach* : « gage » et *lou* : « lumière ». Ce prénom peut se rapporter également à la couleur mauve que pourrait désigner le prénom Malvina.
Fête : 15 novembre (Saint-Malo) ou 5 octobre (Sainte-Fleur) en référence à Malvina
Couleur : bleu - Chiffre : 3
Caractère : Malvin est un stratège, plein de vitalité et d'ardeur.
Fréquence : rare - Évolution : ↘
Âge moyen : 11 ans

V

Mamadou

Étymologie : de l'arabe : « victorieux ». Ce prénom est la forme attribuée en Afrique noire du prénom Muhammad.
Couleur : violet - Chiffre : 2
Caractère : Mamadou est entier, courageux, honnête et bienveillant.
Fréquence : rare - Évolution : ↗
Âge moyen : 18 ans

V

Manfred

Étymologie : du germain : « le pacifique ». En raison de sa signification, Manfred est fêté le jour de la Saint-Pacifique, un compagnon de saint François d'Assise, troubadour du XIIIe siècle.
Fête : 10 juillet - Couleur : blanc - Chiffre : 7
Caractère : Manfred est intuitif, émotif, impulsif et ambitieux.
Personnage célèbre : Manfred, héros éponyme du drame en vers de Lord Byron paru en 1817, qui inspira Robert Schumann et Tchaïkovski.
Fréquence : rare - Évolution : ↘
Âge moyen : 53 ans

V

Mansour

Étymologie : de l'arabe : « victorieux ».
Couleur : jaune - Chiffre : 5
Caractère : Mansour est diplomate, émotif et sait s'adapter.
Personnages célèbres : Mansour, le fondateur de Bagdad au VIIIe siècle ; le sultan fondateur d'Al Mansourah en Égypte.
Fréquence : rare - Évolution : ↗
Âge moyen : 25 ans

P

Manu

Étymologie : de l'hébreu *imanu-el* : « Dieu est avec nous ». Manu est un diminutif consacré d'Emmanuel.
Fête : 25 décembre - Couleur : orange - Chiffre : 3
Caractère : Manu est efficace, persévérant, honnête. C'est un être qui aspire à la sécurité et l'inspire, dans le même temps.
Personnages célèbres : les musiciens Manu Dibango et Manu Katché.
Fréquence : rare - Évolution : =
Âge moyen : 12 ans

P

Manuel

Manoël, Manolo, Manolito

Étymologie : de l'hébreu *imanu-el* : « Dieu est avec nous ». Manuel est la forme du prénom Emmanuel la plus répandue dans les pays hispanophones. Elle fut d'ailleurs portée par un prêtre espagnol qui, souhaitant éveiller des vocations religieuses, fonda la Fraternité des prêtres ouvriers.

Fête : 25 janvier - Couleur : blanc - Chiffre : 7
Caractère : Manuel est optimiste, curieux et vif.
Fréquence : rare - Évolution : =
Âge moyen : 52 ans

C

Marc

Marciano, Marcie, Marcien, Marcio, Marcion, Marcius, Marck, Marek, Marke, Markei, Markel, Markell, Markian, Marko, Markus, Marx, Marzel, Marzell

Étymologie : du prénom latin *Marcus*, lui-même renvoyant au grec *martikos* : « consacré au dieu Mars ». Marc est l'Apôtre, auteur du Second Évangile, qui fonda la première communauté chrétienne d'Alexandrie et y fut martyrisé. Ses reliques sont conservées à Venise, dont il est le saint patron. La place la plus célèbre de Venise porte d'ailleurs son nom.
Fête : 25 avril - Couleur : rouge - Chiffre : 8
Caractère : Marc aime challenger que ce soit les autres ou lui-même. Très intelligent, il est d'une grande ténacité. Il aime aller au fond des choses.
Personnages célèbres : les chefs romains Marc Antoine et Marc Aurèle ; le peintre Marc Chagall ; le styliste Marc Jacobs ; le chanteur Marc Lavoine.
Fréquence : répandu - Évolution : ↘

C

Marc-Alexandre

Étymologie : prénom composé de Marc et Alexandre.
Fête : 25 avril, 22 avril ou 3 mai - Couleur : orange - Chiffre : 7
Caractère : Marc-Alexandre est intuitif, raisonnable. Accordant une grande importance au relationnel, il est bon médiateur.
Fréquence : rare - Évolution : ↘
Âge moyen : 21 ans

TOP 20

Prénoms marins

La mer et ses légendes déploient tout un imaginaire. Qu'il s'agisse de noms de dieux de la Mer issus de la mythologie gréco-romaine ou de prénoms moins rares directement associés dans nos esprits aux éléments marins (Océan, Marin), l'impact poétique est grand.

Ariel
Delphin
Dylan
Marin
Marius *(« mer » en latin)*
Marvin *(« ami de la mer » en anglais)*
Morgan
Moana *(« océan, calme du lagon » en polynésien)*
Nami *(« vague » en japonais)*
Némo
Nérée
Neptune
Phorcys *(Dieu marin dit « le valeureux »)*
Poséidon
Océan/Océanos
Simbad
Thaumas *(Dieu marin dit « le valeureux »)*
Titouan
Triton
Vi *(Du celte « océan »)*

C

Marc-Antoine

Étymologie : prénom composé de Marc et Antoine. Marc-Antoine est un prénom composé en cours depuis les années 90.
Fête : 25 avril ou 13 juin - **Couleur :** orange
Chiffre : 8
Caractère : Marc-Antoine est énergique, audacieux et volontaire.
Personnage célèbre : le célèbre général romain, cousin de César, qui épousa Cléopâtre.
Fréquence : rare - **Évolution :** ↘
Âge moyen : 22 ans

B

Marceau

Marsaud, Marsault, Marso

Étymologie : du prénom latin *Marcus*, lui-même renvoyant au grec *martikos* : « consacré au dieu Mars ». Ce prénom correspond à une forme primitive de Marcel. Marceau est aussi un prénom révolutionnaire, présent dans le calendrier républicain en référence au saule marsault. Existant déjà comme prénom, il bénéficie en outre de la popularité du général Marceau.
Fête : 16 janvier (Saint-Marcel) ou 8 août
Couleur : rouge - **Chiffre :** 8
Caractère : Marceau est indépendant, travailleur, franc, volontaire.
Fréquence : rare - **Évolution :** ↗
Âge moyen : 76 ans

B

Marcel

Marcello, Marcellus, Marchetto

Étymologie : du prénom latin *Marcus*, lui-même renvoyant au grec *martikos* : « consacré au dieu Mars ». Ce prénom engendra Marcellus, nom d'une illustre famille romaine apparentée à l'impériale famille Claudia.
Fête : 16 janvier - **Couleur :** orange - **Chiffre :** 7
Personnages célèbres : les écrivains Marcel Proust, Marcel Pagnol et Marcel Aymé ; le réalisateur Marcel Carné ; le boxeur Marcel Cerdan ; le mime Marcel Marceau ; le peintre Marcel Duchamp.
Fréquence : rare - **Évolution :** ↗
Âge moyen : 87 ans

B

Marcelin

Marcellin, Marcellino

Étymologie : du prénom latin *Marcus*, lui-même renvoyant au grec *martikos* : « consacré au dieu Mars ». Ce prénom engendra Marcellus, nom d'une illustre famille romaine apparentée à l'impériale famille Claudia.
Fête : 6 avril - **Couleur :** jaune - **Chiffre :** 6
Caractère : Marcelin est déterminé, enthousiaste et pragmatique.
Fréquence : rare - **Évolution :** =
Âge moyen : 84 ans

V

Marco

Marcos

Étymologie : du prénom latin *Marcus*, lui-même renvoyant au grec *martikos* : « consacré au dieu Mars ». Marco est la forme italienne de Marc.
Fête : 25 avril - **Couleur :** rouge - **Chiffre :** 8
Caractère : Marco est courageux, dynamique et curieux.
Personnage célèbre : Marco Polo, l'explorateur de la Chine au Moyen Âge.
Fréquence : rare - **Évolution :** ↘
Âge moyen : 27 ans

C

Marc-Olivier

Étymologie : prénom composé de Marc et d'Olivier.

Fête : 25 avril ou 12 juillet - **Couleur** : rouge
Chiffre : 6
Caractère : Marc-Olivier est un stratège passionné et jusqu'au-boutiste.
Personnage célèbre : Marc-Olivier Fogiel, journaliste télé et radio.
Fréquence : rare - **Évolution** : ↘
Âge moyen : 25 ans

B

Marcus

Étymologie : du prénom latin *Marcus*, lui-même renvoyant au grec *martikos* : « consacré au dieu Mars ». Marcus est une forme latinisante de Marc, fortement attribuée aux États-Unis et en Allemagne.
Fête : 25 avril - **Couleur** : rouge - **Chiffre** : 8
Caractère : Marcus est optimiste, créatif et sociable. C'est un pragmatique à l'enthousiasme communicatif.
Personnage célèbre : Marcus, prénom de Cicéron, père et fils.
Fréquence : rare - **Évolution** : ↗
Âge moyen : 13 ans

B

Marian

Mariano, Marianno

Étymologie : de l'hébreu *myriam* : « celle qui élève ». Marian est un dérivé de Marie.
Fête : 15 août - **Couleur** : bleu - **Chiffre** : 1
Caractère : Marian est réceptif, sociable et diplomate.
Fréquence : rare - **Évolution** : ↗
Âge moyen : 53 ans

B

Marie

Étymologie : de l'hébreu *myriam* : « celle qui élève ». Marie est un prénom mixte, bien que le plus souvent porté par les femmes. Pourtant, avant le XXe siècle, il était couramment attribué aux garçons.
Fête : 15 août - **Couleur** : bleu - **Chiffre** : 1
Caractère : Marie est résolu, audacieux et dynamique.
Fréquence : rare - **Évolution** : ↘
Âge moyen : 90 ans

B

Marin

Marino, Marinho, Mariné

Étymologie : du latin *marinus* : « marin ». Marin est moins couru que sa forme féminine, mais semble néanmoins surfer sur la vague des prénoms évoquant des éléments naturels, à forte teneur poétique.
Fête : 20 juillet - **Couleur** : bleu - **Chiffre** : 2
Caractère : Marin est un ambitieux. Il se signale par sa volonté, son intellect, son goût de l'action et sa générosité.
Personnages célèbres : Marin Mersenne, mathématicien et philosophe français (1588-1648) ; Marin Marais, violiste et compositeur français (1656-1728).
Fréquence : rare - **Évolution** : ↗
Âge moyen : 32 ans

V

Mario

Étymologie : du nom d'une famille romaine, Marius. Ce prénom correspond à la forme hispanique et italienne de Marius.
Fête : 19 janvier - **Couleur** : vert - **Chiffre** : 7
Caractère : Mario est diplomate, réceptif et loyal.
Personnages célèbres : Mario Soares, homme d'État portugais ; Mario Sorrenti et Mario Testino, célèbres photographes de mode ; Mario, personnage de jeu vidéo devenu une icône de Nintendo®.
Fréquence : rare - **Évolution** : ↘
Âge moyen : 48 ans

B

Marius

Étymologie : du nom d'une famille romaine, Marius.
Fête : 19 janvier - Couleur : rouge - Chiffre : 9
Caractère : Marius est sociable, fantaisiste et a le goût de l'aventure.
Personnages célèbres : Marius, le grand général romain, oncle de Jules César, qui conquit l'Afrique du Nord et qui, en 102 av. J.-C., sauva la République romaine de l'invasion des Teutons et des Cimbres ; Marius, l'amoureux de Cosette dans *Les Misérables* de Victor Hugo ; Marius, le personnage créé par Marcel Pagnol ; Marius Petipa, chorégraphe russe ; Marius Trésor, footballeur.
Fréquence : répandu - Évolution : ⇗
Âge moyen : 80 ans

P

Mark

Marko, Markus

Étymologie : du prénom latin *Marcus*, lui-même renvoyant au grec *martikos* : « consacré au dieu Mars ». Mark est la forme anglo-saxonne de Marc.
Fête : 25 avril - Couleur : rouge - Chiffre : 8
Caractère : Mark est toujours animé par la soif de connaissances et de spiritualité. Il est vivant et créatif.
Personnages célèbres : l'écrivain Mark Twain ; l'acteur et producteur Mark Wahlberg ; Mark Zuckerberg, le fondateur de Facebook.
Fréquence : rare - Évolution : ⇘
Âge moyen : 34 ans

P

Marley

Étymologie : du viel anglais : « de la terre des lacs ». Ce prénom est connu pour être le patronyme de la légende du reggae, Bob Marley.
Couleur : jaune - Chiffre : 8
Caractère : Marley est un homme de cœur, intuitif, qui aime les êtres et le monde qui l'entoure.
Fréquence : rare - Évolution : ⇗
Âge moyen : 5 ans

P

Marlon

Marlone, Marlonn

Étymologie : du celtique *myrrdin* : « le petit faucon ».
Couleur : violet - Chiffre : 6
Caractère : Marlon est audacieux, dynamique, parfois caractériel, mais doté d'un certain esprit logique.
Personnage célèbre : Marlon Brando.
Fréquence : rare - Évolution : ⇗
Âge moyen : 10 ans

V

Marouane

Maroin, Maroine, Marwen

Étymologie : de l'arabe *marwan* : « le silex ». Le silex était considéré comme une pierre précieuse auprès de la population arabe des premiers siècles.
Couleur : gris - Chiffre : 7
Caractère : Marouane est volontaire, raisonnable et toujours attiré par la spiritualité.
Fréquence : rare - Évolution : ⇗
Âge moyen : 12 ans

P

Martial

Mars, Marsal, Mart, Martialis, Martiane, Martieh, Marziale

Étymologie : du latin *martialis* : « consacré au dieu Mars ».
Fête : 30 juin - Couleur : vert - Chiffre : 2
Caractère : Martial est un esprit vigoureux, indé-

pendant, ennemi des habitudes et des conventions sclérosantes et sclérosées.

Personnage célèbre : le jazzman Martial Solal.

Fréquence : rare - Évolution : ↘

Âge moyen : 57 ans

B

Martin

Marcin, Martainu, Martel, Märtel, Märten, Märti, Marti, Martinian, Martiniano, Martinianus, Martinien, Martino, Martinus, Mart, Martl, Marton, Martsen, Marty, Matten, Mertens, Mirtel

Étymologie : du latin *martinus* : « petit Mars ».

Fête : 11 novembre - Couleur : jaune - Chiffre : 3

Caractère : Martin est diplomate, enthousiaste, exigeant, passionné et idéaliste. Il est fait pour les rôles brillants et la défense des grandes causes.

Personnages célèbres : le roi d'Aragon Martin l'Humaniste ; Martin Luther, le théologien de la Réforme ; Martin Heidegger, le philosophe ; Martin Luther King, pasteur, pacifiste, icône de la lutte pour les droits des Noirs américains ; le réalisateur Martin Scorsese ; le photographe Martin Parr.

Fréquence : répandu - Évolution : ↗

Âge moyen : 30 ans

P

Marvin

Marvyn

Étymologie : du celtique *maer* : « renommé, illustre » et *win* : « l'ami ». Marvin est dérivé, à l'origine, du nom d'un roi gallois du IXe siècle.

Couleur : vert - Chiffre : 2

Caractère : Marvin est indépendant, sensible et sait s'adapter.

Personnage célèbre : Marvin Gaye, chanteur américain.

Fréquence : rare - Évolution : ↘

Âge moyen : 15 ans

V

Marwan

Marwane

Étymologie : de l'arabe *marwan* : « le silex ». Le silex était considéré comme une pierre précieuse auprès de la population arabe des premiers siècles.

Couleur : gris - Chiffre : 7

Caractère : Marwan a l'esprit pratique, est enthousiaste et déterminé.

Fréquence : rare - Évolution : ↗

Âge moyen : 9 ans

V

Massimo

Étymologie : du latin *maximus* : « le plus grand ». Ce prénom est la forme italienne de Maxime.

Fête : 14 avril - Couleur : orange - Chiffre : 2

Caractère : Massimo est ambitieux, habile et passionné.

Fréquence : rare - Évolution : ↘

Âge moyen : 27 ans

P

Mateo

Matéo, Matéos, Mathéo, Mathéos

Étymologie : de l'hébreu *mattahïah* : « don de Dieu ». Ce prénom correspond à la version méridionale de Matthieu.

Fête : 21 septembre - Couleur : jaune - Chiffre : 7

Caractère : Mateo est intègre, idéaliste et altruiste.

Personnage célèbre : *Mateo Falcone*, nouvelle de Prosper Mérimée.

Fréquence : répandu - Évolution : ↗

Âge moyen : 8 ans

B

Mathée

Étymologie : de l'hébreu *mattahïah* : « don de Dieu ». Mathée est la déclinaison bretonne de Mathieu/Matthieu.

Fête : 21 septembre - **Couleur :** jaune - **Chiffre :** 7

Caractère : Mathée est altruiste, réservé et discret.

Fréquence : rare - **Évolution :** =

Âge moyen : 98 ans

C

Mathias

Matiaz

Étymologie : de l'hébreu *mattahïah* : « don de Dieu ». Mathias est, comme Mathieu, une variante de Matthias doté d'un unique « t ». Matthias est, à l'origine, la forme grecque et latine de Matthieu.

Fête : 14 mai - **Couleur :** jaune - **Chiffre :** 2

Caractère : Mathias est habile, passionné et ambitieux.

Personnage célèbre : le chanteur et auteur-compositeur Mathias Malzieu.

Fréquence : répandu - **Évolution :** ↗

Âge moyen : 21 ans

P

Mathis

Mathijs, Mathiss, Mathisse

Étymologie : de l'hébreu *mattahïah* : « don de Dieu ». Mathis correspond à la forme flamande de Mathieu.

Fête : 21 septembre - **Couleur :** jaune - **Chiffre :** 7

Caractère : Mathis aime l'originalité, il est spirituel et philosophe dans l'âme.

Fréquence : répandu - **Évolution :** ↗

Âge moyen : 7 ans

C

Mathieu

Étymologie : de l'hébreu *mattahïah* : « don de Dieu ». Ce prénom fut porté par l'un des quatre évangélistes, collecteur d'impôts à Capharnaüm, qui quitta tout pour suivre le Christ. C'est son récit qui est le plus précis concernant la prédication de Jésus. L'orthographe de ce prénom correspond à sa forme originelle.

Fête : 21 septembre - **Couleur :** jaune - **Chiffre :** 7

Caractère : Mathieu est comme le roseau, qui plie et ne rompt pas. Il est d'une grande sensibilité. C'est un être plein de tendresse et d'humour.

Personnages célèbres : les acteurs Mathieu Kassovitz et Mathieu Amalric.

Fréquence : répandu - **Évolution :** ↘

Âge moyen : 26 ans

B

Mathurin

Étymologie : du latin *maturus* : « l'homme mûr, l'homme sage ». Ce prénom fut porté par un prêtre du IVe siècle qui aurait guéri la fille de l'empereur Maximien qui se croyait possédé. Son tombeau situé en Seine-et-Marne est devenu un lieu de pèlerinage. On l'invoquait pour les cas d'aliénation mentale et pour se prémunir des épouses acariâtres. Il devint aussi le patron des bouffons, nos anciens comédiens.

Fête : 9 novembre - **Couleur :** jaune - **Chiffre :** 8

Caractère : Mathurin est intuitif, réfléchi et réservé.

Personnages célèbres : Mathurin Cordier, le théologien calviniste ; Mathurin Régnier, poète.

Fréquence : rare - **Évolution :** ↗

P

Mathys

Mathyss

Étymologie : de l'hébreu *mattahïah* : « don de Dieu ». Cette forme orthographique de Mathis

est assez prisée aujourd'hui.
Fête : 21 septembre - Couleur : jaune - Chiffre : 7
Caractère : Mathys est énergique, audacieux, aime la découverte et l'originalité.
Fréquence : rare - Évolution : ⇗
Âge moyen : 6 ans

P

Matisse

Matis, Matiss

Étymologie : de l'hébreu *mattahïah* : « don de Dieu ». Matisse est une des variantes orthographiques de Mathis, calquée sur le nom du peintre Henri Matisse, chef de file du fauvisme (et attribuée aussi, sous cette forme, à des filles).
Fête : 21 septembre - Couleur : jaune - Chiffre : 7
Caractère : Matisse est résolu, aime l'audace, la découverte et l'originalité.
Fréquence : rare - Évolution : ⇗
Âge moyen : 8 ans

P

Matt

Étymologie : de l'hébreu *mattahïah* : « don de Dieu ». Matt correspond au diminutif de Matthew, le Matthieu anglo-saxon.
Fête : 21 septembre - Couleur : jaune - Chiffre : 7
Caractère : Matt est fin, ouvert d'esprit, mais fait parfois preuve d'une certaine rectitude.
Personnages célèbres : Matt LeBlanc, acteur connu pour avoir interprété le rôle de Joey dans la série *Friends* ; le chanteur Matt Pokora.
Fréquence : rare - Évolution : ⇗
Âge moyen : 7 ans

P

Mattéo

Mathéo, Matthéo

Étymologie : de l'hébreu *mattahïah* : « don de Dieu ». Ce prénom correspond à la forme italienne de Mathieu, la version espagnole ne comprend qu'un « t », » et celle pourvue d'un « h » a été calquée sur le Mathieu français. Compte tenu de l'engouement actuel pour les prénoms italiens (Enzo, Lorenzo...), Mattéo est la forme qui remporte le plus de suffrages.
Fête : 21 septembre - Couleur : jaune - Chiffre : 7
Caractère : Mattéo est réservé, mais aussi discret et enclin à la réflexion.
Fréquence : répandu - Évolution : ⇗
Âge moyen : 8 ans

V

Matthew

Mathew, Matthews, Mattew

Étymologie : de l'hébreu *mattahïah* : « don de Dieu ». Matthew est la forme anglo-saxonne de Matthieu.
Fête : 21 septembre - Couleur : jaune - Chiffre : 7
Caractère : Matthew est rêveur, humain, fin et ouvert d'esprit.
Personnages célèbres : les acteurs Matthew McConaughey et Matthew Perry.
Fréquence : rare - Évolution : ⇗
Âge moyen : 12 ans

C

Matthieu

Maciej, Mades, Mat, Mata, Matthieux, Mattieu, Mateusz, Matfrei, Mattalus, Matthaeus, Matthäus, Matti, Matvei, Mazé, Tewis, Thiess

Étymologie : de l'hébreu *mattahïah* : « don de Dieu ». Ce prénom fut porté par l'un des quatre évangélistes, collecteur d'impôts à Capharnaüm, qui quitta tout pour suivre le Christ. C'est son récit qui est le plus précis concernant la prédication de Jésus. L'orthographe de ce prénom correspond à sa forme originelle.
Fête : 21 septembre - Couleur : jaune - Chiffre : 7
Caractère : côté caractère, Matthieu est la rigueur patiente et sûre. Il a le goût de l'ordre, de l'harmonie, de l'ingéniosité.

TOP 20

Prénoms médiévaux

Ces prénoms font offices d'emblèmes d'une lignée ou d'une tradition familiale. C'est souvent dans les prénoms médiévaux que les grandes familles de France viennent puiser leur inspiration...

Aimeric/Aymeric
Aloys
Ambroise
Arnaud
Béranger
Bernard
Clovis
Fulbert
Gautier
Geoffroy
Gontran
Grégoire
Lothaire
Norbert
Perceval
Roland
Renaud
Theobald
Thibault
Tristan

Sociable, affectueux et sensible, il ne se laisse pas décourager facilement.
Personnages célèbres : l'évêque de Worms Matthieu de Cracovie ; le chanteur Matthieu Chedid (M).
Fréquence : répandu - Évolution : ⇘
Âge moyen : 23 ans

P

Matthias

Mattia, Mattias, Mâtyâs

Étymologie : de l'hébreu *mattahïah* : « don de Dieu ». Matthias est, à l'origine, la forme grecque et latine de Matthieu.
Fête : 21 septembre - Couleur : jaune - Chiffre : 7
Caractère : Matthias est sensible, courageux, volontaire et audacieux.
Personnage célèbre : l'acteur belge Matthias Schoenaerts.
Fréquence : rare - Évolution : ⇘
Âge moyen : 16 ans

P

Matthis

Mattis, Matys, Matyss, Matysse

Étymologie : de l'hébreu *mattahïah* : « don de Dieu ». Matthis est l'une des variantes orthographiques de Mathis, le Matthieu flamand. Cette forme conserve les deux « t » du Matthieu biblique, mais n'est pas la plus attribuée.
Fête : 21 septembre - Couleur : jaune - Chiffre : 7
Caractère : Matthis est rêveur, ouvert d'esprit, humain et généreux.
Fréquence : rare - Évolution : ⇘
Âge moyen : 10 ans

Maurice

Maur, Maurelius, Morris, Moravan, Mauricio, Maurilio, Maurin, Moris, Moritz, Maurizio, Mauro, Maurus, Maury, Mavr, Meurig, Meurisse, More, Moric, Moris, Moritz, Morrell, Morris

Étymologie : du latin *maurus* : « de Maurétanie, Maure, Africain ».

Fête : 22 septembre - Couleur : violet - Chiffre : 7

Caractère : Maurice est réservé, prudent, possède de grandes qualités d'écoute et aime l'étude.

Personnages célèbres : l'évêque de Paris Maurice de Sully, responsable de la construction de Notre-Dame ; le compositeur Maurice Ravel ; le chanteur Maurice Chevalier ; l'homme de lettres Maurice Blanchot ; le chorégraphe Maurice Béjart ; le réalisateur Maurice Pialat ; Maurice Utrillo, le peintre.

Fréquence : rare - Évolution : ↘

Max

Étymologie : du latin *maximus* : « le plus grand ». Ce prénom est un diminutif des prénoms commençant par « Max » et plus particulièrement de Maxime.

Fête : 14 avril - Couleur : orange - Chiffre : 2

Caractère : Max est fidèle, intuitif et aime le relationnel.

Personnages célèbres : Max Weber, sociologue et économiste allemand ; Max, héros interprété par Michel Piccoli dans le film de Claude Sautet, *Max et les ferrailleurs.*

Fréquence : rare - Évolution : ↗

Âge moyen : 61 ans

Maxence

Étymologie : de *Maxentius*, nom d'un empereur romain du début du IVe siècle, de la racine maximus : « le plus grand ». Maxence est aujourd'hui un prénom essentiellement attribué aux garçons, mais il baptisait autrefois des filles, puisqu'il fut porté par une disciple de saint Patrick.

Fête : 20 novembre - Couleur : bleu - Chiffre : 3

Caractère : Maxence est diplomate, réceptif et loyal.

Fréquence : répandu - Évolution : ↗

Âge moyen : 12 ans

Maxens

Étymologie : de *Maxentius*, nom d'un empereur romain du début du IVe siècle, de la racine maximus : « le plus grand ». Maxens est une variante de Maxence.

Fête : 20 novembre - Couleur : bleu - Chiffre : 3

Caractère : Maxens est persévérant, structuré et volontaire.

Fréquence : rare - Évolution : ↗

Âge moyen : 7 ans

Maxime

Maksim, Maksis, Massimiliano, Maxim

Étymologie : du latin *maximus* : « le plus grand ». Maximus était, à Rome, le titre honorifique dont on décorait les généraux victorieux.

Fête : 14 avril - Couleur : orange - Chiffre : 2

Caractère : Maxime est l'exactitude même et mérite bien là son étymologie ; précis, exigeant en toutes choses, en travail comme en amitié ou en amour, hyperintuitif, méticuleux, il est intègre et entier.

Personnages célèbres : le chanteur Maxime Le Forestier ; Maxime Gorki, romancier et dramaturge russe.

Fréquence : répandu - Évolution : ↘

Âge moyen : 24 ans

Maximilien

Maximilian, Maximiliano, Maximilianus, Maximino, Maximo, Maximus

Étymologie : du latin *maximus* : « le plus grand ».

Fête : 12 mars - Couleur : orange - Chiffre : 1

Caractère : Maximilien est exigeant, persévérant, travailleur et rigoureux.

Personnage célèbre : Maximilien Robespierre.

Fréquence : rare - Évolution : ↘

Âge moyen : 33 ans

Maximin

Étymologie : du latin *maximus* : « le plus grand ». Ce prénom est un dérivé de Maxime.

Fête : 14 avril - Couleur : orange - Chiffre : 2

Caractère : Maximin est volontaire, intuitif et déterminé.

Fréquence : rare - Évolution : ↘

Âge moyen : 73 ans

Mayeul

Maïeul

Étymologie : du latin *maïus* : « le mois de mai ». Mayeul est un prénom breton.

Fête : 11 mai - Couleur : bleu - Chiffre : 7

Caractère : du cœur, de l'audace, de l'énergie, voilà ce qui caractérise Mayeul.

Fréquence : rare - Évolution : ↗

Âge moyen : 12 ans

Mayol

Étymologie : du latin *maïus* : « le mois de mai ».

Fête : 11 mai - Couleur : bleu - Chiffre : 7

Caractère : Mayol est réservé, réfléchi, curieux et opportuniste.

Fréquence : très rare - Évolution : ↘

Âge moyen : 5 ans

Médéric

Matrich, Mède, Medrich, Merri, Merry

Étymologie : du germain *maht* : « vigueur » et *ric* : « puissant ». Ce prénom (qui a donné lieu à la contraction Merri) fut porté par un moine faiseur de miracles. Son ermitage sur la rive droite de la Seine est devenu, à sa mort, un lieu de pèlerinage. L'église Saint-Merri est aujourd'hui construite autour de son nouveau tombeau.

Fête : 29 août - Couleur : violet - Chiffre : 5

Caractère : Médéric est diplomate, rigoureux et exigeant.

Fréquence : rare - Évolution : ↘

Âge moyen : 38 ans

Mehdi

Mahdi, Meddy, Médi, Médy, Mehedi, Medhi, Meidi, Meidy, Meihdi, Mhedi, Mheidi

Étymologie : de l'arabe *mahdi* : « le bien guidé » (sous-entendu par Dieu). Mehdi est l'un des noms donnés au Prophète Mahomet.

Couleur : bleu - Chiffre : 3

Caractère : Mehdi est sociable, possède un grand sens artistique, aime la communication et l'harmonie.

Personnage célèbre : le footballeur Mehdi Benatia.

Fréquence : répandu - Évolution : ↘

Âge moyen : 19 ans

Mel

Étymologie : du gaélique : « le grand chef ». Mel est un diminutif, très anglo-saxon, des prénoms commençant par « Mel » et peut être considéré

comme le diminutif de Maël.
Fête : 13 mai - **Couleur :** bleu - **Chiffre :** 6
Caractère : Mel est optimste, pragmatique et créatif.
Personnage célèbre : l'acteur Mel Gibson.
Fréquence : rare - **Évolution :** ↘
Âge moyen : 12 ans

V

Melvin

Melvine, Melvinn

Étymologie : du gaélique : « le grand chef ».
Couleur : bleu - **Chiffre :** 3
Caractère : Melvin est énergique et travailleur.
Personnage célèbre : Melvin Poupaud, acteur français.
Fréquence : rare - **Évolution :** ↘
Âge moyen : 11 ans

V

Melvyn

Melwin, Melvynn, Melvyne

Étymologie : du gaélique : « le grand chef ».
Couleur : bleu - **Chiffre :** 3
Caractère : Melvyn est directif, mais aussi compatissant et indépendant.
Fréquence : rare - **Évolution :** ↗
Âge moyen : 9 ans

V

Mérédith

Méridith

Étymologie : du vieux gallois *mawredd* : « grandeur » et *iudd* : « chef ». Ce prénom est, à l'origine, attribué à des garçons et l'est resté au pays de Galles. Ailleurs, il s'est entièrement féminisé.
Couleur : violet - **Chiffre :** 3
Caractère : Mérédith est autoritaire, sage et ambitieux.
Fréquence : très rare

V

Mériadec

Mériadeg

Étymologie : du celtique *mor* : « la mer » et *iatoc* : « le bord, le front » ; signifie « celui qui habite le rivage ». Ce prénom fut porté par un ermite breton installé près de Pontivy qui devint évêque de Vannes. Il avait le don de guérir la surdité.
Fête : 7 juin - **Couleur :** blanc - **Chiffre :** 4
Caractère : Mériadec est persévérant, a le sens des responsabilités, est perfectionniste et efficace.
Fréquence : rare - **Évolution :** ↗
Âge moyen : 21 ans

B

Merlin

Étymologie : du celtique *myrrdin* : « le petit faucon ».
Couleur : gris - **Chiffre :** 8
Caractère : Merlin est équilibré, rigoureux et juste.
Personnage célèbre : le célèbre enchanteur des légendes celtiques.
Fréquence : rare - **Évolution :** ↗
Âge moyen : 8 ans

P

Michaël

Micaël

Étymologie : de l'hébreu *mikhael* : « qui est comme Dieu ». Michaël correspond à la forme originelle de Michel. Ce prénom est celui d'un des archanges bibliques, le chef de la milice céleste, au service de Dieu et qui terrassa le Diable (représenté par un dragon vomissant le feu) lors d'un combat singulier.
Fête : 29 septembre - **Couleur :** rouge - **Chiffre :** 5
Caractère : Michaël est calme, généreux, habile et toujours en quête d'harmonie.
Personnages célèbres : Michael Jackson, le roi de

la pop ; l'humoriste et comédien Michaël Youn ; le pilote automobile Michael Schumacher ; le créateur Michael Kors.

Fréquence : répandu - Évolution : ↘

Âge moyen : 32 ans

P

Michel

Michal, Micham, Micheal, Michei, Mihaly, Mikal, Mikaly, Mikhaïl, Mikkiel, Mikko, Miklos, Mikosch, Mikus, Misha, Mitch, Mitche

Étymologie : de l'hébreu *mikhael* : « qui est comme Dieu ». Deux lieux saints sont consacrés au prénom : le Mont-Saint-Michel en France et le mont Saint-Ange en Italie.

Fête : 29 septembre - Couleur : rouge - Chiffre : 6

Caractère : Michel est intelligent, rapide, travailleur et exigeant.

Personnages célèbres : les acteurs Michel Serrault, Michel Blanc, Michel Galabru et Michel Piccoli ; le présentateur Michel Drucker ; le chanteur Michel Sardou ; les écrivains Michel Onfray, Michel Houellebecq et Michel Butor.

Fréquence : répandu - Évolution : ↘

Âge moyen : 65 ans

P

Mickaël

«Mickail, Mickel, Mickey Mihail, Mikhail, Myckaël

Étymologie : de l'hébreu *mikhael* : « qui est comme Dieu ». Mickaël est une variante de Michaël, qui correspond à la forme originelle et qui est la plus répandue en France.

Fête : 29 septembre - Couleur : rouge - Chiffre : 5

Caractère : Mickaël est rêveur, organisé, humain et déterminé.

Fréquence : répandu - Évolution : ↘

Âge moyen : 27 ans

P

Mickey

Étymologie : de l'hébreu *mikhael* : « qui est comme Dieu ». Mickey est un diminutif de l'anglo-saxon Michael.

Fête : 29 septembre - Couleur : rouge - Chiffre : 5

Caractère : Mickey est déterminé, humain et organisé.

Personnages célèbres : Mickey Rourke ; Mickey Mouse, la célèbre souris inventée par Walt Disney.

Fréquence : très rare - Évolution : ↘

Âge moyen : 18 ans

V

Miguel

Migel, Mikel, Miquel

Étymologie : de l'hébreu *mikhael* : « qui est comme Dieu ». Miguel est la forme ibérique de Michel.

Fête : 29 septembre - Couleur : rouge - Chiffre : 5

Caractère : Miguel est un être de compassion et d'engagement. Il est fiable et tenace.

Personnage célèbre : Miguel de Cervantes, l'auteur de *Don Quichotte*.

Fréquence : rare - Évolution : ↗

Âge moyen : 33 ans

P

Mika

Étymologie : de l'hébreu *mikhael* : « qui est comme Dieu ». Mika est un diminutif de Mikaël, forme slave et bretonne de Michel.

Fête : 29 septembre - Couleur : rouge - Chiffre : 6

Caractère : Mika est équilibré, organisé et a le sens des responsabiltés.

Personnage célèbre : le chanteur Mika.

Fréquence : rare - Évolution : ↗

Âge moyen : 7 ans

P

Mikaël

Mikayil, Mikhaël, Miky

Étymologie : de l'hébreu *mikhael* : « qui est comme Dieu ». Mikaël est une variante slave de Michel, mais on la trouve également en Bretagne.
Fête : 29 septembre - Couleur : rouge - Chiffre : 6
Caractère : Mikaël est équilibré, organisé et a le sens des responsabilités.
Fréquence : répandu - Évolution : ↘
Âge moyen : 30 ans

V

Mikail

Mikhail

Étymologie : de l'hébreu *mikhael* : « qui est comme Dieu ». Mikail correspond à la forme russe de Michel.
Fête : 29 septembre - Couleur : rouge - Chiffre : 6
Caractère : Mikail est énergique, ambitieux et autoritaire.
Fréquence : rare - Évolution : ↗
Âge moyen : 11 ans

P

Mike

Étymologie : de l'hébreu *mikhael* : « qui est comme Dieu ». Mike est un diminutif anglo-saxon de Michel. Parfois attribué comme un prénom à part entière en Grande-Bretagne et aux États-Unis, il l'est en France également depuis quelques années. Il est également très prisé aux Pays-Bas.
Fête : 29 septembre - Couleur : rouge - Chiffre : 6
Caractère : Mike est bon, réceptif - aux autres et aux choses -, il est donc très sociable.
Fréquence : rare - Évolution : ↘
Âge moyen : 21 ans

V

Mikel

Étymologie : de l'hébreu *mikhael* : « qui est comme Dieu ». En France, Mikel est traditionnellement usité au Pays basque.
Fête : 29 septembre - Couleur : rouge - Chiffre : 6
Caractère : Mikel est audacieux, énergique, original et aime la séduction.
Fréquence : rare - Évolution : ↘
Âge moyen : 20 ans

P

Milan

Milane, Milhane, Millan, Milann

Étymologie : du latin *aemulus* : « rival ». Aemilius fut le nom d'une grande famille romaine. Milan est l'Émile d'Europe centrale et des Balkans.
Fête : 22 mai - Couleur : bleu - Chiffre : 8
Caractère : Milan est charismatique, déterminé, sociable et épicurien.
Personnage célèbre : l'écrivain Milan Kundera.
Fréquence : rare - Évolution : ↗
Âge moyen : 11 ans

V

Miles

Étymologie : de l'anglais : « soldat, militaire ».
Couleur : bleu - Chiffre : 7
Caractère : Miles est structuré, persévérant et efficace.
Personnage célèbre : le jazzman Miles Davis.
Fréquence : rare - Évolution : ↗
Âge moyen : 11 ans

P

Milo

Milou

Étymologie : du germain : « travailleur ». Ce prénom assez rare en France jusqu'ici entame une période de croissance notable en raison de sa sonorité et de son orthographe à la mode.
Couleur : vert - Chiffre : 7
Caractère : Milo est tenace, méthodique et fiable.
Fréquence : rare - Évolution : ↗
Âge moyen : 5 ans

P

Milos

Étymologie : du grec : « plaisant ».
Couleur : vert - Chiffre : 8
Caractère : Milos est courageux, logique et curieux.
Personnage célèbre : Milos Forman, cinéaste.
Fréquence : rare - Évolution : ↗
Âge moyen : 20 ans

V

Mohamed

Étymologie : de l'arabe : « le loué ». Ce prénom fut donné au Prophète par son grand-père qui expliqua : « Je l'ai nommé ainsi, car j'ai voulu qu'il soit loué au Ciel, par Dieu et sur Terre par les créatures de Dieu. » En hommage à celui qui se fit dicter le Coran par l'ange Gabriel, il y a plus de treize siècles, ce prénom est devenu un classique. Cette forme est la plus répandue en France.
Couleur : blanc - Chiffre : 9
Caractère : Mohamed est loyal, solide et on peut avoir en lui une confiance inébranlable.
Fréquence : répandu - Évolution : ↗
Âge moyen : 23 ans

V

Mohamed-Ali

Étymologie : prénom composé de Mohamed et d'Ali. Cette composition unit les prénoms du Prophète et de celui que les chiites considèrent comme son successeur.
Couleur : blanc - Chiffre : 8
Caractère : Mohamed-Ali est humain, rêveur et logique.
Fréquence : rare - Évolution : ↗
Âge moyen : 14 ans

V

Mohamed-Amine

Mohamed-Amin, Mohammed-Amine

Étymologie : prénom composé de Mohamed et d'Amine. Cette combinaison unit le prénom du Prophète à Amine, qui signifie : « loyal, digne de confiance ».
Couleur : blanc - Chiffre : 8
Caractère : Mohamed-Amine est intuitif, aime le relationnel et les prises de décision.
Fréquence : rare - Évolution : ↗

V

Mohammed

Mohammad

Étymologie : de l'arabe : « le loué ». Ce prénom fut donné au Prophète par son grand-père qui expliqua : « Je l'ai nommé ainsi, car j'ai voulu qu'il soit loué au Ciel, par Dieu et sur Terre par les créatures de Dieu. » En hommage à celui qui se fit dicter le Coran par l'ange Gabriel, il y a plus de treize siècles, ce prénom est devenu un classique. Il correspond à la transcription française de Muhammad.
Couleur : blanc - Chiffre : 9
Caractère : Mohammed est volontaire, altruiste, intègre et idéaliste.
Fréquence : rare - Évolution : ↗
Âge moyen : 26 ans

B

Moïse

Moe, Moisés, Mose, Moses, Mosie, Moss, Mozes, Mose, Loses

Étymologie : de l'hébreu *moshèh* : « tiré de l'eau ». Moïse est le prénom du prophète hébreu sauvé des eaux, qui fit sortir son peuple d'Égypte et reçut de Dieu les Tables de la Loi.

Fête : 4 septembre - Couleur : blanc - Chiffre : 1

Caractère : idéaliste, allant au bout de ses convictions, Moïse est un être de foi, en lui, les autres et la vie.

Fréquence : rare - Évolution : ↘

Âge moyen : 68 ans

V

Morad

Morade

Étymologie : de l'arabe *murâd* : « désir ». Morad désigne celui qui s'adonne à des exercices mystiques dans le but d'entrer en contact avec Dieu.

Couleur : rouge - Chiffre : 9

Caractère : Morad est sage, bienveillant et bon conseiller.

Fréquence : rare - Évolution : ↘

Âge moyen : 31 ans

V

Moran

Morand, Morann

Étymologie : du vieux breton *meur* : « grand ». Ce prénom fut porté par un seigneur breton élu évêque de Rennes en 703. Il renonça à ses hautes fonctions pour se retirer dans un monastère italien.

Fête : 20 octobre - Couleur : rouge - Chiffre : 6

Caractère : Moran est courageux, dynamique et épris de réussite.

Fréquence : rare - Évolution : ↗

Âge moyen : 17 ans

V

Morgan

Mirganez, Morgain, Morgane, Morgann, Muirgen

Étymologie : du celtique *mor* : « la mer » et *gan* : « né » ; « né de la mer ».

Fête : 23 mars - Couleur : bleu - Chiffre : 3

Caractère : Morgan est volontaire, émotif, ce qui ne l'empêche pas de conserver une certaine diplomatie.

Personnage célèbre : l'acteur Morgan Freeman.

Fréquence : rare - Évolution : ↘

Âge moyen : 19 ans

V

Moshé

Étymologie : de l'hébreu *moshèh* : « tiré de l'eau ». Ce prénom correspond à la forme originale de Moïse, surtout répandue en Israël.

Fête : 4 septembre - Couleur : blanc - Chiffre : 1

Caractère : Moshé a le sens de la famille et des responsabilités. C'est un homme influent et volontaire.

Personnage célèbre : Moshé Dayan, général et homme politique israélien.

Fréquence : rare - Évolution : =

Âge moyen : 19 ans

V

Mouhamed

Étymologie : de l'arabe : « le loué ». Mouhamed est une des variantes de Mohammed, le Muhammad français.

Couleur : blanc - Chiffre : 9

Caractère : Mouhamed est passionné, ambitieux, habile et fort.

Fréquence : rare - Évolution : ↗

Âge moyen : 10 ans

Mounir

Monir, Mounire

Étymologie : de l'arabe : « lumineux, celui qui illumine ». Ce prénom est, à l'origine, un des qualificatifs appliqués au Prophète dans le Coran. Dieu y déclare que son envoyé est un *siraj munîr,* un « flambeau lumineux ».
Couleur : jaune - Chiffre : 9
Caractère : parfois impulsif, Mounir est un sensible. Son humanité en fait un combattant de l'injustice.
Fréquence : rare - Évolution : ↘
Âge moyen : 25 ans

Mourad

Mourade

Étymologie : de l'arabe *murâd* : « désir ». Mourad désigne celui qui s'adonne à des exercices mystiques dans le but d'entrer en contact avec Dieu.
Couleur : rouge - Chiffre : 9
Caractère : Mourad est rêveur, humain, ouvert d'esprit et possède de grandes qualités d'analyse.
Personnage célèbre : Mourad Ier, qui s'illustra en conquérant une partie des Balkans. Il mourut en 1389 à la bataille de Kosovo.
Fréquence : rare - Évolution : ↘
Âge moyen : 31 ans

Moussa

Étymologie : de l'hébreu *moshèh* : « tiré de l'eau ». Moussa est la transcription arabe de Moïse.
Fête : 4 septembre - Couleur : blanc - Chiffre : 1
Caractère : Moussa est intelligent, sage et indépendant.
Fréquence : rare - Évolution : ↗
Âge moyen : 21 ans

Moustapha

Mostafa, Mostapha, Mostéfa, Moustafa

Étymologie : de l'arabe *mustafa* : « celui qui est choisi, l'élu ».
Couleur : orange - Chiffre : 9
Caractère : Moustapha est bienveillant, consciencieux et organisé.
Fréquence : rare - Évolution : ↗
Âge moyen : 21 ans

Mustafa

Étymologie : de l'arabe *mustafa* : « celui qui est choisi, l'élu ».
Couleur : orange - Chiffre : 9
Caractère : Mustafa est rêveur, ouvert d'esprit, mais peut faire preuve d'une certaine rectitude.
Fréquence : rare - Évolution : ↗
Âge moyen : 22 ans

Muhammad

Étymologie : de l'arabe : « le loué ». Muhammad est la forme originelle de Mohammed.
Couleur : blanc - Chiffre : 9
Caractère : Muhammad est bienveillant, consciencieux, sage et bon conseiller.
Fréquence : rare - Évolution : ↗
Âge moyen : 11 ans

Murphy

Étymologie : de l'irlandais *muir* : « mer » et *cath* : « bataille » ; « guerrier de la mer ».
Couleur : rouge - Chiffre : 10
Caractère : Murphy est réceptif, sociable, diplomate et loyal.
Fréquence : très rare - Évolution : ↘
Âge moyen : 21 ans

V

Mustapha

Étymologie : de l'arabe *mustafa* : « celui qui est choisi, l'élu ». Ce nom désigne le prophète dans la tradition musulmane, celui qui est l'élu de Dieu.

Couleur : orange - **Chiffre :** 9

Caractère : Mustapha est généreux, charismatique, sociable et rêveur.

Fréquence : rare - **Évolution :** ↘

n

V

Nabil

Nabel, Nabile

Étymologie : de l'arabe *nabil* : « noble, chevaleresque ». Il appartient à la série de prénoms formés sur le thème de la noblesse et de l'élévation. Dans la tradition coranique, ces deux vertus vont de pair avec la foi et sous-entendent un respect sans faille de la religion.

Couleur : blanc - **Chiffre :** 2

Caractère : Nabil est intuitif et a l'instinct du médiateur. Il aime le relationnel. Il est résolu et organisé.

Fréquence : rare - **Évolution :** ↘

Âge moyen : 24 ans

V

Nacer

Naceur, Nassar, Nassir

Étymologie : de l'arabe : « celui qui porte assistance, le défenseur ». Ce prénom est l'un des noms attribués au Prophète.

TOP 20

Prénoms mixtes

Certains de ces prénoms sont mixtes depuis leur origine, d'autres sont des diminutifs familiers devenus des formes nominatives à part entière. Encore rare en France il y a quelques années, cette tendance des prénoms mixtes a traversé l'Atlantique et il est à présent, plutôt branché de donner à une fille un prénom androgyne voire masculin… et inversement !

Aidan
Alceste
Alix
Andréa
Angel
Anouar
Austin
Caméo
Cameron
Camille
Clarence
Dany
Eden
Élie
Kendall
Loan
Mahé
Marley
Noa
Thaïs

Couleur : jaune - **Chiffre** : 8
Caractère : Nacer est audacieux, original, énergique et déterminé.
Fréquence : rare - **Évolution** : ↘
Âge moyen : 29 ans

V

Nacim

Nacime

Étymologie : de l'arabe *nassim* : « la brise légère ». Ce prénom, au sens figuré, signifie « le souffle de vie ».
Couleur : bleu - **Chiffre** : 3
Caractère : Nacim est tenace, fiable, engagé et déterminé.
Fréquence : rare - **Évolution** : =
Âge moyen : 18 ans

V

Nadir

Nader, Nadhir, Nadire, Nédir

Étymologie : de l'arabe : « précieux, rare ».
Couleur : jaune - **Chiffre** : 1
Caractère : Nadir est impulsif, entier, idéaliste et parfois versatile.
Fréquence : rare - **Évolution** : ↗
Âge moyen : 21 ans

V

Naël

Naïl

Étymologie : de l'arabe : « celui dont le travail est fructueux ».
Couleur : orange - **Chiffre** : 7
Caractère : Naël est courageux, curieux, indépendant et charismatique.
Fréquence : rare - **Évolution** : ↗
Âge moyen : 6 ans

V

Naïm

Nahim, Naïme

Étymologie : de l'arabe *na'im* : « doux, délicieux ». Ce qualificatif définit, dans le Coran, les délices de la vie paradisiaque, ainsi que le nom d'un des jardins du Paradis. Ainsi, les qualités attribuées à celui qui porte ce prénom sont identiques à celles de l'existence que Dieu réserve à ses élus. Naïm est un prénom représenté avant tout au Moyen-Orient.
Couleur : jaune - **Chiffre** : 1
Caractère : Naïm est indépendant, directif, audacieux et dynamique.
Fréquence : rare - **Évolution** : ↗
Âge moyen : 11 ans

V

Najib

Étymologie : de l'arabe : « de haute naissance ».
Couleur : rouge - **Chiffre** : 6
Caractère : Najib est déterminé, intègre et altruiste. C'est un idéaliste.
Fréquence : rare - **Évolution** : ↘
Âge moyen : 24 ans

V

Najim

Nejm

Étymologie : de l'arabe : « étoile ».
Couleur : noir - **Chiffre** : 5
Caractère : Najim est fidèle, déterminé et très intuitif.
Fréquence : rare - **Évolution** : ↗
Âge moyen : 21 ans

B

Narcisse

Narcissus, Narciso

Étymologie : du grec *narkissos* : « narcisse ». La

légende grecque de Narcisse, tombé amoureux de sa propre image mirée dans l'eau, trouve sa conclusion dans la transformation du héros en fleur, celle-là même qu'on appelle narcisse depuis lors. C'est ce nom et sa légende qui sont à l'origine de la notion de narcissisme.

Fête : 29 octobre - Couleur : vert - Chiffre : 2

Caractère : Narcisse est idéaliste, affectueux, sensible et indépendant.

Fréquence : rare - Évolution : ancien

Âge moyen : 86 ans

V

Nasser

Naser

Étymologie : de l'arabe : « celui qui porte assistance, le défenseur ». Ce prénom est l'un des noms attribués au Prophète.

Couleur : jaune - Chiffre : 8

Caractère : Nasser est méthodique, tenace, engagé et fiable.

Fréquence : rare - Évolution : ↘

Âge moyen : 35 ans

V

Nassim

Nacime, Nasim, Nasime, Nassime

Étymologie : de l'arabe *nassim* : « la brise légère ». Ce prénom, au sens figuré, signifie « le souffle de vie ».

Couleur : bleu - Chiffre : 3

Caractère : Nassim est créatif, pragmatique et optimiste.

Fréquence : rare - Évolution : ↗

Âge moyen : 12 ans

P

Nathan

Étymologie : de l'hébreu *nathana'el* : « Dieu donne ». Vieux prénom biblique, Nathan a été porté par le prophète-conseiller du roi David. Nathan est un prénom usité depuis longtemps dans les pays anglophones. Peut-être est-ce dû à son caractère classique et anglo-saxon que Nathan (dont le « n » final est sonore, au sein des pays anglophones) a soulevé l'engouement. En effet, l'Australie, les États-Unis et l'Angleterre le consacrent membre du top 30 de façon récurrente. Il est en train de devenir une valeur sûre en France.

Fête : 7 mars - Couleur : violet - Chiffre : 2

Caractère : Nathan est aussi sensible que réservé. Il est aussi prudent et pourvu d'une affection débordante.

Personnages célèbres : Nathan Söderblom, pasteur luthérien suédois qui reçut le prix Nobel de la paix en 1930 (1866-1931) ; Nathan Fillion, acteur, interprétant notamment Richard Castle dans la série du même nom.

Fréquence : répandu - Évolution : ↗

Âge moyen : 9 ans

P

Nathanaël

Étymologie : de l'hébreu *nathana'el* : « Dieu donne ». Ce prénom est le prénom véritable de celui qui est devenu saint Barthélémy après sa rencontre avec le Christ.

Fête : 24 août (Saint-Barthélémy)

Couleur : bleu - Chiffre : 1

Caractère : Nathanaël est énergique, déterminé et ambitieux.

Personnage célèbre : Nathanaël, personnage central des *Nourritures terrestres*, d'André Gide.

Fréquence : rare - Évolution : ↗

Âge moyen : 14 ans

P

Nataniel

Nathaniel

Étymologie : de l'hébreu *nathana'el* : « Dieu donne ». Nathaniel est une variante de Nathanaël qui pourrait correspondre ou s'approcher

de la forme espagnole du prénom.
Fête : 24 août (Saint-Barthélémy)
Couleur : bleu - Chiffre : 4
Caractère : Nataniel est un enthousiaste, qui a l'esprit pratique. Sensible, il a besoin de communiquer avec autrui.
Fréquence : rare - Évolution : ↗
Âge moyen : 10 ans

V

Neil

Nel, Nelio, Nello

Étymologie : de l'irlandais : « champion ». Neil est le nom du dernier roi païen de « l'île aux saints » et gouverna de 379 à 405. Son fils fut converti par saint Patrick et fut à l'origine de la grande famille princière des O'Neil.
Couleur : jaune - Chiffre : 4
Caractère : Neil est persévérant, efficace et honnête.
Fréquence : rare - Évolution : ↗

P

Nelson

Nealson, Neilson, Nilson, Nilsson

Étymologie : du gaélique anglais *Neil's son* : « le fils du champion ».
Fête : 3 février - Couleur : rouge - Chiffre : 9
Caractère : Nelson est d'une détermination inébranlable en ce qui concerne l'atteinte de ses objectifs. Il peut alors se révéler d'un courage et d'une intelligence redoutable, ce qui en fait un « gagneur » indéniable.
Personnage célèbre : Nelson Mandela.
Fréquence : rare - Évolution : ↘
Âge moyen : 21 ans

P

Néo

Étymologie : du grec : « nouveau ». Ce prénom est très en vogue actuellement et s'inscrit dans la mode des prénoms courts, composés de voyelles juxtaposées. Il est d'autant plus prisé qu'il correspond à la sonorité inversée de Noé.
Couleur : bleu - Chiffre : 8
Caractère : Néo est intelligent, indépendant et sage.
Personnage célèbre : Néo, le héros de la trilogie *Matrix*, réalisée par les frères Wachowski.
Fréquence : rare - Évolution : ↘
Âge moyen : 5 ans

B

Nestor

Étymologie : du grec *Nestor*, nom de personne issu d'un idiome signifiant « celui qui rentre chez soi sous de bons auspices ». Il apparaît dans l'*Iliade* d'Homère.
Fête : 26 février - Couleur : jaune - Chiffre : 1
Caractère : Nestor est courageux, volontaire et sensible.
Personnages célèbres : le roi légendaire de la mythologie grecque, symbole de sagesse et de longévité ; Nestor Burma, héros littéraire créé par Léo Malet, dont les aventures ont été adaptées en série télévisée.
Fréquence : rare - Évolution : =
Âge moyen : 80 ans

P

Nicholas

Étymologie : du grec *niké* : « victoire » et *laos* : « peuple ». Ce prénom correspond à une variante anglo-saxonne du plus répandu Nicolas.
Fête : 6 décembre - Couleur : rouge - Chiffre : 9
Caractère : Nicholas est humain, rêveur et logique.
Fréquence : rare - Évolution : ↘
Âge moyen : 25 ans

P

Nicolas

Cilas, Claes, Claus, Clos, Nicola, Nicolo, Nicolo, Nichol, Kleiske, Kolaig, Niccolo, Nichol, Nichola, Nicola, Nicolaas, Nicolaï, Nicolasa, Nicolau, Nicoli, Nicolin, Nicolo, Nicou, Nik, Niklaus, Nikolaï, Niklas, Niklaus, Niklavs, Nikolaï, Nikolajs, Nikolaz, Nils

Étymologie : du grec *niké* : « victoire » et *laos* : « peuple ». Saint Nicolas est le patron des enfants, de la Lorraine et de la Sainte Russie.

Fête : 6 décembre - Couleur : rouge - Chiffre : 9

Caractère : Nicolas aime entreprendre. Le ciel est sa limite. Il ne se contente pas de la médiocrité et aspire à l'excellence.

Personnages célèbres : l'écrivain Nicolas Boileau ; l'astronome Nicolas Copernic ; le philosophe Nicolas Machiavel ; les peintres Nicolas Poussin et Nicolas de Staël ; les acteurs Nicolas Duvauchelle et Nicolas Cage ; le footballeur Nicolas Anelka ; l'acteur et humoriste Nicolas Bedos.

Fréquence : répandu - Évolution : ⬂

Âge moyen : 30 ans

V

Nidal

Nidhal

Étymologie : de l'arabe : « combat ».

Couleur : orange - Chiffre : 10

Caractère : Nidal est résolu, persévérant et efficace.

Fréquence : rare - Évolution : ⬀

Âge moyen : 15 ans

V

Niels

Niel

Étymologie : de l'hébreu *dayân, dan* : « juge » et *el* (de Elohim), l'un des noms de Dieu. Signifie « Dieu est seul juge ». Ce prénom n'est autre que la forme scandinave de Daniel.

Fête : 11 décembre - Couleur : jaune - Chiffre : 9

Caractère : Niels ne peut rester sans projets et est habité par un constant besoin d'entreprendre. Quoi de plus normal ? Son intelligence et sa vivacité sont à la hauteur de son esprit de conquête.

Personnages célèbres : Niels Bohr, physicien danois, ayant obtenu le prix Nobel en 1922 ; le comédien Niels Arestrup.

Fréquence : rare - Évolution : ⬀

Âge moyen : 12 ans

P

Nikola

Nikolas

Étymologie : du grec *niké* : « victoire » et *laos* : « peuple ». Saint Nicolas est le patron des enfants, de la Lorraine et de la Sainte Russie.

Fête : 6 décembre - Couleur : rouge - Chiffre : 9

Caractère : Nikola est logique, fort et ambitieux.

Fréquence : rare - Évolution : ⬂

Âge moyen : 17 ans

V

Nils

Étymologie : de l'hébreu *dayân, dan* : « juge » et *el* (de Elohim), l'un des noms de Dieu. Signifie « Dieu est seul juge ». Nils est une variante de Niels.

Fête : 11 décembre - Couleur : jaune - Chiffre : 9

Caractère : Nils est rêveur, humain et ouvert d'esprit.

Fréquence : rare - Évolution : ⬀

Âge moyen : 13 ans

P

Nino

Étymologie : de l'espagnol : « petit garçon ». Ce prénom est le pendant masculin de Nina et, comme de nombreux prénoms ibériques, il est assez prisé en France actuellement.

Couleur : bleu - Chiffre : 2
Caractère : Nino est intelligent, sage et aime la méditation.
Personnage célèbre : le chanteur Nino Ferrer.
Fréquence : rare - Évolution : ⇗
Âge moyen : 9 ans

P

Noah

Noa

Étymologie : de l'hébreu *noah* : « le repos ». Ce prénom qui correspond à la forme première de Noé est très en vogue actuellement.
Fête : 10 novembre - Couleur : rouge - Chiffre : 7
Caractère : Noah est sociable, bon et loyal. Il est aussi enthousiaste, généreux et pragmatique.
Fréquence : répandu - Évolution : ⇗
Âge moyen : 6 ans

P

Noam

Noame

Étymologie : de l'hébreu : « sucré, bonheur ».
Fête : 21 août - Couleur : orange - Chiffre : 7
Caractère : les Noam sont dotés d'une grande intelligence et bénéficient de caractères indépendants.
Personnage célèbre : le linguiste Noam Chomsky.
Fréquence : répandu - Évolution : ⇗
Âge moyen : 8 ans

V

Noan

Noann, Noane

Étymologie : du breton : « agneau ».
Couleur : vert - Chiffre : 3
Caractère : Noan aime manager et sait élaborer des stratégies.
Fréquence : rare - Évolution : ⇗
Âge moyen : 6 ans

P

Noé

Étymologie : de l'hébreu *noah* : « repos ». Ce prénom fut porté par un des plus célèbres personnages bibliques. Il pallia, en effet, l'extension des espèces animales, lors du déluge, en construisant la fameuse arche dans laquelle il navigua sur les mers déchaînées pendant des mois. Noé est, en effet, le seul homme (accompagné de sa famille) que Dieu choisit de sauver, car il était le seul qui lui semblait juste.
Fête : 10 novembre - Couleur : violet - Chiffre : 7
Caractère : Noé est actif, curieux et imaginatif mais quelque peu réservé.
Fréquence : rare - Évolution : ⇗
Âge moyen : 12 ans

P

Noël

Étymologie : du latin *natalis* : « le jour de naissance » (sous-entendu du Christ).
Fête : 25 décembre - Couleur : rouge - Chiffre : 1
Caractère : Noël est un taiseux. Mais taiseux ne veut pas dire taciturne et Noël est simplement un tendre qui fait preuve d'une certaine réserve. C'est un être de douceur, enclin à un certaine fermeté, épris de calme et de dépouillement.
Personnage célèbre : l'homme politique Noël Mamère.
Fréquence : rare - Évolution : ⇘
Âge moyen : 69 ans

P

Nolan

Nolane, Nolann, Nolhan, Nollan

Étymologie : du celte *nuall* : « la renommée ».
Couleur : jaune - Chiffre : 1
Caractère : Nolan est bon, sociable et réceptif.
Fréquence : rare - Évolution : ⇗
Âge moyen : 6 ans

C

Norbert

Nobert, Norberto

Étymologie : du germain *north* : « nord » et *behrt* : « brillant ».

Fête : 6 juin - Couleur : violet - Chiffre : 2

Caractère : Norbert est d'ailleurs réputé pour ses qualités de diplomatie : prudence, justice, volonté sont ses traits dominants.

Fréquence : rare - Évolution : ↘

Âge moyen : 68 ans

V

Nordine

Nordin, Noreddine, Nordine, Norredine

Étymologie : de l'arabe : « la lumière de la religion ». Nordine est un dérivé de Nour. C'est, dans les pays musulmans, un prénom mixte. Nour est l'un des nombreux noms attribués au prophète Mahomet et Dieu est désigné *Nour an-Nour*, « la lumière de la lumière », dans la 24e sourate du Coran.

Couleur : gris - Chiffre : 7

Caractère : Nordine est volontaire, indépendant et intelligent.

Fréquence : rare - Évolution : ↘

Âge moyen : 35 ans

C

Norman

Normann

Étymologie : du viel anglais *nort* : « le nord » et *man* : « l'homme ». Si le prénom Norman a la même étymologie que le terme « normand », c'est qu'il désignait de la même manière les Vikings des VIIe et VIIIe siècle.

Couleur : rouge - Chiffre : 3

Caractère : Norman est charmant, curieux, indépendant et fantaisiste.

Personnage célèbre : Norman Mailer, romancier et acteur américain.

Fréquence : rare - Évolution : ↘

Âge moyen : 23 ans

V

Nouredine

Noureddine, Nouridine, Nourreddine, Nourredine.

Étymologie : de l'arabe : « la lumière de la religion ». Nordine est un dérivé de Nour. C'est, dans les pays musulmans, un prénom mixte. Nour est l'un des nombreux noms attribués au prophète Mahomet et Dieu est désigné *Nour an-Nour*, « la lumière de la lumière », dans la 24e sourate du Coran.

Couleur : gris - Chiffre : 7

Caractère : Nouredine est très émotif. Entreprenant et volontaire, il a une très forte puissance de travail. Son pouvoir de séduction est indiscutable.

Fréquence : rare - Évolution : ↗

P

Numa

Étymologie : du grec *nomas* : « la loi ». Du nom d'un roi légendaire de Rome successeur de Romulus.

Couleur : jaune - Chiffre : 4

Caractère : Numa est intelligent, gentil et doté d'une certaine vivacité d'esprit.

Personnages célèbres : Numa Pompilius, qui aurait régné de 715 à 672 avant J.-C. ; Numa Roumestan, héros du roman d'Alphonse Daudet paru en 1881.

Fréquence : rare - Évolution : ↗

TOP 20

Prénoms rock'n'roll

Le rock'n'roll est avant tout une attitude, un style de vie. Choisir un prénom rock'n'roll, c'est vouloir donner à son enfant un peu de l'aura d'une icône.

Ben *(Harper)*
Brian *(Adams, Eno)*
Chad *(Smith)*
Damon *(Albarn)*
Dave *(Navarro)*
Elton *(John)*
Elvis *(Presley/Costello)*
Freddy *(Mercury)*
Georges *(Harrisson, Michael, Clinton)*
Iggy *(Pop)*
Jimi *(Hendrix)*
Johnny *(Hallyday)*
Liam *(Gallagher)*
Keith *(Richards)*
Kurt *(Kobain)*
Mick *(Jaegger)*
Paul *(Mc Cartney)*
Pete *(Doherty)*
Ringo *(Starr)*
Sid *(Vicious)*

O

P

Océan

Océano

Étymologie : du grec *ôkeanos* : « océan ». Dans la mythologie, ce dieu de la Mer est l'époux de Thétys et personnifie l'océan Atlantique. Océan était l'aîné des Titans, fils de Gaïa (la Terre) et d'Ouranos (le Ciel). Si aujourd'hui nous le connaissons mieux sous une forme féminine, c'est pourtant sous sa forme masculine que le prénom était attribué, particulièrement au XVIIe siècle et par les parents protestants anglais, lorsque leurs enfants naissaient durant la traversée de l'Atlantique, alors qu'ils émigraient en Amérique.

Fête : 7 février - Couleur : vert - Chiffre : 7

Caractère : Océan est passionné, impulsif, actif et très généreux.

Fréquence : rare - Évolution : ↘

Âge moyen : 9 ans

C

Octave

Octaaf, Octavian, Octavius, Octavus, Oktav, Ottaviano, Ottavio.

Étymologie : du latin *octavius* : « huitième », le chiffre huit étant le symbole de l'équilibre cosmique.

Fête : 20 novembre - Couleur : bleu - Chiffre : 3

Caractère : Octave est un être entier, épris de justice, aimable et chaleureux. Dynamique et entreprenant, il est souvent entouré d'un bon groupe d'amis.

Personnage célèbre : l'écrivain Octave Mirbeau (*Journal d'une femme de chambre*).

Fréquence : rare - Évolution : ↗

B

Octavien

Étymologie : du latin *octavius* : « huitième », le chiffre huit étant le symbole de l'équilibre cosmique. Octavien est une variante d'Octave.
Fête : 20 novembre - **Couleur :** bleu - **Chiffre :** 3
Caractère : Octavien est organisé, raisonnable et leader dans l'âme.
Fréquence : rare - **Évolution :** ↗
Âge moyen : 64 ans

V

Octavio

Étymologie : du latin *octavius* : « huitième », le chiffre huit étant le symbole de l'équilibre cosmique. Octavio correspond à la forme espagnole d'Octave.
Fête : 20 novembre - **Couleur :** bleu - **Chiffre :** 3
Caractère : Octavio est optimiste, organisé, pragmatique et volontaire.
Personnage célèbre : l'écrivain Octavio Paz.
Fréquence : rare - **Évolution :** ↘
Âge moyen : 30 ans

B

Odilon

Odelin, Odil, Odet

Étymologie : du germanique *odal* : « le patrimoine, la fortune ».
Fête : 1er janvier - **Couleur :** vert - **Chiffre :** 6
Personnages célèbres : Odilon Barrot, homme politique du XIXe siècle ; le peintre postimpressionniste Odilon Redon.
Fréquence : rare - **Évolution :** ↘
Âge moyen : 60 ans

B

Odin

Étymologie : du nom de la divinité Odin, chef des dieux Ases dans la mythologie nordique.
Fête : 4 avril - **Couleur :** violet - **Chiffre :** 1
Caractère : Odin a le sens des responsabilités et de la famille. C'est un homme d'influence, volontaire et équilibré.
Personnage célèbre : Odin, le premier des dieux principaux, dans la mythologie scandinave : il est à la fois le sage, le mage et le roi des dieux (à la fois Zeus et Chronos).
Fréquence : rare - **Évolution :** ↗
Âge moyen : 12 ans

V

Odon

Étymologie : du germanique *odal* : « le patrimoine, la fortune ».
Fête : 11 mai - **Couleur :** rouge - **Chiffre :** 3
Caractère : Odon est enthousiaste, volontaire et a l'esprit pratique.
Personnage célèbre : Odon de Conteville, le frère de Guillaume le Conquérant.
Fréquence : rare - **Évolution :** ↗
Âge moyen : 82 ans

V

Olaf

Olaus, Olav, Ole, Olof, Oluf

Étymologie : du germain *anu* : « ancêtre » et *laib* : « descendant »
Fête : 29 juillet - **Couleur :** violet - **Chiffre :** 7
Caractère : Olaf a une forte personnalité, souvent autoritaire et il n'aime pas se soumettre.
Personnage célèbre : Olaf, personnage de *La Reine des Neiges* de Walt Disney.
Fréquence : rare - **Évolution :** ↘
Âge moyen : 32 ans

V

Oleg

Étymologie : du slave : « consacré aux dieux ». Oleg est moins connu en France que son pendant féminin, Olga.

Couleur : jaune - Chiffre : 3
Caractère : Oleg est créatif, aime l'harmonie et l'éclectisme.
Fréquence : rare - Évolution : ⇗
Âge moyen : 56 ans

P

Oliver

Étymologie : du latin *oliva* : « olive ». Oliver correspond à une forme anglo-saxonne d'Olivier.
Fête : 12 juillet - Couleur : jaune - Chiffre : 9
Caractère : Oliver est altruiste et intègre.
Personnages célèbres : le cinéaste Oliver Stone ; Oliver Twist, le héros de Charles Dickens.
Fréquence : rare - Évolution : ⇗
Âge moyen : 18 ans

P

Olivier

Ol, Olier, Ollier, Oliveiros, Oliverio, Oliverio, Oliverius, Olivio, Ollier, Ollivier, Oulévié, Oulévié

Étymologie : du latin *oliva* : « olive ».
Fête : 12 juillet - Couleur : jaune - Chiffre : 9
Caractère : Olivier est très diplomate. Il se fie généralement à ses intuitions.
Personnages célèbres : Olivier de Clisson, le compagnon de Du Guesclin ; Olivier de Serres, agronome du XVIe siècle ; Olivier Cromwell, l'homme politique anglais ; Olivier Besancenot, homme politique.
Fréquence : répandu - Évolution : ⇘
Âge moyen : 41 ans

V

Omar

Oumar, Oumuïr

Étymologie : de l'arabe : « prospérité, vie ».
Couleur : rouge - Chiffre : 3
Caractère : Omar est diplomate et charismatique et émotif.
Personnages célèbres : l'acteur Omar Sharif ; l'acteur et humoriste Omar Sy.
Fréquence : rare - Évolution : ⇗
Âge moyen : 25 ans

V

Omer

Odemar, Odomar, Omar, Omke, Ommar, Ommo, Opper, Opperli, Otmar, Ottli, Ottmar, Ummo

Étymologie : du germain *odo* : « richesse » et *mar* : « célèbre ». Ce prénom correspond à la forme contractée du prénom Odemar.
Fête : 9 septembre - Couleur : rouge - Chiffre : 6
Caractère : Omer a horreur de s'ennuyer. Il fuit la routine comme la peste. Sa soif de connaissances et son charisme ne laissent pas indifférents.
Fréquence : rare - Évolution : ⇗
Âge moyen : 25 ans

B

Onésime

Étymologie : du grec *onesimos* : « utile ».
Fête : 16 février - Couleur : jaune - Chiffre : 2
Caractère : c'est un fervent et profond idéaliste, intelligent et droit.
Fréquence : rare - Évolution : =
Âge moyen : 87 ans

P

Onofrio

Onofre

Étymologie : du germanique *hun* : « géant » et *frido* : « paix » - Couleur : rouge - Chiffre : 6
Caractère : En vrai gentleman, il est honnête et droit.
Fréquence : très rare - Évolution : =
Âge moyen : 48 ans

V

Orlando

Étymologie : du germain *hrod* et *nand* : « gloire du pays ». Orlando est la forme espagnole de Roland.
Fête : 15 septembre - Couleur : vert - Chiffre : 7
Caractère : Orlando est déterminé, réfléchi, et séducteur.
Personnages célèbres : le héros du poème d'Arioste, Orlando Furioso (qui n'est autre que le neveu de Charlemagne) ; l'acteur Orlando Bloom.
Fréquence : rare - Évolution : ↘
Âge moyen : 39 ans

B

Oscar

Étymologie : du germain *os* : « ase (divinité) » et *gari* : « lance ».
Fête : 13 février - Couleur : jaune - Chiffre : 2
Caractère : Oscar est discret, travailleur, opiniâtre et affectueux.
Personnages célèbres : l'écrivain Oscar Wilde ; le trophée de la cérémonie des Academy Awards, surnommé « Oscars » depuis 1934, suite à la remarque d'un membre de l'académie jugeant que la statuette ressemblait « à son oncle Oscar ».
Fréquence : rare - Évolution : ↗
Âge moyen : 39 ans

V

Osman

Osmane

Étymologie : de l'arabe *othmane* : « le jeune serpent ».
Couleur : gris - Chiffre : 8
Personnages célèbres : Osman Ier, fondateur de la dynastie ottomane.
Caractère : Osman est fort, ambitieux, passionné et volontaire.
Fréquence : rare - Évolution : ↗
Âge moyen : 19 ans

V

Oswald

Answald, Ostrald, Osval, Osvald, Osvaldo, Oswaldo, Osweald, Oswell, Ozzie, Walde

Étymologie : du germanique *os* : « divinité » et waldo : « celui qui règne ».
Fête : 5 août - Couleur : rouge - Chiffre : 5
Caractère : Oswald est réceptif, sociable, volontaire, loyal et diplomate.
Personnage célèbre : le philosophe Oswald Spengler (1880-1936).
Fréquence : rare - Évolution : ↘
Âge moyen : 61 ans

V

Othman

Othmane, Otman, Otmane, Ottman, Outman, Outmane

Étymologie : de l'arabe *othmane* : « le jeune serpent ».
Couleur : gris - Chiffre : 8
Caractère : Othman est ambitieux, fort, volontaire et habile.
Fréquence : rare - Évolution : ↗
Âge moyen : 14 ans

V

Othon

Oton

Étymologie : du germain *adal* : « la fortune » et *theud* : « le peuple ».
Fête : 2 juillet - Couleur : rouge - Chiffre : 1
Caractère : Othon est humain, rêveur et ouvert d'esprit.
Personnage célèbre : Othon Friesz, peintre.
Fréquence : rare - Évolution : =
Âge moyen : 98 ans

V

Otto

Étymologie : du germain *adal* : « la fortune » et *theud* : « le peuple ».
Fête : 2 juillet - **Couleur :** rouge - **Chiffre :** 1
Caractère : Otto est intelligent, sage et indépendant.
Personnages célèbres : le peintre Otto Dix ; le metteur en scène Otto Preminger.
Fréquence : rare - **Évolution :** ↘
Âge moyen : 95 ans

V

Ousmane

Ousman, Usman

Étymologie : de l'arabe *othmane* : « le jeune serpent ».
Couleur : gris - **Chiffre :** 8
Caractère : Ousmane est intelligent, volontaire et indépendant.
Fréquence : rare - **Évolution :** ↗
Âge moyen : 15 ans

B

Ovide

Étymologie : du latin : « pasteur ». Ce prénom est celui d'un des plus grands poètes latins, l'auteur des *Métamorphoses*, né en même temps que l'Empire romain.
Couleur : orange - **Chiffre :** 1
Caractère : Ovide est ambitieux, travailleur, indépendant et fin.
Fréquence : ancien - **Évolution :** =
Âge moyen : 95 ans

V

Ovidio

Étymologie : du latin : « pasteur ». Ce prénom correspond à la forme basque d'Ovide.
Couleur : orange - **Chiffre :** 1
Caractère : Ovidio possède de fortes capacités d'adaptation. Intuitif et fidèle, il aime le relationnel.
Fréquence : très rare - **Évolution :** =

V

Owen

Étymologie : du grec *eugenios* : « bien né, de noble race ». Owen correspond à la forme galloise d'Eugène.
Fête : 13 juillet - **Couleur :** orange - **Chiffre :** 3
Caractère : Owen est créatif, attiré par l'harmonie et l'éclectisme.
Personnage célèbre : l'acteur Owen Wilson.
Fréquence : rare - **Évolution :** ↗
Âge moyen : 7 ans

P

V

Pablo

Étymologie : du latin *paulus* : « petit, faible ». Pablo correspond à la forme espagnole de Paul.
Fête : 29 juin - **Couleur :** rouge - **Chiffre :** 5
Caractère : Pablo est ambitieux, travailleur et autoritaire.
Personnages célèbres : le poète Pablo Neruda ; Pablo Picasso, peintre.
Fréquence : rare - **Évolution :** ↗
Âge moyen : 14 ans

B

Pacifique

Étymologie : du latin : « pacifique ».
Couleur : bleu - **Chiffre :** 3
Caractère : Pacifique a le sens des responsa-

bilités et de la famille. Il est raisonnable, mais cela ne l'empêche guère d'être un homme d'action.

Fréquence : très rare - Évolution : =

Âge moyen : 99 ans

V

Paco

Étymologie : du latin *francus* : « homme libre ». Ce prénom correspond à un diminutif de Francesco.

Fête : 4 octobre - Couleur : gris - Chiffre : 8

Caractère : Paco est efficace, volontaire et ambitieux.

Personnage célèbre : Paco Rabanne, couturier.

Fréquence : rare - Évolution : ↗

Âge moyen : 11 ans

C

Pacôme

Étymologie : du grec *pakhaumios*, du nom du neuvième mois de l'année chez les Égyptiens, en l'honneur du dieu de la lune.

Fête : 9 mai - Couleur : jaune - Chiffre : 8

Caractère : Pacôme a le sens de la stratégie. Homme de volonté, il est aussi dans la réalisation.

Fréquence : rare - Évolution : ↗

Âge moyen : 11 ans

B

Palmyr

Palmire, Palmyre

Étymologie : du nom de l'antique cité syrienne Palmura.

Fête : 5 août - Couleur : rouge - Chiffre : 9

Caractère : Palmyr sait faire preuve d'un sens pratique des plus développés et d'une solidarité spontanée envers les faibles.

Fréquence : très rare - Évolution : =

Âge moyen : 93 ans

B

Pamphile

Étymologie : du grec : « l'ami de tous ».

Couleur : vert - Chiffre : 7

Caractère : Pamphile est habile, fort et ambitieux. Il déteste la monotonie et a besoin de donner un sens à sa vie.

Fréquence : rare - Évolution : ↗

B

Pancrace

Étymologie : du grec : « qui est tout-puissant ».

Couleur : rose - Chiffre : 2

Caractère : Pancrace est intelligent. C'est un homme de cœur et d'esprit. Pour lui, le pouvoir réside dans le savoir et il ne tergiverse pas lorsqu'il doit prendre des décisions.

Fréquence : très rare - Évolution : =

V

Paolo

Paol, Paolino

Étymologie : du latin *paulus* : « petit, faible ».

Fête : 29 juin - Couleur : orange - Chiffre : 5

Caractère : Paolo est indépendant, courageux, curieux et charismatique.

Personnage célèbre : le chanteur Paolo Conte.

Fréquence : rare - Évolution : ↗

Âge moyen : 22 ans

B

Pâris

Étymologie : du grec. Du nom du fils de Priam, le dernier roi de Troie. Il provoque la guerre de Troie en enlevant la belle Hélène.

Couleur : violet - Chiffre : 2

Caractère : Pâris est humain, rêveur, généreux et ouvert d'esprit.

Fréquence : rare - Évolution : ↗

Âge moyen : 30 ans

V

Parsam

Étymologie : de l'arménien : « fils des jeûnes ».
Couleur : rouge - **Chiffre** : 3
Caractère : Parsam est dynamique, curieux et courageux. Il est indépendant et très attiré par la réussite.
Fréquence : très rare - **Évolution** : ↘

P

Pascal

Pacaloun, Pascau, Pascalin, Pascasio, Paschal, Paschalis, Paschasius, Pascoal, Pascoe, Pascual, Pasqual, Paskal, Pasquale, Pasqualino, Pasquot

Étymologie : de l'hébreu *pessakh* : « passage », puis du latin *pasqualis* : « relatif à la fête pascale ».
Fête : 17 mai - **Couleur** : orange - **Chiffre** : 7
Caractère : Pascal est intuitif, émotif et il est plutôt sociable et amical.
Personnage célèbre : le chanteur Pascal Obispo.
Fréquence : répandu - **Évolution** : ↘
Âge moyen : 48 ans

P

Patric

Étymologie : du latin *patricus* : « patricien, noble ».
Fête : 17 mars - **Couleur** : orange - **Chiffre** : 6
Caractère : Patric est tenace, organisé, méthodique, fiable et a le sens de l'engagement.
Fréquence : rare - **Évolution** : =
Âge moyen : 55 ans

P

Patrice

Patricien, Patricio, Patrizio, Padrig

Étymologie : du latin *patricus* : « patricien, noble ».
Fête : 17 mars - **Couleur** : orange - **Chiffre** : 6
Caractère : Patrice est émotif, a du tact, est charmant et affectueux.
Personnages célèbres : Patrice de La Tour du Pin, poète de la quête mystique ; Patrice Chéreau, metteur en scène ; Patrice Leconte, réalisateur.
Fréquence : répandu - **Évolution** : ↘
Âge moyen : 50 ans

P

Patrick

Patrikei, Patriki, Patrique, Patryck

Étymologie : du latin *patricus* : « patricien, noble ».
Fête : 17 mars - **Couleur** : orange - **Chiffre** : 6
Caractère : Patrick est calme, raffiné, perfectionniste et affectueux.
Personnages célèbres : le journaliste Patrick Poivre d'Arvor ; l'acteur Patrick Dewaere ; le romancier et lauréat du prix nobel Patrick Modiano ; le chanteur Patrick Bruel.
Fréquence : répandu - **Évolution** : ↘
Âge moyen : 52 ans

V

Patxi

Étymologie : du latin *francus* : « homme libre ». Dès l'origine, le mot a été utilisé pour désigner les Francs. Ce prénom correspond à la forme basque de François.
Fête : 4 octobre - **Couleur** : bleu - **Chiffre** : 4
Caractère : Patxi est un spirituel attiré par l'originalité. Avide de connaissances, c'est un philosophe.

Fréquence : rare - Évolution : ↗
Âge moyen : 16 ans

P

Paul

Paavo, Pablito, Paulien, Paulot, Pauls, Pauw, Pauwel, Pauwels, Pavlik, Pol, Polo

Étymologie : du latin *paulus* : « petit, faible ».
Fête : 29 juin - Couleur : rouge - Chiffre : 5
Caractère : Paul est intuitif, passionné, intelligent et ambitieux.
Personnages célèbres : les peintres Paul Gauguin, Paul Cézanne et Paul Klee ; les écrivains et poètes Paul Éluard, Paul Verlaine, Paul Valéry, Paul Claudel et Paul Morand ; l'acteur Paul Newman ; le chanteur Paul McCartney.
Fréquence : répandu - Évolution : =
Âge moyen : 71 ans

C

Paul-Alexandre

Étymologie : prénom composé de Paul et d'Alexandre.
Fête : 29 juin (Saint-Paul) ou 22 avril (Saint-Alexandre) - Couleur : rouge - Chiffre : 4
Caractère : Paul-Alexandre possède de grandes facultés de stratégie et d'analyse.
Fréquence : rare - Évolution : ↘
Âge moyen : 16 ans

C

Paul-Antoine

Étymologie : prénom composé de Paul et d'Antoine.
Fête : 29 juin (Saint-Paul) ou 13 juin (Saint-Antoine) - Couleur : orange - Chiffre : 2
Caractère : Paul-Antoine est réceptif, sociable, logique et généreux.
Fréquence : rare - Évolution : ↘
Âge moyen : 16 ans

C

Paul-Émile

Étymologie : prénom composé de Paul et d'Émile.
Fête : 29 juin (Saint-Paul) ou 22 mai (Saint-Émile)
Couleur : orange - Chiffre : 4
Caractère : Paul-Émile est persévérant, sympathique et structuré.
Personnage célèbre : Paul-Émile Victor, l'ethnologue et explorateur.
Fréquence : rare - Évolution : ↘
Âge moyen : 16 ans

C

Paul-Étienne

Étymologie : prénom composé de Paul et d'Étienne.
Fête : 29 juin (Saint-Paul) ou 26 décembre (Saint-Étienne) - Couleur : vert - Chiffre : 9
Caractère : Paul-Étienne est sociable, tolérant et toujours en quête d'harmonie.
Fréquence : rare - Évolution : ↘
Âge moyen : 18 ans

C

Paul-Henri

Étymologie : prénom composé de Paul et d'Henri.
Fête : 29 juin (Saint-Paul) ou 13 juillet (Saint-Henri) - Couleur : bleu - Chiffre : 4
Caractère : Paul-Henri est audacieux, énergique et sympathique.
Personnage célèbre : Paul-Henri Mathieu, joueur de tennis.
Fréquence : rare - Évolution : ↘
Âge moyen : 24 ans

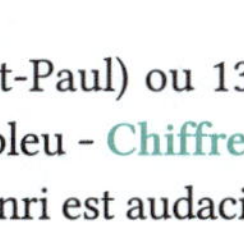

B

Paulin

Paulien, Paulino, Polin

Étymologie : du latin *paulus* : « petit, faible », qui a engendré le patronyme Paulinus.
Fête : 29 juin - Couleur : vert - Chiffre : 1
Caractère : Paulin est audacieux, directif et déterminé.
Personnages célèbres : Paulin de Venise, grand historien ; Paulin de Saint-Barthélémy, spécialiste de l'Inde.
Fréquence : rare - Évolution : ↗
Âge moyen : 56 ans

C

Paul-Louis

Étymologie : prénom composé de Paul et de Louis.
Fête : 29 juin (Saint-Paul) ou 25 août (Saint-Louis) - Couleur : vert - Chiffre : 6
Caractère : Paul-Louis est intuitif, passionné et intelligent.
Personnage célèbre : Paul-Louis Courier, pamphlétaire durant la Révolution française.
Fréquence : rare - Évolution : ↘
Âge moyen : 17 ans

V

Paulo

Étymologie : du latin *paulus* : « petit, faible ». Ce prénom correspond à un diminutif affectueux de Paul.
Fête : 29 juin - Couleur : rouge - Chiffre : 5
Caractère : Paulo est diplomate, sociable et réceptif.
Personnage célèbre : Paulo Coelho, romancier brésilien.
Fréquence : rare - Évolution : ↘
Âge moyen : 36 ans

B

Pavel

Étymologie : du latin *paulus* : « petit, faible ». Ce prénom correspond à une forme slave de Paul.
Fête : 29 juin - Couleur : violet - Chiffre : 5
Caractère : Pavel est sociable, réceptif et diplomate. C'est un homme de cœur.
Personnage célèbre : Pavel Lounguine, cinéaste russe.
Fréquence : rare - Évolution : ↗
Âge moyen : 5 ans

V

Pedro

Pedre, Peet, Peidro, Peire, Peit, Peitro, Peo

Étymologie : du grec *petros* : « pierre, rocher ». Pedro correspond à la forme espagnole de Pierre.
Fête : 29 juin - Couleur : jaune - Chiffre : 8
Caractère : Pedro est fiable, tenace, engagé et méthodique.
Personnage célèbre : Pedro Almodóvar, cinéaste espagnol.
Fréquence : rare - Évolution : ↗
Âge moyen : 41 ans

V

Peio

Étymologie : du grec *petros* : « pierre, rocher ». Ce prénom correspond à la forme basque de Pierre.
Fête : 29 juin - Couleur : jaune - Chiffre : 8
Caractère : Peio est humain, généreux et très ouvert d'esprit.
Fréquence : rare - Évolution : ↗
Âge moyen : 13 ans

V

Pepe

Étymologie : de l'hébreu *yosseph* : « Dieu ajou-

tera ». Ce prénom correspond à un diminitif de Pepito, forme espagnole de Joseph.
Fête : 19 mars ou 20 décembre - Couleur : rouge
Chiffre : 7
Caractère : Pepe est rêveur, humain et ouvert d'esprit.
Fréquence : très rare - Évolution : =
Âge moyen : 61 ans

B

Pépin

Étymologie : du germain : « déterminé ».
Couleur : noir - Chiffre : 7
Caractère : Pépin est équilibré. Il a le sens des responsabilités et de la famille. C'est un homme d'inluence aussi exigeant avec les autres qu'avec lui-même.
Personnage célèbre : Pépin le Bref, roi des Francs et père de Charlemagne.
Fréquence : rare - Évolution : =
Âge moyen : 71 ans

V

Pépito

Étymologie : de l'hébreu *yosseph* : « Dieu ajoutera ». Ce prénom correspond à la forme espagnole de Joseph.
Fête : 19 mars ou 20 décembre - Couleur : rouge
Chiffre : 7
Caractère : Pépito est droit, généreux et ouvert d'esprit.
Fréquence : très rare - Évolution : =
Âge moyen : 54 ans

B

Perceval

Perce, Percy

Étymologie : du vieux français : « perce le val, la vallée ».
Couleur : jaune - Chiffre : 8
Caractère : Perceval est un homme d'innovation,

TOP 20

Prénoms royaux

Faire le choix d'un prénom dit « royal » c'est choisir un grand classique qui a marqué l'histoire. Le classique chic se démocratise depuis quelques années déjà, constituant une valeur refuge.

Albert
Amaury
Arthur
Charles
Childeric
Clotaire
Clovis
Constantin
Edgar
Ferdinand
François
Georges
Godefroi
Guillaume
Hugues
Louis
Philippe
Richard
Victor
William

énergique et bon.
Personnage célèbre : Perceval est un des héros des légendes arthuriennes.
Fréquence : rare - Évolution : ↘
Âge moyen : 17 ans

B

Périclès

Étymologie : du grec : « juste meneur ».
Couleur : vert - Chiffre : 4
Caractère : Périclès est consciencieux et déterminé. C'est un homme bon et bienveillant.
Fréquence : très rare - Évolution : =

P

Peter

Pete, Petri, Petro, Pétrus, Petru

Étymologie : du grec *petros* : « pierre, rocher ». Ce prénom correspond à la forme anglo-saxonne de Pierre.
Fête : 29 juin - Couleur : jaune - Chiffre : 8
Caractère : Peter est autonome, énergique et ambitieux.
Personnages célèbres : Peter Pan, personnage fictif créé par l'auteur écossais James Matthew Barrie ; Peter Falk, acteur connu pour son rôle de *Columbo* ; Peter Dinklage, acteur américain ; Peter Jackson, réalisateur ; Peter Gabriel, auteur et chanteur.
Fréquence : rare - Évolution : ↘
Âge moyen : 30 ans

V

Peyo

Étymologie : du grec *petros* : « pierre, rocher ». Ce prénom correspond à la forme bretonne de Pierre.
Fête : 29 juin - Couleur : jaune - Chiffre : 8
Caractère : Peyo est un original, dont l'esprit est d'une sagacité extrême.
Personnage célèbre : Peyo, le pseudo de l'auteur de B. D. Pierre Culliford.
Fréquence : rare - Évolution : ↗
Âge moyen : 16 ans

P

Pharrell

Pharell, Pharel

Étymologie : de l'irlandais : « courageux ».
Couleur : jaune - Chiffre : 8
Caractère : Pharrell est un idéaliste. Sympathique, altruiste et intègre.
Personnage célèbre : Pharrell Williams, auteur, rappeur et producteur américain.
Fréquence : très rare - Évolution : =
Âge moyen : 5 ans

P

Phil

Étymologie : du grec *philein* : « aimer », ou du germain *fili* : « beaucoup ». Phil est le diminutif des prénoms assemblés avec les éléments énoncés ci-dessous.
Couleur : rose - Chiffre : 2
Caractère : Phil est ouvert d'esprit, rêveur, actif et humain.
Fréquence : très rare - Évolution : ↘
Âge moyen : 5 ans

C

Philbert

Filbert

Étymologie : du germain *fili* : « beaucoup » et *behrt* : « brillant ».
Fête : 20 août - Couleur : vert - Chiffre : 2
Caractère : Philbert est attentif, idéaliste et altruiste.
Fréquence : rare - Évolution : =
Âge moyen : 87 ans

B

Philéas

Phile

Étymologie : du grec *philein* : « aimer ».
Fête : 4 février - **Couleur :** orange - **Chiffre :** 6
Caractère : Philéas est secret, discret, sensible et réfléchi.
Personnage célèbre : Philéas Fogg, héros du roman de Jules Verne, *Le Tour du monde en quatre-vingts jours*.
Fréquence : rare - **Évolution :** ↗
Âge moyen : 10 ans

B

Philémon

Filemon

Étymologie : du grec *philos* : « ami » et *monos* : « seul ».
Fête : 22 novembre - **Couleur :** blanc - **Chiffre :** 2
Caractère : Philémon est idéaliste, dirigé par l'affectif, sociable et rêveur.
Personnage célèbre : le personnage de la légende mythologique *Philémon et Baucis*, rapporté par le poète latin Ovide.
Fréquence : rare - **Évolution :** ↗
Âge moyen : 48 ans

C

Philibert

Étymologie : du germain *fili* : « beaucoup » et *behrt* : « brillant ».
Fête : 20 août - **Couleur :** vert - **Chiffre :** 2
Caractère : Philibert est un actif, un volontaire, très sociable, intelligent et de bon conseil.
Personnages célèbres : deux ducs de Savoie.
Fréquence : rare - **Évolution :** ↗
Âge moyen : 83 ans

P

Philip

Philipe, Philipp, Philippo, Phillip

Étymologie : du grec *philo* : « ami » et *hippos* : « cheval ». Philip est la forme anglaise, scandinave et néerlandaise de Philippe.
Fête : 3 mai - **Couleur :** vert - **Chiffre :** 1
Caractère : Philip est intelligent, indépendant et enclin à la méditation.
Fréquence : rare - **Évolution :** ↘
Âge moyen : 45 ans

P

Philippe

Filippo, Fippe, Fliep, Fülop, Fulp, Lippo, Lippus, Lips, Philippus, Philp, Pilib, Pippo

Étymologie : du grec *philo* : « ami » et *hippos* : « cheval ».
Fête : 3 mai - **Couleur :** vert - **Chiffre :** 1
Caractère : Philippe est un passionné, un émotif, un chef à l'allure mystérieuse et son action présente souvent les caractéristiques de l'initiation.
Personnages célèbres : les écrivains contemporains Philippe Sollers et Philippe Delerm ; l'acteur Philippe Noiret ; le cinéaste Philippe de Broca ; le patineur Philippe Candeloro ; le créateur et décorateur Philippe Starck ; le chanteur Philippe Katerine.
Fréquence : répandu - **Évolution :** ↘
Âge moyen : 51 ans

B

Philis

Étymologie : du grec : « rameau ».
Couleur : noir - **Chiffre :** 6
Caractère : Philis est dynamique, un brin directif, mais il est audacieux, indépendant et actif.
Fréquence : très rare - **Évolution :** =

C

Philogone

Étymologie : du grec *philein* : « aimer » et *gone* : « la génération ».
Couleur : vert - Chiffre : 3
Caractère : Philogone est un diplomate, réceptif et sociable.
Fréquence : rare - Évolution : =
Âge moyen : 90 ans

P

Pierce

Étymologie : de l'irlandais : « pierre ».
Couleur : violet - Chiffre : 3
Caractère : Pierce est sympathique, loyal et diplomate.
Personnage célèbre : l'acteur Pierce Brosnan.
Fréquence : très rare - Évolution : =

C

Pierre

Pär, Peadair, Peadar, Peer, Per, Perez, Perico, Perig, Pero, Peterus, Petey, Petr, Petrus, Petter, Petz, Pierig, Pierke, Piero

Étymologie : du grec *petros* : « pierre, rocher ». Simon *bar Iona*, c'est-à-dire Simon fils de Jean, fut ainsi interpelé par Jésus, qui l'appela *Képha*, « pierre » en araméen : « Tu es Pierre et sur cette pierre je bâtirai mon église ». Simon le pêcheur devint Pierre l'Apôtre, premier chef de la chrétienté, premier évêque et premier pape.
Fête : 29 juin - Couleur : jaune - Chiffre : 8
Caractère : Pierre est indépendant, intrépide, il est en perpétuel mouvement. D'une nature ardente, il a le sens du contact.
Personnages célèbres : Pierre de Ronsard, le poète ; Pierre Larousse, fondateur du grand dictionnaire universel ; le chercheur Pierre Curie ; les acteurs Pierre Richard, Pierre Fresnay, Pierre Arditi et Pierre Niney ; l'homme politique Pierre Mendès-France ; le sociologue Pierre Bourdieu ; le couturier Pierre Cardin ; l'abbé Pierre ; l'auteur de *La Planète des singes*, Pierre Boulle ; les humoristes Pierre Desproges et Pierre Palmade.
Fréquence : répandu - Évolution : ↘
Âge moyen : 70 ans

C

Pierre-Adrien

Étymologie : prénom composé de Pierre et d'Adrien.
Fête : 29 juin (Saint-Pierre) ou 8 septembre (Saint-Adrien) - Couleur : bleu - Chiffre : 6
Caractère : Pierre-Adrien est courageux, dynamique. Il a l'esprit de décision et de réussite.
Fréquence : rare - Évolution : ↘
Âge moyen : 21 ans

C

Pierre-Alain

Étymologie : prénom composé de Pierre et d'Alain.
Fête : 29 juin (Saint-Pierre) ou 9 septembre (Saint-Alain) - Couleur : vert - Chiffre : 4
Caractère : Pierre-Alain est courageux, dynamique et aime la réussite.
Fréquence : rare - Évolution : ↘
Âge moyen : 29 ans

C

Pierre-Alexandre

Étymologie : prénom composé de Pierre et d'Alexandre.
Fête : 29 juin (Saint-Pierre) ou 22 avril ou 3 mai (Saint-Alexandre) - Couleur : bleu - Chiffre : 3
Caractère : Pierre-Alexandre est sociable, diplomate et réceptif.
Fréquence : rare - Évolution : ↘
Âge moyen : 21 ans

Pierre-Alexis

Étymologie : prénom composé de Pierre et d'Alexis.
Fête : 29 juin (Saint-Pierre) ou 17 février (Saint-Alexis) - **Couleur :** bleu - **Chiffre :** 7
Caractère : Pierre-Alexis est bienveillant, sympathique et consciencieux.
Personnage célèbre : Pierre-Alexis Tremblay, homme politique et journaliste québécois.
Fréquence : rare - **Évolution :** ➘
Âge moyen : 20 ans

Pierre-André

Étymologie : prénom composé de Pierre et d'André.
Fête : 29 juin (Saint-Pierre) ou 30 novembre (Saint-André) - **Couleur :** rouge - **Chiffre :** 6
Caractère : Pierre-André est indépendant, tendre et curieux.
Personnage célèbre : Pierre-André Taguieff, philosophe et politologue.
Fréquence : rare - **Évolution :** ➘
Âge moyen : 32 ans

Pierre-Antoine

Etymologie : prénom composé de Pierre et d'Antoine.
Fête : 29 juin (Saint-Pierre) ou 13 juin (Saint-Antoine) - **Couleur :** jaune - **Chiffre :** 6
Caractère : Pierre-Antoine est dynamique, indépendant et curieux.
Personnage célèbre : Pierre-Antoine Lebrun, poète et auteur dramatique français, élu à l'Académie française en 1828, il est directeur de l'Imprimerie nationale en 1831, puis conseiller d'État et sénateur du Second Empire en 1853.
Fréquence : rare - **Évolution :** ➘
Âge moyen : 21 ans

Pierre-Édouard

Étymologie : prénom composé de Pierre et d'Édouard.
Fête : 29 juin (Saint-Pierre) ou 5 janvier (Saint-Édouard) - **Couleur :** rouge - **Chiffre :** 5
Caractère : Pierre-Édouard est impulsif, tendre et ambitieux.
Personnage célèbre : Pierre-Édouard Lémontey, homme politique et historien du XVIIIe siècle.
Fréquence : rare - **Évolution :** ➘
Âge moyen : 25 ans

Pierre-Emmanuel

Étymologie : prénom composé de Pierre et d'Emmanuel.
Fête : 29 juin (Saint-Pierre) ou 25 décembre (Saint-Emmanuel) - **Couleur :** orange - **Chiffre :** 3
Caractère : Pierre-Emmanuel est diplomate, sociable et compatissant.
Personnage célèbre : Pierre-Emmanuel Barré, humoriste français.
Fréquence : rare - **Évolution :** ➘
Âge moyen : 27 ans

Pierre-François

Étymologie : prénom composé de Pierre et de François.
Fête : 24 novembre - **Couleur :** bleu - **Chiffre :** 4
Caractère : Pierre-François est logique, pragmatique et optimiste.
Personnage célèbre : ce prénom fut porté par un missionnaire français qui fut martyrisé en 1860 : Pierre-François Néron.
Fréquence : rare - **Évolution :** ➘
Âge moyen : 30 ans

Pierre-Henri

Étymologie : prénom composé de Pierre et d'Henri.
Fête : 29 juin (Saint-Pierre) ou 13 juillet (Saint-Henri) - Couleur : rouge - Chiffre : 2
Caractère : Pierre-Henri est plein d'ardeur et de vitalité. Il est toujours dans l'action mais sait aussi prendre du recul.
Fréquence : rare - Évolution : ↘
Âge moyen : 30 ans

Pierre-Jean

Étymologie : prénom composé de Pierre et de Jean. Ce prénom réunit deux des apôtres les plus emblématiques.
Fête : 29 juin (Saint-Pierre) ou 24 juin ou 27 décembre (Saint-Jean) - Couleur : vert
Chiffre : 4
Caractère : Pierre-Jean est réceptif, diplomate, loyal et sociable.
Fréquence : rare - Évolution : ↘
Âge moyen : 31 ans

Pierre-Louis

Étymologie : prénom composé de Pierre et de Louis. Ce prénom est le second prénom composé le plus répandu après Jean-Baptiste.
Fête : 29 juin (Saint-Pierre) ou 25 août (Saint-Louis) - Couleur : vert - Chiffre : 4
Caractère : Pierre-Louis est enthousiaste, sympathique et aime la communication.
Fréquence : rare - Évolution : ↘
Âge moyen : 20 ans

Pierre-Loup

Étymologie : prénom composé de Pierre et de Loup.
Fête : 29 juin (Saint-Pierre) ou 29 juillet (Saint-Loup) - Couleur : jaune - Chiffre : 6
Caractère : Pierre-Loup est intègre, altruiste et sympathique.
Fréquence : rare - Évolution : ↘
Âge moyen : 15 ans

Pierre-Luc

Étymologie : prénom composé de Pierre et de Luc.
Fête : 29 juin (Saint-Pierre) ou 18 octobre (Saint-Luc) - Couleur : orange - Chiffre : 10
Caractère : Pierre-Luc est un stratège, compatissant et ardent.
Fréquence : rare - Évolution : ↘
Âge moyen : 27 ans

Pierre-Marie

Étymologie : prénom composé de Pierre et de Marie. Ce prénom fut porté par un missionnaire français, Pierre-Marie Chanel, martyrisé dans l'île de Futuna, en Océanie, en 841.
Fête : 28 avril - Couleur : bleu - Chiffre : 5
Caractère : Pierre-Marie est humain, rêveur et épris de réussite.
Fréquence : rare - Évolution : ↘
Âge moyen : 35 ans

Pierre-Olivier

Étymologie : prénom composé de Pierre et d'Olivier.
Fête : 29 juin (Saint-Pierre) ou 12 juillet (Saint-Olivier) - Couleur : jaune - Chiffre : 9

Caractère : Pierre-Olivier a du caractère, est solide et a l'esprit logique.
Fréquence : rare - **Évolution :** ↘
Âge moyen : 29 ans

P

Pierre-Yves

Étymologie : prénom composé de Pierre et d'Yves.
Fête : 29 juin (Saint-Pierre) ou 19 mai (Saint-Yves). C'est en Bretagne que cette forme est la plus attribuée. - **Couleur :** orange - **Chiffre :** 4
Caractère : Pierre-Yves est intelligent et déterminé.
Fréquence : rare - **Évolution :** ↘
Âge moyen : 35 ans

V

Pierrick

Perick, Perig, Pieric, Pierick, Pierric, Pierrig, Pierrik

Étymologie : du grec *petros* : « pierre, rocher ». Pierrick correspond à la forme bretonne de Pierre.
Fête : 29 juin - **Couleur :** orange - **Chiffre :** 8
Caractère : Pierrick est passionné, actif et secret.
Fréquence : répandu - **Évolution :** ↘
Âge moyen : 31 ans

D

Pierrot

Perin, Pier, Pierino, Pierrino, Piero, Piet, Pieter

Étymologie : du grec *petros* : « pierre, rocher ». Pierrot est un diminutif de Pierre devenu prénom.
Fête : 29 juin - **Couleur :** jaune - **Chiffre :** 8
Caractère : Pierrot est réceptif, bon, sociable et loyal.
Personnages célèbres : Pierrot, le héros de la comptine du XVIIIe siècle *Au clair de la lune*, qui est devenu un véritable personnage ; *Pierrot le Fou*, film de Godard sorti en 1965.
Fréquence : rare - **Évolution :** ↗
Âge moyen : 51 ans

V

Pietro

Étymologie : du grec *petros* : « pierre, rocher ».
Fête : 29 juin - **Couleur :** jaune - **Chiffre :** 8
Caractère : Pietro est intuitif, fidèle et a le goût du relationnel.
Fréquence : rare - **Évolution :** ↗
Âge moyen : 55 ans

V

Pio

Piat, Piato, Piatus, Pie, Pio, Pius

Étymologie : du latin *pius*, *pia*, qu'on retrouve dans l'adjectif « pieux, pieuse ».
Fête : 30 avril ou 21 août - **Couleur :** vert **Chiffre :** 8
Caractère : Pio est plein de vitalité, ardent et charismatique.
Personnages célèbres : ce prénom fut rendu illustre par le pape Pie V, qui gouverna l'Église catholique et fit traduire le catéchisme, écrit en latin, en langues vivantes ; ou par Pie X, qui fut pape de 1903 à 1914 ; l'acteur Pio Marmaï.
Fréquence : très rare - **Évolution :** =
Âge moyen : 51 ans

B

Placide

Placido

Étymologie : du latin *placidus* : « calme, paisible ». Ce prénom fut porté par le fils d'un sénateur romain qui devint un collaborateur de saint Benoît au moment de la fondation de la première abbaye bénédictine.
Fête : 5 octobre - **Couleur :** bleu - **Chiffre :** 5

TOP 20

Prénoms régionaux

La profonde vogue actuelle pour les prénoms régionaux, des prénoms de caractère, témoigne d'une quête de « réassurance », d'un désir incontestable de retour aux sources. Ces sources sont parfois réelles, parfois fictives : on peut avoir envie d'un prénom breton en venant de Paris : rien n'est interdit ! Voici quelques exemples :

Albrecht *(Alsace Lorraine)*
Andéol *(Occitanie)*
Auban *(Occitanie)*
Amador *(Pays Basque)*
Amans *(Gascogne)*
Caradec *(Bretagne)*
Conogan *(Bretagne)*
Estève *(Occitanie)*
Exuperi *(Pays Basque)*
Jaume *(Provence et Catalogne)*
Maëlan *(Bretagne)*
Maëlig *(Bretagne)*
Pascau *(Provence)*
Romieu *(Gascogne)*
Sauvesti *(Gascogne)*
Savério *(Pays Basque)*
Sicard *(Gascogne)*
Simian *(Languedoc)*
Ugues *(Occitanie)*
Uméa *(Pays Basque)*

Caractère : Placide est ambitieux, énergique et sympathique.
Fréquence : rare - Évolution : ↘
Âge moyen : 88 ans

V

Pol

Étymologie : du latin *paulus* : « petit, faible ». Pol est une variante de Paul plus traditionnellement usitée en Bretagne.
Fête : 29 juin - Couleur : rouge - Chiffre : 5
Caractère : Pol est intelligent, indépendant et sage.
Fréquence : rare - Évolution : =
Âge moyen : 64 ans

B

Pompée

Étymologie : du grec : « gloire éclatante ».
Couleur : noir - Chiffre : 7
Caractère : Pompée est intelligent, indépendant, mais c'est un homme de caractère.
Personnage célèbre : le général et homme d'État romain du même nom.
Fréquence : très rare - Évolution : =
Âge moyen : 95 ans

P

Preston

Étymologie : de l'anglais : « bien du prêtre ». Comme nombre de prénoms anglo-saxons, Preston est, à l'origine, un nom de lieu devenu patronyme puis prénom.
Couleur : violet - Chiffre : 6
Caractère : détermination, stratégie, ardeur et vitalité, telles sont les caractéristiques de Preston.
Fréquence : rare - Évolution : ↗
Âge moyen : 5 ans

B

Priam

Étymologie : du nom du dernier roi de Troie dans la mythologie grecque.
Couleur : blanc - **Chiffre :** 3
Caractère : Priam est créatif, pragmatique et optimiste.
Fréquence : très rare - **Évolution :** ↗
Âge moyen : 4 ans

V

Primaël

Primael, Primel

Étymologie : du breton : « prince charismatique ». En Bretagne, il s'écrit sans les trémas.
Couleur : rouge - **Chiffre :** 2
Caractère : Primaël est sociable, réceptif et sympathique.
Fréquence : très rare - **Évolution :** =
Âge moyen : 19 ans

V

Primo

Étymologie : du latin : « premier ».
Couleur : blanc - **Chiffre :** 4
Caractère : Primo porte bien son nom : habile et habité par l'ambition, c'est un manager-né.
Personnage célèbre : Primo Lévi, écrivain italien.
Fréquence : rare - **Évolution :** ↘
Âge moyen : 84 ans

P

Prince

Étymologie : du latin : « supérieur ».
Couleur : noir - **Chiffre :** 9
Caractère : Prince est sociable, réceptif et loyal.
Personnages célèbres : Prince Michael Jackson, le fils du roi de la pop ; Prince, le chanteur.
Fréquence : rare - **Évolution :** ↗
Âge moyen : 12 ans

C

Priscillien

Priscilliano, Priscilo, Prisco, Priscus, Prisk

Étymologie : du latin *priscus* : « antique ».
Fête : 18 janvier - **Couleur :** bleu - **Chiffre :** 1
Caractère : Priscillien est volontaire et intuitif, dynamique et sensuel.
Fréquence : très rare - **Évolution :** ↘
Âge moyen : 20 ans

B

Prosper

Prospero, Prospert

Étymologie : du latin *prosperus* : « florissant, prospère ».
Fête : 25 juin - **Couleur :** vert - **Chiffre :** 8
Caractère : royal dans l'action, intelligent, de grand cœur, avec, sous une main de velours, une volonté de fer.
Personnage célèbre : l'écrivain Prosper Mérimée.
Fréquence : rare - **Évolution :** ↗
Âge moyen : 90 ans

B

Prudent

Prudentius

Étymologie : du latin *prudens* : « prudent ».
Fête : 6 mai - **Couleur :** bleu - **Chiffre :** 6
Caractère : Prudent a un certain sens de la stratégie. Mais s'il aime mettre en échec son adversaire, cela ne l'empêche pourtant pas de faire preuve de compassion.
Fréquence : rare - **Évolution :** =
Âge moyen : 93 ans

Q

V

Qaïs

Étymologie : de l'arabe : « fierté ».
Couleur : bleu - **Chiffre :** 3
Caractère : Qaïs est audacieux, très indépendant et ne manque pas de confiance en lui.
Fréquence : rare - **Évolution :** ↘
Âge moyen : 5 ans

V

Quang

Étymologie : du vietnamien : « lumière, glorieux ».
Couleur : orange - **Chiffre :** 8
Caractère : Quang est bienveillant et bon conseiller. L'amitié est une valeur importante pour lui.
Fréquence : rare - **Évolution :** =
Âge moyen : 24 ans

P

Quentin

Quantin, Quentyn, Quinten, Quintino

Étymologie : du latin *quintus* : « cinquième ».
Fête : 31 octobre - **Couleur :** bleu - **Chiffre :** 1
Caractère : Quentin est un être loyal, dévoué, aimable et serviable. Il allie à ces belles qualités morales culture et raffinement.
Personnages célèbres : le héros Quentin Durward, titre du livre de Walter Scott ; le réalisateur Quentin Tarantino.
Fréquence : rare - **Évolution :** ↘
Âge moyen : 15 ans

P

Quincy

Quincey, Quiney, Quinto

Étymologie : du latin *quintus* : « cinquième ».
Fête : 31 octobre - **Couleur :** vert - **Chiffre :** 6
Caractère : Quincy est sympathique, ambitieux, fort et habile.
Personnage célèbre : Quincy Jones, le célèbre producteur.
Fréquence : rare - **Évolution :** ↗
Âge moyen : 12 ans

C

Quintilien

Étymologie : du nom de Quintilien.
Couleur : rouge - **Chiffre :** 7
Caractère : Quintilien est diplomate, loyal, sociable et sensible.
Personnages célèbres : Quintilien, rhéteur dans la Rome antique au Ier siècle, dont l'œuvre s'inspire de Cicéron.
Fréquence : très rare - **Évolution :** =

V

Quoc

Étymologie : du vietnamien : « nation ».
Couleur : bleu - **Chiffre :** 8
Caractère : Quoc est un excellent médiateur qui possède de solides facultés d'adaptation.
Fréquence : rare - **Évolution :** ↘
Âge moyen : 22 ans

R

V

Rabah

Raba, Rabbah, Rabia, Rabih

Étymologie : de l'arabe : « jardin ».
Couleur : noir - Chiffre : 2
Caractère : Rabah est un enthousiaste qui sait parfaitement s'adapter aux situations. Pourvu d'un solide esprit pratique, il est également très généreux.
Fréquence : rare - Évolution : ↗
Âge moyen : 36 ans

V

Rabie

Rabi

Étymologie : de l'hébreu : « mon maître ».
Couleur : jaune - Chiffre : 2
Caractère : la résolution, l'ardeur et l'achèvement sont inscrits dans la personnalité de Rabie.
Fréquence : très rare - Évolution : ↘
Âge moyen : 28 ans

V

Rachid

Rached, Rachide

Étymologie : de l'arabe : « jardin ». C'est l'un des noms du Prophète et, sous la forme Al-Rachîd, c'est également une façon de désigner Dieu lui-même.
Couleur : blanc - Chiffre : 1
Caractère : Rachid est élégant, volontaire et toujours en quête d'harmonie.
Personnage célèbre : le chanteur Rachid Taha.
Fréquence : répandu - Évolution : ↘
Âge moyen : 36 ans

P

Rafaël

Raffaël

Étymologie : de l'hébreu *repha'el* : « Dieu a guéri ».
Fête : 29 septembre - Couleur : bleu - Chiffre : 9
Caractère : Rafaël est intelligent, subtil et résolu.
Personnage célèbre : Rafael Nadal, joueur de tennis.
Fréquence : rare - Évolution : ↗
Âge moyen : 13 ans

V

Raffi

Étymologie : de l'arabe : « de haut rang ».
Couleur : jaune - Chiffre : 2
Caractère : Raffi est tenace, fiable, il a le sens du devoir et de l'engagement.
Fréquence : très rare - Évolution : ↘
Âge moyen : 28 ans

V

Rafik

Étymologie : de l'arabe : « ami, tranquillité ».
Couleur : orange - Chiffre : 2
Caractère : Rafik est un altruiste, réfléchi et dévoué.
Fréquence : rare - Évolution : ↗
Âge moyen : 23 ans

V

Rahim

Étymologie : de l'arabe : « qui pardonne ».
Couleur : bleu - Chiffre : 4
Caractère : Rahim est structuré et persévérant. C'est un pilier pour les autres, il rassure et affirme.
Fréquence : rare - Évolution : ↗
Âge moyen : 13 ans

P

Raimond

Raimon, Raimondo, Raimundo, Ramond

Étymologie : du germain *ragin* : « conseil » et mund : « protecteur ».
Couleur : bleu - Chiffre : 9
Caractère : Raimond est l'intelligence et la rigueur mêmes. Fidèle et fort, il a néanmoins une tendance un peu macho à se méfier de tout ce que la vie offre de féminin - l'intuition, les sentiments, la psychologie immédiate -, mais il sait offrir un dévouement inaltérable.
Fréquence : rare - Évolution : =
Âge moyen : 98 ans

C

Rainier

Neres, Rackner, Ragnar, Rainer, Raneiro, Régnier, Regner, Regnerus, Reignier, Reiner, Renner, Rinner

Étymologie : du germain *ragin* : « conseil » et *hari* : « armée ». Prénom germanique du Moyen Âge, Rainier a donné de nombreux noms de famille, comme Régnier, Raynier, Reiner, Regner.
Fête : 17 juin - Couleur : rouge - Chiffre : 3
Caractère : Rainier se caractérise par son sang-froid et sa maîtrise de lui-même, en toutes circonstances. Ce n'est pas son grand représentant princier qui pourra nous détromper.
Personnages célèbres : trois princes de Monaco.
Fréquence : très rare - Évolution : =
Âge moyen : 46 ans

V

Rajiv

Étymologie : du sanskrit. *Rajiv* est l'un des noms de la fleur de lotus.
Couleur : bleu - Chiffre : 4
Caractère : Rajiv est de bon conseil : bienveillant, sage et recherchant la paix, il écoute toujours sa conscience.
Fréquence : très rare - Évolution : ↘
Âge moyen : 19 ans

P

Ralph

Ralf, Rolph, Rolphe

Étymologie : du germanique *rad* : « conseil » et *wolf* : « le loup » ; « celui qui est conseillé par le loup ».
Fête : 21 juin - Couleur : jaune - Chiffre : 6
Caractère : Ralph est généreux, volontaire et travailleur.
Personnage célèbre : le créateur Ralph Lauren.
Fréquence : rare - Évolution : ↘
Âge moyen : 40 ans

C

Rambert

Étymologie : du germain : « illustre conseiller ».
Couleur : orange - Chiffre : 9
Caractère : Rambert a l'esprit de découverte. Il est audacieux, déterminé et plein d'énergie.
Fréquence : très rare - Évolution : =
Âge moyen : 104 ans

V

Ramdane

Étymologie : de l'arabe : « mois sacré ».
Couleur : orange - Chiffre : 4
Caractère : Ramdane est intuitif, aime le relationnel. Il est résolu et fidèle.
Fréquence : rare - Évolution : ↘
Âge moyen : 34 ans

V

Rami

Ramy

Étymologie : de l'arabe : « habile ».
Couleur : rose - Chiffre : 3

Caractère : Rami est énergique, original, audacieux. Il est dans la séduction.
Fréquence : rare - Évolution : ↗
Âge moyen : 14 ans

Ramiro

Étymologie : de l'espagnol : « grand juge ».
Couleur : violet - Chiffre : 4
Caractère : Ramiro est réceptif, diplomate, loyal et sociable.
Fréquence : rare - Évolution : =
Âge moyen : 43 ans

Ramon

Erramir

Étymologie : du germain : « qui conseille avec sagesse ».
Fête : 7 janvier - Couleur : bleu - Chiffre : 8
Caractère : Ramon est intelligent. C'est un homme de volonté et de grande détermination.
Personnage célèbre : l'écrivain espagnol Ramon Fernandez.
Fréquence : rare - Évolution : =
Âge moyen : 59 ans

Ramsès

Étymologie : du nom de onze pharaons d'Égypte ancienne (des XIXe et XXe dynasties).
Fête : 7 janvier - Couleur : jaune - Chiffre : 4
Caractère : Ramsès est optimiste, pragmatique et créatif.
Fréquence : très rare - Évolution : =
Âge moyen : 18 ans

Ramzy

Ramzi

Étymologie : de l'arabe : « important ».
Couleur : orange - Chiffre : 3
Caractère : Ramzy est fiable, tenace, méthodique et a le sens du devoir.
Personnage célèbre : l'acteur et humoriste Ramzy Bédia.
Fréquence : rare - Évolution : ↘
Âge moyen : 12 ans

Randall

Étymologie : du germanique *rad* : « conseil » et *wolf* : « le loup » ; « celui qui est conseillé par le loup ».
Couleur : rouge - Chiffre : 5
Caractère : Randall est habile, décidé et directif.
Fréquence : très rare - Évolution : ↗

Randolf

Étymologie : du germanique *rad* : « conseil » et *wolf* : « le loup » ; « celui qui est conseillé par le loup ».
Couleur : rouge - Chiffre : 5
Caractère : Randolf est courageux, combatif et ambitieux.
Fréquence : très rare - Évolution : =

Randy

Étymologie : du germanique *rad* : « conseil » et *wolf* : « le loup » ; « celui qui est conseillé par le loup ». Randy est un diminutif de Randall, dérivé de Randolf.
Couleur : rouge - Chiffre : 5
Caractère : Randy est habile, fort et ambitieux.
Fréquence : rare - Évolution : ↘

V

Rani

Étymologie : de l'arabe : « riche et noble ».
Couleur : jaune - **Chiffre :** 3
Caractère : Rani a le sens des responsabilités et de la famille, ce qui sied parfaitement à son côté directif et à la bonne influence qu'il exerce sur autrui.
Fréquence : rare - **Évolution :** ↗
Âge moyen : 14 ans

V

Rankin

Étymologie : de l'anglais : « bouclier, protection ».
Couleur : vert - **Chiffre :** 4
Caractère : Rankin est fiable et tenace. Il a le sens de l'engagement et de la méthode.
Fréquence : très rare - **Évolution :** =

B

Raoul

Radeke, Radlof, Raouf, Raoulin, Raul, Radolphe, Radulf, Raff, Ralf, Raoulet, Raoulin, Ratolf, Rauf, Raul, Reel, Relef, Rowl

Étymologie : du germanique *rad* : « conseil » et *wolf* : « le loup » ; « celui qui est conseillé par le loup ».
Fête : 7 juillet - **Couleur :** orange - **Chiffre :** 4
Caractère : Raoul est un séducteur. Il est efficace, déterminé et attentionné.
Personnages célèbres : le peintre Raoul Dufy (1877-1953) ; le réalisateur Raoul Ruiz.
Fréquence : rare - **Évolution :** =
Âge moyen : 86 ans

P

Raphaël

Falito, Rafa, Rafael, Raffaelle, Rafaelli, Rafaello, Rafaïl, Raff, Rafi, Rafil, Raphel

Étymologie : de l'hébreu *repha'el* : « Dieu a guéri ».
Fête : 29 septembre - **Couleur :** bleu - **Chiffre :** 9
Caractère : Raphaël est émotif, calme, réfléchi et studieux.
Personnages célèbres : le peintre Raphaël ; le chanteur Raphaël.
Fréquence : répandu - **Évolution :** ↗
Âge moyen : 27 ans

P

Ray

Étymologie : du germain *ragin* : « conseil » et *mund* : « protecteur ». Ray est le diminutif anglo-saxon de Raymond.
Fête : 7 janvier - **Couleur :** bleu - **Chiffre :** 9
Caractère : Ray est courageux, volontaire, travailleur et réservé.
Personnage célèbre : le chanteur Ray Charles.
Fréquence : très rare - **Évolution :** ↘

V

Rayan

Étymologie : de l'arabe *rayyân* : « beau, épanoui ». Du celtique *rig* : « le roi ». Rayan fait la jonction entre le Ryan irlandais et le Rayane arabe.
Couleur : bleu - **Chiffre :** 5
Caractère : Rayan est courageux, dynamique et indépendant.
Fréquence : rare - **Évolution :** ↗
Âge moyen : 7 ans

V

Rayane

Étymologie : de l'arabe *rayyân* : « beau, épanoui ». Ce prénom est l'un des plus anciens prénoms arabes. À ne pas confondre avec l'irlandais Ryan.
Couleur : bleu - Chiffre : 5
Caractère : Rayane aime l'innovation, est énergique et déterminé.
Fréquence : rare - Évolution : ↗
Âge moyen : 9 ans

V

Rayhan

Étymologie : de l'arabe *rayyân* : « beau, épanoui ». Du celtique *rig* : « le roi ». Rayhan fait, en effet, la jonction entre le Ryan irlandais et le Rayane arabe.
Couleur : bleu - Chiffre : 5
Caractère : Rayhan est persévérant et déterminé. À la fois dans l'action et la sécurité, il est extrêmement structuré et fait des choix raisonnables.
Fréquence : rare - Évolution : ↗
Âge moyen : 8 ans

P

Raymond

Raimunds, Rajmund, Reamonn, Reim, Reimund, Reinmund, Remus, Reum

Étymologie : du germain *ragin* : « conseil » et *mund* : « protecteur ».
Fête : 7 janvier - Couleur : bleu - Chiffre : 9
Caractère : Raymond est courageux, volontaire, travailleur et réservé.
Personnages célèbres : le président Raymond Poincaré ; l'humoriste Raymond Devos ; les écrivains Raymond Queneau et Raymond Radiguet ; le sportif Raymond Poulidor.
Fréquence : rare - Évolution : ↘
Âge moyen : 84 ans

B

Raynald

Étymologie : du germain *ragin* : « conseil » et *wald* : « le chef ». Raynald est une variante de Reynald, de Réginald, prénom qui fut porté par un prêtre d'Orléans, proche de saint Dominique, qui entra chez les dominicains et mourut en 1220.
Fête : 21 février - Couleur : gris - Chiffre : 7
Caractère : Raynald aime la communication, la réussite. Il est pragmatique et enthousiaste.
Fréquence : rare - Évolution : ↘
Âge moyen : 84 ans

V

Razi

Étymologie : de l'araméen : « mon secret ».
Couleur : vert - Chiffre : 8
Caractère : Razi est intègre et dévoué. C'est un idéaliste enclin à la réflexion.
Fréquence : très rare - Évolution : ↘
Âge moyen : 6 ans

V

Réda

Étymologie : de l'arabe : « satisfaction, plénitude ».
Couleur : jaune - Chiffre : 1
Caractère : Réda est audacieux, dynamique et indépendant.
Personnages célèbres : le chorégraphe Réda ; le comédien français Réda Kateb.
Fréquence : rare - Évolution : ↘
Âge moyen : 15 ans

Rédouane

Radoin, Radoine, Radouan, Radwan, Radwane, Rédoine, Rédouan, Redwan, Redwane, Ridouan, Ridouane, Ridvan, Ridwan, Ridwane

Étymologie : de l'arabe : « satisfaction, plénitude ».
Couleur : jaune - Chiffre : 1
Caractère : Rédouane est volontaire, sociable, diplomate et réceptif.
Personnage célèbre : l'humoriste Rédouane Harjane.
Fréquence : rare - Évolution : ↘
Âge moyen : 17 ans

Réginald

Réginaldo

Étymologie : du germain *ragin* : « conseil » et *wald* : « le chef ». Réginald, comme toutes ses variantes (Rénald, Reynald...), correspond à la forme la plus ancienne de Renaud.
Fête : 21 février - Couleur : gris - Chiffre : 7
Caractère : Réginald aime la communication, la réussite, est pragmatique et enthousiaste.
Personnage célèbre : Reginald Dwight, véritable nom d'Elton John.
Fréquence : rare - Évolution : ↘
Âge moyen : 47 ans

Régis

Regino, Regan

Étymologie : du latin *regere* : « gouverner » et *rex, regis, regina* : « roi, reine ».
Fête : 16 juin - Couleur : rouge - Chiffre : 4
Caractère : Régis est un être doué, charismatique, dynamique et enthousiaste. Sa belle nature le rend terriblement attachant. Ses entreprises sont teintées de succès puisque, en être rigoureux, il les mène avec minutie et efficacité.
Personnages célèbres : le réalisateur Régis Wargnier ; l'écrivain Régis Debray.
Fréquence : répandu - Évolution : ↘
Âge moyen : 51 ans

Réhan

Étymologie : de l'arabe : « basilique ». Réhan est un prénom mixte.
Couleur : vert - Chiffre : 3
Caractère : Réhan est un être de très bon conseil, car bienveillant et guidé par la paix des consciences.
Fréquence : rare - Évolution : ↗
Âge moyen : 4 ans

Reinhold

Étymologie : du germain *ragin* : « conseil » et *wald* : « le chef ».
Couleur : orange - Chiffre : 9
Caractère : Reinhold est toujours dans le raisonnement. Il sait faire preuve d'une grande persévérance.
Fréquence : rare - Évolution : =
Âge moyen : 90 ans

Réjan

Réjean

Étymologie : du latin *rex, regis, regina* : « roi, reine ».
Couleur : vert - Chiffre : 8
Caractère : Réjan est énergique, volontaire, ambitieux et courageux.
Fréquence : très rare - Évolution : =
Âge moyen : 61 ans

Rémi

Miek, Rehm, Remey, Remies, Remigio, Remigius

Étymologie : du latin *remegius* : « celui qui rame, qui navigue ».
Fête : 15 janvier - **Couleur :** orange - **Chiffre :** 9
Caractère : Rémi doit sans cesse trouver le juste équilibre entre son besoin d'aventure et sa quête d'harmonie. Bon camarade et charmant, Rémi est l'ami dont on cherche la compagnie.
Personnage célèbre : Rémi, le héros de *Sans Famille*, roman français d'Hector Malot, paru en 1878, adapté au cinéma et à la télévision.
Fréquence : rare - **Évolution :** ↘
Âge moyen : 34 ans

Rémy

Étymologie : du latin *remegius* : « celui qui rame, qui navigue ».
Fête : 15 janvier - **Couleur :** orange - **Chiffre :** 9
Caractère : Rémy possède de grandes capacités d'adaptation, aime acquérir des connaissances et est attiré par la philosophie.
Personnages célèbres : Rémy de Gourmont, écrivain ; Rémy Chauvin, scientifique.
Fréquence : répandu - **Évolution :** ↘
Âge moyen : 45 ans

Rénald

Étymologie : du germain *ragin* : « conseil » et *wald* : « le chef ».
Couleur : orange - **Chiffre :** 9
Caractère : Rénald est intègre. Chez lui toute réflexion mène à une décision.
Fréquence : rare - **Évolution :** ↘
Âge moyen : 40 ans

TOP 20

Prénoms américains

La vague des prénoms anglo-saxons envahit les milieux populaires français depuis les années 70. On peut évidemment l'expliquer par l'influence de la télévision, du cinéma et de la littérature sur notre quotidien. Les actualités, l'ampleur médiatique de certains événements, la culture, enfin, ont lancé ou permis de faire connaître certains prénoms.

Andrew
Anthony
Austin
Bruce
Caleb
Cameron
Christopher
Daniel
Elijah
Isaiah
James
Jayden
Jordan
Joshua
Logan
Luke
Mason
Matthew
Michael
Tyler

V

Renaldo

Reinaldo, Reinhard, Reinold

Étymologie : du germain *ragin* : « conseil » et *wald* : « le chef ».

Couleur : orange - Chiffre : 9

Caractère : Renaldo est bienveillant, consciencieux et doté d'une certaine force de caractère.

Fréquence : rare - Évolution : ↘

Âge moyen : 36 ans

B

Renan

Reunan

Étymologie : de l'irlandais : « petit phoque ».

Fête : 1er juin - Couleur : violet - Chiffre : 4

Caractère : Renan se caractérise par son indépendance d'esprit. Intelligent, cultivé, c'est un contemplatif.

Personnage célèbre : Renan Luce, le chanteur.

Fréquence : rare - Évolution : ↘

Âge moyen : 24 ans

V

Renato

Étymologie : du germain *ragin* : « conseil » et *waldan* : « gouverner ». Renato est la forme italienne de René. En France, c'est en Corse que ce prénom est le plus attribué.

Fête : 17 septembre - Couleur : bleu - Chiffre : 9

Caractère : Renato est ambitieux, autoritaire et déterminé.

Personnage célèbre : Renato, héros de *La Cage aux folles*.

Fréquence : rare - Évolution : ↘

Âge moyen : 49 ans

P

Renaud

Reginaldo, Regnaud, Regnault, Renauld, Renault, Reno, Renaut, Renout

Étymologie : du germain *ragin* : « conseil » et *waldan* : « gouverner ».

Fête : 17 septembre - Couleur : bleu - Chiffre : 9

Caractère : Renaud est un grand énergique au sens de l'observation affûté et à la sagacité redoutable. Ombrageux ? Qu'on ne s'y méprène ! C'est juste qu'il est sans cesse dans le questionnement.

Personnage célèbre : le chanteur Renaud.

Fréquence : répandu - Évolution : ↘

Âge moyen : 35 ans

P

René

Renaat, Renat, Renatus, Reinie

Étymologie : du latin *renatus* : « né une seconde fois, re-né » (sous-entendu par le baptême).

Fête : 19 octobre - Couleur : bleu - Chiffre : 6

Caractère : René cherche la droiture, la justice, l'autorité et les trouve le plus souvent en lui et par lui.

Personnages célèbres : René Descartes ; les cinéastes René Clément et René Clair ; le président René Coty ; le poète René Char ; le peintre René Magritte.

Fréquence : répandu - Évolution : ↘

Âge moyen : 84 ans

V

Renzo

Renso

Étymologie : du latin *laurus, laura* : « laurier ». Renzo est le diminutif de Laurenzo.

Couleur : vert - Chiffre : 1

Caractère : Renzo a le sens des responsabilités. Il est équilibré et exigeant.

Personnage célèbre : Renzo Piano, architecte italien.

Fréquence : rare - Évolution : ⇗
Âge moyen : 41 ans

P

Reuben

Étymologie : de l'hébreu *reouven* : « voyez, un fils ».
Fête : 22 août - Couleur : rouge - Chiffre : 3
Caractère : Reuben a bon cœur. En outre, il est loyal et sociable.
Fréquence : très rare - Évolution : =
Âge moyen : 11 ans

P

Reymond

Étymologie : du germain *ragin* : « conseil » et *mund* : « protecteur ». Ce prénom correspond à une variante orthographique de Raymond.
Fête : 7 janvier - Couleur : bleu - Chiffre : 9
Caractère : Reymond est persévérant, efficace. Il est structuré et rassurant.
Fréquence : rare - Évolution : =
Âge moyen : 89 ans

P

Reynald

Reynal, Reynaldo, Reynaud, Reynold

Étymologie : du germain *ragin* : « conseil » et *wald* : « le chef ».
Couleur : orange - Chiffre : 9
Caractère : le savoir, l'intelligence et la sympathie, Reynald a tout pour lui.
Fréquence : rare - Évolution : ⇘
Âge moyen : 42 ans

V

Rhys

Étymologie : du celte : « héros ». Rhys un prénom gallois historique, toujours utilisé et que l'on trouve également comme nom de famille.
Couleur : rouge - Chiffre : 3
Caractère : Rhys est intelligent, parfois retors. Enclin à la méditation, il est toujours en quête de savoir.
Fréquence : très rare - Évolution : ⇗

V

Riad

Riade, Riadh, Riyadh

Étymologie : de l'arabe : « serein, épanoui ».
Couleur : orange - Chiffre : 2
Caractère : Riad aime l'originalité, la découverte. Toujours dans l'énergie et la séduction, Riad est un tourbillon qui refuse la monotonie.
Personnage célèbre : le cinéaste Riad Sattouf.
Fréquence : rare - Évolution : ⇗
Âge moyen : 21 ans

V

Ricardo

Ricard, Riccardo

Étymologie : du germain *rik* : « roi » et *hart* : « fort ». Ricardo est la forme hispanique de Richard.
Fête : 3 avril - Couleur : rouge - Chiffre : 7
Caractère : Ricardo est courageux, indépendant et a l'esprit logique.
Personnage célèbre : Ricardo Bofill, architecte espagnol.
Fréquence : rare - Évolution : ⇗
Âge moyen : 33 ans

C

Richard

Reich, Reichard, Reichardt, Rhisiart, Ricard, Richart, Richerd, Rickie, Ricordino, Ridsert, Ridzard, Riek, Rikitza, Rikkard, Riocard

Étymologie : du germain *rik* : « roi » et *hart* : « fort ».
Fête : 3 avril - Couleur : rouge - Chiffre : 7

Caractère : Richard est un rigoriste, toujours en quête de stabilité. Énergique, volontaire, dynamique, il est capable de déplacer des montagnes s'il le désire. Cette volonté inébranlable peut le conduire à de bien illustres destins.
Personnages célèbres : les compositeurs Richard Wagner et Richard Strauss ; l'ancien président des États-Unis Richard Nixon ; l'écrivain Richard Wright ; les acteurs Richard Gere, Richard Bohringer, Richard Burton, Richard Anconina et Richard Berry ; le champion cycliste Richard Virenque.
Fréquence : répandu - Évolution : ↘
Âge moyen : 51 ans

V

Rida

Étymologie : de l'arabe : « satisfaction, plénitude ». Rida a la même étymologie que Riad.
Couleur : orange - Chiffre : 2
Caractère : Rida est un séducteur, audacieux et toujours en quête de découvertes.
Fréquence : rare - Évolution : ↘
Âge moyen : 23 ans

P

Ridge

Étymologie : de l'anglais : « crête ».
Couleur : violet - Chiffre : 3
Caractère : Ridge est un philosophe. Très spirituel, il est moins dans l'action que dans la réflexion. En cela, il honore parfaitement son prénom, car se distingue par sa hauteur de vue.
Fréquence : très rare - Évolution : ↘
Âge moyen : 16 ans

C

Rigobert

Étymologie : du germain *hrod* : « gloire » et *behrt* : « brillant ».
Rigobert est une variante de Robert.
Fête : 30 avril - Couleur : rouge - Chiffre : 6
Caractère : Rigobert est honnête, efficace et persévérant.
Fréquence : rare - Évolution : =
Âge moyen : 80 ans

V

Rinaldo

Étymologie : du germain *ragin* : « conseil » et *wald* : « le chef ».
Couleur : orange - Chiffre : 7
Caractère : Rinaldo est énergique, quelquefois autoritaire. Mais c'est un homme de caractère.
Fréquence : très rare - Évolution : =

V

Rino

Étymologie : du latin : « renaître ». Rino est une variante italienne de René.
Couleur : rose - Chiffre : 4
Caractère : Rino est extrêmement diplomate, car plein de bonté. Il est aussi loyal et très sociable.
Fréquence : rare - Évolution : =
Âge moyen : 72 ans

P

Ritchy

Ricci, Rich, Richie, Ritchie, Ricky, Ritchi, Rytchi

Étymologie : du germain *rik* : « roi » et *hart* : « fort ». Ritchy est un diminutif anglo-saxon de Richard.
Fête : 3 avril - Couleur : rouge - Chiffre : 7
Caractère : Ritchy est un homme fidèle à ses principes, à ses rêves et à ceux qui l'entourent, puisqu'il les a choisis.
Fréquence : rare - Évolution : ↘
Âge moyen : 15 ans

V

Riwan

Riwal, Rywan

Étymologie : du breton : « roi, valeur ».
Couleur : jaune - Chiffre : 4
Caractère : Riwan est un diplomate. Il est loyal et très réceptif au monde qui l'entoure.
Fréquence : rare - Évolution : ⇗
Âge moyen : 11 ans

V

Riyad

Étymologie : de l'arabe : « serein, épanoui ».
Couleur : orange - Chiffre : 2
Caractère : Riyad possède une forte capacité d'adaptation doublée d'un bel esprit pratique. Professionnellement, il fait des miracles.
Fréquence : rare - Évolution : ⇗
Âge moyen : 9 ans

P

Robert

Rob, Robbie, Robby, Rober, Roberts, Robertson, Robertino, Roby, Roparz, Roperz, Roppel, Rüpli

Étymologie : du germain *hrod* : « gloire » et *behrt* : « brillant ».
Fête : 30 avril - Couleur : rouge - Chiffre : 6
Caractère : Robert rend les coups qu'il reçoit. Il faut gagner sa confiance. Mais le jeu en vaut la chandelle car il se montre ensuite d'une grande loyauté.
Personnages célèbres : le compositeur Robert Schumann ; les écrivains Robert Stevenson, Robert Merle et Robert Sabatier ; les acteurs Robert Pattinson, Robert Downey Junior et Robert De Niro ; les cinéastes Robert Altman et Robert Bresson ; le peintre Robert Delaunay.
Fréquence : répandu - Évolution : ⇘
Âge moyen : 81 ans

V

Roberto

Étymologie : du germain *hrod* : « gloire » et *behrt* : « brillant ».
Fête : 30 avril - Couleur : rouge - Chiffre : 6
Caractère : Roberto est sociable, optimiste et créatif.
Personnages célèbres : le peintre Roberto Matta ; le cinéaste Roberto Rossellini.
Fréquence : rare - Évolution : ⇘
Âge moyen : 41 ans

B

Robin

Étymologie : du germain *hrod* : « gloire » et *behrt* : « brillant ». Robin est une forme populaire du prénom Robert, attestée dès le Moyen Âge.
Fête : 30 avril - Couleur : rouge - Chiffre : 7
Caractère : Robin est prudent, intuitif et ambitieux.
Personnages célèbres : Robin des Bois, héros de littérature et de cinéma ; Robin Williams, acteur.
Fréquence : rare - Évolution : ⇘
Âge moyen : 15 ans

B

Robinson

Étymologie : du germain *hrod* : « gloire » et *behrt* : « brillant ». Ce prénom est, à l'origine, un patronyme anglais signifiant « le fils de Robin », utilisé comme prénom en Grande-Bretagne depuis le XVIIe siècle.
Fête : 30 avril - Couleur : rouge - Chiffre : 7
Caractère : Robinson aime l'étude et la spiritualité. Il est discret et réfléchi.
Personnage célèbre : *Robinson Crusoé*, roman de Daniel Defoe, paru en 1717.
Fréquence : rare - Évolution : ⇗
Âge moyen : 11 ans

V

Rocco

Étymologie : du germanique : « réposé » ; de l'hébreu : « il est guidé ».

Fête : 16 août - Couleur : jaune - Chiffre : 7

Caractère : Rocco est ouvert d'esprit, humain et rêveur.

Personnages célèbres : Rocco, héros du film de Visconti, *Rocco et ses frères*, interprété par Alain Delon ; Rocco Ritchie, fils de Madonna et Guy Ritchie.

Fréquence : rare - Évolution : ↗

Âge moyen : 36 ans

P

Roch

Étymologie : du germanique : « réposé ».

Fête : 16 août - Couleur : jaune - Chiffre : 7

Caractère : Roch est un tempérament ardent. Mais il sait tempérer ses excès de vitalité par son art du raisonnement, ce qui le rend un brin stratège.

Personnage célèbre : le chanteur Roch Voisine.

Fréquence : rare - Évolution : ↗

Âge moyen : 65 ans

P

Rocky

Étymologie : de l'anglais : « roc ».

Couleur : blanc - Chiffre : 4

Caractère : Rocky est altruiste, idéaliste et réfléchi.

Personnage célèbre : Rocky, le héros de la saga cinématographique du même nom, interprété par Sylvester Stallone.

Fréquence : rare - Évolution : =

Âge moyen : 23 ans

C

Rodéric

Ric, Rock, Rod, Roddie, Roddy, Roderich, Roderick, Rodrick, Rorich, Rörig, Ruaidhri, Rurich, Rurik, Ruy

Étymologie : du germain *hrod* : « gloire » et *ric* : « puissant ». Rodéric est la forme originelle de Rodrigue.

Fête : 13 mars - Couleur : rouge - Chiffre : 3

Caractère : Rodéric est idéaliste, sensible et parfois réservé.

Fréquence : rare - Évolution : ↘

Âge moyen : 22 ans

P

Rodney

Étymologie : du germain *hrod* : « gloire » et *rok* : « chef » ; « le chef glorieux ».

Fête : 13 mars - Couleur : jaune - Chiffre : 4

Caractère : Rodney est altruiste, réfléchi et sait se tempérer lorsque son impulsivité tend à s'épandre.

Fréquence : rare - Évolution : =

Âge moyen : 25 ans

C

Rodolphe

Dolf, Dolfi, Dulf, Hrolf, Reihl, Rilke, Rod, Rode, Rodekin, Rodin, Rodolf, Rodolfo, Roelf,Roelof, Röhle, Rolef, Roleke, Rolf, Rölke, Rolle, Rollekin, Rollon, Rolo, Rolof, Rudel, Rüdel

Étymologie : du germain *hrod* : « gloire » et *wolf* : « loup ».

Fête : 21 juin - Couleur : bleu - Chiffre : 3

Caractère : côté caractère, Rodolphe est réputé rêveur, tout auréolé de fraîcheur, de poésie, d'imaginaire.

Fréquence : répandu - Évolution : ↘

Âge moyen : 44 ans

B

Rodrigue

Rodrigo, Rodriguez, Ruy

Étymologie : du germain *hrod* : « gloire » et *rok* : « chef » ; « le chef glorieux ».

Fête : 13 mars - Couleur : rouge - Chiffre : 3

Caractère : Rodrigue est un être qui raisonne. Son besoin de connaissances et de spiritualité est notoire.

Personnage célèbre : Rodrigue, le héros du *Cid* de Corneille.

Fréquence : rare - Évolution : ↘

Âge moyen : 29 ans

P

Roger

Dodge, Regelio, Roar, Rodge, Rodger, Rog, Rogelic, Rogeric, Rogerio, Rogge, Roggie, Rogier, Röle, Rosser, Rotkar, Rüdeger, Rüdiger, Ruggero, Ruggiero, Rutger, Rutje, Rüttger

Étymologie : du germain *hrod* : « gloire » et *gari* : « lance ».

Fête : 30 décembre - Couleur : rouge - Chiffre : 9

Caractère : on le dit extrêmement fin, intuitif, l'esprit à la fois aigu et profond.

Personnages célèbres : l'écrivain Roger Martin du Gard ; le tennisman Roger Federer ; l'acteur Roger Hanin ; le réalisateur Roger Vadim ; l'essayiste Roger Caillois.

Fréquence : répandu - Évolution : ↘

Âge moyen : 83 ans

V

Rohan

Roan, Roann, Rowan

Étymologie : du sanscrit : « en ascension, bois de santal » ; de l'irlandais : « roux ». Ce prénom est également dérivé du patronyme irlandais O' Ruadhán (« descendant de Ruadhán »).

Couleur : noir - Chiffre : 2

Caractère : Rohan est réceptif, sociable, diplomate et résolu.

Fréquence : rare - Évolution : ↗

Âge moyen : 9 ans

P

Roland

Rodhlann, Roeland, Roelandje, Rolands, Roldan, Roldo, Rolland, Rolle, Rollin, Rollins, Rolly, Rowland, Rulande, Rulant

Étymologie : du germain *hrod* : « gloire » et *nand* : « courageux ».

Fête : 15 septembre - Couleur : vert - Chiffre : 1

Caractère : Roland a la réputation flatteuse d'être dynamique, sociable, généreux et d'une intelligence vive.

Personnages célèbres : Roland, preux chevalier de Charlemagne, mort au combat à Roncevaux, en 778 ; le premier aviateur à traverser la Méditerranée, en 1913, Roland Garros (1888-1918), à qui on a dédié un stade et un tournoi de tennis à Paris ; l'écrivain Roland Barthes.

Fréquence : répandu - Évolution : ↘

Âge moyen : 72 ans

P

Romain

Manus, Romano, Romanus, Rome

Étymologie : du latin *romanus* : « romain ».

Fête : 28 février - Couleur : rouge - Chiffre : 7

Caractère : Romain est sensible, aime l'étude et la réflexion.

Personnages célèbres : les écrivains Romain Gary et Romain Rolland ; les acteurs Romain Duris et Romain Bouteille.

Fréquence : répandu - Évolution : ↘

Âge moyen : 23 ans

TOP 20

Prénoms méditerranéens

Les prénoms méditerranéens ont le vent en poupe. Provençaux, grecs, corses et surtout italiens, ces sonorités rondes sont empreintes à la fois de virilité et de sensualité.

Acace
Agostino
Davide
Giacinto
Giuseppe
Ilenzo
Illarione
Lisandru
Luca
Macéo
Makarios
Nadal
Natale
Pio
Sampiero
Taddeu
Timo
Tino
Tommaso
Tullio

B

Roman

Étymologie : du latin *romanus* : « romain ».
Fête : 28 février - Couleur : rouge - Chiffre : 7
Caractère : Roman est déterminé, volontaire et toujours en quête de connaissances.
Personnage célèbre : Roman Polanski.
Fréquence : rare - Évolution : ↗
Âge moyen : 19 ans

V

Romaric

Maric, Romarich, Romary

Étymologie : du germain *hrod* : « gloire » et *mar* : « grandeur », plus *rik* : « roi ».
Fête : 10 décembre - Couleur : violet - Chiffre : 9
Caractère : Romaric est audacieux, talentueux, aventureux, romantique et tendre.
Fréquence : rare - Évolution : ↘
Âge moyen : 22 ans

B

Romarin

Étymologie : du latin : « rosée de mer ».
Couleur : bleu - Chiffre : 5
Caractère : Romarin est intelligent, enclin à la méditation, mais sait faire preuve de caractère.
Fréquence : très rare - Évolution : =

B

Roméo

Étymologie : du latin médiéval *romeo* : « pèlerin » (Je vais à Rome).
Fête : 25 février - Couleur : orange - Chiffre : 1
Caractère : Roméo est rapide, réaliste, ambitieux et exigeant.
Personnage célèbre : le héros du drame de Shakespeare.
Fréquence : rare - Évolution : ↗
Âge moyen : 23 ans

C

Romuald

Romaldo, Rommelt, Romualdo, Romwald, Rumold

Étymologie : du germanique *hrom* : « gloire » et *walden* : « régner ».

Fête : 19 juin - Couleur : rouge - Chiffre : 3

Caractère : Romuald aime la communication. Il est adroit, diplomate et exigeant.

Fréquence : répandu - Évolution : ⇘

Âge moyen : 33 ans

P

Ronald

Étymologie : du germain *ragin* : « conseil » et *wald* : « le chef ».

Fête : 17 décembre - Couleur : bleu - Chiffre : 7

Caractère : Ronald est dynamique, audacieux et logique. C'est un homme de caractère.

Personnages célèbres : Ronald Reagan, 40e président des États-Unis ; Ronald McDonald.

Fréquence : rare - Évolution : ⇘

Âge moyen : 43 ans

V

Ronan

Nanig, Nann, Renan, Reuanig, Reun, Ronanenn, Ronanig

Étymologie : du celte irlandais : « jeune phoque ».

Fête : 1er juin - Couleur : vert - Chiffre : 2

Caractère : Ronan est idéaliste, sensible, indépendant et charmant.

Personnage célèbre : le peintre contemporain Ronan Barrot.

Fréquence : rare - Évolution : ⇘

Âge moyen : 28 ans

P

Rony

Ron, Ronaldo

Étymologie : du germain *ragin* : « conseil » et *wald* : « le chef ».

Couleur : orange - Chiffre : 9

Caractère : Rony est intègre et se préoccupe des autres. Il fait parfois montre d'un certain dévouement.

Fréquence : rare - Évolution : ⇘

Âge moyen : 30 ans

V

Rory

Étymologie : du germain *hrod* : « la gloire » et *rik* : « le chef ». Rory est un diminutif de Rodrigue.

Fête : 13 mars - Couleur : rouge - Chiffre : 7

Caractère : Rory est idéaliste, sensible et diplomate.

Fréquence : très rare - Évolution : ⇗

Âge moyen : 5 ans

B

Rosan

Étymologie : du latin *rosa* : « rose ». Le prénom est associé à la fleur du même nom. Rosan peut être considéré comme une forme masculine de Rose, Rosan ou Rosane.

Fête : 23 août - Couleur : bleu - Chiffre : 3

Caractère : Rosan est charismatique et aime avoir une certaine influence sur son entourage.

Fréquence : très rare - Évolution : =

V

Rosario

Rosaire, Rosalio, Roscoe, Roselin, Rosemond

Étymologie : du latin *rosa* : « rose ». Le prénom est associé à la fleur du même nom. Rosario,

en raison de sa consonne finale, est également attribué à des garçons.
Fête : 23 août - Couleur : bleu - Chiffre : 3
Caractère : souvent dans la séduction, Rosario est un audacieux.
Fréquence : rare - Évolution : ↗
Âge moyen : 44 ans

P

Ross

Étymologie : du germain : « cheval ».
Couleur : bleu - Chiffre : 9
Caractère : Ross est fort, habile, passionné et ambitieux. Il a la bosse du management.
Personnage célèbre : Ross Geller, l'un des personnages de la série télévisée *Friends*.
Fréquence : très rare - Évolution : ↘
Âge moyen : 15 ans

V

Rowan

Étymologie : du sanscrit : « en ascension, bois de santal » ; de l'irlandais : « roux ». Ce prénom est également dérivé du patronyme irlandais O' Ruadhán (« descendant de Ruadhán »).
Couleur : noir - Chiffre : 2
Caractère : ardeur, résolution, vitalité et sens de la stratégie caractérisent Rowan.
Personnage célèbre : l'acteur Rowan Atkinson.
Fréquence : rare - Évolution : ↗
Âge moyen : 9 ans

V

Roy

Étymologie : du latin *regere* : « gouverner » et *rex, regis, regina* : « roi, reine ». Roy correspond à la forme anglaise du substantif « roi » qui, contrairement à Reine, n'est guère attribué dans sa forme française. Roy est, en revanche, un prénom très représenté dans les pays anglo-saxons.
Couleur : vert - Chiffre : 2
Caractère : Roy est persévérant, efficace et honnête.
Fréquence : rare - Évolution : ↘
Âge moyen : 24 ans

P

Ruben

Étymologie : de l'hébreu *reouven* : « voyez, un fils ».
Fête : 22 août - Couleur : rouge - Chiffre : 3
Caractère : Ruben est travailleur, doux, ambitieux et a le sens des responsabilités.
Fréquence : rare - Évolution : ↗
Âge moyen : 12 ans

P

Rubens

Étymologie : de l'hébreu *reouven* : « voyez, un fils ».
Fête : 22 août - Couleur : rouge - Chiffre : 3
Caractère : Rubens sait faire preuve de sagacité, il est spirituel et ambitieux.
Fréquence : rare - Évolution : ↗
Âge moyen : 16 ans

P

Ruby

Rubey, Rubie, Rubis

Étymologie : du latin *rubeus* : « rougeoyant ». Ce prénom renvoie au nom de la pierre précieuse rouge vif, pourvue parfois de nuances de rose.
Fête : 10 mars (Sainte-Esmaralda, patronne de tous les noms de pierre précieuse)
Couleur : rouge - Chiffre : 6
Caractère : Ruby est secret, attache une certaine importance aux traditions, ce qui ne l'empêche pas d'avoir le goût du risque et d'être aventureux.
Fréquence : très rare - Évolution : =
Âge moyen : 2 ans

V

Rudolf

Étymologie : du germain *hrod* : « gloire » et *wolf* : « loup ». Rudolf correspond aux formes germaniques et anglo-saxonnes de Rodolphe.
Fête : 21 juin - **Couleur :** bleu - **Chiffre :** 3
Caractère : Rudolf a du caractère, ce qui ne l'empêche pas d'être rêveur et humain.
Personnage célèbre : Rudolf Noureev, danseur et chorégraphe.
Fréquence : rare - **Évolution :** ↘
Âge moyen : 54 ans

V

Rudolph

Étymologie : du germain *hrod* : « gloire » et *wolf* : « loup ».
Fête : 21 juin - **Couleur :** bleu - **Chiffre :** 3
Caractère : Rudolph a l'esprit logique et fait parfois preuve d'une certaine rectitude.
Personnage célèbre : Rudolph Valentino, acteur américain.
Fréquence : rare - **Évolution :** ↘
Âge moyen : 71 ans

P

Rudy

Rody, Rudi

Étymologie : du germain *hrod* : « gloire » et *wolf* : « loup ». Rudy est le diminutif germanique et anglo-saxon de Rodolphe.
Fête : 21 juin - **Couleur :** bleu - **Chiffre :** 3
Caractère : Rudy est énergique, audacieux et a l'esprit de découverte.
Fréquence : rare - **Évolution :** ↘
Âge moyen : 27 ans

P

Rufus

Ruffin, Rufin, Rufus

Étymologie : du latin : « roux ».
Couleur : rouge - **Chiffre :** 4
Caractère : Rufus est réservé, prudent, travailleur et discipliné.
Personnage célèbre : le chanteur, auteur-compositeur Rufus Wainwright.
Fréquence : très rare - **Évolution :** =
Âge moyen : 3 ans

P

Rupert

Étymologie : du germain *hrod* : « gloire » et *behrt* : « brillant ».
Fête : 29 mars - **Couleur :** rouge - **Chiffre :** 4
Caractère : Rupert est habile, ambitieux, fort et compatissant.
Personnage célèbre : l'acteur Rupert Everett.
Fréquence : très rare - **Évolution :** =
Âge moyen : 94 ans

P

Russell

Étymologie : de l'anglo-saxon : « comme un renard ».
Couleur : rouge - **Chiffre :** 10
Caractère : Russell est résolu, pragmatique et enthousiaste.
Personnage célèbre : l'acteur Russell Crowe.
Fréquence : très rare - **Évolution :** =
Âge moyen : 40 ans

(V)

Ryad

Étymologie : de l'arabe : « serein, épanoui ».
Couleur : vert - Chiffre : 3
Caractère : Ryad est enthousiaste, pragmatique et possède de grandes facultés d'adaptation.
Fréquence : rare - Évolution : ↗
Âge moyen : 11 ans

(P)

Ryan

Raïan, Rian, Rihan, Riyan, Ryane, Ryann, Ryhan

Étymologie : du celtique rig : « le roi ».
Fête : 8 mars - Couleur : bleu - Chiffre : 5
Caractère : Ryan est efficace, persévérant et déterminant.
Personnages célèbres : les acteurs Ryan Gosling et Ryan Reynolds.
Fréquence : rare - Évolution : ↗
Âge moyen : 9 ans

(V)

Saad

Étymologie : de l'arabe : « heureux, favorisé par le destin ».
Couleur : rouge - Chiffre : 3
Caractère : Saad est un original, philosophe et spirituel.
Fréquence : rare - Évolution : ↗
Âge moyen : 19 ans

(V)

Saadi

Saaïd, Saïdi

Étymologie : de l'arabe : « heureux, favorisé par le destin »
Couleur : rouge - Chiffre : 3
Caractère : Saadi est sage, intelligent et indépendant. Il a une grande capacité d'écoute et est enclin à la méditation.
Fréquence : rare - Évolution : =
Âge moyen : 35 ans

(B)

Sabin

Sabien, Sabino

Étymologie : du latin *sabinus*, *sabina* : « appartenant au peuple ». Ce prénom renvoie au peuple des Sabins, qui furent les voisins des premiers Romains, au temps de la fondation de Rome.
Fête : 29 août - Couleur : bleu - Chiffre : 5
Caractère : Sabin est parfois rêveur, mais il est humain et très ouvert d'esprit.
Fréquence : rare - Évolution : ↗
Âge moyen : 71 ans

(B)

Sabri

Sabir

Étymologie : de l'arabe *sâbir* : « persévérant ».
Couleur : jaune - Chiffre : 10
Caractère : Sabri aime la nature, la solitude et la contemplation.
Fréquence : rare - Évolution : ↘
Âge moyen : 15 ans

(P)

Sacha

Étymologie : du grec *alexein* : « défendre » et *andros* : « homme ». Sacha est un diminutif slave d'Alexandre.

Couleur : le rouge - Chiffre : le 2
Caractère : Sacha est sensible, volontaire, actif, mais... c'est aussi un opportuniste.
Personnages célèbres : Sacha Distel, chanteur ; Sacha Guitry, cinéaste, comédien et auteur dramatique.
Fréquence : rare - Évolution : ↗
Âge moyen : 10 ans

V

Saïd

Saidou, Saidi

Étymologie : de l'arabe *sa'îd* : « heureux, chanceux ». Ce prénom est l'équivalent du latin Félix.
Couleur : vert - Chiffre : 6
Caractère : Saïd est affectueux, a le sens des responsabilités, est sensible et harmonieux.
Personnage célèbre : Saïd Bouguerra (né en 1984), écrivain franco-algérien.
Fréquence : rare - Évolution : =
Âge moyen : 34 ans

V

Salem

Étymologie : de l'arabe *salîm* : « sain, sans défaut, intact ». Ce prénom est une variante de Salim.
Couleur : vert - Chiffre : 6
Caractère : Salem est audacieux, original et énergique.
Fréquence : rare - Évolution : ↗
Âge moyen : 30 ans

V

Salim

Aslam, Salime, Salimou, Salman, Salmane, Slimane

Étymologie : de l'arabe *salîm* : « sain, sans défaut, intact ».
Couleur : vert - Chiffre : 6
Caractère : Salim est idéaliste, altruiste et intègre.
Personnage célèbre : Salim Ier, qui réalisa de vastes conquêtes au début du XVIe siècle.
Fréquence : rare - Évolution : ↗
Âge moyen : 23 ans

V

Salomon

Salamon, Solomon, Soliman, Suleiman, Salaün

Étymologie : de l'hébreu *chlomo*, de chalom : « la paix de Dieu ».
Fête : 29 décembre - Couleur : vert - Chiffre : 8
Caractère : Salomon est franc, courageux, réaliste et rigoureux.
Fréquence : rare - Évolution : ↗
Âge moyen : 60 ans

V

Salvador

Salbator, Salbatore, Salbattore

Étymologie : du latin *salvator* : « celui qui apporte le salut, qui guérit ». Ce prénom correspond à la forme espagnole du français Sauveur.
Fête : 18 mars ou 14 septembre - Couleur : rouge
Chiffre : 8
Caractère : Salvador est diplomate, réceptif et sociable.
Personnages célèbres : Salvador Dalí, peintre, sculpteur et graveur ; Salvador Allende, homme politique chilien.
Fréquence : rare - Évolution : ↗
Âge moyen : 58 ans

V

Salvatore

Salvateur, Salvator

Étymologie : du latin *salvator* : « celui qui apporte le salut, qui guérit ». Ce prénom correspond à la forme espagnole du français Sauveur.
Fête : 18 mars ou 14 septembre - Couleur : rouge
Chiffre : 8
Caractère : Salvatore est énergique, a l'esprit de

découverte et d'analyse.
Personnage célèbre : Salvatore Adamo, chanteur.
Fréquence : rare - Évolution : ↘
Âge moyen : 45 ans

P

Sam

Étymologie : de l'hébreu *chmouel* : « son nom est Dieu ». Ce prénom est un diminutif de Samuel.
Fête : 20 août - Couleur : rouge - Chiffre : 8
Caractère : Sam est bienveillant, consciencieux et bon conseiller.
Personnages célèbres : l'artiste Sam Cooke ; Uncle Sam, personnification fantaisiste des États-Unis formée sur les initiales U. S. ; Sam Smith, chanteur et compositeur anglais.
Fréquence : rare - Évolution : ↗
Âge moyen : 12 ans

V

Sami

Étymologie : de l'hébreu *chmouel* : « son nom est Dieu », ou de l'arabe : « supérieur, sublime ».
Fête : 20 août - Couleur : rouge - Chiffre : 8
Caractère : Sami est épris de justice et de paix. C'est un excellent conseiller.
Fréquence : rare - Évolution : ↗
Âge moyen : 17 ans

V

Samir

Samire, Samyr, Sémir

Étymologie : de l'arabe : « celui avec qui on peut converser pendant la nuit, le confident ». Ce prénom est un classique des prénoms musulmans, toujours très attribué aujourd'hui.
Couleur : bleu - Chiffre : 7
Caractère : Samir a le sens de la famille, il est équilibré et exigeant.
Fréquence : répandu - Évolution : ↘
Âge moyen : 26 ans

V

Sammy

Samy

Étymologie : de l'hébreu *chmouel* : « son nom est Dieu ». Sammy est, à l'instar de Sam, un diminutif célèbre aux États-Unis.
Fête : 20 août - Couleur : rouge - Chiffre : 8
Caractère : Sammy est toujours en quête de réalisation et plein de vitalité.
Personnage célèbre : Sammy Davis Junior, célèbre artiste américain (crooner, animateur de show-télé).
Fréquence : rare - Évolution : ↘
Âge moyen : 22 ans

C

Samson

Sampson, Samzun, Sanson, Sansone

Étymologie : de l'hébreu *chimchone* : « petit soleil ».
Fête : 28 juillet - Couleur : rouge - Chiffre : 9
Caractère : Samson a une vie intérieure très riche, puisqu'il est épris de réflexion ou d'envolées rêveuses. Mais, sans doute mû par un besoin de compensation, il adore le travail en équipe et a besoin d'une vie sociale intense.
Personnage célèbre : personnage biblique et héros du Livre des Juges, Samson est le juge d'Israël au XIIe siècle avant J.-C. Il est doté d'une force extraordinaire contenue dans ses cheveux, portés longs depuis toujours en guise de sa consécration à Dieu. Samson tomba amoureux de Dalila, à qui il confia son secret. En réalité, payée par l'ennemi, elle lui coupa les cheveux. Devenu prisonnier, il attendit que ses cheveux repoussent pour renverser sur ses ennemis le temple païen dans lequel ils priaient.
Fréquence : rare - Évolution : ↗
Âge moyen : 54 ans

V

Samuel

Étymologie : de l'hébreu *chmouel* : « son nom est Dieu ».
Fête : 20 août - **Couleur :** rouge - **Chiffre :** 8
Caractère : Samuel est fin, drôle, quelque peu calculateur mais doté d'un charme redoutable. Il aime décontenancer et tant pis si son interlocuteur est froissé s'il s'est bien amusé !
Personnages célèbres : l'écrivain Samuel Beckett ; l'artiste Samuel Benchetrit ; les acteurs Samuel L. Jackson et Samuel Le Bihan.
Fréquence : répandu - **Évolution :** ↗
Âge moyen : 26 ans

V

Santiago

Étymologie : combinaison espagnole de *santo* : « saint » et *Iago*, forme dérivée de Jacques. Santiago est le patron de l'Espagne.
Fête : 3 mai ou 25 juillet - **Couleur :** vert
Chiffre : 4
Caractère : Santiago est curieux et déterminé.
Fréquence : rare - **Évolution :** ↗
Âge moyen : 41 ans

P

Sasha

Sascha

Étymologie : du grec *alexein* : « défendre » et *andros* : « homme ». Sasha est une variante de Sacha, diminutif slave d'Alexandre.
Couleur : rouge - **Chiffre :** 2
Caractère : Sasha est optimiste, créatif, pragmatique et sociable.
Fréquence : rare - **Évolution :** ↗
Âge moyen : 10 ans

B

Saturnin

Saturnino

Étymologie : du latin, du nom du dieu romain de l'agriculture, Saturne, équivalent du grec Cronos.
Fête : 29 novembre - **Couleur :** rouge - **Chiffre :** 8
Caractère : Saturnin est courageux, droit, franc et rigoureux.
Fréquence : rare - **Évolution :** =
Âge moyen : 83 ans

B

Saül

Étymologie : de l'hébreu : « demandé par Dieu ». Désigné par le prophète Samuel, Saül devint le premier roi d'Israël.
Couleur : noir - **Chiffre :** 8
Caractère : Saül est d'un tempérament ardent. Possédant un leadership évident, Saül est un stratège.
Personnage célèbre : saint Paul, qui fut d'abord connu sous le nom hébraïque de Saül.
Fréquence : rare - **Évolution :** ↗
Âge moyen : 21 ans

B

Sauveur

Etymologie : du latin *salvator* : « celui qui apporte le salut, qui guérit ».
Fête : 18 mars - **Couleur :** rouge - **Chiffre :** 8
Caractère : Sauveur est habile, ambitieux et passionné. C'est un être déterminé, c'est ce qui fait sa force.
Personnage célèbre : Sauveur Giordano, héros de la série télévisée du même nom interprété par Pierre Arditi.
Fréquence : rare - **Évolution :** ↗
Âge moyen : 75 ans

B

Scipion

Étymologie : du latin : « baguette de bois ».
Couleur : jaune - Chiffre : 3
Caractère : Scipion est stable tenace et sympathique. Il possède, en outre, un bel esprit d'analyse.
Fréquence : très rare - Évolution : =

P

Scott

Scot, Scottie, Scotto, Scotty

Étymologie : de l'anglais *scottish* : « qui vient d'Écosse ». Ce prénom figure au palmarès des vingt prénoms masculins les plus portés en Écosse. - Couleur : rouge - Chiffre : 5
Caractère : Scott est dynamique, curieux, courageux et indépendant.
Personnages célèbres : Scott Summers (Cyclope), personnage des *X-Men* ; Scott Joplin, compositeur afro-américain et pianiste (1868-1917).
Fréquence : rare - Évolution : ⇗
Âge moyen : 18 ans

V

Seamus

Étymologie : de l'hébreu *yaacov* : « il a talonné ». Ce prénom est une forme irlandaise du prénom Jacques.
Fête : 25 juillet ou 3 mai - Couleur : rouge Chiffre : 4
Caractère : Seamus est appliqué, enthousiaste et a l'esprit logique.
Fréquence : très rare - Évolution : =
Âge moyen : 6 ans

V

Sean

Étymologie : de l'hébreu *yohânân* : « Dieu fait grâce ».
Fête : 27 décembre ou 24 juin
Couleur : jaune - Chiffre : 3
Caractère : Sean est curieux, exigeant et communicatif.
Personnages célèbres : les acteurs Sean Connery et Sean Penn.
Fréquence : rare - Évolution : ⇗
Âge moyen : 10 ans

V

Sébastian

Sébastiano

Étymologie : du grec *sebastos* : « honoré ». Ce prénom fut choisi comme traduction du titre romain Auguste, décerné aux empereurs (d'où le nom de ville de Sébastopol, qui signifie « la ville de l'Empereur, du Roi, du Tsar »).
Fête : 20 janvier - Couleur : bleu - Chiffre : 4
Caractère : Sébastian est humain, ouvert d'esprit et réservé.
Fréquence : rare - Évolution : ⇗
Âge moyen : 21 ans

P

Sébastien

Sébastin, Sebastini, Sebastino

Étymologie : du grec *sebastos* : « honoré ». Ce prénom fut choisi comme traduction du titre romain Auguste, décerné aux empereurs (d'où le nom de ville de Sébastopol, qui signifie « la ville de l'Empereur, du Roi, du Tsar »).
Fête : 20 janvier - Couleur : bleu - Chiffre : 4
Caractère : énergie et volonté, sensibilité et finesse font de Sébastien un amoureux de la vie et du monde et un ami fidèle. Un cœur droit, s'il en est.
Personnages célèbres : l'écrivain Sébastien Japrisot ; le rugbyman Sébastien Chabal.
Fréquence : répandu - Évolution : ⇘
Âge moyen : 32 ans

V

Secondo

Second, Segond, Segundo

Étymologie : du latin : « second ».
Couleur : bleu - Chiffre : 8
Caractère : Secondo est optimiste, volontaire, pragmatique et créatif.
Fréquence : très rare - Évolution : =
Âge moyen : 87 ans

V

Sélim

Célim

Étymologie : de l'arabe *salîm* : « sain, sans défaut, intact ». Ce prénom est assez répandu, son orthographe correspond à la prononciation de base du prénom.
Couleur : vert - Chiffre : 6
Caractère : Sélim est structuré, persévérant, déterminé et efficace.
Fréquence : rare - Évolution : ↘
Âge moyen : 19 ans

V

Senny

Étymologie : de l'arabe : « élevé, admirable ».
Couleur : jaune - Chiffre : 8
Caractère : Senny est charismatique, courageux et indépendant.
Fréquence : très rare - Évolution : ↘

B

Septime

Étymologie : du latin : « septième ».
Couleur : vert - Chiffre : 8
Caractère : Septime est bienveillant. C'est un homme de confiance. Néanmoins, il est animé par une certaine soif de réussite.
Personnages célèbres : Septime Sévère, empereur romain (193 à 211). Son règne marque l'arrivée

TOP 20

Prénoms rétro

Parce que les tendances en disent long sur l'humeur d'une société, voici les prénoms les plus populaires du début du siècle précédent. Beaucoup ne sont pas encore « estampillés » bobo mais n'en demeurent pas moins totalement vintage et… so chics !

Amédée
Célestin
Eugène
Francis
Gilbert
Henri
Honoré
Irénée
Joachim
Julien
Kléber
Léandre
Léon
Lucien
Mathurin
Maurice
Raoul
René
Roger
Théodore

au pouvoir de provinciaux d'ascendance non romaine et la dynastie des Sévères dont il est l'éponyme.
Fréquence : très rare - Évolution : =
Âge moyen : 84 ans

B

Séraphin

Sérafin, Serafino, Séraphin, Serapio, Serapion

Étymologie : de l'hébreu *saraph* : « brûlant ». Les séraphins étaient les anges les plus élevés dans la dynastie angélique. Ils sont décrits comme des êtres dotés de six ailes proclamant sans cesse la gloire de Dieu.
Fête : 12 octobre - Couleur : blanc - Chiffre : 8
Caractère : Séraphin est sociable, diplomate et communicatif.
Fréquence : rare - Évolution : ↗
Âge moyen : 72 ans

V

Séréno

Séren

Étymologie : du latin *serenus*, *serena* : « calme, paisible, serein ».
Fête : 23 février - Couleur : gris - Chiffre : 8
Caractère : Séréno est un persévérant. Il est dans l'efficacité, la sécurité.
Fréquence : très rare - Évolution : =

P

Serge

Sergej, Sergius, Sergoulig, Serj

Étymologie : Sergius était le nom d'une famille romaine.
Fête : 7 octobre - Couleur : rouge - Chiffre : 9
Caractère : Serge est émotif, autoritaire et efficace.
Personnages célèbres : le danseur Serge Lifar ; les chanteurs Serge Gainsbourg, Serge Lama et Serge Reggiani.
Fréquence : répandu - Évolution : ↘
Âge moyen : 62 ans

V

Sergio

Serjio

Étymologie : Sergius était le nom d'une famille romaine. Sergio est la version italienne et portugaise de Serge.
Fête : 7 octobre - Couleur : rouge - Chiffre : 9
Caractère : Sergio est directif, audacieux et résolu.
Personnage célèbre : le cinéaste italien Sergio Leone.
Fréquence : rare - Évolution : =
Âge moyen : 38 ans

V

Sergueï

Étymologie : du latin *servo* : « garder, respecter ». Ce prénom est répandu en Russie.
Couleur : orange - Chiffre : 7
Caractère : Sergueï est un pragmatique, qui fait preuve d'optimisme en toutes choses. Il est animé par la compassion.
Personnage célèbre : le musicien Sergueï Prokofiev.
Fréquence : très rare - Évolution : =
Âge moyen : 13 ans

B

Servan

Servando

Étymologie : du latin *servo* : « garder, respecter ». Ce prénom fut porté par un missionnaire chrétien qui évangélisa les pays celtes, avant de gagner l'Armorique.
Fête : 12 mai - Couleur : orange - Chiffre : 7
Caractère : Servan est affectueux, indépendant et réservé.

Fréquence : rare - **Évolution** : ↘
Âge moyen : 18 ans

V

Seth

Étymologie : de l'hébreu : « fondateur ». Ce prénom fut celui, dans la Bible, du troisième fils d'Adam et Ève. Il naquit après la mort d'Abel, tué par Caïn.
Couleur : violet - **Chiffre** : 7
Caractère : Seth est affectueux, autonome et imaginatif.
Fréquence : très rare - **Évolution** : =
Âge moyen : 4 ans

P

Seven

Étymologie : de l'anglais : « sept ».
Couleur : rouge - **Chiffre** : 8
Caractère : Seven aime le relationnel. C'est un intuitif qui possède de fortes capacités d'adaptation.
Fréquence : très rare - **Évolution** : =
Âge moyen : 5 ans

B

Séverin

Sevère, Severian, Severiano, Severien, Severijn, Severino, Severinus, Sévero, Sevir, Sövrin

Étymologie : du latin *severianus* : « rigoureux, exigeant ».
Fête : 27 novembre - **Couleur** : orange - **Chiffre** : 7
Caractère : Séverin est généreux, aventureux et courageux.
Personnage célèbre : Séverin Caffera, mime d'origine corse.
Fréquence : rare - **Évolution** : ↘
Âge moyen : 58 ans

P

Seymour

Étymologie : de l'anglais : « qui vit près de la mer ». Seymour est un patronyme (encore très répandu) devenu prénom.
Couleur : bleu - **Chiffre** : 8
Caractère : Seymour est fort, habile. C'est un fieffé combattant qui n'aime guère que la réussite lui échappe.
Fréquence : très rare - **Évolution** : =

V

Shad

Étymologie : de l'anglais : « abri, remise ».
Couleur : rose - **Chiffre** : 4
Caractère : Shad est charismatique, courageux, dynamique et curieux.
Fréquence : très rare - **Évolution** : ↘
Âge moyen : 5 ans

V

Shaï

Étymologie : de l'hébreu : « don, présent ».
Couleur : orange - **Chiffre** : 7
Caractère : Shaï est ambitieux, énergique et autonome. Il est également un brin autoritaire.
Fréquence : rare - **Évolution** : ↗
Âge moyen : 9 ans

P

Shane

Étymologie : de l'hébreu *yohanân* : « Dieu fait grâce ». Shane est une variante de Shan, forme phonétique du prénom gallois orthographié Sian. Sa forme féminine n'est autre que Shana.
Couleur : jaune - **Chiffre** : 5
Caractère : Shane est un intuitif, qui vit dans l'instant et possède une véritable aisance relationnelle.
Fréquence : rare - **Évolution** : ↗

V

Shannon

Shanon

Étymologie : du celte *sinnan* : « la vieille », nom de la déesse-mère de la mythologie irlandaise, qui a donné son nom au plus long fleuve de l'île (370 km) qui se jette dans l'océan Atlantique. Shannon est un prénom prisé en Grande-Bretagne et aux États-Unis, dans les familles d'origine irlandaise. C'est un prénom mixte, même s'il est plus couramment usité pour les filles.

Couleur : vert - Chiffre : 5

Caractère : Shannon a le goût de l'aventure, est sensible et indépendant.

Fréquence : très rare - Évolution : ⇘

Âge moyen : 17 ans

V

Shaun

Shawn

Étymologie : de l'hébreu *yohanân* : « Dieu fait grâce ».

Fête : 27 décembre ou 24 juin - Couleur : jaune

Chiffre : 3

Caractère : Shaun est ouvert d'esprit, un brin rêveur, mais il est très généreux.

Fréquence : rare - Évolution : ⇗

Âge moyen : 9 ans

V

Shayne

Étymologie : de l'hébreu *yohanân* : « Dieu fait grâce ».

Fête : 27 décembre ou 24 juin - Couleur : jaune

Chiffre : 3

Caractère : Shayne est un idéaliste. Il est intègre et altruiste : il aime les gens et croit en eux.

Fréquence : très rare - Évolution : =

Âge moyen : 3 ans

V

Sheldon

Étymologie : du viel anglais : « colline protégée ». Ce prénom est, à l'origine, un toponyme devenu un patronyme, puis un prénom.

Couleur : vert - Chiffre : 9

Caractère : Sheldon est un énergique, original et audacieux.

Fréquence : rare - Évolution : ⇗

Âge moyen : 9 ans

P

Sid

Étymologie : du grec *Dionysos* ou du latin : « habitant de Sidon ». Sid peut être un diminutif de Sidoine, mais est plutôt considéré comme un diminutif de Sidney. En hommage au dieu du vin, de la vigne et de l'inspiration poétique, dans la mythologie grecque.

Fête : 9 octobre - Couleur : rouge - Chiffre : 4

Caractère : Sid est indépendant, courageux mais... la curiosité est son vilain défaut.

Fréquence : rare - Évolution : ⇗

Âge moyen : 25 ans

P

Sidney

Étymologie : du grec *Dionysos* ou du latin : « habitant de Sidon ». En hommage au dieu du vin, de la vigne et de l'inspiration poétique, dans la mythologie grecque.

Fête : 9 octobre - Couleur : rouge - Chiffre : 4

Caractère : Sidney est persévérant, structuré, indépendant et déterminé.

Personnage célèbre : Sidney Bechet, clarinettiste et compositeur américain.

Fréquence : rare - Évolution : ⇘

Âge moyen : 23 ans

B

Sidoine

Étymologie : du latin *sidonius* : « qui habite la ville de Sidon », sur la côte libanaise.
Fête : 21 août - **Couleur :** vert - **Chiffre :** 9
Caractère : Sidoine est pragmatique, déterminé, volontaire et optimiste.
Fréquence : rare - **Évolution :** ↗
Âge moyen : 46 ans

V

Siegfried

Siegfred, Siegrid, Sigfroi, Sigfrido, Sigurd

Étymologie : du germain *sieg* : « victoire » et *fried* : « protection, paix ».
Fête : 22 octobre - **Couleur :** jaune - **Chiffre :** 2
Caractère : Siegfried est viril, autoritaire, fier, ambitieux et audacieux.
Personnage célèbre : Siegfried, le héros germanique de la légende des Nibelugen qui fut mise en musique par Wagner dans la Tétralogie.
Fréquence : rare - **Évolution :** ↗
Âge moyen : 43 ans

V

Sigmund

Sigismond, Siegmund

Étymologie : du germain *sieg* : « victoire » et *mund* : « protection ».
Fête : 1er mai - **Couleur :** violet - **Chiffre :** 2
Caractère : Sigmund est un entreprenant, un explorateur et « toujours plus loin » pourrait être sa devise.
Personnage célèbre : Sigmund Freud, le père de la psychanalyse.
Fréquence : très rare - **Évolution :** =
Âge moyen : 82 ans

B

Silas

Étymologie : de l'araméen : « demander ».
Couleur : vert - **Chiffre :** 4
Caractère : Silas est bienveillant, sage et bon conseiller.
Fréquence : rare - **Évolution :** ↗
Âge moyen : 9 ans

P

Silvain

Seva, Silvan, Silvano, Silver, Silvin, Silvino

Étymologie : du latin *silva* : « forêt » ou *silvanus* : « dieu de la forêt ».
Fête : 4 mai - **Couleur :** vert - **Chiffre :** 3
Caractère : Silvain est dynamique, courageux, rêveur et ouvert d'esprit.
Fréquence : rare - **Évolution :** ↘

P

Silvère

Étymologie : du latin *silva* : « forêt » ou *silvanus* : « dieu de la forêt ».
Fête : 4 mai - **Couleur :** vert - **Chiffre :** 3
Caractère : Silvère est ouvert d'esprit, humain et rêveur.
Fréquence : rare - **Évolution :** ↘
Âge moyen : 49 ans

V

Silvio

Étymologie : du latin *silva* : « forêt » ou *silvanus* : « dieu de la forêt ». Silvio est la forme italienne de Sylvain.
Fête : 4 mai - **Couleur :** vert - **Chiffre :** 3
Caractère : Silvio est audacieux, énergique et aime l'originalité.
Fréquence : rare - **Évolution :** ↗
Âge moyen : 41 ans

B

Siméon

Sim, Simone

Étymologie : de l'hébreu *shimeone* : « Dieu a entendu ma souffrance ».

Fête : 28 octobre - Couleur : rouge - Chiffre : 3

Caractère : Siméon est élégant, éloquent, communicatif.

Fréquence : rare - Évolution : ↗

Âge moyen : 58 ans

P

Simon

Étymologie : de l'hébreu *shim'ôn* : « qui est exaucé ».

Fête : 28 octobre - Couleur : rouge - Chiffre : 7

Caractère : Simon est un rêveur actif et activiste, un être de poésie et d'intuition.

Fréquence : répandu - Évolution : ↘

Âge moyen : 31 ans

P

Sinclair

Sinclare

Étymologie : du nom d'un village français.

Couleur : rouge - Chiffre : 4

Caractère : Sinclair est efficace, résolu et persévérant.

Personnage célèbre : Sinclair, l'auteur-compositeur-interprète.

Fréquence : rare - Évolution : ↘

Âge moyen : 13 ans

B

Sion

Étymologie : de l'hébreu *yohanân* : « Dieu fait grâce ».

Fête : 27 décembre ou 24 juin - Couleur : jaune

Chiffre : 3

Caractère : Sion est déterminé, optimiste, créatif et doté d'un esprit pragmatique.

Fréquence : très rare - Évolution : ↘

Âge moyen : 48 ans

B

Siran

Étymologie : du latin : « seigneur ».

Couleur : bleu - Chiffre : 6

Caractère : Siran est intelligent, indépendant, toujours en quête de savoir, enclin à la méditation.

Fréquence : très rare - Évolution : ↘

C

Sixte

Sixto

Étymologie : du latin *sextus* : « le chiffre six », considéré comme le médiateur entre Dieu et sa Création, en référence aux 6 jours de la Création, d'où son utilisation en tant que prénom.

Fête : 7 août - Couleur : bleu - Chiffre : 2

Caractère : Sixte est audacieux, énergique et résolu. Il aime l'originalité et le revendique.

Fréquence : rare - Évolution : ↗

Âge moyen : 26 ans

V

Slim

Étymologie : de l'arabe : « intact, d'origine ». Slim est un diminutif de Slimane.

Couleur : violet - Chiffre : 6

Caractère : Slim est doté d'un tempérament ardent. Pourvu d'un certain leadership, il aime mener à bien les choses.

Fréquence : rare - Évolution : ↘

Âge moyen : 30 ans

V

Slimane

Sliman

Étymologie : de l'arabe : « intact, d'origine ».
Couleur : violet - Chiffre : 6
Caractère : Slimane est ambitieux, autoritaire et déterminé.
Fréquence : rare - Évolution : ↗
Âge moyen : 33 ans

P

Sloan

Étymologie : du celte : « guerrier ».
Couleur : rouge - Chiffre : 6
Caractère : Sloan est un spirituel, un philosophe qui devine aisément les choses, les sentiments et les gens.
Fréquence : rare - Évolution : ↗
Âge moyen : 9 ans

V

Smaël

Étymologie : de l'hébreu : « Dieu a entendu ».
Couleur : rouge - Chiffre : 5
Caractère : Smaël est un curieux, dynamique et astucieux.
Fréquence : rare - Évolution : ↗
Âge moyen : 27 ans

V

Smaïn

Smaïne

Étymologie : de l'hébreu : « Dieu a entendu ».
Couleur : vert - Chiffre : 10
Caractère : Smaïn est sociable, déterminé, réceptif et diplomate.
Personnage célèbre : l'humoriste Smaïn.
Fréquence : rare - Évolution : ↘
Âge moyen : 24 ans

B

Socrate

Socrates

Étymologie : du grec : « salut et paix ».
Couleur : jaune - Chiffre : 7
Caractère : Socrate est humain et possède un solide esprit d'analyse.
Personnage célèbre : Socrate, philosophe de la Grèce antique (Ve siècle av. J.-C.), est connu par les témoignages de ses contemporains et les écrits de son disciple Platon.
Fréquence : rare - Évolution : =

V

Sofiane

Saufiane, Sofian, Sofien, Sofiene, Sofyan, Sofyane

Étymologie : de l'arabe *sufyän* : « celui qui marche rapidement »
Couleur : vert - Chiffre : 6
Caractère : Sofiane est bienveillant, pacifiste, résolu.
Fréquence : rare - Évolution : ↘
Âge moyen : 14 ans

B

Sol

Étymologie : du latin : « soleil ». Dans la mythologie romaine, Sol est le dieu du Soleil.
Fête : 9 mars ou 5 novembre - Couleur : violet
Chiffre : 5
Caractère : Sol est dynamique, audacieux, indépendant et plein d'assurance.
Fréquence : très rare - Évolution : ↘
Âge moyen : 4 ans

B

Solal

Étymologie : de l'hébreu *solel* : « celui qui ouvre le chemin ».

TOP 20

Prénoms orientaux

Certains prénoms arabes masculins s'adjugent des domaines symboliques classiques dans la représentation de la masculinité. Dans le panel de prénoms ci-dessous sont représentées d'autres valeurs, vertus et images associées à d'harmonieuses sonorités. Avec ce parfait rapport du son et du sens, nous sommes au cœur de l'usage originel des prénoms.

Aadil *(juste)*
Abda *(piété)*
Abdelbatim *(serviteur du secret)*
Abdou *(serviteur)*
Achmed *(avantageux)*
Akef *(pieux)*
Bekir *(le premier)*
Boualem *(porte-drapeau)*
Chafik *(bienveillant)*
Chems *(soleil)*
Djilali *(respectable)*
Enes *(familier)*
Fadi *(celui qui porte secours)*
Fadlan *(prospérité)*
Fahed *(guépard)*
Saffah *(celui qui est généreux et éloquent)*
Safi *(fidèle, droit)*
Semi *(supérieur, sublime)*
Usamah *(lion)*
Uthman *(oiseau)*

Couleur : bleu - Chiffre : 5
Caractère : Solal est courageux, curieux, indépendant et charismatique.
Personnage célèbre : le héros de la saga littéraire d'Albert Cohen et dont *Belle du Seigneur*, le troisième volet est considéré comme le chef d'œuvre.
Fréquence : rare - Évolution : ↗
Âge moyen : 7 ans

V

Soliman

Étymologie : de l'hébreu *chlomo*, de *chalom* : « la paix de Dieu ». Soliman correspond à la forme arabe de Salomon.
Fête : 29 décembre - Couleur : vert - Chiffre : 8
Caractère : Soliman est sociable, charismatique et pourvu d'un grand sens artistique.
Personnage célèbre : le sultan Soliman le Magnifique.
Fréquence : rare - Évolution : ↗
Âge moyen : 14 ans

V

Sonni

Soni

Étymologie : de l'anglais, diminutif de *son* : « le fils ». Il correspond au terme « fiston ».
Couleur : vert - Chiffre : 6
Caractère : Sonny est bienveillant, consciencieux et épris de paix.
Fréquence : rare - Évolution : ↘

V

Sophiane

Sophiane, Sophien

Étymologie : de l'arabe *sufyän* : « celui qui marche rapidement ». Ce prénom est une variante de Sofiane.
Couleur : vert - Chiffre : 6
Caractère : Sophiane est actif, audacieux et dynamique.

Fréquence : rare - Évolution : ↘
Âge moyen : 20 ans

B

Sostène

Sosthène

Étymologie : du grec : « celui dont la paix est préservée ».
Couleur : noir - Chiffre : 4
Caractère : Sostène est un sage, indépendant et bien sûr intelligent.
Fréquence : rare - Évolution : ↗
Âge moyen : 73 ans

V

Souleymane

Souleiman, Souleimane, Soulemane, Souleyman, Souleymane, Souliman, Soulimane, Sulimane, Suleyman

Étymologie : de l'hébreu *chlomo*, de *chalom* : « la paix de Dieu ». Ce prénom correspond à une variante de Soliman, traduisant au plus près la prononciation arabe.
Couleur : jaune - Chiffre : 3
Caractère : Souleymane est tenace, fiable, méthodique et volontaire.
Personnage célèbre : Souleymane Diawara, footballeur.
Fréquence : rare - Évolution : ↗
Âge moyen : 12 ans

V

Soufiane

Étymologie : de l'arabe *sufyän* : « celui qui marche rapidement ».
Couleur : vert - Chiffre : 6
Caractère : Soufiane est humain, rêveur et logique.
Fréquence : rare - Évolution : ↘
Âge moyen : 19 ans

V

Spencer

Spence

Étymologie : du latin *dispensa* : « celui qui dépense, l'intendant ».
Couleur : rose - Chiffre : 4
Caractère : Spencer est habile, déterminé et ambitieux. Ce qui ne l'empêche pas de faire preuve de compassion.
Personnage célèbre : Spencer Tracy, acteur américain.
Fréquence : très rare - Évolution : =
Âge moyen : 10 ans

P

Stacy

Stacey, Staci, Stecy

Étymologie : du grec : « bon épi ». Ce prénom est un dérivé de Stacey, le diminutif anglo-saxon d'Eustache.
Fête : 10 mars - Couleur : vert - Chiffre : 8
Caractère : Stacy est dynamique, plein de vivacité.
Fréquence : très rare - Évolution : ↘
Âge moyen : 21 ans

P

Stan

Étymologie : diminutif des prénoms assemblés avec Stan.
Couleur : vert - Chiffre : 8
Caractère : Stan est altruiste, réfléchi, idéaliste et intègre.
Personnage célèbre : Stan Laurel, du duo Laurel et Hardy.
Fréquence : rare - Évolution : ↗
Âge moyen : 9 ans

C

Stanislas

Stanek, Stanig, Stanis, Stanislao, Stanislaus,Stanzel, Stanzig, Stenz, Stenzel, Stanislaw, Stani

Étymologie : du slave *stan* : « se dresser » et slaw : « gloire ».

Fête : 11 avril - Couleur : bleu - Chiffre : 6

Caractère : Stanislas est sérieux, calme, travailleur et ambitieux.

Fréquence : rare - Évolution : ↘

Âge moyen : 49 ans

P

Stanley

Étymologie : de l'anglais : « la clairière rocailleuse ». Ce prénom est à l'origine le patronyme d'une grande famille du XVe siècle. Qu'il soit usité en tant que prénom ou en tant que nom de famille, il est dans les deux cas pourvu d'un certain prestige.

Couleur : vert - Chiffre : 6

Caractère : Stanley est sérieux, calme, travailleur, ambitieux

Personnage célèbre : Stanley Kubrick, cinéaste américain.

Fréquence : rare - Évolution : ↗

Âge moyen : 18 ans

P

Steeve

Stevenje, Stevenson, Stiobban

Étymologie : du grec : « couronne ». Ce diminutif de Steven est attribué en France, mais son orthographe n'est guère très connu dans les pays anglo-saxons.

Fête : 26 décembre - Couleur : orange - Chiffre : 6

Caractère : Steeve est sécurisant, efficace et honnête.

Fréquence : rare - Évolution : ↘

Âge moyen : 27 ans

P

Steeven

Steaven

Étymologie : du grec : « couronne ».

Fête : 26 décembre - Couleur : orange - Chiffre : 7

Caractère : Steeven est idéaliste, dévoué, altruiste et intègre.

Fréquence : rare - Évolution : ↘

Âge moyen : 16 ans

P

Steevy

Étymologie : du grec : « couronne ».

Fête : 26 décembre - Couleur : orange - Chiffre : 7

Caractère : Steevy aime la vitalité, est sécurisant, efficace et honnête.

Personnage célèbre : Steevy, chroniqueur télé.

Fréquence : rare - Évolution : ↘

Âge moyen : 13 ans

P

Stefan

Staffan, Staines, Steben, Steed, Stefa, Stefane, Stefano, Stefaans, Stefen, Steffen, Steffel, Steffert,

Étymologie : du grec : « couronne ». Ce prénom correspond à un doublet d'Étienne. Ce prénom est considéré comme le Stéphane breton. Il est aussi très répandu en Allemagne.

Fête : 26 décembre - Couleur : orange - Chiffre : 7

Caractère : Stefan est intuitif, fidèle, a le sens du relationnel.

Personnage célèbre : Stefan Zweig, le célèbre romancier autrichien.

Fréquence : rare - Évolution : ↘

Âge moyen : 38 ans

P

Stephan

Steaphan

Étymologie : du grec : « couronne ». Ce prénom correspond à un doublet d'Étienne.
Fête : 26 décembre - Couleur : orange - Chiffre : 7
Caractère : Stephan est un intuitif qui aime le relationnel.
Fréquence : rare - Évolution : ↘
Âge moyen : 45 ans

P

Stéphane

Steph, Stephanson, Stephanus, Stephen

Étymologie : du grec *stephanos* : « couronne ».
Fête : 26 décembre - Couleur : orange - Chiffre : 7
Caractère : Stéphane est un curieux qui peut se montrer réservé. C'est aussi un imaginatif.
Personnages célèbres : le poète Stéphane Mallarmé ; le violoniste Stéphane Grappelli ; le journaliste Stéphane Bern.
Fréquence : répandu - Évolution : ↗
Âge moyen : 39 ans

P

Steve

Stevan, Stevenson, Stevie, Stevy, Styve

Étymologie : du grec *stephanos* : « couronne ». Steve est le diminutif anglo-saxon traditionnel de Stephen.
Fête : 26 décembre - Couleur : orange - Chiffre : 7
Caractère : Steve a une âme de leader, il est énergique, brillant, charismatique.
Personnages célèbres : Steve Jobs, entrepreneur et inventeur américain ; Steve McQueen, acteur américain.
Fréquence : répandu - Évolution : ↘
Âge moyen : 28 ans

P

Steven

Stevens, Stiven, Styven

Étymologie : du grec *stephanos* : « couronne ». Steven est une variante du Stéphane anglo-saxon, Stephen.
Fête : 26 décembre - Couleur : orange - Chiffre : 7
Caractère : Steven est structuré, persévérant, honnête et efficace.
Personnages célèbres : les cinéastes Steven Soderbergh et Steven Spielberg ; l'acteur Steven Seagal.
Fréquence : répandu - Évolution : ↘
Âge moyen : 19 ans

P

Steward

Stewart

Étymologie : de l'anglais : « qui prend soin ».
Couleur : rouge - Chiffre : 4
Caractère : réfléchi, résolu, intègre, Steward est un altruiste.
Fréquence : très rare - Évolution : ↘

P

Stuart

Étymologie : de l'anglais : « qui prend soin ». -
Couleur : rouge - Chiffre : 4
Caractère : Stuart est humain, rêveur, ouvert d'esprit.
Fréquence : rare - Évolution : ↘
Âge moyen : 22 ans

V

Sullivan

Sulivan, Sully, Sullyvan, Sulyvan

Étymologie : du celte : « œil noir, œil de faucon ».
Couleur : rouge - Chiffre : 7

Caractère : Sullivan est indépendant, émotif et fidèle.
Fréquence : rare - **Évolution :** ↘
Âge moyen : 17 ans

V

Sven

Svenn

Étymologie : du scandinave : « la jeunesse ».
Couleur : vert - **Chiffre :** 8
Caractère : Sven est bienveillant, sage et bon conseiller.
Fréquence : rare - **Évolution :** ↗
Âge moyen : 19 ans

B

Swan

Swany, Swen

Étymologie : de l'anglais : « cygne ».
Couleur : gris - **Chiffre :** 8
Caractère : Swan est généreux, enthousiaste et pragmatique.
Fréquence : rare - **Évolution :** ↗
Âge moyen : 9 ans

B

Swann

Swanny

Étymologie : de l'anglais : « cygne ».
Couleur : gris - **Chiffre :** 8
Caractère : Swann est un stratège, fin et subtil.
Personnage célèbre : le héros éponyme de l'œuvre de Proust *Du côté de chez Swann*.
Fréquence : rare - **Évolution :** ↗
Âge moyen : 11 ans

P

Sydney

Étymologie : du grec *Dionysos* ou du latin : « habitant de Sidon ». Syd peut être un diminutif de Sidoine, mais est plutôt considéré comme un diminutif de Sidney. En hommage au dieu du vin, de la vigne et de l'inspiration poétique, dans la mythologie grecque.
Fête : 9 octobre - **Couleur :** rouge - **Chiffre :** 4
Caractère : Sydney tout en étant rêveur et flegmatique, n'en est pas moins efficace. Bon vivant, il apprécie les moments passés entre amis.
Fréquence : rare - **Évolution :** ↗
Âge moyen : 22 ans

P

Sylvain

Sylvan, Sylvano, Sylvanus,

Étymologie : du latin *silva* : « forêt ».
Fête : 4 mai - **Couleur :** vert - **Chiffre :** 3
Caractère : côté caractère, Sylvain est lent mais infatigable, méfiant, introverti et tenace. C'est un être de la terre, un sensuel à l'intellect puissant.
Personnage célèbre : Sylvain Wiltord, le footballeur.
Fréquence : répandu - **Évolution :** ↘
Âge moyen : 39 ans

B

Sylvère

Sylve, Sylver

Étymologie : du latin *silva* : « forêt ».
Fête : 4 mai - **Couleur :** vert - **Chiffre :** 4
Caractère : Sylvère est un homme de cœur. Il est parfois tiraillé entre son besoin de spiritualité et son envie de réussite.
Fréquence : rare - **Évolution :** ↘
Âge moyen : 54 ans

P

Sylvester

Étymologie : du latin *silvestris* : « habitant les forêts ».
Couleur : vert - **Chiffre :** 1
Caractère : Sylvester est dynamique, audacieux,

un brin directif.
Personnage célèbre : l'acteur Sylvester Stallone.
Fréquence : très rare - Évolution : ↘
Âge moyen : 20 ans

P

Sylvestre

Étymologie : du latin *silvestris* : « habitant les forêts ».
Couleur : vert - Chiffre : 1
Caractère : Sylvestre est plein d'adresse, diplomate, mais il est exigeant.
Personnages célèbres : le héros éponyme du roman d'Anatole France, *Le Crime de Sylvestre Bonnard.*
Fréquence : rare - Évolution : ↘
Âge moyen : 65 ans

P

Sylvian

Étymologie : du latin *silva* : « forêt ». Sylvian est un dérivé de Sylvain.
Fête : 4 mai - Couleur : vert - Chiffre : 3
Caractère : Sylvian est optimiste, réaliste, pragmatique et compatissant.
Fréquence : rare - Évolution : ↘
Âge moyen : 42 ans

T

B

Tadé

Tadek, Tades, Tadeusz, Tadey, Tadio

Étymologie : de l'araméen : « courageux, digne d'éloge ». Ce prénom fut porté par l'un des apôtres connu sous le nom de Jude, sans doute pour distinguer Jude du traître Judas. Auteur d'une épître canonique, il partit après la Pentecôte évangéliser la Libye et la Perse où il mourut en martyr. Tadé est une variante de Thadé. Sans accent, il signifie « père » en gallois.
Fête : 28 octobre - Couleur : bleu - Chiffre : 2
Caractère : Tadé est un optimiste qui lie créativité et pragmatisme.
Fréquence : très rare - Évolution : ↘

V

Tadéo

Étymologie : de l'araméen : « courageux, digne d'éloge ». Ce prénom fut porté par l'un des apôtres connu sous le nom de Jude, sans doute pour distinguer Jude du traître Judas. Auteur d'une épître canonique, il partit après la Pentecôte évangéliser la Libye et la Perse où il mourut en martyr. Tadéo est une variante de Thadé.
Fête : 28 octobre - Couleur : bleu - Chiffre : 2
Caractère : Tadéo est altruiste, intègre et idéaliste.
Fréquence : très rare - Évolution : =
Âge moyen : 5 ans

V

Tahar

Taher, Tahir

Étymologie : de l'arabe : « pureté, innocence ».
Couleur : jaune - Chiffre : 4
Caractère : Tahar a l'enthousiasme généreux. Il aime communiquer et s'adapte donc parfaitement aux autres.
Personnage célèbre : l'acteur Tahar Rahim.
Fréquence : rare - Évolution : =
Âge moyen : 35 ans

V

Taj

Étymologie : de l'arabe : « couronne ».
Couleur : jaune - Chiffre : 4

Caractère : Taj est philosophe. Il fait appel à ses préceptes pour ne pas se laisser emporter.
Fréquence : très rare - Évolution : ↘
Âge moyen : 5 ans

V

Tal

Étymologie : de l'hébreu : « rosée ».
Couleur : orange - Chiffre : 6
Caractère : Tal fait honneur à la poésie de son prénom : son esprit est positif et tout en délicatesse, responsable, il a l'esprit de famille.
Fréquence : très rare - Évolution : =
Âge moyen : 9 ans

V

Tam

Étymologie : du vietnamien : « centre, cœur, esprit ».
Couleur : violet - Chiffre : 5
Caractère : Tam est un méticuleux qui aime la rareté.
Fréquence : très rare - Évolution : =

V

Tan

Étymologie : du vietnamien : « nouveau ».
Couleur : rose - Chiffre : 4
Caractère : Tan est un aventureux décomplexé. Opiniâtre, il est parfois difficile à raisonner.
Fréquence : très rare - Évolution : =
Âge moyen : 19 ans

C

Tancrède

Étymologie : du germain *tank* : « la réflexion » et *rag* : « le conseil » ; « le conseil réfléchi ».
Couleur : rouge - Chiffre : 3
Caractère : Tancrède est un être organisé, rationnel. Avec lui, son prénom prend tout son sens.
Personnages célèbres : ce prénom fut porté par une lignée de chevaliers normands dont le plus célèbre est Tancrède d'Hauteville, dit le Croisé, qui reçut les titres de prince de Galilée et prince d'Antioche.
Fréquence : rare - Évolution : ↘
Âge moyen : 15 ans

V

Taner

Étymologie : de l'anglais : « tanneur ». À l'instar de Taylor, ce prénom est, à l'origine, un patronyme désignant l'individu par le métier grâce auquel il était connu.
Couleur : orange - Chiffre : 9
Caractère : Taner est un être de volonté, de persévérance. Il est résolu et inspire un sentiment de sécurité.
Fréquence : rare - Évolution : ↘
Âge moyen : 25 ans

P

Tanguy

Tangi, Tangui

Étymologie : du celtique *tan* : « feu » et *ki* : « chien ». Le celtique *tan ki*, littéralement « chien de feu », renvoie à « chien » comme titre glorieux attribué aux guerriers et à « feu », entendu comme ardeur à la lutte. Tanguy, ce « chien de feu », est donc un « guerrier fougueux ».
Fête : 19 novembre - Couleur : violet - Chiffre : 7
Caractère : Tanguy aime développer son imaginaire, riche et inventif. Il parvient naturellement à se renouveler. Tanguy sait s'éloigner pour ensuite mieux se retrouver. Et s'il part, sa loyauté lui permet néanmoins d'entretenir ses affections.
Fréquence : répandu - Évolution : ↘
Âge moyen : 19 ans

V

Tarek

Tarak

Étymologie : de l'arabe *târiq* : « l'astre de la nuit ». Ce nom se réfère à l'étoile Vénus, première à apparaître le soir et dernière à disparaître le matin. La 86e sourate du Coran porte ce nom.
Couleur : noir - **Chiffre :** 4
Caractère : Tarek a l'esprit d'innovation, il est énergique et résolu.
Fréquence : rare - **Évolution :** ↘
Âge moyen : 22 ans

V

Tarik

Étymologie : de l'arabe *târiq* : « l'astre de la nuit ». Ce nom se réfère à l'étoile Vénus, première à apparaître le soir et dernière à disparaître le matin. La 86e sourate du Coran porte ce nom.
Couleur : noir - **Chiffre :** 4
Caractère : Tarik aime la découverte et l'originalité.
Fréquence : rare - **Évolution :** ↘
Âge moyen : 24 ans

V

Tariq

Étymologie : de l'arabe *târiq* : « l'astre de la nuit ». Ce nom se réfère à l'étoile Vénus, première à apparaître le soir et dernière à disparaître le matin. La 86e sourate du Coran porte ce nom. Cette forme est la plus fidèle à l'étymologie et la plus répandue.
Couleur : noir - **Chiffre :** 4
Caractère : Tariq est audacieux, énergique et séduisant.
Personnage célèbre : Tariq ibn Ziyad, conquérant de l'Andalousie au début du VIIIe siècle.
Fréquence : rare - **Évolution :** ↗
Âge moyen : 15 ans

P

Taylor

Étymologie : de l'anglo-saxon : « couturier, tailleur ».
Couleur : jaune - **Chiffre :** 5
Caractère : Taylor est quelque peu autoritaire. Il est énergique et possède un esprit d'analyse redoutable.
Fréquence : rare - **Évolution :** ↗
Âge moyen : 9 ans

V

Tayron

Étymologie : de l'irlandais : « du comté d'Eoghan ». Tayron est un toponyme devenu patronyme.
Couleur : rose - **Chiffre :** 2
Caractère : Tayron est enthousiaste, résolu. Il possède de fortes capacités d'adaptation mêlées à un solide esprit pratique.
Fréquence : rare - **Évolution :** ↗
Âge moyen : 6 ans

B

Tébaud

Étymologie : du germain *theud* : « peuple » et *bald* : « audacieux ».
Fête : 8 juillet - **Couleur :** violet - **Chiffre :** 8
Caractère : Tébaud est habile, passionné et ambitieux.
Fréquence : très rare - **Évolution :** ↘

P

Ted

Étymologie : «du germain *ed* : « biens, richesses » et *ward* : « gardien ». Ce prénom est un diminutif d'Edward (l'Édouard anglais) attesté depuis le Moyen Âge. Ted est devenu un prénom à part entière.
Fête : 5 janvier - **Couleur :** rouge - **Chiffre :** 5

Caractère : Ted est intuitif, relationnel et fidèle.
Fréquence : rare - Évolution : ↘
Âge moyen : 22 ans

P

Teddy

Tedy

Étymologie : du grec *theodoros* : « don de Dieu », ou du germain *ed* : « biens, richesses » et *ward* : « gardien ». Teddy est, en effet, à la fois un diminutif de Théodore ou d'Édouard. C'est la popularité du président Theodore Roosevelt qui fit de ce surnom, que ses amis lui donnaient, un prénom à part entière. C'est encore en son honneur que les ours en peluche furent désignés « Teddy Bears » (il était reconnu comme un grand chasseur d'ours dans sa jeunesse).
Fête : 5 janvier ou 9 novembre
Couleur : rouge - Chiffre : 9
Caractère : Teddy est tenace, méthodique, fiable et a le sens du devoir.
Personnage célèbre : Teddy Riner, judoka français détenteur de nombreux titres mondiaux et olympiques.
Fréquence : répandu - Évolution : ↘
Âge moyen : 23 ans

B

Télémaque

Étymologie : du grec *têlémakhos* : « qui se bat au loin » (en référence à Ulysse). Télémaque est, dans la mythologie grecque, le fils d'Ulysse et de Pénélope.
Couleur : orange - Chiffre : 3
Caractère : Télémaque est un rêveur, humain et attentif aux autres et au monde qui l'entoure.
Fréquence : très rare - Évolution : =
Âge moyen : 69 ans

B

Télésphore

Télésforo

Étymologie : du grec : « porteur de lumière ». Dans la mythologie grecque, Télésphore est une divinité associée à la convalescence.
Fête : 2 janvier - Couleur : bleu - Chiffre : 4
Caractère : Télésphore est un être sensible, qui sait néanmoins tempérer cette émotivité par un sens aigu du raisonnement.
Fréquence : rare - Évolution : =
Âge moyen : 92 ans

B

Téliau

Étymologie : du grec *theos* : « Dieu ». Téliau est une variante de Théo.
Fête : 7 janvier - Couleur : vert - Chiffre : 5
Caractère : Téliau est énergique, audacieux et caractérisé par un solide esprit de découverte.
Fréquence : très rare - Évolution : ↘
Âge moyen : 6 ans

P

Téo

Étymologie : du grec *theos* : « Dieu ». Ce prénom est, bien évidemment, une variante de Théo.
Fête : 7 janvier - Couleur : vert - Chiffre : 3
Caractère : Téo est efficace, persévérant et honnête.
Fréquence : rare - Évolution : ↗
Âge moyen : 9 ans

C

Téobald

Téobaldo

Étymologie : du germain *theud* : « peuple » et *bald* : « audacieux ». En France, c'est en Alsace que ce prénom est le plus couramment usité.
Fête : 8 juillet - Couleur : violet - Chiffre : 8

Caractère : Téobald incarne à la perfection son prénom : audacieux et énergique, c'est un homme de caractère.
Fréquence : très rare - **Évolution :** =

Téodore

Téodor, Téodoric, Téodorick, Téodoro

Étymologie : du grec *theodoros* : « don de Dieu ».
Fête : 9 novembre - **Couleur :** rouge - **Chiffre :** 9
Caractère : Téodore est audacieux, indépendant et dynamique.
Fréquence : très rare - **Évolution :** =

Térence

Terrance, Terrence

Étymologie : du nom de la déesse romaine des moissons, Terensis. Une illustre famille romaine s'appelait la gens Terentia. Ce prénom fut d'abord un patronyme (ainsi, le poète Térence).
Fête : 10 avril - **Couleur :** bleu - **Chiffre :** 5
Caractère : Térence est indépendant, travailleur et affectueux.
Personnages célèbres : les acteurs Terence Stamp, Terence Fisher, Terence Young et Terence Hill ; le chanteur Terence Trent D'Arby.
Fréquence : rare - **Évolution :** ↗
Âge moyen : 17 ans

Terry

Therry, Théry

Étymologie : du nom de la déesse romaine des moissons, Terensis. Terry est un diminutif de Terence.
Fête : 10 avril - **Couleur :** bleu - **Chiffre :** 5
Caractère : Terry est un séducteur, qui aime l'audace et l'originalité.

TOP 20

Prénoms slaves

Les prénoms slaves répondent à un des critères mode du moment : les deux syllabes. Ajoutez à cela un mystère certains, et une sonorité appuyée. Russie, Croatie, Pologne, Serbie et Monténégro, République Tchèque ou Slovaquie sont les pays d'origine de ces prénoms venus du froid.

Damir
Davor
Dobri
Drago
Lech
Milan
Mile
Milo
Miro
Novak
Orlin
Plamen
Rumen
Stanek
Stoil
Urjasz
Velko
Vladimir
Vuk
Zoran

Personnage célèbre : le photographe Terry Richardson.
Fréquence : rare - **Évolution :** ↘
Âge moyen : 18 ans

V

Teus

Étymologie : du grec *theodoros* : « don de Dieu ».
Fête : 9 novembre - **Couleur :** rouge - **Chiffre :** 9
Caractère : Teus est diplomate, loyal, sociable et organisé.
Fréquence : très rare - **Évolution :** ↘

V

Teva

Étymologie : du tahitien : « grand voyageur ». Écrit avec un accent, Téva signifie également « fruit de la nature » en hébreu.
Couleur : jaune - **Chiffre :** 3
Caractère : Teva est optimiste, pragmatique, sociable et créatif.
Personnage célèbre : Teva Victor, fils de Paul-Émile.
Fréquence : très rare - **Évolution :** ↘
Âge moyen : 11 ans

B

Thad

Étymologie : de l'araméen : « courageux, digne d'éloge ».
Fête : 28 octobre - **Couleur :** bleu - **Chiffre :** 2
Caractère : Thad est exigeant, équilibré et a le sens des responsabilités.
Fréquence : très rare - **Évolution :** =

B

Thaddée

Étymologie : de l'araméen : « courageux, digne d'éloge ». Ce prénom fut porté par l'un des apôtres connu sous le nom de Jude, sans doute pour distinguer Jude du traître Judas.
Auteur d'une épître canonique, il partit après la Pentecôte évangéliser la Libye et la Perse où il mourut en martyr.
Fête : 28 octobre - **Couleur :** bleu - **Chiffre :** 2
Caractère : Thaddée est sensible, sociable, réceptif et loyal.
Fréquence : rare - **Évolution :** ↗
Âge moyen : 38 ans

B

Thadéus

Étymologie : de l'araméen : « courageux, digne d'éloge ». Ce prénom fut porté par l'un des apôtres connu sous le nom de Jude, sans doute pour distinguer Jude du traître Judas. Auteur d'une épître canonique, il partit après la Pentecôte évangéliser la Libye et la Perse où il mourut en martyr.
Fête : 28 octobre - **Couleur :** bleu - **Chiffre :** 2
Caractère : Thadéus a le sens des responsabilités, de la famille, est attentif et équilibré.
Fréquence : très rare - **Évolution :** =

V

Thaï

Étymologie : du vietnamien : « plusieurs ».
Couleur : rouge - **Chiffre :** 3
Caractère : Thaï aime le relationnel, il est intuitif et fidèle.
Fréquence : très rare - **Évolution :** ↘
Âge moyen : 26 ans

P

Théau

Étymologie : du grec *theos* : « Dieu ». Théau est une retranscription de plus en plus fréquente de Théo.
Fête : 7 janvier - **Couleur :** vert - **Chiffre :** 3
Caractère : Théau est autoritaire, énergique et sensible.

Fréquence : rare - **Évolution** : ↘
Âge moyen : 13 ans

C

Thècle

Étymologie : de grec *theos* : « Dieu » et *kleos* : « gloire, renommée, réputation » ; « gloire de Dieu ».
Fête : 24 septembre - **Couleur** : vert - **Chiffre** : 9
Caractère : vitalité, ardeur et fantaisie caractérisent Thècle qui déteste l'inachevé.
Fréquence : très rare - **Évolution** : =

C

Theiss

Étymologie : du grec *theodoros* : « don de Dieu ». Theiss est un diminutif de Théodore.
Fête : 9 novembre - **Couleur** : rouge - **Chiffre** : 9
Caractère : Theiss est sensible, habile, fort et ambitieux.
Fréquence : très rare - **Évolution** : ↘

P

Thélo

Étymologie : du grec *theos* : « Dieu ». Thélo est une variante de Théo.
Fête : 7 janvier - **Couleur** : vert - **Chiffre** : 5
Caractère : Thélo est équilibré, a le sens des responsabilités et de la famille.
Fréquence : très rare - **Évolution** : =
Âge moyen : 5 ans

P

Théo

Étymologie : du grec *theos* : « Dieu ». Ce prénom correspond à un diminutif familier de Théodore ou Théophile, prénoms attribués au XIXe siècle. S'il peut l'être également de Théodule, Théophane, Théophraste ou Théotime, Théo est aujourd'hui un prénom à part entière. Théo, à l'origine forme abrégée, s'est affirmé en prénom à part entière dès les années 90.
Fête : 7 janvier - **Couleur** : vert - **Chiffre** : 3
Caractère : Théo est éloquent et charismatique. Il est toujours à la recherche d'une certaine harmonie, mais il parvient toujours à s'adapter en conséquence, faisant en sorte de la créer par lui-même.
Fréquence : répandu - **Évolution** : ↘
Âge moyen : 11 ans

C

Théobald

Étymologie : du germain *theud* : « peuple » et *bald* : « audacieux ». En France, c'est en Alsace que ce prénom est le plus couramment usité.
Fête : 8 juillet - **Couleur** : violet - **Chiffre** : 8
Caractère : Théobald est persévérant, a l'esprit structuré et recherche la sécurité.
Fréquence : rare - **Évolution** : =
Âge moyen : 79 ans

C

Théodore

Étymologie : du grec *theodoros* : « don de Dieu ».
Fête : 9 novembre - **Couleur** : rouge - **Chiffre** : 9
Caractère : Théodore est un grand indépendant, qui n'aime pas se sentir attaché. Les contraintes qu'on lui impose lui pèsent. Énergique et impétueux, il se laisse guider par ses intuitions.
Personnages célèbres : le peintre Théodore Géricault ; le poète Théodore de Banville ; l'écrivain Théodore Monod ; le président Theodore Roosevelt.
Fréquence : rare - **Évolution** : ↗
Âge moyen : 70 ans

C

Théodule

Étymologie : du grec *theodulos* : « le serviteur de Dieu ».

Fête : 10 mars - Couleur : orange - Chiffre : 4

Caractère : Théodule possède une grande force de caractère, est autoritaire mais très tendre.

Fréquence : rare - Évolution : =

Âge moyen : 94 ans

C

Théophane

Téophane

Étymologie : du grec *theophania* : « la manifestation de Dieu ». Théophane correspond à la forme originelle des prénoms mixtes Tifenn et Thiéfaine. Si la Théophanie est aujourd'hui associée à la naissance du Christ, les Théophanies antiques étaient célébrées au printemps, en l'honneur du retour d'Apollon, censé passer l'hiver dans le grand Nord.

Fête : 6 janvier - Couleur : rouge - Chiffre : 9

Caractère : Théophane est diplomate, réceptif et sociable.

Fréquence : rare - Évolution : ↗

Âge moyen : 32 ans

C

Théophile

Téofil, Téofilo, Théofil, Théophil

Étymologie : du grec *theos* : « Dieu » et *philein* : « aimer ».

Fête : 20 décembre - Couleur : vert - Chiffre : 8

Caractère : Théophile aime se fixer des objectifs. Toujours actif, il aime se dépasser. Théophile est un être habité. Intelligent voire fin, Théophile est aussi sociable et dynamique.

Personnages célèbres : le poète Théophile de Viau ; l'officier français Théophile de La Tour d'Auvergne ; l'écrivain Théophile Gautier.

Fréquence : rare - Évolution : ↘

Âge moyen : 64 ans

C

Théotime

Théotim, Théotine

Étymologie : du grec : « honorer Dieu ». Théotime est l'équivalent inversé de Timothée.

Fête : 20 avril - Couleur : bleu - Chiffre : 5

Caractère : Théotime est attentif, courageux, curieux et dynamique, mais aussi passionné, réservé, réfléchi et opportuniste.

Fréquence : rare - Évolution : ↗

Âge moyen : 15 ans

P

Thibault

Thibalt, Tebaud, Dietbald, Dietbold, Tebaldo, Tebaud, Teobaldo, Tepod, Thebault, Thibald, Thiébaud, Tibbolt, Tibold, Tiebout

Étymologie : du germain *theud* : « peuple » et *bald* : « audacieux ». De toutes les orthographes possibles du prénom, cette forme est la plus attribuée.

Fête : 8 juillet - Couleur : violet - Chiffre : 8

Caractère : Thibault est enthousiaste, organisé, a l'esprit pratique et aime la communication.

Fréquence : répandu - Évolution : ↘

Âge moyen : 18 ans

B

Thiéfaine

Tifenn, Tiphaine

Étymologie : du grec *theophania* : « la manifestation de Dieu ».

Fête : 6 janvier - Couleur : rouge - Chiffre : 9

Caractère : Thiéfaine est courageux, dynamique, charismatique et curieux.

Fréquence : rare - Évolution : ↘

Âge moyen : 13 ans

P

Thierry

Théry, Thiéry

Étymologie : du germanique *theud* : « peuple » et *rik* : « chef ».
Fête : 1er juillet - Couleur : bleu - Chiffre : 4
Caractère : Thierry est persévérant, a du ressort et de la finesse.
Personnages célèbres : le footballeur Thierry Henry ; le journaliste sportif Thierry Roland ; le comique Thierry Le Luron ; l'acteur Thierry Lhermitte ; l'animateur Thierry Ardisson.
Fréquence : répandu - Évolution : ↘
Âge moyen : 46 ans

B

Thimoté

Thimothée, Timotéo, Timothey, Timoté, Timotée, Timotei

Étymologie : du grec *timo* : « j'honore » et theios : « le dieu ». Ce prénom fut porté par un disciple de saint Paul (l'apôtre lui dédia d'ailleurs deux de ses épîtres), évêque d'Éphèse, qui mourut lapidé. Timothé est une forme récente du classique Timothée.
Fête : 26 janvier - Couleur : bleu - Chiffre : 8
Caractère : Thimoté est fin, altruiste et idéaliste.
Fréquence : très rare - Évolution : ↗
Âge moyen : 12 ans

P

Thomas

Tomas, Tomaso, Tomi, Tmislav, Tommaso

Étymologie : de l'araméen *toma* : « jumeau ». Thomas est le plus singulier des apôtres. En effet, il fut le seul à mettre en doute la résurrection du Christ, désirant une preuve. Jésus apparut donc à ses disciples, encourageant Thomas à toucher ses plaies afin de croire. Quand Thomas tomba à ses genoux, l'adorant, Jésus lui dit : « Parce que tu as vu, tu as cru. Heureux ceux qui n'ont pas vu et qui ont cru ». Saint Thomas est, depuis, considéré, comme celui qui ne croit que ce qu'il voit.
Fête : 3 juillet - Couleur : bleu - Chiffre : 4
Caractère : à l'image de son saint patron, Thomas aime la rationalité. Toujours insatisfait, il recommence infatigablement jusqu'à ce qu'il trouve. Obstiné, il est capable d'une concentration et d'une faculté d'analyse impressionnante.
Cela ne l'empêche guère, cela dit, d'aimer les rapports humains, les rires et l'amusement. Dans le fond, chez lui, tout semble aller ensemble.
Personnages célèbres : Thomas Edison, inventeur du premier phonographe et de l'électricité ; le peintre Thomas Gainsborough ; les écrivains Thomas de Quincey, Thomas Mann et Thomas Hardy ; Thomas Jefferson, président des États-Unis ; le musicien du duo *Daft Punk*, Thomas Bangalter ; le chanteur Thomas Dutronc.
Fréquence : répandu - Évolution : ↘
Âge moyen : 21 ans

V

Thor

Étymologie : du nom du dieu germanique Thor, fils d'Odin et de Jord, maître de la foudre et porteur du « marteau magique ». Son nom a été remis au goût du jour par le romantisme.
Fête : 8 juillet - Couleur : rouge - Chiffre : 1
Caractère : Thor est parfois impulsif, mais ce trait de caractère est toujours maîtrisé par un attrait certain pour la réflexion.
Personnage célèbre : Thor, le super héros créé par Marvel.
Fréquence : très rare - Évolution : =

B

Tibère

Étymologie : du latin *tiberis* : « le fleuve Tibre ». Ce prénom fut, à l'origine, un patronyme

répandu à Ostie, endroit où le fleuve Tibre se jetait dans la Méditerranée.
Fête : 10 novembre - Couleur : jaune - Chiffre : 5
Caractère : Tibère est curieux, courageux et dynamique.
Fréquence : très rare - Évolution : =
Âge moyen : 5 ans

B

Tiburce

Étymologie : de *tiburtius* : « originaire de Tibur », faubourg de Rome aujourd'hui connu sous le nom de Tiboli. Ce prénom fut porté par un beau-frère de sainte Cécile, qui se convertit et utilisa sa fortune pour assurer des sépultures aux martyrs.
Fête : 14 avril - Couleur : vert - Chiffre : 3
Caractère : Tiburce est courageux, dynamique et indépendant.
Fréquence : rare - Évolution : ↘
Âge moyen : 79 ans

P

Tim

Étymologie : du grec *timo* : « j'honore » et *theios* : « le dieu ». Ce diminutif de Timothé qui figure dans le top 10 allemand, entame une période de forte croissance en France.
Fête : 26 janvier - Couleur : rouge - Chiffre : 8
Caractère : Tim est bienveillant, consciencieux et sage.
Personnage célèbre : le cinéaste Tim Burton.
Fréquence : rare - Évolution : ↗
Âge moyen : 9 ans

B

Timéo

Étymologie : du grec *timo* : « j'honore » et *theios* : « le dieu ». Timéo est un dérivé de Timothée.
Fête : 26 janvier - Couleur : rouge - Chiffre : 8
Caractère : Timéo a du caractère, de l'ardeur et de la vitalité.
Fréquence : rare - Évolution : ↗
Âge moyen : 4 ans

B

Timothé

Étymologie : du grec *timo* : « j'honore » et *theios* : « le dieu ». Ce prénom fut porté par un disciple de saint Paul (l'apôtre lui dédia d'ailleurs deux de ses épîtres), évêque d'Éphèse, qui mourut lapidé. Timothé est une forme récente du classique Timothée.
Fête : 26 janvier - Couleur : bleu - Chiffre : 8
Caractère : Timothé est dynamique, curieux et courageux.
Fréquence : rare - Évolution : ↗
Âge moyen : 10 ans

B

Timothée

Étymologie : du grec *timo* : « j'honore » et *theios* : « le dieu ». Ce prénom fut porté par un disciple de saint Paul (l'apôtre lui dédia d'ailleurs deux de ses épîtres), évêque d'Éphèse, qui mourut lapidé.
Fête : 26 janvier - Couleur : bleu - Chiffre : 8
Caractère : Timothée est calme, réfléchi, sensible, fidèle et droit.
Fréquence : rare - Évolution : ↗
Âge moyen : 16 ans

V

Timothy

Étymologie : du grec *timo* : « j'honore » et *theios* : « le dieu ». Ce prénom fut porté par un disciple de saint Paul (l'apôtre lui dédia d'ailleurs deux de ses épîtres), évêque d'Éphèse, qui mourut lapidé. Timothy est le Timothée anglo-saxon. Il est très répandu dans les pays anglophones depuis deux siècles.

Fête : 26 janvier - **Couleur :** bleu - **Chiffre :** 8
Caractère : Timothy est réceptif, loyal et diplomate.
Personnage célèbre : l'acteur Timothy Dalton.
Fréquence : rare - **Évolution :** ↗
Âge moyen : 9 ans

V

Timour

Étymologie : de l'hébreu : « de grande taille ». Ce prénom fut porté par le fondateur en Perse d'une dynastie qui régna pendant un siècle (du XVe au XVIe siècle) marquant l'apogée de la civilisation persane.
Couleur : bleu - **Chiffre :** 8
Caractère : Timour est ambitieux, séducteur et chevaleresque.
Personnage célèbre : Timour, héros de la BD du même nom.
Fréquence : rare - **Évolution :** ↗
Âge moyen : 12 ans

C

Titien

Titian, Titianus, Titiaan

Étymologie : du latin : « qui rend honneur ».
Couleur : orange - **Chiffre :** 2
Caractère : Titien est un audacieux, un séducteur qui aime l'originalité.
Fréquence : très rare - **Évolution :** ↗
Âge moyen : 5 ans

V

Titouan

Étymologie : du latin *antonius* : « inestimable ». Ce prénom est, en réalité un équivalent de Titoine, raccourci de l'appellation affectueuse « mon p'tit Antoine ». C'est en Provence qu'il fut usité en premier lieu.
Fête : 17 janvier ou 13 juin - **Couleur :** jaune
Chiffre : 1
Caractère : Titouan est actif, sage, émotif et généreux.
Personnage célèbre : Titouan Lamazou, navigateur, artiste et écrivain français.
Fréquence : rare - **Évolution :** ↗
Âge moyen : 8 ans

V

Titus

Tiziano, Tizio

Étymologie : du latin : « qui rend honneur ». En France, c'est en Corse que ce prénom est le plus usité, la plupart du temps.
Couleur : orange - **Chiffre :** 2
Caractère : doué pour gérer les situations autant que les chiffres, Titus mêle l'habileté à une forte ambition.
Fréquence : très rare - **Évolution :** ↘
Âge moyen : 38 ans

C

Tobias

Tobia, Tobie

Étymologie : de l'hébreu : « Dieu est bon ».
Couleur : rouge - **Chiffre :** 4
Caractère : Tobias est fort, habile, passionné. C'est un fort tempérament doué pour le management.
Fréquence : rare - **Évolution :** ↗
Âge moyen : 10 ans

V

Toby

Étymologie : de l'hébreu : « Dieu est bon ».
Couleur : violet - **Chiffre :** 3
Caractère : Toby est fort, passionné et ambitieux.
Fréquence : très rare - **Évolution :** =
Âge moyen : 13 ans

TOP 20

Prénoms asiatiques

Les prénoms d'Asie font rêver et occupent une place à part.

Akemi
(du japonais : beauté naissante)
Akira
(du japonais : très intelligent)
An *(du vietnamien : paix)*
Chi *(du chinois : nouvelle génération)*
Cong *(du chinois : intelligent)*
Daï *(du japonais : grand)*
Dao *(du vietnamien : religions)*
Dinh *(du vietnamien, nom de famille)*
Duc *(du vietnamien : désir)*
Gang *(du chinois : petite montagne)*
Kahei *(du japonais : monnaie)*
Kenji *(du japonais : donné au deuxième garçon)*
Li *(du chinois : force)*
Ly *(du vietnamien, nom de famille répandu)*
Seng *(du vietnamien : noble, luxe)*
Tam *(du vietnamien : centre, cœur, esprit)*
Tao *(du vietnamien : respectueux de ses parents)*
Trong *(du vietnamien : respecté)*
Tu *(du vietnamien : beau, étoile)*
Tuan *(du vietnamien : très précieux)*

V

Todd

Étymologie : de l'anglais : « renard ».
Couleur : bleu - Chiffre : 7
Caractère : Todd est un philosophe, que la spiritualité attire autant que le savoir.
Fréquence : très rare - Évolution : =
Âge moyen : 13 ans

P

Tom

Étymologie : de l'araméen *toma* : « jumeau ». Tom est un diminutif anglo-saxon de Thomas, devenu un prénom à part entière.
Fête : 3 juillet - Couleur : bleu - Chiffre : 3
Caractère : Tom est créatif, aime l'éclectisme et la communication.
Personnages célèbres : Tom Selleck, interprète du héros de série *Magnum* ; Tom, le chat de *Tom et Jerry*.
Fréquence : rare - Évolution : ↗
Âge moyen : 9 ans

P

Tommy

Tomy

Étymologie : de l'araméen *toma* : « jumeau ».
Fête : 3 juillet - Couleur : bleu - Chiffre : 3
Caractère : Tommy est original, audacieux et énergique.
Fréquence : rare - Évolution : ↘
Âge moyen : 17 ans

V

Tonio

Étymologie : du latin *antonius* : « inestimable ». Ce nom proviendrait de celui d'une famille romaine baptisée Antonia et dont Plutarque a relaté l'histoire.
Fête : 13 juin - Couleur : jaune - Chiffre : 6

Caractère : Tonio est autoritaire, ambitieux et énergique.
Fréquence : rare - Évolution : ↗
Âge moyen : 22 ans

P

Tony

Tonny

Étymologie : du latin *antonius* : « inestimable ». Ce nom proviendrait de celui d'une famille romaine baptisée Antonia et dont Plutarque a relaté l'histoire. Ce prénom est un diminutif de l'anglo-saxon Anthony, qui est devenu totalement international et courant.
Fête : 13 juin - Couleur : jaune - Chiffre : 6
Caractère : Tony est diplomate, loyal, sociable et réceptif.
Personnages célèbres : Tony Montana, le héros du film *Scarface* de Brian De Palma ; Tony Parker, basketeur belge évoluant en NBA.
Fréquence : répandu - Évolution : ↘
Âge moyen : 22 ans

V

Toufik

Tofik, Toufic, Toufike

Étymologie : de l'arabe : « harmonie, succès ».
Couleur : orange - Chiffre : 4
Caractère : Toufik est un énergique qui a de l'esprit.
Fréquence : rare - Évolution : ↘
Âge moyen : 27 ans

C

Toussaint

Étymologie : contraction de « tous les saints ».
Fête : 1er novembre - Couleur : rouge - Chiffre : 1
Caractère : on le dit, en ce qui concerne le caractère, actif et remuant, décidé, dynamique, entreprenant et généreux : une forte nature.
Personnage célèbre : Toussaint Louverture (1743-1803), héros de l'indépendance en Haïti.
Fréquence : rare - Évolution : ↘
Âge moyen : 83 ans

V

Travis

Étymologie : du vieux français : « le passeur ».
Couleur : jaune - Chiffre : 4
Caractère : Travis possède un don incontestable pour le management. Il est ambitieux, passionné et sait faire preuve d'habileté.
Fréquence : rare - Évolution : ↗
Âge moyen : 9 ans

V

Trévor

Étymologie : du breton : « grande victoire ».
Couleur : rouge - Chiffre : 4
Caractère : Trévor est fort, ambitieux, habile et passionné.
Fréquence : rare - Évolution : ↘
Âge moyen : 12 ans

P

Tristan

Étymologie : du celtique *drest* : « tumulte ». Le nom du héros gallois légendaire s'écrivait à l'origine « Drystan ». C'est dans les récits du Moyen Âge qu'il s'est transformé en Tristan, la première syllabe du prénom se calquant sur l'adjectif qualificatif le plus approprié pour désigner son histoire. Dans la chanson de Béroul, il est dit que la mère de Tristan donna ce nom à son fils parce qu'elle venait d'apprendre la mort de son mari lorsqu'elle en accoucha. Tristan est donc né dans les larmes. Elle mourut, par ailleurs, juste après avoir donné la vie à son fils.
Fête : 12 novembre - Couleur : bleu - Chiffre : 2
Caractère : Tristan est énergique, caractérisé par la soif d'entreprendre. Son prénom ne le condamne pas à la tristesse, mais à la passion.

Personnages célèbres : l'écrivain Tristan Corbière ; le poète Tristan Tzara, cofondateur du dadaïsme.
Fréquence : répandu - **Évolution :** ↘
Âge moyen : 16 ans

V

Tyler

Étymologie : de l'anglais : « bâtisseur de maison ».
Couleur : orange - **Chiffre :** 7
Caractère : Tyler est fort, ambitieux, passionné et habile.
Fréquence : rare - **Évolution :** ↗
Âge moyen : 6 ans

P

Tyson

Tayson

Étymologie : du vieux français : « braises ». Ce prénom ne se prononce pas nécessairement à l'anglaise contrairement à l'opinion commune.
Couleur : jaune - **Chiffre :** 8
Caractère : Tyson possède de fortes capacités d'adaptation et de grandes qualités de cœur.
Personnage célèbre : Tyson Gay, athlète américain.
Fréquence : rare - **Évolution :** ↘
Âge moyen : 10 ans

U

V

Ubert

Étymologie : du germain *hug* : « intelligence » et *behrt* : « brillant ».
Fête : 3 novembre - **Couleur :** bleu - **Chiffre :** 2
Caractère : Ubert est ambitieux, généreux, doté d'un esprit pratique qui en fait un organisateur de taille. En outre, il possède de solides qualités d'adaptation.
Fréquence : très rare - **Évolution :** =
Âge moyen : 81 ans

P

Ugo

Étymologie : du germain *hug* : « intelligence ».
Fête : 1er avril - **Couleur :** bleu - **Chiffre :** 7
Caractère : Ugo est sensible, exigeant et diplomate.
Personnage célèbre : Ugo Tognazzi, acteur italien, célèbre pour son rôle de Renato dans *La Cage aux folles*.
Fréquence : rare - **Évolution :** ↘
Âge moyen : 15 ans

B

Ugolin

Ugolino

Étymologie : du germain *hug* : « intelligence ».
Fête : 1er avril - **Couleur :** bleu - **Chiffre :** 7
Caractère : Ugolin est logique, bienveillant et a beaucoup de cœur.
Personnage célèbre : Ugolin, l'un des personnages de *Manon des sources* de Pagnol, interprété au cinéma par Daniel Auteuil.
Fréquence : très rare - **Évolution :** =
Âge moyen : 9 ans

C

Ulderich

Étymologie : du germain *odal* : « patrimoine » et *rik* : « roi ».
Fête : 10 juillet - **Couleur :** vert - **Chiffre :** 3
Caractère : Ulrich est courageux, volontaire, dynamique et déterminé.
Fréquence : très rare - **Évolution :** =

V

Ulrich

Ulric, Ulrick, Ulrik, Ulrike, Ulrique

Étymologie : du germain *odal* : « patrimoine » et *rik* : « roi ». Saint Ulrich (IIe siècle), évêque d'Augsbourg, sut défendre la ville pied à pied contre les attaques hongroises.

Fête : 10 juillet - Couleur : vert - Chiffre : 3

Caractère : Ulrich est courageux, volontaire, sensible et rigoureux.

Personnages célèbres : l'humaniste chevalier Ulrich von Hutten (XVe-XVIe siècle) ; un duc de Wurtemberg.

Fréquence : rare - Évolution : ↘

Âge moyen : 25 ans

B

Ulysse

Ulisse, Ulysses

Étymologie : du grec *odusamai* : « être courroucé ».

Fête : 4 juillet - Couleur : bleu - Chiffre : 1

Caractère : Ulysse est courageux, volontaire, impétueux et audacieux.

Personnages célèbres : Ulysse est le célèbre héros de l'Odyssée, l'épopée grecque en douze livres du roi d'Ithaque qui erra pendant dix ans avant de retrouver son royaume et son épouse, Pénélope ; le général, puis président des États-Unis Ulysses S. Grant.

Fréquence : rare - Évolution : ↗

Âge moyen : 44 ans

B

Umbert

Umbertino

Étymologie : du germanique *un* : « très » et *behrt* : « brillant ». Ce prénom est plus traditionnellement attribué au Pays basque.

Fête : 25 mars - Couleur : bleu - Chiffre : 2

Caractère : Umbert est sage, indépendant et intelligent.

Fréquence : très rare - Évolution : =

V

Umberto

Étymologie : du germanique *un* : « très » et *behrt* : « brillant ».

Fête : 25 mars - Couleur : bleu - Chiffre : 2

Caractère : Umberto est ambitieux, courageux, travailleur et exigeant.

Personnage célèbre : l'auteur italien Umberto Eco.

Fréquence : rare - Évolution : ↗

Âge moyen : 49 ans

V

Uméa

Étymologie : du basque : « enfant ».

Couleur : orange - Chiffre : 4

Caractère : Uméa est tenace, méthodique, il a le sens du devoir et de l'engagement.

Fréquence : très rare - Évolution : =

V

Unai

Étymologie : du basque : « berger ».

Couleur : rouge - Chiffre : 4

Caractère : Unai est intègre, altruiste et déterminé.

Fréquence : rare - Évolution : ↗

Âge moyen : 5 ans

B

Urb

Étymologie : du latin *urbanus* : « citadin ». Peu à peu, urbanus a pris le sens de « poli, raffiné », par opposition à rusticus, qui a donné « rustique, rustre ».

Fête : 19 décembre - Couleur : orange - Chiffre : 2

Caractère : dans la séduction, Urb est audacieux, énergique et un brin original.
Fréquence : très rare - Évolution : ↘

C

Urbain

Urban

Étymologie : du latin *urbanus* : « citadin ». Peu à peu, urbanus a pris le sens de « poli, raffiné », par opposition à *rusticus*, qui a donné « rustique, rustre ».
Fête : 19 décembre - Couleur : orange - Chiffre : 2
Caractère : Urbain est exigeant, prudent, sensible et travailleur.
Personnages célèbres : Urbain Gohier, journaliste qui joua un rôle important dans l'affaire Dreyfus ; huit papes, une dizaine de saints et de bienheureux (dont trois des huit papes).
Fréquence : rare - Évolution : =
Âge moyen : 88 ans

B

Uriel

Uriah, Urias, Urio

Étymologie : de l'hébreu *ouriel* : « flamme de Dieu ». Ce prénom fut porté par un archange de l'Église orthodoxe, fêté le 29 septembre comme tous les saints anges.
Fête : 29 septembre - Couleur : rouge - Chiffre : 2
Caractère : Uriel est franc, loyal, autoritaire.
Fréquence : rare - Évolution : ↗
Âge moyen : 19 ans

V

Urtsin

Étymologie : du latin : « ours ».
Couleur : orange - Chiffre : 4
Caractère : organisation, détermination, intuition et aisance relationnelle caractérisent Urtsin.
Fréquence : très rare - Évolution : =

V

Usama

Étymologie : de l'arabe : « le lion »
Couleur : vert - Chiffre : 3
Caractère : Usama est autonome, aime l'innovation, est autoritaire et ambitieux.
Fréquence : très rare - Évolution : ↘
Âge moyen : 7 ans

V

Uziel

Étymologie : de l'hébreu : « force d'une grande puissance ».
Couleur : vert - Chiffre : 4
Caractère : Uziel est énergique, ambitieux, autonome et quelque peu autoritaire.
Fréquence : très rare - Évolution : =

V

V

Vaclav

Étymologie : du tchèque : « gloire immense ».
Couleur : bleu - Chiffre : 10
Caractère : Vaclav est un sage, intelligent et indépendant.
Personnage célèbre : Vaclav Havel, le premier président de la République tchèque.
Fréquence : très rare - Évolution : =
Âge moyen : 87 ans

B

Vadim

Étymologie : du slave : « règne glorieux ».
Couleur : jaune - Chiffre : 2

Caractère : Vadim est structuré, sécurisant et honnête.
Fréquence : rare - Évolution : ⇗
Âge moyen : 11 ans

B

Valentin

Valentine, Valentininian, Valentinien

Étymologie : du latin *valens* : « vigoureux, plein de force». Un Valentin, évêque de Terni, au nord de Rome, fut tué par l'empereur, à cause de ses qualités de thaumaturge qui poussaient ceux qui étaient guéris à se convertir. Dans cette région, la mi-février marquait le début de la saison des amours chez les oiseaux. Cette fête a été liée à celle de la mort de l'évêque, survenue à cette période. D'où ce statut de fête des amoureux le jour de la Saint-Valentin.
Fête : 14 février - Couleur : bleu - Chiffre : 7
Caractère : Valentin est un doux, un affectueux, un être intériorisé et hyperintuitif qui, soucieux d'équilibre, semble parfois indécis tellement il pèse le pour et le contre, la justesse et la justice.
Personnages célèbres : Valentin Haüy (1745-1822), qui fonda l'Institution des jeunes aveugles et imagina des caractères en relief pour qu'il puissent lire ; Valentin le Désossé, danseur immortalisé par Toulouse-Lautrec dans ses peintures.
Fréquence : rare - Évolution : ⇘
Âge moyen : 19 ans

V

Valentino

Étymologie : du latin *valens* : « vigoureux, plein de force». Un Valentin, évêque de Terni, au nord de Rome, fut tué par l'empereur, à cause de ses qualités de thaumaturge qui poussaient ceux qui étaient guéris à se convertir. Dans cette région, la mi-février marquait le début de la saison des amours chez les oiseaux. Cette fête a été liée à celle de la mort de l'évêque, survenue à cette période. D'où ce statut de fête des amoureux le jour de la Saint-Valentin.
Fête : 14 février - Couleur : bleu - Chiffre : 7
Caractère : Valentino est doué pour l'écoute et aime s'adapter.
Personnage célèbre : le styliste et couturier italien qui a donné son prénom à la marque.
Fréquence : rare - Évolution : ⇗
Âge moyen : 20 ans

C

Valère

Valéran, Valéri, Valeriano, Valéric, Valerien, Valéro, Valérys, Valerius

Étymologie : du latin *valere* : « être bien portant ».
Fête : 14 juin - Couleur : vert - Chiffre : 2
Caractère : Valère est intuitif, secret, généreux et émotif.
Personnages célèbres : Valère, prénom récurrent des personnages masculins chez Molière : on trouve un Valère dans *Le Médecin malgré lui* et surtout dans *L'Avare*.
Fréquence : rare - Évolution : ⇘
Âge moyen : 61 ans

C

Valérian

Étymologie : du nom de l'empereur romain Valerianus.
Fête : 14 juin - Couleur : vert - Chiffre : 2
Caractère : Valérian est directif, indépendant, audacieux et dynamique.
Fréquence : rare - Évolution : ⇘
Âge moyen : 18 ans

C

Valérien

Étymologie : du nom de l'empereur romain Valerianus.
Fête : 14 juin - Couleur : vert - Chiffre : 2

Caractère : Valérien est courageux, curieux, déterminé, indépendant et dynamique.
Fréquence : rare - Évolution : ↘
Âge moyen : 70 ans

C

Valéry

Étymologie : du latin *valere* : « être bien portant ».
Fête : 1er avril - Couleur : bleu - Chiffre : 2
Caractère : Valéry veut aller loin, au propre comme au figuré : il profite de la moindre occasion pour voyager.
Personnages célèbres : l'écrivain Valery Larbaud ; l'homme politique Valéry Giscard d'Estaing.
Fréquence : rare - Évolution : ↘
Âge moyen : 47 ans

B

Valmont

Valmon, Valmond

Étymologie : du germain *val* : « gouverneur » et *mund* : « protecteur » ; « protecteur du gouverneur ». Contrairement à l'opinion commune, il ne s'agit pas d'un prénom rendant hommage au vicomte de Valmont, le protagoniste des *Liaisons dangeureuses* de Laclos.
Couleur : vert - Chiffre : 6
Caractère : Valmont est un homme de caractère et d'esprit.
Fréquence : très rare - Évolution : ↗
Âge moyen : 47 ans

V

Vania

Étymologie : de l'hébreu *yohânân* : « Dieu pardonne ». Ce prénom correspond à la forme russe de Jean.
Fête : 24 juin ou 27 décembre - Couleur : jaune
Chiffre : 2
Caractère : Vania est diplomate, charismatique et sociable.
Personnage célèbre : *Oncle Vania*, pièce de théâtre de Tchékhov.
Fréquence : très rare - Évolution : =
Âge moyen : 41 ans

B

Vartan

Étymologie : de l'arménien : « le donneur de roses ». Ce prénom fut rendu illustre par un chrétien d'Arménie, Vartan Mamigonian, qui fut massacré par les armées perses avec plus d'un millier de gens parce qu'ils refusèrent de se convertir à la religion de Zoroastre.
Fête : 3 juin - Couleur : rouge - Chiffre : 8
Caractère : Vartan est structuré, résolu et efficace.
Fréquence : très rare - Évolution : ↘

V

Vassili

Vasili, Vassilis, Vassily, Wassili

Étymologie : du grec *basileus* : « roi ». Vassili correspond à la variante tchèque de Basile.
Fête : 2 janvier - Couleur : rouge - Chiffre : 1
Caractère : Vassili est ambitieux, autoritaire et énergique.
Fréquence : rare - Évolution : ↗
Âge moyen : 17 ans

V

Venceslas

Étymologie : du slave : « gloire immense ».
Couleur : rouge - Chiffre : 3
Caractère : Venceslas est dynamique, audacieux, indépendant et quelque peu directif. Mais il faut dire qu'il ne manque pas d'assurance.
Fréquence : rare - Évolution : =
Âge moyen : 25 ans

C

Vianney

Étymologie : devenu un patronyme en raison de la popularité de Jean-Marie Vianney qui, curé dans un village de deux cents habitants, de 1818 à 1859, devint un des confesseurs les plus célèbres de son siècle, en raison de l'intuition presque surnaturelle qu'il développait.

Fête : 4 août - **Couleur :** vert - **Chiffre :** 8

Caractère : Vianney est imaginatif, affectueux, sensible et réservé.

Fréquence : rare - **Évolution :** ↗

Âge moyen : 22 ans

B

Viance

Étymologie : du latin *vincere* : « vaincre ».

Fête : 22 janvier ou 27 septembre

Couleur : rouge - **Chiffre :** 6

Caractère : Viance est humain, rêveur et ouvert d'esprit.

Fréquence : très rare - **Évolution :** =

P

Vic

Étymologie : du latin *victor* : « vainqueur ». Vic est un diminutif de Victor.

Fête : 21 juillet - **Couleur :** vert - **Chiffre :** 6

Caractère : Vic est un sage, épris d'indépendance et de savoir et enclin à la méditation.

Fréquence : très rare - **Évolution :** =

Âge moyen : 4 ans

V

Vicencio

Étymologie : du latin *vincentius* : « qui vainc, qui triomphe ». Ce prénom correspond à un dérivé italien de Vincent.

Fête : 22 janvier ou 27 septembre

Couleur : rouge - **Chiffre :** 6

Caractère : Vicencio allie force, esprit d'analyse, volonté et ambition.

Fréquence : très rare - **Évolution :** =

V

Vicente

Étymologie : du latin *vincentius* : « qui vainc, qui triomphe ». Ce prénom correspond à la forme espagnole de Vincent.

Fête : 22 janvier ou 27 septembre

Couleur : rouge - **Chiffre :** 6

Caractère : Vicente est équilibré, a le sens de la famille et des responsabilités.

Fréquence : rare - **Évolution :** ↗

Âge moyen : 47 ans

C

Victor

Victoriano, Victoric, Victorico, Victorin, Viktor, Viktoriano, Viktorino, Viktorii, Viktorik, Vito, Vitor, Vittore, Vittorianio, Vittorino

Étymologie : du latin *victor* : « vainqueur ».

Fête : 21 juillet - **Couleur :** vert - **Chiffre :** 6

Caractère : Victor possède de solides capacités d'adaptation, il est sociable et dynamique. Enfant, c'est un fieffé polisson, attachant et charmant compagnon. À l'âge adulte, Victor devient un travailleur appliqué qui relève les défis avec ardeur et talent. Victor, ce mauvait perdant, n'aime rien tant qu'aller de l'avant.

Personnages célèbres : l'écrivain Victor Hugo ; Victor Riqueti, autrement dit le marquis de Mirabeau ; le philosophe Victor Cousin ; Victor Lanoux, acteur français ; Victor Vasarely, plasticien hongrois, reconnu comme étant le père de l'art optique.

Fréquence : rare - **Évolution :** ↘

Âge moyen : 54 ans

C

Victor-Emmanuel

Étymologie : prénom composé de Victor et d'Emmanuel.
Fête : 21 juillet ou 25 décembre - Couleur : vert
Chiffre : 6
Caractère : Victor-Emmanuel est idéaliste, altruiste et intègre.
Personnages célèbres : Victor-Emmanuel Ier et Victor-Emmanuel II de Savoie ; le roi d'Italie Victor-Emmanuel III.
Fréquence : rare - Évolution : ↘
Âge moyen : 23 ans

C

Victorien

Étymologie : du latin *victorianus*, dérivé de victor.
Couleur : gris - Chiffre : 8
Caractère : Victorien est épicurien, calme, généreux et sociable.
Personnage célèbre : Victorien Sardou, auteur dramatique.
Fréquence : rare - Évolution : ↘
Âge moyen : 35 ans

V

Victorio

Étymologie : du latin *victor* : « vainqueur ». Ce prénom correspond à la forme espagnole de Victor.
Fête : 21 juillet - Couleur : vert - Chiffre : 6
Caractère : Victorio est épicurien, calme, aussi doux qu'intelligent. Il est très concerné par les autres.
Fréquence : rare - Évolution : ↗
Âge moyen : 56 ans

V

Vidal

Étymologie : du latin : « vie ».
Fête : 28 avril - Couleur : blanc - Chiffre : 2
Caractère : Vidal aime communiquer. Il est optimiste, sociable et créatif.
Fréquence : très rare - Évolution : ↘
Âge moyen : 55 ans

V

Vince

Étymologie : du latin *vincentius* : « qui vainc, qui triomphe ». Ce prénom correspond à la forme anglo-saxonne de Vincent.
Fête : 22 janvier ou 27 septembre
Couleur : rouge - Chiffre : 6
Caractère : Vince est exigeant, indépendant, volontaire et opportuniste.
Personnage célèbre : Vince Vaughn, acteur américain.
Fréquence : rare - Évolution : ↗
Âge moyen : 8 ans

P

Vincent

Cencio, Cente, Centina, Sent, Uinsionn, Vicenc, Vicencio, Vincente, Vicentius, Vicenzan, Vicenze, Vikenti, Vincentius, Vincenz, Zenz, Zenzel

Étymologie : du latin *vincentius* : « qui vainc, qui triomphe ». Ce prénom fut rendu illustre par deux saints, dont l'un est une figure célèbre des débuts du christianisme et qui donna tout son sens au prénom. En effet, Vincent, diacre de Saragosse (Espagne) lors des persécutions de Dioclétien en 305, résista à toutes les tortures que lui infligea le gouverneur de Valence et tenta même de convertir le bourreau qui le mena à la mort. Il est fêté le 22 janvier. Vincent de Paul est le second saint à être célébré. Ce landais du XVIe siècle doit sa célébrité au caractère romanesque de sa vie. Après avoir été étudiant à à Toulouse, il fut retenu prisonnier par des pirates pendant deux ans, avant d'être vendu au marché des esclaves de Tunis, puis de s'enfuir pour Rome, où il fut chargé par le légat du pape d'une mission auprès de Henri IV. Il devint très vite l'aumônier de la reine Margot, ce qui ne l'empêcha guère de fonder les diverses confréries de la Charité (les Dames, les Filles de la Charité...). Personnifiant à lui seul la fameuse vertu chrétienne, il était estimé à tel point que le roi Louis XIII voulut, paraît-il, mourir dans ses bras. Un Saint- Vincent est le saint patron des vignerons.

Fête : 22 janvier ou 27 septembre

Couleur : rouge - Chiffre : 6

Caractère : Vincent est un passionné, écorché vif, charmeur et impétueux. C'est un manipulateur au sourire irrésistible. Il est difficile de le cerner : sa gentillesse naturelle et ses manières de gentleman viennent se mêler à une désinvolture parfois déconcertante. Un certain sens de l'humour vient compléter cette personnalité séduisante.

Personnages célèbres : le président Vincent Auriol ; le peintre Vincent van Gogh ; le cinéaste et acteur Vincent Gallo ; les acteurs Vincent Perez, Vincent Lindon et Vincent Cassel.

Fréquence : répandu - Évolution : ↘

Âge moyen : 35 ans

V

Vincenzo

Étymologie : du latin *vincentius* : « qui vainc, qui triomphe ». Ce prénom est la forme italienne de Vincent.

Fête : 22 janvier ou 27 septembre

Couleur : rouge - Chiffre : 6

Caractère : Vincenzo est rêveur, humain et logique.

Fréquence : rare - Évolution : ↗

Âge moyen : 35 ans

TOP 20

Prénoms du cinéma

Voici des noms de héros issus de films véhiculant tout un monde fantasmatique. Des prénoms générationnels pour des personnages devenus cultes.

Bill *(Kill Bill)*
Brice *(Brice de Nice)*
Bruce *(Batman)*
Charlie *(Charlie's Angels ; Charlie et la chocolaterie)*
Clark *(Superman)*
Clyde
Django *(Django Unchained)*
Edward *(Twilight)*
Eowin *(Le Seigneur des Anneaux)*
Félix *(Le Père Noël est une ordure)*
Harry *(Quand Harry rencontre Sally ; Harry Potter)*
James *(James Bond)*
Léon
Luc/Luke *(Star Wars)*
Neo *(Matrix)*
Peter *(Spiderman)*
Pierrot *(Pierrot le fou)*
Rhett *(Autant en emporte le vent)*
Tony *(Scarface)*
Vito *(Le Parrain)*

B

Virgile

Virge, Virgi, Virgilio, Virgil, Virgilius, Virgiliz

Étymologie : de *Virgilius*, patronyme du poète latin qui devint un prénom dès le début de la chrétienté au IVe siècle. Certains théologiens voyaient, en effet, dans sa vie bucolique, une annonce de l'avènement du messie.

Fête : 10 octobre - **Couleur :** blanc - **Chiffre :** 2

Caractère : Virgile est dynamique, actif et créatif.

Personnage célèbre : le fameux poète latin, auteur des *Bucoliques*, des *Géorgiques* et de *L'Énéide*.

Fréquence : rare - **Évolution :** ↗

Âge moyen : 32 ans

B

Vital

Vitalien, Vitalis

Étymologie : du latin : « vie ». Ce prénom fut porté par un haut magistrat du IIe siècle qui fut jeté vivant dans un puits parce qu'il avait été dénoncé comme chrétien. Son agonie dura une semaine. En France, c'est en Occitanie que ce prénom est le plus traditionnellement attribué.

Fête : 28 avril - **Couleur :** blanc - **Chiffre :** 2

Caractère : Vital est spontané, anxieux, compatissant et généreux.

Fréquence : rare - **Évolution :** ↘

Âge moyen : 82 ans

V

Vitali

Étymologie : du latin : « vie ». Ce prénom fut porté par un haut magistrat du IIe siècle qui fut jeté vivant dans un puits parce qu'il avait été dénoncé comme chrétien. Son agonie dura une semaine. En France, c'est en Occitanie que ce prénom est le plus traditionnellement attribué.

Fête : 28 avril - **Couleur :** blanc - **Chiffre :** 2

Caractère : Vitali est énergique, organisé et ambitieux. Il aime l'innovation.

Fréquence : très rare - **Évolution :** =

Âge moyen : 3 ans

V

Vittorio

Étymologie : du latin *victor* : « vainqueur ». Ce prénom correspond à la forme italienne de Victor.

Fête : 21 juillet - **Couleur :** vert - **Chiffre :** 6

Caractère : Vittorio est généreux, enthousiaste et pragmatique.

Personnage célèbre : Vittorio Gassman, l'acteur italien.

Fréquence : rare - **Évolution :** ↗

Âge moyen : 43 ans

V

Vitour

Étymologie : du latin *victor* : « vainqueur ». Ce prénom correspond à la forme provençale de Victor.

Fête : 21 juillet - **Couleur :** vert - **Chiffre :** 6

Caractère : Vitour a l'esprit logique. Il est bienveillant, consciencieux et bon conseiller.

Fréquence : rare - **Évolution :** ↗

Âge moyen : 43 ans

P

Vivian

Vivian, Viviano

Étymologie : du latin *vivianus* : « plein de vie, ardent ». Vivian est une forme galloise de Vivien. Ce prénom fut porté par l'un des quarante soldats chrétiens de la XIe légion romaine, qui, parce qu'il refusa avec ses compagnons de participer à une cérémonie païenne, fut attaché nu sur le lac gelé de Sébaste, en Turquie, où il mourut de froid et d'épuisement.

Fête : 10 mars - **Couleur :** rouge - **Chiffre :** 9

Caractère : Vivian est dynamique, curieux et courageux.
Fréquence : rare - Évolution : ↘
Âge moyen : 34 ans

P

Vivien

Bibian, Veïa, Vibien, Vivence, Vivencion, Viventiol, Viviano, Vivine

Étymologie : du latin *vivianus* : « plein de vie, ardent ». Ce prénom fut porté par l'un des quarante soldats chrétiens de la XIe légion romaine, qui, parce qu'il refusa avec ses compagnons de participer à une cérémonie païenne, fut attaché nu sur le lac gelé de Sébaste, en Turquie, où il mourut de froid et d'épuisement.
Fête : 10 mars - Couleur : rouge - Chiffre : 9
Caractère : Vivien est un être de grande et bonne volonté, dynamique, actif et soucieux de s'en tenir aux principes qu'il s'est fixés.
Fréquence : rare - Évolution : ↘
Âge moyen : 24 ans

V

Vladan

Étymologie : prénom composé à partir des premières syllabes de Vladimir et Lénine (Vladimir Ilitch Oulianov Lénine est le nom complet du célèbre homme d'État russe).
Fête : 3 janvier - Couleur : bleu - Chiffre : 3
Caractère : Vladan est humain, rêveur, généreux et ouvert d'esprit.
Fréquence : très rare - Évolution : ↘
Âge moyen : 32 ans

V

Vladimir

Étymologie : du slave *vlad* : « régner » et *mir* : « paix ».
Fête : 15 juillet - Couleur : violet - Chiffre : 7
Caractère : un grand sens de l'amitié, de la chaleur humaine, une évidente sociabilité font de Vladimir un être plein de sérieux et de charme, qui cache du mieux qu'il peut une sensibilité, une émotivité intérieures parfois fort vives.
Personnages célèbres : Vladimir Ilitch Oulianov dit Lénine ; les écrivains Vladimir Maïakovski, Vladimir Nabokov et Vladimir Boukovski.
Fréquence : rare - Évolution : ↘
Âge moyen : 31 ans

V

Vladislas

Étymologie : du slave *vladi* : « pouvoir » et slava « gloire ». Ce prénom fut porté par un roi de Hongrie du XIe siècle qui sut fédérer les communautés de son royaume en autorisant les cultes juifs et musulmans. Il fonda également l'évêché de Zagreb en Croatie. Il mourut lors d'une croisade vers la Terre sainte en 1095.
Fête : 27 juin - Couleur : bleu - Chiffre : 7
Caractère : Vladislas est altruiste, généreux et rêveur.
Fréquence : très rare - Évolution : =
Âge moyen : 83 ans

V

Volodia

Étymologie : du slave *vlad* : « régner » et *mir* : « paix ». Volodia est une variante de Vladimir.
Fête : 15 juillet - Couleur : violet - Chiffre : 7
Caractère : Volodia est élégant, charmant, sociable et travailleur.
Personnage célèbre : *Volodia*, une nouvelle de Tchékhov.
Fréquence : rare - Évolution : ↘
Âge moyen : 17 ans

B

Voltaire

Étymologie : du pseudonyme du philosophe et écrivain du XVIIIe siècle.

Couleur : blanc - Chiffre : 6
Caractère : Voltaire est enthousiaste et possède un solide esprit d'analyse.
Fréquence : rare - Évolution : =
Âge moyen : 94 ans

W

V

Waclaw

Étymologie : du tchèque « gloire immense ».
Couleur : bleu - Chiffre : 10
Caractère : Waclaw est idéaliste, altruiste, intègre et dévoué.
Fréquence : rare - Évolution : =
Âge moyen : 82 ans

V

Waël

Wahil, Waïl

Étymologie : de l'arabe : « celui qui cherche refuge dans la spiritualité ».
Couleur : jaune - Chiffre : 4
Caractère : Waël est courageux, curieux et charismatique.
Fréquence : rare - Évolution : ↗
Âge moyen : 8 ans

B

Walbert

Étymologie : du germain : « mur consolidé ».
Couleur : blanc - Chiffre : 2
Caractère : malgré sa propension au rêve, Walbert n'en demeure pas moins un homme déterminé.
Fréquence : très rare - Évolution : =

V

Waldemar

Waldl, Woldemar

Étymologie : du germain *waldan* : « commander » et *mar* : « renommé ». Ce prénom est une forme scandinave de Vladimir, qui fut porté par le grand-prince de Kiev du Xe siècle, connu pour avoir imposé le baptême et le christianisme à tout son peuple.
Fête : 11 mai - Couleur : vert - Chiffre : 5
Caractère : Waldemar est curieux, a le sens de l'organisation et de fortes capacités d'adaptation.
Fréquence : très rare - Évolution : =

V

Waldi

Étymologie : du slave : « règne glorieux ».
Fête : 15 juillet - Couleur : jaune - Chiffre : 2
Caractère : Waldi est persévérant, efficace et très équilibré.
Fréquence : très rare - Évolution : =

V

Waldo

Étymologie : du scandinave : « celui qui a arraché sa victoire ».
Couleur : violet - Chiffre : 4
Caractère : Waldo est ambitieux, énergique et volontaire.
Fréquence : très rare - Évolution : ↘

V

Walid

Oualid, Wallid

Étymologie : de l'arabe : « nouveau-né ». La signification de ce prénom est teintée d'affection, celle que l'on porte à l'enfant qui vient de naître. C'était le nom que l'on donnait autrefois aux esclaves qui naissaient dans la maison de leur maître. Walid est resté, du coup, un prénom très répandu (même des califes l'ont porté) qui continue d'être fréquemment attribué, induisant l'attachement des jeunes parents.

Couleur : jaune - **Chiffre :** 4

Caractère : Walid est structuré, persévérant, efficace, sécurisant et déterminé.

Personnage célèbre : Walid II, calife et grand poète arabe, mort en 744.

Fréquence : rare - **Évolution :** ↗

Âge moyen : 14 ans

V

Wallace

Étymologie : de l'anglo-saxon : « du pays de Galles ».

Couleur : orange - **Chiffre :** 6

Caractère : Wallace est ambitieux, déterminé, mais sait faire preuve d'empathie.

Personnage célèbre : Wallace, le personnage du duo animé *Wallace et Gromit*.

Fréquence : très rare - **Évolution :** ↗

Âge moyen : 5 ans

V

Wally

Waly

Étymologie : de l'anglo-saxon : « du pays de Galles ».

Couleur : orange - **Chiffre :** 6

Caractère : Wally est audacieux, sympathique et dynamique.

Fréquence : rare - **Évolution :** =

Âge moyen : 15 ans

C

Walter

Walther, Walterus

Étymologie : du germanique : « commander, gouverner ». Ce prénom correspond à la version anglaise du prénom Gauthier et fut introduit en Grande-Bretagne par les guerriers de Guillaume le Conquérant. Classique anglo-saxon du XVIIIe siècle, il disparut quelque peu au XIXe pour revenir au XXe siècle.

Fête : 9 avril - **Couleur :** rouge - **Chiffre :** 7

Caractère : Walter est dynamique, résolu, combatif.

Personnages célèbres : l'écrivain écossais Walter Scott (1771-1832) ; Walter Disney, le créateur de dessins animés, plus connu sous le diminutif Walt ; Walter Benjamin, philosophe et critique d'art allemand (1892-1940).

Fréquence : rare - **Évolution :** ↘

Âge moyen : 54 ans

C

Wandrille

Étymologie : du germanique *wald* : « celui qui gouverne » et *dritten* : « aviser » ; « le sage gouverneur ». Wandrille est un prénom peu attribué, hormis en Normandie.

Fête : 22 juillet - **Couleur :** vert - **Chiffre :** 8

Caractère : Wandrille est un indépendant contemplatif.

Fréquence : rare - **Évolution :** ↗

Âge moyen : 13 ans

P

Warren

Waren

Étymologie : de l'anglais, nom de lieu signifiant « taupinière ». Il prit ensuite le sens de « labyrinthe ».

Couleur : gris - **Chiffre :** 7

Caractère : Warren peut être vaniteux, narcissique, mais sa générosité compense. On peut penser qu'il aime autrui autant qu'il s'aime lui-même.

Personnage célèbre : l'acteur Warren Beatty.

Fréquence : rare - **Évolution :** ↗

Âge moyen : 12 ans

P

Washington

Étymologie : du nom de l'État de Washington ou de la capitale des États-Unis.
Couleur : rose - Chiffre : 6
Caractère : Washington est sensible, actif et persévérant.
Fréquence : très rare - Évolution : =

V

Wassim

Wacim, Wassime, Wasime, Ouassim

Étymologie : de l'arabe : « celui qui a un beau visage ». Comme un propos du Prophète confirme que « Dieu aime la beauté et aime voir la trace de ses bienfaits sur le visage de ceux qui le servent », de plus en plus de parents suivent ce joli précepte et attribuent ce prénom à leur enfant.
Couleur : rouge - Chiffre : 9
Caractère : Wassim est communicatif, pragmatique, optimiste et vit chaque jour comme si c'était le dernier.
Fréquence : rare - Évolution : ↗
Âge moyen : 8 ans

V

Wassily

Étymologie : du grec *basileus* : « roi ».
Fête : 2 janvier - Couleur : rouge - Chiffre : 1
Caractère : Wassily est sympathique, humain, rêveur et résolu.
Personnage célèbre : le peintre Wassily Kandinsky.
Fréquence : très rare - Évolution : =

V

Wenceslas

Venzislaus, Wenzeslaus, Wenzel, Wjatscheslaw

Étymologie : du slave : « gloire immense ». Wenceslas, devenu le saint patron de la Bohème, est un prénom très répandu aujourd'hui en Europe de l'Est et privilégié en France par les familles d'origine slave.
Couleur : rouge - Chiffre : 3
Caractère : Wenceslas est loyal, diplomate, sociable et bon.
Fréquence : rare - Évolution : ↘
Âge moyen : 52 ans

V

Werner

Étymologie : du germain *warin* : « protection » et *hari* : « armée ». Le romantisme a remis le prénom Werner en vogue, dans les pays germaniques et anglo-saxons, où il continue d'être courant de nos jours.
Fête : 19 avril - Couleur : rouge - Chiffre : 2
Caractère : volonté, dynamisme et ardeur ne font pas défaut à Werner, qui montre un penchant pour la finesse, la délicatesse et la rêverie très rafraîchissant. Ce fort est un tendre.
Personnages célèbres : Werner Heisenberg, physicien qui obtint le prix Nobel en 1932 ; Werner Schreyer, mannequin ; le cinéaste Werner Herzog.
Fréquence : rare - Évolution : ↘
Âge moyen : 66 ans

V

Wesley

Étymologie : ce prénom est issu d'un patronyme signifiant : « le pré de l'ouest ».
Couleur : gris - Chiffre : 8
Caractère : Wesley est coléreux, ambitieux, passionné.

Personnage célèbre : l'acteur Wesley Snipes.
Fréquence : rare - **Évolution :** ↗
Âge moyen : 15 ans

C

Wilfried

Vilfred, Vilfrid, Wielfried, Wilf, Wilfer, Wilfred, Wilfrid, Wilfridus, Wilfroy

Étymologie : du germain *wil* : « volonté » et *fried* : « protecteur ».
Fête : 12 octobre - **Couleur :** bleu - **Chiffre :** 4
Caractère : très intuitif, Wilfried est un homme de volonté et d'action.
Fréquence : rare - **Évolution :** ↘
Âge moyen : 28 ans

V

Wilhelm

Wilhem, Willelm, Willem

Étymologie : du germain *will* : « volonté » et *helm* : « protection ». Ce prénom correspond à la version allemande de Guillaume.
Fête : 10 janvier - **Couleur :** vert - **Chiffre :** 1
Caractère : Wilhelm est intuitif, réservé et sensible.
Personnage célèbre : Wilhelm Apolinary de Kostrowitsky, poète plus connu sous le nom de Guillaume Apollinaire.
Fréquence : rare - **Évolution :** ↘
Âge moyen : 42 ans

P

Will

Étymologie : du germain *will* : « volonté » et *helm* : « protection ». Ce prénom correspond au diminutif le plus court et le plus amical de William.
Fête : 10 janvier - **Couleur :** vert - **Chiffre :** 2
Caractère : Will est aussi créatif que jovial et dynamique.
Personnage célèbre : l'acteur Will Smith.
Fréquence : rare - **Évolution :** ↗
Âge moyen : 11 ans

C

William

Vili, Viliams, Wiliam, Williams, Willyam, Wylliam

Étymologie : du germain *will* : « volonté » et *helm* : « protection ». Ce prénom correspond à la version allemande de Guillaume.
Fête : 10 janvier - **Couleur :** vert - **Chiffre :** 2
Caractère : William est généreux, fidèle en amitié et possède les mêmes qualités intenses que son frère français, Guillaume.
Personnages célèbres : le dramaturge William Shakespeare ; le chanteur William Sheller ; le prince de Galles William ; le chanteur et producteur Will.i.am.
Fréquence : répandu - **Évolution :** ↘
Âge moyen : 35 ans

V

Williamson

Étymologie : de l'anglais : « fils de Guillaume ». Ce prénom est, comme souvent en Angleterre et aux États-Unis, un patronyme à l'origine.
Fête : 10 janvier - **Couleur :** rouge - **Chiffre :** 2
Caractère : Williamson est fort, passionné et habile.
Fréquence : très rare - **Évolution :** =

V

Willis

Étymologie : du germanique *will* : « volonté » et *ghil* : « otage ». Ce prénom est la contraction de Willigis, qui fut porté par un archevêque de Mayence au Xe siècle.
Fête : 23 février - **Couleur :** jaune - **Chiffre :** 3
Caractère : Willis est sociable, vif et éloquent.
Fréquence : rare - **Évolution :** ↘

V

Wilmer

Étymologie : du germain : « volonté, renommée ».
Couleur : noir - Chiffre : 3
Caractère : Wilmer est un stratège dont l'ardeur et la vitalité sont enviables.
Personnage célèbre : Wilmer Valderrama, acteur et scénariste américain.
Fréquence : très rare - Évolution : =

V

Wilson

Étymologie : de l'anglais : « fils de Will ». Ce prénom est, comme souvent en Angleterre et aux États-Unis, un patronyme à l'origine.
Fête : 10 janvier - Couleur : rouge - Chiffre : 2
Caractère : Wilson est diplomate, sociable et déterminé.
Personnage célèbre : Wilson Pickett, célèbre chanteur de soul américain (1941-2006).
Fréquence : rare - Évolution : ↘
Âge moyen : 19 ans

P

Willy

Willi, Willie

Étymologie : du germain *will* : « volonté » et *helm* : « protection ». Ce prénom correspond à un diminutif de William qui est devenu un prénom à part entière et reste joliment représenté même s'il est peu attribué actuellement.
Fête : 10 janvier - Couleur : vert - Chiffre : 2
Caractère : Willy est humain, rêveur, ouvert d'esprit et sympathique.
Fréquence : répandu - Évolution : ↘
Âge moyen : 41 ans

V

Winfried

Winfrid

Étymologie : du celte : « pensée sacrée »
Couleur : bleu - Chiffre : 6
Caractère : Winfried est bon, gai et de bonne nature.
Fréquence : très rare - Évolution : =

V

Winston

Étymologie : de l'anglais : « pierre de joie ». Ce prénom fut porté par saint Wistan, assassiné par son beau-père au IXe siècle parce qu'il essayait de le convertir.
Couleur : bleu - Chiffre : 6
Caractère : Winston est curieux et un brin opportuniste. Ce qui tombe bien, puisqu'il possède de fortes qualités d'adaptation.
Personnage célèbre : l'homme d'État Winston Churchill.
Fréquence : très rare - Évolution : =
Âge moyen : 12 ans

V

Winter

Étymologie : de l'anglais : « hiver ».
Couleur : rouge - Chiffre : 4
Caractère : Winter est ambitieux, fort, passionné et habile.
Fréquence : très rare - Évolution : ↘
Âge moyen : 22 ans

V

Wissam

Ouisam, Ouissam, Wisam, Ouisem, Ouissem, Wisem

Étymologie : de l'arabe : « honoré de médailles ».
Couleur : gris - Chiffre : 6
Caractère : Wissam a l'esprit pratique, est

enthousiaste et déterminé.
Fréquence : rare - Évolution : ↗
Âge moyen : 12 ans

V

Wladimir

Étymologie : du slave *vlad* : « régner » et *mir* : « paix ».
Fête : 15 juillet - Couleur : violet - Chiffre : 7
Caractère : Wladimir est passionné, fort, habile et résolu.
Fréquence : rare - Évolution : ↘
Âge moyen : 51 ans

V

Wladislas

Wladislav, Wladislaw, Wladyslas

Étymologie : du slave *vladi* : « pouvoir » et *slava* : « gloire ». Ce prénom fut porté par un roi de Hongrie du XIe siècle qui sut fédérer les communautés de son royaume en autorisant les cultes juifs et musulmans. Il fonda également l'évêché de Zagreb en Croatie. Il mourut lors d'une croisade vers la Terre sainte en 1095.
Fête : 27 juin - Couleur : bleu - Chiffre : 5
Caractère : Wladislas est énergique, autoritaire et quelque peu ambitieux.
Fréquence : rare - Évolution : ↘
Âge moyen : 18 ans

V

Wolf

Wolff

Étymologie : du germanique : « loup ». Dans l'Hexagone, Wolf est plus traditionnellement usité en Alsace.
Fête : 29 juillet (Saint-Loup) - Couleur : jaune
Chiffre : 9
Caractère : Wolf est un fidèle, pourvu d'une grande aisance relationnelle.
Fréquence : très rare - Évolution : =
Âge moyen : 76 ans

V

Wolfgang

Gangel, Volfango, Wölfe, Wölflein, Wülfke, Wülfling

Étymologie : du germain *wolf* : « loup » et *gang* : « assaut ». Au Xe siècle, saint Wolfgang, évêque de Ratisbonne, évangélisa la Hongrie. Il est devenu le patron des charpentiers.
Fête : 31 octobre - Couleur : vert - Chiffre : 4
Caractère : Wolfgang est persévérant, efficace. C'est un homme de cœur.
Personnage célèbre : le compositeur Wolfgang Amadeus Mozart.
Fréquence : rare - Évolution : ↘
Âge moyen : 51 ans

V

Woody

Étymologie : du slave : « règne glorieux ».
Fête : 15 juillet - Couleur : jaune - Chiffre : 2
Caractère : Woody est audacieux, dynamique, volontaire et pourvu d'une grande indépendance d'esprit.
Personnages célèbres : le cinéaste et acteur Woody Allen ; l'acteur Woody Harrelson ; le personnage de la saga Toy Story.
Fréquence : rare - Évolution : ↘
Âge moyen : 16 ans

P

Wulf

Étymologie : du germanique : « loup ».
Fête : 29 juillet (Saint-Loup) - Couleur : jaune
Chiffre : 9
Caractère : Wulf est ambitieux, passionné, fort et habile.
Fréquence : très rare - Évolution : ↘

TOP 20

Prénoms noms communs noms propres

Monde minéral, noms de ville ou patronymes de célébrités... En français ou à l'anglo-saxonne, c'est autant la musicalité du nom que sa signification et les rêveries qu'il engendre qui en font des prénoms de choix.

Amour
Ange
Anis
Azur
Béryl
Brooklyn
Ceylan
Dallas
Fiacre
Jasmin
Loup
Octave
Olivier
Pierre
Roman
Roosevelt
Saphir
Sidney
Tennessee
Tudor

P

Wulfram

Étymologie : du germain : « loup » et « corbeau ».

Couleur : rose - Chiffre : 6

Caractère : Wulfram est curieux, dynamique et courageux.

Fréquence : rare - Évolution : ↘

Âge moyen : 41 ans

X

V

Xabat

Xabi

Étymologie : du latin *salvator* : « celui qui apporte le salut, qui guérit ». Xabat correspond à la forme basque du français Sauveur.

Fête : 18 mars - Couleur : rouge - Chiffre : 8

Caractère : Xabat est enthousiaste, généreux, a l'esprit pratique.

Fréquence : très rare - Évolution : =

V

Xan

Étymologie : de l'hébreu *yohânân* : « Dieu pardonne ». Xan correspond à une forme basque de Jean.

Fête : 24 juin ou 27 décembre - Couleur : jaune

Chiffre : 2

Caractère : Xan est dévoué, intègre, pragmatique et idéaliste.

Fréquence : rare - Évolution : ↗

Âge moyen : 9 ans

B

Xander

Xandres

Étymologie : du basque *etchaberri* : « maison neuve ». Ce prénom correspond à une variante de Xavier.
Fête : 3 décembre - Couleur : bleu - Chiffre : 7
Caractère : Xander est résolu, enthousiaste et volontaire.
Fréquence : très rare - Évolution : ↘
Âge moyen : 5 ans

P

Xanio

Étymologie : du grec *alexein* : « protéger » et *andros* : « homme, guerrier, ennemi ». Xanio serait un dérivé basque d'Alexandre.
Fête : 3 mai - Couleur : bleu - Chiffre : 6
Caractère : Xanio est intègre, idéaliste, altruiste et résolu.
Fréquence : très rare - Évolution : =

V

Xanthéas

Xantha, Xanthie

Étymologie : se rapporterait à un nom de ville en Asie.
Fête : 10 mars - Couleur : violet - Chiffre : 4
Caractère : Xanthéas est diplomate, sociable et loyal.
Fréquence : très rare - Évolution : =

V

Xarles

Étymologie : du germain *karl* : « viril ». Xarles correspond à la forme basque de Charles.
Fête : 4 novembre - Couleur : rouge - Chiffre : 3
Caractère : esprit logique et sens de la décision, intelligence et savoir constituent les qualités de Xarles.
Fréquence : très rare - Évolution : =

C

Xavier

Étymologie : du basque *etchaberri* : « maison neuve ». Ce prénom est, à l'origine, un patronyme donné à un saint François, car il y en avait trop. Né en Navarre espagnole en 1906, ce jeune noble venait d'un château de Pampelune que l'on appelait *etcheberri* : « la maison neuve ». Après avoir rencontré Ignace de Loyola, il le suivit et fonda la Compagnie de Jésus. C'est alors qu'il prit ce nom déformé en « Javerri », puis en « Javier », ce qui donne Xavier. Chargé d'évangéliser l'Asie, il créa des missions aux Indes, au Japon et en Chine où il mourut.
Fête : 3 décembre - Couleur : bleu - Chiffre : 7
Caractère : ce volontaire activiste déborde souvent de curiosité et d'amour pour le passé, la tradition, les arts de vivre ; par ailleurs, épris de lucidité, Xavier peut pousser le souci de la rigueur jusqu'à la méfiance.
Personnages célèbres : l'essayiste Xavier de Maistre (1763-1852) ; l'acteur Xavier Gélin ; Xavier Niel, entrepreneur français ; Xavier Dolan, acteur, réalisateur et scénariste canadien.
Fréquence : répandu - Évolution : ↘
Âge moyen : 41 ans

V

Ximon

Étymologie : de l'hébreu *shim'ôn* : « qui est exaucé ». Ce prénom correspond à la forme basque de Simon.
Fête : 28 octobre - Couleur : rouge - Chiffre : 7
Caractère : Ximon est créatif, optimiste, volontaire et pragmatique.
Fréquence : très rare - Évolution : =

Xuan

Étymologie : du vietnamien : « printemps, jeunesse ».
Couleur : jaune - **Chiffre :** 8
Caractère : Xuan a le sens de la famille et des responsabilités. Il est aussi exigeant avec lui-même qu'avec les autres.
Fréquence : très rare - **Évolution :** ↗
Âge moyen : 19 ans

Y

Yacine

Yacin

Étymologie : de l'arabe *yâ* et *sîn*, titre de la sourate 36 du Coran à laquelle le Prophète Mahomet était particulièrement attaché, d'autant plus que cette sourate est souvent récitée pour demander à Allah la rémission des péchés. Yacine est un prénom très bien représenté aujourd'hui, particulièrement sous cette forme.
Couleur : bleu - **Chiffre :** 3
Caractère : Yacine est pétri de bonnes intentions, mais il a quelque chose du clown triste : sa gaieté et son entrain cachent de profondes angoisses.
Fréquence : rare - **Évolution :** ↗
Âge moyen : 16 ans

Yacouba

Étymologie : de l'hébreu *ya'aqob* : « que Dieu favorise ». Yacouba correspond à une variante africaine de Jacques.
Couleur : rouge - **Chiffre :** 4
Caractère : Yacouba est courageux, curieux, dynamique et indépendant.
Fréquence : rare - **Évolution :** ↗
Âge moyen : 15 ans

Yaël

Étymologie : de l'hébreu : « chèvre sauvage ». Ce très ancien prénom peut être considéré comme la forme basque ou bretonne de Joël. Il peut être considéré comme mixte à présent en France, même si cette évolution est relativement récente, sans doute sous l'influence de la vague bretonne qui met en valeur des prénoms comme Gaël, Maël…
Couleur : bleu - **Chiffre :** 3
Caractère : Yaël est sagace, énergique, original, compatissant.
Fréquence : rare - **Évolution :** ↗
Âge moyen : 11 ans

Yago

Étymologie : de l'hébreu *ya'aqob* : « que Dieu favorise ». Ce prénom correspond à un diminutif de Santiago, une forme hispanique de Jacques.
Fête : 25 juillet ou 3 mai - **Couleur :** rouge
Chiffre : 4
Caractère : Yago est dynamique, courageux, indépendant et curieux.
Fréquence : très rare - **Évolution :** ↘
Âge moyen : 4 ans

Yamine

Yamin

Étymologie : de l'arabe *yâmin* : « heureux, fortuné, prospère ».
Couleur : blanc - **Chiffre :** 5
Caractère : Yamine est intègre, altruiste et profondément créatif.

Fréquence : rare - **Évolution :** ↗
Âge moyen : 16 ans

P

Yan

Étymologie : de l'hébreu *yohânân* : « Dieu pardonne ». Ce prénom correspond à une forme bretonne de Jean agrémentée d'une variante orthographique. Le « Yann » classique possède, en effet, deux « n », mais cette version, plus rare en France, en général, est pourtant la plus prisée au pays Basque. Elle semble influencée par le « Ian » anglo-saxon.
Fête : 24 juin ou 27 décembre - **Couleur :** jaune
Chiffre : 2
Caractère : Yan est sécurisant, efficace et structuré.
Fréquence : rare - **Évolution :** ↘
Âge moyen : 30 ans

V

Yanice

Étymologie : de l'hébreu *yohânân* : « Dieu pardonne ». Ce prénom correspond à la forme grecque originelle de Jean. Il semble mêler les prénoms arabes Anis et Yassine et doit son succès au fait qu'il mêle dans un heureux symbole le grec, le breton et l'arabe.
Fête : 24 juin ou 27 décembre - **Couleur :** jaune
Chiffre : 2
Caractère : Yanice a du cœur. C'est un enthousiaste qui aime la vie.
Fréquence : rare - **Évolution :** ↗
Âge moyen : 13 ans

P

Yanis

Yaniss, Yannisse, Yannice

Étymologie : de l'hébreu *yohânân* : « Dieu pardonne ». Ce prénom correspond à la forme grecque originelle de Jean. Il semble mêler les prénoms arabes Anis et Yassine et doit son succès au fait qu'il mêle dans un heureux symbole le grec, le breton et l'arabe. Dès la fin des années 80, Yanis se répand très rapidement avant de croître à une rapidité folle au cours des années 2000. Il est aujourd'hui l'un des prénoms masculins favoris en France et l'engouement des Français pour lui a, du coup, relancé la forme originale et provoqué la création d'autres orthographes : Ianis, Iannis, Yaniss ou Yanisse.
Fête : 24 juin ou 27 décembre - **Couleur :** jaune
Chiffre : 3
Caractère : Yanis aime la découverte, il est audacieux, énergique et résolu.
Fréquence : répandu - **Évolution :** ↗
Âge moyen : 8 ans

P

Yann

Yanni

Étymologie : de l'hébreu *yohânân* : « Dieu pardonne ». Cette forme bretonne de Jean fonctionne bien en Bretagne depuis les années 70. Un succès discret et diffus.
Fête : 24 juin - **Couleur :** rouge - **Chiffre :** 9
Caractère : Yann est un sensible et un incorrigible imaginatif. Rêveur, généreux, il sait faire preuve d'une grande ouverture d'esprit.
Personnages célèbres : l'écrivain Yann Queffélec ; l'auteur compositeur Yann Tiersen ; le journaliste Yann Barthès.
Fréquence : répandu - **Évolution :** ↘
Âge moyen : 29 ans

P

Yannick

Yannc, Yannic, Yannig, Yannik

Étymologie : de l'hébreu *yohânân* : « Dieu pardonne ». Ce prénom correspond à une forme bretonne de Jean, que les Bretons écriraient sans doute Yannig. Quoi de plus normal alors, que ce soit en Bretagne et dans les Pays de la Loire,

qu'il prenne son essor dès les années 50. Mais c'est dans les années 70 qu'il se répand sur tout le territoire. Un peu moins attribué aujourd'hui, il reste néanmoins joliment répandu.
Fête : 24 juin - Couleur : rouge - Chiffre : 5
Caractère : Yannick est déterminé et a toutes les qualités du sportif de haut niveau ! Compétitif, il sait aussi faire preuve de courage et de détermination.
Personnages célèbres : l'ancien tennisman et chanteur Yannick Noah ; le nageur médaillé Yannick Agnel.
Fréquence : répandu - Évolution : ↘
Âge moyen : 39 ans

P

Yannis

Étymologie : de l'hébreu *yohânân* : « Dieu pardonne ». Ce prénom correspond à la forme grecque de Jean.
Fête : 24 juin - Couleur : rouge - Chiffre : 5
Caractère : Yannis est directif, dynamique, indépendant, audacieux et déterminé.
Personnage célèbre : Yannis Kokkos, metteur en scène.
Fréquence : rare - Évolution : ↘
Âge moyen : 16 ans

V

Yasine

Yasin, Yasine, Yassin, Yassine

Étymologie : de l'arabe *yâ* et *sîn*, titre de la sourate 36 du Coran à laquelle le Prophète Mahomet était particulièrement attaché, d'autant plus que cette sourate est souvent récitée pour demander à Allah la rémission des péchés. Cette retranscription du prénom se fait plus rare.
Couleur : bleu - Chiffre : 3
Caractère : Yasine est énergique, mais épris d'originalité.
Fréquence : rare - Évolution : ↘
Âge moyen : 20 ans

V

Yasmin

Étymologie : du perse *yâsamin* : « jasmin ».
Fête : 5 octobre - Couleur : blanc - Chiffre : 5
Caractère : Yasmin est idéaliste, intègre, altruiste et déterminé.
Fréquence : très rare - Évolution : =
Âge moyen : 26 ans

V

Yasser

Yacer

Étymologie : de l'arabe : « riche ».
Couleur : blanc - Chiffre : 4
Caractère : Yasser allie bienveillance et détermination, quête de la paix et écoute de sa conscience.
Fréquence : rare - Évolution : ↗
Âge moyen : 12 ans

V

Yassir

Étymologie : de l'arabe : « riche ».
Couleur : blanc - Chiffre : 4
Caractère : Yassir est autonome, a l'esprit d'innovation et met son énergie, qu'il a bouillonnante, au service de son ambition, qu'il a grande.
Fréquence : rare - Évolution : ↗
Âge moyen : 11 ans

V

Ydriss

Étymologie : de l'arabe *edrasa* : « étudier ». Ydriss correspond au prénom attribué par les musulmans à celui que la Bible prénomme Énoch. Il est considéré par les musulmans comme le premier homme à s'être essayé à l'écriture par le biais d'une plume : le kalam. Ydriss est un prénom très attribué dès les débuts de l'islam et il continue d'être très répandu.

Couleur : vert - **Chiffre :** 2
Caractère : Ydriss est efficace, persévérant et aime aller au bout de ses réalisations.
Fréquence : rare - **Évolution :** ↗
Âge moyen : 9 ans

Yéhouda

Étymologie : de l'hébreu : « remercier »
Couleur : vert - **Chiffre :** 5
Caractère : Yéhouda possède savoir, intelligence et volonté.
Fréquence : très rare - **Évolution :** ↗
Âge moyen : 16 ans

Yekel

Étymologie : du breton : « seigneur généreux ».
Fête : 17 décembre - **Couleur :** orange - **Chiffre :** 5
Caractère : Yekel est efficace, persévérant. En outre, c'est un homme de cœur.
Fréquence : très rare - **Évolution :** =

Yen

Étymologie : du vietnamien : « paix, hirondelle ».
Couleur : rouge - **Chiffre :** 4
Caractère : Yen est un stratège qui possède un certain leadership. Il met sa vitalité et son ardeur au travail au service de sa détestation de l'inachevé. Il va au bout de tout ce qu'il entreprend.
Fréquence : très rare - **Évolution :** =

Yeram

Étymologie : de l'arménien : « bande d'oiseaux ».
Couleur : bleu - **Chiffre :** 9
Caractère : Yeram est habile, déterminé, fort et ambitieux.
Fréquence : très rare - **Évolution :** =

Yeraz

Étymologie : de l'arménien : « rêve ».
Couleur : gris - **Chiffre :** 2
Caractère : Yeraz est pragmatique, optimiste. C'est un homme d'action qui sait prendre des décisions. En cela, il contredit quelque peu le sens de son prénom, préférant le concret au monde du rêve.
Fréquence : très rare - **Évolution :** =

Ylan

Ylann

Étymologie : de l'hébreu : « arbre ». Ce prénom, très à la mode aujourd'hui, renvoie au nouvel an des arbres. Le 15 du mois de Chevath (approximativement à la mi-février), on doit consommer chacun des produits qui caractérisent la terre d'Israël : blé, orge, raisin, figues, olives, grenade et miel.
Couleur : rouge - **Chiffre :** 9
Caractère : Ylan a toujours soif de connaissances. De plus, il est original et compatissant.
Fréquence : rare - **Évolution :** ↗
Âge moyen : 6 ans

Ylies

Yliess

Étymologie : de l'hébreu *el* et *yah* : « Dieu est dieu ». Ce prénom correspond à une variante américaine d'Élie.
Fête : 20 juillet - **Couleur :** bleu - **Chiffre :** 5
Caractère : Ylies est résolu, épris de savoir et sympathique.
Fréquence : rare - **Évolution :** ↗
Âge moyen : 7 ans

P

Yoan

Étymologie : de l'hébreu *yohânân* : « Dieu pardonne ». Cette forme, très répandue en Bretagne, correspond à la forme orthographique la plus proche de la forme originale.
Fête : 24 juin - **Couleur :** orange - **Chiffre :** 2
Caractère : Yoan est autoritaire, ambitieux et autonome.
Fréquence : rare - **Évolution :** ↘
Âge moyen : 19 ans

P

Yoann

Yoane, Yoanne

Étymologie : de l'hébreu *yohânân* : « Dieu pardonne ». En France, c'est au Pays basque et en Bretagne que ce prénom est le plus couramment attribué.
Fête : 24 juin - **Couleur :** orange - **Chiffre :** 2
Caractère : Yoann est pacifiste, bienveillant, consciencieux et sage.
Personnage célèbre : Yoann Gourcuff, footballeur.
Fréquence : répandu - **Évolution :** ↘
Âge moyen : 24 ans

V

Yoël

Étymologie : de l'hébreu *yô'el* : « Iavhé est Dieu ». Joël, l'un des douze « petits » prophètes de la Bible qui vécut environ cinq siècles av. J.-C. C'est un prénom parfaitement biblique et non, comme on le croit parfois, breton. Ce prénom reproduit la prononciation d'origine de Joël.
Fête : 13 juillet - **Couleur :** bleu - **Chiffre :** 6
Caractère : Yoël est pragmatique, optimiste et sympathique.
Fréquence : rare - **Évolution :** ↘
Âge moyen : 16 ans

P

Yohan

Étymologie : de l'hébreu *yohânân* : « Dieu pardonne ».
Fête : 24 juin - **Couleur :** orange - **Chiffre :** 2
Caractère : Yohan est ouvert d'esprit, généreux et rêveur.
Fréquence : répandu - **Évolution :** ↘
Âge moyen : 20 ans

P

Yohann

Yohanan, Yohane, Yohanne

Étymologie : de l'hébreu *yohânân* : « Dieu pardonne ».
Fête : 24 juin - **Couleur :** orange - **Chiffre :** 2
Caractère : Yohann est dynamique, charismatique et curieux.
Fréquence : répandu - **Évolution :** ↘
Âge moyen : 24 ans

V

Yonathan

Étymologie : de l'hébreu *yonathan* : « Dieu a donné ». Ce prénom reproduit la prononciation d'origine de Jonathan.
Fête : 1er mars - **Couleur :** blanc - **Chiffre :** 2
Caractère : Yonathan est fin, plein de vitalité et d'ardeur.
Fréquence : rare - **Évolution :** ↗
Âge moyen : 17 ans

V

Youcef

Étymologie : de l'hébreu *yosseph* : « Dieu ajoutera ». Ce prénom correspond à l'une des transcriptions arabes les plus courantes du Joseph français.
Couleur : rouge - **Chiffre :** 1
Caractère : Youcef est optimiste, créatif,

pragmatique, pourvu d'un sens inné de la communication.
Fréquence : rare - Évolution : ↗
Âge moyen : 24 ans

Youenn

Youen, Youn

Étymologie : du germain *iv* : « if ». Ce prénom correspond à un dérivé breton du prénom Yves.
Fête : 19 mai - Couleur : jaune - Chiffre : 9
Caractère : Youenn est méthodique, fiable et a beaucoup de cœur.
Fréquence : rare - Évolution : ↗
Âge moyen : 14 ans

Youri

Étymologie : du grec *gheorghios* : « travailleur de la terre ». Youri correspond à la forme russe de Georges.
Fête : 23 avril - Couleur : jaune - Chiffre : 4
Caractère : Youri est intelligent, raisonnable et indépendant.
Personnages célèbres : Youri Gagarine, le premier homme à avoir effectué un vol dans l'espace en 1961 ; Youri Djorkaeff, le footballeur.
Fréquence : rare - Évolution : ↘
Âge moyen : 19 ans

Younes

Youness, Younesse, Younous, Youns, Younsse

Étymologie : de l'hébreu : « colombe ». Ce prénom correspond à la transcription arabe de « yona », soit Jonas. Il s'agit donc bien du Jonas biblique ayant passé trois jours dans le ventre d'une baleine. Il fut d'ailleurs surnommé *Dhû Nûn* qui signifie « l'Homme au Poisson ». Il est question de lui et de la révélation divine qu'il reçut dans la sourate 4 du Coran. Yûnus est également le titre de la sourate 10.
Couleur : violet - Chiffre : 1
Caractère : Younes est idéaliste, a du cœur. Rien d'étonnant à ce qu'il soit aussi altruiste.
Fréquence : rare - Évolution : ↗
Âge moyen : 12 ans

Youssef

Yossef, Yousef, Youssaf, Yusuf

Étymologie : de l'hébreu *yosseph* : « Dieu ajoutera ». Ce prénom correspond à l'une des transcriptions arabes les plus courantes du Joseph français. Fils du prophète Jacob et de Rachel, Youssef (Joseph dans la Bible) fut vendu par ses frères jaloux à une caravane d'ismaélites pour 20 pièces d'argent. Il devint ensuite un très grand Prophète. Cette forme est plus diffusée que celle retranscrite avec la terminaison « suf ».
Couleur : rouge - Chiffre : 2
Caractère : Youssef est sociable, plein de réceptivité et de diplomatie.
Fréquence : rare - Évolution : ↗
Âge moyen : 20 ans

Youssouf

Yusuf

Étymologie : de l'hébreu *yosseph* : « Dieu ajoutera ». Ce prénom correspond à l'une des transcriptions arabes les plus courantes du Joseph français. Yûsuf est le titre de sourate 12 du Coran, dans laquelle son histoire est relatée.
Couleur : rouge - Chiffre : 2
Caractère : Youssouf est bienveillant, de bon conseil, sage et pacifiste.
Fréquence : rare - Évolution : ↗
Âge moyen : 14 ans

(V)

Yvain

Étymologie : du celte *iv* : « if ». Ce prénom n'est autre que la forme médiévale d'Yves. Il prénomma l'un des Chevaliers de la Table Ronde, le héros d'un des romans en vers du cycle écrit au XIIe siècle par Chrétien de Troyes, *Yvain ou le Chevalier au lion*. Yvain est celui qui surprit le secret de Galaad et fut tué par Gauvain, au cours d'une joute.

Fête : 19 mai - Couleur : jaune - Chiffre : 9

Caractère : Yvain est courageux, ambitieux et loyal.

Fréquence : rare - Évolution : ⇗

Âge moyen : 22 ans

(P)

Yvan

Étymologie : de l'hébreu *yohânân* : « Dieu pardonne ». Ce prénom correspond, en effet, à la version slave de Jean, Ivan, agrémenté d'un « y » en première lettre, sans doute par mimétisme avec Yvon, diminutif d'Yves. Ce qui explique que beaucoup le considèrent comme un prénom breton, ce qu'il n'est pas.

Fête : 24 juin - Couleur : jaune - Chiffre : 9

Caractère : Yvan est plein de vitalité, épris de réussite, mais humain et gai.

Personnages célèbres : l'acteur Yvan Attal ; le comédien et animateur Yvan Le Bolloc'h.

Fréquence : répandu - Évolution : ⇘

Âge moyen : 51 ans

(V)

Yvann

Étymologie : de l'hébreu *yohânân* : « Dieu pardonne ». Ce prénom correspond à une variante d'Yvan.

Fête : 24 juin - Couleur : jaune - Chiffre : 9

Caractère : Yvann est efficace, structuré et persévérant.

Fréquence : rare - Évolution : ⇗

Âge moyen : 12 ans

(P)

Yves

Eozen, Erwan, Iv, Ivain, Ivar, Ivi, Ivo, Ivor, Iwein, Youn, Youenn, Yvain, Yven, Yvon, Yv

Étymologie : du celte *iv* : « if ».

Fête : 19 mai - Couleur : orange - Chiffre : 8

Caractère : Yves semble dissimuler derrière quelques lourdeurs une générosité et des qualités de cœur indéniables. Son obstination fait parfois des miracles et lui permet d'atteindre des objectifs qu'on ne lui aurait pas prêtés. Mais Yves a de la ressource et de la gentillesse, en plus de sa ténacité.

Personnages célèbres : le peintre Yves Klein ; le poète Yves Bonnefoy ; l'écrivain Yves Berger ; le chanteur et acteur Yves Montand ; le couturier Yves Saint Laurent ; le cinéaste Yves Robert.

Fréquence : répandu - Évolution : ⇘

Âge moyen : 67 ans

(P)

Yves-Marie

Étymologie : prénom composé de Yves et de Marie, surtout attribué dans les années 50, mais assez rare aujourd'hui.

Fête : 19 mai - Couleur : orange - Chiffre : 8

Caractère : Yves-Marie est quelqu'un de résolu, qui se montre parfois trop rigide. Pourtant, il peut faire preuve d'une grande humanité.

Fréquence : rare - Évolution : ⇘

Âge moyen : 41 ans

(V)

Yvon

Ivon, Ivonig, Ivonou, Iwo, Von, Yeun, Yf, Yft, Yvonick, Yvonnic, Yvonnick

Étymologie : du celte *iv* : « if ».

Fête : 19 mai - Couleur : orange - Chiffre : 4
Caractère : Yvon est persévérant, structuré et travailleur.
Personnage célèbre : l'homme politique Yvon Bourges.
Fréquence : répandu - Évolution : ↘
Âge moyen : 66 ans

Z

P

Zach

Zack

Étymologie : de l'hébreu *zekharia* : « Dieu s'est souvenu ». Ce prénom correspond au diminutif du prénom Zacharie. Zach est devenu un prénom à part entière assez répandu aux États-Unis.
Fête : 5 novembre - Couleur : bleu - Chiffre : 7
Caractère : Zach est audacieux, déterminé et c'est son extraordinaire vitalité que les autres perçoivent immédiatement.
Fréquence : très rare - Évolution : ↗
Âge moyen : 4 ans

V

Zacharia

Sakaria, Zaccharia, Zacharias, Zacharria

Étymologie : de l'hébreu *zekharia* : « Dieu s'est souvenu ». Ce prénom correspond à l'une des formes du prénom Zacharie, dont la terminaison ici en « a » l'apparente à la version originale hébraïque. C'est cette forme qui est la plus attribuée au Pays basque.
Fête : 5 novembre - Couleur : bleu - Chiffre : 7
Caractère : honnêteté, persévérance et efficacité constituent les qualités de Zacharia.
Fréquence : rare - Évolution : ↘
Âge moyen : 12 ans

P

Zacharie

Zacaria, Zacarios, Zacharios, Zachary, Zachery, Zackaria, Zackerias, Zak, Zakarias, Zakarie, Zoko, Zeke

Étymologie : de l'hébreu *zekharia* : « Dieu s'est souvenu ». Zacharie est l'un des douze prophètes bibliques qui, comme Daniel, fait partie des « petits prophètes », en raison de la brièveté de son message. Très attribué aux premiers temps de l'Église chrétienne, puis quelque peu délaissé, il surfe à présent sur la vague des prénoms bibliques. Ce prénom fut porté par le mari de sainte Élisabeth. Pris d'un fou rire lorsque l'archange lui annonça que sa femme stérile et déjà âgée allait avoir un enfant de lui, il devint muet, puni de son manque de confiance en Dieu. Il ne retrouva la parole qu'à la naissance de leur fils Jean-Baptiste.
Fête : 5 novembre - Couleur : bleu - Chiffre : 7
Caractère : Zacharie est un individu fantaisiste, mais aussi combatif qu'incroyablement intelligent.
Fréquence : rare - Évolution : ↗
Âge moyen : 27 ans

B

Zadig

Étymologie : de l'hebreu : « passage ».
Couleur : noir - Chiffre : 7
Caractère : Zadig possède un certain ressort. Il est diplomate, sociable et réceptif au monde qui l'entoure.
Personnage célèbre : le héros du conte philosophique de Voltaire *Zadig ou la Destinée.*
Fréquence : rare - Évolution : ↗
Âge moyen : 4 ans

V

Zaher

Étymologie : de l'arabe : « rayonnant ».
Couleur : vert - **Chiffre** : 2
Caractère : Zaher est fiable, tenace et méthodique.
Fréquence : rare - **Évolution** : ↗
Âge moyen : 37 ans

V

Zahir

Zaïr

Étymologie : de l'arabe : « rayonnant ».
Couleur : vert - **Chiffre** : 2
Caractère : Zahir est un leader d'opinion, qui sait élaborer des stratégies.
Fréquence : rare - **Évolution** : =
Âge moyen : 34 ans

V

Zaïd

Zayd

Étymologie : de l'arabe : « ascète ».
Couleur : gris - **Chiffre** : 7
Caractère : Zaïd possède de grandes qualités morales, comme la ténacité, le sens de l'engagement et du devoir.
Fréquence : rare - **Évolution** : ↗
Âge moyen : 12 ans

V

Zakaria

Zakari, Zakarie, Zakariya, Zakary, Zakarya

Étymologie : de l'hébreu *zekharia* : « Dieu s'est souvenu ».
Fête : 5 novembre - **Couleur** : bleu - **Chiffre** : 7
Caractère : Zakaria est tenace, méthodique et fiable.
Fréquence : rare - **Évolution** : ↗
Âge moyen : 13 ans

V

Zakary

Étymologie : de l'hébreu *zekharia* : « Dieu s'est souvenu ».
Fête : 5 novembre - **Couleur** : bleu - **Chiffre** : 7
Caractère : Zakary est énergique, ambitieux, innovateur et actif.
Fréquence : rare - **Évolution** : ↗
Âge moyen : 8 ans

V

Zane

Étymologie : de l'hébreu *yohânân* : « Dieu pardonne ». Ce prénom est une variante de Jean relativement cotée outre-Atlantique. Il correspond, à l'origine, au nom de famille du fondateur d'une petite ville de l'Ohio.
Fête : 24 juin - **Couleur** : vert - **Chiffre** : 1
Caractère : Zane est pacifiste, bienveillant et consciencieux.
Fréquence : très rare - **Évolution** : ↘

V

Zarra

Étymologie : du basque : « vieux ». Ce prénom fut porté, dans la Bible, par le fils de Jacob et de Léa.
Couleur : vert - **Chiffre** : 3
Caractère : Zarra est énergique et aime innover en toute chose.
Fréquence : très rare - **Évolution** : ↘

B

Zébulon

Étymologie : de l'hébreu : « résident ».
Couleur : bleu - **Chiffre** : 4
Caractère : Zébulon est autoritaire, fier, travailleur, mais exigeant.
Personnage célèbre : Zébulon, personnage de la série d'animation télévisée *Le Manège enchanté.*
Fréquence : très rare - **Évolution** : ↘

B

Zénaïs

Étymologie : du grec : « hospitalier ».
Couleur : blanc - **Chiffre :** 7
Caractère : Zénaïs est un fidèle, sensible et intuitif, possédant un grand sens du relationnel.
Fréquence : très rare - **Évolution :** ↘

B

Zénobe

Zénobie, Zénobin

Étymologie : du grec : « vie de Zeus ».
Couleur : violet - **Chiffre :** 4
Caractère : finesse, engagement, ténacité et fiabilité, telles sont les caractéristiques de Zénobe.
Fréquence : très rare - **Évolution :** =
Âge moyen : 99 ans

B

Zénodore

Étymologie : du grec : « hospitalier ».
Couleur : blanc - **Chiffre :** 7
Caractère : Zénodore est optimiste, créatif et pragmatique.
Fréquence : très rare - **Évolution :** =

B

Zénon

Zeno, Zenone, Zenio

Étymologie : du grec *xenos* : « l'étranger ». Ce prénom fut porté par un évêque de Vérone en 362, qui combattit les hérétiques et racheta aux Goths les premiers chrétiens après la bataille d'Andrinople. Il est devenu le patron de Vérone, qui lui a dédié une église.
Fête : 12 avril - **Couleur :** blanc - **Chiffre :** 1
Caractère : Zénon est scrupuleux, dur à la tâche, réfléchi et extrêmement doué.
Personnages célèbres : Zénon d'Élée, philosophe disciple de Parménide ; Zénon de Cition, fondateur du stoïcisme (335- 264 avant J.-C.) ; Zénon de Sidon, maître épicurien de Cicéron.
Fréquence : rare - **Évolution :** ↘
Âge moyen : 78 ans

B

Zéphir

Zéphyr

Étymologie : du grec *zephuro* : « le zéphir », du nom d'un vent du nord-ouest. Zéphyr était un dieu de la mythologie grecque, personnification des vents, amant de la divinité des fleurs et qui était sensé annoncer le printemps à la fin de l'hiver.
Fête : 26 août - **Couleur :** jaune - **Chiffre :** 1
Caractère : Zéphir est audacieux, indépendant, dynamique et directif.
Fréquence : rare - **Évolution :** ↗
Âge moyen : 74 ans

B

Zéphirin

Zéphyrin

Étymologie : du grec *zephuro* : « le zéphir », du nom d'un vent du nord-ouest. Zéphyr était un dieu de la mythologie grecque, personnification des vents, amant de la divinité des fleurs et qui était sensé annoncer le printemps, à la fin de l'hiver. Ce prénom fut porté par celui qui fut pape de 199 à 217 et apaisa l'hostilité de l'empereur romain, Septime Sévère, à l'égard des chrétiens. Ce prénom fait partie de ceux qu'on choisissait très volontiers au XIXe siècle.
Fête : 26 août - **Couleur :** jaune - **Chiffre :** 1
Caractère : Zéphirin est bienveillant, consciencieux, aussi bon conseiller que pacifiste.
Fréquence : rare - **Évolution :** ↗
Âge moyen : 91 ans

B

Zeus

Étymologie : issu de la racine indo-européenne *dei* qui signifie « briller ». Nom du roi des dieux, celui qui commandait la foudre et l'Olympe. Il est le pendant grec (et plus ancien) de Jupiter.

Couleur : jaune - Chiffre : 1

Caractère : Zeus est impulsif, droit, d'une grande bonté d'âme, mais parfois orgueilleux.

Fréquence : très rare - Évolution : ↘

P

Zidane

Étymologie : ce prénom correspond, à l'origine, à un patronyme devenu prénom depuis 1948. C'est sans compter la popularité de Zinédine Zidane qui fit croître l'engouement pour ce prénom.

Couleur : bleu - Chiffre : 5

Caractère : Zidane est courageux, déterminé et dynamique.

Fréquence : rare - Évolution : ↘

Âge moyen : 13 ans

V

Zinédine

Zineddine, Zine-Eddine

Étymologie : de l'hébreu *zay ad Dîn* : « la beauté de la religion ». Ce prénom, autrefois très rare, est à présent très médiatisé, puisqu'il est porté par la star française du football, Zinédine Zidane, surnommé Zizou. Sa popularité est telle que l'attribution de ce prénom a augmenté.

Couleur : bleu - Chiffre : 5

Caractère : Zinédine est généreux, modeste et chaleureux.

Personnage célèbre : Zinédine Zidane, footballeur.

Fréquence : rare - Évolution : ↗

Âge moyen : 12 ans

B

Ziprian

Zibrian

Étymologie : du latin *cyprius* ou du grec *kupris*, qui signifient « originaire de l'île de Chypre ». Ce prénom est une variante de Cyprien.

Fête : 16 septembre - Couleur : rouge - Chiffre : 9

Caractère : Ziprian est actif, enthousiaste.

Fréquence : très rare - Évolution : ↘

B

Zoël

Étymologie : du grec *zoos* : « la vie ». Ce prénom correspond à un pendant masculin de Zoé.

Fête : 2 mai - Couleur : bleu - Chiffre : 2

Caractère : Zoël est tenace, a le sens du devoir et de l'engagement. En bref, il est fiable.

Fréquence : très rare - Évolution : =

Âge moyen : 103 ans

B

Zoello

Étymologie : du grec *zoos* : « la vie ». Ce prénom correspond à un pendant masculin de Zoé.

Fête : 2 mai - Couleur : bleu - Chiffre : 2

Caractère : Zoello est honnête, persévérant et a l'efficacité pour maître mot.

Fréquence : très rare - Évolution : =

V

Zohéir

Zohaïr, Zoher, Zouhaïr, Zouheïr

Étymologie : de l'arabe : « rayonnant ».

Couleur : bleu - Chiffre : 3

Caractère : Zohéir est idéaliste, altruiste, dévoué et réfléchi.

Fréquence : rare - Évolution : =

Âge moyen : 20 ans

Zohir

Étymologie : de l'arabe : « rayonnant ».
Couleur : bleu - Chiffre : 3
Caractère : Zohir est tout en combativité. Il n'a pas peur de s'engager ni de faire preuve d'une certaine bravoure.
Fréquence : rare - Évolution : ↘
Âge moyen : 25 ans

Zoïg

Étymologie : de l'hébreu : « don de Dieu ».
Fête : 21 septembre - Couleur : rouge - Chiffre : 4
Caractère : Zoïg est pragmatique, actif et créatif.
Fréquence : très rare - Évolution : =

Zoltan

Étymologie : du hongrois : « pouvoir ». Ce prénom est l'équivalent du mot arabe sultan. Ce prénom fut porté par le fils d'Arpad, deuxième duc hongrois, qui combattit les Germains au Xe siècle.
Couleur : rouge - Chiffre : 4
Caractère : Zoltan est un séducteur : conquérant, déterminé, aussi intelligent qu'habile. En un mot : irrésistible !
Fréquence : très rare - Évolution : ↘
Âge moyen : 5 ans

Zoran

Étymologie : de l'arabe : « fleur blanche ».
Couleur : rouge - Chiffre : 5
Caractère : Zoran est diplomate, loyal et réceptif.
Fréquence : rare - Évolution : ↗
Âge moyen : 29 ans

Zouhir

Étymologie : de l'arabe : « rayonnant ».
Couleur : bleu - Chiffre : 3
Caractère : Zouhir est idéaliste, altruiste, réfléchi, dévoué et intègre.
Fréquence : rare - Évolution : ↘
Âge moyen : 24 ans

Zuri

Étymologie : du basque : « blanc ».
Couleur : bleu - Chiffre : 5
Caractère : Zuri est diplomate, loyal et sociable.
Fréquence : très rare - Évolution : =

Zuriko

Étymologie : du basque : « blanc ».
Couleur : bleu - Chiffre : 6
Caractère : Zuriko est dynamique, audacieux et indépendant.
Fréquence : très rare - Évolution : =

Zyad

Étymologie : de l'arabe : « croissance ».
Couleur : noir - Chiffre : 7
Caractère : Zyad se caractérise par une soif de connaissances inextinguible. Il a besoin de réalisations.
Fréquence : rare - Évolution : ↗
Âge moyen : 8 ans

Index filles

m

n

Index garçons

A

B

G

H

I

J

K

L

m

n

o

p

Q

R

S

V

W

X

Y

Z

Direction : Didier Ferat
Direction éditoriale : Lama Younes-Corm
Direction d'ouvrage : Delphine Blétry
Packaging éditorial : Édiclic
Conception graphique de la couverture : Guylaine Moi
Direction artistique de la maquette intérieure : Thi Vu
Mise en pages : Élodie Cary pour www.noook.fr
Lecture-Correction : Erwann Lepoittevin pour Édiclic

Fabrication : Laurence Duboscq

ISBN : 978-2-263-18653-0
Code éditeur : L18653
Dépôt légal : janvier 2024
Imprimé en France par Pollina - 48451

Solar, un département d'Edi8
92, avenue de France
75013 Paris